edition suhrkamp

Redaktion: Günther Busch

Ute Gerhard, geborene Teuscher, studierte Jura, Geschichte und Sozialwissenschaften. Sie ist in der Weiterbildungsarbeit für Frauen und als Dozentin tätig.

Die Niederhaltung der Frauen ist älter als die Geschichte der bürgerlichen Gesellschaft und ihre Gesetzgebung. Wer pauschal und unhistorisch »den Patriarchalismus« oder »den Kapitalismus« als »soziale Konstante« oder »als Prinzip« kritisiert, wird die allerdings Jahrtausende alte Unterdrückung der Frauen weder wirklich erklären noch sie heute abschaffen können. Vielmehr ist zu prüfen, warum mit dem Aufgang der bürgerlichen Gesellschaft in Deutschland die Frauen gegenüber den Männern erneut und erst recht ins Hintertreffen geraten sind. Dabei ist es wichtig, auf die Widersprüche zwischen veränderter Produktionsweise und neuer Abhängigkeit der Frauen, zwischen bürgerlicher Freiheit und Gleichheit einerseits und verhinderter Gleichberechtigung andererseits zu achten. Erst in der historischen Konkretisierung werden die spezifisch neuzeitlichen Ursachen der Benachteiligung der Frauen bloßgelegt und angreifbar. Gegenstand dieses Buches ist die besondere Benachteiligung der Frauen in der bürgerlichen Gesellschaft, dargestellt an dem epochemachenden Abschnitt zwischen der Französischen Revolution und der gescheiterten bürgerlichen Revolution in Deutschland. Dies ist die Zeit, in der die für die Gegenwart entscheidenden Entwicklungen eingeleitet worden sind. Die geschichtliche Analyse der konkreten Bedingungen der Frauenarbeit, der Stellung der Frau in der Familie und im Recht macht deutlich, daß sich die neuerliche Abhängigkeit der Frau nicht »von selbst« und notwendig ergab. Sie stand vielmehr in krassem Widerspruch zur Umwandlung der Produktionsverhältnisse und zu dem »Traum vom Menschenglück«, den die Welt spätestens seit der Proklamation der Menschenrechte »von einer besseren Sache« besaß.

Einleitung

Die Unterdrückung der Frau ist älter als die Geschichte der bürgerlichen Gesellschaft und ihre Gesetzgebung. Sie in ihrem »Urzustand« zu erforschen erklärt dennoch nichts. »Er schiebt bloß die Frage in eine graue, nebelhafte Ferne.«[1]

Dieser Vorwurf, den K. Marx in einem anderen Zusammenhang den Nationalökonomen zu ihren Erklärungen des Privateigentums macht, trifft ebensogut die Schrift seines Kollegen F. Engels, *Der Ursprung der Familie, des Privateigentums und des Staates*.[2] In dieser Arbeit, die gemeinhin als Beispiel einer materialistischen Geschichtsuntersuchung gilt, wird die mit dem männlichen Privateigentum an den Produktionsmitteln verbundene Unterdrückung der Frau ebenfalls als eine »Tatsache« unterstellt, die eigentlich erklärt werden müßte.[3]

Aus dem gleichen Grund konnte es E. Bornemann nicht gelingen, das »Kapital« »für die Frauenbewegung« zu schreiben.[4] Seine kolossale Vorgeschichtsstudie über den »Ur-Putsch« der Männer gegen das Matriarchat liefert allenfalls eine frauenfreundliche Utopie – und das ist nicht wenig –, aber keine wissenschaftliche Analyse gegenwärtiger Unterdrückung, nicht einmal »eine Waffe im täglichen Kampf«.[5]

Müßig ist es auch, das Frauenproblem auf eine alternative Ursachenerklärung einzuengen, je nachdem, ob man dem Patriarchalismus oder dem Kapitalismus die Schuld an der Misere der Frauen gibt. Diese Fragestellung, die die Auseinandersetzung zwischen Feministinnen und Marxistinnen in der neuen Frauenbewegung beherrscht und zeitweilig die »Morgenröte«[6] anbrechender Solidarität unter den Frauen verdunkelte, hat inzwischen einer feministischen Praxis Platz gemacht, die sich vorrangig auf den Kampf gegen »das Patriarchat« einrichtet.

Richtig ist, daß das Frauenproblem auch mit der Aufhebung kapitalistischer Verhältnisse nicht von selbst – automatisch – gelöst wird und darum in jedem Fall eine spezielle Erörterung verlangt.[7] Ermutigend ist die in vielen Frauengruppen praktizierte Autonomie, da die Frauen zunächst und vor allem versuchen müssen, sich selbst zu befreien, ohne männliche

Unterstützung, oft genug gegen die Männer. Doch fragwürdig und ohne gesellschaftliche und praktische Folgen ist eine Strategie, die ihren Gegner, »das Patriarchat« oder »die Männer«, zur totalen Übermacht und zu unverbesserlichen Beelzebuben hochstilisiert, die alles beherrschen: unsere Geschichte, Staat und Gesellschaft, insbesondere den Alltag der Frauen.

Wer den Patriarchalismus so pauschal und unhistorisch, lediglich als »soziale Konstante«[8] oder als »Prinzip« und soziologisches »Grundmuster« kritisiert, »nach dem auch andere gesellschaftliche Herrschaftsmechanismen funktionieren«[9], wird die allerdings Jahrtausende alte Unterdrückung der Frau in ihrer gegenwärtigen Realität nicht abschaffen können. Vielmehr kommt es darauf an, zu untersuchen und festzustellen, daß mit dem Aufkommen des Kapitalismus und der Etablierung einer bürgerlichen Gesellschaft[10] in Deutschland die Frauen gegenüber den Männern erneut und erst recht ins Hintertreffen geraten sind. Dabei ist es wichtig, auf die mit den kapitalistischen Verhältnissen aufgetretenen neuen Widersprüche zwischen veränderter Produktionsweise und neuer Abhängigkeit der Frau, zwischen bürgerlicher Freiheit und Gleichheit und verhinderter Gleichberechtigung hinzuweisen und die in diesem Widerspruch begründete emanzipatorische Chance zu erkennen. Erst in der historischen Konkretion werden die spezifisch neuzeitlichen Ursachen der Benachteiligung und Unterdrückung der Frau bloßgelegt und angreifbar.

Gegenstand dieser Arbeit ist die besondere Benachteiligung der Frau in der bürgerlichen Gesellschaft, dargestellt an dem epochemachenden Abschnitt zwischen der Französischen Revolution und der gescheiterten bürgerlichen Revolution in Deutschland. Es ist dies die Zeit, in der für die Gegenwart entscheidende Weichen gestellt wurden.[11]

Die historische Analyse der konkreten Bedingungen von Frauenarbeit, der Stellung der Frau in der Familie und im Recht macht deutlich, daß sich die erneute Abhängigkeit der Frau keineswegs von selbst oder notwendig ergab. Sie stand vielmehr im krassen Widerspruch zur Umwälzung der Produktionsverhältnisse und Entwicklung der Produktivkräfte und zu dem »Traum vom Menschenglück«[12], den die »Welt« – spätestens seit der Proklamation der Menschenrechte – »von

Ute Gerhard
Verhältnisse und Verhinderungen
Frauenarbeit, Familie und Rechte
der Frauen im 19. Jahrhundert
Mit Dokumenten

Suhrkamp Verlag

edition suhrkamp 933
Erste Auflage 1978
© Suhrkamp Verlag, Frankfurt am Main 1978. Erstausgabe. Printed in Germany.
Alle Rechte vorbehalten, insbesondere das der Übersetzung, des öffentlichen Vor-
trags und der Übertragung durch Rundfunk und Fernsehen, auch einzelner Teile.
Satz, in Linotype Garamond, Druck und Bindung bei Georg Wagner, Nördlingen.
Gesamtausstattung Willy Fleckhaus.

Inhalt

Einleitung 7

  I. Frauenarbeit 16
    1. Die Ausgangslage 16
    2. Frauen im Handwerk 33
    3. Die ›freie‹ Lohnarbeit der Frauen 41
    4. Die besondere Lage des weiblichen Gesindes 49
    5. Die Hauswirtschaft der Frauen 62

  II. Frau und Familie 74
    1. Die verschiedenen Formen der Familie 76
    2. Die Geschichte der bürgerlichen Familie 81
    3. Die Familie der Unterschichten 96

  III. »Die Bestimmung des Weibes« und die Ideologie
    der Familie 124
    1. Bürgerliches Familienbewußtsein mit antifeudaler
      Stoßrichtung 124
    2. Antiproletarische Familienideologie 139
    3. Antifeministische Familienideologie 143

  IV. Die Rechte der Frauen 154
    1. Familienrechtliche Bestimmungen des ›Allgemeinen
      Landrechts‹ 154
    2. Die Wende im Familienrecht in den vierziger
      Jahren 167
    3. Die allgemeine Rechtsfähigkeit der Frau 180

Anmerkungen 190

Literaturverzeichnis 220

V. Anhang. Dokumente 233

Nr. 1 Das Oktober-Edikt 237
Nr. 2 Züchtigungsrechte 239
Nr. 3 Gewerbefreiheit und Gewerbeordnung 243

Nr. 4 C. Bücher, ›Frauenarbeit im Mittelalter‹ 246

Nr. 5 Die Arbeiterinnen 252

Nr. 6 Gesinderecht 261

Nr. 7 Von Gouvernanten und Erzieherinnen 278

Nr. 8 L. Otto-Peters, ›Bürgerliche Hauswirtschaft‹ 282

Nr. 9 H. Davidis, ›Ein Wort an junge Frauen‹ 295

Nr. 10 L. v. Stein, ›Die Frau auf dem Gebiete der Nationalökonomie‹ 311

Nr. 11 M. Freudenthal, ›Proletarische Haushaltungen‹ 325

Nr. 12 C. Th. Perthes, ›Das Privatleben des deutschen Volkes‹ 345

Nr. 13 Über Konkubinate 351

Nr. 14 A. v. Knigge, ›Von dem Umgang unter Eheleuten‹ 361

Nr. 15 J. H. Campe, ›Über die allgemeine und besondere Bestimmung
des Weibes‹ 369

Nr. 16 Artikel ›Frauen‹ 382

Nr. 17 Revisor, ›Motive zum Entwurf des ALR‹ 396

Nr. 18 Diskriminierung der Frauen im Vereins- und Presserecht 443

Nr. 19 Ehebruchsstrafen und die Sittlichkeit der Frauen 451

Nr. 20 Die Rechte der unehelichen Mutter und des Kindes 455

Nr. 21 Über Geschlechtsvormundschaft und die Frau als Rechtsperson 460

Nr. 22 M. Zimmermann, ›Bruchstücke aus Vorlesungen über die Stellung
der Frauen‹ 475

einer – besseren – Sache« besaß.[13]

Die theoretischen Voraussetzungen und die Vorgehensweise meiner Untersuchung sind unter vier Gesichtspunkten zu erläutern:

1. Die Gleichberechtigung ist nur ein Teil allgemeiner, menschlicher Emanzipation.

Schon mehrfach seit dem Inkrafttreten des Gesetzes über die Gleichberechtigung von Mann und Frau vom 18. 7. 1957 war man der Meinung, »es gibt keine Frauenfrage mehr«[14], um dann ebenso häufig durchaus zutreffend festzustellen, daß es immer »noch nicht gelungen ist, den formalen Anspruch mit der Wirklichkeit, wie sie sich uns in Familie, Arbeitswelt und Gesellschaft präsentiert, in Einklang zu bringen«.[15] Die Kluft zwischen Recht und Wirklichkeit oder Gleichberechtigung und Emanzipation bleibt unbegriffen, solange ihre Voraussetzungen und Unterschiede nicht geklärt sind.

Gleichberechtigung bedeutet nichts weiter als die Gleichstellung der Frau mit dem bürgerlichen Rechtsstatus des Mannes, also das Aufholen einer Verspätung von Freiheiten, die dem Mann mit der Auflösung feudaler Abhängigkeiten vor nun beinahe zweihundert Jahren zugestanden wurden. Sie meint nicht die Befreiung von aller Abhängigkeit und Ungleichheit. »Weit entfernt, die[se] faktischen Unterschiede« – wie »Geburt, Stand, Bildung, Beschäftigung« oder das »Privateigentum« – »aufzuheben, existiert er [der bürgerliche Staat] vielmehr nur unter ihrer Voraussetzung«, schreibt Marx zur Unterscheidung der verschiedenen Formen von Emanzipation.[16] Er unterscheidet zwischen »politischer Emanzipation« im Sinne von Gleichberechtigung und »menschlicher Emanzipation« – bezeichnenderweise nicht im Zusammenhang der Frauen-, sondern der Judenfrage.

Im *Conversations-Lexicon für gebildete Stände* aus dem Jahre 1818 werden die Vorbehalte und »Halbheiten«[17] bürgerlicher Freiheit und Gleichheit unverblümt benannt: Mit dem

»durch die französische Revolution so berühmt gewordenen Ausdruck: Freiheit und Gleichheit [. . .] war also nicht von einer Aufhebung aller bürgerlichen Unterordnung und aller Ungleichheit in Ansehung einzelner Rechte (des Besitzes oder Vermögenszustandes) die Rede, sondern von Aufhebung aller Arten von Sclaverei und privilegierter Herrschaft des einen Bürgers über den anderen«.[18]

Und doch war auch die bürgerliche Freiheit und Gleichheit ein »großer Fortschritt innerhalb der bisherigen Weltordnung«[19], d. h. die Gleichberechtigung der Frau ist unter den Voraussetzungen des bürgerlichen Staates ein notwendiger Schritt, doch nicht das letzte Ziel. Denn die Befreiung von »aller Unterordnung und Ungleichheit«, die wirkliche Emanzipation der Frau ist »im engen bürgerlichen Rechtshorizont«[20] nicht zu erreichen. Das bedeutet aber, daß die Forderung nach allgemeiner oder »menschlicher« Emanzipation in der kapitalistischen Gesellschaft sinnvoll nur für Männer und Frauen gleichermaßen gestellt werden kann.

2. Die Frauen haben unter kapitalistischen Verhältnissen immer nur so viel Gleichberechtigung errungen, wie ökonomisch notwendig oder nicht mehr vermeidbar war.

Diese materialistische These, die in der vorliegenden Arbeit zunächst nur für den Beginn bürgerlicher Verhältnisse in Deutschland belegt wird, erklärt die Verspätung der bürgerlichen Rechtsstellung der Frau gegenüber dem Mann. Denn keinesfalls ist der ›Nachholbedarf‹ nur das Ergebnis einer geistigen und politischen Rückständigkeit, die allein durch demokratischen guten Willen aufzuholen wäre. So aber liest man es in bürgerlichen Rechtskommentaren:

»Die Gründe für die Emanzipation der Frau liegen [. . .] vor allem in einer geistig-politischen Strömung, in der die Gleichberechtigung der Frau als Bestandteil der allgemeinen Demokratisierung der Gesellschaft gesehen wird.«[21]

Die historisch-materialistische Analyse legt demgegenüber den engen, dialektischen Zusammenhang frei zwischen den konkreten Bedingungen der Produktion und Reproduktion des Lebens und den Denk- und Rechtsformen der Menschen. Dabei kann es nicht nur darum gehen, den »ökonomischen Kern«[22] der Frauenfrage zu entdecken. Die Analyse der Produktionsverhältnisse meint nicht nur die materiellen Arbeits- und Lebensverhältnisse, also lediglich die Herstellung materieller Güter, sondern immer auch die Produktion des wirklichen Lebens, der Ideen, Vorstellungen und des Bewußtseins, von Lebenszusammenhängen wie Familie, Verkehrsformen und politische Verhältnisse. Entscheidend aber ist der Ansatz dieser Analyse:

»Es wird nicht davon ausgegangen, was die Menschen sagen, sich einbilden, sich vorstellen [. . .]; es wird von den wirklich tätigen Menschen ausgegangen und [. . .] ihrem wirklichen Lebensprozeß.«[23]

Nur eine »voraussetzungslose«[24], neue Ermittlung der konkreten Lebensbedingungen der Frauen in einer genau bestimmten, gesellschaftlichen und historischen Situation ermöglicht eine Realgeschichte der Frauen, die nicht wie bisher – und wie ein Blick in alle Geschichtsbücher zeigt – durch Unwissen, festgefahrene und tradierte Vorurteile und Klischees über Wesen und Stellung der Frauen verschüttet ist. Keineswegs aber wird den Ansprüchen einer materialistischen Geschichtsbetrachtung mit der nur kategorialen Ableitung »allgemeiner Bestimmungsmomente der sozialen Lage der erwerbstätigen Frau« und »allgemeinen Bestimmungen zur Familie«[25] oder dem »historischen Abriß« der materiellen Bedingungen von Frauenarbeit[26] genügt – ein Mißverständnis, das in der sich marxistisch verstehenden Frauenliteratur üblich geworden ist. Mit diesem angeblich historisch-materialistischen Verfahren, das sich auf die Rezeption marxistischer Klassiker beschränkt und den so gewonnenen kategorialen Rahmen unvermittelt auf historische und empirische Daten aufklebt, wird für die Gegenwart nicht einmal der Stand der Arbeiten von F. Engels[27], A. Bebel[28] und C. Zetkin[29] erreicht.

»Diese Abstraktionen haben für sich, getrennt von der wirklichen Geschichte, durchaus keinen Wert. Sie können nur dazu dienen, die Ordnung des geschichtlichen Materials zu erleichtern. [. . .] Sie geben aber keineswegs ein Rezept oder Schema, wonach die geschichtlichen Epochen zurechtgestutzt werden können. Die Schwierigkeit beginnt im Gegenteil erst da, wo man sich an die Betrachtung und Ordnung des Materials, sei es einer vergangenen Epoche oder der Gegenwart, an die wirkliche Darstellung gibt.[30]

Ohne Zweifel schließt die Darstellung »wirklicher Geschichte« und die Berücksichtigung der Totalität gesellschaftlicher Verhältnisse und ihrer dialektischen Vermittlungen »einen gigantischen Anspruch« ein, den Marx selbst nur zu einem geringen Teil erfüllt hat.[31] Die persönliche Betroffenheit und das Interesse an einer historisch begründeten gesellschaftlichen Praxis motivieren dennoch diesen ersten Annäherungsversuch, der wegen mehrfacher thematischer Beschränkungen aussichtsreich erscheint:

Wir untersuchen nur einen kurzen Abschnitt der Geschichte der Frau, die Zeit zwischen 1789 und etwa 1850, die im Hinblick auf die gegenwärtige Lage besonders folgenreich war.

Wir beschränken uns auf die Analyse deutscher Verhältnisse und hierbei insbesondere auf die Verhältnisse in Preußen. Diese räumliche Spezialisierung hat verschiedene Gründe: »Das preußische Beispiel steht – mit den nach 1810 durchgeführten politischen Reformen und einem entwickelten Frühindustrialismus – über dem deutschen Durchschnitt.«[32] D. h., die uns interessierenden bürgerlichen Verhältnisse waren hier – soweit für Deutschland überhaupt zutreffend – verhältnismäßig früh ausgebildet. Außerdem hat »das Gebiet Preußens erstrangige Bedeutung, [. . .] weil es später zur politisch und ökonomisch führenden Kraft in Deutschland wurde«.[33] Besonders im Hinblick auf die Verwendung von rechtshistorischem Material empfiehlt sich die Beschränkung auf preußische Quellen einerseits wegen der Buntscheckigkeit der Rechtsverhältnisse in Deutschland, andererseits weil das preußische Recht zum bestimmenden Vorläufer bürgerlicher Gesetzgebung in Deutschland wurde.

3. Der bürgerliche Patriarchalismus – oder warum Frauen keine Geschichte machten.

Noch einmal ist das vulgärmarxistische Mißverständnis auszuschließen, daß die Ökonomie »das einzig Bestimmende« und »die verschiedenen Momente des Überbaus« nur Widerspiegelungen der Basis seien.[34] Ein spezifisch neuer, bürgerlicher Patriarchalismus, der seit 1830 als Reaktion auf die besonderen gesellschaftlichen Verhältnisse entstanden war und mit großem ideologischen Aufwand und mit juristischen Mitteln institutionalisiert wurde, hat die Lage der Frauen entscheidend geprägt. Bürgerliches Recht, vor allem das Familienrecht, und eine pseudo-wissenschaftliche Ideologie, die sich in allen Disziplinen breitmachte – von der Pädagogik über die Familiensoziologie bis zur Nationalökonomie – haben so einen traditionellen Herrschaftsanspruch des Mannes gestützt, der brüchig geworden und von der gesellschaftlichen und technischen Entwicklung überholt worden war.

Dieser Patriarchalismus, der sich durch besondere Widersprüchlichkeit auszeichnet, ist also kein ewig gültiges »Prinzip« neben der Klassenspaltung, sondern ein Rückschlag, eine Verspätung unserer Kultur, der es nicht gelungen ist, das »Recht« des Stärkeren abzuschaffen. Es ist nicht nur Überbauphänomen, sondern aus der Dialektik von materieller Basis (Eigentum und Gewalt) und dem Herrschaftsanspruch des Mannes zu erklären und anzugreifen.

Die Frage, warum die Frauen ihre Geschichte nicht selbst machten[35], ist ernst zu nehmen, kann jedoch hier nicht zureichend beantwortet werden. Ganz besonders bei der Erforschung des Bewußtseins der Frauen stellt sich das Problem der Quellen. Dieses generelle Problem jeder mit schriftlichen Quellen arbeitenden historischen Forschung[36] wirkt sich bei unserem Thema noch nachteiliger aus, als die inzwischen bekannten mangelhaften Informationen über die historische Lage der Unterschichten vermuten lassen. Man kennt Lebensgeschichten einiger Privilegierter der Oberschicht, doch das literarische Schweigen über die Mehrheit der Frauen aus dem Volk ist ein Zeichen ihrer potenzierten Benachteiligung. Zumindest legt unsere Untersuchung den Schluß nahe, daß eher die Macht der Verhältnisse als ein »Mangel der Entschließung und des Mutes«[37] die Frauen daran hinderte, »Subjekte der Geschichte« zu werden – es sei denn, es bestätigt sich der begründete Verdacht, daß uns auch der Beitrag der Frauen zur Geschichte bisher verschwiegen wurde.

4. Die Widersprüchlichkeit bürgerlichen Rechts: Das Beispiel Frauen.

Die »Gleichheit«, um die es auch im Emanzipationskampf der Frauen geht, ist kein absolutes Prinzip, ebensowenig ein nur verschieden interpretierter Maßstab für Ungleiches, wie uns die Rechtssoziologie beschwichtigend erklärt, die zwar den »Wandel des Rechts in Raum und Zeit«[38] oder die »Wechselwirkung zwischen Recht und sozialer Wirklichkeit«[39] sieht, diese Wirklichkeit jedoch nicht weiter in Frage stellt. Für eine materialistische Rechtstheorie ist »Gleichheit« nur zu verstehen in ihrem historischen Zusammenhang mit den anderen konstituierenden Elementen bürgerlicher Rechtsform: Freiheit und Eigentum. Das bedeutet, daß Recht in der bürgerlich-kapitalistischen Gesellschaft, die sich mit der Trennung in solche, die Eigentum besitzen, und andere, die nichts als ihre Arbeitskraft zu verkaufen haben, konstituiert, keineswegs nur als Überbauphänomen zu kritisieren ist. Der vielzitierte Satz von Marx: »Der Inhalt dieses Rechts- oder Willensverhältnisses ist durch das ökonomische Verhältnis selbst gegeben«[40], meint, daß Recht immer auf konkrete Eigentumsverhältnisse bezogen bleibt, was nur ein juristischer Ausdruck für Produktionsverhältnisse ist.[41]

Den widersprüchlichen Charakter bürgerlichen Rechts hat Marx am Beispiel des Lohnarbeiters entwickelt: Für den aus feudaler Abhängigkeit Entlassenen hat die gewonnene bürgerliche Freiheit und Gleichheit eine durchaus zweideutige Konsequenz. Zwar ist er frei von feudalen Verpflichtungen und Einschränkungen seiner Person, aber er ist auch frei von allen Mitteln der Produktion, d. h. von Eigentum, und ist damit gezwungen zur Lohnarbeit.

Nicht anders verhält es sich mit all den anderen Rechts- »Fortschritten« des bürgerlichen Staates. Wie Marx am historischen Beispiel der *Zehnstundenbill* ausgeführt hat[42], haben auch die Gesetze zur Verkürzung des Arbeitstages vor allem die Funktion, die Verwertungsbedingungen des Kapitals zu sichern, und entsprechen damit langfristig den Interessen der herrschenden Klasse. Gleichzeitig aber enthalten diese Gesetze zur »physischen und moralischen Wiedergeburt der Fabrikarbeiter« den »Sieg eines Prinzips«, insofern sie nicht nur politische Rechte garantieren, sondern in die materiellen Lebensverhältnisse des Proletariats strukturverändernd eingreifen.[43] Recht ist also nicht nur Klassenrecht, das der Unterdrückung oder der Befriedung dient, sondern, je nach dem historischen Stand der Klassenauseinandersetzungen, ein Kompromiß, das »Resultat eines Kräftezusammenstoßes«, damit eine Stufe auf dem Wege zu einer neuen Gesellschaft[44] und ein Schritt auf dem Weg zur Emanzipation – auch wenn es dabei immer wieder der Gefahr erliegt, reformistisch zu verkommen.

Nirgendwo ist die Widersprüchlichkeit des Rechts einleuchtender zu entwickeln als im Hinblick auf die Rechte der Frauen. Daß sie bisher in der marxistischen Rechtstheorie nicht vorkommen, ist ein gravierender Mangel. Auch die Frauen waren zu Beginn des 19. Jahrhunderts in Deutschland aus feudaler »Untertänigkeit« entlassen worden, doch ein reaktionäres bürgerliches Familienrecht sorgte für die gleichsam feudale Abhängigkeit der Frauen von ihrem Ehemann. Selbst »im wahren Eden der angebornen Menschenrechte«[45], in bezug auf den Verkauf ihrer Arbeitskraft, war die Frau nicht frei, sondern an die Zustimmung des Mannes und ihre vorrangig familiären Pflichten gebunden.

Obgleich die Frauen mit der mühsam und schrittweise errungenen Gleichberechtigung bisher immer um ihre Emanzipation betrogen wurden, ist sie »eine Vorbedingung, ohne welche alle anderen Bestrebungen nach Verbesserung und Emanzipation scheitern müssen«.[46] Gerade weil für die Frauen ganz besonders gilt, daß »der enge bürgerliche Rechtshorizont« erst »ganz überschritten werden kann, nachdem die Arbeit« – ihre Berufstätigkeit oder ihre gesellschaftlich anerkannte Hausarbeit, für sie alle! – »nicht nur Mittel zum Leben, sondern selbst das erste Lebensbedürfnis geworden ist«[47], können und dürfen sie nicht darauf verzichten, ihre Ansprüche als Rechtsforderungen zu stellen.[48] Gegenüber jedem Rechtsnihilismus, der die Frauenfrage als ›Frauenrechtlerei‹ abqualifiziert, insistieren wir daher auf der Bedeutung des Rechts für die Emanzipation der Frau, eingedenk seines dialektischen Charakters. Denn

»Recht liegt im Schnittpunkt von Emanzipation und Gewalt; es ist nicht ein ethisches Minimum, sondern ein geschichtlicher Index für notwendige und überflüssige, vom Entwicklungsstand der menschlichen Produktivkräfte überholte Gewalt.«[49]

I. Frauenarbeit

1. Die Ausgangslage

Einen deutschen Staat gab es 1840 noch nicht. Auf dem Gebiet des 1806 endgültig zerbrochenen Heiligen Römischen Reiches deutscher Nation hatte sich seit dem Wiener Kongreß 1815 der Deutsche Bund etabliert, ein Staatenbund aus 39 souveränen Fürstentümern und Kleinstaaten, in dem Österreich und Preußen als »Groß«-Mächte mit dem Ziel der Restauration um die Vormacht kämpften. Durch die Initiative zur Gründung des deutschen Zollvereins 1834 hatte Preußen insbesondere wirtschaftspolitisch eine Führungsrolle übernommen, die bis zur Reichsgründung 1871 stetig ausgebaut wurde.

Die wichtigsten Daten zur Kennzeichnung des Übergangs von der feudalen zur bürgerlich-kapitalistischen Gesellschaft sind die starke Bevölkerungsvermehrung und die Beschleunigung der technisch-industriellen Entwicklung, die unter dem Begriff ›industrielle Revolution‹ zur Bezeichnung eines Zeitalters geworden ist.[1] Die Frage, inwieweit dieser Begriff auf die deutschen Verhältnisse zutrifft, soll hier nicht vertieft werden. Feststeht, daß Deutschland zu Beginn des 19. Jahrhunderts fast noch ein reines Ackerbauland war[2] und in seiner industriellen Entwicklung England mit großer Verspätung hinterherhinkte. Erst in den vierziger Jahren gelang auch hier der Durchbruch zur kapitalistischen Warenproduktion, was insbesondere an den Zuwachsraten der Produktionsmittelindustrie, an der gesteigerten Akkumulation und Anlage von Geld- und Sachkapital abzulesen ist.[3] Der Eisenbahnbau leitete den »Durchbruch zum sich entfaltenden industriellen Kapitalismus« ein.[4]

Es ist für unseren Zusammenhang unerheblich, ob die Entwicklung der Produktivkräfte zwischen 1830 und 1850 in Deutschland nur als quantitative Größe zu messen ist oder eben jenen »qualitativen Sprung«[5] macht, der als revolutionär zu bezeichnen wäre, insofern »die materiellen Produktivkräfte der Gesellschaft in Widerspruch mit den vorhandenen Produktionsverhältnissen« geraten waren.[6] Gegen den kritischen Vorwurf des Ökonomismus ist die historisch-materialistische

Analyse nur gefeit, wenn sie die Dialektik der ökonomischen und der politischen Verhältnisse berücksichtigt, die in Deutschland mit der besonderen Form von »aufgeklärtem Absolutismus«[7], der Revolutionen rechtzeitig zu verhindern wußte, und den bis in unser Jahrhundert reichenden »feudalen Überhängen«[8] auch dem Industrialisierungsprozeß ihr eigenes Gepräge gaben.

Hiermit sind vorerst nur Stichworte genannt. Das andere wichtige Faktum zur Charakterisierung der Ausgangslage ist die Bevölkerungsvermehrung. Nur vor ihrem Hintergrund wird verständlich, wieso es in dieser Übergangsepoche von der feudalen zur kapitalistischen Wirtschaftsweise zu verbreiteter Massenarmut und einem großen Überangebot an ›freien‹ Arbeitskräften kam.

Der starke Bevölkerungszuwachs hatte bereits im 18. Jahrhundert begonnen. Der große Schub zu Beginn des 19. Jahrhunderts ist vor allem auf das Absinken der Sterblichkeitsziffern zurückzuführen[9], so daß Geburtenfrequenz, Sterblichkeit und die Zahl der Eheschließungen im 17. und 18. Jahrhundert durchaus höher gewesen sein können als im 19. Jahrhundert.[10] Von 1800 bis 1850 jedenfalls wuchs die Bevölkerung Deutschlands (in den Grenzen von 1914) von 24,5 Millionen auf 35,4 Millionen Einwohner[11], d. h. um mehr als 40 Prozent. Ausgangspunkt für den starken Bevölkerungsanstieg war das Land, auch wenn sich die Zuwachsraten im Laufe des Jahrhunderts wegen der Landflucht am auffälligsten in der Einwohnerzahl der Städte niederschlugen. Das zeigt sich deutlich in Preußen mit seinen ausgedehnten östlichen Agrargebieten. Hier wuchs die Bevölkerung allein von 1816 bis 1848 von 10 Millionen Menschen auf rund 16 Millionen.[12]

Der Rückgang der Sterblichkeit und damit der enorme Bevölkerungsschub sind nicht allein auf die Fortschritte der Wissenschaft, etwa der Medizin oder der Hygiene, zurückzuführen, sondern auch im engen wechselseitigen Zusammenhang mit der Veränderung der Produktionsweise zu sehen. Ein wichtiger Faktor war die Erweiterung der Nahrungsstellen[13] in der Landwirtschaft durch den verstärkten Landausbau. In Preußen wurde zwischen 1815 und 1848 so viel Brachland unter den Pflug genommen, daß sich der Ackerboden fast verdoppelte.[14] Doch auch die intensivere und rationellere Bodennutzung ist eine Folge der Umwandlung der feudalen Gutswirtschaften in kapitalistische Wirtschaftsbetriebe, für die die »Bauernbefreiung«, die Regulierung der Eigentumsverhältnisse und die Einführung der Gewerbefreiheit die Voraussetzungen schufen.

1.1. Die ›Bauernbefreiung‹

Markierungsdaten für die kapitalistische Entwicklung Preußens sind die Stein-Hardenbergschen Reformen, die mit dem Edikt vom 9. Oktober 1807 eingeleitet wurden. Darin steht in Paragraph 12 der vielversprechende und vielzitierte Satz: »Nach dem Martini-Tage 1810 giebt es nur freie Leute.«[15]*

Keineswegs ist die Freiheit der »Leute« mit ihrer Gleichheit als Staatsbürger[16] zu verwechseln:

Die Auflösung der ständischen Schranken im Recht[17] und vor allem in der sozialen Wirklichkeit ist ein äußerst langwieriger, bis in unser Jahrhundert reichender Prozeß. Ebensowenig ist dieser Schritt auf dem Wege zur Aufhebung der Leibeigenschaft lediglich als demokratisches Zugeständnis zu deuten. Das Oktober-Edikt entsprang vielmehr der politischen Notwendigkeit, nach der schweren Niederlage Preußens gegen Napoleon Bauernunruhen und Aufständen in den eigenen Provinzen zuvorzukommen, und gleichzeitig dem ökonomischen Zwang, einer desolaten wirtschaftlichen Lage Herr zu werden. Dieser »nationalökonomische« Zweck wurde offen eingestanden. In dem Reskript vom 5. 3. 1809 liest man: »Der Mensch, der kein anderes Kapital hat als seine körperlichen Kräfte«, wird durch die freie Konkurrenz dazu getrieben, für weniger Geld williger mehr zu schaffen.[18]

Die Aufhebung der Leibeigenschaft oder ›Erbuntertänigkeit‹ betraf zunächst nur die persönlichen Verpflichtungen zwischen Gutsherrn und Untertanen, also noch nicht die Regulierung der Eigentumsverhältnisse.[19] Zu den persönlichen Pflichten gehörten die verschiedensten Dienstleistungen, Abgaben und Arbeitsverpflichtungen, die nach »Acker- oder Wiesenmaß«, als Hand- und Spanndienste oder nach »Männer- und Weibertagen« bis in alle Einzelheiten geregelt waren

* Vgl. Anhang Nr. 1.

und die Mitarbeit und Abhängigkeit aller Familienmitglieder, auch der Kinder, einschlossen. Sogar bei der Erziehung der untertänigen Kinder hatte die Gutsherrschaft ein Vetorecht, insofern sie »die Erlernung eines bürgerlichen Gewerbes« verbieten konnte (§ 172, II. 7. *ALR*). Ein wesentliches Kriterium der feudalen Abhängigkeit aber war ihr Mangel an Freizügigkeit. Es hieß: »Sie [die hörigen Bauern und ihre Familienangehörigen] dürfen das Gut, zu welchem sie geschlagen sind, ohne Bewilligung ihrer Grundherrschaft nicht verlassen« (§ 150, II. 7. *ALR*).

Für Frauen und Kinder waren die Abschaffung der Gesindezwangdienste und die Beseitigung der Heiratserlaubnis durch das Oktober-Edikt von besonderer Bedeutung. Wie empfindlich die Gutsherren durch diese Neuregelung getroffen waren, zeigt sich daran, daß einer der nächsten Gesetzgebungsakte des preußischen Königs der Erlaß einer Gesindeordnung war, die – unter dem Vorzeichen des freien Arbeitsvertrages – die Interessen der ›Herrschaften‹ bis 1918 (!) zu wahren wußte.[20]*

Der Gesindezwang war neben den Frondiensten in der Feudalwirtschaft eines der wirksamsten Mittel, die in der Landwirtschaft und Ökonomie des Hauses benötigten Arbeitskräfte bereitzustellen. Alle Untertanenkinder waren verpflichtet, sich für mehrere Jahre gegen geringsten Lohn oder Naturalien ihrer »Herrschaft zum Dienen an[zu]bieten« (§ 185 f. II. 7. *ALR*), andernfalls ein Dienstgeld zu entrichten.

Daß sich das Interesse der Feudalherren an ihren Untertanen nur auf die Verwertung ihrer Arbeitskraft bezog und nicht als Sozialisationsleistung zu werten ist[21], wird deutlich in den Bestimmungen über die Heiratserlaubnis. Der Gutsherr konnte einem heiratswilligen Untertanen z. B. die Genehmigung verweigern, »wenn die Person, welche der Unterthan heiraten will, [. . .] wegen Liederlichkeit, Faulheit, oder Widerspänstigkeit bekannt ist«, oder »wenn dieselbe wegen körperlicher Gebrechen unfähig ist, den wirthschaftlichen Arbeiten, deren Verrichtung ihr obliegt, gehörig vorzustehen.« (§§ 163-165 II. 7. *ALR*) Auch wenn das Ehebewilligungsrecht der Gutsherren in Preußen aufgehoben wurde, so war die Be-

* Siehe Anhang Nr. 6.

schränkung der Ehefreiheit mit der Bauernbefreiung seit dem Jahre 1810 keineswegs überwunden. In den deutschen Territorialstaaten gab es ortspolizeiliche oder staatliche Heiratsbeschränkungen der mannigfachsten Art, die erst durch ein vereinheitlichendes Gesetz des Norddeutschen Bundes vom 16. 4. 1868 aufgehoben wurden.[22]

Der Verlust aller Dienste und Verpflichtungen, einschließlich der vielfältigen Schutzgelder, Abzugsgelder für das Auswärtsdienen oder Heiratserlaubnisgebühren, war für die Feudalwirtschaft ein beachtlicher Einschnitt, bedeutete aber nicht die Beseitigung aller ständischen Vorrechte und feudalen Herrschaftsstrukturen. Denn dazu gab es faktisch zu viele feudale Überhänge. Ein Beispiel ist die *Patrimonialgerichtsbarkeit.* Dieses den Gutsherren mit ihrer Grundherrschaft verliehene Recht zur Privatgerichtsbarkeit war im *Landrecht* ausdrücklich bestätigt worden (§§ 23 f. II. 17. *ALR*) und überdauerte die Reformen bis zur Jahrhundertmitte.[23] Das bedeutete, daß der gemeine Mann – denn Adel und gehobenes Bürgertum waren ausdrücklich von dieser Gerichtsbarkeit ausgenommen[24] – bis 1849 bei allen Zivilsachen in erster Instanz und bei Polizeivergehen auch als »befreiter« Untertan noch dem Richterspruch des Gutsherrn unterworfen war. Insbesondere das vorwiegend weibliche Gesinde blieb so durch die Identität von Dienstherr und Gerichtsherr gleichsam einem besonderen Gewaltverhältnis unterstellt. R. Koselleck charakterisiert diesen feudalen Überhang so: »Der Herr wurde seiner Unterstützungspflichten enthoben, behielt aber die Herrschaftsrechte im Alltag – samt den daran haftenden Geldbezügen«[25]; gemeint sind die Gerichtskosten, die den Gutsherren selbstverständlich für den Unterhalt ihrer Gerichte nach wie vor zuflossen.

Der Alltag der feudalen Unterschichten ist heute schwer vorstellbar. Tatsächlich war er gezeichnet von Formen nackter Gewalt, gegen die sich erst allmählich ein ›bürgerliches Rechtsempfinden‹ wandte, das insofern als fortschrittlich anzusehen ist.

Ein anderes Beispiel ist das im Vormärz immer lebhafter diskutierte *Züchtigungsrecht.*[26]* Das *Landrecht* kannte Züch-

---

* Anhang Nr. 2.

tigungsrechte innerhalb der verschiedensten gesellschaftlichen Abhängigkeiten. So gab es ein Züchtigungsrecht des Ehemannes über seine Ehefrau[27], das Züchtigungsrecht der Herrschaft über das Gesinde nach den Paragraphen 77-79, II. 5. *ALR* und – aufgrund der bis 1850 verzögerten Ablösung für einen Teil der Bauern – das weitaus brutalere Züchtigungsrecht der Herrschaft über dienstpflichtiges Gesinde nach § 227, II. 7. *ALR*. Zu diesem Paragraphen war zu Beginn des Jahrhunderts in einem Anhang dekretiert worden, daß Stockschläge ausdrücklich verboten, jedoch der Gebrauch der ledernen Peitsche erlaubt sei. Den Frauen aber wurde eine neue und zweifelhafte Vergünstigung zuteil: Die Herrschaft wurde ermahnt, sich »solcher Züchtigungsarten zu enthalten, wodurch die Schamhaftigkeit, besonders bei dem Gesinde weiblichen Geschlechts, verletzt wird«.[28] Aus der Sicht aufgeklärter Zeitgenossen verstand sich dieser Zusatz als ein ungeheurer Fortschritt der Kultur, während andererseits noch im Vormärz die Beibehaltung der Züchtigungsrechte damit gerechtfertigt wurde, daß

> »der gemeine Mann [. . .] leider mit einem Menschen kaum mehr als die Gestalt gemein [habe] und [. . .] es kaum einige gebe, wo man inneren Kulturzustand schon voraussetzen [könne]. [. . .] Die Sektion des Cultus und öffentlichen Unterrichts wird erst gewirkt haben müssen, ehe wir das Züchtigungsrecht werden abschaffen können.«[29]

Als eine Verzögerung der Bauernbefreiung wirkte die in Deutschland teilweise bis zur Reichsgründung verhinderte *Freizügigkeit*. Obgleich die Agrarreformen und die 1810 in Preußen eingeführte Gewerbefreiheit prinzipiell die allgemeine Niederlassungsfreiheit voraussetzten, war die neue Freiheit der Landbewohner, über ihre Arbeitskraft zu verfügen, durch ein kompliziertes System von Heimatrechten und Gemeindeordnungen vorerst außer Kraft gesetzt. Denn mit der Bindung an die Scholle war auch die für die Ständegesellschaft strukturell typische Fürsorgepflicht der Gutsherrschaft, »sich ihrer Unterthanen in vorkommenden Nothfällen werkthätig anzunehmen« (§ 122, II. 7. *ALR*), fortgefallen. Die Gemeinden, denen damit allein die Armenunterstützung oblag, versuchten sich der verstärkten Inanspruchnahme durch Abschließung nach außen zu erwehren. Zuzug, Niederlassung, erst recht das Bürgerrecht wurden – in der ersten Hälfte des Jahrhunderts zunehmend – vom »Nachweis eines nachhaltig gesicherten Nahrungsstandes, der Entrichtung von Zuzugsgeldern und guten Leumunds-Zeugnissen« abhängig gemacht.[30] Wer weder Vermögen noch Arbeit hatte, war also nicht nur eigentums- und arbeitslos, er zog auch heimatlos umher, »nahezu die Hälfte der Einwohner in den deutschen Territorien lebte [im Vormärz] ›zwischen Staat und Stand‹ in Armut und Elend«.[31]

Die preußische Gesetzgebung, die 1842 mit einem ganzen Bündel von Gesetzen[32] das Problem der Staatsbürgerschaft und Armengesetzgebung gleichzeitig regeln sollte, war ein erster gesamtstaatlicher, aber untauglicher Versuch, die nun aufgetauchte ›soziale Frage‹ durch ein bürokratisches Reglement von Zuständigkeiten zu lösen. Für das Reichsgebiet wurde Freizügigkeit erst durch das zum Reichsgesetz gewordene Gesetz des Norddeutschen Bundes vom 1. 11. 1867 garantiert.

1.2. Regulierung oder Landraub

Ebenso wie die Auflösung der persönlichen Vorrechte und Abhängigkeiten war die sachliche Seite der Bauernbefreiung, die ›Regulierung‹ der Eigentumsverhältnisse, ein langwieriger und »qualvoller«[33] Prozeß, der erst nach 1850 zum Abschluß kam. Das gilt nicht nur für Preußen. In allen Teilen Deutschlands, das auch in dieser Beziehung durch ein unterschiedliches und zersplittertes System feudaler Rechtsverhältnisse gekennzeichnet war, war die Ablösung ein komplizierter, sich dauernd verzögernder Vorgang, der mindestens ein halbes Jahrhundert in Anspruch nahm.[34]

›Regulierung‹ war die amtliche Bezeichnung für die Einführung bürgerlichen Privateigentums an Grund und Boden anstelle mehrerer, feudal abgestufter Besitzrechte. In Wirklichkeit aber führten die seit 1811, erst recht seit 1816[35] sich für die Bauern ständig verschlechternden Regulierungsbedingungen dazu, daß allein die wirtschaftlichen Interessen der Gutsbesitzer gewahrt und unter der Obhut staatlicher Verwaltung ein Landraub großen Stils ermöglicht wurde, der im Marxschen Sinn als »sogenannte ursprüngliche Akkumulation« zu bezeichnen ist.[36] Nach Schätzungen verloren die Bauern durch die Abtretung von Ackerland – denn nur so war es für die

Bauern mit besseren Besitzrechten möglich, am verbleibenden Teil ihres Landbesitzes Eigentum zu erwerben – etwa eine Million Hektar Land an die Großgrundbesitzer.[37] Hinzu kam, daß sie bei den mit der Regulierung verbundenen Flurbereinigungen häufig auf die schlechteren Böden abgedrängt wurden. In anderen Fällen waren für die an den Grundstücken haftenden Reallasten und Dienstverpflichtungen Geldzahlungen zu leisten, die viele Bauern schließlich zwangen, ihren Betrieb aufzugeben. Von den erst nach 1850 zur Regulierung zugelassenen Bauern aber konnte sich nur eine Minderheit über Agrarkrisen und Teuerung hinweg bis zum letzten Regulierungsgesetz vom 2. März 1850[38] auf ihren verschlechterten Besitzrechten halten; die meisten wurden nach dem Fortfall des bis 1807 rechtswirksamen Bauernschutzes Opfer eines neuen »Bauernlegens«.[39]

Schließlich wirkten sich die im Zuge der Agrarreform betriebenen Gemeinheitsteilungen geradezu verhängnisvoll auf alle jene Dorfbewohner aus, die zur Deckung ihres Eigenbedarfs auf die Nutzung der Allmenden angewiesen waren. Sie wurden ihrer letzten Subsistenzmittel beraubt und sanken ebenfalls zur breiten Masse der ländlichen ›Unterschicht‹ ab. So

»verschob sich im Laufe eines halben Jahrhunderts das Sozialgefüge von Grund auf. Während sich um 1800 die Zahlen der Vollbauern, der Halbbauern und der landlosen Unterschicht in etwa die Waage hielten, verdoppelte sich nunmehr die Zahl der Häusler, Kätner usw., während sich die Zahl der landlosen Unterschicht etwa verdreifachte«.[40]

Im Überblick über diese gewaltsamen Veränderungen in der Sozialstruktur kommt der Sozialhistoriker – trotz aller Ungenauigkeiten der sich in dieser revolutionären Phase wandelnden Begriffe und Kategorien – zu dem Fazit, daß im Vormärz

»mindestens 50 bis 60 Prozent der Bevölkerung nicht bürgerlich-bäuerlich behäbig und gesichert, sondern knapp, ja dürftig und in Krisenzeiten elend und gefährdet lebten . . .«[41]

»Das Herabsinken einer großen Masse unter das Maß einer gewissen Subsistenzweise«, mit dem G.W.F. Hegel die »Erzeugung des Pöbels« als einer nur unterständischen Schicht beschreibt[42], hatte also im Vormärz bereits die Schranken der Feudalgesellschaft durchbrochen und mit dem Entstehen des Proletariats die Klassengesellschaft hervorgebracht.[43]

Erst das Ergebnis dieses hier nur skizzenhaft angedeuteten Prozesses ist der »freie« Lohnarbeiter, der seine Freiheit in einem doppelten Sinn erkauft: Er ist frei von Leibeigenschaft oder Hörigkeit, d. h. einerseits ist er nun

> »freier Verkäufer von Arbeitskraft, der seine Ware überall hinträgt, wo sie einen Markt findet. [. . .] Andrerseits aber werden diese Neubefreiten erst Verkäufer ihrer selbst, nachdem ihnen alle ihre Produktionsmittel und alle durch die alten feudalen Einrichtungen gebotnen Garantien ihrer Existenz geraubt sind«.[44]

Anscheinend trivial ist die Feststellung, daß diese ›zwieschlächtige‹ Befreiung für Männer und Frauen gleichermaßen galt. Der für unseren Zusammenhang entscheidende und bisher vernachlässigte Gedanke ist jedoch, daß die Frauen nicht nur mittelbar über ihre Väter oder Ehemänner an dieser Trennung von Lohnarbeit und Kapital teilhatten, sondern unmittelbar betroffen waren. Denn vor allem die Frauen wurden durch den Verlust von Garten- und Landbesitz und der verschiedenartigsten Nutzungsrechte an der Allmende in Feld und Wald all der grundlegenden Produktionsmittel beraubt, die ihren selbstverständlichen, produktiven Beitrag zum Lebensunterhalt ermöglichten. Die Eigenproduktion aller wichtigen Güter, von den Nahrungsmitteln bis zur Kleidung oder zum Sammeln der Heizmittel, war ihre Arbeit. Daß diese produktive Tätigkeit der Frau nicht nur ein zusätzlicher Beitrag oder eine subsidiäre Mitarbeit im bürgerlich-rechtlichen Sinn[45] war, ist von entscheidender, struktureller Bedeutung. Erst wenn man sich klarmacht, daß in der vorkapitalistischen, nicht vorwiegend für den Markt produzierenden Agrarwirtschaft – anders als heute – Entlohnungen in Geld oder Naturalien lediglich Zusatzverdienste waren, wird offenbar, daß die Ernährerrolle des Mannes eine bürgerlich-kapitalistische Erfindung ist. Im einzelnen bedeutet das: Der Unterhalt der breiten Masse der Bevölkerung wurde vor der industriellen Revolution in der Regel durch die gemeinsame, kontinuierliche Arbeit der Frauen und Kinder in der kleinen Land- und Viehwirtschaft bestritten, während der Mann durch unregelmäßige Tagelohnarbeit oder den Hofedienst mit seinem niedrigen Lohn nur einen Beitrag zum Familienbudget leisten konnte, im übrigen jedoch in der eigenen Wirtschaft mitwirkte. Nur so ist wenigstens teilweise zu verstehen, wie die sich vermehrenden Menschen trotz der seit dem 14. und bis zum 19. Jahrhundert sinkenden Reallöhne[46] überleben konnten. Noch in den für den Übergang zur Industrialisierung typischen Heimarbeiterhaushalten des 19. Jahrhunderts wurde – wie wir aus ausführlichen Budgetstudien erfahren, – Auskommen oder Lebensstandard entscheidend von den Möglichkeiten und dem Ausmaß der Eigenproduktion bestimmt.[47]

»Nur ein Narr wird sich eine Frau nehmen«, heißt es in einer englischen Quelle aus dem Jahre 1743, »deren Brot er durch seine Arbeit allein verdienen muß und die selbst nichts zu ihrem Lebensunterhalt beitragen kann.«[48]

Der nicht »unterhaltswillige Ehemann« ist also keineswegs erst eine »Folge der vorangetriebenen Ausbreitung der Lohnarbeit« im 20. Jahrhundert, sondern sehr viel älter – wie auch die Frauenarbeit – als die bürgerliche Gesellschaft und eine in ihr befangene Familienrechtstheorie.[49] Frauenarbeit vor der industriellen Revolution, dieser grundlegende Aspekt der mit den Agrarreformen veränderten Produktionsweise, kommt in unseren Geschichtsbüchern nicht vor. Er wird allenfalls unter der einengenden Sicht bürgerlicher Familiensoziologie als Funktionsverlust – wohlgemerkt – der Familie und nicht der Frau wahrgenommen, wobei sich dann das Beispiel der Frau ›Rat Goethe‹[50], die mit »Schlüsselgewalt« ein großes Haus verwaltete, unwillkürlich, aber in Wirklichkeit untypisch in den Vordergrund drängt. Denn schwerwiegende Folgen hatte die Ausschaltung der Frauen aus dem Bereich gesellschaftlich notwendiger und anerkannter[51] Produktion für die große Masse des Volkes. Die sozialgeschichtlichen Quellen zu den Folgen der Bauernbefreiung, die als »Emanzipationskrise« beschrieben wird[52], sind vielfältig, insbesondere die Pauperismusliteratur zeichnet ein erschütterndes Bild dieser vorindustriellen Not. Doch bemerkenswerterweise wird das Problem in Deutschland nur unter dem Gesichtspunkt der Armut, niemals der Frauenarbeit thematisiert. G. F. Knapp zum Beispiel schildert in seinem Werk *Die Bauernbefreiung und der*

Ursprung der Landarbeiter sehr detailliert die konkreten Auswirkungen der Gemeinheitsteilungen auf die Existenz des
»kleinen Mannes«; zugleich zeigen gerade solche konkreten Einzelheiten, wie unmittelbar – also nicht erst vermittelt
über den Mann als Ernährer – die Frauen durch diese ökonomischen Veränderungen in ihren Möglichkeiten zur Produktion und Versorgung der Familie betroffen waren:

»Früher besaß fast jeder Häusler[53] [. . .] einige Schafe, die auf den
weitläufigen Feldern der Gutsbesitzer und Pächter mit geweidet wurden
und in den wenigen Monaten, wo der Schnee die Auftrift verhinderte, von
den Abgängen des Strohs aus der gutsherrlichen Scheune einen Theil ihrer
Fütterung erhielten. Die Wolle dieser Schafe war ausreichend für die
Strümpfe und das schlichte, selbstgemachte Zeug. Als aber der Grundsatz
zur Geltung kam, daß, wer kein Land besitze, auch an der Weide keinen
Theil haben dürfe, wurden die Schafe verkauft oder geschlachtet und die
Wolle mußte aus dem Tagelohn angeschafft werden.
Ebenso war es früher gebräuchlich, daß der Häusler seine Schweine
oder seine Gänse auf gutsherrlichem oder bäuerlichem Lande mit hüten
ließ. Auch dies kam in Abgang, und nun war es kaum mehr möglich,
Bettfedern zu beschaffen und das Fett für die Küche wurde ebenfalls
selten. Am schwersten aber trifft es den kleinen Mann, wenn er auf diese
Weise verhindert wird, eine Kuh zu halten: er muß nun auch die Milch
entbehren oder aus dem baaren Tagelohn bestreiten. [. . .] Was hilft es, den
Häusler auf die Stallfütterung zu verweisen, wenn er kein Land hat. So
[. . .] ist der kleine Mann auf Kartoffeln mit Salz gekommen. [. . .] Nicht
minder drückend ist die Holznoth. Ist ein Wald in der Nähe, so ist der
kleine Mann oft in der unglücklichen Nothwendigkeit, sich seinen Feue-
rungsbedarf – der moralische Nachteil bleibe hier unberührt – mit Gefahr
seiner Gesundheit und selbst seines Lebens zu stehlen.«[54]

Wieviel anschaulicher noch wäre diese unserer Erinnerung
dienliche Quelle, wenn der Historiker sie ausdrücklich auf die
Frau und nicht nur den »kleinen Mann« beziehen könnte,
denn sie war es doch, die die Strümpfe strickte, die Kuh
melkte und das Herdfeuer versah . . .

1.4. Männer- und Weibertage

Ein seltenes arbeitsrechtliches Zeugnis für die Frauenarbeit in
dieser Periode sind zwei Paragraphen des *Allgemeinen Landrechts*, die wegen ihrer formal kurzen Geltungsdauer
(1794-1810) nirgendwo kommentiert, aber auch nicht zur

Kenntnis genommen wurden, jedoch in unserem Zusammenhang zu einigen Überlegungen herausfordern. In dem Abschnitt *Von den Diensten der Untertanen* (*ALR.* II, 7.), der durch die späte Ablösung des größten Teils der Bauern faktisch erst 1850 ungültig wurde, liest man:

»§ 354. »Männertage können nicht durch Weiber oder Mägde; wohl aber die sogenannten Weibertage durch Mannspersonen abgedient werden.

§ 355. Sind jedoch in diesen Weibertagen gewisse Arbeiten zu verrichten, welche von Mannspersonen nicht gehörig geleistet werden können: so ist die Herrschaft diese, statt der Weiber oder Mägde, anzunehmen nicht schuldig.«

Die Vorschrift ist zunächst ein wichtiger Hinweis darauf, daß in der feudalen Gutswirtschaft Männer und Frauen gearbeitet haben und daß die männlichen Dienstverpflichtungen nicht durch solche der Frauen ersetzbar waren, wohl aber – mit Einschränkungen – umgekehrt. Darüber hinaus lassen die Paragraphen verschiedene Auslegungen zu. Die Bestimmung mag einerseits als Beleg dafür dienen, daß Frauenarbeit bereits im Feudalismus diskriminiert war, d. h. sie muß die Dogmatiker unter den Marxisten verwirren, die die Minderbewertung und damit Minderbezahlung der Frauenarbeit allein als Auswirkung des unter kapitalistischen Produktionsbedingungen geltenden »Wertgesetzes« verstehen.[55] Nach dem von Marx im *Kapital* entwickelten Wertgesetz, das den ungleichen Tausch von Kapital und Arbeit entlarvt, war »der Wert der [männlichen] Arbeitskraft [. . .] bestimmt nicht nur durch die zur Erhaltung des individuellen erwachsenen Arbeiters, sondern durch die zur Erhaltung der Arbeiterfamilie« notwendigen Lebensmittel und Reproduktionskosten. »Indem die Maschinerie alle Glieder der Arbeiterfamilie auf den Arbeitsmarkt wirft, verteilt sie den Wert der Arbeitskraft des Mannes über seine ganze Familie. Sie entwertet daher seine Arbeitskraft.«[56] Zugleich aber wird Frauenarbeit immer deshalb geringer bezahlt, weil sie nur als Zusatzverdienst bewertet wird.

Tatsächlich hat die Ideologie, daß die Frau ins Haus gehöre und ihre Erwerbsarbeit nur ein zusätzliches Einkommen liefere, dem Kapitalismus bis heute zur Rechtfertigung niedrigerer Frauenlöhne gedient.[57] Entscheidend aber ist, daß auch in das Marxsche Wertgesetz die Ernährerrolle des Mannes und damit die Strukturen bürgerlicher Familienverhältnisse als selbstverständliche Voraussetzungen mit eingehen. Das ist der Grund, warum diese Wertbestimmung zur Erklärung der Tatsache, daß Frauenlöhne, solange es Lohnvergleiche gibt, immer niedriger waren, nicht taugt.

Die andere sich anbietende Interpretation der *Landrechts*-Paragraphen, daß die Bestimmung Ausdruck der sogenannten »naturwüchsigen« Arbeitsteilung sei, die sich in allen Gemeinwesen durch Alters- und Geschlechtsunterschiede gewissermaßen von selbst oder selbstverständlich entwickele[58], bezeichnet ebenfalls eine Diskriminierung der Frau, die von der Forschung mit Recht zunehmend in Frage gestellt wird. Warum sollte allgemein Selbstverständliches so minuziös geregelt werden? In Anbetracht der Realitäten kann die anscheinend so plausible Argumentation mit den biologischen Verschiedenheiten und der geringeren Körperkraft der Frau nur als nachgeschobene Rationalisierung gedeutet werden. Seit eh und je haben Frauen in der Landwirtschaft gearbeitet – ja, sie haben den Ackerbau erfunden[59] – und sind dabei von schwerster körperlicher Arbeit nicht verschont worden. Selbst W. H. Riehl, der die »Ungleichheit zwischen Mann und Frau« zum Kernpunkt seiner Familienideologie und zum Naturgesetz erhob, das »die Sitte von Jahrtausenden weitergebildet und in die ehernen Tafeln aller Gesetzgebungen eingeschrieben hat«, wußte den Widerspruch seiner Theorie zu seinen eigenen empirischen Beobachtungen nur dadurch zu beheben, daß er den auf dem Lande arbeitenden Frauen ihre Geschlechtseigenschaften absprach:

>»Das Bauernweib ist in jeder Beziehung, bis auf das allgemeine körperliche Gepräge hinab, noch ein Halbmann: erst im höheren Culturleben tritt das ganze Weib dem ganzen Mann in jedem Zug charakteristisch gegenüber.«[60]

Das Unterschlagen der Arbeitsleistung der Frauen in der Landwirtschaft führte noch an der Wende zu unserem Jahrhundert zu einem groben Rechenfehler, der die üblichen Strukturdaten über die Entwicklung der Frauenarbeit bis heute verfälscht und deshalb hier kurz angemerkt sei. In der dritten großen Berufsstatistik des Deutschen Reichs von 1907 wurden zum ersten Mal gegenüber den Zählungen von 1882 und 1895 die mithelfenden Familienangehörigen mitgezählt. Das Ergebnis war allein in der Landwirtschaft von 1895 bis 1907 ein Mehr von 2½ Millionen berufstätiger Frauen oder eine Zunahme der landwirtschaftlichen Frauenarbeit um 67 Prozent.[61] Die weibliche Erwerbstätigkeit insgesamt hatte dabei in gut zehn Jahren um scheinbar 44 Prozent zugenommen.[62] Dieser enorme Anstieg weiblicher Berufstätigkeit hatte in Wirklichkeit »formalstatistische Ursachen«[63]; er beruhte auf einer Neudefinition der Kriterien für Berufstätigkeit, die notwendig war und den realen Arbeitsbedingungen dieser »mithelfenden« Frauen nicht nur in der Landwirtschaft, sondern auch im Handel und vor allem im Gaststättengewerbe entsprach. Doch das Faktum, daß diese Frauen auch vor ihrer statistischen Erfassung gearbeitet hatten, wurde tunlichst übersehen; es paßte nicht in die gängigen Klischees, daß Frauenarbeit erst durch die Industrialisierung zugenommen habe. Und wer weiß schon, daß in der Bundesrepublik heute Frauen 54,6 Prozent[64] aller landwirtschaftlichen Arbeiten verrichten, in den Ländern der Dritten Welt sogar zwischen 60 und 80 Prozent[65]? Ihre Körperkräfte spielen hierbei keine Rolle.

Der Vorgriff auf die geschichtliche Entwicklung zeigt, daß die oben erwähnten *Landrechts*-Paragraphen einen ganz anderen Sinn haben müssen. Meines Erachtens sind sie als eine erste arbeitsrechtliche Schutzbestimmung für Frauen zu verstehen. Sie sollten genau das verhindern, was später unter freien kapitalistischen Konkurrenzbedingungen anscheinend notwendig geschah: daß die Frauen allein die feudalen Dienste übernahmen, während die Männer in die besser bezahlten Arbeitsstellen abwanderten.

Die Vorschrift diente insbesondere der Bindung des Mannes an die feudale Abhängigkeit und damit der Aufrechterhaltung brüchig werdender Herrschaftsstrukturen. Andererseits ist sie Ausdruck einer auch an anderen Stellen sichtbaren frauenfreundlichen Tendenz des *Landrechts*[66], die einer wohl historisch einmaligen Mischung aus landesväterlichem Wohlwollen und Aufklärung entsprang, auch wenn man den Verdacht nicht loswird, daß sie weniger die Frau als ihre Nachwuchsproduktion meinte.

1.5. *Die produktive Arbeit der Frauen – eine Parallele in der englischen Geschichte*

Die einzige mir bekannte Studie, die Frauenarbeit vor der industriellen Revolution würdigt und die großen Nachteile, die den Frauen aus der Veränderung der Produktionsweise erwuchsen, zur Sprache bringt, ist eine Untersuchung der englischen Verhältnisse zwischen 1750 und 1850 von I. Pinchbeck.[67] Bezeichnenderweise ist diese Arbeit, die bereits 1930 in erster und 1969 in zweiter Auflage erschien, von der historischen Forschung bisher ignoriert worden. Aber auch in der marxistischen Literatur, die sonst gern auf die englische Entwicklung zum Kapitalismus zurückgreift, wurde diese Arbeit bisher nicht zur Kenntnis genommen.[68] I. Pinchbeck schildert anhand zeitgenössischer Quellen das weite Betätigungsfeld der Frauen in der Landwirtschaft vor der industriellen Revolution. Da oblag der Hausfrau eines großen Bauernhofes neben der Haushaltsführung die Verantwortung für die Meierei – also für Geflügel und alles Kleinvieh –, außerdem die Besorgung des Obst- und Gemüsegartens und aller damit verbundenen finanziellen Geschäfte. Insbesondere die Milchwirtschaft und die Versorgung des Viehbestandes werden als ein typisch weibliches und sehr qualifiziertes Arbeitsgebiet beschrieben, das in vielen Fällen als Haupteinnahmequelle diente und auf dem Markt unternehmerische Initiative verlangte. Erst im 19. Jahrhundert, als technische Verbesserungen die Arbeit der »Schweizerin« wesentlich erleichtert hatten, mußte sie ihr Arbeitsfeld an männliche Fachleute abtreten.[69] I. Pinchbeck weiß das Argument zu entkräften, daß Frauen immer nur in traditionellen Produktionstechniken verharrten. Ende des 18. Jahrhunderts, »when farming became the most fashionable pursuit of the time«[70], standen die Bäuerinnen bei der Erprobung neuer landwirtschaftlicher Methoden keineswegs hintenan, vielmehr waren es vielfach Frauen, die in eigenen Beiträgen zu landwirtschaftlichen Fachzeitungen Verbesserungsmethoden vorschlugen und über ihre Experimente berichteten.[71]

Die Frauen der Kleinbauern und Häusler waren als gleichwertige Arbeitskräfte bei der Garten- und Feldarbeit und der Versorgung des Viehs unentbehrlich, weil kleine Wirtschaften sich keine fremden Hilfskräfte leisten konnten und der Mann häufig im Tagelohn, im Handwerk oder in der Gutswirtschaft beschäftigt war. I. Pinchbeck betont, daß gerade bei diesem weitaus größeren Teil der ländlichen Bevölkerung Fleiß und wirtschaftliche Umsicht der Hausfrauen oftmals über Wohlergehen oder Lebensstandard der Familie entschieden.[72]

Auch das Familieneinkommen dieser ländlichen Unterschichten setzte sich aus sehr verschiedenartigen Einnahmen zusammen: Da war einmal der kärgliche Lohn des Mannes, dann die Erträge aus der kleinen Landwirtschaft und der Viehhaltung, die nur durch die Nutzung des Gemeindelandes ermöglicht wurde; schließlich Verdienste aus Nebenbeschäftigungen wie Heimarbeit, zu der alle Familienangehörigen, auch die Kinder, herangezogen wurden.[73]

Mit der beschleunigten Umwandlung landwirtschaftlicher Produktionsverhältnisse, der Einhegungsbewegung und dem Bauernlegen auf der einen Seite und dem Entstehen landwirtschaftlicher Großbetriebe auf der anderen Seite veränderte sich die Situation der Frauen aller Schichten gleichermaßen. Frauen und Töchter von Landwirten, deren Wohlstand sich plötzlich vermehrt hatte, befaßten sich nicht länger mit landwirtschaftlichen Angelegenheiten, weil sie »Vornehmheit« dadurch zu erlangen suchten, daß sie »nichts zu tun hatten«, sie stiegen in die Reihen der »müßigen Klassen« auf.[74]

»Die Frauen von Pächtern und Häuslern, denen infolge von Einhegungen und Zusammenlegungen ihr Land genommen wurde, verloren die Möglichkeiten zu produktiver Arbeit, die sie in ihrem eigenen Heim gehabt hatten, und dies, verbunden mit dem Rückgang einiger Heimindustrien, zwang sie erstmalig in eine Position völliger wirtschaftlicher Abhängigkeit von ihren Ehemännern.«[75]

Für sie alle aber bedeutete dieses »Absinken der produktiven Arbeit« »einen eindeutigen Verlust« in bezug auf die Entwicklung ihrer Fähigkeiten, ihrer wirtschaftlichen Unabhängigkeit und Eigeninitiative.[76] Für die Mehrheit der Frauen aus dem Volk begann jetzt der verzweifelte Kampf um das Auskommen mit dem Familienbudget, ja, es wird schon von den Zeitgenossen des 18. Jahrhunderts ausdrücklich vermerkt, daß erst jetzt »beinahe die ganze Last des Unterhalts ihrer Familien auf den Männern ruht«.[77] Es war die Situation, in der mit dem sprunghaften Anstieg weiblicher Tagelohnarbeit in der Landwirtschaft die für den Kapitalismus typische weibliche Reservearmee entstand, in der die Frauen aus Not jede sich bietende Arbeitsgelegenheit ergreifen mußten und für die nun kapitalistisch betriebene, nur mit Saisonarbeit und niedrigsten Löhnen profitable Landwirtschaft besonders geeignet waren.[78]

In der englischen Untersuchung wird neben der Frauenarbeit in der Landwirtschaft vor der industriellen Revolution auch der hohe Anteil weiblicher Arbeit in anderen Gewerbezweigen – im Handel, im Handwerk und natürlich bei der Heimarbeit – nachgewiesen. Vorerst mag der Hinweis auf das Schicksal der Frauen in der Landwirtschaft und ihre Parallele in der englischen Entwicklung genügen, zumal die Verhältnisse in Deutschland durch die spätere Industrialisierung noch sehr viel länger agrarisch bestimmt waren.

Worauf es uns zur Kennzeichnung der Ausgangslage ankommt, ist die Tatsache, daß »weibliche Arbeit keine Neuerscheinung des 19. und 20. Jahrhunderts ist«, daß die Frauen vielmehr »zu allen Zeiten die Arbeit geleistet haben, welche im Rahmen der herrschenden Wirtschaftsweise nach ihrer jeweiligen sozialen Lage von ihnen gefordert wurde«.[79] Diese Feststellung ist jedoch zu allgemein, um historisch festgefahrene Vorurteile zum Thema Frauenarbeit auszuräumen. Die Erörterung der Bauernbefreiung und ihrer sozialen Folgen, die insbesondere die weiblichen Arbeits- und Lebensbedingungen berücksichtigte, hat die strukturelle Bedeutung und das Ausmaß der Frauenarbeit vor der industriellen Revolution klar hervortreten lassen. Einem landläufigen Mißverständnis ist damit vorgebeugt: Die erste Hälfte des 19. Jahrhunderts in Deutschland steht nicht im Zeichen zunehmender, sondern stark abnehmender Frauenarbeit.[80] Die übliche historische Betrachtung der Frauenarbeit der Neuzeit beginnt also an einem Tiefpunkt weiblicher Beschäftigung – im Hause wie außer Haus –, hält ihn für ›natürlich‹ oder ›ewig‹ und setzt damit die falschen Vorzeichen für eine bis heute mit viel Geschichtsklitterung geführte Diskussion. Wir wollen im folgenden dokumentieren, daß Frauen immer gearbeitet haben und daß sie erst mit dem Aufkommen des Kapitalismus aus einem Bereich gesellschaftlicher Produktion verdrängt wurden, in den sie vorher selbstverständlich integriert waren.[81] I.

Pinchbeck nennt einen der Gründe, warum über diesen Sachverhalt so viele Irrtümer entstehen konnten:

»In every industrial system in the past women have been engaged in productive work and their contribution has been recognized as an indispensable factor. [. . .] It was only when new developments brought about the separation of home and workshop that a far greater number of women than ever before were compelled to follow their work and become wage earners in the outside world; *hence the mistaken notion* that women only became industrial workers with the Industrial Revolution [. . .] but their total contribution to productive work was not necessarily altered thereby.«[82]

Das bedeutet: Die Verdrängung der Frauen aus dem Produktionsbereich und damit die Verhinderung ihrer – wenigstens bürgerlichen – Gleichberechtigung wurden dadurch verdeckt, daß sich mit dem Übergang zur Entwicklung kapitalistischer Verhältnisse die Form der Arbeit geändert hatte – übrigens auch für den Mann: Sie war Lohnarbeit geworden. Die neue ›Freiheit‹ als Lohnarbeiter für Mann und Frau aber fiel zusammen mit einer durch die Entwicklung der Produktivkräfte bedingten Trennung von Haus und Werkstatt oder Wohnung und Betrieb. Die Frage stellt sich, wie es kommen konnte, daß diese Trennung sich zum Nachteil der Frauen auswirkte. Die Verdrängung der Frauen aus dem Handwerk, in dem sich in der hier behandelten Epoche diese Trennung erst allmählich anbahnte, ist ein lehrreiches Beispiel.

2. Frauen im Handwerk

Die Gewerbefreiheit war der andere Teil der Stein-Hardenbergschen Reformen, an denen das Gefüge der Ständegesellschaft zerbrach.[83] Im Zusammenhang mit dem Edikt über eine allgemeine Gewerbesteuer vom 2. November 1810 eingeführt, diente die »Befreiung der Gewerbe von ihren drückendsten Fesseln«[84]* unmittelbar dem Zweck, die Staatseinnahmen zu vermehren, blieb mittelbar jedoch die wesentliche Voraussetzung für die Entwicklung kapitalistischer Warenwirtschaft und kapitalistischer Unternehmungen. Aus der Möglichkeit,

* Siehe Anhang Nr. 3a.

»in den Städten oder auf dem platten Lande«[85] ein Gewerbe zu eröffnen, folgte eine im Verhältnis zur Bevölkerungsvermehrung übermäßige Zunahme selbständiger Meister. Erst seit 1830 stieg auch die Zahl der Gesellen wieder[86], was damit zu erklären ist, daß seit dieser Zeit die meisten Marktlücken geschlossen waren, die das privilegierende Zunftwesen bewußt belassen hatte. In den vierziger Jahren schließlich zeigt der Stillstand der Handwerkerzahlen insgesamt die »Krisis der Kleingewerbe«[87] an. Als dann im Zusammenhang mit einer allgemeinen Konjunktur- und Absatzkrise viele Gesellen entlassen wurden, die in den Märztagen zumindest potentiell eine revolutionäre Vorhut bildeten, war der soziale Prozeß in Gang gekommen, in dem die kapitalistische Gesellschaft ihre eigenen Widersprüche selbst erzeugte.

2.1. Die allgemeine Lage des Handwerks

Die wirtschaftliche Lage und die Entwicklung der einzelnen Handwerkszweige waren in der ersten Jahrhunderthälfte nach Einführung der Gewerbefreiheit sehr unterschiedlich.[88] Alle metallverarbeitenden Handwerker, wie Schlosser, Schmiede und verwandte Berufe, hatten die Gewerbefreiheit einstweilen nicht zu fürchten – die sich entwickelnde Industrie war auf ihre Qualifikationen, vor allem auf den von ihnen ausgebildeten Nachwuchs, angewiesen. Erheblich zugenommen hatten auch die Beschäftigten im Maurergewerbe, eine Folge des forcierten Häuser-, insbesondere aber des Eisenbahnbaus. Schließlich verzeichnete das Nahrungsmittelgewerbe eine günstige Geschäftslage, vorab die Bäcker – da das »Hausbacken« rapide abnahm – und die Fleischer. Dagegen war das Textilgewerbe durch den Vorsprung der englischen Textilindustrie vom Druck freier Konkurrenz besonders hart betroffen. Die Bedeutung dieses Wirtschaftszweiges, in dem seit jeher Frauen ein weites Betätigungsfeld gefunden hatten, ist daran zu ermessen, daß um die Jahrhundertmitte etwa 40 Prozent aller Erwerbstätigen in der Textilbranche arbeiteten[89] und zur gleichen Zeit trotz der starken ausländischen Konkurrenz die Leinen-, Woll-, Baumwoll- und Seidenindustrie mit 50 Prozent den Hauptanteil des Exports stellte.[90]

Im Kampf zwischen Maschine und Handarbeit waren als

erste die Spinner unterlegen; es folgten die Leineweber, deren
Not und Aufstand in Schlesien zu den wenigen sozialhistorischen Daten gehören, die Eingang in bürgerliches Schulwissen
gefunden haben. Nach einer Erhebung im gesamten deutschen
Zollverein war gleichwohl erst jeder zehnte aller gewerbsmä-
ßigen Webstühle – also abgesehen von einer mindestens
ebenso großen Zahl zum Nebenerwerb dienender Handweb-
stühle – ein Maschinenstuhl.[91] Das bedeutet, daß die Leinen-
und Tuchweberei noch weit über die Jahrhundertmitte hinaus
ein Rückzugsgebiet für das Handwerk bildete und die Zahl
der Stühle und Beschäftigten, vorläufig wenigstens, konstant
blieb.

Im Verhältnis zur Bevölkerung übermäßig stark zugenommen hatte das Schneiderhandwerk, wobei sich mit der Einführung der Nähmaschine auch die Leistungsfähigkeit – nach
Angaben Schmollers für die Jahre 1840 bis 1860 – gemessen
am Kleiderexport verzehnfacht hatte, ein »Fortschritt, da
gerade die Bekleidung fast in allen Klassen der Bevölkerung
eine bessere geworden ist«.[92] L. Otto erinnert sich, daß es
wohl nicht mehr als ein »Zeichen schlechter Wirtschaft« galt,
wenn der Kleiderbedarf nicht in der Familie selbst gedeckt,
sondern beim Schneider in Auftrag gegeben oder in sogenannten Kleidermagazinen gekauft wurde.[93] Insbesondere zur
Herstellung von Männerkleidung wurden in den vierziger
Jahren in den größeren Städten »Etablissements« eingerichtet,
in denen Mädchen schneiderten, »die auf Herrenarbeit geübt
sind«. Und zwar rekrutierte sich die große

»Zahl weiblicher Hände nicht bloß aus den unteren Ständen; der ganze
Überschuß von Töchtern aus dem Krämer-, Handwerker- und Beamten-
stand, die nicht so glücklich [waren], in den Hafen einer auskömmlichen
Ehe einzulaufen, sehr viele Witwen [waren] froh, solche Beschäftigung zu
finden . . .«[94]

Trotzdem war die Kleiderfabrikation größeren Stils vorerst
die Ausnahme. Typisch für die Handwerker dieser Zeit waren
die überall im Land nahe der Kundschaft angesiedelten Einmannbetriebe, die, am Rande des Existenzminimums lebend,
im damaligen Sprachgebrauch dem ›Proletariat‹ zuzurechnen
sind.[95] Man denke nur an den »armen Schuster« in den
zahlreichen Kinderreimen und -liedern.

Während die Handwerker selbst ihr Elend allein der Gewerbefreiheit zuschrieben und in unzähligen Eingaben und Petitionen die Wiedereinführung mittelalterlicher Zunftverhältnisse forderten, war die preußische Bürokratie bemüht, gegen alle ständischen Interessen ihre liberale Gewerbepolitik durchzusetzen und mit Hilfe der amtlichen Statistik zu verteidigen. Dieterici, der Direktor des statistischen Bureaus in Berlin, belegte im einzelnen, daß die Zunahme der Meister mit dem »unzweifelhaft gestiegenen Wohlstand« und »vermehrtem Bedürfnis«[96] Schritt gehalten hatte.

Da die Gewerbefreiheit keineswegs in allen preußischen Provinzen, z. B. nicht in der Provinz Sachsen, offiziell eingeführt war – wiederum ein Beispiel für die partikularistischen, noch nicht bürgerlich verallgemeinerten Verhältnisse dieses Zeitabschnittes –, wurde 1845 »für den ganzen Umfang der Monarchie« eine »Allgemeine Gewerbeordnung«[97]* erlassen. Sie ist insofern ein Kompromiß, als die Gewerbefreiheit grundsätzlich erhalten blieb, die Bildung freier Innungen jedoch begünstigt und in einigen Handwerken die Befugnis, Lehrlinge auszubilden, von der Mitgliedschaft in einer Innung oder der Meisterprüfung abhängig gemacht wurde. In der »Verordnung, betreffend [...] verschiedene Abänderungen der allgemeinen Gewerbeordnung« vom 9. 2. 1849[98]** haben dann kleinbürgerliche, ständische Interessen wieder gesiegt. Die Ausübung aller denkbaren Gewerbetätigkeiten wurde von einem Befähigungsnachweis und der Zugehörigkeit zu einer Innung abhängig gemacht.

2.2 Frauenarbeit und Gewerbereform

Auch den Frauen waren damit zur wenigstens ›bürgerlichen‹ Verbesserung‹ ihrer Position folgenschwere Behinderungen in den Weg gelegt worden. Schon einmal, im Ausgang des Mittelalters, waren die Zünfte zu einem männlichen Monopol umgebildet und alle Frauen aus dem Handwerk vertrieben worden; dabei hatten sie vorher wegen des mitunter hohen Frauenüberschusses sogar eigene, rein weibliche Zünfte gebildet.[99]*** Allerdings hatte ihnen ihre Unzünftigkeit mit dem

* Siehe Anhang Nr. 3b.
** Siehe Anhang Nr. 3c.
*** Siehe Anhang Nr. 4.

Aufkommen der Manufakturen zu einem zweideutigen Vorteil gereicht. Als staatlich konzessionierte Manufakturen oder Fabriken[100] zu Konkurrenten des Handwerks wurden und Gewerbezwänge großenteils den Handwerkern die Arbeit in den Manufakturen verboten, waren Frauen (und Kinder) begehrte Lückenbüßer auf einem bis zum Ende des 18. Jahrhunderts vor allem im Textilgewerbe unterbesetzten und unterentwickelten Arbeitsmarkt. Sie waren überdies – das belegen alle Quellen[101] – besonders billige Arbeitskräfte. Das Edikt von 1810 war jedoch entweder selbstverständlich oder in einem »kühnen Vorgriff in die Zukunft«[102] davon ausgegangen, daß, »um die allgemeine Wohlfahrt zu fördern, einem jeden [also auch den Frauen?] die möglichst freie Entwicklung und Anwendung seiner Anlagen, Fähigkeiten und Kräfte zu gestatten« seien.[103]

Wie nun die neue Freiheit, ohne ständische Bindung über sich selbst als Arbeitskraft zu verfügen, bereits in den ersten Dezennien des bürgerlichen Zeitalters in Deutschland nur auf den Mann zugeschnitten und damit sexistisch eingeengt wird, ist geradezu beispielhaft. Waren die zünftigen Handwerker des Posamentiergewerks am Ende des 18. Jahrhunderts den mit ihnen konkurrierenden Frauen in der Bandfabrikation noch mit Gewalt begegnet, indem sie ihre Produktionsstätten zerstörten und die dort beschäftigten Mädchen »tätlich angriffen«[104], so benutzten die freien Handwerker bürgerlicher Verhältnisse »legalere« Mittel – sie machten Eingaben und Anzeigen bei den Behörden und gingen mit Hilfe reaktionärer, frauenfeindlicher Gesetze, z. B. der Gewerbeordnung, aber auch mit Hilfe des Familienrechts[105] gegen die Frauen vor. Ausführlich belegt ist der Kampf der Schneider gegen die gewerbliche Tätigkeit der Schneidermamselln. Bereits 1816 hatte der Berliner Magistrat eine Statistik vorgelegt, die die immer wiederkehrenden Argumente gegen die Gewerbefreiheit zusammenfaßte. Ihre Klagen über das Eindringen von »Emporkömmlingen«, insbesondere von Frauenzimmern, in das Schneidergewerbe, lauteten im einzelnen: Binnen fünf Jahren seit dem Erlaß der Gewerbefreiheit sank die Zahl der Schneidermeister (in Berlin) von 1030 auf 950, aber 357 Unzünftige hätten sich eingedrängt, 457 seien völlig verarmt und 160 hätten das Gewerbe gewechselt, nicht zuletzt, weil sich

Frauenschneiderinnen immer mehr ausbreiteten.[106]

In den vierziger Jahren häuften sich die Eingaben der Schneiderinnungen gegen die »Pfuscherei«, das hieß, den »selbständigen Betrieb der Schneiderei durch Frauenspersonen«[107], die von den Ministerien anscheinend unbefangen, aber bestimmt zurückgewiesen wurden. Die preußischen Beamten gingen bei der Auslegung der Gewerbegesetze, ja, selbst noch der Verordnung von 1849 davon aus, daß diese »rücksichtlich der weiblichen Personen überall keine Ausnahmen gemacht« haben[108] – ganz im Gegensatz zu den zu gleicher Zeit erlassenen Gewerbeordnungen anderer deutscher Staaten, wie zum Beispiel der Stadt Bremen. Dort wurde in § 41 der Gewerbeordnung vom 6. Oktober 1851 »hiesigen Frauenzimmern« nur gestattet, »weibliche Kleidungsstücke außer dem Hause gegen Tagelohn anzufertigen«.[109] Auch die Schneidermeister in Preußen beharrten darauf, daß die Gesetze

»die weiblichen Personen im allgemeinen von der Berechtigung zum selbständigen Betriebe eines Gewerbes ausgeschlossen wissen wollten, da sie sonst der Deutlichkeit des Gesetzes wegen [die ausdrückliche Berechtigung der Frauen] hätten hinzufügen müssen.«[110]

Der Dissens zeigt, daß im Übergang vom Privileg zum Recht Regeln und Ausnahmen der neuen bürgerlichen Freiheiten keineswegs eindeutig bestimmt waren. Gerade die Schneiderei ist ein besonders krasses Beispiel für die Widersprüchlichkeit dieser Verhältnisse. Obgleich vierjährige kleine Mädchen, geschlechtsspezifischer Erziehung und Arbeitsteilung gemäß, bereits vor der Schule in die Strick- und Nähstunde geschickt wurden, um nur früh genug zu lernen, mit der Nadel umzugehen[111], wurde ihnen die Verwertung dieser besonderen Qualifikation über den Familienbedarf hinaus in einer beruflichen Tätigkeit versagt. Wie der Kampf der Schneider in der alltäglichen Realität der vierziger Jahre aussah, schildert L. Otto in ihren Erinnerungen. Sie hatte miterlebt,

»wie damals jene Kleiderverfertigerinnen in Angst und Zittern lebten, vor den gestrengen Herrn Damenschneidern und der Polizei – denn beide vereint, durften bei ihnen an jedem beliebigen Tag Haussuchung halten und die Stoffe oder angefangenen Kleider confiscieren, an denen sie die Schneiderin daheim arbeitend trafen – und die sie vielleicht nur aus

Gefälligkeit mit nach Hause genommen, weil sie in der betreffenden Familie nicht fertig geworden« waren.[112]*

Auf dem 1848 in Frankfurt tagenden Handwerkerparlament verlangten die Handwerksgenossen schließlich »aus Sorge um den letzten Rest von Tüchtigkeit und Wohlstand« neben einer Reihe anderer reaktionärer Maßnahmen vor allem die »Beschränkung der Arbeit der Frauenzimmer«.[113] »Wunderliche Produkte der Kurzsichtigkeit!« – mußte der durchaus mittelständische Interessen wahrende G. Schmoller zugeben – »wie der damals allerdings herrschenden Not!«[114] Richtig ist, daß die materielle Not größter Teile der Bevölkerung, die in der Literatur unter dem Schlagwort ›Pauperismus‹ die Epoche kennzeichnet[115], einen geradezu zwingenden Erklärungswert hat. Doch sollte man sich vor dem Kurzschluß hüten, als ob die berufliche, das heißt nun: außerhäusliche Mitarbeit der Frau ursächlich für die Not der Handwerker gewesen wäre. Es drängt sich die Frage auf, was die tüchtigen Familienväter eigentlich dazu trieb, ihre Ernährerrolle märtyrerhaft allein zu übernehmen oder – anders ausgedrückt – warum bei grundsätzlicher Anerkennung der Gesetze der freien Konkurrenz just gegenüber der Frauenarbeit Schutzwälle errichtet wurden.

2.3. Die Frauen in der Handwerkerstatistik

Zuverlässige Zahlen über den Anteil der Frauen in Handwerk und Gewerbe gibt es für unseren Zeitabschnitt nicht. In den preußischen Statistiken wird die Aufnahme und Trennung nach Geschlechtern erst seit 1861 allgemein vorgeschrieben. Für das Schneidergewerbe ergibt die Zählung von 1861, daß etwa 20 Prozent der Geschäftsinhaber, aber auch der Gehilfen, weibliche Personen waren.[116] Angesichts der großen Aufmerksamkeit, die die Frauenschneiderinnen in den vierziger Jahren erregten, können diese Zahlenverhältnisse ohne Zweifel auch für den hier interessierenden Zeitabschnitt angenommen werden. Trotzdem müssen alle konkreten Zahlenangaben unbefriedigend bleiben. Schmoller weist darauf hin, daß im Überblick des ganzen Deutschen Zollvereins in einigen Staaten

---

* Zur Lage der Schneiderinnen und der Arbeiterinnen allgemein, zu denen in dieser Zeit alle Frauen der »handarbeitenden Classe« gerechnet wurden, vgl. Anhang Nr. 5.

ein Drittel aller Schneidergeschäfte als in fraulicher Hand, in anderen nur wenige weibliche Geschäfte notiert sind, »ohne daß eine solche reale Verschiedenheit wahrscheinlich wäre«.[117] Die Gründe für diese statistischen Unregelmäßigkeiten liegen einerseits darin, daß die Übergänge von der bloßen Näherin oder Hausschneiderin zum selbständigen Schneiderbetrieb fließend waren. So werden etwa in den Angaben des Statistischen Bureaus Berlin für die Jahre von 1846 bis 1861 die »Nähterinnen« zusammen mit den Wäscherinnen zur Gruppe der weiblichen Tagelöhnerinnen gezählt[118], ohne daß die Zahl der Näherinnen damit feststellbar wäre. Andererseits wird den Frauen die Anerkennung ihres selbständigen Handwerksbetriebes ausdrücklich versagt, entweder, wie wir sahen, durch Gesetze, oder mit Hilfe der amtlichen Statistik, die schon durch ihre Erhebungstechnik Frauenarbeit unterschlug. Belegt ist beispielsweise, daß bei der Erfassung der Gewebeindustrie im Jahre 1846 ausdrücklich die Anweisung gegeben wurde, die Webermeister jeder Branche zwar mit ihren Gehilfen zu zählen, »Hülfskräfte« wie Frauen und Kinder jedoch nicht.[119]

Eine Ausnahme im Zählverfahren der Handwerkerstatistik bilden lediglich die Putzmacherinnen. Sie wurden seit 1816 ausdrücklich als Meisterinnen genannt. Ihre Zahl hatte sich in der ersten Jahrhunderthälfte verzehnfacht[120], wobei wegen des verschwindend geringen Anteils männlicher Gehilfen in diesem Fall ausnahmsweise die Männer unterschlagen wurden.[121] Offensichtlich kam diesem Gewerbezweig eine – wie die zeitgenössischen Kommentare mißbilligend notieren – bis zur Dienstmagd sich verallgemeinernde »Putzsucht« des weiblichen Geschlechts zugute. Doch die Putzmacherinnen waren ohnehin eine relativ privilegierte Schicht, die sich aus »Witwen, älteren unverheirateten Fräuleins, vor allem Frauen von kleinen Geschäftsleuten oder Angestellten«[122] rekrutierte und mit deren kundennahem Geschmack oder gesellschaftlichen, d. h. klassengebundenen Kontakten handwerkende Männer eben nicht konkurrieren konnten.

2.4. Zirkelschluß

»Die freieste Concurrenz«, liest man in *Wigand's Conversations-Lexicon für alle Stände* von 1846, »ist der Hebel, der alle Kräfte in Bewegung setzt und zum Fortschreiten zwingt. Das jetzige Erwerbsleben erfordert Intelligenz, Tätigkeit, Anstrengung der geistigen, moralischen und körperlichen Kräfte. Wer mit der Zeit mitgegangen ist [. . .], der befindet sich in dem heutigen Erwerbsleben sehr wohl und fühlt sich darin sicher. Wer sich zum Schritthalten nicht befähigt hat, der verfällt in die Strafe, welche eine wohltätige Vorsehung mit unerbittlicher Strenge über die Menschen nur in der Absicht verhängt hat, um sie zum geistigen, moralischen und materiellen Fortschritt zu nötigen.«[123]

Solch ungebrochen liberaler Fortschrittsglaube meinte offensichtlich nur die eine Hälfte der Menschheit, die Männer. Anders sind die realen Entwicklungen und die Kampagne gegen Frauenarbeit nicht zu erklären. In ihnen manifestiert sich fortan die Schizophrenie bürgerlichen Denkens, das mit der Trennung in eine private und eine öffentliche Sphäre den Gedanken an eine zwischen Mann und Frau gemeinsame Produktion und Reproduktion des Lebens nicht mehr aufkommen ließ, sondern die Frau in die sogenannte Reproduktionssphäre verwies. Alle zeitgenössischen, juristisch anscheinend schlüssigen Begründungen enden in dem bürgerlichen Zirkelschluß, in dem auch die Schneidermeister argumentierten:

»Weil weibliche Personen, selbst wenn sie das Bürgerrecht erworben [haben], die Selbständigkeit des Mannes weder in bürgerlichen Verhältnissen, noch vor Gericht erlangen können, [müssen sie] deshalb auch von dem selbständigen Betriebe eines Gewerbes ausgeschlossen bleiben.«[124]

Diese Begründung ist als Gedankengang typisch für die dialektische Verknüpfung von Recht, Bewußtseinsformen und Ökonomie: Die beschränkte Geschäftsfähigkeit der Frau (»in bürgerlichen Verhältnissen und vor Gericht«) ist Ausdruck einer reaktionären Ideologie und wirkt gleichzeitig zurück auf die ökonomische Lage der Frau; sie ermöglicht und rechtfertigt ihren Ausschluß aus dem Handwerk.

3. Die ›freie‹ Lohnarbeit der Frauen

Mit der allmählichen Beseitigung der feudalen Produktionsverhältnisse auf dem Lande, der Aufhebung der mittelalterlichen Zunftverfassung und dem starken Bevölkerungswachstum war eine wesentliche Voraussetzung für die – verspätete – Industrialisierung Deutschlands geschaffen: Es gab ein mas-

senhaftes Angebot »freier« Lohnarbeiter, das Proletariat. Der
Übergang von der Stände- zur Klassengesellschaft war im
wesentlichen durch zwei sich gegenseitig bedingende Faktoren bestimmt: Das große Überangebot an Arbeitskräften und
die Armut breiter Bevölkerungskreise, den Pauperismus. Um
das Ausmaß und die strukturellen Veränderungen proletarischer Frauenarbeit einschätzen zu können, ist es notwendig,
sich einen Überblick über die Gliederung der lohnarbeitenden
Bevölkerung zu verschaffen.

3.1. Allgemeine Angaben zur Erwerbstätigkeit

Aus welchen Berufsgruppen sich die Masse der Proletarier im
Vormärz rekrutierte, ist anhand preußischer Statistiken zu
klären. Es gibt staatliche Erhebungen der »arbeitenden Classen«[125] in Preußen seit 1810. Trotz aller Ungenauigkeiten im
Zählverfahren[126] und trotz der Schwankungen in der Terminologie, besonders bei Begriffen, die den Fabrikarbeiter meinen, ist es möglich, für die erste Jahrhunderthälfte einen
Überblick zu gewinnen, der zumindest strukturelle Schlußfolgerungen erlaubt. Eine Gegenüberstellung der wichtigsten
Berufsgruppen, die sich auch bei W. Conze und J. Kuczynski[127] findet, macht eine Verschiebung innerhalb der lohnarbeitenden Erwerbsbevölkerung deutlich. Gemessen an den
über vierzehnjährigen Einwohnern Preußens waren[128]

	1816	1846
Fabrikarbeiter u. Bergleute	3,1 Prozent	5,2 Prozent
Gewerbsgehilfen u. Lehrlinge	9,1 Prozent	11,6 Prozent
Summe der gewerblich-industriellen Berufe	12,2 Prozent	16,8 Prozent
Gesinde	15,2 Prozent	11,4 Prozent
Tagelöhner u. Handarbeiter	16,3 Prozent	17,2 Prozent
Summe der ländlichen Unterschicht vorwiegend in der Landwirtschaft	31,5 Prozent	28,6 Prozent
Summe der Arbeiter	43,7 Prozent	45,4 Prozent

Die Tabelle zeigt eine deutliche Zunahme der lohnabhängigen gewerblich-industriellen Berufe, wobei die große Zahl der
zwar selbständigen, aber »proletaroiden«[129] Gewerbetreiben-

den nicht einmal mitgezählt ist. Noch offensichtlicher wird der Trend, wenn man den bei Dieterici mitgeteilten absoluten Zahlen vertraut. Danach hat sich bei einer Bevölkerungszunahme von 100 auf 156 (1816 = Index 100) in den Jahren von 1816 bis 1846 die Zahl der Fabrikarbeiter von 100 auf 293 und die der Gewerbsgehilfen und Lehrlinge von 100 auf 212 erhöht. Dagegen war die breite Schicht der Tagelöhner etwa parallel zur Bevölkerungsvermehrung von 100 auf 167 angewachsen, und das vorwiegend in der Landwirtschaft beschäftigte Gesinde hatte bei einer Steigerungsrate von 100 auf 117 relativ dazu abgenommen.[130] Dennoch sollte der für diesen Zeitabschnitt notierte »steile« Anstieg der Anzahl der Fabrikarbeiter nicht überbewertet werden. Gerade diese Zahlen enthalten viele Ungereimtheiten, die vor allem auf die wechselnde Einordnung der Weber, ihr »Hinüber und Herüber zwischen Fabriken- und Handwerker-Tabelle«[131] zurückzuführen sind. Bedenkt man, daß unter den 1846 vom »Statistischen Bureau«, Berlin, aufgenommenen, rund 500 000 »zu den sogenannten Arbeiterklassen gerechneten Personen« allein fast 200 000 Weber aufgeführt sind – also auch Weber, die in Heimarbeit beschäftigt waren –,[132] so kann der geringe Anteil von Fabrikarbeitern im engeren Sinn für das Verständnis der sozialen Probleme im Vormärz nicht oft genug betont werden.

Der an der Berufsstruktur abzulesende geringe Grad der Industrialisierung wird unterstrichen durch statistische Angaben über die Gesamtheit der unmittelbar von der Landwirtschaft lebenden Bevölkerung. Der Anteil aller Eigentümer, Pächter und Nebenerwerbslandwirte einschließlich ihrer Angehörigen, aber auch das landwirtschaftliche Hilfspersonal zusammengerechnet betrug 1849 noch 51,2 Prozent der Gesamtbevölkerung und zeigt erst nach 1850 eine deutlich rückläufige Tendenz, z. B. 1858 bereits 45,4 Prozent.[133] So belegen allein die Arbeitsverhältnisse der überwiegenden Mehrheit der Bevölkerung, daß die Gesellschaft im größten Teil Deutschlands vor 1850 noch als Agrargesellschaft zu charakterisieren ist und die Not der Menschen dieser Zeit weitgehend vorindustriell bedingt war. Denn auch die wirtschaftlichen Krisen dieses Zeitabschnittes waren aus agrarischen Anlässen entstanden: 1816/17 wurde die Getreideernte nahezu vollständig vernichtet, 1846/47 die Kartoffelernte durch Fäulnis verdorben. Die so verursachten schweren Hungersnöte wurden in den zwanziger Jahren auf bereits kapitalistisch widersprüchliche Weise durch eine andere Agrarkrise unterbrochen, die demgegenüber als Überproduktionskrise gekennzeichnet wird.[134]

Im Rahmen dieser Agrarkrisen war eine stetige Steigerung der Lebensmittelpreise der Grund dafür, daß besonders in den vierziger Jahren die Reallöhne aller Arbeitnehmer empfindlich sanken. Schließlich waren durch den Vorsprung der englischen Textilindustrie für breite Volksschichten die alten Erwerbsquellen aus der Heimarbeit versiegt.

Das Zusammentreffen dieser Faktoren erklärt den Pauperismus und das Überangebot an Arbeitskräften, das nicht so sehr als Folge der industriellen Revolution – also durch die Verdrängung der Handarbeit durch Maschinenarbeit – entstanden war, als vielmehr ein Ergebnis der verspäteten Industrialisierung und damit ein speziell deutsches Erbe feudaler Vergangenheit darstellte.[135] Ausschlaggebend war, daß die in Deutschland extrem hohe agrarische Überschußbevölkerung – zumindest bis zum Ende der vierziger Jahre – von der Industrie, der es an Kapital und Produktionsmitteln mangelte, nicht aufgefangen werden konnte, »was den Druck auf den Arbeitslohn, was Arbeitslosigkeit und Unsicherheit verschärfte«.[136] Marx kennzeichnete die deutsche industrielle Entwicklung, 1867, folgendermaßen:

»[Im Gegensatz zu England] quält uns, gleich dem ganzen übrigen kontinentalen Westeuropa, nicht nur die Entwicklung der kapitalistischen Produktion, sondern auch *der Mangel ihrer Entwicklung.* Neben den modernen Notständen drückt uns eine ganze Reihe vererbter Notstände, entspringend aus der Fortvegetation altertümlicher, überlebter Produktionsweisen, mit ihrem Gefolg von zeitwidrigen gesellschaftlichen und politischen Verhältnissen.«[137]

3.2. Die berufliche Gliederung der lohnabhängigen Frauen

Erst die Berücksichtigung dieses sozialökonomischen Zusammenhangs erlaubt, das Ausmaß und die Bedeutung lohnabhängiger Frauenarbeit in der industriellen Übergangsepoche angemessen zu beurteilen. Dabei ist nachzuweisen, daß in

dieser Ausgangslage die Weichen gestellt wurden für alle
späteren Auseinandersetzungen um dieses Thema. Schon die
Informationen über den Anteil von Frauenarbeit als nicht-fa-
milialer, gesellschaftlicher Produktion sind widersprüchlicher
und ungenauer kaum denkbar. Da ist zum Beispiel eine
Berufsstatistik aus dem Jahre 1846 über die Verhältnisse im
Deutschen Zollverein, die F. Lütge erst in der dritten Auflage
seiner Sozialgeschichte eingefügt hat[138]:

Fabrikarbeiter	4,44%
Handarbeiter	7,24%
Landwirte, Militärs, Beamte, Rentner	20,98%
Gewerbetreibende sonstiger Art	7,25%
Gesinde	7,84%
Verheiratete Frauen und Kinder	50,00%

Während der Verfasser die Rubrik der Landwirte, Militärs
und Rentner statistisch als besonders unbefriedigend empfindet, sind Frauen für ihn allenfalls als verheiratete denkbar. Ja,
es entspricht einem so bornierten sozialhistorischen Verständnis, daß die berufstätigen Frauen für F. Lütge erst existent
werden, als die bürgerliche Frauenbewegung sie ins allgemeine
Bewußtsein hebt – seit 1865. Andere Darstellungen setzen
fälschlicherweise voraus, daß Frauenarbeit eine der bedauerli-
chen Errungenschaften des Kapitalismus sei. Da werden sehr
globale, phantastische Zahlen über die Steigerung der Fabrikarbeit von Frauen genannt[139], ohne das große Heer ebenfalls
lohnabhängiger Frauen in anderen Wirtschaftszweigen auch
nur zur Kenntnis zu nehmen, was notwendig zu Verzerrun-
gen führen muß. Auch die für die eigene Zeitepoche sehr
gründlich recherchierende L. Braun verwendet für die Zeit der
industriellen Revolution, abgesehen von vereinzelten Daten
zur Textilindustrie, fast nur englische Quellen und kommt
damit zu den üblichen klischeehaften Schlußfolgerungen.[140]
Ohne Zweifel hat die marxistische Betonung der Frauenlohnarbeit als wesentliches, strukturelles Moment kapitalistischer
Ausbeutung zu solch einseitiger Interpretation beigetragen[141],
insbesondere ist die historisch nicht konkretisierte Übertragung der Schilderungen englischen Fabrikarbeiterelends aus
den Untersuchungen von K. Marx und F. Engels[142] auf den
deutschen Frühkapitalismus ein allzu leichtfertiges Verfahren,

das als unmaterialistisch zu kritisieren ist.[143] Marx selbst hat oft genug auf die Ungleichzeitigkeit der Entwicklung Deutschlands und Englands hingewiesen und betont, wie wenig »vom ökonomischen Standpunkt [. . .] die Erklärung taugt, [der] das historische Element [fehlt]«.[144]

J. Kuczynski argumentiert sehr viel differenzierter als viele andere Autoren, häuft jedoch in unsystematischer Weise ein so detailliertes Datenmaterial, daß einer nur verkürzten oder vorschnell verallgemeinernden Rezeption Fehler unterlaufen müssen. So ist die bei J. Menschik zitierte Behauptung, daß »in der ersten Hälfte des 19. Jahrhunderts [bei Menschik sogar ›um 1850‹[145]] die Mehrheit des Industrieproletariats von Frauen und Kindern gestellt wurde«[146], falsch. Kuczynski selbst schränkt seine These einige Seiten weiter erheblich ein, indem er sie nur noch für das erste Viertel des Jahrhunderts gelten läßt und auch in diesem Zeitraum – wie die Zahlen zeigen – nur einzelne Zweige der Textilindustrie meint.[147] Noch unklarer wird der Sachverhalt, wenn man seine Darstellung im 18. Band mit den kühnen Prozentrechnungen über den Anteil der Fabrikarbeiterinnen in Band 1 vergleicht.[148] Es empfiehlt sich, in der allgemeinen Verwirrung noch einmal auf die verfügbaren Primärquellen zurückzugreifen.

Für unseren Zeitabschnitt ist der hohe Anteil der Frauenarbeit eindrücklich durch einen prozentualen Vergleich aller lohnarbeitenden Männer und Frauen aus der preußischen Statistik zwischen 1816 und 1861 zu belegen, der zudem grundsätzliche Schlußfolgerungen erlaubt. Die Aufschlüsselung auf Seite 47 zeigt die Entwicklung des Anteils arbeitender Frauen und Männer an der Bevölkerung Preußens.[149]

Bedenkt man, daß die Tabelle nur vier Berufsgruppen der als »handarbeitende Classe« gezählten Lohnarbeiter umfaßt: nämlich 1. das Gesinde, 2. Tagelöhner und Handarbeiter, 3. Fabrikarbeiter und 4. Gewerbsgehilfen und Lehrlinge, also weder alle Bäuerinnen oder mithelfenden Familienangehörigen noch das Heer der Heimarbeiterinnen berücksichtigt, so muß der zu Beginn unseres Zeitabschnittes sehr hohe Prozentsatz der außer Haus berufstätigen Frauen überraschen. Ein unmittelbarer Vergleich dieser Zahlen mit gegenwärtigen Verhältnissen verbietet sich, da die jüngere Statistik die Rubrik der »handarbeitenden Classe« in der oben genannten

	männlichen Geschlechts	weiblichen Geschlechts
1816	44,66	29,75
1819	43,60	27,42
1822	42,34	26,00
1825	42,70	25,50
1840	45,08	25,95
1843	45,92	26,14
1846	46,69	26,17
1849	48,19	27,85
1858	54,33	32,82
1861	54,47	31,52

Zusammensetzung nicht kennt. Die Quote *aller* weiblichen Erwerbspersonen ab 15 Jahre und älter liegt heute bei 48 Prozent, während die männliche Erwerbsquote rund 86 Prozent beträgt.[150]

Auffällig an der Tabelle ist ferner, daß die Erwerbstätigkeit der Frauen in Krisenjahren (um 1822 und zu Beginn der vierziger Jahre) offensichtlich zurückgeht, womit bereits für diese frühen, statistisch belegbaren Verhältnisse ein strukturelles Merkmal aller Frauenarbeit zutage tritt, das bis heute gültig ist: die Krisenanfälligkeit und Unsicherheit fraulicher Arbeitsplätze oder die Bedeutung der Frauen als nicht nur industrielle Reservearmee. Angesichts dessen erscheint mir das Verfahren zweifelhaft, für die Interpretation der Veränderungen in der Berufsstruktur mit dem Jahr 1822, einem Tiefpunkt weiblicher Beschäftigung, statt mit den verfügbaren Daten für das Jahr 1816 zu beginnen. W. Conze begründet die Verschiebung seiner statistischen Angaben damit, daß erst nach 1822 ein vergleichbarer Normalzustand erreicht war, da sich »nach den Napoleonischen Kriegen und während der Agrarkrise das Gesinde stark verminderte, das heißt wohl: in seine Familien zurückfloß«.[151] Doch die Prämisse, daß Frauenarbeit normalerweise in der Familie stattzufinden habe oder nur toleriert wird, um »das fehlende Geld für das Existenzminimum herbeizuschaffen – freilich auf Kosten der Gesundheit, der Sitte und der Familie«[152] –, enthüllt ein gängiges, aber bedenkliches Vorurteil.

Um ein deutlicheres Bild von der Art weiblicher Beschäfti-

gung zu erhalten, soll der Aufgliederung nach Berufsgruppen
bei den männlichen Lohnabhängigen (vgl. oben, S. 42) die
entsprechende Tabelle weiblicher Lohnarbeiterinnen gegen-
übergestellt werden. Im Verhältnis zu den über vierzehnjährigen Zivilpersonen weiblichen Geschlechts waren[153]

	1816	1846
Fabrikarbeiterinnen	0,5 Prozent	1,2 Prozent
Gewerbsgehilfen u. Lehrlinge	0,2 Prozent	0,2 Prozent
Summe der gewerblich-industriellen Berufe	0,7 Prozent	1,4 Prozent
Gesinde	17,8 Prozent	13,2 Prozent
Tagelöhnerinnen u. Handarbeiterinnen	10,9 Prozent	11,3 Prozent
Summe der ländlichen Unterschicht vorwiegend in der Landwirtschaft	28,7 Prozent	24,5 Prozent
Wirtschafterinnen auf Landgütern	0,3 Prozent	0,3 Prozent
Summe der Arbeiterinnen	29,7 Prozent	26,2 Prozent

Das auffälligste Datum der Tabelle ist zweifellos die Tatsache, daß der weitaus überwiegende Teil aller lohnarbeitenden
Frauen – abgesehen nur von einem Teil der Handarbeiterin-
nen, die als Manufaktur- oder Textilarbeiterinnen tätig waren
– in der Landwirtschaft beschäftigt war, ganz im Gegensatz
zur Entwicklung und *Verteilung* der Erwerbsfelder bei den
Männern. Die Verschiebung der Arbeitsgebiete zwischen den
Geschlechtern, die sich in der Tendenz bis zur Jahrhundertwende noch verstärkte[154], offenbart ein anscheinend universel-
les Charakteristikum neuzeitlicher Unterprivilegierung der
Frau. E. Boserup, die die gegenwärtige Rolle der Frau in der
ökonomischen Entwicklung, vor allem der Dritten Welt, untersucht hat, kommt zu Ergebnissen, die erstaunliche Paralle-
len zu europäischen Prozessen vor mehr als 100 Jahren auf-
weisen. Auch in den sogenannten Entwicklungsländern finden Männer überwiegend und begünstigt in den modernen
Einrichtungen und Arbeitsgebieten Beschäftigung, »while
women tended to be left behind in the traditional activities«.
Ja, auch in den industrialisierten Ländern ist heute noch zu
beobachten, daß der Rückgang des Arbeitskräfte-Bedarfs in
der Landwirtschaft mit dem erhöhten Anteil beschäftigter
Frauen verknüpft ist.[155] Es versteht sich von selbst, daß dieses

Zurückbleiben zugleich Minderbewertung und Minderbezahlung heißt.

Gegenüber der großen Zahl in der Landwirtschaft beschäftigter Frauen ist der Anteil der Fabrikarbeiterinnen ausgesprochen gering, auch wenn sich ihr Anteil im genannten Zeitraum mehr als verdoppelt hat. Demgegenüber bildet das Gesinde trotz relativer Abnahme unter den Frauen nach wie vor die größte Berufsgruppe, in der mehr als die Hälfte aller »freien« Arbeiterinnen tätig sind. Nach den bei Dieterici mitgeteilten absoluten Zahlen arbeiteten 1846 in Preußen 1,3 Millionen Männer und Frauen als Gesinde, dagegen nur eine halbe Million Fabrikarbeiter beiderlei Geschlechts.[156]

Bei einer Aufgliederung nach häuslichem und gewerblichem Gesinde schließlich wird deutlich, daß nur das in der Landwirtschaft und anderen Gewerben eingestellte Gesinde im Vergleich zum Bevölkerungswachstum abgenommen hat, während die Anzahl der Dienstboten »zur persönlichen Bequemlichkeit der Herrschaft« absolut und relativ zugenommen hat[157] und eine überwiegend und typisch weibliche Beschäftigungskategorie geworden sind.

4. Die besondere Lage des weiblichen Gesindes

R. Engelsing, der sich in einzelnen monographischen Aufsätzen mit der besonderen Lage des häuslichen Personals befaßt hat[158], stellt die entscheidende Frage, warum sich

»das Interesse der Wirtschafts- und Sozialhistoriker am häuslichen Personal, verglichen mit dem Interesse an den Arbeitern und Angestellten, so sehr verringerte und warum die soziale Frage am Ende des 19. Jahrhunderts nahezu identisch mit einer Arbeiterfrage, dann auch mit einer Angestelltenfrage wurde, aber die Lage des häuslichen Personals nur selten berührte«.

Seine Antwort: weil »die Probleme des häuslichen Personals weniger in die Kompetenz der Wirtschafts- und Sozialwissenschaftler als der Hausfrauen [fielen und daher] verborgene, zerstreute und vereinzelte Probleme« waren[159], trifft einen Teil des Problems, sollte jedoch für unseren Zusammenhang vertieft werden. Tatsächlich ist die Erörterung bzw. die Nichtbeachtung der Dienstbotenfrage symptomatisch für eine

Reihe antifeministischer, gesellschaftlicher Tatbestände: Die Verweiblichung des Dienstbotenberufs oder die häusliche Anstellung als eine der wenigen Berufschancen für Frauen ist die Kehrseite einer erfolgreichen ›Domestizierung‹ der Frau, die vor allem das Ziel hatte, die weibliche Konkurrenz auf dem Arbeitsmarkt auszuschalten.[160] R. Engelsing ist zuzustimmen, daß das Dienstboten-Problem nicht nur ein wirtschaftliches, sondern ein Problem des Patriarchalismus war, das seiner Ansicht nach jedoch durch das »bürgerliche Kulturbewußtsein«, d. h. durch das bürgerliche Rollenschema von dem »Beruf der Frau zur Häuslichkeit [...] gemildert« wurde.[161]

4.1. Die Verweiblichung des Dienstbotenberufs

Die verhältnismäßig deutliche Zunahme weiblicher Dienstboten ist an der Statistik abzulesen. Schon für die Zeit zwischen 1819 und 1837 notierte der Leiter des Statistischen Bureaus in Berlin, J. G. Hoffmann, ein Verhältnis von 10 weiblichen zu 3 männlichen Dienstboten.[162] Der Trend verstärkte sich bis zum Jahrhundertende und wurde bis zur Jahrhundertmitte »in den volkreichsten Städten der Monarchie« so offensichtlich, daß die preußische Statistik 1861 »eine beträchtliche Verminderung der männlichen Diener« konstatierte.[163] Der höhere Anteil männlicher Bediensteten auf dem Lande aber findet bis zum Ausbau der öffentlichen Verkehrsmittel seine Erklärung in dem »Bedürfnis jeder gebildeten Familie auf dem Lande, Pferde zur persönlichen Bequemlichkeit zu unterhalten«. Kutscher blieb traditionell ein männlicher Beruf.

»In den Städten« – so fährt Hoffmann als Interpret seiner Zahlenangaben fort – »entscheidet nicht die Wohlhabenheit allein, sondern auch das Bedürfnis, oder doch die Neigung, sich durch Aufwand auszuzeichnen, über das Verhältnis der männlichen Domestiken zu den weiblichen.«[164]

Aus der Statistik nicht ersichtlich ist die strukturelle Veränderung des Dienstbotenberufs. So verbirgt sich unter der weiten Rubrik »Gesinde« eine Fülle verschiedenster Tätigkeiten, die in den Überschriften der statistischen Formulare nur exemplarisch angedeutet sind. Bei den männlichen Domestiken werden genannt: »Lakaien, Kutscher, Jäger, Gärtner, Köche usw.« und für die Dienste in Landwirtschaft und

Gewerbe »Knechte und Jungen«.[165] Es versteht sich von selbst, daß sich hierunter in der älteren Zeit bei einer hauptsächlich auf Eigenproduktion beruhenden Hauswirtschaft ein großer Teil »verdecktes gewerbliches Personal« befunden hat, das nicht zur Bedienung, sondern zur Mitarbeit »im Laden, in der Werkstatt oder im Kontor gebraucht wurde«.[166] Bei der Aufzählung der weiblichen Beschäftigungen wird lediglich nach »Kammer- und Stubenmädchen, Köchinnen, Wärterinnen und Ammen« differenziert.

Entscheidend ist nun, daß sich mit der Veränderung der Produktionsweise die traditionell männlichen Aufgabenbereiche zunehmend aus der Hauswirtschaft emanzipieren und zu anerkannt bürgerlichen Berufen werden, während frauliche Arbeit undifferenziert und diffus auf eine immer engere Häuslichkeit beschränkt wird. Die Gesindeordnung von 1810 erklärt hierzu ausdrücklich:

»Gemeines Gesinde, welches nicht ausschließlich zu gewissen bestimmten Geschäften gemiethet worden, muß sich allen häuslichen Geschäften nach dem Willen der Herrschaft unterziehen.«[167]*

Diese Vorschrift betrifft vorwiegend die Frauen, da männliche Dienstboten – wie alle betroffenen »Herrschaften« beklagen – zu teuer, d. h. nur für qualifizierte, d. h. von der Gesellschaft anerkannte Tätigkeiten engagiert werden. Die gesellschaftliche Reputation, die der männliche Diener gegenüber den weiblichen genießt, führt sogar zu der grotesken Differenz, daß gemäß § 37 Gesindeordnung nur den männlichen Bedienten die Livrée gestellt wird, während die Frauen für ihre Arbeitskleidung offensichtlich selbst aufkommen müssen. Bestimmte, für lange Zeit typisch männliche Dienste sind überdies als ausgesprochene Aufstiegs- oder Übergangsberufe zu bezeichnen, zum Beispiel die des Sekretärs und des Hauslehrers. Der dem Hauslehrer korrespondierende Beruf der Gouvernante hat für unseren heutigen Sprachgebrauch nicht zufällig einen ins Lächerliche verengten Bedeutungswandel erfahren, handelte es sich doch meist um eine Verlegenheitslösung für die überzähligen Frauen der oberen Stände, die ihren ›Beruf‹ als Ehefrau und Mutter verfehlt und denen

* Siehe Anhang Nr. 6a.

ein Gnadenbrot, aber keine Berufsaufgabe übertragen wurde.[168]*

Alle Benachteiligungen im Gesindedienst spiegeln die allgemeinen Umstände weiblicher Arbeit wider, in denen den Frauen gar keine andere Wahl blieb, während die Männer im 19. Jahrhundert mit der Veränderung der Produktionsverhältnisse und mit Hilfe der neuen Produktivkräfte neue Berufswege, Ämter und Betätigungsfelder zu nutzen wußten, die dann zumindest als »gesellschaftlich notwendige Arbeit« austauschbar waren. Was sich bei J. G. Hoffmann ganz unverfänglich liest: »neben dem Gesinde nimmt der Stand der Gesellen und Lehrlinge und das Heer eine große Zahl junger Männer auf, deren Schwestern nur in Gesindedienst gehen können, wenn sie nicht im Schoße ihrer Familien bleiben«[169], beruht auf komplexeren Ursachen als denen einer unvermittelten Ökonomie, die auf dem Arbeitsmarkt als harte Konkurrenz zur Wirkung kommt. Die Differenzierung der bürgerlichen Berufschancen für Männer und Frauen ist nur dann hinlänglich erklärbar, wenn man sie im Zusammenhang sieht mit jenem Knäuel aus rechtlicher Disziplinierung und familiärer Ideologie, dem im weiteren Verlauf dieser Arbeit unsere besondere Aufmerksamkeit gelten soll.

4.2. *Tradiertes Unrecht: die Gesindeordnung***

Wegmarke der gesellschaftlichen Vernachlässigung und Rückständigkeit des Gesindewesens als eines vorwiegend weiblichen Arbeitsfeldes blieb die aus der Feudalgesellschaft ins 20. Jahrhundert hineinragende arbeitsrechtliche Grundlage, die Preußische Gesindeordnung vom 8. November 1810. Ihre Aufhebung gelang erst 1918. Ihre Geschichte könnte als Lehrstück für eine materialistische Ableitung des Rechts dienen.

Als 1810 mit der Aufhebung der feudalen Untertänigkeiten der Gesindezwang entfiel, hatten die nach wie vor herrschenden Feudalherren nichts Eiligeres zu tun, als die Lücke, die in der Vorsorge für die eigene Bequemlichkeit, vor allem für eine profitable Wirtschaft, entstanden war, durch den Erlaß einer

---

* Siehe Anhang Nr. 7.
** Siehe Anhang Nr. 6a.

Gesindeordnung zu schließen. A. Stölzel[170] nennt die Gesinde-
ordnung den »ersten tiefen, durch die Aufhebung der Erbun-
terthänigkeit *gebotenen* Einschnitt in die Gesetzgebung des
Landrechts«, nachdem er diese Rechtsmaterie im Vorsatz
noch als eine »Angelegenheit von geringerer allgemein-politi-
scher Bedeutung« bezeichnet hat. Dieser Widerspruch ist
beispielhaft für die Doppelzüngigkeit, mit der ein bürgerlicher
Autor die Probleme des Hauswesens zu bewältigen pflegt.

Wie notwendig die Disziplinierung der nun ›freien Leute‹
den betroffenen Zeitgenossen erschien, wird deutlich in dem
Lamento, das der »preußische Edelmann« F. A. v. d. Marwitz
in seiner Denkschrift *Von den Ursachen der überhandnehmenden Verbrechen* aus dem Jahr 1836 anstimmt.[171] Voraus-
geschickt wird die Bemerkung, daß nur »ideologische Staats-
künstler und Philosophanten« nach dem Oktober-Edikt von
1807 erwarten konnten, es »werde dadurch ein neuer Zustand
des Heils eo ipso herbeigeführt und der ganze Bauernstand
einer die Menschenwürde erdrückenden Schmach entrissen«.
Danach schildert v. d. Marwitz »mit einem ausgeprägten
praktischen Blick und wacher Beobachtungsgabe«[172] die Vorzüge der alten Ordnung und meint zum Gesindezwang, der
»für die Herrschaften [. . .] nicht einmal pekuniären Vorteil«
gebracht habe:

»Selbst der Zwangsdienst, welcher gewöhnlich schon in den Kinderjah-
ren als Ochsenjungen u. dgl. geleistet wurde [. . .], wirkte insofern
vorteilhaft, als sie, nachdem sie eingesegnet worden, in geregelte Ordnung
und Zucht kamen, so daß, wenn sie drei Jahre absolviert hatten und
herangewachsen waren, auch die etwanigen Wildheiten und Üppigkeiten
der Jugend abgetan waren. Jetzt aber, sobald die Einsegnung vorüber ist
[. . .], hat Erziehung, Zucht und Ordnung ein Ende, und der freie Mensch
ist fertig, auf seine eigne Einsicht, d. h. auf sein regelloses Gelüsten,
hingewiesen [. . .]« Im folgenden wird dann die Argumentationskette von
der »Freiheit« zur »Schrankenlosigkeit, Liederlichkeit«, ja bis zur »Hurerei« zwanglos geschlossen. Da heißt es in bezug auf die Frauen: »So ist
denn die Scham bei den Weibern gänzlich geschwunden [. . .], [so] daß
keine Mutter der Tochter mehr Vorwürfe macht, wenn sie schwanger
wird, denn es ist für sie die sicherste Art des Erwerbes: entweder
bekommt sie einen Mann oder Alimente oder, wenn beides fehlschlägt, so
zieht sie in die Stadt als Amme.«[173]

Der Zucht- und Ordnungs-Knüppel erwies sich als das geeignete Disziplinierungswerkzeug, um alle fraulichen Strebungen

nach Selbstverwirklichung oder auch nur um Teilhabe an der
Freiheit zur Konkurrenz für viele Generationen zu ersticken.
Nicht genug zu betonen ist die Tatsache, daß dieser Ordnungs-Knüppel keineswegs nur im übertragenen Sinn, sondern, soweit es um die Gesindeverhältnisse und damit ein
frauliches Arbeitsfeld geht, in seiner konkreten Bedeutung als
legale Form gewaltsamer Herrschaftssicherung aufzufassen
ist. Das Züchtigungsrecht der Herrschaft über das Gesinde
(§ 77 *Gesindeordnung*), das erst 1900 mit dem Einführungsge-
setz zum *Bürgerlichen Gesetzbuch*, Art. 95, aufgehoben
wurde und in der Rechtspraxis wiederholt Befürworter
fand[174], steht beispielhaft für den nicht nur »reaktionären, ja
klassenstaatlichen«, sondern auch »patriarchalischen«[175] Charakter des Gesinderechts, das, 1810 unter dem Druck der
Zeitverhältnisse verabschiedet, zwar in die Liberalität eines
privatrechtlichen Vertrages eingebunden war, im übrigen aber
feudales Recht blieb.

Abgesehen von der neuen formalen Freiheit des Vertrags-
schlusses beim Eintritt in das Gesindeverhältnis waren alle
Bestimmungen der *Gesindeordnung* wörtlich aus dem *Allgemeinen Landrecht* (§§ 1-176, II. 5.) übernommen – mit einer
winzigen, aber wesentlichen Nuance: In Paragraph 1 geht es
nicht mehr nur um die Leistung »gewisser häuslicher«, sondern auch »wirtschaftliche[r] Dienste«. Das bedeutet, daß vor
allem die Arbeitsverträge des landwirtschaftlichen Gesindes,
also die Mehrzahl der beschäftigten Frauen, unter diese gesetzlichen Bestimmungen subsumiert wurden. Ein späteres,
ergänzendes Gesetz vom 24. 4. 1854[176] dehnte sogar die in der
Gesindeordnung enthaltenen Strafbestimmungen auf die ländlichen Arbeiter und damit auf die große Zahl der in der
Landwirtschaft arbeitenden Tagelöhnerinnen aus.

Kennzeichnend blieb der zwiespältige Charakter des Gesinderechts, weshalb W. Kähler[177] mit Hilfe der Begrifflichkeit
einer formalisierten Jurisprudenz die Bestimmungen der Gesindeordnung in zwei Gruppen einteilte: in privatrechtliche,
wozu eigentlich nur der Abschluß des Dienstvertrages und
seine Auflösung gezählt werden, und öffentlich-rechtliche
Bestimmungen. Zum öffentlichen Recht gehören demnach:
das Aufsichts- und Erziehungsrecht der Herrschaft, die Bestrafung des Vertragsbruches (selbstverständlich nur des Ge-

sindes), die Regelung der Fürsorge für das kranke Gesinde und die Zuständigkeit der Polizei bei Gesindestreitsachen, insbesondere die Zwangsgewalt der Polizei zur Herbeiführung eines vertragsmäßigen Zustandes. Begründet wird die Zuständigkeit der öffentlichen Gewalt bei der Sicherung eines Arbeitsvertrages zwischen »freien« Vertragspartnern mit der

»besonderen gesellschaftlichen und wirtschaftlichen Stellung des Gesindes und den über das Privatinteresse der beteiligten Rechtssubjekte hinausgehenden Interessen«.[178]

Das heißt nichts anderes, als daß die privaten, vor allem wirtschaftlichen Interessen einer feudalen Oberschicht, später der bürgerlichen Klasse, hier als gesellschaftliches oder Allgemein-Interesse ausgegeben werden. Deutlicher ist der Klassencharakter dieses Rechts, aber auch die Dialektik der in solcher Argumentationsweise verhüllten Zustände nicht zu belegen. Denn mit dem Hauswesen wird gerade der Bereich unter öffentlich-rechtliche Aufsicht genommen, der mit der Entwicklung kapitalistischer Verhältnisse und der Trennung in eine öffentliche und private Sphäre zunehmend zum Zentrum des Privaten wird.

Konkret bedeutet der Abschluß eines Gesindevertrages für den Dienstboten, daß er mit der Aufnahme in die Hausgemeinschaft in eine »über die obligatorische Verpflichtung hinausgehende Abhängigkeit von dem Willen und den Befehlen der Herrschaft«[179] gerät. Aus dieser totalen Unterwerfung, die also nicht nur auf eine bestimmte Arbeitszeit oder bestimmte Dienste beschränkt bleibt, jenes »eigenartige Element im Begriff des Gesindes«[180], folgerten die Dienstherrschaften und der juristische Apologet W. Kähler besondere Aufsichts- und Erziehungsrechte. Z. B. durfte das Gesinde ohne Genehmigung der Herrschaft, auch in eigenen Angelegenheiten, sich nicht vom Haus entfernen (§ 74 *Gesinde-Ordnung*), jedoch mußte die Herrschaft dem Gesinde die nötige Zeit zum Besuch des Gottesdienstes lassen, ja, »dasselbe dazu fleißig anhalten« (§ 84 *Gesinde-Ordnung*). Bei Nichtantritt oder Verlassen des Dienstes (§§ 51 und 168 *Gesinde-Ordnung*) ist das Gesinde nicht nur zum Schadensersatz verpflichtet – eine juristisch vertretbare Folge vertragswidrigen Verhaltens –, es kann darüber hinaus von der örtlichen Polizeibehörde durch

Zwangsmittel zur Arbeit angehalten und zu Geldstrafe oder Gefängnisstrafe verurteilt werden. In mehreren Reskripten zwischen 1812 und 1821[181] wurde vom preußischen Innenministerium für alle Gesindesachen ausdrücklich der ordentliche Rechtsweg ausgeschlossen und die alleinige Zuständigkeit der Polizei verfügt, wobei erst durch das bereits erwähnte Gesetz vom 24. April 1854 bei allen Gutsherrschaften die Identität zwischen Dienstherr und Lokalpolizei ausgeschlossen wurde.[182]

Die Disziplinierung des Gesindes wurde perfekt mit der Einführung der Gesindebücher durch ein Gesetz vom 29. September 1846. »Um den Dienstherrschaften die erforderliche Kenntniß von der sittlichen Führung des Gesindes zu verschaffen«, wurde jeder Dienstbote verpflichtet, sich bei der örtlichen Polizeibehörde ein Gesindebuch zu verschaffen, in das »bei Entlassung des Gesindes von der Dienstherrschaft ein vollständiges Zeugniß über die Führung desselben [...] einzutragen war.«[183]* Auch alle Vorstrafen waren hierin von den Gerichten aktenmäßig zu vermerken. Bei jedem neuen Dienstverhältnis war das Gesindebuch dem Arbeitgeber vorzulegen. Auf diese Weise wurde die persönliche Abhängigkeit der Dienstboten über das einzelne Dienstverhältnis hinaus verlängert und die Unterdrückung einer ganzen Berufsklasse durch die Arbeitgeber gesellschaftlich sanktioniert. Dabei deuten die Bestimmungen der *Gesindeordnung* nur Grenzfälle möglichen Unrechts an; sie schweigen über die individuelle, alltägliche Not, deren gesellschaftliche Ursachen nicht erkannt oder geleugnet wurden.

4.3. Dienstboten-Probleme

In der *Gesindeordnung* erfährt man nichts darüber, wann die Unterbringung der dienenden Hausgenossen als menschenunwürdig zu gelten hat. Man weiß, da allenfalls eine Schlafstelle üblich war, daß das Heer der Dienstboten in der Großstadt Berlin in der Regel auf sogenannten Hängeböden in drangvoller Enge und schlechter Luft für wenig Ruhestunden ein Nachtlager fand. »Kost«, heißt es in § 83 *Gesindeordnung*, soll

---

* Siehe Anhang Nr. 6b.

»bis zur Sättigung gegeben werden.« Aber der Nachsatz: »offenbar der Gesundheit nachtheilige und ekelhafte Speisen kann das Gesinde anzunehmen nicht gezwungen werden«, vermittelt einen Eindruck davon, wie die Abspeisung im Zweifel praktiziert wurde. Die »guten« und ausführlichen Ratschläge, die H. Davidis in ihren Bestsellern für bürgerliche Hausfrauen seit der Jahrhundertmitte erteilte, kennzeichnen die große Unsicherheit des aufgestiegenen Bürgertums im Umgang mit einem nicht einmal als »Classe« in ihre bürgerliche Gesellschaft aufgenommenen Stand. Zugleich suchen sie den Nutzen, der sich aus einer rücksichtsvollen, aber nicht zu nachsichtigen Behandlung der Dienstboten ergibt, rationell zu begründen:

> »Der Tisch der Dienstboten wird oftmals zu wenig berücksichtigt oder sorglos einer unzuverlässigen Hand übergeben. Es kommen hierbei Fälle vor, wo man glaubt, in den Dienstbotentopf sei Alles gut genug, man hält es mitunter sogar für angemessen, schon verdorbenes Fleisch und Fett noch für denselben zu benutzen, was, nebenbei bemerkt, entweder große Unachtsamkeit oder so etwas Geiz verräth. [...] Man denkt dabei aber weder an das darin liegende Unrecht, noch daran, daß ganz andere *Vortheile zu erreichen* sind, wenn dafür gesorgt wird, *die Dienstboten bei gesunden Kräften zu erhalten.*«[184]

Selbst die anscheinend gesindefreundliche Regelung über die Vorsorge für kranke Dienstboten entpuppt sich bei genauerer Lektüre als eine Entlastung der ›Herrschaft‹ von der umfassenden Fürsorgepflicht nach feudalem Recht (vgl. § 122, II. 7. *ALR*), da sie nur noch subsidiär, nach den Familienangehörigen des Dienstboten (§ 88 *Gesinde-Ordnung*), und nur für bestimmte Zeit (§ 92 *Gesinde-Ordnung*) zur Hilfe verpflichtet war. Daß diese vielfältigen Formen der Unterdrückung von den Betroffenen so lange ohne artikulierten Protest hingenommen wurden, ist nur verständlich, wenn man das ganze Ausmaß materieller Not und den Mangel an alternativen Erwerbsmöglichkeiten bedenkt, denn – so liest man in einer Quelle aus dem Jahr 1832 – die Lage eines Dienstboten ohne eigenen Haushalt war bei weitem besser gesichert und glücklicher als die eines Tagelöhners mit Familie.[185]

In der von L. Otto-Peters herausgegebenen *Frauen-Zeitung*, die zwischen 1849 und 1850 in Leipzig erschien, kommt das Dienstboten-Problem mehrfach zur Sprache. Ein Bericht *Aus dem Leben* schildert die elende Situation der Dienstmädchen in Berlin:

»Es strömen [. . .] aus der Provinz Hunderte von armen Mädchen, ihre wenigen Habseligkeiten auf dem Rücken, nach der Stadt an der Spree, um dort ihr Glück, das heißt einen Dienst, zu suchen. Viele finden einen solchen, wenn ihnen der Zufall wohl will. Viele, und zwar die Meisten, verfallen dem Elend und – der Schande, wenn sie es nicht vorziehen, wieder nach Hause zu wandern, wo sie ja auch nur das Elend empfängt, denn die Noth hatte sie ja größtentheils fortgetrieben. [. . .] Ich habe oft Gelegenheit gehabt, die armen Mädchen zu beobachten, wenn sie auf den terrassenähnlichen Stufen des Schauspielhauses saßen (der gewöhnliche Versammlungsort der Mädchen, welche Dienst suchen, und woselbst sich dann zu bestimmter Zeit Unterhändlerinnen einfinden, die sie gegen Vergütung an Herrschaften verschachern); es ist mir dies vorgekommen wie der Sklavenmarkt in Constantinopel, und doch habe ich dies in der christlich-germanischen Stadt gesehen und habe die verzweiflungsvollen Mienen der armen Geschöpfe beobachtet, wenn sie hier wochenlang vergebens auf einen Dienst harrten, und der Zehrpfennig, den sie aus der Heimat mitgebracht, aufgezehrt war.«

»Fragen wir nun, welchen Lohn erhält ein Dienstmädchen in Berlin? Ein solches Mädchen, das vom frühen Morgen bis in die sinkende Nacht hinein für ihre Herrschaft arbeitet, das keinen Feierabend kennt, wo es für sich arbeiten könnte, dem oftmals auch der Sonntag nicht gegönnt ist, erhält jährlich als Lohn für ihre Dienste 12 Thaler, je nachdem es geschickt ist oder das Glück hatte; das ist täglich ungefähr 1-2-3 . . . Silbergroschen (bei mancher Herrschaft braucht es Geld für Schuhe allein), und dennoch sind die Dienstmädchen in Berlin die glücklichsten Arbeiterinnen, denn sie erhalten neben ihrem Lohne die Beköstigung bei der Herrschaft, wenn auch oft schlecht und nicht zum Sattwerden.«[186]

Daß trotzdem das Problem der Dienstboten so selten als soziale Frage, geschweige denn als Arbeiterfrage ins Blickfeld geriet, hängt mit ihrer gesellschaftlich widersprüchlichen Situation und ihren besonderen Bedingungen am Arbeitsplatz zusammen. Die *Gesindeordnung* war insofern effektiv, als sie jeglicher Solidarisierung der Dienstboten entgegenwirkte (vgl. z. B. die Pflicht zur Anzeige des Nebengesindes, d. h. ihrer Arbeitskollegen, §§ 71, 72 *Gesinde-Ordnung*). Die Herausbildung von Arbeiterbewußtsein aber wurde dadurch verhindert, daß die Dienstmädchen vereinzelt und im engen, familiären Kontakt zur Anpassung an die Standards der Dienstherrschaften gezwungen wurden. R. Engelsing spricht vom häuslichen Personal sogar als einem »stabilisierenden gesellschaftlichen Faktor« und beschreibt typische Fälle, in denen die Ehefrauen der Arbeiter zum großen Teil ehemalige Dienstmädchen waren, die mit ihrer Herrschaft selbst dann noch in Verbindung blieben und mit dieser konservative und christliche Gesinnungen teilten, als ihre Ehemänner als organisierte Arbeiter sozialistischen und materialistischen Thesen den Vorzug gaben.[187] In seiner Untersuchung *Dienstbotenlektüre im 18. und 19. Jahrhundert* macht R. Engelsing diesen Differenzierungsprozeß, der dem Klassenwiderspruch vorausgeht, anschaulich; freilich sollte man sich gerade bei dieser Schilderung vor sozialromantischen Vorstellungen über die Verhältnisse in der Vergangenheit hüten:

»Die Bildungsgemeinschaft von Herrschaft und Gesinde [beruhte] auf der Gleichförmigkeit ihrer christlich-kirchlichen Bildungsinhalte und -ideale. So streng auch Herrschaft und Dienerschaft rechtlich und sozial unterschieden wurden, so wenig unterschieden sich die Lebenskreise ihrer Alltage und Sonntage. [. . .] Herrschaft und Gesinde pflegten an derselben Stätte zusammen zu arbeiten, mochte auch der eine Teil dabei anordnen und genießen, der andere Teil ausführen und dienen. Wichtiger war, daß die Herrschaft innerhalb und außerhalb des Hauses keine andere Sprache, keine andere Lektüre, keine andere Unterhaltung und keine anderen Veranstaltungen und Veranstaltungsstätten hatte als die Dienerschaft. Unter diesen Umständen war die Bildungsgemeinschaft von Herrschaft und Gesinde auch die sicherste Gewähr für die Wahrung der patriarchalischen Interessen der Herrschaft.«[188]

Die Verhältnisse bis zur Mitte des vorigen Jahrhunderts hatten sich bereits grundlegend verändert. In einem Bericht einer anonymen Schreiberin der *Frauen-Zeitung* finden wir die Feststellung:

»Je weiter gegen Osten, je kleiner das Krähwinkel, desto größer der philisterhafte Kastengeist, die Absonderung der Stände, desto größer auch die Geringschätzung, mit der die kleinbürgerliche Welt in ihrer Beschränktheit auf die dienende Klasse herabsieht. So erinnern wir uns, daß in Cöslin die gedruckten Einladungen zu einem Sonntags in einem öffentlichen Hause stattfindenden Zweigroschen-Concerte jedesmal die Schlußformel enthielt: ›Dienstboten werden nicht zugelassen.‹ So tief stehen also die Dienstmädchen in Cöslin, in der Hauptstadt Hinterpommerns, daß sie nicht einmal ein Zweigroschen-Concert besuchen dürfen, weil ihre Anwesenheit den aufgeblasenen Spießbürger, seine dummstolze Frau und seine einfältige Tochter indigniren. Man hält in Cöslin selbst auf ›gute Gesellschaft‹. [. . .] Dieser Hochmuth, die niederträchtige Behandlung sind nur zu häufig Ursache, daß die Mädchen schlecht werden.«[189]

Die miserabele Lage der Dienstboten wurde nicht dadurch verbessert, daß man die arbeitgebenden Hausfrauen dafür haftbar machte. Das Argument, daß die Hausfrauen selbst an der Dienstbotenmisere schuld sind, hört man oft in der zeitgenössischen Literatur. Doch damit wurden die Probleme nur verdrängt, nicht gelöst. Dieses Problem ist symptomatisch für die Mißachtung und Diskriminierung von Frauenarbeit und insbesondere von Hausarbeit unter dem Kapitalismus. Die Widersprüchlichkeit eines ›dienenden Standes‹ ließ sich in einer ›freien‹ Wirtschaftsgesellschaft nicht länger verschleiern. Denn es war eine Klassengesellschaft, in der einerseits nur die Arbeit anerkannt wird, die auf dem Markt als Ware einen Preis erzielt, die aber andererseits ganz neue Anforderungen an die Reproduktion von Arbeitskraft stellt. Das Dienstbotenproblem entstand nicht – wie E. Egner meint –, weil »die Frau anfing, aus dem Haus herauszutreten, sich für das Geschehen in der Außenwelt zu interessieren und sozialen Geltungsdrang zu entwickeln«, womit seiner Ansicht nach »eine Vernachlässigung ihres eigenen Hauswesens einherging«.[190] Der Übergang zur bürgerlichen Epoche ist vielmehr durch die Begrenzung des fraulichen Wirkungskreises und die Beschränkung auf eine immer engere, aber aufwendige Häuslichkeit gekennzeichnet. Die Dienstmädchen haben also, neben ihrer Unterdrückung als Klasse, das Dilemma der Hausfrauen vorweg erfahren. Ihre Probleme sind beispielhaft für die Widersprüchlichkeit bürgerlicher Verhältnisse.

4.4. Prüfstein weiblicher Solidarität. Ein Exkurs

Erst an der Wende zum 19. Jahrhundert wurde die Dialektik der Dienstbotenfrage offenbar und geriet für kurze Zeit in die öffentliche Diskussion. Ein kurzer Exkurs sei hier eingefügt.

Bezeichnend ist, daß die Solidarität der Frauen mit der Spaltung in eine bürgerliche und eine proletarische Frauenbewegung an der Dienstbotenfrage zerbrach. In unzähligen Resolutionen, Streitschriften und Petitionen hatten die bürgerlichen Frauen, seit 1894 zusammengeschlossen im Bund deutscher Frauenvereine, vor der Einführung des *Bürgerlichen Gesetzbuches* für die Berücksichtigung der Rechte der Frauen im neuen Gesetzbuch, insbesondere im neuen Familienrecht, agitiert. Die Verbesserung der Stellung der Dienstboten, d. h. die Revision der jahrhundertealten *Gesindeordnung*, war für sie jedoch kein Thema.

Der Reichsgesetzgeber hatte die einheitliche Neuregelung des Gesindewesens 1888 mit der fadenscheinigen Begründung abgelehnt, daß kein »praktisches Bedürfnis« bestehe, zumal »die maßgebenden wirtschaftlichen und sozialen Verhältnisse in den einzelnen Staaten Deutschlands [...] so mannigfaltig« wären und die einheitliche Regelung »auf unüberwindliche Schwierigkeiten stoßen« würde.[191]

L. Braun schildert das Desinteresse, ja den »bürgerlichen Klassencharakter« der Frauenbewegung am Beispiel des Berliner Internationalen Frauen-Kongresses (um 1900), auf dem für Berichte über Wohltätigkeitsorganisationen Zeit in Fülle vorhanden war, »als aber Dr. Schnapper-Arndt die Dienstbotenfrage erörtern wollte, konnte er nicht zu Ende sprechen, und niemand ging in der Diskussion darauf ein«. Ihre Erklärung lautet:

»Solange die Arbeiterinnenbewegung sich außerhalb der eigenen vier Wände abspielte, konnte sie bei den Frauen, die keine Unternehmer waren, noch auf Sympathien rechnen. Die Dienstbotenfrage aber machte sich in ihrem eigensten Reich, im Hause selbst, empfindlich geltend, sie verlangte direkte Opfer von ihnen und damit verwandelte sich, von wenigen Ausnahmen abgesehen, ihr Wohlwollen in Abneigung, ja vielfach in Haß.«[192]

Zu den wenigen Ausnahmen gehörte E. Ichenhäuser, die in Vorträgen vor Frauenvereinen und in einer Broschüre ihre Zeitgenossinnen der »schnödesten Selbstsucht« bezichtigte, falls sie nicht bereit wären, die »Forderung der Frauenbefreiung auch auf die Dienstboten auszudehnen«. Sehr detailliert und engagiert zeigte sie die Mängel der »verwitterten Ruine« *Gesindeordnung* auf und traf mit ihrer Forderung ohne Zweifel den Kern des Problems:

»Ist es nun Pflicht jedes human denkenden Menschen, einer in so trauriger Lage befindlichen Menschenklasse beizustehen, so gilt diese Pflicht für uns Frauen doppelt. Nicht allein, weil wir ebenfalls mühsam Stück für Stück unserer materiellen, intellektuellen und rechtlichen Selbständigkeit erkämpfen müssen, die ganze Härte und Bitterniß der Unterdrückung kennen und ihnen nachzufühlen vermögen, nicht allein weil 98 Prozent aller Dienenden Frauen sind, sondern hauptsächlich deshalb, weil

wir selbst ihre Unterdrücker sind, weil es überhaupt das einzige Verhältniß ist, in welchem wir Frauen uns selbst zur Rolle der Unterdrücker
haben degradiren lassen.«[193]

So wurde die Dienstbotenfrage zu einem Prüfstein weiblicher Solidarität, über den die Mehrheit der bürgerlichen
Frauen leider immer wieder gestolpert ist. Selbst in der Zeitschrift *Die Frauenbewegung*, einem Publikationsorgan radikaler Feministinnen, die sich oft genug um Vermittlung zwischen bürgerlicher und proletarischer Frauenbewegung bemüht hatten, liest man, was den »lieben, ruhig dahinlebenden,
deutschen Hausfrauen«[194] selbstverständlich erschien:

»[Es] muß doch unbedingt zugegeben werden, daß es unter solchen
Umständen [gemeint ist der ›14- oder 16-stündige Arbeitstag der Hausfrau‹] ein Unding wäre, einen Menschen zur Hilfe zu nehmen, der nur zu
achtstündiger Arbeit herangezogen werden darf.«[195]

Die »Dienstbotenfrage« hat sich heute erledigt, d. h. es gibt
keine Dienstboten mehr, weil eine solidarische oder koopera-
tive Organisation fraulicher Arbeit im Hause den Betroffenen
auch für die Zukunft nicht denkbar schien. Unter all den
Spekulationen, die die Autorin der *Frauenbewegung* zur
Lösung des Problems anstellte, hat lediglich eine Erkenntnis
ihre volle Gültigkeit bis heute bewahrt: »›Ausgebeutete‹
Hausfrauen und Mütter werden wir allezeit haben, oder doch
wenigstens noch für sehr, sehr lange Zeit.«[196]

5. Die Hauswirtschaft der Frauen

Die größte Gruppe arbeitender Frauen waren auch im 19.
Jahrhundert die Hausfrauen. Es ist symptomatisch für die
Bürgerlichkeit unserer Verhältnisse, daß sie üblicherweise unter der Rubrik ›Arbeit‹ nicht ins Blickfeld geraten. Die Mißachtung oder Minderbewertung hauswirtschaftlicher Tätigkeit
ist – so werden wir sehen – das Ergebnis der bürgerlichen
Aufspaltung des Lebens in einen privaten und einen öffentlichen Bereich.

Die Entwicklung des Warenverkehrs und der Technik hatte
bis zur Jahrhundertmitte die Haushaltsführung aller Bevölkerungskreise entscheidend verändert. An die Stelle umständli-

cher Vorratswirtschaft und Eigenproduktion war sowohl in
den wohlsituierten bürgerlichen als auch in den proletarischen
Haushalten zunehmend der Einkauf von Fertigprodukten
getreten.[197]* Technische Erfindungen hatten für den Alltag
des Wirtschaftens wesentliche Erleichterungen gebracht. Nur
schwerlich können wir heute in der Rückschau auf die be-
schleunigte Entwicklung der Produktivkräfte ermessen, was
z. B. die Erfindung der Streichhölzer für die Frauen der
damaligen Zeit bedeutete. L. Otto schilderte in ihren ›Lebenserinnerungen‹ eindrucksvoll, wie die Einführung der ersten
Schwefelhölzer (seit 1829) für alle Dienstmädchen und Hausfrauen die dauernde Überwachung einer »Herdstelle« oder
das zeitraubende Feuerschlagen überflüssig machte und als
mindestens ebenso »weltbewegend und befreiend« empfunden wurde »wie die Anlegung der Eisenbahnen«.[198]** Voller
Optimismus über die Fortschritte der Industrie, die – so
L. Otto – »die erste Siegesfahne der Frauen webte«[199], hielt sie
die Streichhölzer oder die neuen »Apparate für die Kocharbeit« für ein »Emancipationsmittel«, da sie es »selbst der
verwöhnten Dame leicht machten, ohne Dienstmädchen die
eigne kleine Haushaltung zu besorgen«, d. h. »ohne fremde
Hilfe durch die Welt zu kommen«.[200] »Emanzipation« in
diesem Sinne – als Befreiung von »fremder Hilfe« – verrät
nicht nur eine verkehrte Sichtweise, sondern verweist erneut
auf die grundsätzliche, strukturelle Bedeutung der Dienstboten. Bei der Beschreibung der Hausarbeit wird offenbar, daß
es nicht genügt, die Frauen lediglich als ›Anhängsel‹ ihrer
Männer zu betrachten und ihre Lage klassenanalytisch danach
zu bestimmen, ob sie den feudalen und wohlsituierten bürgerlichen Schichten oder der breiten Masse des Volkes angehören. Das maßgebliche Unterscheidungskriterium für die »Bürgerlichkeit« der Hausfrauen ist vielmehr, ob sie sich Dienstboten leisten konnten und wie weit sie damit von Arbeit freige-
stellt waren. Nur weil und solange die bürgerlichen Frauen
ihre Hausarbeit an Dienstboten übertrugen und deren Arbeitskraft nahezu unbeschränkt ausbeuten konnten, war es
ihnen möglich, den »Komplex Arbeit« – wie I. Weber-Keller-

---

* Zum proletarischen Haushalt siehe Anhang Nr. 11.
** Siehe Anhang Nr. 8.

mann feststellt – aus ihrer familiären, häuslichen Lebenswelt »total zu verdrängen« und »körperliche Arbeit zu verachten«.[201]

5.1. Der bürgerliche Haushalt

Die großen Veränderungen in der bürgerlichen Haushaltsführung zwischen 1830 und 1870 hat L. Otto in ihren ›Erinnerungen‹[202] anschaulich und durchaus kritisch geschildert: Die vielseitigen Aufgaben der Herstellung und Zubereitung der wichtigen Nahrungsmittel und Gebrauchsgüter – von den selbstgebackenen Broten bis zu den selbstgenähten Kleidern und den im Hause angefertigten Talglichtern – erforderten Umsicht, Organisationstalent und körperlichen Einsatz der Hausfrauen, vor allem aber die Kooperation aller weiblichen Mitglieder der Familie mit dem Gesinde.

Aber »was hat denn jetzt«, so fragte L. Otto 1876, »die Frau des gernerwähnten Mittelstandes zu thun, wenn sie sich trotz all dieser Erleichterungen in der Hauswirthschaft doch ein Dienstmädchen hält, das die Küche und Zimmer und Wege besorgt? Zumal die junge Frau, die all ihre Wäsche und Sachen in Ordnung hat. Ist sie nicht ein Luxusartikel für den Mann? Hat sie Kinder, dann freilich mehrt sich ihre Arbeit – aber meist auch ihre Dienerschaft durch ein Kindermädchen oder eine Amme.«[203]

Die Widersprüchlichkeit einer bürgerlich-weiblichen Existenz, in der die Frau zur bloßen Nutznießerin fremder Arbeitskraft wurde, hat F. Lewald in ihren Briefen *Für und wider die Frauen* treffend charakterisiert:

»Es hat mir oft das Herz empört, wenn ich eben die Frauen jener Stände das Lob des häuslichen Herdes singen hörte, an dem sie nie in ihrem ganzen Leben gestanden hatten; wenn ich sie [. . .] von dem Beruf der Gattin und der Mutter salbungs- und gefühlvoll predigen hörte, während eine bezahlte Haushälterin ihr Haus versah, ein bezahltes entehrtes Frauenzimmer ihre Kinder ernährte, eine bezahlte Gouvernante ihre Kinder überwachte und erzog; während sie selber die Morgen in ihren Equipagen auf der Promenade und die Abende am Toilettentisch mit dem Friseur, und danach mit oder ohne ihre Männer im Theater oder in der Gesellschaft zubrachten, weil sie mit sich selber nichts anzufangen wußten.«[204]

Diese Kritik war ohne Zweifel berechtigt; aber man sollte sich nicht blenden lassen durch die Aufmerksamkeit, die die

Frauen der Oberschicht immer genossen haben. Es war auch um die Mitte des vorigen Jahrhunderts nur eine sehr schmale Schicht von Frauen – I. Weber-Kellermann schätzt die Bürger, die in Deutschland ohne Sorgen leben konnten, erst nach der Reichsgründung 1871 auf etwa 10 Prozent[205] –, die sich den Luxus der Muße leisten konnten und insofern der »müßigen Klasse«[206] ihrer Ehemänner nachstrebten.[207] Nur für die dünne Schicht etablierter Bürgerfrauen gilt, was in der Familiensoziologie mit dem abgenutzten Begriff des Funktionsverlustes beschrieben wird, der den Wandel der Familie von der Produktions- zur Konsumtionsgemeinschaft meint und in bezug auf die Haushaltsführung die Verkleinerung und Verarmung eines vielseitigen Aufgabengebietes bedeutet. In Wirklichkeit hatte die Mehrheit der sogenannten bürgerlichen Hausfrauen in der Folge der industriellen Revolution nicht weniger zu tun als vorher, sondern anderes. D. h. ihre Tätigkeit ist nicht durch Funktionsverlust, sondern durch einen Funktionswandel gekennzeichnet. Denn die kapitalistische Wirtschaftsweise hatte einen spezifisch bürgerlichen Lebensstil und eigentümliche Familienverhältnisse hervorgebracht, die auf der einen Seite den Gesetzen des kapitalistischen Marktes zum Verkauf von Arbeitskraft und Waren untergeordnet waren, auf der anderen Seite notwendige Ausgleichsfunktionen für die »Ungemüthlichkeit« dieser Verhältnisse übernehmen mußten. Damit hatten sich die Anforderungen – an Mann und Frau – und die Bedürfnisse verändert. Sie resultierten aus den kapitalistischen Formen der Verwertung von Arbeitskraft, die Mehraufwendungen zu ihrer Reproduktion erforderlich machte, und aus den höheren Ansprüchen an den Konsum. Hinzu waren ganz neue Aufgaben gekommen, so die als notwendig erkannte qualifizierte Erziehung der Kinder, die vorwiegend der Frau überlassen wurde. Schließlich machte die bessere materielle, sprich: komfortablere Ausstattung der bürgerlichen Häuslichkeit Mehrarbeit erforderlich, deren Zeitaufwand nicht zu unterschätzen ist. Das Bild der sparsamen, emsigen und tüchtigen Hausfrau hat nur deshalb einen so prägenden Einfluß in Deutschland gewinnen können, weil die Hausfrau tatsächlich in weiten Teilen des Bürgertums, vor allem im Bildungsbürgertum, ihren wirtschaftlichen Beitrag zum auf diese Weise gutbürgerlichen

Lebensstandard leistete und durch persönliche Mehrarbeit das Defizit zwischen zu geringen Einkünften und gesellschaftlich als notwendig erachtetem Lebensstil auszugleichen versuchte. »Sie sollte bald«, schreiben D. u. K. Claessens, »die Dienstbotin ihrer eignen Familie werden.«[208]

Die zahlreichen Haushalts-, Koch- und Jungfrauenbücher der Henriette Davidis, denen seit der Jahrhundertmitte ein unvergleichlicher Lese- und Verkaufserfolg beschieden war, vermitteln einen lebhaften Eindruck von dem Zuwachs und der Vielseitigkeit ›notwendiger‹ Hausarbeit. Die dem »häuslichen Wohlstand und dem Familienglück« dienenden Anweisungen betrafen alle nur denkbaren Formen bürgerlicher Häuslichkeit von den »Einnahmen und Ausgaben«, den »Kennzeichen guter Qualität im Haushalt vorkommender Lebensmittel«, über das »Schrubben, Scheuern und Aufwischen des Fußbodens« oder das »Reinigen der Ofenröhre« bis zur »ungefähren Angabe der Portionen für einen Dienstbotentisch« und »das Vertreiben der Wanzen«.[209]* Doch sie lesen sich wie ein Rezeptbuch gegen jedes auch »nur unklares Haschen nach Emanzipation«.[210] Denn trotz aller Erklärungsversuche bleibt die Frage offen, warum die hochgesteckten Erwartungen, die z. B. L. Otto an die Fortschritte der Industrie mit dem Ziel der »endlichen Lösung der Frauenfrage« knüpfte – und sie meinte damit »Gleiches Recht auf Entwicklung der eignen Anlagen, keine Schranken für die selbständige Entfaltung«[211] der Frau –, so gründlich enttäuscht wurden; warum der technische Fortschritt bis heute weder den Arbeitsaufwand der Hausfrauen wesentlich verringert[212] hat noch dazu genutzt wurde, eine »wirklich neue Qualität der Haustechnologie« zu entwickeln.[213]

Verblüffend ehrliche Antworten hierauf finden sich bei einem Zeitgenossen der Vorkämpferin der Frauenbewegung L. Otto, bei L. v. Stein. Der Staatsrechtler und Nationalökonom, der mit seinen Schriften bereits in den 1840er Jahren »zur Entfaltung eines differenzierten sozialkritischen und sozialwissenschaftlichen Problembewußtseins beigetragen« hat[214] und als »bürgerlich-konservativer Sachverständiger«[215] der sozialen Problematik gilt, hat sich – von Sozialwissen-

* Siehe Anhang Nr. 9.

schaftlern heute unbeachtet – auch mit den Problemen der Frauenarbeit und Hauswirtschaft befaßt. In seiner Schrift *Die Frau auf dem Gebiete der Nationalökonomie*[216] hat v. Stein die bürgerlich-schizophrene Trennung des Lebens in eine Produktions- und Konsumtions- oder Reproduktionssphäre beispielhaft auf den Begriff gebracht und die Idealisierung der Frauenarbeit im Hause und ihre gleichzeitige Diskriminierung mit der ganzen Autorität seines Sachverstandes zu rationalisieren versucht. Nach langatmigen ideologischen Vorbemerkungen über »das ewig Weibliche« und die »Idee der Frau« war L. v. Stein »in einiger Verzweiflung, es sagen zu müssen« – und sagte es trotzdem –:

> »Jenes Ideale in der Frau, so schön und so mächtig es unbestritten ist und so vieles es in der Welt beherrscht und veredelt, ist gewiß eine hohe Kraft, aber es enthält an und für sich keine *Arbeit*.« (Hervorhebung L. v. Stein.)

Wir erfahren auch, warum der Autor seinen Arbeitsbegriff sexistisch eingeschränkt wissen will: weil seiner Meinung nach eine Frau, die »als Nebenbuhlerin und Mitwerberin des Mannes unter die Gesetze, welche über den Werth entscheiden«, tritt, »*keine Frau* mehr ist!« Statt dessen will er die Frau an das »Haus, das eigentliche Reich der Frau, in dem sie Königin ist«, binden, wobei das Maß ihres Wirkens – das ist seine Entdeckung der »Frau auf dem Gebiete der Nationalökonomie« – »das Geld« ist, genauer »durch die Summen dessen bestimmt sein muß«, was der Mann durch seine Thätigkeit erwerben kann.«[217]* Durch »das Leben der thätigen, arbeitenden Menschheit« aber ist in diesem bürgerlich-patriarchalischen Weltbild

> »eine Linie gezogen, welche zwei wesentlich verschiedene Dinge tiefer scheidet als die Meere der Welt die Theile derselben. Diese Linie bildet die Schwelle des Hauses. Es ist gleichgültig, ob der Mann meilenweit von derselben entfernt ist oder ob ihn und seine Arbeit von seinem eigentlichen Hause nichts trennt als die Thür zwischen seinem Arbeitszimmer und seiner Wohnung. Immer liegen diesseits und jenseits dieser Schwelle zwei wesentlich verschiedene Ordnungen des Daseins. [...] An der Schwelle dieses Hauses aber steht die Frau. Ich weiß wohl, was ich dort von ihr erwarte; ich weiß, daß ihre weiche Hand mir die Stirn glättet und

---

* Siehe Anhang Nr. 10.

ihre freundlichen Worte wie frische Thautropfen auf die Mühen des Tages fallen.«[218]

Ja, Stein verstand es, das »Ideal der Hausfrau«, das »nur in Deutschland eine so große Zukunft hat«[219], mit dem ihm Nützlichen zu verbinden, denn er bekannte ganz unverblümt, wem die Trennung der Bereiche in die »Welt des Mannes« und das »Haus« der Frau, wem letztlich der ganze häusliche Aufwand zu gelten hat:

> »Brauche ich eigentlich mehr darüber hinzuzufügen, als die in der Natur des Hauswesens selbst liegende Forderung an die Frau, daß sie auch in ihrer Küche doch zuletzt wesentlich für ihren Mann kochen soll.«[220]

Unser Exkurs über das Musterbeispiel einer Ideologie »für den bürgerlichen Hausbedarf«[221] ist damit zu rechtfertigen, daß die Probleme der Hausarbeit unter kapitalistischen Bedingungen wegen der von L. v. Stein beschriebenen männlichen Konkurrenzängste und Bequemlichkeitsbedürfnisse bis heute nicht gelöst wurden. Hinzu kommt, daß die Aufspaltung der sozialen Wirklichkeit in die Sphären der Produktion und Konsumtion (oder Reproduktion) keineswegs eine Schrulle nur konservativer Denker ist, sondern auch in der marxistischen Theorie die Erkenntnis und Lösung der Frauenprobleme erschwert hat, ja, bis heute zu Begriffsverwirrungen führt. Die bei Marx in seinen früheren Schriften ganz klar vertretene Auffassung von einer Produktion als Einheit von Produktion und Reproduktion[222] und Produktion und Konsumtion[223] ist durch den Vorrang der Warenproduktion bei der Analyse der bürgerlichen Gesellschaft und die Betonung des Produktionsbereichs im engeren Sinn für eine revolutionäre Strategie zunehmend verdeckt worden.[224] In der Vulgarisierung und mechanistischen Verkürzung dieses Ansatzes ist »produktive« Arbeit nur noch die Herstellung von Waren; Hausfrauenarbeit also, weil sie nicht Waren, sondern Gebrauchswerte schafft, notwendig »unproduktiv«.[225]

5.2. Die proletarische Hauswirtschaft

Unser Wissen über die Hauswirtschaft der Frauen in der Vergangenheit ist wesentlich durch die Probleme der bürgerlichen Frauen geprägt. Sie nahmen auch in unserer bisherigen Betrachtung einen so breiten Raum ein, weil Hausarbeit heute für alle Frauen unter ihrer bürgerlichen Bestimmung leidet. Dabei haben vor 1850 in Deutschland mindestens 60 Prozent der Bevölkerung nicht »bürgerlich-bäuerlich behäbig«[226] gelebt, sondern allenfalls eine proletarische Hauswirtschaft geführt. Doch ist zu beachten, daß es sich bei diesen Proletarier-haushalten weniger um Fabrikarbeiterhaushalte handelte als um die Hauswirtschaften von knapp und elend lebenden Handwerkern und Heimarbeitern oder ländlichen, landlosen Unterschichten.

Unsere historischen oder literarischen Informationen über diese Haushalte sind sehr unvollständig, auf ein paar Assoziationen des Elends beschränkt – die wir G. Hauptmanns *Die Weber* oder F. Engels' *Die Lage der arbeitenden Klasse in England* verdanken –, sie sind im übrigen durch bürgerliche Vorurteile verstellt. Eine wichtige Quelle, um Einblick in die Produktions- und Lebensweise der breiten Masse des Volkes zu gewinnen, sind die den Anfang einer empirischen Familien-soziologie markierenden Aufzeichnungen von F. Le Play.[227] In seinen Monographien über Haushaltsbudgets europäischer Arbeiterfamilien – wobei ihm das Budget als »Schlüssel« dient, »der alle Türen der Familie öffnet«[228] – finden sich wichtige Hinweise auf die Haushaltsführung und den vielfältigen Beitrag der Arbeiterfrauen zum Familienunterhalt. Bemerkenswert ist, daß der Schematismus von produktiver und reproduktiver Arbeit bei der Betrachtung der Hausarbeit dieser Frauen vollends in die Irre führt. Der Grund dafür ist nicht, daß in der Übergangsphase zum industriellen Kapitalismus bei der Masse der Kleinhandwerker, Heimarbeiter und ländlichen Tagelöhner die Trennung von Produktions- und Reproduktionssphäre noch nicht vollzogen wäre. Vielmehr zeigt sich, daß ein breites Spektrum weiblicher Tätigkeiten grundsätzlich von einem so starren Begriffsschema nicht erfaßt werden kann, weil die Frauen die gleichen oder gleich schwere Arbeiten verrichteten wie ihre Männer, weil sie nicht nur zuarbeiteten, sondern zusammenarbeiteten und ihre Tätigkeiten zur Produktion *und* Reproduktion ihres Lebens notwendig waren. Um das zu verdeutlichen, seien einige Beispiele genannt, die auch in den Haushaltsuntersuchungen von M. Freudenthal[229]* und L. Schneider[230] wiederholt rezipiert werden und insofern als repräsentativ gelten können.

Die Frau eines Grubenarbeiters aus Clausthal im Harz verdient ihr Scherflein neben der Hausarbeit aus selbständiger Tätigkeit. Zweimal in der Woche geht sie einen 10 Kilometer weiten Weg zu Fuß, um Getreide, Kartoffeln und andere Lebensmittel einzukaufen und nach einem beschwerlichen Weg zurück am Wohnort an wohlsituierte Bürger oder auf dem Markt wieder zu verkaufen. Außerdem verdient sie kleinere Beträge durch Hilfe bei der Ernte und durch Waschen und Putzen bei den reicheren Familien des Ortes.[231]

Die Frau eines Säbelschmieds aus Solingen, der im Verlagssystem, d. h. in eigener Werkstatt, aber im Auftrag und auf Rechnung eines Fabrikanten Säbel montiert, arbeitet im Betrieb ihres Mannes mit. Täglich holt sie zusammen mit ihren beiden Töchtern die Bestandteile der Säbel – Klinge, Griff und Schneide – vom Fabrikanten ab und bringt die Fertigfabrikate oft noch am selben Tag wieder zurück. Das ist Schwerstarbeit, denn das Durchschnittsgewicht der täglichen Säbelladung beträgt 210 Kilogramm; und sie wird von Le Play ausdrücklich als ihre Hauptarbeit geschildert vor der sekundären Hausarbeit. Daneben obliegt den Frauen der Familie die Bestellung des Gartens, eines Feldes und die Kleintierhaltung.[232]

Der landwirtschaftliche Nebenerwerb war eine weitverbreitete, typische Erwerbsquelle der Handwerker- und Heimarbeiterfrauen, die jedoch bis zur Jahrhundertmitte infolge der Gemeinheitsteilungen zunehmend versiegte und bei sinkenden Realeinkommen immer mehr Frauen und Kinder zur Heimarbeit zwang. Im Laufe dieser Entwicklung

»schrumpfte die Hauswirtschaft des Armen mehr und mehr zusammen. Sein Zimmer wurde zur Werkstatt, wo bald die ganze Familie, Groß und Klein, Alt und Jung, Mann und Weib, um kärglichen Lohn arbeitete. Von der Hauswirthschaft blieb nichts übrig als der Herd mit der rasch zusammengekochten, elenden Mahlzeit, und der Waschtrog, in dem die Mutter nächtlicher Weile in aller Hast die paar Lumpen, die die Familie besaß, auszuwaschen pflegte«.[233]

Vor dem Hintergrund dieser Notlagen muß es grotesk erscheinen, wenn L. Schneider die »Verkümmerung der haus-

* Siehe Anhang Nr. 11.

wirtschaftlichen Fähigkeiten« beklagt[234] oder M. Freudenthal einerseits den »Familienzusammenhalt« der proletarischen Beispielfamilien konstatieren muß, andererseits im Überblick über die Proletarierhaushalte um 1850 die »Lockerung« des Familienzusammenhangs an folgender Beobachtung festmacht:

»Die Familie steht nicht mehr im Mittelpunkt des Daseins, sondern das Wirtshaus beim Mann, die haushaltsfremde Arbeit bei der Frau schaffen Interessensphären, die außerhalb des Hauses liegen.« Ja, sie meint schließlich, »die Familie flüchtet in die Arbeit, in das Wirtshaus und in das proletarische Kollektivbewußtsein«.[235]

Es bleibt grundsätzlich zu fragen, wie die Frauen, deren Familienunterhalt nicht gesichert war, denen in ihrer geschmälerten und verarmten Hauswirtschaft alle materiellen Voraussetzungen zur Führung eines Haushalts fehlten, ihren Familiensinn besser unter Beweis stellen konnten als durch ihre vielseitige Mitarbeit im Hause und außer Haus. Sie waren genauso die »Ernährer« ihrer Familien wie ihre Männer, mit dem einzigen Unterschied, daß ihre Tätigkeiten nur sehr verspätet Anerkennung durch eine bürgerliche Berufsbezeichnung gefunden haben (vgl. dazu oben, S. 40, die ausdrückliche Anweisung der Statistiker, die Frauen in der Gewebeindustrie nicht mitzuzählen) und damit auch aus allen Berufsstatistiken herausfielen. Aber gerade weil die Frauen nicht nur für den Unterhalt sorgten, sondern die Fürsorge für ihre Familie im Gegensatz zum Mann tagtäglich auch praktizierten, waren sie immer wieder zu Kompromissen gezwungen und ließen sich zu Aushilfstätigkeiten oder schlechter bezahlten Teilzeitarbeiten verpflichten.

Was schließlich das Lamento über die hausfraulichen Fähigkeiten betrifft, so mag der Blick auf einen proletarischen Speisezettel um 1850 ernüchternd wirken. Da gab es morgens Schwarzbrot und Kaffee, mittags Kartoffeln, nachmittags ein Stück Brot und abends wieder Kartoffeln, allenfalls sonntags Sauerkraut und nur an hohen Festtagen ein Stück Fleisch.[236] Selbst wenn man sich die Kartoffeln als »gequellte oder gekränzte« oder als »Kartoffelsuppe und -brei« zu denken hat, ist einzusehen, warum selbst die besten Kochkünste bei einer derart einseitigen und kärglichen Kost nichts nützten.

So richtig es also ist, daß die Kartoffel als ein billiges

Nahrungsmittel mit einem relativ hohen Nährwert seit dem 18. Jahrhundert für die Industriebevölkerung zu einem »Geschenk der Vorsehung«[237] geworden war, so offensichtlich wird das Ausmaß der Not, wenn man erfährt, daß dennoch in einem Arbeiterhaushalt um 1847 auf Brot und Kartoffeln annähernd die Hälfte aller Ausgaben entfiel.[238] Und man versteht jenes Spottgebet, das aus dem Jahr 1834 mitgeteilt wird:

> »Der Arme betet jetzt vielzählig umsonst: Unser täglich Brot gib uns heute. Die Kartoffel, die ganze Kartoffel, nichts als die Kartoffel ist sein Lebens-Motto, oft auch ohne Salz.«[239]

Selbst Salz war zu kostbar für viele, da – wie W. Abel in seiner Nachlese zur Literatur über den Pauperismus ergänzt – ein Pfund Salz um 1840 in Preußen ein Zehntel bis zur Hälfte eines ganzen Tageslohns kostete.[240] Endlich wird klar, welche verheerenden Folgen die Kartoffelmißernte für die arme Bevölkerung in den Jahren 1846/47 und welche Bedeutung sie für den Ausbruch der Revolution hatte.

Es schien mir notwendig, auf diese materiellen Bedingungen der Arbeits- und Lebensweise des Volkes unter dem Gesichtspunkt der Hauswirtschaft hinzuweisen, um für die Diskussion über Frau und Familie gegen allzu ideologische Einflüsterungen zu wappnen.

Zusammenfassung

Die Lebensbedingungen der Menschen in der ersten Hälfte des 19. Jahrhunderts in Deutschland sind gekennzeichnet durch ein starkes Bevölkerungswachstum, durch Pauperismus, Kleinstaaterei und den Mangel an industrieller Beschäftigung. Das führt auf dem von feudalen Fesseln befreiten Arbeitsmarkt zu einem harten Konkurrenzkampf, in dem die Frauen unterlegen sind. Die den männlichen Lohnarbeiter charakterisierende Chance zu bürgerlicher Freiheit und Gleichheit – unter der Voraussetzung des Eigentums – wird den Frauen erst gar nicht zuteil oder geht ihnen sogleich wieder verloren, weil sie

1. durch das Zurückbleiben im agrarischen Sektor von dem

langwierigen Prozeß der Auflösung der Feudalordnung besonders betroffen sind (Gesindewesen, Patrimonialgerichte, Züchtigungsrechte),

2. erneut und mit allen Mitteln von ihren Männern und Kollegen aus dem Handwerk vertrieben werden (Kampf gegen die Schneidermamsell),

3. ihr Arbeitsfeld auf eine immer engere Häuslichkeit eingeschränkt wird (Dienstbotenproblem, Kompromisse in der Hauswirtschaft).

So kommt es, daß es auf dem Höhepunkt der industriellen Revolution in den vierziger Jahren in Deutschland weniger außerhäuslich beschäftigte Frauen gibt als zu Beginn des 19. Jahrhunderts.

Diese ökonomischen Fakten bezeichnen die Ausgangslage für eine spezifisch deutsche Verhinderung und Verspätung fraulicher Emanzipation, die uns im folgenden in ihren vorwiegend ideologischen Komponenten beschäftigen soll.

II. Frau und Familie

Für die erste Generation deutscher Frauenrechtlerinnen hat sich das Problem ›Frau und Familie‹ gar nicht gestellt. »Sie hatte auf die Ehe verzichtet«, schreibt E. Pfeil im Geiste und in der Diktion ihrer Vorgängerinnen, »die zweite ›klassische‹ Generation aber wollte weder den erkämpften, geliebten, erfüllenden Beruf aufgeben, noch auf die Erfüllung ihres Frauentums in Ehe und Mutterschaft verzichten.«[1] So erklärt sich, warum die bürgerliche Frauenbewegung erst sehr spät (etwa seit 1900) bemerkte, »daß die Frauenfrage im letzten Grunde die Frage nach der Stellung der Frau in der Familie ist«.[2] Eine unübersehbare Zahl theoretischer Abhandlungen, aber auch empirischer Studien über das Familienleben oder die Probleme berufstätiger Mütter, deren Verfasserinnen aktive Frauenrechtlerinnen waren[3], sind Zeugnisse dieser bis heute nicht beendeten Debatte.

Doch die seit dem Beginn der Frauenbewegungen mitgeschleppte »falsche Alternative«[4] – die für alle Frauen bis heute notwendige Entscheidung zwischen Familie oder Beruf – hat ihren Ursprung in der noch jungen Geschichte dieser Familie selbst. Denn erst mit der Verallgemeinerung der bürgerlichen Familienform zum verbindlichen Familienmodell für die ganze Gesellschaft, ja, mit ihrer Verkehrung zur Naturform von Familie schlechthin, wird die Bindung aller Frauen an Haus und Familie perfekt, gewinnt die Abhängigkeit der Frau ihre historisch neue, bürgerlich-patriarchale Qualität. Hinweise auf die historische Neuartigkeit dieses Frauenproblems finden sich bei verschiedenen Autoren. In seiner Besprechung von W. H. Riehls Buch *Die Familie* deutet H. Marcuse die für die Frau einschneidenden Wandlungen mit einem Gedanken an, der weiterzuentwickeln ist:

> »Der Befreiung des Mannes zum ›Bürger‹, der sein ganzes Dasein und seine ganze Kraft in der ›Gesellschaft‹, im ökonomischen, politischen und sozialen Tageskampfe einzusetzen hat, *geht parallel* die Bindung der Frau und ihres ganzen Daseins an Haus und Familie, die Inanspruchnahme der Familie als ein dem Tageskampfe entzogenes ›Reservat‹.«[5]

Die Erläuterungen zu den sozialen, insbesondere ökonomischen Bedingungen der von uns behandelten Übergangsepoche im vorigen Kapitel lassen klar erkennen, daß beide Prozesse, die eben vorwiegend männliche Befreiung zum Lohnarbeiter und die familiale Anbindung der Frau, nicht nur parallellaufen, also nur zufällig zur gleichen Zeit stattfinden, sondern sich gegenseitig bedingen. Die Bindung der Frau an ihre familialen Pflichten ist also zu verstehen als notwendige Korrektur neuer ökonomischer Konkurrenzbedingungen und zugleich als Voraussetzung für die Reproduktion von Arbeitskraft.

Die Familiensoziologie hat von Anbeginn den letzten Gesichtspunkt, die Reproduktions- und Sozialisationsfunktion der Familie, hervorgehoben und problematisiert. Dagegen ist der Widerspruch zwischen bürgerlicher Freiheit und Gleichheit und den nur der Frau übertragenen familiären Verpflichtungen aus dem allgemeinen Bewußtsein systematisch verdrängt worden, weshalb auch das immer neue Scheitern aller Gleichberechtigungsbemühungen unbegriffen bleibt.

Ebenfalls im Zusammenhang mit der Diskussion von Riehls Familienbuch hat R. König eine m. E. treffende Bemerkung gemacht. Er bezeichnet den auffälligen Wandel der deutschen Familie zwischen 1830 und 1855 (!) als »Patriarchalismus im Gegenstoß« oder »Sekundärpatriarchalismus«, im Gegensatz zu dem auch von M. Weber benannten »primären Patriarchalismus«[6], da dieser Patriarchalismus »erst sekundär aus der Reaktion auf eine besondere (aus der historischen und sozialen Situation erwachsene) Herausforderung heraus entstanden ist«.[7]

Besonders im Blick auf die Argumentation der Feministinnen, die den Patriarchalismus vor den Klassengegensätzen als das entscheidende Strukturprinzip gegenwärtiger und vergangener Gesellschaftsordnungen verstehen[8], ist eine differenzierende Betrachtungsweise geboten. Die angedeuteten Gedankengänge über eine spezifisch neue Form des Patriarchalismus in der Familie sind zu vertiefen, denn im Prozeß der Verhinderung einer seit der Erklärung der Menschenrechte immerhin denkbaren Emanzipation der Frau hat die Familie in Deutschland m. E. eine entscheidende Rolle gespielt.

Nach dem notwendigen Hinweis auf die verschiedenen

Formen der Familie und ihre konkreten historischen Bedingungen wollen wir versuchen, die zwei Entwicklungslinien der Geschichte der Familie nachzuzeichnen, die empirisch zum vorherrschenden Familientyp der modernen Kleinfamilie geführt haben, und zwar durch einen Rückblick auf die Geschichte der bürgerlichen und die der Unterschicht-Familie.

1. Die verschiedenen Formen der Familie

Im *Conversations-Lexicon für gebildete Stände* aus dem Jahr 1818[9], einem Vorläufer des *Großen Brockhaus*, gibt es das Stichwort ›Familie‹ noch nicht. 30 Jahre später, in *Wigand's Conversations-Lexikon für alle Stände* füllt die ›Familie‹ bereits Seiten und »bildet die Basis, welche dem bürgerlichen und staatlichen Leben zur festen Unterlage dient«.[10] Läßt schon dieser Umstand auf grundlegende Veränderungen im Bewußtsein über Familie schließen, so ist erst recht der bis zur Jahrhundertmitte angeschwemmte Berg von Ehe- und Familienliteratur, der gemeinhin nur in seinen gegensätzlichsten Spitzen, der Mystifizierung der bürgerlichen Familie durch W. H. Riehl[11] und ihrer Kritik durch K. Marx und F. Engels[12], Beachtung findet, nur vor dem Hintergrund entscheidender Wandlungen in den Familienverhältnissen selbst zu verstehen. Wie jung selbst der Begriff »Familie« im Deutschen ist, hat die neuere, historisch orientierte Familiensoziologie wiederholt dargelegt.[13] Vom Lateinischen »familia« abgeleitet, hat das Wort erst im 18. Jahrhundert Eingang in die deutsche Umgangssprache gefunden und bezeichnet auch dann noch nicht jene gefühlsbetonte, intime Kleingruppe, mit der man heute Familie assoziiert; vielmehr definiert *Wigand's Lexikon,* anscheinend unsicher, aber im Sinne dieser römisch-rechtlichen Tradition:

»Familie ist ein Ausdruck, der in verschiedener Bedeutung gebraucht wird. [. . .] In der neueren Zeit versteht man unter Familie entweder die aus Aeltern, Kindern und sonstigen Hausgenossen [. . .] bestehende und durch den Hausvater und die Hausmutter repräsentierte häusliche Gesellschaft; oder man bezieht den Ausdruck bloß auf verwandtschaftliche Verhältnisse und begreift dann unter Familie entweder zunächst nur

Ehegatten und deren Kinder, oder die Gesamtheit der von einem gemeinschaftlichen Stammvater Abstammenden.«[14]

Die Unentschiedenheit der Definition deutet den Umbruch und grundlegende Veränderungen der Familienstrukturen in dieser Epoche an und bestätigt zugleich den grundsätzlichen Vorbehalt M. Webers, daß »der historisch durchaus vieldeutige Begriff [›Familie‹] nur brauchbar ist, wenn im Einzelfall sein Sinn klargestellt ist«.[15]

Es genügt nicht, von *der* Familie als einem ›ewigen‹ Grundsachverhalt des menschlichen Zusammenlebens oder »bedeutendster Gruppenform der Menschheit«[16] auszugehen. Auch der Versuch, »die Definition von Familie möglichst offenzuhalten, um nicht [durch die Verengung des Begriffs] seine [. . .] Anwendung räumlich oder zeitlich zu begrenzen«[17], kann eine historische Familienforschung nicht befriedigen. H. Rosenbaum hat diese verallgemeinernden und verabsolutierenden Bestimmungen von Familie in der Familiensoziologie kritisiert und insbesondere für eine Geschichte der Familie einen differenzierenden Ansatz gefordert. Erst

»gesellschaftliche, also historisch sich verändernde, insbesondere auch klassen- und schichtspezifische Faktoren bringen die Strukturen [der Familie] in ihrer historischen Besonderheit hervor.«[18] »Ein soziologischer Begriff von Familie müßte die spezifische historische Form der Familie erfassen, und die Familiensoziologie hätte die Aufgabe, diese Familienformen und ihre Funktionen in Beziehung zu setzen zur Gesellschaftsstruktur.«[19]

1.1. Theoretische Vorurteile

Darum steht die These von der Universalität der Kernfamilie – definiert als »Gruppe von Mann und Frau mit ihren unverheirateten und unmündigen Kindern«[20] – für unseren Zusammenhang nicht mehr zur Debatte. Die von G. P. Murdock entwickelte und vielfach rezipierte Behauptung, die Kernfamilie sei eine universelle Elementargruppe, die in jeder menschlichen Gesellschaft zu finden sei, ist schon von anderer Seite als »ethnozentrisches Vorurteil« entlarvt[21] und durch ethnologische Forschungen hinreichend widerlegt worden.[22] Auch R. König hat die Übernahme des Modells der Kernfamilie aus der kategorialen Betrachtung in die empirische Familiensoziolo-

gie, die vor allem durch die theoretischen Arbeiten T. Parsons'
eingeleitet wurde, als Verwechslung des Modells oder des
Idealtypus mit der Realität der Familie kritisiert.[23]

Bezeichnend an der berechtigten Kritik der Universalitäts-
these ist jedoch die Methode, die selbst bei sich fortschrittlich
wähnenden Soziologen in patriarchalische Reaktion mündet,
z. B. bei R. Eickelpasch; anstelle der Kernfamilie wird hier die
Mutter-Kind-Einheit als »Grundgebilde« in die soziologische
Betrachtung eingeführt. Zuzustimmen ist R. Eickelpasch,
wenn er schreibt:

»Der Begriff ›Familie‹ bezeichnet eben nicht eine naturale, transkultu-
rell gültige Realität, sondern einen komplexen Zusammenhang aus sexuellen, wirtschaftlichen, rechtlichen und Erziehungsfunktionen, der das
historische Ergebnis der spezifischen sozio-ökonomischen Entwicklung
der westlichen Gesellschaft darstellt. [. . .] Ein soziologischer Begriff von
Familie müßte die entscheidenden strukturellen Unterschiede zwischen
den Familienorganisationen in verschiedenen Gesellschaften und Kultur-
bereichen herausarbeiten und für jede Gesellschaft den konkreten Inhalt
dessen entwickeln, was als Familie bezeichnet wird.«[24]

Widersinnig ist allerdings, daß diese Kritik an der Universa-
lität der Kernfamilie mit Hilfe und zu Gunsten der These von
einer allzeit gültigen »Mutter-Kind-Dyade« vorgetragen wird,
auf die die eben genannten soziologischen Kriterien keine
Anwendung finden. Da heißt es: »›Urwüchsig‹ im Sinne Max
Webers und universal ist allein die Mutter-Kind-Einheit.«
Doch erfolgt keine Konkretisierung dieser »Grundeinheit«.
Sie wird lediglich bestimmt als »irreduktibler Kern aller Familienformen«, der als »Muster« für weitere Dyaden (Gatten-
Dyade usw.) gilt. Man ahnt freilich, worum es wirklich geht,
wenn, um die »Dominanz des Mannes« zu rechtfertigen, sogar
Parsons' geschlechtsspezifischer Unterscheidung zwischen in-
strumentellen und expressiven Rollen »universale Gültigkeit«
zugesprochen wird. Viel mehr noch als die Kernfamilie er-
weist sich die »Mutter-Kind-Einheit«, auf ein biologisches
Faktum reduziert und ohne jegliche historische und strukturelle Konkretion, als eine soziologische Leerformel. Sie kann
keinen anderen Sinn haben, als die Frau auf ihre Mutterrolle
zu fixieren.

Vor allem im Hinblick auf die Stellung der Frau in der Familie sind die Veränderbarkeit und die Verschiedenartigkeit der Familienformen in der Geschichte und im Wandel der gesellschaftlichen Bedingungen von großem Interesse. Eine empirische Bestandsaufnahme der Familientypen und faktischen Familiensituation zu Beginn unserer Epoche stößt jedoch auf erhebliche Schwierigkeiten. Je nach Lebens- und Arbeitsbedingungen variieren die Familienformen in den verschiedenen Bevölkerungsgruppen in den ohnehin partikularistischen deutschen Verhältnissen. Wie H. Rosenbaum hervorgehoben hat, liegen insbesondere »über die Familienorganisationen der Unterschichten kaum verwertbare Quellen vor«.[26] Wir wollen daher zunächst versuchen, einen kurzen Überblick über die Familienformen zu Beginn des 19. Jahrhunderts zu geben, ohne damit Vollständigkeit zu beanspruchen.

Immer wieder wird betont, daß die Bauernfamilie als eine Hauswirtschaft und Betrieb »umfassende Lebensweise« am stärksten ihre Kontinuität bewahrt hat. Dennoch ist gerade bei der bäuerlichen Familie infolge der Agrarreformen zu Beginn des vorigen Jahrhunderts zu unterscheiden zwischen dem neues Eigentum und Selbständigkeit gewinnenden Großbauern oder Gutsherrn, der in patriarchalischer Rangordnung, aber in Zusammenarbeit mit allen Familienmitgliedern und dem Gesinde sein »ganzes Haus« führt, und dem verarmten Kleinbauern, dem Häusler oder dem allenfalls zum Nebenerwerbslandwirt abgesunkenen Tagelöhner. In den ländlichen Unterschichtfamilien, in denen durch den Verlust eigener Produktionsmittel die Landfrauen der Möglichkeit beraubt wurden, zum Familienunterhalt beizutragen, hatte sich, entgegen weitverbreiteten ›Mythen‹, mit der veränderten Produktionsweise kaum die Familiengröße geändert, wohl aber ihre innere Struktur.[27]

Eine ähnliche, aber anders zu begründende Unterscheidung gilt für die Handwerkerfamilie. Auch hier gibt es den städtischen Handwerksmeister, der die neue Zunftfreiheit erfolgreich zu nutzen weiß, dessen Frau den Laden betreibt und mit der Führung eines vielköpfigen Haushalts wichtige Aufgaben erfüllt. Sehr viel zahlreicher aber sind bei der bis zu 90 Prozent auf dem Lande lebenden Bevölkerung[28] die handwerklichen Einmannbetriebe und die nur mit Hilfe des Verlagsystems existierenden Heimarbeiter. Die räumliche Enge ihrer Arbeits- und Wohnstätten, die Zusammendrängung von Haushalt und Betrieb oft in einem einzigen Raum, insbesondere aber die Not prägten einen Familientyp, der in dieser Epoche für die breite Masse des Volkes zwingend wurde und daher hier, im Sinne eines Arbeitsbegriffs, als Unterschichtfamilie bezeichnet wird.

Um 1800 nach wie vor beherrschend ist die adlige Familie, deren wichtigste Funktion Herrschaftssicherung und Herrschaftsausübung ist. Das entscheidende Mittel dazu ist die gesellschaftliche Repräsentation, die – wie N. Elias ausführlich schildert –[29] am deutlichsten in der feudalen Wohnweise der Oberschichten zum Ausdruck kommt. Die weitläufig angeordneten Gesellschaftsräume, das jedem Salon vorgelagerte Antichambre für die Dienerschaft oder die getrennten Appartements der Eheleute, die persönliche Kontakte auf ein Minimum beschränken, kennzeichnen die soziale Distanzierung, die die Beziehungen der höfischen Menschen regelt.

Die adlige Familie mit ihrem Mangel an Intimität und Gefühl in den Beziehungen zwischen den Eheleuten, Eltern und Kindern ist vom aufsteigenden Bürgertum als Gegenbild zum eigenen Familienverständnis kritisiert worden, obgleich gerade diejenigen Strukturen, die die Stellung der Frau festschrieben, z. B. der Patriarchalismus, mit Eifer übernommen wurden. Um 1800 jedenfalls verwirklicht sich bürgerliches Familienleben vorerst in einer sehr kleinen Schicht, hauptsächlich in der Handelsbourgoisie und dem Bildungsbürgertum. A. Freiherr von Knigge, dessen Buch *Über den Umgang mit Menschen* uns als beredtes Zeugnis bürgerlichen Selbstverständnisses dienen kann, schrieb 1788 in deutlicher Stoßrichtung gegen den Adel – die unteren Volksklassen waren für ihn noch nicht existent und damit kein Problem –:

»Allein alle diese Vorschriften [gemeint sind seine überaus interessanten Ausführungen über den Umgang unter Eheleuten*] sind wohl nur besonders anwendbar auf Personen im mitlern Stande. Die sehr vornehmen und sehr reichen Leute haben selten Sinn für häusliche Glückseligkeit, fühlen

* Siehe Anhang Nr. 14.

keine Seelen-Bedürfnisse, leben mehrentheils auf einen sehr fremden Fuß mit ihren Ehegatten, und bedürfen also keiner andern Regeln, als solcher die eine feine Erziehung vorschreibt. Und da sie auch eine eigne Moral zu haben pflegen; so werden sie wohl in diesem Kapitel wenig finden, das für sie tauglich wäre.«[30]

Die bürgerliche Familie aber konnte ihre »wichtige Rolle als Vorbild« nur deshalb übernehmen, weil sie aufgrund der in ihr verwirklichten Trennung zwischen privater und beruflicher oder gesellschaftlicher Sphäre der allgemeinen Lebensweise einer Gesellschaft von Lohnarbeitern und den Erfordernissen der Industrialisierung entgegenkam.

2. Die Geschichte der bürgerlichen Familie

2.1. Vom Haus- zum Familienvater

Der Vorläufer der bürgerlichen Familie war die »große Haushaltsfamilie«[31], die auch als »Sozialform des ganzen Hauses«[32] beschrieben wird. Sie ist gekennzeichnet durch die Einheit von Haushalt und Betrieb, durch die lohnlose Mitarbeit aller, auch der weiteren Familienangehörigen, und die Einbeziehung nichtverwandter Arbeitsgehilfen (Gesinde, Lehrlinge und Gesellen) in die häusliche Gemeinschaft. In ihrer idealtypischen Ausprägung, in der die Familie eine Produktions- und Konsumtionsgemeinschaft darstellte und über diese ökonomische Bestimmung hinaus eine »alle Daseinsbereiche umfassende Lebensweise«[33] war, gilt sie für die westeuropäischen vorindustriellen Gesellschaften als das »grundlegende Sozialgebilde«[34] sowohl des Bauerntums und des bäuerlichen Adels (Gutsherrschaften) als auch der im Handel und Gewerbe tätigen Bevölkerung.

Dennoch ist es falsch, diesen Typus als *die* traditionelle Familienform der Vergangenheit zu verallgemeinern[35] oder zu idealisieren, wie dies seit W. H. Riehl[36] in der Familiensoziologie und in der Sozialgeschichte[37] immer wieder geschieht. Aus der Verabsolutierung dieses Familientyps der Ober- und oberen Mittelklassen und ihrer Geschichte resultieren alle weiteren Fehlschlüsse zur Geschichte der Familie überhaupt. Ohne Zweifel hat die Familienform des »ganzen Hauses«

unsere historischen Irrtümer über Familie deshalb so entscheidend geprägt, weil »es kaum eine Phase in der Sozialgeschichte der Familie gibt, die so gut belegt wäre, wie diese Form der großen Haushaltsfamilie, und zwar durch eine Sammlung von ›Sachbüchern‹ für die Ordnung des täglichen Lebens«[38], die sogenannte Hausväterliteratur.[39] Die Hausväterliteratur, die sich vor allem an den Hausvater der adligen Grundherrschaft und des großbäuerlichen Grundbesitzes wandte und alle zur Leitung eines ländlichen Hauswesens notwendigen Kenntnisse vermitteln wollte, beschreibt die Ökonomie des »ganzen Hauses« als eine alle Bedürfnisse und Beziehungen umschließende Lebensweise, doch – wie sich aus dem Adressaten ergibt – in ihrer klassenspezifischen Begrenzung. Ihre spezielle Ausformung erhielt diese Literaturgattung im 16. bis 18. Jahrhundert in Deutschland.[40]

O. Brunner, der die Zusammenhänge der Sozialform des Hauses mit der griechischen Ökonomik und der römischen Agrarlehre aufgedeckt hat, aber mit dieser ideengeschichtlichen Ableitung verbreiteten Mißverständnissen über die konkreten Formen der vorindustriellen Familie Vorschub leistete[41], betont vor allem das »herrschaftliche Moment«. Die »leitende und gebietende Stellung« des Hausherrn gründete sich demnach nicht nur auf seine Besitzrechte an Grund und Boden oder auf seine »besonderen Fähigkeiten«, der »Wirtschaft« vorzustehen. Der patriarchale Vorrang entsprach zugleich der Vorstellung einer hierarchisch gegliederten, monotheistischen Weltordnung, in der das Haus die unterste Einheit einer zwischen Gott, Kaiser, später Feudalherrn und Hausherrn aufgeteilten Welt bildete. So bezeichnete der »Hausfriede«, die Grenze obrigkeitlicher Macht, zugleich ein Selbsthilferecht, ein hohes Maß von Eigenmacht und Herrschaftsgewalt des Hausherrn, der die »im Frieden seines Hauses« lebenden Leute schützte und für sie haftete.[42] Daraus wurden schließlich sein Züchtigungsrecht gegenüber Ehefrau und Gesinde und die alleinige Vertretungsmacht nach außen abgeleitet und gerechtfertigt; ja, eben dies erklärt, warum bis in das 19. Jahrhundert hinein die Ausübung politischer Rechte nicht einmal allen Männern, sondern lediglich den Vorstehern eines Haushalts eingeräumt wurde.[43]

Die von O. Brunner beschriebenen Vorrechte der männlichen Oberschicht lassen sich als traditioneller und ständischer Patriarchalismus[44] definieren. Diese Herrschaftsform hat ihre Legitimation – auch in der Typologie von M. Weber – aus der Tradition, nicht »kraft Satzung«[45] und ist gekennzeichnet durch die Konvergenz von politischer und ökonomischer Macht. Der ständische Hausherr ist sowohl privilegiertes »Mitglied des ständischen Zusammenschlusses, des Herrschaftsverbandes«[46], als auch Inhaber der entscheidenden Erwerbschancen und Stellen. Das gilt für den ritterlichen Feudalherrn, für den patrimonialen Gutsherrn ebenso wie für den städtischen Zunftmeister. Sie alle kontrollieren durch ihren privilegierten Status die Lebensversorgung nicht nur ihrer verwandten Hausgenossen, sondern breiter, abhängiger Schichten. Sie sind aber trotzdem in ihrer »Kommandogewalt« nicht unbeschränkt. Denn im Unterschied zum »absoluten Patriarchalismus«[47] anderer Geschichtsepochen und Gesellschaftsformationen ist die ständische Hausherrngewalt Teil des gesellschaftlichen Gesamtgefüges und damit durch den äußeren politischen Zusammenhang sowohl begrenzt als auch garantiert. Erst eine differenzierte Analyse des Patriarchalismus, die die gesamtgesellschaftlichen Bedingungen und den Zusammenhang zwischen hausherrlicher Gewalt oder patriarchaler Familienstruktur und der Macht und Verfassung des Staates berücksichtigt, erschließt also die Erkenntnis, daß der traditionelle ständische Patriarchalismus mit dem Übergang zu kapitalistischen Verhältnissen hinfällig geworden war. Er hatte mit der Auflösung der Feudalgesellschaft seine materielle Basis und seine herrschaftliche Legitimation verloren.

Es ist ein Mangel der nur pauschalen, auch der feministischen Kritik des Patriarchalismus, daß sie die strukturellen Veränderungen in der Stellung des Mannes bisher nicht hinreichend thematisiert hat. Wohlgemerkt, wir beziehen uns hier vorwiegend auf die Stellung des Mannes der oberen Stände oder herrschenden Klassen, wobei jedoch der prägende Einfluß des ständischen Familientyps und hausherrlicher Gewalt »als gesellschaftliches Vorbild« für die breite Masse des Volkes unverkennbar ist.[48]

Überraschend aufschlußreiche Bemerkungen über den grundlegenden Wandel vom ›Haus- zum Familienvater‹ finden sich bei dem bürgerlich-konservativen Staatsrechtler Cle-

mens Th. Perthes in seinem Buch *Das deutsche Staatsleben vor der Revolution. Eine Vorarbeit zum deutschen Staatsrecht*.[49]*
In einem Kapitel, das er bezeichnenderweise *Das Privatleben im deutschen Volke* nennt, beschreibt er den Zusammenhang zwischen den politischen Zuständen in Deutschland und der Geschichte der Familie gerade in dem Zeitabschnitt, der durch die Auflösung des »ganzen Hauses« und die Herausbildung eines spezifisch deutschen, bürgerlichen Familienlebens charakterisiert ist. Neben scharfsinnigen Ausführungen über die »tiefe Ruhe in dem Verhältnis zwischen den deutschen Obrigkeiten und ihren Unterthanen«, die »unerklärlich« bliebe, wenn man nicht den »von Generation zu Generation vererbten politischen Gehorsam und die politische Treue der Deutschen als einen Grundzug« berücksichtigte[50], gab Perthes deutliche Beschreibungen der kompensatorischen Rolle, die das Familienleben in den zunehmend absolutistischen Verhältnissen beim politisch machtlosen Bürgertum spielte.

»Stark genug war der deutsche Familiensinn gewesen, um aus den Zuständen der Verwilderung, welche dem dreißigjährigen Kriege folgten, von Neuem ein ehrbares und reines Familienleben zu erzeugen. [...] Aber weil der deutsche Staat die Familie verächtlich übersah und sie des lebendigen Zusammenhanges mit Gesinde und Staat beraubte, so hatte sich diese als eine völlig in sich abgeschlossene Einheit entwickelt. Die Hausväter waren nur Hausväter und deßhalb keine wahren Hausväter geworden.« Denn ein richtiger Hausvater war ein »freier Mann« – meint Perthes idealisierend –, »durch den das Haus zum Hause ward«, und der »größeren oder kleineren Kreisen des öffentlichen Lebens angehört und für sie gewirkt und geduldet hatte«.[51] »Die Männer [...] des vorigen Jahrhunderts aber [gemeint ist das 18. Jahrhundert] hatten, weil die Familien, deren Häupter sie waren, entweder sich in stolzer Engherzigkeit vom öffentlichen Leben abschlossen oder sich nur in den kleinlichen Gewohnheiten des Alltagslebens gefielen [...], den Staat sich selbst überlassen.«[52]

Wie dieser auf ein »beschränktes Einerlei« verwiesene Hausherr seine politische Ohnmacht durch patriarchalische Allüren kompensierte, beschreibt Perthes mit treffenden Einzelheiten:

»Ich erinnere mich nicht, daß er [der Vater] auch nur ein einziges Mal mit Zärtlichkeit meine Mutter oder uns Kinder angeredet oder mit recht innigem Wohlgefallen angeblickt hätte. Den tiefsten Respect gegen ihn, die strengste Erfüllung der Pflichten verlangte er für beständig und nicht das Mindeste sah er in dieser Beziehung nach. Daher war denn in Beziehung gegen [!] ihn die ganze Hausgenossenschaft, die Mutter mit eingeschlossen, in dem Zustande der größten Unterwürfigkeit.«[53]

Der Einbruch in die unbeschränkte hausherrliche Gewalt wurde ohne Zweifel durch die aufklärerisch-absolutistische Gesetzgebung vorangetrieben, wobei das *Allgemeine Preußische Landrecht* von 1794 mit seiner unklaren Stellung zu Haus oder Familie einen Wendepunkt markiert.[54] Deutlich wird die Zwischenstellung des *Landrechts,* die dem Wandel vom Haus zur Familie entspricht, in der zweideutigen Definition von »Familie« oder »häuslicher Gesellschaft«. In den Paragraphen 3 und 4 I. 1. *ALR* heißt es:

»Die Verbindung zwischen Ehegatten, ingleichen zwischen Aeltern und Kindern, macht eigentlich die häusliche Gesellschaft aus.«

»Doch wird auch das Gesinde mit zur häuslichen Gesellschaft gerechnet.«

Diese Bestimmung war offensichtlich notwendig geworden, weil über die Struktur und die Zusammensetzung der Familie Unklarheit entstanden war. Zugleich zeigt sie, daß die Zuordnung des Gesindes zur »häuslichen Gesellschaft« keineswegs mehr als selbstverständlich galt. Bemerkenswert ist, daß die »häusliche Gesellschaft«, d. i. der Hausstand, in der endgültigen Kodifikation gegenüber dem Entwurf nicht mehr als Basis des ständischen Staatsgefüges genannt wird. Der Entwurf hatte noch in der Tradition der Naturrechtslehre von Christian Wolff definiert, die bürgerliche Gesellschaft – hier noch identisch mit dem Staat – bestehe »aus der Verbindung der Familien zum Zwecke des gemeinen Wohls«, und demgemäß alle Rechte und Pflichten in einem dreistufigen Aufbau in die des Hausstandes, der Stände und des Staates gegliedert. In der endgültigen Fassung des Gesetzbuches von 1794 war jedoch vom Hausstand nicht mehr die Rede. Der entsprechende Paragraph 2. I. 1. *ALR* lautet: »Die bürgerliche Gesellschaft besteht aus mehrern kleinern, durch Natur oder Gesetz [. . .] verbundenen Gesellschaften und Ständen.« D. h. der »Hausstand« wurde als systematischer Rechtsbegriff gestrichen, zugleich aber das Ehe- und Familienrecht an den Anfang des 2. Teils, also neben andere Gesellschaften und Berufs- und Lebensgemeinschaften, gestellt.

Die mit dieser »Entpolitisierung des Hausstandes«[55] verbundene Freisetzung der Individuen aus hausherrlicher Gewalt hat R. Koselleck ausführlich analysiert. Sie wurde durch politische und wirtschaftliche Umwälzungen wie die Bauernbefreiung, die Aufhebung der Zunftverfassung, die allgemeine Wehrpflicht (1808) oder die Steuergesetzgebung von 1820[56] beschleunigt und kam in ersten Staatsbürger-Bestimmungen[57] des Vormärz zu einem vorläufigen Abschluß. In Ansätzen war sie bereits im *Landrecht* sichtbar, obschon diese Emanzipationen – wie wir sehen werden – den Frauen nicht zugute kamen.

Einige Beispiele sollen die veränderte Stellung des Hausvaters verdeutlichen: In aufklärerischer Intention hatte das *Preußische Landrecht* »zur Sicherung und Beförderung der Privatglückseeligkeit eines jeden Einwohners im Staate«[58] zumindest im Grundsatz die individuelle Freiheit der Eheschließung anerkannt.[59] Das hieß, ohne die »freie Einwilligung beider Theile« war keine Ehe verbindlich (§ 38, II. 1. *ALR*), und Eltern konnten ihre Kinder nicht zur Heirat mit einem bestimmten Ehepartner zwingen (§ 119, II. 2. *ALR*). Für die auch nach der Volljährigkeit niemals mündigen Töchter sah diese Freiheit allerdings anders aus, zumal das Gesetz eine Reihe politischer und familiärer Heiratskontrollen sanktionierte, bei denen die Frage, ob »den künftigen Eheleuten das nöthige Auskommen fehlen würde« (§ 60, II. 1. *ALR*), als Vorwand für viele Einschränkungen diente. Immerhin sah das Gesetz erstmalig die Möglichkeit einer richterlichen Überprüfung der allgewaltigen hausväterlichen Entscheidungsmacht vor (§§ 68 f. II. 1, *ALR*).

Bekannt geworden ist der Fall der Clara Wieck, die die fehlende Einwilligung ihres starrköpfigen Vaters in ihre Ehe mit Robert Schumann im Jahre 1840 durch ein richterliches Dekret ersetzen ließ. Vermutlich aber mußte man »kaiserlichkönigliche Kammervirtuosin« sein, um dem Recht der freien Partnerwahl – als Sieg des Prinzips – gegenüber dem traditionellen Patriarchalismus Geltung zu verschaffen.

Die fortschrittliche Bedeutung einer anderen Bestimmung der preußischen Kodifikation ist für uns heute nur noch an der heftigen Reaktion, ja, Abwehr der zeitgenössischen Hausväter abzulesen. § 221 in Verbindung mit § 208, II. 1. *ALR* ermöglichte es, der Frau an vertraglich bestimmten Vermögenswerten, dem sogenannten Vorbehaltsgut, die »freie Disposition«, d. h. volle Geschäftsfähigkeit, einzuräumen. Marianne Weber erblickte in dieser Vorschrift bereits eine Durchlöcherung des patriarchalischen Prinzips, das »nicht mehr so dicht [war], daß nicht daneben auch einige individualrechtliche Postulate mit durchschlüpfen konnten«.[60] Der zeitgenössische Kritiker des *Landrechts,* Goethes Schwager J. G. Schlosser, kommentierte diese geplante Neuerung in seinen *Briefen über die Gesetzgebung* aus dem Jahr 1789 aus anscheinend ungebrochener patriarchalischer Position:

»Wenn die Frau ihrem Mann den Leib, ihre Ehre, ihre Kinder, ihre ganze Glückseligkeit, ihr Leben und alle ihre Kräfte anvertrauen muß, so ist es, dünkt mich, an sich eine Kleinigkeit, daß sie ihm auch ihr Vermögen anvertraue.« Es sei daher nicht unbillig, daß dem Mann das vollständige Recht über das ganze Vermögen eingeräumt werde »und übte er das zu streng, die Frau auf die Kraft ihrer Liebkosungen und der nächtlichen Umarmungen verwiesen werde«.

Schlosser stützte seine Kritik am preußischen Gesetzgeber mit bemerkenswerten Reflexionen über den Zusammenhang zwischen politischen Verhältnissen und Familienverfassung:

»Es ist wirklich merkwürdig, daß gewöhnlich in demokratischen Staaten die Hausmonarchie; in despotischen die Hausdespotie; in monarchischen die Hausdemokratie am meisten geliebt wird. Die Ursache dieser Verschiedenheit scheint mir ziemlich oben zu liegen. Der Despot will, daß wie der Hausvater Sklav ist; auch dessen Frau, Kinder und Hausgesind Sklaven seyn; auch muß er dem Hausvater eine Entschädigung für den Verlust seiner bürgerlichen Freiheit geben. Die Demokratie muß die Glieder des Staats auf so wenige zurückziehen als sie kann, um die Anarchie zu verhindern. Die Monarchie sucht aber alles zu vermeiden, was eine Gradation zwischen den Unterthanen machen könnte, und alles anzuwenden, daß was in dem Staat ist, ihr unmittelbar unterworfen sey. – Natürlich um des gemeinen Besten willen.«[61]

Ein anderes Beispiel für den Abbau hausherrlicher Gewalt durch das Gesetz bringt R. Koselleck[62]: Die ursprünglich dem Hausvater zustehende Strafgewalt bei kleinen Hausdiebstählen wurde im *Landrecht* (II. 20. §§ 1137 f.), sofern Anzeige erstattet war, der Strafjustiz übertragen, und zwar entgegen herkömmlichem gemeinen Recht mit verschärften Strafen, z. B. auch körperlicher Züchtigung, belegt. Auch nach dem *Preußischen Strafgesetzbuch* von 1851, das den 20. Titel, den

Strafrechts-Teil des *ALR*, ablöste, war Diebstahl im Hause ein erschwerender Tatbestand, im geltenden *StGB* ist er hingegen Strafmilderungsgrund (vgl. § 247 *StGB*).

Die Beispiele zeigen, daß die Maxime des *Preußischen Landrechts*, »die Glückseeligkeit eines jeden Einwohners im Staate zu befördern«[63], keineswegs die Begrenzung staatlicher Tätigkeit bedeutete, sondern im Gegenteil zur Legitimation einer bis in groteske Einzelheiten reichenden Bevormundung diente.[64] Insbesondere die die mütterliche Intimsphäre streng und detailliert regulierenden Vorschriften sind Zeugnisse einer moralisierenden staatlichen Zucht und – wie F. Wieacker meint – »wohlmeinender« Gängelung.[65] Zugleich belegen sie, wie wenig der Vorrang des Mannes, wenigstens als Familienvater, unangetastet blieb. Da wird gesetzlich verordnet, daß eine gesunde Mutter ihr Kind selbst zu stillen habe. »Wie lange sie aber dem Kinde die Brust reichen solle, hängt von der Bestimmung des Vaters ab.« »Doch muß dieser, wenn die Gesundheit der Mutter oder des Kindes unter seiner Bestimmung leiden würde, dem Gutachten der Sachverständigen sich unterwerfen« (§§ 67-69, II. 2. *ALR*). Oder: »Mütter und Ammen sollen Kinder unter zwey Jahren bey Nachtzeit nicht in ihre Betten nehmen, und bei sich und anderen schlafen lassen.« »Die solches thun, haben nach Bewandniß der Umstände, und der dabey obwaltenden Gefahr, Gefängnißstrafe oder körperliche Züchtigung verwirkt« (§§ 738, 739 II. 20. *ALR*).[66] Perthes hat das Gesetzbuch daher in einem oft zitierten Vergleich scharf kritisiert:

> »Das preußische Landrecht, in welchem sich die herrschenden Richtungen ihren Ausdruck verschafft hatten, verfügte über die Verhältnisse der Familie und des Hauses, als ob dieses sich zum Staate ebenso wie die Caserne oder das Zuchthaus verhielt.«[67]

Er hatte richtig erkannt, daß mit der Einmischung in »die Verhältnisse des Hauses« der ständische Patriarchalismus, der sich auf die Ökonomie der geschlossenen Hauswirtschaft und die Strukturen dieser Sozialform gründete, in Gefahr geriet. Dennoch wäre es falsch, für den Zerfall des »ganzen Hauses« allein die Machtansprüche des absolutistischen Staates verantwortlich zu machen. Die Entwicklung vom Haus zur Familie war seit langem angebahnt und mit der Veränderung der

Produktionsweise vorangetrieben worden von einem inneren Verfallsprozeß, der als Herauslösung der intimen und privaten Kleinfamilie aus der umfassenderen Lebensgemeinschaft des ganzen Hauses beschrieben werden kann.

2.2. Die ›Privatheit‹ der Familie

Die Struktur der Familie und die Formen des Zusammenlebens sind nicht nur das Ergebnis politischer Prozesse und veränderter wirtschaftlicher Bedingungen; die Familie ist auch eine Geschichte der Menschen. Wichtige Hinweise auf den anthropologischen oder den Verhaltens-Aspekt der Familie, der auch die Stellung der Frau in der bürgerlichen Familie erklären hilft, finden sich bei Ph. Ariès. In seinem Buch *Geschichte der Kindheit*[68], das man ebensogut »Die Geschichtlichkeit der Familie« nennen könnte[69], bedient sich der Historiker Ariès einer für Soziologen ungewöhnlichen Methode, nämlich der Ikonographie, um ›Familie‹ als eine überaus neuzeitliche Erscheinung der Mittelklassen zu erfassen. Er zeigt, daß in der Malerei erst seit dem 16. Jahrhundert die Darstellung des Lebens in der Öffentlichkeit – auf Straßen, Plätzen, vor Kirchen, inmitten einer vielköpfigen Menschenmenge – allmählich von Interieurs und Familienszenen abgelöst wurde und meint:

»Dieser sehr allgemeine Eindruck, der den Historiker gleich bei seiner ersten Berührung mit den ikonographischen Dokumenten berührt, entspricht zweifelsohne handfesten, realen Gegebenheiten. Das Leben spielte sich bis zum 17. Jahrhundert in der Öffentlichkeit ab. [...] Die Dichte der Geselligkeit ließ der Familie keinen Raum.«[70]

Ariès belegt diesen Eindruck mit reichhaltigem historischen Material wie Kalendarien, Tagebüchern, Manierenschriften[71] oder Abbildungen der Mode und schließt daraus auf ein völlig neues Konzept der Familie, das die durch gemeinsame Abstammung verbundene Hausgemeinschaft durch eine enge Beziehung zwischen Gatten und Kindern ablöste. Die »großen Häuser«, Wohnsitze des Landadels oder der städtischen Oberschichten, ihrer Struktur nach typische Formen des »ganzen Hauses«, bildeten den Ausgangspunkt und kulturellen Rahmen für das Konzept der Familie[72] und sind damit als die historischen Vorläufer der bürgerlichen Familie anzusehen. Sie kannten zunächst noch keine Trennung von privatem und öffentlichem Leben und erfüllten in einer Gesellschaft ohne Cafés oder Clubs vorwiegend eine gesellschaftliche Funktion. Neben der Schar der Bediensteten gingen ständig Besucher ein und aus, Freunde, Kunden, Bittsteller oder Klienten, die weder nur persönliche noch rein berufliche Kontakte pflegten – denn diese Unterscheidung gab es noch gar nicht. In denselben Räumen, in denen gegessen, geschlafen und gearbeitet wurde, spielten die Kinder und wurden die Besucher empfangen. Erst die Funktionstrennung der Räume, ihre Gliederung in Korridore, Eß- und Schlafzimmer und Gesindestuben, kennzeichnet eine veränderte Lebensweise.[73] Wie Ariès schreibt, begann die Familie seit dem 18. Jahrhundert »gegenüber der Gesellschaft eine gewisse Distanz zu beziehen [. . .], sich gegen die Welt abzuschirmen«. Durch die Spezialisierung der Wohnräume und die Veränderung der Umgangsformen wurde ein neues Bedürfnis nach Isolierung, nach Privatleben befriedigt. Die Familie reduzierte sich auf Eltern und Kinder; Diener, Klienten und Freunde wurden ausgeschlossen.[74]

Die veränderte Einstellung zu Kindern spielte in diesem Prozeß eine entscheidende Rolle, ja, die »Entdeckung der Kindheit«[75] als ein vom Erwachsenen unterschiedener Status ist eine wichtige Phase in diesem ›Prozeß der Zivilisation‹. Solange es standesgemäß war, Neugeborene einer Amme außer Hause in Pflege zu geben und die Kinder üblicherweise vom siebenten, spätestens vom neunten Lebensjahr an zur Erziehung oder Lehre in einem fremden Hause unterzubringen, wo sie durch die alltägliche Teilnahme an der Welt der Erwachsenen in das Leben eingeführt wurden, war ein enger, gefühlsmäßiger Kontakt zwischen Eltern und Kindern sehr unwahrscheinlich. Erst die pädagogische Entdeckung des Kindes seit dem 17. Jahrhundert, die Verbreitung schulischer Erziehung, die nicht eine dauernde Trennung von den Eltern erforderte, schuf persönliche und emotionale Bindungen, aber auch stärkere Abhängigkeiten.

Das neue Interesse am Kind spiegelt die Malerei wieder. Wohl hatte es seit dem 13. Jahrhundert zahlreiche Marienbildnisse – Mutter mit Kind – oder Darstellungen von Engeln gegeben; doch diese Putten oder Jesuskinder waren niemals das »reale, historische Kind«. Das änderte sich im 17. Jahrhundert, als das Kind ins Zentrum der Familienportraits und Alltagsszenerien rückte, also im Bild deutlich wurde, wie sich Familie im heutigen Sinn um das Kind herum zu organisieren begann.[76]

Die Mode schließlich überliefert ein Schaubild vereinzelter Schübe der Emanzipation. Gleichzeitig mit der Entdeckung der Kindheit entstanden die ersten Kindermoden.[77] Dazu ist jedoch zweierlei anzumerken:

1. Es war nicht etwa eine kindgerechte Kleidung, die für das Erscheinungsbild der Kinder der Mittel- und Oberschichten nun charakteristisch wurde, sondern vielmehr – im archaisierenden Stil – die abgelegte Erwachsenenmode vergangener Jahrhunderte. Mit S. Firestone kann man daraus schließen, daß auch die Kinder der Oberklasse deklassiert blieben.[78] Offensichtlich wurde die Rangordnung in der Kindermode, als kurz vor der Französischen Revolution für die Jungen der Oberschicht Hosen üblich wurden, die vorher nur Handwerker und Arbeiter getragen hatten – ein durchaus widersprüchliches Privileg, wenn man bedenkt, daß dies richtungweisend für alle nachfolgende Männer- und die heutige Frauenmode wurde. *2.* Nur die Jungen der Oberschicht genossen die ›Vergünstigung‹ der Kindermode, die Mädchen wurden nach wie vor, sobald sie aus den Windeln waren, wie kleine Erwachsene angezogen. Selbst in der Mode also zeigt sich die allgemeine Verspätung, mit der die Frauen die Errungenschaften einer vorwiegend männlichen Zivilisation übernehmen.[79]

Die wohl verblüffendste Schlußfolgerung, die Ariès aus seinen historischen Quellen zieht und die in einem Klima verpaßter Schulreform und mißglückter kompensatorischer Erziehung besonders nachdenklich stimmt, ist, daß die Kinder in dieser Geschichte der Familie keineswegs unabhängiger oder freier, geschweige denn selbstbestimmter geworden sind, im Gegenteil: Sie erkauften sich die verstärkte Zuwendung ihrer Eltern und die Aufmerksamkeit der Pädagogen mit dauernder Beaufsichtigung und Gängelung, ja, mit »harten Strafen, die [vorher] den Verurteilten der niedrigsten Stände vorbehalten waren«[80], Sanktionen, die heute durch Leistungsdruck und Numerus clausus ersetzt worden sind.

Nicht anders als den Kindern erging es den Frauen. Obgleich bisher eine umfassende, konkret-historische Analyse der Situation der Frauen im Mittelalter fehlt, gibt es vielfältige Belege dafür, daß der Wirkungsradius der Frauen seit dem Mittelalter fortschreitend eingeengt wurde und ihre soziale und rechtliche Stellung sich stetig verschlechtert hat.[81]

In einigen vorliegenden Arbeiten verfängt sich die ›Frauenfrage im Mittelalter‹ in typisch bürgerliche Vorurteile. Beispielhaft für die Verkehrung der Tatsachen durch eine bürgerlich borniert Interpretation ist die oft zitierte Arbeit von C. Bücher.[82] Freilich zwingt ihn das Quellenmaterial die seit dem Ende des Mittelalters zunehmende Ausschließung der Frauen aus dem Erwerbsleben zuzugeben. Gleichwohl hält er »die [die Frauenarbeit verbietenden] für so hart und engherzig geltenden Zunftartikel« für einen »Ausdruck der allgemeinen Kulturentwicklung« und meint:

> »Sollen wir nicht vielmehr darnach streben, daß allen Klassen der Bevölkerung der Friede und das Behagen des häuslichen Heerdes gesichert, daß der Familiensinn gestärkt und daß der Frau dasjenige Gebiet erhalten werde, auf dem sie sich allein glücklich fühlt und auf welchem sie ›Werthe‹ schafft, die für die Nation weit kostbarer sind als eine so große Steigerung der Produktion durch ›billige Hände‹!«[83]

Es ist abermals die Alternative ›häusliches Glück oder Erwerbstätigkeit‹ der Frau, die hier verteidigt wird und im bürgerlichen Verständnis als zwingend und unantastbar gilt, nur weil die allgemeinen Produktionsbedingungen, auch die des »Hauses«, außer acht gelassen werden und die Geschichtlichkeit der bürgerlichen Kleinfamilie negiert wird. Noch eine Generation früher schien der Bürger zumindest Verständnis für die Historizität seiner Verhältnisse aufzubringen, denn in *Wigand's Conversations-Lexikon* von 1847 liest man:

> [. . .] »mit dem Aufkommen des Bürgerthums trat das Weib von der Prunkbühne des Ritterthums in die engbeschränkte Sphäre der bürgerlichen Häuslichkeit zurück.«[84]*

Abgesehen von der »Prunkbühne«, die den romantisierenden Vorstellungen jener Zeit vom Mittelalter entsprach, be-

---

* Vgl. Anhang Nr. 16.

zeichnet die »engbeschränkte Häuslichkeit« ohne Beschönigung das beim Wandel vom Haus zur Familie für die Frau entscheidende empirische Faktum, an dem fortan an alle Emanzipationsbemühungen scheitern sollten. In *Noras Puppenheim* hat Ibsen die Widersprüchlichkeit dieser durchaus nicht gemütlichen Häuslichkeit, des »traulichen Heims«[85], mit den ehemals emanzipatorischen Ansprüchen des Bürgertums treffend gezeichnet und seine Zeitgenossen – vorübergehend – schockiert.[86] Doch die Mechanismen der Verdrängung und Verniedlichung des Frauenproblems sind heute so wirksam wie zur Zeit des Biedermeier, jedenfalls fällt es schwer, einige historische Fakten zur neuen Familiensituation der Frau freizulegen. In allen Familiensoziologien ist die Rede vom neu entwickelten Familiensinn, von der »Gemütsgemeinschaft«[87] Familie und ihrer »Sentimentalität« im Gegensatz zur »Rationalität des Betriebes« oder der Arbeitswelt.[88] Andere umschreiben die Familie als »Hegeraum« oder »Schutzraum, der für die Persönlichkeit des modernen Menschen gewichtige Ausgleichsfunktionen hat«[89], ja, als »Reservoir von Widerstandskräften« gegen die völlige Entseelung der Welt«[90], Beschreibungen oder Definitionen, die sich beliebig fortsetzen ließen, und doch stellt keine hinreichend klar, ob sie die Verhältnisse meint, wie sie sein sollten, oder wie sie tatsächlich waren.[91] Selbst wenn man davon ausgeht, daß es um 1850 eine kleine Schicht[92] wohlhabender Bürger gab, die sich den Luxus des Sentiments leisten konnten, so ist doch nirgendwo von dem Preis die Rede, den die bürgerliche Frau für dieses Mehr an Intimität, an persönlicher Bindung (oder Anbindung?), an erzwungener Privatheit zahlen mußte. So ist es durchaus aufschlußreich, daß wir zur Beschreibung der neuen Familienwirklichkeit noch einmal auf die Hauswirtschaft zurückkommen müssen.

Als eine der wenigen Quellen zum Alltag der bürgerlichen Hausfrau vor und nach der Auflösung des »ganzen Hauses« waren bereits die Lebenserinnerungen von L. Otto-Peters erwähnt worden. Dort sind die Beschwernisse und Umständlichkeiten einer vorindustriellen Vorratswirtschaft mit weitgehender Eigenproduktion, aber auch die Gemeinsamkeit der Hausgenossen bei der Arbeit, die häusliche Geselligkeit sehr anschaulich geschildert. Poesie bei der Hausarbeit, gemeinsame Lektüre zeitgenössischer Romane beim Gemüseputzen oder bei der Näharbeit: das klingt heute wie eine Sozialidylle, beschreibt aber sehr realistisch ein bildungsbürgerliches Milieu, in dem »die Frau – und zwar nicht nur die Hausfrau als Hausmutter, sondern auch Töchter, Tanten und Gesinde – [als] eines der nützlichsten Mitglieder in der Gesellschaft, in der Volkswirtschaft« erschien.[93] Mit der zunehmend außerhäuslichen Produktion aller Waren und Gebrauchsgüter, mit der Ausgliederung beruflicher Tätigkeit aus dem Haus wurde der Wirkungskreis dieser Frauen auf einen engen Wohnbereich begrenzt, der nun vornehmlich der Herstellung und Wiederherstellung einer ganz spezifischen Ware diente: der Ware Arbeitskraft, und zwar der der Kinder und der Ehemänner. Vor allem die Sozialisation der Kinder – eine gesellschaftlich als notwendig erkannte Aufgabe – wurde, von ein paar Schulstunden abgesehen, gänzlich der Frau überlassen.[94] Hausarbeit hatte sich – wie wir sahen – durch die Industrialisierung auch praktisch verändert. »Die vielfältigen und umgreifenden Funktionen der Hausmutter reduzierten sich auf die weit geringeren Pflichten der Nur-Hausfrau.«[95] D. h. Hausarbeit war zerstückelt, monoton geworden wie industrielle Arbeit auch und auch sehr viel rückständiger als jede Fabrikarbeit – gemessen an den Möglichkeiten des technischen Fortschritts – und ohne Begrenzung der Arbeitszeit.[96]

Die häusliche Arbeit galt und gilt heute noch – nicht nur im Jargon der politischen Ökonomie, sondern auch in der Rechnung des Bruttosozialprodukts – als nicht »produktiv« und wird nicht bezahlt. Damit aber wurde die Hausfrau deutlicher abhängig als vorher von ihrem Ehemann, der als Geldverdiener zum alleinigen »Ernährer« avancierte. Erst wenn wir den selbstverständlichen »produktiven« Beitrag der Frauen vor der industriellen Revolution berücksichtigen (vgl. Kap. I.1), wird klar, daß die Frauen unter kapitalistischen Bedingungen in eine neue Abhängigkeit gerieten. Wie I. Pinchbeck in der Analyse dieser Veränderungen feststellt, wurden die Frauen durch den Verlust ihrer Produktionsmittel »erstmalig in eine Position völliger wirtschaftlicher Abhängigkeit von ihren Ehemännern gezwungen«.[97] Verteidigten also nur deshalb die Männer (z. B. die Handwerker) so bereitwillig ihre Ernährerrolle, weil sie mit dem von ihnen allein verdienten Geld »die

Macht in substantieller Form«[98] besaßen? Doch die Folgerung: Geld gleich Macht, ist nicht unbedingt zwingend. Wir hatten am Beispiel der hausherrlichen Rechte gesehen, daß auch die Stellung des Mannes grundlegende Wandlungen erfahren hat, die durch seine zunehmende Abhängigkeit als Arbeitnehmer noch verstärkt wurden. Sehr viel näher liegt daher der Schluß, daß durch die veränderte Produktionsweise für den traditionellen Patriarchalismus eine Rechtfertigungslücke entstanden war, die erst die bürgerliche Familienideologie mit Erfolg zu schließen wußte.[99]

Außer durch größere wirtschaftliche Abhängigkeit ist die Situation der bürgerlichen Hausfrau gekennzeichnet durch Isolation. Solange sie Dienstboten hatte, war sie an ihrem Arbeitsplatz isoliert wegen unüberwindlicher Klassenschranken oder aus mangelnder Bereitschaft zur Solidarität oder wenigstens fraulicher Kooperation. Später, als es kein Hauspersonal mehr gab, unterlag sie selbst – als Dienstmagd, Kindermädchen, Kutscher, Hauslehrer und Putzfrau in einer Person – der Mißachtung häuslicher Arbeit, an der ihr bürgerliches Klassenbewußtsein mitgewirkt hatte. Enge Häuslichkeit, verstärkte Abhängigkeit, Funktionsverlust und Isolation – es ist nicht verwunderlich, daß es eines ungeheuren ideologischen Aufwands bedurfte, der Frau die neue Situation schmackhaft zu machen. Denn immer wieder waren es Männer, die so genau wußten, wo »sie sich allein glücklich fühlt«[100], und die sich zunehmend ›legaler‹ Mittel bedienten, um die ohnehin nur formalen Prinzipien der Freiheit und Gleichheit für die Frauen nicht wirksam werden zu lassen. So »schwand das Gleichheitsideal« vor dem Ideal der ›deutschen Hausfrau und Mutter‹ wieder dahin.[101] Ja, mehr noch: Selbst die bürgerliche Gleichberechtigung der Frau wurde bewußt verhindert, um die Frau einerseits als Konkurrentin auf dem Arbeitsmarkt auszuschalten und andererseits den Mann auch von seinen familiären Verpflichtungen zu befreien. In der Befestigung dieser Form der Arbeitsteilung steckt die besondere Funktion der Familienideologie, auf die noch einzugehen ist.

3. Die Familie der Unterschichten

3.1. Keine ›Erfindung‹ des Kapitalismus

Vor der Untersuchung der Familie der Unterschichten ist einem möglichen Mißverständnis vorzubeugen. Es handelt sich bei diesem Familientyp keineswegs – wie der Begriff Unterschicht nahelegen könnte – um eine subkulturelle Familienform, die nur einer gesellschaftlichen Minderheit zuzurechnen wäre, sondern ganz im Gegenteil um Familienformen der überwiegenden Mehrheit des Volkes[102], über die wir jedoch aus verschiedenen Gründen viel zu wenig wissen, denn die Betrachtung der Familie des Volkes ist vor allem durch bürgerliche Vorstellungsraster verstellt.

Wie die Entwicklungsgeschichte der bürgerlichen Familie zeigte, war ihr historischer Vorläufer, die Sozialform des »ganzen Hauses«, auf eine große Zahl von Arbeitskräften angewiesen. Die »großen« Häuser beherbergten neben der Familie im engeren Sinn eine Vielzahl von Bediensteten, Angestellten, Schreibern, Klienten, Lehrlingen usw.[103], die keine Familie im bürgerlichen Sinn oder auch keinen eigenen Hausstand hatten. Schon C. Th. Perthes hatte bei der Schilderung des deutschen Familienlebens selbstverständlich vorausgesetzt, daß

> »zu allen Zeiten die Familie und der in Vermögens-Erhaltung oder Erwerbung bestehende Privatberuf einer Beihülfe durch Arbeiter bedurfte, welche sich dienend der Familie [...] hingeben. Zu allen Zeiten hatten sich Glieder unseres Volkes gefunden, welche, des selbständigen Hauswesens und Berufes [...] entbehrend, Anhalt und Auskommen nur durch andere erhalten können und deshalb dem Bedürfnis derselben nach Ergänzung durch Fremde entsprechen.«[104]

Er formulierte damit die bürgerliche Prämisse, daß das (bürgerliche) Familienleben weniger die Familiengründung und die Heiratsmöglichkeiten Vieler ausschloß. Insofern ist die Marxsche Kritik berechtigt, daß »die bürgerliche Familie [...] ihre Ergänzung – und Kehrseite – in der erzwungenen Familienlosigkeit der Proletarier findet«.[105]

Doch auch die zitierte Familienlosigkeit hat ihre bürgerlichen »Mucken« und bedarf einer empirischen Vorbemerkung. Genaue statistische Angaben über die Zahl der Eheschließun-

gen im Verhältnis zur Bevölkerung gibt es für Preußen seit 1822.[106] Daraus geht hervor, daß vor 150 Jahren allenfalls jeder Dritte, im Gegensatz dazu heute jedoch jeder Zweite der Gesamtbevölkerung verheiratet ist.[107] Diese Zahlen scheinen also die Familienlosigkeit eines großen Teils der Bevölkerung in der Vergangenheit zu bestätigen. Versucht man jedoch, weiter zurückzufragen, so erhält man für Deutschland zwar nur partielle oder geschätzte Angaben, kommt dabei aber zu überraschenden Ergebnissen. J. Kulischer hat Zahlenmaterial nicht nur für Preußen, sondern vergleichbare Daten auch für Europa zusammengetragen, wonach im 17. und 18. Jahrhundert die Prozentzahl der Eheschließungen »bedeutend höher« gewesen sein muß als im 19. Jahrhundert.[108] Das heißt, es ist zu vermuten, daß viele Angaben über Eheschließung und Ehehäufigkeit in der Vergangenheit durch den Augenschein des 19. Jahrhunderts gefiltert sind. Darüber hinaus müssen die Kriterien für die Heiratsstatistik, wenn wir an die große Zahl der in der bürgerlichen Terminologie so genannten »wilden« Ehen und Konkubinate denken, durchaus fragwürdig erscheinen. Wir werden darauf zurückkommen.

Auch die sich marxistisch verstehende Familienrechtstheorie tut sich offensichtlich mit der Geschichte der Familie der Unterklassen schwer. Ja, es scheint mir ein eher unhistorisches und unmaterialistisches Verfahren, wenn G. Heinsohn und R. Knieper in der Subsumtion ihrer Erkenntnisse unter die Logik des Kapitals die Empirie der Proletarierfamilie gar nicht mehr wahrnehmen, weil sie davon ausgehen, daß »der Kapitalismus die Lohnarbeiterfamilie [...] erst erfunden« habe.[109] Wenn diese These mehr sein will als eine Tautologie – insofern die Verallgemeinerung der Lohnarbeit erst eine kapitalistische Bedingung ist –, wenn sie also besagt, daß erst kapitalistische Verhältnisse die Familie der Unterschichten erzwungen haben und die Geschichte dieser Familien im Kapitalismus beginnt, dann ist dies nichts anderes als eine Verabsolutierung bürgerlicher Familiengeschichte zur Geschichte der Familie überhaupt. Das heißt, die These von der »Erfindung« ist ebenso überspitzt wie die Behauptung von der Zerstörung der Familie im Kapitalismus, die im übrigen mit dem bürgerlichen Lamento über den Verfall der Familie identisch ist.

Marx hat solchen Verwechslungen von Theorie und Empirie

der Familie durch die Verwendung eines unhistorischen Familienbegriffs Vorschub geleistet, so insbesondere, wenn er von der »Auflösung des alten Familienwesens innerhalb des kapitalistischen Systems«[110] spricht, aber nicht weiter ausführt, welche Familienverhältnisse (die bürgerlichen?) er meint und wie alt sie eigentlich sind. Auch die eindrückliche Schilderung des Elends der englischen Arbeiterklasse durch Engels hat im Hinblick auf die Geschichte der Proletarierfamilie mehr Verwirrung als Einsicht gestiftet, da die vulgarisierte oder auch bürgerliche, sozialkritische Rezeption aus dieser »Erkenntnis der proletarischen Zustände«[111] einen einseitigen, kausalen Zusammenhang zwischen Industrialisierung und dem Verfall der Familie konstruiert hat. Die nachhaltige Wirkung dieser Schrift ist daran abzulesen, daß der »proletarische Antifeminismus«[112] in der frühen deutschen Arbeiterbewegung im wesentlichen aus Engelsschen Argumenten gespeist wurde und trotz der fortschrittlicheren Auffassung von Frauenarbeit in der sozialistischen Theorie in Arbeiterkreisen der Satz galt und gilt: »Die Arbeit verheirateter Frauen in den Fabriken raubt dem Arbeiterstande das Familienglück.«[113]

Konkret-historische Einzeluntersuchungen ergeben demgegenüber, daß die Industrialisierung oder der Kapitalismus die Unterschichtfamilie gar nicht »erfinden« konnten, weil sie schon da war.[114] Einen wichtigen Beitrag zu dieser These liefert R. Braun, der die ökonomischen Veränderungen und Auswirkungen der Industrialisierung auf das Familienleben am Beispiel des Zürcher Oberlandes untersucht und festgestellt hat, daß die dort ansässige ländliche Unterschicht, die schon vorher unter elenden Bedingungen und in Kleinfamilien lebte, mit dem industriellen Arbeitsangebot zwar ihre Heiratssitten und Lebensformen änderte, was jedoch nicht zu einer Lockerung der Familienbindungen, sondern »im Gegenteil dazu führt[e], daß die Familie äußerlich – was betont werden muß – zusammengehalten wird«.[115]

Ebenso aufschlußreich für eine differenzierte Betrachtung der Geschichte der Familie ist die Studie von N. J. Smelser[116] über die Veränderung der Familienstruktur in den verschiedenen Entwicklungsstufen der englischen Textilindustrie zwischen 1770 und 1840. Die Familienform der Spinner- oder Webermeister, die in der Fabrik ihre eigenen Frauen und

Kinder als Hilfskräfte beschäftigten und dafür einen Familienlohn erhielten, belegt nicht nur die Anpassungsfähigkeit oder die Widerstandskraft[117] der Familie, sondern auch und vor allem die Existenz einer Unterschichtfamilie, die als Produktionsgemeinschaft für eine gewisse Zeit die neuen Formen der Arbeitsteilung durch die Industrie überdauerte.

Es soll hier keineswegs die enge wechselseitige Beziehung zwischen dem Entstehen kapitalistischer Verhältnisse und dem Wandel oder der Entwicklung der verschiedenen Familienformen und -typen geleugnet, sondern lediglich ihrer einseitigen, kausalen Abhängigkeit vom Industrialisierungsprozeß widersprochen werden.[118] Im übrigen geht es darum, deutlich zu unterscheiden zwischen der erst im Kapitalismus sich verallgemeinernden bürgerlichen Familienform – deren Bedrohung oder Verfall die Ideologen nur deshalb so eifrig beklagen, weil der an der Konkurrenz oder »Leistung« orientierte männliche Lohnarbeiter ohne die Gratisleistungen der Frau in der Familie nicht »funktionieren« kann – und der Existenz anderer Formen der Familie in der Unterschicht oder breiten Masse des Volkes, die ihre durchaus eigenen Strukturen, aber auch ihre eigene Geschichte haben.

Die Verabsolutierung der bürgerlichen Familienform für die Geschichte der Familie ist gerade für Marxisten widersinnig, da Marx und Engels selbst verschiedentlich die besondere Bedeutung der Proletarierfamilie für den Umschlag in eine »höhere Form der Familie und des Verhältnisses beider Geschlechter«[119] betont haben und insbesondere Engels in *Der Ursprung der Familie, des Privateigentums und des Staats* eine Begründung des Zusammenhangs zwischen Privateigentum und bürgerlicher Familie zu geben versuchte, die Proletarierfamilie wegen ihrer ganz anderen Strukturen jedoch ausdrücklich ausnahm.[120]

Der folgende Rückblick auf die Geschichte der Unterschichtfamilie kann nur als erster Annäherungsversuch an einen bisher unerschlossenen Gegenstand verstanden werden. Um die realen Bedingungen der Familie der Unterschichten wenigstens für die von uns betrachtete Übergangsepoche zu rekonstruieren, sind wir auf partielle Befunde, Rückschlüsse und eine vorsichtige Interpretation der Rechtsquellen angewiesen. Denn daß wir bisher so wenig über diese Familienformen wissen, ist nicht zuletzt ein methodisches Problem. Es zeigt sich erneut, daß unsere historischen Quellen nicht die Sprache der Unterschichten sprechen, sondern vorzugsweise Bedürfnisse, Lebensweisen und Gedanken der Oberschichten artikulieren.

Der historisch orientierten Familiensoziologie ist dieses »beklagenswerte Resultat« bekannt. H. Rosenbaum konstatiert in ihren Materialien, daß »insbesondere über Familienorganisationen der Unterschichten kaum verwertbare Quellen« vorliegen und nennt als Beispiel eine Untersuchung über die kleinbürgerliche Familie im 18. Jahrhundert von H. Möller, die sich auf Biographien von ehemaligen Handwerkern stützt, doch schon mit der Voraussetzung solchen Quellenmaterials, dem »Schreibenkönnen«, eine privilegierende Auswahl getroffen hat.[121] Es ist jedenfalls ein Gewinn für die Familiensoziologie, wenn H. Rosenbaum die Rede von »der« Familie »als gesondertem, vornehmlich gefühlsbetontem, ›privatem‹ Lebensbereich« ausdrücklich auf eine spezielle Ausformung der Familie der Gegenwart bezieht, die in ihrer »Existenz und Denkbarkeit historisch gebunden [ist] an die kapitalistische Gesellschaft«, darüber hinaus aber die »starke Differenzierung« und »klassen- und schichtspezifische Gliederung« der verschiedenen Familienformen in der Geschichte betont und ihre konkrete historische Analyse fordert.[122]

Gerade im Übergang von feudalen zu bürgerlichen Verhältnissen bietet das Spektrum der Familientypen in den unteren Schichten ein buntes Bild, das hier nur in einigen Konturen, doch nicht nur über Negativdefinitionen bürgerlicher Familienverhältnisse angedeutet werden kann. Ihre Strukturen sollen uns unter vier Gesichtspunkten interessieren:

1. Die Familie der Unterschichten war auch in der Vergangenheit eine Kleinfamilie.

2. Die Familie der Unterschicht hat nicht nur eine andere Haushaltsorganisation, sondern oftmals auch – im bürgerlichen Verständnis – keine wirtschaftliche Basis.

3. Sie hat vor allem eine andere Form. An die Formalien der Eheschließung soll sich die für das Verständnis dieses Familientyps wichtige Diskussion der Heiratsschranken anschließen.

4. Wesentlichstes Strukturprinzip dieser Familienform ist die Mitarbeit der Frau.

Das wohl gängigste Klischee über die Geschichte der Familie ist die Annahme, daß die Familie in der Vergangenheit in der Regel eine Großfamilie und große Haushaltsfamilie gewesen sei. Obwohl die Familiensoziologie den Mythos von der erweiterten, sich selbst versorgenden, unter einem Dach vereinten Großfamilie durch neuere Befunde zunehmend zerstört, hält er sich hartnäckig in der Populärwissenschaft, insbesondere in der Literatur über Frauen. Ob nun J. Menschik »die mittelalterliche Familie [...] als Lebensgemeinschaft« verklärt, die »die gesamte Verwandtschaft« umfaßt und »versorgt« und in der »sämtliche Gebrauchsgüter innerhalb der Familie hergestellt wurden, und zwar von Frauen«[123], oder ob E. Bornemann den »Verfall der mittelalterlichen Großfamilie, die trotz gewaltiger sozialer Unterschiede zwischen reich und arm doch als einheitliche Form der Produktion aufzufassen«[124] sei, für das Entstehen sowohl der bürgerlichen wie der proletarischen Frauenbewegung verantwortlich macht – das Verfahren ist charakteristisch und eindeutig falsch. Besonders schlimm ist, daß das Frauenproblem so in typisch bürgerlicher Sichtweise vereinfacht und auf ein Familienproblem reduziert wird.

W. J. Goode hat schon vor mehreren Jahren aufgrund familiensoziologischer Forschung in verschiedenen Ländern die Hypothese vertreten, daß die unteren Schichten in den meisten Gesellschaften in kleinen Haushalten leben, während die Formen der erweiterten Familie den Oberschichten zuzuordnen sind. In seinem Buch *World Revolution and Family Patterns* heißt es dazu:

> »Like most stereotypes, that of the classical family of Western nostalgia leads us astray. [...] Grandma's farm was not economically self-sufficient. Few families stayed together as large aggregations of kinsfolk. Most houses were small, not large.«[125]

Und N. Smelser hatte im Hinblick auf die Produktionsgemeinschaft der vorindustriellen Handwerkerfamilie festgestellt: »Diese Familie ist der Gegenstand zahlreicher romantischer Erinnerungen gewesen.«[126] In der Tat spricht eine Reihe empirischer Fakten gegen die Existenz eines einheitlichen, großfamiliären Familientyps in der Vergangenheit[127]: So kann das kleine Fleckchen Land, das einer Unterschichtfamilie zur Verfügung stand, kaum zum Unterhalt einer Großfamilie ausgereicht, geschweige denn ihre wirtschaftliche Autonomie gewährleistet haben. Hinzu kommt die hohe Sterblichkeit oder geringe Lebenserwartung gerade in den Unterschichten, die das Zusammenbleiben einer Mehrgenerationenfamilie unwahrscheinlich macht. Und schließlich ist die Siedlungs- und Bauweise der Vergangenheit, wie R. Braun für das Zürcher Oberland an der »charakteristischen Reihenbauweise«, den »Flärzen«, nachweist[128], ein sicheres Indiz dafür, daß die verschiedenen Generationen oder Geschwisterfamilien in der Vergangenheit seltener, als üblicherweise angenommen, unter einem Dach gelebt haben.

Wissenschaftliche Bestätigung hat die von Goode zunächst sehr vorsichtig formulierte Hypothese[129] neuerdings durch die Ergebnisse einer Studie von P. Laslett u. a.[130] gefunden. In diesem breitangelegten englischen Forschungsprojekt wurden die Familiengeschichten bestimmter Familien anhand von Kirchen- und Gemeinderegistern, Statistiken und anderen Primärquellen mit Daten zu Geburt, Heirat und Tod, aber auch Haushaltsgröße über mehrere Generationen hin rekonstruiert und Angaben aus verschiedenen Ländern über drei Jahrhunderte (zwischen 15. und 18. Jahrhundert) zusammengetragen. Schon die ersten Veröffentlichungen erlauben für unseren Zusammenhang wichtige Schlußfolgerungen: Zu keinem Zeitpunkt der hier untersuchten Geschichte war der »mythische«, erweiterte, Viele-Generationen-Haushalt die dominante Familienform, auch wenn er unter seltenen Bedingungen in einzelnen Fällen aufgetaucht sein mag. Obschon die Kleinfamilie den Bedürfnissen oder Anforderungen der Industrialisierung besonders entgegenkam, hat die Industrialisierung dennoch diese Familienform nicht hervorgebracht. Allenfalls die höheren Schichten haben in großfamilialen Zusammenhängen gelebt, wobei durchaus möglich ist, daß sie in ihrer Entwicklung Phasen größerer oder kleinerer Familienform durchlaufen haben.[131]

Auch R. König, der wie W. Goode davon ausgeht, daß die Geschichte der Familie der Unterklassen noch zu schreiben ist[132], findet durch neuere Befunde die Vermutung bestätigt, daß man sich die Unterschichtfamilie vorwiegend als Gatten- oder Kernfamilie vorzustellen habe, die, obwohl quantitativ überwiegend, ziemlich unauffällig neben der dominanten Oberschichtfamilie mit großfamilialem Zusammenhang vorkomme. Diese Beobachtung am Beispiel einer zeitgenössischen Dorfgemeinde auf Teneriffa wird durch eine Reihe familienrechtlicher und familiensoziologischer Forschungen über Ehe und Familie bei den Griechen, Römern und Germanen bestätigt, bei denen die Unterklassen, Sklaven, Plebejer oder Leibeigenen zwar nur eine Ehe minderen Rechts eingehen konnten, aber gleichwohl in einer eigenen, klassenmäßig differenzierten Familienform lebten, die in ihren Strukturen einer »Konsensehe oder Gattenfamilie außerordentlich nahesteht«.[133] König kommt damit zu einer Revision des von F. Le Play, vor allem aber von E. Durkheim entwickelten Kontraktionsgesetzes[134], das nur »ein adäquater Ausdruck [ist] für die partielle Entwicklung der Familie in den Oberschichten der alten Welt und nicht etwa für die Entwicklung der Familie insgesamt«. Er schlägt zur Beschreibung der zwei Entwicklungslinien in der Geschichte der Gegenwartsfamilie eine Konvergenztheorie vor. Weil die in Klein- oder Kernfamilien lebenden Unterschichten durch »einen rapiden Bedeutungszuwachs« aus ihrer Unauffälligkeit aufgetaucht sind und die Oberschichtfamilien sich gleichzeitig verkleinert haben, also insofern in ihren äußeren Strukturen mit den Unterschichtfamilien konvergieren, könnte man – so König – »diese Entwicklung als Universalisierung des Familientyps der Unterklassen bezeichnen, die das Gegenstück zur Kontraktion darstellt«.[135]

Wir wollen jetzt versuchen, die Frage nach der Familiengröße in den Unterschichten anhand unseres Materials konkret zu beantworten. Nehmen wir zum Beispiel die Heuerleute oder Häuslinge: Sie bildeten vor der Agrarreform die anscheinend am besten versorgte Gruppe feudaler Unterschichten. Für ihre Dienstverpflichtung bei einem Großbauern oder Gutsherrn erhielten sie ein Häuschen mit einem Stück Ackerland oder Garten und konnten aufgrund der Nutzungsrechte an der Allmende ihren Eigenbedarf decken. Selbst wenn sie zu den hörigen Bauern mit besseren Besitzrechten gehörten, also ihren Besitz vererben konnten, war er doch gerade so bemessen – im besten Fall eine »Hufe« –, daß er eine Familie ernähren und neben den Frondiensten von den Mitgliedern einer Familie bestellt werden konnte.[136] Daß man sich diese Familie keinesfalls als Großfamilie vorzustellen hat, belegt nicht zuletzt die Entwicklung des bäuerlichen Erbrechts.

Seit dem 12. Jahrhundert wurde es in Deutschland üblich, das ursprüngliche Gesamthandseigentum[137] bei Erbfolge unter alle Kinder bzw. Söhne aufzuteilen (Real-Erbteilung) oder aber den Hof zur Erhaltung der Besitzgrößen nur einem Nachkommen und dessen Familie zu übereignen (Anerbenrecht). Mit der Real-Erbteilung also wurde die Trennung der Geschwister-Haushalte, d. h. die Auflösung der Großfamilie, juristisch geregelt und abgesichert.[138] Das vorwiegend in Norddeutschland praktizierte Anerbenrecht hatte aber keineswegs zur Folge, daß die leer ausgehenden Geschwister, deren Familiengründung erschwert war, im Haushalt des Hoferben verblieben; vielmehr mußten sie auf andere Weise ein Auskommen finden: Entweder sie verdienten ihren Lebensunterhalt als Knechte oder Mägde auf dem Fron- oder Gutshof und stützten so die Ökonomie des »ganzen Hauses«, oder sie lebten vom Tagelohn, d. h. von der Gelegenheitsarbeit, und gerieten durch Bevölkerungsdruck und Wohnraumnot zunehmend in elende Lebensverhältnisse. Sie waren darauf angewiesen, als Einlieger, Büdner oder Kätner bei einem Bauern in einer Kammer oder einer Kate gegen Mietzins Unterschlupf zu finden und konnten schon deswegen und aufgrund der unsicheren Bedingungen ihrer Existenz allenfalls eine Kleinfamilie gründen.

Es entspricht jedoch nicht den historischen Gegebenheiten, von der Familienlosigkeit dieser Unterschichten auszugehen. Erst recht unzutreffend ist die Annahme, daß die Mehrheit der Bevölkerung unter vorkapitalistischen Bedingungen in Großfamilien gelebt habe. Man muß sich darüber im klaren sein, daß in den unteren Ständen der Feudalgesellschaft, in denen die Familie nicht zugleich materielle Sicherheit und Ausstattung bot, die Familie auch nicht zum Unterhalt aller weiteren Angehörigen verpflichtet werden konnte. Hier kam primär die Fürsorgepflicht der Feudalherren zum Zuge, die nicht nur gehalten waren, »sich ihrer Unterthanen in vorkommenden Nothfällen werkthätig anzunehmen«; sie mußten darüber hinaus »denjenigen unter ihnen, welche noch nicht angesessen sind« – also Leuten, die keine Stelle erbten oder zugezogen waren – »zum Erwerbe ihres Unterhalts [...] Gelegenheit verschaffen« (§§ 122, 123, II. 7. *ALR*). Auch die Tatsache, daß es schon im Mittelalter, und zwar nicht nur vorübergehend, eine »Frauenfrage« gab, daß Beginenhäuser und Nonnenklöster als Versorgungsanstalten alleinstehender, erwerbstätiger Frauen notwendig wurden[139], sollte die sentimentalen Vorstellungen von dem hegenden und versorgenden Schoß der Familie in der Vergangenheit begraben. Doch der für Positivisten sicherlich schlagende Beweis für das Vorherrschen der Kleinfamilien auch in der vorkapitalistischen Vergangenheit ist eine von den preußischen Statistikern wohl unbeabsichtigte Nebeninformation über die Familienverhältnisse zu Beginn des 19. Jahrhunderts. Bei einer Zählung der landwirtschaftlichen Bevölkerung Preußens im Jahre 1816 ergibt das Verhältnis der als Eigentümer oder Pächter von Grundstücken tätigen Landwirte zu der von der Landwirtschaft lebenden Bevölkerung insgesamt, also einschließlich »Frauen, Kindern und sonstigen Angehörigen« (!), eine durchschnittliche Haushaltsgröße von statistisch 5,1 Personen.[140] In dieser Statistik sind, wohlgemerkt, alle Bauern mitgezählt, also auch die Großbauern und Gutsherren, die als Haushaltvorstände der ›großen Häuser‹ die Prozentzahl erheblich erhöhen. Wenn man zudem bedenkt, daß erst nach 1850 der Anteil der von der Landwirtschaft lebenden Bevölkerung unter 50 Prozent gesunken war[141], dann ist die Familiengröße bei dem überwiegenden Teil der Bevölkerung mit anerkanntermaßen traditioneller Familienstruktur selbst vor der industriellen Revolution erstaunlich gering.[142]

Bemerkenswert ist, daß der kleinfamiliale Familientyp nicht auf die von der Landwirtschaft lebende Unterschicht beschränkt war, sondern im Gegenteil für die landlose erwerbstätige Bevölkerung kleiner Handwerker und Heimarbeiter aufgrund ihrer unsicheren Reproduktionsbedingungen und schlechteren Wohnverhältnisse nicht minder selbstverständlich und zwingend war.

L. Schneider, der den Arbeiterhaushalt im 18. und 19. Jahrhundert im einzelnen untersucht hat, argumentiert – wie wir nun wissen: fälschlicherweise – mit den »stationären«

(gemeint sind die bäuerlichen) Schichten, die seiner Meinung nach »oft vier Generationen unter einem Dach« vereinigten. Im Gegensatz dazu bestand die Familie der Heimarbeiter auch seiner Meinung nach »meist nur noch aus Eltern und Kindern«. Alle bei Schneider und in den verschiedenen Budgetstudien genannten Beispielfamilien sind in der Tat als typische Kernfamilien zu bezeichnen, in denen der Kern zudem sehr schnell auf das Elternpaar reduziert wurde, da die Kinder frühzeitig wirtschaftlich unabhängig waren, d. h. sich selbst unterhalten mußten und entsprechend früh heirateten.[143]

Auch für die Gruppe der Heimarbeiter und Handwerker, wobei die Übergänge im 19. Jahrhundert fließend sind, kommt uns die preußische Statistik zu Hilfe. C. F. W. Dieterici setzte 1843 in seinen Tabellen zur Handwerkerstatistik von 1816 bis 1843 zur Berechnung der vom Handwerk lebenden Bevölkerung interessanterweise nur 4,1 Personen pro Familie eines Handwerksmeisters ein.[144] Das ist für diese Übergangzeit noch nicht entwickelter industrieller Verhältnisse erstaunlich wenig, wenn man bedenkt, daß in dieser Rubrik die für die Sozialform des »ganzen Hauses« typische Schicht wohlhabender mittelständischer Handwerksbetriebe mit Lehrlingen und Gesellen, die alle zum Haushalt gehörten, miterfaßt wurden. Dieterici kann jedoch kein Interesse daran gehabt haben, die Zahlen zu verfälschen und etwa die Handwerkerfamilie kleiner darzustellen, als sie war, denn es ging ihm als sozialpolitisch engagiertem Reformer darum, die Einführung der Gewerbefreiheit gegen die Reaktion mit dem Argument zu verteidigen, daß die Gewerbefreiheit keineswegs zu viele und zu frühe Ehen herbeiführe[145], da nach wie vor ein großer Teil der Gesellen unverheiratet sei und damit im Haushalt des Meisters lebe.

Die Zahlenangabe bei Dieterici, auf die sich auch G. Schmoller in seiner *Geschichte der deutschen Kleingewerbe* beruft, zeigt somit zweierlei: *1.* Der Typ der Handwerkerfamilie mit großer Haushaltung war offensichtlich auch vor der industriellen Revolution sehr viel weniger verbreitet als gemeinhin angenommen. *2.* Die Mehrzahl der kleinen Handwerker und Heimarbeiter, vorwiegend auf dem Lande, lebte in kleinen Familien, lange bevor Industrialisierung oder Kapitalismus hier irgendein Zerstörungswerk anrichten konnten.

Daraus folgt: Die Familie der Unterschichten und damit der breiten Masse des Volkes war, soweit unser historisches Material reicht, auch vor der industriellen Revolution eine Kleinfamilie. Die so oft gepriesene Großfamilie der Vergangenheit kann daher allenfalls als sozialromantisches Ideal oder als Ideologie, jedoch nicht als einheitlicher, konkret-historischer Typ für alle Formen von Familie von Bedeutung sein. Für die Entwicklungsgeschichte der modernen Kleinfamilie mit ihrer spezifisch sentimentalen und materiellen Ausstattung ist daraus die Folgerung zu ziehen, daß die Verallgemeinerung dieses bürgerlichen Familientyps nur deshalb gelingen konnte, weil sich die Oberschichtfamilie durch Kontraktion den äußeren Strukturen der bereits vorhandenen und weiter verbreiteten Unterschichtfamilie anpaßte.

3.3. Die Form der Eheschließung

Die Erkenntnis unseres Untersuchungsgegenstandes Unterschichtfamilie ist vor allem dadurch erschwert, daß bestimmte formale Voraussetzungen und Definitionen, was als Ehe zu bezeichnen ist, für selbstverständlich gehalten werden. Hier ist ein Umdenken erforderlich. Die Annahme, daß der Eheschließung und der Familiengründung stets eine mit bestimmten Formalitäten verbundene Zeremonie vorausgegangen sein muß, trifft weder für alle Zeiten noch für alle Stände oder Klassen des Volkes zu.

Uralte Hochzeitsriten[146], wie die bei vielen Völkern nachgewiesenen Zahlungen eines Brautpreises[147], die mit bestimmten Formalitäten verbunden waren und in der germanischen Form der Kaufehe in der feierlichen Übergabe des Muntschatzes oder der Morgengabe nachklingen, täuschen eine historische Kontinuität vor, die allenfalls für gewisse Oberschichten oder durch Reichtum privilegierte Eheleute galt. Gerade die Verlobung, die nach älterem deutschen Recht Beginn und Bestandteil der Eheschließung und an strenge Formvorschriften gebunden war[148], spielte nur deshalb eine so wichtige Rolle, weil sie neben dem förmlichen Eheversprechen die Regelung der Vermögensverhältnisse enthielt. D. h. sie war nur von Bedeutung, insofern es Vermögen gab, das zu regeln war.

Im übrigen sollte nicht übersehen werden, wie überraschend

jungen Datums die gegenwärtige Form der Eheschließung, der Ehevertrag unter Mitwirkung eines Priesters, später eines Standesbeamten, in der deutschen Rechtsgeschichte ist. Denn der katholischen Kirche, die nach kanonischem Recht die Kompetenz in allen Ehesachen beanspruchte, war es erst nach jahrtausendelanger Bemühung, mit den Reformdekreten des Konzils zu Trient (1545-1563), gelungen, rechtsverbindlich die Eheschließung vor dem Priester als einzig legale Form durchzusetzen und alle anderen Formen der ›freien‹, ›wilden‹ Ehe[149], insbesondere die Konkubinate, zu kriminalisieren. Die protestantischen Landesfürsten schlossen sich dieser Regelung an, indem sie gemäß Luthers Schrift *Von Ehesachen* jedes Verlöbnis in deutsch-rechtlicher Tradition als Eheschließung anerkannten, jedoch zunehmend seit dem 16. Jahrhundert für die »Vollziehung und damit die Vollwirksamkeit der Ehe« die kirchliche Trauung vorschrieben. Es ergab sich so für eine lange Übergangszeit die absurde Rechtsfolge, daß die Verlobten zwar juristisch als Eheleute galten, ihnen jedoch vor der kirchlichen Trauung durch die Kirchenordnungen mit Strafandrohung der Beischlaf verboten wurde, »weil das Verlöbnis nur das eheliche Treueverhältnis, nicht das eheliche Gemeinschaftsverhältnis hervorbringt«.[150] Die 3. Reichspolizeiordnung von 1577, eine Ergänzung des ersten deutschen Reichsstrafgesetzbuches, der *Carolina*, kam den kirchlichen Ehegerichten mit folgender Bestimmung zu Hilfe:

»Dieweil auch viel leichtfertige Personen außerhalb von Gott aufgesetzter Ehe zusammenwohnen; so ordnen und wollen wir, daß eine jede geistliche und weltliche Obrigkeit, der solches ordentlich zugehört, ein billich Einsehen haben soll, damit solche öffentlichen Laster der Gebühr nach ernstlich gestraft und nit geduldet werden« (3. *RPO,* Titel 26, § 1).[151]

Das Konkubinat, die formlose oder faktische Ehe, hatte schon bei den Römern eine sehr widersprüchliche Gesetzgebung erfahren. Es wurde ursprünglich neben der vollgültigen, der sogenannten Manus-Ehe[152] als »freie Ehe«, seit dem Ende der Republik neben dem Normalfall der »freien Ehe« als Eheersatz für Standesungleiche zugelassen. Aber auch die ersten christlichen Kaiser waren im Kampf gegen den ›Sittenverfall‹ des römischen Weltreichs mit ihren strengeren Ehegesetzen nicht durchgedrungen und hatten zum Ausgleich für den hohen kirchlichen Anspruch der Unauflöslichkeit der legalen Ehe in bezug auf das Konkubinat Konzessionen gemacht und es als Eheform minderen Rechts legalisiert.

Mit der Rezeption römischen Rechts in Deutschland am Ausgang des Mittelalters wurde die Rechtslage keineswegs eindeutiger, da nach germanischer, insbesondere sächsischer, Rechtsauffassung im Gegensatz zum kirchlichen und allmählich staatlichen Recht nicht ein Formalakt, sondern ein faktisches Ereignis, »das Beschreiten des Ehebettes«, für die Ehe und das Eintreten aller Rechtsfolgen wie eheliche Gütergemeinschaft, Erbrechte und Standesgemeinschaft konstitutiv war. Im *Sachsenspiegel*, einem der ersten und bedeutendsten Rechtsbücher des Mittelalters, wird diese offensichtlich im Volk fest verwurzelte Rechtsansicht folgendermaßen formuliert: Die Frau ist des Mannes Genossin und tritt in sein Recht, »svenne se in sin bedde gat«.[153]

Die Kirche, der es doch eigentlich um die Sakralform der Ehe ging, trug der Volksmeinung insofern Rechnung, als sie ihr Dogma von der Unauflöslichkeit der Ehe nur auf die auch durch den Geschlechtsakt vollzogene, die »konsummierte« Ehe anwandte und damit insbesondere für Privilegierte ein Schlupfloch im sonst rigiden kanonischen Scheidungsrecht ließ. Ihre theologische Begründung lautete: Erst wenn die Ehegatten durch die »copula carnalis« (fleischliche Vermischung) im biblischen Sinne »ein Fleisch« geworden seien, könne man von der Tatsächlichkeit und darum Unauflöslichkeit der Ehe sprechen.[154] Selbst R. Sohm, dem es als evangelischem Kirchenrechtler nach Einführung der obligatorischen Zivilehe in Deutschland (1875) darum ging, die kirchliche Trauung als zumindest seit dem 12. Jahrhundert »im Volk festverwurzelte kirchliche Sitte« zu begründen, mußte zugeben, daß bis in die Neuzeit

> »die Traditionen des mittelalterlichen Rechts nicht so leicht bei Seite zu schieben [waren]. Die copula carnalis blieb *neben* der kirchlichen Trauung als consummatio matrimonii (Eheschluß) anerkannt. [. . .] Die copula carnalis war, wie wir uns ausdrücken können, als consummatio matrimonii zwar [. . .] verboten, aber doch wirksam.«[155]

Von entscheidender Bedeutung wurde der zunehmend gesetzliche Zwang zum Eheschluß in bestimmter, d. h. kirchlicher Form für die sogenannten unehelichen Mütter und Kinder. Dazu muß man sich klarmachen, daß unter Berücksichtigung der faktischen Eheverhältnisse nicht nur die Kriterien für die Bezeichnung der Unehelichkeit, ja, für alle nur aus bürgerlich-formaler Sicht interpretierten Ehestatistiken sehr ungenau und unsicher werden. Viel gewichtiger für die betroffenen Frauen war, daß »uneheliche« Mütter und Kinder in der gemeinrechtlichen Praxis und vor allem nach dem *Allgemeinen Landrecht* sehr viel besser versorgt waren als später aufgrund der bürgerlichen Gesetzgebung.[156] Obgleich also das *Landrecht* 1794 zum erstenmal auch nach weltlichem Recht die priesterliche Trauung zur alleingültigen Form der Eheschließung erhoben hatte (§ 136, II. 1. *ALR*), referierte der zur Reform dieses Gesetzes bestellte Revisor noch 1830 folgende herrschende Meinung:

»Faktisch existiere überdem eine Art des Konkubinats von jeher bis auf den heutigen Tag, die sogenannte wilde oder polnische Ehe, und wenn dies auch in christlichen Staaten nicht ausdrücklich gebilligt werden könne, so sey es doch sehr rathsam, ihn als das kleinere Uebel stillschweigend und unter großen Einschränkungen dadurch zu dulden, daß [. . .] dem mit einem solchen Beisammensein verbundenen Beischlafe rechtliche Wirkung beigelegt werde.«[157]*

An anderer Stelle merkte der Revisor an, daß über die »eigenthümliche rohere Ansicht, daß körperliche Vereinigung zur Konsummirung der Ehe gehöre«, »in Sachsen z. B. noch jetzt die skandalösesten Prozesse entstehen«.[158] Sein »vorgerücktes Scham- und Peinlichkeitsempfinden«[159] erlaubte ihm nicht mehr, vom Beilager, sondern nur von der »ascensio thalami« zu sprechen. Diese lateinische Fachsimpelei war unter den Juristen und Gesetzemachern des Vormärz, die ihre Gesetzesvorhaben vor einer neuen Öffentlichkeit debattierten, ein Moment der Sexualverdrängung, in deren Verlauf im Deutschen die Sprache für diesen tabuisierten Bereich verloren ging.[160] Wieviel an konkretem Wissen über unsere Vergangenheit durch diesen Verdrängungsprozeß der Kulturhistoriker und Sittenrichter des 19. Jahrhunderts verschüttet wurde, läßt sich heute nur noch erahnen. Ein anschauliches Beispiel bringt M. Bauer, der seinen Zeitgenossen J. Scherr mit seiner 1897 in der 10. Auflage erschienenen *Deutschen Kultur- und Sittengeschichte* zitiert. Dort liest man:

* Siehe Anhang Nr. 17c.

»Den ganzen Verlauf einer bäuerlichen Hochzeit aus dem 13. Jahrhundert schildert in stark aufgetragenen Farben ein mittelalterliches Gedicht ›Von Metzen Hochzeit‹. [. . .] Der Unflat in dem lebhaft erzählten Buch sei bei der folgenden Inhaltsangabe mit Stillschweigen übergangen. [!] Also Bertschi [Bräutigam] und Metzli [Braut] werden im Kreis der Verwandten feierlich versprochen. Die Mitgift der Braut beträgt drei Bienenstöcke, ein Pferd, eine Kuh, ein Kalb und einen Bock. Der Bräutigam schenkt ihr ein Joch Flachsland, zwei Schafe, einen Hahn mit vierzehn fleißigen Hennen und ein Pfund Pfennige. Nach der Verlobung wird beschlossen, die Hochzeit noch am selben Abend abzuhalten, ohne ›schuoler und Pfaffen‹, also ohne Glockenklang und Kirche. Die Nachbarn im Dorf werden nun rasch zusammengerufen. Vorerst lassen sie sich das herumgereichte Weißbrot gut schmecken, bis das eigentliche Mahl aufgetragen wird, bei dem es an Getränken nicht fehlt. [. . .] Am Ende des Mahls wird das Bräutlein dem Gatten zugeführt, wobei sie nach bäuerlicher Gepflogenheit tut, als ob ihr Gott weiß was Übles zugefügt würde. An der Schwelle der Brautkammer müssen wir freilich hinter unserem mit mittelalterlicher Unbefangenheit eintretenden Führer zurückbleiben.«[161]

Man erfährt aus dieser Quelle – abgesehen von den neuzeitlichen Peinlichkeitsgefühlen – eine Menge konkreter Details über den Hergang einer bäuerlichen Hochzeit, die anscheinend spontan, zumindest ohne Formalitäten, veranstaltet wird. Wichtigste Bestandteile sind das üppige Mahl und ein ausgedehntes Trinkgelage – der »Aufwand bei Heiraten« ist, wenn man den verschiedenen Verordnungen glauben darf, sehr viel eher und häufiger Anlaß landesväterlicher Ermahnungen[162] gewesen als die fehlende Mitwirkung des Priesters. Nur wenn man berücksichtigt, daß erst das »Beschreiten des Ehebettes« alle ehelichen Rechtsfolgen wie Ehelichkeit der Kinder, Erbrechte und Güterstände begründete, wird verständlich, warum Formalisten bei diesem Akt auf Zeugen Wert legten.

Bemerkenswert an der Verlobungsvereinbarung ist außerdem, daß sie als ein durchaus gegenseitiges und partnerschaftliches Geschäft zu verstehen ist und die Geschenke an die Braut nicht einmal andeutungsweise den Charakter eines Brautpreises haben; vielmehr sollen sie der Frau Produktionsmittel in die Hand geben, um ihren produktiven Beitrag zum Familienunterhalt zu erleichtern, und stehen damit im scharfen Gegensatz zu den Hökergeschäften, mit denen bürgerliche Familienväter im vorigen Jahrhundert ihre Töchter an den

Mann brachten[163] und die Marx mit der Reduktion der Familienverhältnisse auf ein reines Geldverhältnis treffend kritisiert hat.[164]

Die Stellung der Bäuerinnen und Frauen allgemein hat M. Bauer folgendermaßen charakterisiert:

»Der Frauenkult war und blieb dem innersten Wesen des Bauern fremd. [. . .] [Denn] die Frau war ein Arbeitstier wie er selbst. Sie hatte es nicht schlechter als er, wurde im Zustande der Schwangerschaft besser gehalten und geachtet als er, war aber sonst in guten und bösen Tagen ihm gleichgestellt.«[165]

Diese Feststellungen stimmen überraschend gut mit den Beobachtungen des Familienideologen W. H. Riehl überein[166], mit dem Unterschied freilich, daß Riehl die Gleichstellung zwischen Bauersmann und Bauernweib selbstverständlich für einen Mangel an Kultur und Fortschritt hielt.

Es gibt zu denken, daß die Stellung der Frau nur in vorgeschichtlichen und unentwickelteren Verhältnissen oder in Notlagen und Unterdrückung eine dem Mann gleichberechtigte oder vorrangige gewesen sein soll. Soviel aber kann für unseren Zusammenhang aus dem Vergleich der Feudalordnung mit der bürgerlichen Gesellschaft gefolgert werden: Die Frauen der breiten Masse des Volkes haben durch die sakrale und seit dem 16. Jahrhundert institutionalisierte Eheform nichts gewonnen, eher vieles verloren. Sie waren in ihren faktischen Eheverhältnissen genauso schlecht versorgt wie in der legalen Ehe mit kirchlichem Segen. Sie arbeiteten gemeinsam mit Mann und Kindern für ihren Unterhalt und den ihrer Angehörigen, ein Leben lang, genauso mühsam, abhängig und unterdrückt wie der Mann, aber nicht in der später für sie so verhängnisvollen Doppelrolle mit häuslichem und außerhäuslichem Arbeitsbereich. Es ist ein ebenso bekanntes wie trauriges Kapitel der Kirchengeschichte, wie paulinische Eheauffassung[167], kanonisches Recht und protestantische Hausväterlehren[168] zusammenwirkten, um die Befestigung männlicher Vorrechte voranzutreiben. In der Rechtsgeschichte jedenfalls hat man sich zu sehr daran gewöhnt, Rechte und Stellung der Frau allein aus dem Blickwinkel ihrer Eigentumsfähigkeit oder Vermögensbefugnisse zu betrachten – ganze Bibliotheken lassen sich mit Abhandlungen über die im deutschen partikularistischen Recht in der Tat komplizierten ehelichen Güterrechtssysteme füllen.[169] All dies war für die Frauen der Unterschicht, die nichts zu erben und zu vererben hatten als ihre Armut und Untertänigkeit, ohne Belang. Auch die in der Ständegesellschaft sehr ernstgenommenen juristischen Streitfragen über die Folgen der Unebenbürtigkeit betrafen sie nicht; sie heirateten und blieben ohnehin im untersten Stand. Die Probleme der Unterschichten dokumentiert diese Jurisprudenz also nicht oder nimmt sie erst wahr, als ein etabliertes bürgerliches Rechtsempfinden sich über die Lebensgewohnheiten der unteren Volksklassen zu entrüsten beginnt und ihre Andersartigkeit als Unsittlichkeit anprangert[170] und kriminalisiert.* Die Tatsache, daß noch so lange nach der Einführung einer ›legalen‹ Eheform – wie wir sahen bis ins 19. Jahrhundert hinein – das Volk seine eigenen Formen der Eheschließung beibehielt und faktisch-rechtlich durchsetzte, belegt die feste Verankerung dieser ganz anderen Eheauffassung und den Klassencharakter kirchlichen, später bürgerlich-staatlichen Eherechts.

3.4. Eheverbote und Heiratsschranken

Daß es der Kirche erst so spät gelang, ihre Eheauffassung allgemeinverbindlich zu machen, hat nicht zuletzt materielle Gründe. Die Kirche hatte es sich nämlich nicht entgehen lassen, ihren Dienst, die Eheverhältnisse zu »veredeln und heiligen«[171]**, zu einem einträglichen Geschäft zu machen, und zwar nicht nur in der Form von Heiratsgebühren für die priesterliche Amtshandlung, die – wie die Quellen immer wieder belegen – eine beachtliche finanzielle Belastung darstellten und auch als Eheschließungsschranke für arme Leute bewußt beibehalten wurden[172]***, sondern auch und vor allem durch ein kompliziertes System von Eheverboten, das nur mittels kostspieliger, ebenfalls von der Kirche erteilter Dispense zu umgehen war.

Die *Eheverbote,* Exogamiegebote unserer Gesellschaft, die nach geltendem Recht die Ehe zwischen Verwandten und

* Zu den verstärkten Anstrengungen gerade im Vormärz, die Konkubinate unter Strafe zu stellen, siehe Anhang Nr. 13.
** Siehe Anhang Nr. 17.
*** Vgl. Anhang Nr. 13.

Verschwägerten ersten Grades und voll- oder halbbürtigen Geschwistern verhindern sollen (§ 4 Ehegesetz), waren von einigen Päpsten des Mittelalters auf die Verwandten und Verschwägerten bis zum 7. Grad ausgedehnt worden, so daß – wie der Revisor die Geschichte dieser Verbote kritisch referiert –

»in kleinen Städten fast gar keine Ehe mehr ohne schwere Dispensationsgebühren geschlossen werden [konnte], und das Klagen ward allgemein. Aber eben diese Gebühren waren die Ursache, weshalb es die Päbste alles Geschreis ungeachtet dabei ließen«.[173]

Schon auf dem Laterankonzil im Jahre 1216 wurden die Eheverbote verbindlich bis auf den 4. Grad herabgesetzt. Als nach der Reformation auch einige protestantische Landesfürsten in den ausgedehnten Eheverboten keinen anderen Nutzen sahen, »als der Geistlichkeit durch Dispensationen eine Geldquelle zu eröffnen«[174], ermäßigten sie die Verbotsliste um einen weiteren Verwandtschaftsgrad. Aber erst Friedrich der Große hatte in seinem Bemühen um eine aktive Bevölkerungspolitik klar erkannt, daß die Dispensationskosten »der Beförderung der Ehe in Dero Landen und Peuplirung derselben nachteilig« sind, und in landesväterlicher Vorsorge dekretiert, »jedermann frei zu geben, sich in denen casibus, wo die Ehe nicht klar in Gottes Wort verboten, sonder (= ohne) Dispensation und Kosten nach Gefallen zu verheirathen«.[175]

Neben diesen kirchlichen Eheverboten gab es Ehehindernisse oder *Heiratsschranken,* die sich aus dem festen Gefüge der Ständegesellschaft und ihrem »engen Nahrungsspielraum«, d. h. der begrenzten Zahl ihrer »Stellen« ergaben.[176] Ein untertäniger Landbewohner oder ein Handwerksgeselle konnte nur mit Genehmigung des Gutsherrn bzw. des Zunftmeisters heiraten. Die Genehmigung war an das Vorhandensein einer Stelle oder »eigenen Wirthschaft« geknüpft (§ 146 II. 5. *ALR),* beim zünftigen Handwerker an die Übernahme oder Einheirat in eine Meisterstelle, oder an eine andere Gelegenheit »durch Eintritt in eine bürgerliche Nahrung, sein Glück dauerhaft [zu] verbessern« (§ 516, II. 7. *ALR).* Interessanterweise hatte das *Landrecht* es den Frauen leichter gemacht als den Männern, aus dem Gesindedienst oder der Untertänigkeit entlassen zu werden, nämlich wenn sie durch »auswärtige Heirath ihre Versorgung« finden konnten, (§ 519, II. 7. *ALR).*

Schon unsere bisherigen Ausführungen über die Fragwürdigkeit der Ehestatistik und die Formalien der Eheschließung legen den Schluß nahe, daß das Gesinde in der Regel nur in der Definition der Oberklassen oder »seinem [bürgerlichen] Begriffe nach unverheiratet« war.[177] Wie das Familienleben des Gesindes – ohne eigene Haushaltung oder bürgerliche Ausstattung – in der Realität aussehen konnte, erfährt man bei J. P. Hebel. In seinen *Kalendergeschichten*[178] schildert er – keineswegs »unparteiisch«[179] – einen idealtypischen Fall, der nur insofern literarisch ist, als sich eine »Edelfrau« findet, die alles zum Guten wendet; im übrigen aber beschreibt die Geschichte eine durchaus realistische Situation:

»Eine Dienstmagd, jung und brav, auch hübsch, und ein Knecht gleicher Qualität dienten miteinander auf einem Edelhof und hätten nicht so gerne Kaffee getrunken oder alle Tage Braten gegessen als vielmehr einander geheiratet. Allein sie waren Leibeigene, [. . .] und die Edelfrau auf dem Hofe wollte sie nicht früher aus dem Dienst entlassen.« Doch sie hatten ein Kind, in der Holzkammer versteckt, dem sie nachts, wenn die Herrschaft schlief, heimlich in der Küche ihr Süppchen kochten. Und wenn besagte Edelfrau nicht zufällig eines Nachts vor Zahnschmerzen nicht hätte schlafen können, so wäre das heimliche Familienleben dieses »gottlosen Lumpenpacks« wohl nie entdeckt worden. In der Geschichte werden die beiden »am nächsten Sonntag auf Geheiß der Edelfrau zusammengegeben und lebten seitdem in Liebe und Frieden ehelich beisammen«.

Ein sehr viel häufiger gewählter Ausweg aus der materiellen Not solcher Unterschichtfamilien und bürgerlicher Schande waren die Ammendienste, zu denen die ›unehelichen‹ Mütter der Unterschichten bis ins 19. Jahrhundert zunehmend verpflichtet wurden. Die Widersprüchlichkeit bürgerlicher Familienideale wird besonders kraß durch den Umstand beleuchtet, daß früher die Kinder zu den Ammen aufs Dorf gegeben wurden. Erst mit dem neu entdeckten Interesse für das Kind und der Intimisierung der bürgerlichen Familie wurde es selbstverständlich, daß die Amme ins Haus kam und ihr eigenes Kind verließ, was nichts anderes bedeutete, als daß dieses Kind »nicht selten dem nahen Tod entgegenging«.[180]
Neben den kirchlichen Eheverboten und den ständischen Heiratsschranken gab es polizeiliche oder gemeindliche *Heiratsbeschränkungen*, die auf die Pflicht der Gemeinden zur Armenunterstützung gegenüber allen, die Bürgerrecht oder

Heimatrecht besaßen, gegründet war (zuerst formuliert in der 1. *Reichspolizeiordnung* von 1530). Die Folge war, daß die Städte und Gemeinden, die einst die Geburtsstätten der Freizügigkeit gewesen waren (»Stadtluft macht frei«), zunehmend darauf bedacht waren, den Kreis möglicher Hilfsbedürftiger klein zu halten. Sie machten daher Niederlassung und Verehelichung von bestimmten materiellen Voraussetzungen abhängig: vom Erwerb von Grundbesitz, von hohen Aufnahmegebühren oder dem Nachweis »eines gewissen, die nachhaltige Ernährung einer Familie sichernden Vermögens«.[181] In den rechtlich zersplitterten deutschen Kleinstaaten gab es seit dem 17. Jahrhundert außerdem verschiedene Landes- und Polizeiordnungen – wie zum Beispiel die bayerische von 1616 –, die »die Aufnahme und Verehelichung von Dienstboten, Tagelöhnern und sonstigen unvermöglichen Leuten« ausdrücklich verboten oder die Heirat von Personen verhindern sollten, denen »erfahrungsgemäß die sittliche und wirtschaftliche Kraft fehlt, eine Familie aus eignen Mitteln zu unterhalten«.[182] Preußen selbst kannte derartige Polizeiordnungen nicht, jedoch hatte sich hier – wie L. v. Stein diesen Zustand in seiner *Verwaltungslehre* treffend analysiert – »die Unfreiheit des deutschen Eherechts [. . .] aus dem öffentlichen Leben in das Geheimniß des örtlichen Gemeinderechts geflüchtet und sich hier hinter das ziemlich gemeine Interesse der Furcht vor der Armenunterstützung fest verschanzt«.[183] Erst 1868 gelang es, durch Reichsgesetz für den Norddeutschen Bund die polizeilichen Beschränkungen der Eheschließung aufzuheben. Denn die Ehebeschränkungen hatten wohl die Freizügigkeit – insbesondere der Lohnarbeiter – behindert, ihren Zweck aber hatten die »im allgemeinen Wohlfahrtsinteresse gezogenen Rechtsschranken« keineswegs erfüllt. Die Statistik der Armenpflege ergab, »daß die Gemeinde-Budgets für Armenpflege in den Territorien, wo ein ausgedehntes Zwangszölibat besteht, sich weit höher belaufen, als in denjenigen, wo man ein solches nicht kennt«.[184]

In der *Theorie des Familienrechts* von G. Heinsohn und R. Knieper sind die Heiratsschranken von zentraler Bedeutung. Sie dienen hier als Beleg für die Ausgangsthese, daß »Ehe und Familie [. . .] von ihrer Konzeption her Reproduktionsformen der ›besitzenden Klassen‹« sind, von der die »Produktionsmittellosen« zunächst durch »Zwangszölibat« ausgeschlossen sind. Erst durch »die Ausdehnung der Eheform über die Eigentumsklassen hinaus« oder »die Einbeziehung der Produktionsmittellosen [in die] rein bevölkerungspolitische Instrumentalisierung der Ehe« werden diese »unter eine Fortpflanzungsform gezwungen, die ihrer Lebenssituation widerspricht«.[185] Es wurde bereits erwähnt, daß die Annahme, die Ehehäufigkeit habe in der bürgerlichen Epoche gegenüber der feudalen zugenommen, durch die Sichtweise des 19. Jahrhunderts gefiltert ist und konkreten historischen Tatsachen widerspricht. Sowohl die Geburtenfrequenz als auch die Sterblichkeit und die Zahl der Eheschließungen waren im 17. und 18. Jahrhundert höher als im 19. Jahrhundert.[186] Aber auch die Kriterien für die Form des Eheschlusses hatten wir als nicht eindeutig, sondern variabel und klassenspezifisch differenziert erkannt. Wenn die Heinsohn/Kniepersche These richtig wäre, müßte – »da offensichtlich der Sexualtrieb nicht vollständig [...] unterdrückt werden konnte«[187] – die Unehelichenquote unter feudalen Verhältnissen konstant hoch gewesen sein. Aber sie war es nicht. In der Bevölkerungslehre wird die »hohe Unehelichenquote« als »ein ausgesprochenes Übergangsphänomen« diagnostiziert[188], das die Soziologen als »Anomie«[189] und Folge sozialen Wandels erklären und das sich in dieser Übergangsphase ganz konkret aus der vom bürgerlichen Staat mit Macht und Gesetzesgewalt vorangetriebenen Disziplinierung des Volkes in eine ihm fremde Eheform ergibt, aber nicht als Zwang zu Ehe und Familie überhaupt zu interpretieren ist.

Nicht vereinbar mit der Theorie über die Ehebeschränkungen ist ferner die von den feudal-absolutistischen Staaten wegen des seit dem Dreißigjährigen Krieg akuten Bevölkerungsmangels betriebene aktive Bevölkerungspolitik. Beispielhaft hierfür ist die Politik der ›Ehebeförderung‹ durch Friedrich den Großen, die in einer besonderen »Hagestolzen«-Steuer, in Kinderprämien oder dem Straferlaß für uneheliche Geburten (Edikte von 1746 und 1756) zum Ausdruck kommt und offensichtlich Kindesmord oder Abtreibung verhindern soll.[190] Denn

»jedes Kind sey überdem ein unschätzbares Kleinod für den Staat, es komme nur auf den Vorschuß an und auf weise Anstalten, ihn zehnfach zurückzuerhalten. Im Kriege, bei dem Feldbau, bei Künsten und Manufakturen entscheide allein die Volksmenge«.[191]*

So richtig es also ist, die Familienrechtstheorie aus der seit dem 19. Jahrhundert privatrechtlichen Begrenzung gelöst und wieder in den Zusammenhang eines öffentlichen Eherechts und damit der Bevölkerungswissenschaft gestellt zu haben, so einseitig ist es doch, die Geschichte der Familie mit den Heiratsschranken zu beginnen und die Familie der Unterschichten als andere, aber eigene »Fortpflanzungsform«[192] zu übergehen. Man muß deutlich sehen, daß insbesondere die polizeilichen Ehebeschränkungen historisch gewordene sind und den relativ späten, aber vergeblichen Versuch darstellten, ein ganz anderes Problem, nämlich das der Armut, zu lösen. In bezug auf Ehe und Familie belegen sie das eher frühbürgerliche Bemühen, die Freiheit der Eheschließung, wie andere bürgerliche Freiheiten auch, an die im Kapitalismus wesentliche Voraussetzung zu binden: das Privateigentum. Insofern dienten sie der Verallgemeinerung der bürgerlichen Ehe- und Familienform.

An der späten Aufhebung der Ehebeschränkungen zeigt sich, daß das Recht häufig einer kulturellen Verspätung unterliegt und als Instrument staatlicher Planung nicht ohne weiteres taugt. Denn als Mittel der Bevölkerungspolitik haben die Ehebeschränkungen eindeutig versagt: Der für die Entwicklung kapitalistischer Verhältnisse entscheidende Bevölkerungsschub hatte im 18. Jahrhundert begonnen. Bis zur Mitte des vorigen Jahrhunderts hatten sich, wie wir sahen, trotz Heiratsschranken vor allem die Unterschichten überproportional vermehrt.

Das Insistieren auf eigenen, vorindustriellen Familienformen der Unterschichten und die Kritik an einer Familienrechtstheorie, die nur die bürgerliche Verkehrsform der Familie berücksichtigt, ist nicht nur von akademischem Interesse, sondern hat für die Stellung der Frau, aber auch für den Mann – so auch in der Argumentation von G. Heinsohn und R. Knieper – weitreichende Konsequenzen. Die Autoren scheinen nicht zu bemerken, daß sie mit dem »Erfordernis von der Familienunterhaltsfähigkeit des Ehemannes« der bürgerlichen

* Vgl. Anhang Nr. 17c.

Ideologie von der notwendigen Ernährerrolle des Mannes selber aufsitzen. Ja, sie wirken in ihrem Angriff auf das anscheinend absolut gesetzte »Versorgungsinteresse« der Frau und ihren verschrobenen Begründungen hierfür geradezu reaktionär.[193] Es zeigt sich erneut, daß die überall noch verbreitete falsche Annahme, erst der Kapitalismus habe Frauenarbeit ermöglicht oder erzwungen, fortlaufend Falsches gebiert, auch für die Theorie der Familie. Denn folgerichtig muß das Wissen von der Mitarbeit der Frau und ihrem gleichwertigen Beitrag zum gemeinsamen Unterhalt vor der industriellen Revolution in beinahe allen Bevölkerungsschichten das Vorurteil von der selbstverständlichen und »ewigen« Ernährerrolle des Mannes umstoßen. Es setzt andere als bürgerliche Familienformen voraus. Diese Familienformen deshalb als Familie nicht zur Kenntnis zu nehmen ist nicht nur ein Mangel der Quellen, sondern auch der Forschung, die immer wieder in bürgerlichen Kriterien der Familie befangen bleibt.

3.5. Die Mitarbeit und Ernährerrolle der Frau

Hat die Geschichte der Unterschichtfamilie bisher gezeigt, daß diese Familienform in bezug auf die Familiengröße, die Formalien des Eheschlusses, aber auch die materiellen Voraussetzungen der Familiengründung ganz anders strukturiert war als die bürgerliche Familie, so unterscheidet sie sich schließlich auch in ihrer inneren Organisation grundlegend von dem modernen, bürgerlich geprägten Familientyp mit seinem geschlechtsspezifischen Rollenschema. Denn ihr wichtigstes Strukturprinzip war die gleichberechtigte und gleichverpflichtete Mitarbeit und Ernährerrolle der Frau.

In welchem Ausmaß die Frauen früher gearbeitet haben, wurde hinreichend belegt. Es kann jetzt nur noch einmal darum gehen, die Bedeutung dieser Frauenarbeit aus dem Blickwinkel der Familie, aber auch für die Struktur der Familie hervorzuheben. Rekapitulieren wir kurz, wie diese Mitarbeit organisiert war: In der Agrarwirtschaft der Vergangenheit bildete die kontinuierliche und überwiegende Arbeit der Frau in der Landwirtschaft mit weitreichender Eigenproduktion aller lebenswichtigen Güter die Grundlage des Familienunterhalts. Erst als im Zuge der Bauernbefreiung die Frauen der ländlichen Unterschicht durch den Verlust von Ackerland ihre wichtigsten Produktionsmittel einbüßten, wurde die existentielle Bedeutung der Frauenarbeit offenbar. Mit ihrem Angewiesensein auf Lohnarbeit und aufgrund der wirtschaftlichen Abhängigkeit vom Mann als Lohnarbeiter und alleinigem Ernährer stürzten breite Massen des Volkes in Not und Elend.

Entgegen weitverbreiteten historischen Fehleinschätzungen hatten wir festgestellt, daß auch die Erwerbsquote außerhäuslich beschäftigter Frauen zu Beginn des 19. Jahrhunderts bei nahezu 30 Prozent lag; sie fiel erst um die Mitte des Jahrhunderts auf 26 Prozent aller erwerbsfähigen Frauen über 15 Jahre ab, um dann wieder allmählich anzusteigen. Obgleich diese Statistik nichts über den Anteil verheirateter erwerbstätiger Frauen aussagt, genügt sie als Hinweis darauf, daß der Arbeitsplatz vieler Frauen auch unter vorkapitalistischen Verhältnissen nicht nur in der Familie war.

Auch bei der Betrachtung der Hauswirtschaft hatten wir eine als Hausarbeit getarnte aktive Rolle der Frau im Handwerk und in der Heimarbeit entdeckt, die männliche Gehilfen, Lieferanten oder Ladenvorsteher ersetzte. Sie wurde nur deshalb nicht als Erwerbstätigkeit anerkannt und in keiner Berufsstatistik aufgeführt, weil sie nach patriarchalischem Vorurteil und gemäß den Einflüsterungen einer erfolgreichen Familienideologie lediglich als Zuarbeit galt und gilt, unter der die »eigentliche« Aufgabe der Frau, ihre Haushaltsführung (in einem sehr engen Sinn), leiden könnte. Im Falle der Schneiderinnen waren die Frauen wegen des brutalen Konkurrenzverhaltens ihrer männlichen Kollegen sogar gezwungen, ihre Schneiderarbeiten geheimzuhalten. Der Grund oder das Motiv für die sehr vielfältige Mitarbeit der Frau war also nicht etwa ihre Selbstverwirklichung auf Kosten der Familie, sondern ganz selbstverständlich der eigene Unterhalt und die Versorgung ihrer Angehörigen. Frauenarbeit sowohl im Hause als auch außer Haus diente somit dem Zusammenhalt und nicht der Zerstörung der Familienbeziehungen.

Ohne Zweifel wurde die Vereinbarung von familiären Aufgaben mit der Notwendigkeit, zu arbeiten, durch die Trennung von Haushalt und Betrieb erheblich erschwert. Es ist wichtig festzuhalten, daß damit nicht nur die Frauen, sondern auch die Männer als Familienväter vor eine grundsätzliche neue Situation gestellt wurden. Denn solange die Kinder noch nicht in der Kleinfamilie ›erzogen‹ wurden, sondern in einem »umfassenderen sozialen Milieu«[194] in der Produktionsgemeinschaft mit den Erwachsenen aufwuchsen, gab es in den produzierenden Schichten des Volkes und damit in der Mehrheit auch keine ›abwesenden Väter‹ als strukturelles Problem. Der Rückzug der Männer auf die Ernährerrolle ist darum ebenso neu wie der Ausschluß der Frauen aus dem Bereich gesellschaftlicher Produktion, ihre Alleinzuständigkeit für Kindererziehung und ein von der warenproduzierenden Gesellschaft abgesondertes, aber für die Wirtschaft funktionales Familienleben.

Wie ungewohnt und neuartig der großen Mehrheit der Frauen ihre nur über Familienpflichten und Kindererziehung definierte Existenz vorgekommen sein muß, wird klar in einer englischen Quelle vom Ende des 18. Jahrhunderts. In einem Bericht über die Not der Landbevölkerung, die infolge der Einhegungen ihrer Subsistenzmittel und Arbeitsmöglichkeiten beraubt war, heißt es:

»Die meisten Frauen und Kinder betrachten sich selbst als Last für den Familienvater. Die Frau ist nicht mehr in der Lage, ihren Beitrag zu den wöchentlichen Ausgaben zu leisten. In einer Art Verzweiflung sitzt sie da, unfähig ihren Teil zum allgemeinen Familienbudget beizutragen und sich bewußt, daß sie ihrem Ehemann keinen anderen Dienst erweisen kann als den, sich um seine Familie zu kümmern.«[195]

I. Pinchbeck, die diese Quelle zitiert, hält eine Erläuterung solcher vergessenen fraulichen Denk- und Lebensweise für unerläßlich; nicht zu Unrecht. Sie schreibt:

»Diese Haltung ist nach modernem Empfinden einigermaßen erstaunlich, doch bis dahin fehlte eben jedes Verständnis für den Wert von Frauenarbeit im Hause und für die notwendige Fürsorge und Erziehung der Kinder.«[196]

Abgesehen davon, daß die einseitig familiäre Anbindung der Frau selbst in ihren rechtlichen Konsequenzen mit den Prinzipien bürgerlich-rechtlicher Freiheit in Widerspruch geraten mußte, waren die Probleme mit dieser Rollenverteilung – wie nun zu zeigen ist – nur scheinbar, in patriarchalischer Manier, aber nicht mit emanzipatorischem Erfolg gelöst. Die Chance, die im Kapitalismus neuen Anforderungen und Belastungen gesellschaftlich oder wenigstens partnerschaftlich zwischen Mann und Frau zu regeln und zu verändern, wurde jedenfalls gründlich vertan.

Zusammenfassung

Wichtigste Voraussetzung einer historischen Familienforschung ist die Berücksichtigung der Vielfalt von Familienformen. Die Sozialform des »ganzen Hauses«, die große Haushaltsfamilie, wurde als der beherrschende und prägende Familientyp der oberen Stände und Oberklassen gekennzeichnet. Sie war der Vorläufer der bürgerlichen Familie und ist darum nicht als *die* traditionelle Familienform der Vergangenheit zu verallgemeinern.

Die bürgerliche Familie entwickelte sich in der Distanzierung von der Gesellschaft, durch den Rückzug auf eine enge, private Haushaltung. Das neue Familiengefühl und die Intimität des bürgerlichen Familienlebens aber forderten ihren Preis:

– Für die Frau eine verstärkte, wirtschaftliche Abhängigkeit und gesellschaftliche Isolation durch die nur zur Reproduktion zugelassene Häuslichkeit.

– Für den Mann eine durch die Auflösung der Ökonomie des »ganzen Hauses« bedingte Reduktion seiner hausherrlichen Rechte und die ihm weder als »freier« Lohnarbeiter noch als politisch ohnmächtiger Bürger geglückte Emanzipation.

Der traditionelle, ständische Patriarchalismus hatte durch die veränderte Produktionsweise seine materielle Basis und seine herrschaftliche Legitimation verloren, ja, der Herrschaftsanspruch des Mannes wurde vor dem historischen Hintergrund einer nicht nur denkbaren, sondern ausdrücklichen Reklamation der Menschenrechte – auch für die Frauen – grundsätzlich in Frage gestellt.

Die Unterschichten und damit die breite Masse des Volkes hatten auch unter vorkapitalistischen Bedingungen eigene Formen des Familienlebens. Ihre wesentlichsten Merkmale waren: andere Formen der Eheschließung, eine nur kleine Haushaltung (Kleinfamilie) mit oft nur geringer materieller Ausstattung und die Mitarbeit und Ernährerrolle der Frau.

Durch die größere Selbständigkeit der Frau und damit »höhere Form des Verhältnisses beider Geschlechter« hätte dieser Familientyp mehr Gelegenheit geboten, »zur Quelle humaner Entwicklung umzuschlagen«.[197] Er wurde im Konstitutionsprozeß des bürgerlichen Staates seiner Existenzgrundlage beraubt und mit Hilfe von Ideologien und Gesetzgebung – wie wir nun weiter sehen werden – zur Verbürgerlichung gezwungen.

III. »Die Bestimmung des Weibes« und die Ideologie der Familie

Die Ideologie der Familie ist historisch so neu wie die bürgerliche Familie und wie diese in einer ganz bestimmten Situation gesellschaftlicher Verhältnisse und familiärer Prozesse entstanden. Anfänglich als fortschrittliche Lebensweise, als neues Familienbewußtsein einer kleinen bürgerlichen Schicht gegen den Verhaltensstandard der feudalen Oberschicht gerichtet, diente die Familienideologie nach der Etablierung des Bürgertums bald zur Legitimation brüchiger patriarchaler Herrschaftsstrukturen und verallgemeinerte sich mit zunächst antiproletarischer, dann eindeutig antifeministischer Tendenz zur Restauration des Patriarchalismus. Die Familienideologie ist also in verschleierter Form Ausdruck realer gesellschaftlicher Verhältnisse, doch nicht im einseitig undialektischen Sinn als bloßes Überbauphänomen zu verstehen, sondern von nicht zu unterschätzendem Einfluß auf die reale Situation, insbesondere die materiell-rechtliche Stellung der Frau. Gegenstand einer Ideologiekritik, die sich zugleich als Kritik der bürgerlichen Familie begreift, sind darum nicht nur die »Gedanken der herrschenden Klasse« als anonyme, »geistige Macht«.[1] Sie meint auch nicht nur den ›sozialen Kitt‹, der für diese Verhältnisse notwendig und funktional ist[2], sondern ganz konkret die von den Protagonisten der Bürgerlichkeit bewußt als Herrschaftsmittel eingesetzten Behauptungen von der »Bestimmung des Weibes« oder dem »Wesen der Frau«, ohne die diese spezielle Familienideologie nicht zu denken ist.

1. Bürgerliches Familienbewußtsein mit antifeudaler Stoßrichtung

1.1. A. v. Knigges ›Umgang mit Menschen‹

Von ähnlicher Bedeutung wie die Manierenschriften des 16. Jahrhunderts für die höfische Gesellschaft war A. von Knigges

Buch *Über den Umgang mit Menschen*, 1788 erschienen, für das aufsteigende Bürgertum. So wie die höfische Etikette, die »courtoisie«, für die aus verschiedener sozialer Herkunft zusammengewachsene feudale Aristokratie dazu gedient hatte, einen gemeinsamen Verhaltensstandard zu formen, der als Herrschaftsmittel, Prestigeinstrument oder »soziale Waffe gegen die jeweils Niedrigerstehenden«[3] eingesetzt wurde, war das wirtschaftlich aufsteigende, aber politisch noch ohnmächtige Bürgertum in der sozialen Unsicherheit seiner Existenz auf allgemeine, d. h. für alle und damit auch für Aufsteiger geltende Verhaltensregeln angewiesen. Knigge hatte diese Bedürfnisse klar erkannt und schrieb in seiner Einleitung:

»In keinem Lande in Europa ist es vielleicht so schwer, im Umgange mit Menschen aus allen Classen, Gegenden und Ständen allgemeinen Beyfall einzuerndten, in jedem dieser Cirkel wie zu Hause zu seyn, ohne Zwang, ohne Falschheit, ohne sich verdächtig zu machen und ohne selbst dabey zu leiden, auf den Fürsten wie auf den Edelmann und Bürger, auf den Kaufmann wie auf den Geistlichen nach Gefallen zu würken, als in unserm teutschen Vaterlande. [. . .] Dies rührt her von der Mannigfaltigkeit des Interesse der teutschen Staaten gegeneinander und gegen auswärtige, von dem Unterschiede der Verbindungen mit diesem oder jenem auswärtigen Volke und von dem sehr merklichen Abstande der Classen in Teutschland von einander, zwischen denen verjährtes Vorurtheil, Erziehung und zum Theil auch Staats-Verfassung eine viel bestimmtere Grenzlinie gezogen haben, als in andern Ländern.«[4]

Neben dem Anspruch auf Verallgemeinerung der Verhaltensnormen wird in dieser Schrift ganz deutlich ein antifeudales, spezifisch bürgerliches Selbstbewußtsein artikuliert. Allein das Motto: »Jeder Mensch gilt in dieser Welt nur so viel, als wozu er sich selbst macht«, an das sich lange Ausführungen knüpfen, bricht mit der Anerkennung ererbter Privilegien und aristokratischen Müßiggangs. An ihre Stelle sind persönliche Leistung, Vernunft und Kenntnisse getreten, an die Stelle der »Cocketterie« und »feinen Cultur« Natürlichkeit, Redlichkeit und »gesunder Hausverstand«, an die Stelle der Frivolität die Tugend und – wie bereits zitiert – der »Sinn für häusliche Glückseligkeit«.[5] Doch mit der Tugend hat es bereits (oder noch) beim aufgeklärten Knigge seine geschlechtsspezifische Bewandtnis. Der Freiheit und Gerechtigkeit erstrebende Bourgois mißt sie von vornherein mit zweierlei Maß und erfindet gleichzeitig mit der Forderung nach ehelicher Treue seine doppelte Moral:

»Der Moralität nach und unsern religiösen und politischen Grundsätzen gemäß, ist die Übertretung der ehelichen Pflichten von einer Seite so unedel als von der andern! In Rücksicht auf die Folgen hingegen ist freylich die Unkeuschheit einer Frau weit strafbarer, als die eines Mannes. Jene [die der Frau] zerreisst die Familien-Bande, vererbt auf Bastarte die Vorzüge ehelicher Kinder, zerstört die heiligen Rechte des Eigenthums, und widerspricht laut den Gesetzen der Natur.«[6]*

Die Rationalisierung des männlichen Interesses an legitimen Erben mit Hilfe der »Naturgesetze« verfestigt sich bald zum typischen Argumentationsmuster für den bürgerlichen Patriarchalismus und wird uns immer wieder begegnen. Was A. v. Knigge jedoch vor den ihm nachfolgenden Ideologen auszeichnet, ist die Durchsichtigkeit und Unverblümtheit seiner Begründungen. Knigge war noch nicht in der Lage, erworbene Vorrechte des Mannes zu verteidigen, vielmehr mußte er damit rechnen, daß auch die Frau als Mensch mit natürlichen Rechten eigentumsfähig wird. Er spielte daher den Fall durch, daß die Frau im Gegensatz zum Mann in einer Ehe Vermögen habe, und mußte allerhand Kunstgriffe gebrauchen, um die Rechtschaffenheit seines Herrschaftsanspruches über die Frau glaubhaft zu machen:

»Hätte meine Frau mir großes Vermögen zugebracht, so würde ich mich doppelt bestreben, ihr zu beweisen, daß ich geringe Bedürfnisse hätte; [. . .] Ich würde ihr beweisen, daß ich dies Wenige mit meinem Fleisse mir erwerben könnte; Ich würde ihr Kostgeld geben; Ich würde nur der Verwalter ihres Vermögens seyn; Ich würde Aufwand im Hause machen, weil das sich für reiche Leute schickt; aber ich würde ihr zeigen, daß dieser Aufwand meine Eitelkeit nicht schmeichelte [. . .], daß ich keiner Aufwartung bedarf, daß ich gesunde Beine habe, die mich ebenso weit, wenn gleich nicht so schnell fortbringen, als ihre vergoldeten Wägen; und *dann würde ich, wie es dem Hausherrn zukömmt, über die Anwendung ihres Vermögens unumschränkte Gewalt verlangen!*«[7]

Weshalb aber Knigges Sammlung von »Lehrsätzen, Lebensregeln und Erfahrungsmaximen«[8] nicht nur heute als Fundgrube für eine Sozialpsychologie des aufsteigenden Bürgertums zu dienen vermag, sondern für ein Jahrhundert zum Bestseller wurde, verdeutlicht ein letztes Zitat:

* Siehe Anhang Nr. 14.

»Ich muß gestehen, daß mich immer eine Art von Fieberfrost befällt, wenn man mich in Gesellschaft einer Dame gegenüber oder an die Seite setzt, die große Ansprüche auf Schöngeisterey, oder auf Gelehrsamkeit macht. Wenn die Frauenzimmer doch nur überlegen wollten, wie viel mehr Interesse diejenigen unter ihnen erwecken, die sich einfach an die Bestimmung der Natur halten, und sich unter dem Haufen ihrer Mitschwestern durch treue Erfüllung ihres Berufs auszeichnen!«[9]

A. v. Knigge stand mit diesen Emotionen und Ansichten über die »gelehrten Frauenzimmer« nicht allein, er referierte lediglich die herrschende Meinung seiner Zeitgenossen, ja, man muß sagen, daß die fortschrittlichsten und führenden Pädagogen der Zeit, die als Parteigänger der Französischen Revolution für das Menschenrecht auf Bildung kämpften, in der Frage der Mädchenbildung von vornherein einen reaktionären Kurs steuerten. Ohne die Geschichte der Mädchenbildung hier weiter verfolgen zu können, zumal zu diesem Thema bereits wertvolle, historische Arbeiten vorliegen[10], ist der Einfluß der Pädagogen auf die Definition der Geschlechtsrollen und die nur familiäre Bestimmung der Frau nicht zu umgehen. Einer ihrer führenden Vertreter war J. H. Campe, wie J. B. Basedow Pädagoge am Philanthropinum, einer Lehranstalt in Dessau, an der die Erziehung der Jugend in Anlehnung an Rousseau »naturgemäß« und vor allem »menschenfreundlich« gestaltet werden sollte.

1.2. J. H. Campes ›Väterlicher Rath‹

Campe war bereits mehrfach öffentlich für eine Verbesserung der »Töchtererziehung« eingetreten, als er im Jahr 1789 sein Buch *Väterlicher Rath für meine Tochter* herausgab, das allein bis 1832 zehn Auflagen erlebte, also eine große Wirkung gehabt haben muß.

Auch Campe wandte sich mit seinen Ratschlägen ausdrücklich an »jenen glücklichen Mittelstand«, an die »Mädchen bürgerlichen Standes« und führte dazu an anderer Stelle aus:

»Sei nicht bloß zufrieden mit diesem Stande, in dem die Vorsehung dich geboren werden ließ, sondern erkenne und fühle zugleich, daß es ein großes Glück für dich war, darin geboren zu werden. Tiefer unterwärts würdest du vieler Mittel zu einer glücklichen Ausbildung an Kopf und Herzen, mancher edlen und recht eigentlich menschlichen Freude haben entbehren müssen; höher aufwärts würdest du in Gefahr gerathen sein, durch zu große Verfeinerung an Leib und Seele geschwächt, für die allein beglückende reine Sittlichkeit, und für das wahre Menschengefühl verschroben und verstimmt zu werden.«[11]

Wer jedoch glaubt, daß es Campe mit seiner pädagogischen Initiative um die Ausbildung auch der intellektuellen Fähigkeiten der Frauen ging, irrt sich gründlich. Campe eiferte heftig gegen die »Lesewuth« der Frauenzimmer, jene »epidemische Seuche unseres Zeitalters, [die] [. . .] in den gebildeten Klassen mit sichtbarer Verminderung des Familienglücks [. . .] um sich greift«. Doch seine Entrüstung läßt keinen Zweifel darüber aufkommen, weshalb er sich durch »Belesenheit und Vielwisserei eines gelehrten Weibes« bedroht fühlte:

»Glaubst du, daß der Gatte für die versalzenen, angebrannten oder unschmackhaftesten Gerichte, die sie ihm vorsetzt, für die Unordnung in seinem Hauswesen, für die verschwenderische Wirtschaft [. . .] für die Vernachlässigung seiner Wäsche, für die Verwöhnungen seiner dem Gesinde überlassenen Kinder usw., sich durch ein gelehrtes Tischgespräch [. . .] seiner geistreichen, ehelichen Hälfte werde entschädigt halten?« Der »Wert einer Gattin«, so erfährt man, richtet sich nicht nach der »Breite und Tiefe ihrer litterarischen Kenntnisse, sondern [ist] einzig und allein nach der Art zu messen, wie sie ihre *wahre weibliche Bestimmung* zu erfüllen sich bestreben wird«.[12]

Die »Bestimmung des Weibes«, die Campe so prägnant in dreifacher Hinsicht formulierte, als die »der beglückenden Gattin, der bildenden Mutter und weisen Vorsteherin des inneren Hauswesens«[13]*, war dennoch nicht seine Erfindung, sondern hatte in Deutschland Tradition. Die bereits erwähnte Hausväterliteratur, die sich auf die Ökonomie des »ganzen Hauses« gründete, war im 18. Jahrhundert zur moralisierenden, belehrenden und erbaulichen Trivialliteratur, oft zu einem bloßen Ratgeber in Haushalts- und Familienfragen abgesunken. Daneben hatten sogenannte Moralistische Wochenschriften oder Predigten über den christlichen Hausstand[14] und eine unübersehbare Zahl didaktischer Familienromane, in denen die »moralisierenden Pillen unter dem süßen Zuckerguß von erotischen und sonstigen Abenteuern versteckt wurden«[15], vor allem unter den Frauen ein breites Lesepublikum

* Siehe Anhang Nr. 15.

gefunden. In all diesen Schriften wurde die brüchige patriarchale Autorität des ständischen Hausvaters über Frau und
Kinder ideologisch befestigt und für das Bürgertum übernommen und fortgeschrieben. Das Bild der Hausmutter, die
ihrem Mann ergeben und gehorsam war, aber zugleich ein
Hauswesen, d. h. ihr Gesinde regierte, verband sich mit dem
der unermüdlich schaffenden und tüchtigen Hausfrau des
aufsteigenden Bürgertums. Das Leitbild einer fleißigen,
rechtschaffenen, im übrigen anspruchslosen Frau, wie sie J.
Möser in seinen *Patriotischen Phantasien* anschaulich schildert[16], wird hier nicht nur idealisierend geprägt, sondern für
viele Generationen in der Sozialisation der Mädchen und
Frauen zwingend und praktisch.

In der Tradition dieses eigentümlich deutschen Ideals von
biederer und tüchtiger Hausfrau, das die bürgerlichen Autoren voller Ressentiment der oberflächlichen Galanterie und
Parlierkunst der Französinnen gegenüberstellten, liegt ohne
Zweifel der Grund für die Überinterpretation des *Emile* durch
deutsche Pädagogen. Rousseau hatte 1762 mit seinem Buch
Emile oder über die Erziehung die Bildungsdiskussion auch in
Deutschland angefacht und insbesondere mit dem darin enthaltenen 5. Buch *Sophie oder das Weib*, die in diesem pädagogischen Roman dem Emile zur Gattin bestimmt ist, auch in
der Frage der Mädchenerziehung Anlaß zu mancherlei Räson-
nement und Rechtfertigung gegeben. Denn Leitmotiv der
Bildungsgeschichte auch dieses Mädchens ist der fatale und
vielzitierte Satz: »La femme est faite spécialement pour plaire
à l'homme.« E. Blochmann kommt zu der überaus interessanten Feststellung, daß bei der Rezeption Rousseaus in Deutschland von den Pädagogen »vor allem die den Bildungsanspruch
der Frauen einschränkenden Gedanken«[17] übernommen und
verbreitet wurden, während die von Rousseau vorausgesetzte,
auf Gleichwertigkeit und Bildung der Frau[18] gegründete Ergänzung der Geschlechter der banalen Tüchtigkeit und Tu-
gendhaftigkeit bürgerlichen Hausfrauentums Platz machte.

Ist demnach Campes »Bestimmung des Weibes« keineswegs
originell, vielmehr repräsentativ für den anscheinend ungebro-
chenen patriarchalischen Geist der Zeit, so ist doch seine
ausführliche Begründungsweise aufschlußreich und symptomatisch für die Widersprüchlichkeit bürgerlicher Denkformen

und wird – wie noch zu zeigen ist – Schule machen.

Campe geht aus von einer »zweifachen Bestimmung« der Frau, einer »allgemeinen« als Mensch und einer »besonderen« als Weib.[19] Während der allgemeine Gesichtspunkt sie »bestimmt zu allem, was der allgemeine Beruf der Menschheit mit sich führt« – und das ist »Beglückung seiner selbst und Anderer durch eine zweckmäßige Ausbildung und Anwendung aller seiner Kräfte und Fähigkeiten« –, hebt die besondere Bestimmung – »in Bezug auf deinen bestimmten Beruf als Weib, und nur an Gegenständen und nur durch Wirkarten, welche innerhalb der Grenzen dieses deines weiblichen Berufes liegen« – die allgemeinen Zugeständnisse grundsätzlich wieder auf. Es ist für unseren Gedankengang unerheblich, ob Campe sich der Dialektik von Allgemeinem und Besonderem bewußt war, die später für die Stellung der Frau im bürgerlichen Recht eine Rolle spielte[20], oder ob er lediglich ständischen Voraussetzungen verhaftet blieb, nach denen Wirken und Handeln jedes Einzelnen an die Unterschiede »der nach Klassen, Ständen und Geschlechtern eingetheilten großen Menschenfamilie«[21] geknüpft waren. Entscheidend ist, daß Campe bereits die besondere Bestimmung der Frau nicht etwa im feudalen Sinn als Privileg, sondern als »ungünstiges Verhältnis«, als einen, »nach unserer jetzigen Weltverfassung, abhängigen und auf geistige sowohl als körperliche Schwächung abzielenden Zustand« begriff und sein ganzer pädagogischer Eifer darauf gerichtet war, den Mädchen »jene glückliche Gemüthsart« anzuerziehen, die das »vorzüglichste Mittel sei, die Unannehmlichkeiten der ganzen weiblichen Lage zu vermindern«.[22] Gemeint waren so weibliche Tugenden wie

»Geduld, Sanftmuth, Biegsamkeit und Selbstverleugnung; [. . .] durch sie beugt die kluge Beherrscherinn des männlichen Herzens allen Zänkereien vor, indem sie nie [. . .] dem Manne das Recht der Herrschaft streitig macht, sondern immer sanft, gutlaunig, freundlich und nachgebend bleibt, auch da, wo ihr wirklich zu viel geschieht; durch sie macht sie das Haus ihres Gatten zur Wohnung des Friedens, der Freude und der Glückseligkeit, so wie sie es durch hausmütterliche Aufmerksamkeit auf Alles, und durch ihre rastlose Thätigkeit zum Muster der Ordnung, der Reinlichkeit und des Fleißes zu machen wußte«.[23]

Verblüffend auch bei Campe ist die Unbefangenheit und Ehrlichkeit der männlich-narzißtischen Argumentation.

Schon zwei Generationen später waren bürgerliche Patriarchen, z. B. W. H. Riehl, nicht mehr bereit zuzugeben, daß die vielberedeten Schwächen und Tugenden der Frau nicht ihre »Natur«, sondern Verbildungen und Verformungen ihres Sozialcharakters sind.

Campes Rechtfertigungsmodell für einen neuen bürgerlichen Patriarchalismus konnte nur deshalb ideologisch so mächtig werden, weil die erklärte Absicht, für den Mann die ideale Gefährtin heranzubilden, durch einen »höheren« Zweck verschleiert wurde.

> »Denn nicht bloß das häusliche Familienglück, sondern auch – was dem ersten Gehöre nach unglaublich klingt [!] – das öffentliche Wohl des Staates, steht größtentheils in eurer [der Frauen] Hand, hängt [. . .] ganz von der Art und Weise ab, wie das weibliche Geschlecht seine natürliche und bürgerliche Bestimmung erfüllt.«[24]

Die Aufgabe der Familiensoziologie, die sich um 1850 als Krisenwissenschaft etablierte, ist hiermit vorgezeichnet.

1.3. M. Wollstonecraft und G. Th. v. Hippel: ›Über die bürgerliche Verbesserung . . .‹

Erst im historischen Zusammenhang der anderen Denkrichtung, die als »deutsche Klassik« und »Romantik« das letzte Viertel des 18. Jahrhunderts bestimmte, wird deutlich, daß der pädagogische Patriarchalismus im bürgerlichen Gewand auch zu seiner Zeit nicht unangefochten war. Die ganz neuen Formen der Selbstverwirklichung und geistigen Emanzipation einiger Frauen des Adels und des gehobenen Bürgertums legen zudem den Schluß nahe, daß die Beschränkung der Frauen auf die ihnen geziemende Bestimmung nicht nur fortschrittlich antifeudal, sondern zugleich reaktionär und eindeutig kleinbürgerlicher Herkunft war.

Eine der ersten Frauen, die nach der Französischen Revolution die Menschenrechte für die Frauen einklagte und deren Schrift *A Vindication of the Rights of Women*[25] in Deutschland gelesen wurde, war Mary Wollstonecraft. Wie die französischen Revolutionäre, die mit einem Nationalerziehungsprogramm die Welt verändern wollten, ging auch M. Wollstonecraft davon aus, daß vor allem »die vernachlässigte Erziehung [ihrer] Mitgeschöpfe die Hauptquelle des Elendes sei«. Sie unterzog jedoch Rousseaus »ungereimte Geschichten, die er erzählt, um zu beweisen, [was] den Mädchen *natürlich* sei«, einer leidenschaftlichen und im einzelnen begründeten Kritik.

»Nein, man bilde ihren Verstand so viel als möglich aus, wappne ihr Herz mit gesunden, edlen Grundsätzen [. . .] und höre endlich einmal auf, jedem Geschlecht seine eigene Moral zu predigen.«[26]

Chr. G. Salzmann, Philanthrop und Kollege Campes, Leiter einer eigenen Erziehungsanstalt in Schnepfenthal, war beeindruckt von der radikalen Schrift und veranlaßte sofort eine Übersetzung ins Deutsche, die 1793, ein Jahr nach Erscheinen der englischen Ausgabe, herauskam. Diese Unternehmung ehrt ihn, auch wenn er sie an entscheidenden Stellen mit ängstlichen Anmerkungen und einer patriarchalischen Vorrede versah. Er konnte es nicht lassen, gegen das freimütige und überzeugende Bekenntnis der Wollstonecraft zur Autonomie der Frau mit einer längeren Anmerkung zu protestieren und ihre Freiheit zur Vernunft gegen die angeblich materielle Versorgung der Frau aufzurechnen. M. Wollstonecraft hatte Wert gelegt auf die Feststellung:

»Ich liebe den Mann als meinen Gefährten. Aber seine Herrschaft, sie sei rechtmäßig oder angemaßt, erkenne ich nur dann, wenn die Vernunft eines Individuums mir diese Huldigung gebietet: und selbst dann unterwerfe ich mich nur der *Vernunft,* nicht dem Mann.«

Dagegen machte Salzmann nach Krämerart, d. h. in kleinbürgerlicher Manier, seine Rechnung auf:

»Ich dächte doch, es sei billig, daß es die Frau tue [er meint, sich unterwerfen]: da sie doch von dem Manne Nahrung und Schutz erhält.»[27]

Bemerkenswert ist, daß Salzmann nicht bereit war, die politischen Konsequenzen der Frauenrechtsforderungen mitzuvollziehen, die doch vor 200 Jahren schon genauso schlüssig waren wie heute; Wollstonecraft schrieb: »In unserer erleuchteten Zeit läßt sich hoffen, daß man nun auch das göttliche Recht der Männer, sowie das göttliche Recht der Könige ohne Gefahr wird in Zweifel ziehen dürfen.« Der deutsche Herausgeber bestand jedoch auf dem Recht der Könige und »Versorger« auf Superiorität und war Untertan genug, sich in seiner 17 Seiten langen Vorrede mit Wollstonecrafts Forderung nach Abschaffung der Monarchie und der Erbfolge auseinanderzusetzen; er meinte u. a.:

»Ein weiser Monarch bringt zuverlässig in zehn Jahren mehr Gutes zu Stande, als eine ebenso weise Republik in einem Jahrhundert. Ich berufe mich ganz dreist auf die Erfahrung.«[28]

Obgleich Salzmanns Dreistigkeit als wesentliches Kriterium dieses überholten Patriarchalismus kaum in Zweifel zu ziehen ist, wird man fragen müssen, auf welche republikanische Erfahrung sich der angesehene Pädagoge aus dem Sachsen des 18. Jahrhunderts eigentlich berief.

Dagegen war G. Th. von Hippel ein für deutsche Verhältnisse ungewöhnlich radikaler Demokrat. Sein Buch *Über die bürgerliche Verbesserung der Weiber*, in demselben Jahr erschienen wie M. Wollstonecrafts *Vindication of the Rights of Women*, war der im damaligen Deutschland einsame – und seine Kritiker sind sich nicht einmal einig, ob überhaupt ernstgemeinte[29] – Versuch, die bürgerlichen, rechtsstaatlichen Prinzipien der Freiheit und Gleichheit aller Menschen, auch der Frauen, beim Wort zu nehmen. Mit einer deutlichen Spitze gegen Rousseau – »Und Männer! ihr wollt glauben, eine halbe Welt wäre [da] zu eurem ›bon plaisir‹« – begründete v. Hippel sehr weitschweifig, aber konsequent seine Ansicht, daß Unwissenheit und Schwächen der Frauen weder ihre »Natur« noch ihre Schuld seien, vielmehr eine Folge der sogenannten Kultur und der Bevormundung durch den Mann. Ganz sicher hatte der Königsberger v. Hippel Kants Schrift *Was ist Aufklärung?* gelesen, als er wie zur Antwort schrieb:

»Die Zeiten sind nicht mehr, um das andere Geschlecht überreden zu können, daß eine Vormundschaft wie bisher für dasselbe zuträglich sei, daß sie seinen Zustand behaglicher und sorgloser mache als eine Emanzipation, wodurch es sich mit Verantwortungen, Sorgen, Unruhen und tausend Unbequemlichkeiten des bürgerlichen Lebens belasten würde.«[30]

Auch Hippel schlug die Verbesserung der weiblichen Erziehung vor, und zwar die gleiche für Jungen und Mädchen, ja, sogar die Koedukation. Denn Erziehung war ihm kein Mittel zur Domestikation, sondern sollte den Frauen zur Verbesserung ihrer Situation gerade auch im öffentlichen Bereich dienen, aus dem sie mit der Einrichtung bürgerlicher Verhältnisse – zum Teil mit Gewalt – verdrängt wurden. Er forderte ihre Erziehung zum »Bürger für den Staat«, zugegeben eine typisch deutsche Staats-Bürgerlichkeit, und meinte damit:

»Wär es dem Staate Ernst, die große und edle Hälfte seiner Bürger nützlich zu beschäftigen, fühlte er die große Verpflichtung, diejenigen, welche die Natur gleich machte, auch nach Gleich und Recht zu behandeln, ihnen ihre Rechte und mit diesen persönliche Freiheit und Unabhängigkeit, bürgerliches Verdienst und bürgerliche Ehre wiedergeben; öffnete er den Weibern Cabinette, Dikasterien (Gerichte), Hörsäle, Comptoire und Werkstätten« – an anderer Stelle forderte er sogar Kanzeln und Lehrstühle für die Frauen, »der schuldigen Achtung für Paulus unbeschädet« – »[. . .] so würden Staatsdienst und Staatsglückseligkeit sich überall mehren.«[31]

Mit der Verwunderung darüber, daß so vorurteilsfreie und radikale Gedanken in den zurückgebliebenen kleinstaatlichen Verhältnissen Deutschlands am Ende des 18. Jahrhunderts möglich waren und öffentlich, wenn auch anonym[32], formuliert wurden, stellt sich die Frage, warum sie dann politisch ohne jede Wirkung oder wenigstens ohne Resonanz geblieben sind. Zweifellos ist die Wirkungslosigkeit dieser Forderungen nicht nur mit ihrer mangelhaften Form erklärt[33], vielmehr in der Tatsache begründet, daß die Lage der Frauen 1792 in Deutschland nicht auf der Ebene der Vernunft oder der Gedanken zu entscheiden, sondern mit dem Übergang zu kapitalistischen Verhältnissen zunehmend eine Eigentumsfrage war. Doch gerade eine materialistische Geschichtsbetrachtung, die die Frau als mögliches Subjekt der Geschichte ernstnimmt, muß sich die Frage gefallen lassen, inwieweit die vom neuen Patriarchalismus betroffenen Frauen ihre Unmündigkeit seit M. Wollstonecraft und G. Th. v. Hippel möglicherweise selbst verschuldet hatten. »Selbstverschuldet«, heißt es in der programmatischen Schrift von I. Kant, *Was ist Aufklärung?*, »ist diese Unmündigkeit, wenn die Ursache derselben nicht am Mangel des Verstandes, sondern der Entschließung und des Mutes liegt . . .«[34]

1.4. Die Romantikerinnen: Protest und Versagen

Noch sehr viel kleiner als der Kreis durch Bildung und Besitz privilegierter Männer war die Zahl der Frauen, die für die Beantwortung dieser Frage in Betracht kamen, weil sie in bevorzugter gesellschaftlicher Stellung als Angehörige des Adels oder des gehobenen Bürgertums im geselligen Umgang, im Privatunterricht und durch Lektüre eine den Männern gleichwertige Bildung genossen hatten und für eine kurze Epoche im Zentrum des deutschen Geisteslebens standen. Frauen wie Charlotte von Stein, Caroline von Humboldt, Caroline Michaelis-Böhmer-Schlegel-Schelling oder Rahel Varnhagen und Bettina von Arnim, um nur die wichtigsten zu nennen, haben sozusagen den Beweis erbracht, zu welcher ›geistigen‹ Emanzipation die Frauen dieser Zeit fähig waren. Als Partnerinnen führender Männer der Zeit, als Verkörperungen der Ideale von »schöner Weiblichkeit«[35] oder der »Würde der Frauen«[36], vor allem aber als Schriftstellerinnen und Veranstalter literarischer Salons könnte man ihr Leben als ein Stück konkreter Utopie und der Möglichkeiten weiblicher Selbstverwirklichung bezeichnen. Doch der Aufwand, der mit diesen Exzeptionellen in Literaturgeschichten und germanistischen Seminaren betrieben wird, steht in keinem Verhältnis zu ihrer politischen oder sozialen Bedeutung, ja, ihre literarischen Wirkungsmöglichkeiten erklären sich gerade aus ihrer politischen Bedeutungslosigkeit. Denn die Salons der Jüdinnen Henriette Hertz und Rahel Levin, spätere Varnhagen, in Berlin und der Caroline Michaelis in Jena konnten nur deshalb zu Begegnungsstätten der Intellektuellen in den noch absolutistisch-feudal regierten Kleinstaaten Deutschlands werden, weil sie außerhalb der höfischen Gesellschaft Ersatz für eine fehlende bürgerliche Öffentlichkeit boten, und weil sie unpolitisch waren. Die soziale Gleichheit der hier »zum Publikum versammelten Privatleute«[37], das sich aus Bildungsbürgern und dem Adel rekrutierte, währte nur für die Stunden der Geselligkeit, sie überwand die ständischen Schranken nicht – Rahel z. B. wurde außerhalb ihres Salons niemals von Prinz Louis Ferdinand von Preußen, der in ihrer Dachstube in der Jägerstraße verkehrte, empfangen.[38] Die Salons waren überflüssig geworden, als sich das Bürgertum zumindest wirtschaftlich etabliert und andere Formen der Kommunikation gefunden hatte. Rahel Varnhagen war sich ihrer gesellschaftlichen Außenseiterrolle voll bewußt:

»Gewiß, man ist nicht frei, wenn man in der bürgerlichen Gesellschaft etwas vorstellen soll, eine Gattin, eine Beamtenfrau etc.; ist man aber frei, so befindet man sich, bürgerlich gesehen, immer in unseligen Lagen. [. . .] Schließlich ist die gerühmte Freiheit der Ausgestoßenen gegenüber der

Gesellschaft doch selten mehr als das völlig freie Recht auf Verzweiflung, daß ich gerade *nichts* bin. Keine Tochter, keine Schwester, keine Geliebte, keine Frau, keine Bürgerin einmal.«[39]

Gründlicher, als es im Rahmen einer Diskussion des bürgerlichen Patriarchalismus möglich ist, wäre das politische Bewußtsein dieser privilegierten Frauen zu untersuchen. Es genügt nicht, lediglich eine »atmosphärische« Wirkung[40] der neuen Wertschätzung der Frauen festzustellen oder, wie H. Lange, es dabei bewenden zu lassen, daß »das auf geistigem Boden erwachsene Selbstgefühl und die hohe Persönlichkeitskultur vieler Frauen dieser Zeit [...] einen Stand innerer Freiheit bezeichnet, der die äußere Befreiung schließlich zur logischen Folge haben mußte«[41] – eine undialektische, typisch idealistische Position.

Es spannt sich ein weiter Bogen des Bewußtseins von der Subjektivität und Spontaneität, vor allem dem Protest der frühen Romantikerinnen gegen gesellschaftliche Konvention und die erstarrten Formen der Menschlichkeit bis zum Saint-Simonismus der Rahel Varnhagen oder dem sozialen Engagement der Bettina v. Arnim, die in ihrem »Königsbuch« aus dem Jahr 1843 die sozialen Mißstände in den Armenvierteln in und um Berlin geißelte und den König von Preußen zum Handeln aufforderte.[42] U. Prokop hebt die Momente dieses romantischen Protests hervor, die ihrer Meinung nach zur ›Frauenfrage‹ in vielfältiger Beziehung stehen:

> »zunächst und offensichtlich sind die radikalsten Angriffe gegen die bürgerlichen Institutionen, die das Leben der Frau bestimmen – die Familie, die monogame und unauflösliche Ehe, die natürliche Rolle der Frau als Mutter und Erzieherin – aus dem romantischen Lager hervorgegangen. [...] Allerdings: man kümmert sich nicht um die rechtlich-institutionelle Ebene, sondern bleibt auf der persönlichen.«[43]

Die Frage, ob die Romantikerinnen möglicherweise politisch versagt haben, ist hier nicht zu beantworten. Für die kritische Einschätzung des frühen, bürgerlichen Patriarchalismus genügt es zu wissen, daß bereits Caroline Michaelis, wie sie am 21. Oktober 1799 ihrer Tochter schrieb, »über ein Gedicht von Schiller, das Lied von der Glocke, fast vom Stuhl gefallen [war] vor Lachen«.[44] Das heißt, schon die Frauen am Ende des 18. Jahrhunderts haben den bürgerlich aufpolierten

Patriarchalismus, der die Hausfrau züchtigt und den Mann hinausschickt ins feindliche Leben[45], als dem gesellschaftlichen Entwicklungsstand unangemessen und überholt empfunden.

Dieser Patriarchalismus war von Anbeginn Ideologie, weil er eine auf Gewalt und Rechtlosigkeit beruhende Vorherrschaft des Mannes legitimierte und verklärte, während »die Welt [zu jener Zeit, und insbesondere die Romantiker] längst den Traum von der einen Sache [besaß]«[46]. Ihr einziger Mangel war, daß es nicht gelang, diese Utopie von freier Menschlichkeit, der Auflösung der Geschlechtsrollen und Aufhebung der Unterdrückung der Frau praktisch werden zu lassen – übrigens nicht nur ein weiblicher »Mangel des Mutes und der Entschließung«, sondern ein allgemein deutsches, intellektuelles Gebrechen, oder »nationaltypisches [. . .] Verpassen aller Gelegenheiten«.[47]

Mit dem Einsetzen der Reaktion in Deutschland traten auch die ›geistig‹ emanzipierten Frauen ihren Rückzug in die Innerlichkeit an, in vielen Fällen allerdings nicht freiwillig, sondern gezwungenermaßen. Das zeigen die Lebensschicksale von Schriftstellerinnen des Vormärz, insbesondere die Geschichte der *Frauen-Zeitung*, die von Louise Otto in zwei Jahrgängen in Leipzig herausgegeben wurde und 1850 der Zensur zum Opfer fiel.[48]*

Die hohen Ideale von Weiblichkeit der Klassik und Romantik hatten sich in der den Frauen versperrten Öffentlichkeit in die Abstraktion verflüchtigt. Die einander ergänzenden Besonderheiten der Geschlechter wurden auf den polaren Gegensatz männlicher und weiblicher Geschlechtsrollen eingefroren, deren dualistischer Schematismus von nun an das bürgerliche Selbstverständnis verwirrt und daran hindert, ein menschliches zu werden.

1.5. *Geschlechtsrollen-Klischees*

Die Entwicklung und Vulgarisierung der Theorie der Geschlechterrollen ist – immer mit einer kleinen Verspätung gegenüber den geistigen Strömungen der Zeit – in den ver-

---

* Siehe Anhang Nr. 18c.

schiedenen Konversationslexika dieser Epoche nachzulesen. Unter dem Stichwort »Frauen« heißt es 1818*, im Stil noch so umständlich und galant wie die Trivialliteratur für Frauen am Ende des 18. Jahrhunderts:

»Die Frauen sind die Repräsentanten der Liebe wie die Männer des Rechts im allgemeinsten Sinne. Liebe spiegelt sich in Form und Wesen der Frauen und Entweihung der Liebe ist ihre [Verletzung des Rechts der Männer] Schande. Das öffentliche [!] und häusliche Verhältniß des Frauenstandes gab von je und gibt noch den richtigen Maßstab echter Cultur im Staate, in der Familie, in einzelnen Menschen. [...] Nicht ohne Ursache sprechen wir von einem *schönen* Geschlecht; denn die Kraft des Mannes wird durch die weibliche Anmuth gemildert, und alle Schönheit geht erst aus der ruhigen Verbindung dieser entgegengesetzten Naturen hervor. Es ist allerdings ehrwürdig, wenn die Frauen ihrer ersten Bestimmung eingedenk sind, wenn sie sich zu Gattinnen, Müttern und Hausfrauen bilden; aber man macht auch mit Recht die Forderungen, daß sie frei von bloßen ökonomischen Zwecken sich zu einer freiern Anschauung des Lebens, zum innern Leben selbst erheben.«

Zum Schluß einer eher unterhaltsamen als sachlichen Geschichtsbetrachtung versucht der Verfasser dieses Artikels, die Frauen der verschiedenen europäischen Nationen zu charakterisieren. Da findet sich neben der Bemerkung, daß die deutschen Frauen in der »Tugend der Häuslichkeit« den Engländerinnen noch am ähnlichsten sind, die erstaunliche Feststellung, daß die deutschen gegenüber den englischen Frauen »mehr in das äußere Leben eingehen und so in einem wohltätigen Wechselverhältnis auf die männliche Welt wirken können«.[49] Von einem solchen Wechselverhältnis ist um 1850** nicht mehr die Rede. Bürgerliches Selbstverständnis ist nun identisch mit »männlichen« Qualitäten, während die Frau keine andere Funktion hat, als das Gegenbild darzustellen – Objekt solchen Herrschaftswillens und zugleich unbewältigte Natur. Und offensichtlich hat der deutsche Philister erst jetzt seine Klassiker rezipiert, denn soziale Wirklichkeit wird hier vorwiegend mit Goethe- und Schiller-Zitaten beschrieben:

»Wenn der am Manne hervorstechende Charakter die Kraft, so ward dem Weibe die Milde gegeben. [...] Aus der Kraft erzeugt sich der Drang

* Siehe Anhang Nr. 16a.
** Siehe Anhang Nr. 16b.

zu wirken, die Begierde nach Thaten, das Streben nach Besitz, Ehre, Ruhm, Einfluß und Größe; den Mann bewegt der Trieb nach außen, sein Geist trachtet in die Ferne. [...] Aus der Milde entkeimt die sanftere Empfindung, das Gefallen an der friedlichen Ruhe, an der Anmuth und Schönheit, die Liebe mit den zarteren Regungen des Herzens, der stille Fleiß [...] [usw.] und jenes ganze, süße, unergründliche Wesen des Weibes.«

»Das Grundwesen der deutschen Frauen ist gemüthlich und mehr häuslich schlicht als witzig und geistreich.«[50]

1865* endlich ist das Rollenklischee perfekt. Die Fronten zwischen Mann und Frau, zwischen öffentlichem und privatem Bereich oder Produktions- und Reproduktionssphäre sind abgesteckt und auf Begriffe gebracht, die heute noch in den vielfältigsten pseudowissenschaftlichen Formen zur Apologie des Patriarchalismus dienen:

»Frauen [sind] die Repräsentanten der Sitte, der Liebe, der Scham, des unmittelbaren Gefühls, wie die Männer die Repräsentanten des Gesetzes, der Pflicht, der Ehre und des Gedankens; jene vertreten vorzugsweise das Familienleben, diese vorzugsweise das öffentliche und Geschäftsleben. [...] Jenes [das Weib] empfindet, dieser erkennt das Richtige; der Mann ist stark im Handeln, Mittheilen und Befruchten, das Weib im Dulden, Empfangen und Gebären. [...] Für das consequente logische Denken des Mannes hat das Weib sein instinctartiges und ahnungsvolles Auffassen zum Ersatz.« Usw.[51]

Den Kommentar hierzu mag eine Zeitgenossin dieses letzten Lexikonautors geben. Die Vorkämpferin der Pariser Commune von 1871, L. Michel, schrieb in ihren *Memoires*:

»Ich habe nie begriffen, daß man die Intelligenz des einen Geschlechts zu verkrüppeln sucht, als gäbe es zuviel davon in der Menschheit. [...] Wenn die Gleichheit zwischen den beiden Geschlechtern anerkannt würde, so wäre damit eine gewaltige Bresche in die menschliche Dummheit geschlagen.«[52]

2. Antiproletarische Familienideologie

Wie der Vorgriff auf die Entwicklung der Geschlechtsrollendifferenz zeigt, geht die »Bestimmung der Frau« erst unter bürgerlichen Verhältnissen zunehmend und schließlich total in der Familie auf. Das heißt, die Definition und Befestigung

* Siehe Anhang Nr. 16c.

der weiblichen Rolle in der Familie ist ein wesentlicher Bestandteil der bürgerlichen Familienideologie. Doch bevor hierin eine Tendenz zu erkennen ist, die sich *bewußt* gegen die »bürgerliche Verbesserung«, d. i. die Gleichberechtigung, und ganz ausdrücklich gegen die Emanzipation der Frauen wendet, sei auf die zugleich antiproletarische Stoßrichtung der bürgerlichen Familienideologie hingewiesen.

Schon die Diskussion der Formalien der Eheschließung hatte den Klassencharakter bürgerlicher Rechtsnormen und die ihnen vorangehende Ignorierung und Diskriminierung anderer Ehe- und Familienformen deutlich gemacht. Mit dem Erstarken des Bürgertums als wirtschaftlicher Macht, das vom Auftauchen einer neuen sozialen Klasse, dem Proletariat, begleitet war, versuchte das Bürgertum, der Bedrohung von »unten« durch Indoktrination und Verallgemeinerung seiner Familienmoral zu entgehen. Welche Veränderungen bürgerliches Selbstbewußtsein mit dem sozialen Aufstieg erfahren hatte, ergibt ein Vergleich zwischen den vorsichtigen Abgrenzungsversuchen gegenüber den laxen Umgangsformen der höfischen Aristokratie am Ende des 18. Jahrhunderts (z. B. bei A. v. Knigge) und der moralischen Entrüstung bürgerlicher Kreise des Vormärz, wenn von der »Sittenverderbnis der unteren Volksklassen« die Rede ist. Auffällig ist, daß selbst in der Pauperismusliteratur der dreißiger und vierziger Jahre, in der immerhin sozial engagierte Autoren die Not und das Elend breiter Volksschichten zur Sprache brachten, die Schilderung der Familienverhältnisse aus einer Ansammlung stereotyper bürgerlicher Vorurteile besteht, womit die Erkenntnis der gesellschaftlichen Ursachen der Armut behindert, wenn nicht unmöglich gemacht wird. Da liest man z. B.:

»[. . .] die Sorge und Arbeit um das tägliche Brot reibt eine Heuerfamilie nur zu häufig, leiblich wie geistig, völlig auf; freilich könnte es oft anders sein; aber jene geregelte Tätigkeit, jene Sparsamkeit und Ordnungsliebe, wie sie in früherer Zeit sich fand, wird nur zu oft vermißt. [. . .] An die Zukunft wird oft gar nicht gedacht, alles geht aus der Hand in den Mund, und nicht selten wird das Brot eher gegessen, als es verdient ist. Ist aber eine Familie erst in Schulden geraten, so erzeugt sich ein immer größerer Mißmut, der das ganze Hauswesen zerrütten muß und eine geregelte Tätigkeit nicht mehr aufkommen läßt. [. . .] Häusliches Glück lernen die Kinder natürlich im elterlichen Hause nicht kennen.«[53]

Der Vorwurf des Leichtsinns und der Mißachtung so bürgerlicher Tugenden wie Ordnungsliebe und Sparsamkeit und damit der Vorwurf selbstverschuldeter Not ziehen sich wie ein roter Faden durch die zahlreichen Traktate. Hinzu kommen Klagen über die mangelhaften Erziehungsleistungen der Proletarierfamilien, ein Erfordernis, das doch auch in höheren Kreisen vor ein oder zwei Generationen gerade entdeckt und den Müttern mit viel pädagogischem Aufwand anerzogen wurde.

»[. . .] ein Teil der jezigen Jugend [wird] förmlich zum Bettler erzogen. Manche Eltern sehen sich genötigt, die Kinder fortzuschicken. Bringen dieselben nicht genug mit, so gibt's Schläge. Da prügeln sich die Kinder oft abends auf den Straßen um das Erbettelte. So wächst ein Geschlecht von Proletariern heran, die arbeitsscheu und an ein liederliches Leben gewöhnt eine trübe Zukunft verheißen.«[54]

Bezeichnend ist, wie hier ein kausaler Zusammenhang zwischen Armut, Sittenverfall und Kriminalität hergestellt und Ursache und Wirkung verkehrt werden. Diese Begründungsweise, die sich lediglich an die Erscheinungsformen hält, die Armut selbst aber nicht weiter untersucht, ist offensichtlich so alt wie die kapitalistischen Verhältnisse selbst. In diesem Begründungszusammenhang nun kommt auch der Ideologie der Familie, d. h. den speziell bürgerlichen Vorstellungen über die Normen und materiellen Voraussetzungen des Familienlebens, ihr besonderer Stellenwert zu. Die grundsätzliche Befangenheit in der bürgerlichen Familienideologie ist der Grund dafür, daß immer wieder moralische Entrüstung an die Stelle materieller, gesellschaftlicher Veränderungen oder sozialer Praxis tritt. Die Verkehrung bürgerlichen Denkens, die Marx aus den Verkehrungen an der Basis kapitalistischer Verhältnisse ableitete, ist deshalb an den Dokumenten aus der Übergangszeit zum Kapitalismus so gut zu exemplifizieren, weil hier das Bürgertum zum erstenmal mit der sozialen Problematik konfrontiert wird.

So nennt z. B. F. W. v. Reden in einem Vortrag aus dem Jahr 1847 als Ursachen für die »Massenarmut« nicht etwa die »Regulierung« der Eigentumsverhältnisse, die der besitzlosen Landbevölkerung die Mittel ihrer Existenz raubte, oder die Akkumulation von Kapital auf der Seite der Besitzenden, sondern »die Leichtigkeit der Verheiratung und Ansässigmachung ohne Erwerbssicherheit mit all ihren traurigen Folgen für das Familienleben«. Nach seiner und vieler Zeitgenossen Meinung war »die Auflockerung der Familienbande« ein Indiz für ein Übermaß an Freiheit, das zu gefährlicher »Selbstsucht« (nur bei den Besitzlosen?) führte. Ja, die ausschließliche Ernährung der Paupers mit Kartoffeln mußte schließlich als Begründung dafür herhalten, »daß dadurch auch das zweite Übel einer den sonstigen Verhältnissen nicht entsprechenden Vielkinderei herbeigeführt wird«.[55]

F. A. L. von der Marwitz nannte in der bereits erwähnten Denkschrift aus dem Jahr 1836 als »Ursachen der überhandnehmenden Verbrechen« nicht die Arbeitslosigkeit, die Not und Verzweiflung der ehemals untertänigen Landbewohner, sondern »der Branntwein« und »der Soff verursachen, daß sie kein Unterkommen als Dienstboten mehr finden«. Familienleben dieser »Klasse Mensch« aber war dem preußischen Edelmann nur denkbar als »Hurerei«, denn er schrieb:

> »Die Hurerei versorgt sie noch obenein mit Weibern und Kindern, die sie ernähren sollen, und dann dürfen nur Krankheiten, ein arbeitsloser Winter und dergleichen hinzutreten, so ist der Dieb und später der Verbrecher fertig.«[56]

In den Protokollen der im Vormärz erstmalig in der preußischen Verfassungsgeschichte einberufenen ständischen Vertretungen (noch nicht Volksvertretungen) mit lediglich Gesetze beratender Funktion wurde der Klassencharakter des zur Revision stehenden Strafrechts ausdrücklich, anscheinend unbefangen zugegeben. Denn die Mehrheit der Vertreter des Herrenstandes stellte fest, daß die der Sanktion harrenden Sittlichkeitsdelikte »gottlob doch mehr Verbrechen der Rohheit sind, die denjenigen Klassen unserer Gesellschaft zur Last fallen, die unter dem Fluche [. . .] einer schlechten Erziehung, der kümmerlichsten Lebensverhältnisse stehen«.[57] Nach stundenlangen Diskussionen darüber, wie z. B. der Tatbestand der Blutschande zu formulieren sei, ohne durch eine »unangemessene Kasuistik« die »Würde des Gesetzes«[58] zu verletzen, entspann sich folgender parlamentarischer Dialog: Ein Herr von O. »stellte anheim«, ob es nicht ratsam sei, statt eines allgemeinen, unbestimmten Rechtsbegriffes die kasuistischen Paragraphen des *Landrechts* beizubehalten, in denen wenigstens das gemeinschaftliche Schlafen von Eltern und Kindern oder Geschwistern verboten würde (§§ 1044, 1045, II. 20. *ALR*), denn er erinnerte sich an einen Fall, in dem »selbst die Geistlichkeit, welche einschritt, den Unfug nicht hindern [konnte], bis endlich die Polizei dazwischen trat und dem Skandal ein Ende machte«. Daraufhin erhob sich ein Abgeordneter Krause, offensichtlich einer der wenigen Vertreter des Bauernstandes[59], und meinte:

> »Ich weiß wohl, daß der Fall, den das geehrte Mitglied vorgetragen hat, auf dem Lande vorkommt, da läßt sich aber wohl kein anderer Rath geben, als daß dafür gesorgt wird, daß sie zwei Betten haben. Ist die Person im Dienst, so liegt die Sorge dem Brodherrn ob, und ist sie sehr arm, so mag die Polizeibehörde sich um die Moralität kümmern und zwei Betten machen lassen. Das ist das einzig durchgreifende Mittel, welches wir haben.«[60]

Dieses einzigartige Beispiel einer materialistischen Rechtsauffassung wurde in der hohen Versammlung bezeichnenderweise mit »anhaltendem Gelächter« quittiert. Das Ergebnis dieser ideologischen Debatten war die eindeutige Verschärfung des Sexualstrafrechts im *Preußischen Strafgesetzbuch* von 1851, dem unmittelbaren Vorläufer unseres geltenden Strafgesetzbuches.[61] Die Folgen für ein neues Ehe- und Familienrecht werden uns weiter unten beschäftigen.

3. Antifeministische Familienideologie

3.1. Der Chefideologe des bürgerlichen Patriarchalismus: J. G. Fichte

Als Chefideologe eines speziell bürgerlichen Patriarchalismus ist J. G. Fichte zu bezeichnen. Diese peinliche Rolle des »Freiheits«-Philosophen Fichte ist in der feministischen Fachliteratur bekannt. Bereits Marianne Weber hat eine immer noch gültige, immanente Kritik seines »streng patriarchalischen Eheideals« und seiner Inkonsequenzen formuliert.[62] Die sozialpsychologische Deutung, die G. Bäumer Fichtes »merkwürdigem Gebäude aus seelischer Inkompetenz, metaphysischer Überheblichkeit und Philisterei«[63] in den Anhängen zum *Naturrecht*[64] gibt, ist auch heute, mit Hilfe neuerer

Erkenntnisse der Sozialpsychologie[65], genauer nicht zu denken. Immerhin mag es unverbesserliche Patriarchen stutzig machen, wenn G. Bäumer schreibt:

»Er [Fichte] ist in Gefühlsdingen ein vollkommener Grobian. Und die Gradlinigkeit seiner Prinzipien verschlimmert diesen Mangel. Denn [. . .] zu der psychologischen Blindheit einer sehr primitiven Natur kommt nun der Hochmut des Denkers, den die Logik des Prinzips noch einmal gegen die Eigengesetzlichkeit des Daseins verblendet. Es gibt nichts Unzarteres, Verschrobeneres und in seiner schulmeisterlichen Gravität und Überzeugtheit Komischeres, als Fichtes Weisheit über die Ehe, enthalten in den Anhängen zum Naturrecht.«[66]

Erst in jüngster Zeit hat H. Schröder in ihrer Dissertation Fichtes *Grundlage des Naturrechts* »als Paradigma des kleinbürgerlichen Patriarchalismus«[67] einer vehementen Kritik unterzogen. Der Entlarvung dieses »männlichen Monomanen«[68] ist zuzustimmen. Wenn jedoch die Vorwürfe so pauschal werden, daß die »Konservierung des patriarchalen Rechts bis in die Gegenwart« behauptet und »Fichtes Rechtsphilosophie, historische Realität des Allgemeinen Preußischen Landrechts und der Verfassungen des 19. Jahrhunderts«[69] über einen Leisten geschlagen werden, droht die Gefahr, daß der »Antipatriarchalismus« zur »Rhetorik«[70] wird. Gerade die rechtshistorische Konkretion wird demgegenüber die These von der Chance einer »bürgerlichen Verbesserung« auch der Frauen erhärten und eine differenziertere Kritik des Patriarchalismus ermöglichen.

Fichte ist also an anderer Stelle hinreichend kritisiert worden. Worum wir nicht herumkommen, sind seine Folgen: Die ideologische, insbesondere die im Vormärz einsetzende juristische Diskussion über Ehe und Familie, von F. K. v. Savignys einflußreichen Auslassungen über die »Natur« oder das »Wesen« der Ehe[71] bis zur Rechtssprechung des Bundesgerichtshofes über die Ausgestaltung der »ehelichen Lebensgemeinschaft« gemäß § 1353 *BGB*, sind nicht denkbar ohne Fichtes »Deduktion der Ehe«. Dabei ist es gleichgültig, ob die Ideologen, allen voran die Juristen, die *Grundlage des Naturrechts* überhaupt gelesen haben, oder ob Fichtes Leistung lediglich darin bestand, die reaktionäre Meinungsbildung bürgerlicher Familienväter einprägsam vorweggenommen und auf den Begriff gebracht zu haben.

Wesentliches Merkmal des bürgerlichen Patriarchalismus ist seine besondere Widersprüchlichkeit. Sie zeigt sich nicht nur vordergründig in der paradoxen Tatsache, daß gleichzeitig mit der Forderung nach allgemeinen Menschenrechten die Hälfte der Menschheit, die Frauen, gar nicht bedacht oder bewußt von diesen Rechtsfortschritten ausgeschlossen wird. Entscheidend war der Widerspruch, in den sich der herkömmliche Patriarchalismus durch die Umwandlung der Produktionsverhältnisse verwickelt hatte. Der ständische Patriarchalismus hatte sich – wie wir zeigen konnten – auf die wirtschaftlichen und gesellschaftlichen Besonderheiten der feudalen Produktionsweise gegründet und war ein wichtiges Moment bei der Befestigung feudaler Herrschaftsstrukturen. Die ›Befreiung‹ auch der Frauen zu Lohnarbeiterinnen oder zu Privateigentümerinnen aber mußte dieser patriarchalen Gewalt die Basis entziehen. Konsequente Denker wie Fichte, der 1793 noch die »Denkfreiheit von den Fürsten Europas« zurückgefordert hatte[72], erkannten zu Recht die Gefahr, die männlichem Vorrang drohte. Noch bevor es in Deutschland überhaupt zur Auflösung der feudalen Verhältnisse kam, während andere noch Tagträumen von Freiheit und Gleichheit nachhingen, verfaßte Fichte sein reaktionäres Eherecht, das sich nun bewußt und explizit gegen den auch nur bürgerlich-rechtlich gleichen Status der Frauen richtete. Hierbei ist zu bemerken, daß ihm einzig über seine spezielle Eheauffassung die ideologische Begründung eines derart überholten Gewaltverhältnisses gelang, weshalb in der bürgerlichen Variante der Frauenunterdrückung bis heute insbesondere die Gleichberechtigung der Ehefrauen verhindert werden konnte.

Die Ehe ist für Fichte »gar nicht bloß eine juridische Gesellschaft, wie etwa der Staat; sie ist eine natürliche und moralische Gesellschaft«.[73] Diese nicht nur juristische Betrachtung der Ehe, ihr »natürliches« und »sittliches« Verhältnis ist wichtigste Prämisse auch für die von Savigny begründete, bis heute herrschende »institutionelle Ehelehre«.[74] Der Rückgriff auf die »Natur« der Ehe, die in ihrer jeweils verschiedenen Deutung nur Leerformel ist[75], oder die Argumentation mit den angeblich »vorgegebenen und hinzunehmenden Normen des Sittengesetzes«[76] wird zum Muster der Apologie männlicher Vorrechte, die von der Entwicklung der Produktivkräfte

überholt wurden und zu der für die bürgerliche Epoche
behaupteten »Verrechtlichung [auch] der patriarchalischen
Beziehungen«[77] nicht passen wollen. Fichtes Gedankengang
ist krampfhaft oder »plump und sublim zugleich«.[78] Aus der
»Natureinrichtung« der Ehe, die auf den »Naturtrieb von
zwei besonderen Geschlechtern gegründet« ist, folgert er, daß
»das eine Geschlecht sich nur tätig, das andere sich nur leidend
verhalte«. Da aber »bloßes Leiden um des Leidens willen« der
Vernunft, die als selbstbestimmte Tätigkeit verstanden wird,
widerspricht und nur der Mann die Befriedigung seines Trie-
bes durch »Tätigkeit« erreicht, steht das »zweite Geschlecht
[die Frau] der Natureinrichtung nach um eine Stufe tiefer, als
das erste; es ist Objekt der Kraft des ersteren [des Mannes]«.
Die Frau kann daher die Befriedigung ihres Geschlechtstriebes
gar nicht wollen, sich nicht »als Zweck vorsetzen, weil [sie]
sich dann ein bloßes Leiden zum Zwecke machen« würde, es
sei denn, sie verletzt die Gesetze der Natur. Diese werden
jedoch durch ihre besondere »weibliche Schamhaftigkeit« garantiert.[79]

»Nun aber sollen beide [Mann und Frau], als moralische
Wesen gleich sein.« Den Widerspruch zwischen »Natur« und
diesem Prinzip löst Fichte folgendermaßen: Die Frau kann
erst dann wieder auf die gleiche Stufe wie der Mann gelangen,
wenn »sie sich zum Mittel der Befriedigung des Mannes macht
[. . .]; sie erhält ihre ganze Würde nur dadurch wieder, daß sie
es aus Liebe für diesen Einen« tut.[80]

Doch es geht in diesem »vollkommen bestimmten« Ehe-
Verhältnis, daß die »Vereinigung von Natur und Vernunft«
notwendig macht, nicht etwa um den hohen, sittlichen Wert
der Liebe, sondern um konkrete juristische Folgen:

»Diejenige, welche ihre Persönlichkeit mit Behauptung ihrer Menschenwürde hingibt, gibt notwendig dem Geliebten alles hin, was sie hat.
[. . .] Das Geringste [!], was daraus folgt, ist, daß sie ihm ihr Vermögen
und alle ihre Rechte abtrete, und mit ihm ziehe. Nur mit ihm vereinigt,
nur unter seinen Augen, und in seinen Geschäften hat sie noch Leben und
Tätigkeit. Sie hat aufgehört, das Leben eines Individuums zu führen; ihr
Leben ist ein Teil seines Lebens geworden, (dies wird trefflich dadurch
bezeichnet, daß sie den Namen des Mannes annimmt).«[81]

Fichte bedenkt schließlich auch »die möglichen Zustände
des Weibes«[82] in seinem Verhältnis zum Staat im einzelnen:

»das Weib ist noch Jungfrau, dann steht sie unter der väterlichen Gewalt, wie der unverheiratete Jüngling ebenfalls«. »Oder das Weib ist verheiratet, [. . .] zufolge ihres eignen Willens ist der Mann der Verwalter aller ihrer Rechte. [. . .] Er ist ihr natürlicher Repräsentant im Staate, und in der ganzen Gesellschaft. Dies ist ihr Verhältnis zur Gesellschaft, ihr öffentliches Verhältnis. Ihre Rechte unmittelbar durch sich selbst auszuüben, kann ihr gar nicht einfallen.« Oder sie ist Witwe oder überhaupt nicht verheiratet, ohne doch unter der väterlichen Gewalt zu sein. In diesem Fall ist sie »keinem Manne unterworfen; es ist sonach gar kein Grund, warum sie nicht alle bürgerlichen Rechte, gerade wie die Männer, durch sich selbst ausüben sollte.«

Nur in diesem einen Fall war der Bürgerpatriarch nach 1789 zu Konzessionen bereit, da er selbst davon nicht betroffen war. Bei den Witwen, die »die Hantierung ihrer verstorbenen Männer fortsetzen«, oder den Unverheirateten, die – soweit es kapitalistische Ökonomie zuläßt oder erfordert – »eine Kunst, ein Handwerk oder Kaufmannschaft treiben«, nimmt die »liebenswürdige Schamhaftigkeit ihres Geschlechts« offenbar keinen Schaden. Doch, halt! Der Mann Fichte, »der alles, was im Menschen ist, sich selbst gestehen kann, sonach die ganze Fülle der Menschheit in sich selbst findet«, zieht auch hier der Frau im Gegensatz zum Mann deutliche Grenzen. Ihre Suche »nach Zelebrität bei ihrem Leben, und nach ihrem Tode in der Geschichte« hält er in jedem Fall nur für ein »neues Mittel, Männerherzen zu bestricken«.[83]

Fichtes Beschreibung weiblicher »Zustände« nimmt die bis heute praktizierte Einteilung bürgerlicher Rechtsstellungen der Frauen vorweg. Sie deckt sich jedoch keineswegs mit der Rechtswirklichkeit seiner Zeit, also etwa der des *Preußischen Allgemeinen Landrechts* und seiner Fortentwicklung in den ersten Dezennien des 19. Jahrhunderts. Diese Unterscheidung ist wesentlich und soll im folgenden Kapitel klarer herausgearbeitet werden. Schon hier ist jedoch zu betonen, daß Fichtes ideologische Vorarbeiten im Vergleich zum um 1800 geltenden Recht, was die Frauen betrifft, keineswegs als Fortschritte zu werten sind, es sei denn, man sieht eine Verbesserung darin, daß sich brachiale Gewalt im bürgerlichen Familienrecht nunmehr hinter »unbestimmten Rechtsbegriffen«[84] verschanzt.

Die erst in jüngster Zeit ruchbar gewordene Gewalt gegen Frauen war nicht zuletzt deshalb möglich und so lange in der »Natur« der Ehe versteckt, weil der Geist Fichteschen Patriarchalismus vor allem von unserer höchstrichterlichen Rechtsprechung tradiert und bestätigt wurde. So gilt heute das Erzwingen des Beischlafs durch den Ehemann nicht als Eheverfehlung, die Frau hat nur dann ein Recht zur Weigerung, wenn sie krank ist; Unlust oder Müdigkeit schützen sie nicht.[85] Aus einer Entscheidung des Bundesgerichtshofes aus dem Jahr 1966 gewinnt man den Eindruck, daß die Passivität der weiblichen Geschlechtsrolle als grundlegende »Norm des Sittengesetzes« verteidigt werden soll. Die Urteilsbegründung zu einem Scheidungsurteil hat eine verblüffende Ähnlichkeit mit Fichtes Gedankenführung und Diktion:

»Die Frau genügt ihren ehelichen Pflichten nicht schon damit, daß sie die Beiwohnung teilnahmslos geschehen läßt. Wenn es ihr infolge Veranlagung oder aus anderen Gründen [...] versagt bleibt, im ehelichen Verkehr Befriedigung zu finden, so fordert die Ehe von ihr doch eine Gewährung in ehelicher Zuneigung und Opferbereitschaft und verbietet es, Gleichgültigkeit oder Widerwillen zur Schau zu tragen.«[86]

Bleibt zum Schluß noch anzumerken, daß sich als Reaktion auf die »neue Frauenbewegung« und mögliche Fortschritte auf dem Wege zur Emanzipation anscheinend ein neuer, antifeministischer Patriarchalismus ankündigt. Oder was ist von einer Familienrechtstheorie zu halten, die – durch experimentelle Ergebnisse über die »Potenz der Frau«[87] aus dem Konzept gebracht – die These vertritt, die Frau habe ihre »Hingabe«, ihre »sexuelle Unterlegenheit und Genußunfähigkeit« bisher nur gespielt, um so ihren »Anspruch auf materielle Gegenleistung«, d. h. auf ihre Versorgung durch den Ehemann zu sichern?[88]

3.2. Der Begründer einer konservativen Familiensoziologie: W. H. Riehl

Wenn Fichte als Wegbereiter einer bürgerlich-patriarchalen Ideologie anzusehen ist, so markiert W. H. Riehl bereits ihren Endpunkt. Denn als Riehl im Jahr 1855 sein Buch *Die Familie*, den 3. Band einer »Naturgeschichte des Volkes als Grundlage einer deutschen Social-Politik« herausbrachte, war der reaktionäre Patriarchalismus bürgerlicher Machart, den R. König als »Sekundärpatriarchalismus« oder »als Patriarchalismus im Gegenstoß«[89] bezeichnet, installiert.

»Statt einer partnerschaftlichen Ordnung, die der Geist der neuen Zeit durchaus ermöglicht hätte, entstand wiederum eine vollkommen männliche, auf Systemstabilität ausgerichtete Lebenswelt.«[90]

I. Weber-Kellermann belegt die »außerordentliche Steigerung des paternistischen Machtbereichs«, in dem auch die Hausfrau und Mutter »nie zuvor eine so untergeordnete und unselbständige Stellung innerhalb der Familie innegehabt hat, wie in der zweiten Hälfte des 19. Jahrhunderts«, durch interessante volkskundliche Ergebnisse: Der Weihnachtsmann, der »in gottähnlicher Machtfülle, im pittoresken Pelz des Herrn Winter – als solcher zum ersten Mal dargestellt von Moritz von Schwind auf einem Münchner Bilderbogen des Jahres 1847 [!] – schenkend und strafend in die weihnachtliche Bürgerstube trat«, ist entgegen bisheriger volkskundlicher und germanistischer Forschung erst ein Produkt des 19. Jahrhunderts.[91] Er versinnbildlicht aufs beste den Schein bürgerlich-biedermeierlicher Familienidylle und die Vermummung patriarchaler Gewalt.

Der patriarchale Machtzuwachs war sicherlich nicht nur die Frucht ideologischer Anstrengungen. Zu berücksichtigen sind hier die Ergebnisse unseres ersten Kapitels: das große Überangebot an Arbeitskräften vor dem entscheidenden Aufschwung zum entwickelten Kapitalismus in Deutschland, der Tiefpunkt weiblicher Beschäftigung gerade in den vierziger Jahren des 19. Jahrhunderts. Der Ausschluß der Frauen aus dem Erwerbsleben – die wirtschaftlichen Gründe – und die Anbindung der Frauen an eine nur familiale, abhängige Rolle, die wir vorwiegend als Resultat der Familienideologie bezeichnen wollen, fügten sich hierbei so wirkungsvoll zusammen, daß der Kampf der Geschlechter – zunächst einmal um gleiche Chancen – um 1850 für die nächsten hundert Jahre entschieden war.

W. H. Riehls Bedeutung ist daran abzulesen, daß sein Buch *Die Familie* bis 1935 nicht weniger als 17 Auflagen erlebte; außerdem gilt er neben dem Franzosen F. Le Play als Begründer der Familiensoziologie.[92] Riehl gab vor, mit seinem Familienbuch ein Erbauungsbuch schreiben zu wollen, »ein kleines Kunstwerk – nennt's meinetwegen ein Idyll vom deutschen Hause – ein Hausbuch« für die Familie, namentlich für »die deutschen Frauen«.[93] Es gelang ihm eine »Kampfschrift«[94], der nachrevolutionären Ideologie des Bürgertums bündig Ausdruck gab, gegen die Bedrohung durch eine gesellschaftliche »Krise«, die man im Proletariat verkörpert sah[95], gegen die »Socialisten«[96] und gegen die Frauen.

Riehls Buch über die Familie steht in der Tradition der restaurativen und konservativen Staatslehre und Philosophie, die die Familie als Keimzelle des Staates oder als Grundelement im »Organismus« der »Staatspersönlichkeit« begriff und vor allem – vermittelt durch das Eigentum, das durch die Familie vererbt wird – »die Bedeutung der Familie für die Stabilisierung des autoritären Staates«[97] betonte. Riehl leistete insofern eine Fortbildung dieser Theorie, als er die Familie nicht unmittelbar als Grundlage des Staates, sondern als »Urgrund aller organischen Gebilde in der Volkspersönlichkeit«[98], d. h. als einer vom Staat abgesonderten Gesellschaft, definierte:

»Wie von fernher dämmert uns in dem Naturunterschiede der Geschlechter bereits ein Schattenbild des großen Doppelreiches von Gesellschaft und Staat entgegen. Die Sitte, die bewegende Kraft der Gesellschaft wird gehegt und bewahrt vom Weibe, das Weib steht im Naturleben der Sitte; der Mann erst schafft aus dem Rechtsbewußtsein das Gesetz, die bewegende Kraft des Staates.«[99]

Wie bei L. v. Stein, der die Trennung von Staats- und Gesellschaftswissenschaft klar formulierte und der es gleichzeitig fertigbrachte, die »unproduktive« Rolle der Frau für die Zwecke der Nationalökonomie zurechtzustutzen[100], hat der Geschlechtsgegensatz zwischen Mann und Frau bei Riehl eine entscheidende Funktion. Er ist »Voraussetzung« für die Begründung seiner »Lehre von der Familie« als eines »selbständigen Wissenschaftszweiges« und einer »socialen Disciplin«.[101] Auf die Begründung dieses Geschlechtsgegensatzes verwendete Riehl nicht mehr so viel Mühe wie etwa Fichte. Die soziale Ungleichheit war für ihn mehr als ein Naturgesetz, »wie es die Sitte von Jahrtausenden weitergebildet und in die ehernen Tafeln aller Gesetzgebungen eingeschrieben hat«; sie war göttliches Gebot, das in Frage zu stellen »der verwegenste Gedanke des modernen Radicalismus« war.

»Wäre der Mensch geschlechtslos, gäbe es nicht Mann und Weib« – so eröffnete Riehl seine Abhandlung –, »dann könnte man träumen, daß die Völker der Erde zu Freiheit und Gleichheit berufen seyen. Indem aber Gott der Herr Mann und Weib schuf, hat er die Ungleichheit und die Abhängigkeit als eine Grundbedingung aller menschlichen Entwicklung gesetzt.«[102]

Da nun einmal »das Weib das vorzugsweise familienhafte Geschlecht« sei, »wirkt es in der Familie, für die Familie; es bringt ihr sein Bestes ganz zum Opfer dar; es erzieht die Kinder, es lebt das Leben des Mannes mit; die Gütergemeinschaft der Ehe erstreckt sich auch auf die geistigen Besitzthümer«, usw.[103] Es ist das übliche Rollenklischee, und man sieht, wie die Unterwerfung der Frau immer perfekter wird. Zugleich klingt bei Riehl eine Rechtfertigung an, die typisch wird für das Bürgertum in Deutschland, das sich nach dem Scheitern der Revolution von 1848 enttäuscht von der Politik abwendet und in die Familie als dem Tageskampf entzogenes Refugium und letzten männlichen Herrschaftsbereich flieht. Denn der Mann vermöge im häuslichen Kreis mehr als ein Staatsmann in der Regierung, heißt es bei Riehl.[104]

Riehls Rechtfertigungen enthüllen den Betrug und die Projektionen bürgerlicher Existenz: Betrug ist es zu sagen, die Frauen »sollen wirken für das öffentliche Leben, aber man soll ihrer dabei nicht ansichtig werden, denn sie sollen zu Hause bleiben«. »Die Familie muß politisch emancipiert werden, dann sind die Frauen emancipiert.«[105] Einzig die Emanzipation der Familie war das Ziel seiner Sozialpolitik. Zugleich ahnte er wohl die verlorenen Möglichkeiten männlichen Wirkens als der »bewegenden Kraft«, da er »die Mächte des socialen Beharrens mit besonderer Vorliebe behandelt[e]« und den »bedeutsamsten Zug in der Stellung des Weibes« darin sah, daß »in den höheren Gesellschaftsschichten die Last aller äußeren Berufsarbeit von ihm genommen ist, damit es im stillen, in sich befriedeten Seyn die versöhnte Innerlichkeit des Gemüthslebens gegenüber den nach Außen drängenden Schaffen des Mannes voll und rein und schön darstelle«.[106] So, erst in dieser gesellschaftlichen Konstellation und Denkrichtung, kam es »zu der für die bürgerliche Interpretation der

Familie bedeutungsvollen Gegenüberstellung von Beruf und Familie, Lebenskampf und ›trautem Heim‹«.[107]

Riehl, der weite Teile Deutschlands erwanderte und dabei – man würde heute sagen – die Methode der teilnehmenden Beobachtung anwandte, war Empiriker genug, um zu erkennen, daß »die Wirksamkeit im Hause den Frauen zur [zu seiner] Zeit noch sehr verkümmert« war, daß »die moderne Zeit leider [...] nicht mehr das ›Haus‹, den freundlichen, gemüthlichen Begriff des ganzen Hauses« kannte. Entsprechend der überzeichneten Rolle, die diese Sozialform in der Geschichte der bürgerlichen Familie spielt, sah Riehl daher die Aufgabe der Sozialpolitik darin, den Wiederaufbau des »Hauses«, die Erneuerung des Familienbewußtseins und der Familiensitte zu betreiben, denn »mit unsern häuslichen Sitten müssen wir die Grundpfeiler unseres Volksthums retten und bewahren«.[108]

Er reflektierte kaum gesellschaftliche Veränderungen oder wirtschaftliche Ursachen, denn die Ursache für alles »politische Elend« war seiner Meinung nach die »verrufene Emancipation der Frauen«[109], gegen die zu kämpfen nicht einmal mehr Mannesmut verlangte, denn Riehl schwamm bereits auf den Wogen einer reaktionären Zeit. Sein Buch ist eine Zusammenstellung aller bis heute üblichen Argumente des deutschen Biedermannes gegen Gleichberechtigung und Emanzipation der Frauen. Wer ihrer bedarf, mag bei Riehl selbst nachlesen. Uns genügt zum Abschluß ein Zitat, das neben der philisterhaften Furcht vor intellektuellen Frauen widersprüchliche, aber zeitkritische Beobachtungen zum weiblichen Bewußtseinsstand um 1850 enthält, die zu prüfen wären und zu denken geben:

»Deutschland besitzt kein revolutionäres Proletariat unter den Frauen. Unsere armen Tagelöhnerinnen stecken noch viel zu tief in der Weiblichkeit, um revolutionär seyn zu können. Die weiblichen Demagogen sind gebildete Frauen, Blaustrümpfe, die ihr Geschlecht verläugnen, vornehme Damen, die Monate lang in den Logen der Parlamente zuhörten, weil sie zu Hause nichts zu thun hatten. Eine Frau, die an die Gleichstellung ihres Geschlechts mit den Männern denkt, muß bereits sehr viele confuse Bücher gelesen haben. Von selber verfällt eine deutsche Frau noch nicht auf den Gedanken der ›Emancipation der Frauen‹.«[110]

Zusammenfassung

Die bürgerliche Familienideologie, deren Ausgangspunkt die Diskussion um eine spezifische Mädchenerziehung zum Ende des 18. Jahrhunderts war, ist im wesentlichen ein Produkt der ersten Hälfte des 19. Jahrhunderts. Fichte war ihr Chefideologe, Riehl ihr streitbarster Repräsentant. Sie ist als Reaktion auf die mit der Umwälzung der Produktionsverhältnisse und der Entwicklung der Produktivkräfte möglich gewordene »bürgerliche Verbesserung der Weiber« zu verstehen. Nach dem Auflodern einer freieren Auffassung, das die Verwirklichung der Tagträume von weiblicher und menschlicher Emanzipation näherzurücken schien, entfaltete sich ein neuer, bürgerlicher Patriarchalismus »im Gegenstoß«.

Die Marxsche Metapher, daß »die Bourgoisie [...] dem Familienverhältnis seinen rührend-sentimentalen Schleier abgerissen [habe]«[111], ist darum zu korrigieren: Entscheidend ist, daß das Bürgertum den ideologischen Schleier um die Familie erst einmal gewebt hat. Aber auch die Proletarier – in ihren Familienverhältnissen zunehmend angepaßt und zur Verbürgerlichung gezwungen – haben diesen Schleier so fest mit ihrer eigenen Unterdrückung verknotet, daß die Geld- und Machtstrukturen in der Familie bis heute alle Gleichberechtigungsbestrebungen der Frauen verzögert und die praktische Vorbereitung allgemeiner menschlicher Emanzipation verhindert haben.

Die folgende Analyse der Entwicklung des Familienrechts, die sich ebenfalls mit dem Zeitraum zwischen 1794 (Erlaß des *Allgemeinen Preußischen Landrechts*) und 1850 befaßt, wird die These vom bürgerlich-patriarchalen Machtzuwachs bestätigen und darüber hinaus eine Beurteilung der Rechtsstellung der Frau im allgemeinen ermöglichen.

IV. Die Rechte der Frauen

Zwei Thesen sollen unsere Untersuchung der Rechte der Frauen leiten, die die spezifische Benachteiligung und Unterdrückung der Frau im bürgerlichen Recht aus verschiedenem Blickwinkel beleuchten:

1. Der neue, bürgerliche Patriarchalismus – wirtschaftlich opportun und ideologisch gut vorbereitet – bediente sich des Rechts zur Legitimation seines Machtmißbrauchs. Insbesondere die Entwicklung des bürgerlichen Familienrechts wurde zum Vehikel überholter, patriarchalischer Interessen und institutionalisierte einen Patriarchalismus eigener Art.

2. Mit dem Familienrecht wurde ein »Sonderrecht«[1] für (Ehe-)Frauen geschaffen, das der allgemeinen Beanspruchung der Menschenrechte und den sich verallgemeinernden Prinzipien bürgerlichen Rechts zuwiderlief und die Anerkennung der Frau als Rechtsperson verhinderte.

1. Familienrechtliche Bestimmungen des ›Allgemeinen Landrechts‹

1.1. Frauenfreundliche Ansätze

In der Rechtsgeschichte ist man daran gewöhnt, die Rechtsentwicklung als einen Prozeß der Fortbildung, ja, des Fortschritts zu betrachten. Insbesondere die unter den Juristen vorherrschende idealistische Geschichtsauffassung zeichnet sich dadurch aus, daß sie Rechtsgeschichte als die »Durchsetzung von Ideen in der Wirklichkeit von Staat und Gesellschaft« begreift und die Widersprüche zwischen Rechtsidee und Rechtswirklichkeit mit dem »Reibungswiderstand des Gedankens am zäheren Stoff der äußeren Gegebenheiten und des kollektiven Bewußtseins« erklärt.[2]

So ist vor allem auch die Geschichte des Familienrechts ein Tummelplatz politischer, religiöser und sittlicher Ideen. Obgleich zugegeben wird, daß »wenige Grundfragen im Laufe der Zeit so verschieden beantwortet wurden wie das Problem der rechtlichen Behandlung der Ehe«[3], geht die herrschende Familienrechtslehre ganz selbstverständlich davon aus, daß »die Entwicklung der Ehe bis zur Gegenwart sich in einer zunehmenden Verfeinerung und Vergeistigung der Geschlechtsbeziehungen ausgewirkt« hat.[4] Nur wenige Juristen, deren Patriarchalismus ungebrochen ist, sind hinreichend scharfsinnig zu erkennen, daß »die Geschichte der Familie zwar nicht nur die Geschichte ihrer Zersetzung [ist], sondern auch die ihrer allmählichen Durchsetzung mit staatlichem jus cogens (zwingendem Recht) und obrigkeitlichen Aufsichts- und Eingriffsbefugnissen«. Denn – so G. Boehmer – »die Familie hat bis heute ihren Charakter als einerseits *patriarchalisch-konservative*, andererseits *privatautonom-liberale* Rechtsinstitution des bürgerlichen Rechts in den Grundzügen bewahrt«.[5]

Dieser »doppelte Charakter«[6] der Ehe, der sich in der gegensätzlichen Bestimmung der Ehe als einerseits privatrechtlicher Vertrag und andererseits überpersönlicher, sozialer Institution niederschlägt, kennzeichnet die bürgerliche Eherechtslehre und Rechtsprechung. Es ist aufschlußreich, daß die verschiedenen Standpunkte zum Eherecht in dem von uns betrachteten Zeitabschnitt zwischen dem Erlaß des *Preußischen Allgemeinen Landrechts* (1794) und der Eherechtsreform im Vormärz entwickelt wurden und daß die extreme Gegenposition zur heute herrschenden Institutionenlehre nicht etwa die römisch-rechtliche oder die mittelalterliche, kanonische Eheauffassung, sondern die des *Allgemeinen Landrechts* ist.

Ohne im Rahmen dieser Arbeit auf die Geschichte und Bedeutung des *ALR* als »Muster aufgeklärter Kodifikationskunst« eingehen zu können[7], soll eine kurze Vorbemerkung Grundsätzliches klären helfen. Gewiß genügt es nicht, zur Charakterisierung des *Landrechts*, insbesondere seiner familienrechtlichen Bestimmungen, willkürlich einzelne Kuriositäten aufzuzählen, wie dies in den historischen Übersichten der gängigen Familienrechtskommentare und -lehrbücher üblicherweise geschieht.[8] Das *Landrecht* stellt auch in bezug auf sein Familienrecht »einen Kompromiß dar zwischen überkommenem Zustand und zukunftgerichteter Absicht«[9]. Die Ausführlichkeit und die Anmaßung des aufgeklärt-absolutistischen Gesetzgebers, alle möglichen Rechtsfragen bis ins Detail regeln zu wollen, resultierte aus dem »vernunftrechtlichen Glauben an die Möglichkeit eines absolut richtigen Rechts«[10] und dem mehrfach, ausdrücklich im Publikationspatent geäußerten Mißtrauen des Gesetzgebers gegenüber juristischer Auslegung oder dem »philosophischen Raisonnement« von Kollegien, Gerichten oder Justizbeamten.[11]

Die Rechtswissenschaft zu Beginn des 19. Jahrhunderts hatte hierauf mit Boykott geantwortet; preußisches Landrecht wurde in den ersten Dezennien seiner Geltung an den deutschen Universitäten weder gelesen noch gelernt. Erst 1845 wurde ein Lehrstuhl für Preußisches Recht begründet.[12] Die einzige, für uns sehr aufschlußreiche Quelle, die Rechtsmeinung und -praxis zum *ALR* für die ersten Jahrzehnte referiert, sind die Arbeiten des preußischen Revisors, die 1830 veröffentlicht wurden.[13]*

Vor allem die Historische Rechtsschule hat ihren Teil zur Behinderung des *Landrechts* beigetragen. Sie entwickelte ihren Standpunkt vom »gewordenen« Recht, das »durch innere, stillwirkende Kräfte« wie Sitte und Volksglaube und den »Volksgeist« erzeugt werde und nicht durch die Willkür des Gesetzgebers[14], in der Kritik an den Naturrechtsgesetzbüchern. Dennoch ist die Gegnerschaft der Juristen gegen das *Landrecht* nicht nur als intellektueller Vergeltungsakt zu interpretieren[15], sondern begründet in der Gefahr, die den feudalen Mächten und privilegierten Ständen von der in diesem Gesetz intendierten »Gleichförmigkeit«[16] drohte. Erstaunlicherweise wurde die liberale Ehegesetzgebung des *Landrechts*, wie wir sehen werden, zum Angelpunkt ihrer Gegenreaktion.

Diese rechtsgeschichtlichen Befunde sind bei dem Versuch, dem bürgerlichen Patriarchalismus mit Hilfe der Jurisprudenz auf die Spur zu kommen, zu berücksichtigen. Konkret bedeutet das: Da die rechtswissenschaftliche Bearbeitung des *ALR* in eine Zeit fällt, in der sich nach unserer These wiederum ein neuer Patriarchalismus etabliert, ist für die Analyse sorgfältig zu unterscheiden zwischen dem Gesetz und seiner Kommentierung. Es wird sich zeigen, daß das *Landrecht* in den meisten Fällen frauenfreundlicher war als spätere Kommentare und

* Siehe Anhang Nr. 17.

Beispiele aus der Rechtsprechung.

Obgleich wir uns bei dieser Untersuchung in der Hauptsache auf Gesetzestexte, Materialien oder juristische Kommentierungen stützen, ist diese Rechtskritik nicht nur als Normenkritik zu verstehen, sondern im Zusammenhang mit unseren Erörterungen über die gesellschaftliche Stellung der Frauen, ihre Arbeitsbedingungen und Familienverhältnisse zu sehen. Zitierte Rechtsmeinungen oder Gesetze sind also nicht unmittelbar gleichzusetzen mit der gesellschaftlichen Realität, wohl aber ihr vermittelter Ausdruck und wirkungsvoller Bestandteil.

Ohne das *Preußische Landrecht* für ein Dokument der Gleichberechtigung zu halten, sollen seine liberalen Ansätze und die im Vergleich dazu für die Frauen negative Entwicklung des Familienrechts am Beispiel folgender Rechtsprobleme erörtert werden: der »Rechtsnatur« der Ehe, der Eigentumsfähigkeit der Frau im ehelichen Güterrecht und den Alimentationsansprüchen von Müttern unehelicher Kinder.

1.2. Die Ehe als Vertrag

Die Ehe wurde im *Allgemeinen Landrecht* als ein privatrechtlicher Vertrag[17] behandelt, d. h. sie kam zustande durch die »freye Einwilligung beyder Theile« (§ 38, II. 1. *ALR*), bedurfte jedoch zu ihrer Anerkennung einer bestimmten Form, der priesterlichen Trauung (§ 136, II. 1. *ALR*). Diese nur vertragliche Grundlage war im deutschen Recht neu.[18] Sie richtete sich gegen die kanonische Rechtsauffassung von der Doppelnatur der Ehe als Sakrament[19] und Vertrag, zugleich gegen die von der Kirche seit dem Mittelalter beanspruchte Jurisdiktion in Ehesachen. Denn mit der absolutistischen Staatsauffassung war es unvereinbar, daß »über das wichtigste Verhältniß des Lebens [die Ehe], auf welchem die ganze bürgerliche Ordnung und die geistige Wohlfahrt des Volkes beruhet, eine vom Landesherrn unabhängige gesetzgebende Macht [die Kirche], eine Hierarchie neben der Königlichen Gewalt, ein Staat in den Preußischen Staat mit einem einzigen [Eherechts-]Paragraphen unvermerkt eingeschwärzt« wurde.[20]*

---

* Siehe Anhang Nr. 17.

Trotzdem ist die vertragliche Bestimmung nicht nur als das »Ergebnis eines Säkularisierungsprozesses« zu verstehen, bei dem der Vertrag »als letzter [weltlicher] Bestandteil« einer vorher umfassenderen Bestimmung »übrigblieb«.[21] Der Vertrag war vielmehr die angemessene Verkehrsform, in der der aufklärerische Staat entsprechend der Naturrechtstheorie vom Gesellschaftsvertrag seine Zuständigkeit auch in Ehesachen begründete. Denn über den Vertrag als ein freiwilliges Verhältnis, das prinzipiell Gewalt und Zwang ausschloß[22], war die Ehe als ein reines Rechtsverhältnis definiert, das zu garantieren als Aufgabe des Staates begriffen wurde. In den Gesetzgebungsmaterialien kommt diese bewußt auf die rechtliche Seite beschränkte, aber auch über das Recht legitimierte Kompetenz klar zum Ausdruck:

»Religion und Gesetzgebung [. . .] haben verschiedene Thätigkeiten. Jene soll das Verhältniß veredeln und heiligen – die Beförderung der Sittlichkeit ist die Sache wohlgetroffener Schul- und Kircheneinrichtungen –, diese [die Gesetzgebung] hat aus der so geläuterten Ansicht desselben seine äußern Bedingungen und Folgen nach dem Rechtsgesetz zu bestimmen.«[23]

Aber gerade diese äußeren Bedingungen und Folgen des ehelichen Rechtsverhältnisses, mit denen der preußische Gesetzgeber – unter der Maxime, das »allgemeine Wohl« und »die Privatglückseeligkeit« zu fördern – sehr konkrete Ordnungsvorstellungen verband, haben in der Folgezeit zur Kritik herausgefordert.

Immer wieder Anstoß erregt hat vor allem der Vertragszweck der Ehe, der in Paragraph 1 des Familienrechtsteils formuliert wurde: »Der Hauptzweck der Ehe ist die Erzeugung und Erziehung der Kinder.« Man hat diese Bestimmung mit dem »Menschenhunger«[24] und den militärischen Interessen des preußischen Staates in Verbindung gebracht und dabei tunlichst übersehen, daß die Vorschrift durch den folgenden Paragraphen 2, der auch die allein »zur wechselseitigen Unterstützung geschlossene Ehe« zuließ, bedeutungslos wurde. Es ist die gleiche utilitaristische Ehedefinition, die sich bei I. Kant, in der *Metaphysik der Sitten*, findet. Fichte verstand seine Eheauffassung demgegenüber als Fortschritt, und ein ganzes bürgerliches Jahrhundert wandte sich mit Ausdrücken des Entsetzens von der *Landrechts*-Definition ab. Dabei ist ihr

Grundprinzip die Gleichwertigkeit, wenn nicht Gleichberechtigung der ehelichen Vertragspartner.[25]

Der detaillierte Katalog persönlicher Rechte und Pflichten der Eheleute in den §§ 173 f. II. 1. *ALR* ist oft zitiert und bespöttelt worden. Er handelt von dem schuldigen »wechselseitigen Beystand« der Eheleute, die »auch wegen Widerwärtigkeiten einander nicht verlassen dürfen«, erwähnt »die eheliche Pflicht«, die sie »einander nicht anhaltend versagen« dürfen. »Oeffentliche Geschäfte, dringende Privat-Angelegenheiten, und Gesundheitsreisen entschuldigen jedoch die Abwesenheit« in der Regel nur für den Mann. Aber »auch säugende Ehefrauen verweigern die Beywohnung mit Recht«. Erstaunlich wechselseitig aber liest sich die Pflicht zur ehelichen Treue »für beyde Ehegatten«, gemessen an dem gegenüber dem *Landrecht* immer als fortschrittlich geltenden französischen *Code civil* von 1804, der die Untreue des Ehemannes bis zu einer Novelle aus dem Jahr 1884 nicht beachtete[26], sowie im Vergleich zur Diktion führender Ehegesetzkommentare nach geltendem Recht, in denen die Pflicht zur geschlechtlichen Treue als »Hingabepflicht«[27], mithin, wie die Gerichtspraxis zeigt, nie anders denn als weibliche Pflicht erscheint.

Die Vorschriften des *ALR* zu den Pflichten der Eheleute unterscheiden sich nur unwesentlich oder lediglich durch den Umstand vom geltenden Recht, daß der Pflichtenkatalog aus dem Jahre 1794 im Gesetz heute unter der Generalklausel »Pflicht zur ehelichen Lebensgemeinschaft« in den Kommentaren nachzulesen ist. Natürlich würde man heute nicht mehr sagen: »Der Mann ist das Haupt der ehelichen Gesellschaft« (§ 184, II. 1. *ALR*). Doch daß sein Entschluß in gemeinschaftlichen Angelegenheiten nicht mehr den Ausschlag gibt, mußte auch nach Einführung des Gleichberechtigungsgesetzes erst durch ein Urteil des Bundesverfassungsgerichts gegen den väterlichen Stichentscheid im Jahr 1959 mühsam erkämpft werden.[28] Männliches Namensrecht (§ 192 II. 1. *ALR*) und die traditionelle eheinterne Rollenverteilung (»Die Frau ist schuldig, dem Hauswesen des Mannes nach dessen Stande und Range vorzustehen«, § 194, und hat gegen den Mann Anspruch auf »standesgemäßen Unterhalt«, § 185 II. 1. *ALR*) werden auch für uns erst mit der neuesten Familienrechtsreform im Prinzip aufgehoben.[29]

Auch das *Landrecht* kannte Beschränkungen der Geschäftsfähigkeit der Frau, war jedoch, soweit wirtschaftliche Erfor-
dernisse eine Rolle spielten oder die Frau nur zu ihrem Vorteil
Rechtsgeschäfte vornahm, erstaunlich liberal. So bedurfte die
Frau nur bei Geschäften, durch die sie verpflichtet wurde, also
vor allem bei Arbeitsverträgen oder zum Betrieb eines Gewerbes, der Einwilligung des Mannes (§§ 195 und 196 II. 1. *ALR*).
Im übrigen aber hatte sie ein sogenanntes Notverwaltungs-
recht, d. h. bei Abwesenheit oder Verhinderung des Mannes
war sie »berechtigt alles zu thun, was zu einer ordentlichen
und gewöhnlichen Vermögensverwaltung erforderlich ist«
(§ 202-204, II. 1. *ALR*), eine Regelung, die im Vergleich zu
den anderen Gesetzbüchern der Zeit durchaus nicht üblich
war.[30] Beachtlich aber waren vor allem die Fortschritte, die
das *ALR* durch die Möglichkeit zu vertraglichen Vereinbarungen im ehelichen Güterrecht eröffnete (§§ 205, 208 II. 1.
ALR), womit die Ehefrau volle Verwaltungs- und Eigentums-
rechte an dem ihr vorbehaltenen Gut erhielt.

Offensichtlich schwankte das *Preußische Landrecht* im Eherecht zwischen überkommenen Patriarchalismen und dem
durchaus neuartigen Versuch, »die innerehelichen Beziehungen auf einige elementare Rechtspflichten zurückzuführen«[31],
und nahm auch insofern eine Zwischenstellung ein bei der
Umwälzung von alter zu neuer Produktionsweise. Wie greif-
bar nahe eine Verbesserung der Stellung der Frauen durch das
Recht als ›Sieg des Prinzips‹ über faktische Behinderungen
war, wird belegt durch die Ausführungen des Revisors, der
eine einzigartige Zusammenfassung der herrschenden Meinung seiner Zeit und aller Reformvorschläge zum *Landrecht*
bietet und dabei selbst im Zweifel für die Freiheit war. Erst
der Revisor zog die volle Konsequenz aus der vertraglichen
und rein rechtlichen Auffassung der Ehe und machte den
bemerkenswerten Vorschlag, bei der Revision des *Landrechts*
alle Paragraphen, die das persönliche Verhältnis der Ehegatten
betreffen (§§ 174 bis 183, II. 1. *ALR*), wegzulassen. Zur
Begründung zitierte er den Rechtsgelehrten Hasse, der ausgeführt hatte:

»[Man] dürfe niemals vergessen, daß das Verhältniß [die Ehe] sich
hauptsächlich aus sich selbst entwickeln müsse, und alle zudringliche

Einwirkung in dieses zarte, freieste und nothwendigste Naturverhältniß nur verderben könne. [. . .] Das Wesen der Ehe erfordere es, die Pflichten so viel als möglich frei zu erhalten, und nur das Vermögen sei das medium, wodurch hauptsächlich das Recht auf die Ehe einwirke.«[32]*

Einem Kommentator, der gerade den § 184 (»Der Mann ist das Haupt der ehelichen Gesellschaft [. . .]«) als »von der größten Wichtigkeit für die Preußische Jurisprudenz« betrachtete, da er »theils allgemeine Sätze theils Definitionen enthielte, um den Geist des Gesetzes zu erkennen, und richtige Analogien zu finden«, entgegnete der Revisor:

»M. E. ist die Unterordnung der Frau unter den Mann [. . .] gar nicht gesetzlich zu gebieten. [. . .] Sie zum Objekt eines Zwangsrechts zu machen ist aber auch unrichtig; denn sie beruht lediglich auf dem freien durch die eheliche Liebe bedingten Willen der Frau.«[33]

Hier nun zeigt sich deutlich die Grenze juristischer Fortschrittlichkeit, die unter entwickelteren Verhältnissen mit der Grenze zwischen Gleichberechtigung und Emanzipation zusammenfällt: Der Revisor war gegen die gesetzlich abgesicherte Vorherrschaft des Mannes und gegen die juristische Einmischung in die Ehe als »freiestes« Verhältnis. Er sprach sich ausdrücklich gegen Zwangsrechte aus – so auch für die Aufnahme des Züchtigungsverbots in das Gesetz, was Svarez »absichtlich« unterlassen habe.[34] Doch er konnte nicht umhin, die Unterordnung der Frau unter den Mann als »Faktum« anzuerkennen. Ja, entscheidend ist, daß dieses Faktum, das er ganz im Stile J. G. Fichtes rechtfertigte[35], nicht nur vorausgesetzt wird, sondern daß er daran für Mann und Frau unterschiedliche juristische Folgen knüpfen wollte:

»Die juristische Folge dieser keineswegs juristischen Unterwerfung, wird vor allen Dingen festgesetzt werden müssen.«[36]

Die doppelbödige Argumentation offenbart die Problematik bürgerlichen Rechts überhaupt, die in diesem Entwicklungsprozeß bürgerlicher Rechts- und Denkformen noch ganz unverhüllt zutage tritt. Da Recht als Form »nur in der Anwendung von gleichem Maßstab« auf verschiedene Menschen in verschiedenen Situationen bestehen kann«, wäre es auch im

---

* Vgl. auch zum folgenden Anhang Nr. 17a.

vorliegenden Fall darauf angekommen, Männer und Frauen »unter den gleichen Gesichtspunkten« zu bringen, sie nur »von einer *bestimmten* Seite«, als Rechtsperson, zu fassen.[37]

Dem Revisor als einem sehr fortschrittlichen Vertreter der Rechtswissenschaft seiner Zeit gelang es nicht, »gleichgültig gegen die Besonderheit«[38] – Ehefrau – zu sein. Er gab offen zu, warum: weil er »die Verwickelung der Vermögensverhältnisse« befürchtete.[39] In der Tat hatte das *Preußische Allgemeine Landrecht* bei der Regelung des ehelichen Güterrechts in bezug auf das Eigentum, zu dessen Erhaltung sich die bürgerliche Gesellschaft und ihr Recht konstituierten[40], eine erstaunliche Unvoreingenommenheit bewiesen, denn es schloß Ehefrauen nicht grundsätzlich vom Eigentumserwerb und seiner Nutzung aus. Diese wichtige Voraussetzung für die Anerkennung der Frauen als Rechtspersonen wird darum im folgenden eingehender zu untersuchen sein.

1.3. Die Eigentumsrechte der Frau

Die Auffassung der Ehe als Vertrag im *ALR* ist auch die Grundlage der Regelung des ehelichen Güterrechts. Obgleich das Gesetz in § 205 II. 1. *ALR* als Regel davon ausgeht, daß das Vermögen der Frau »durch die Vollziehung der Ehe« »in die Verwaltung des Mannes« übergeht (sogenannter Güterstand der Verwaltung und Nutznießung des Mannes, kurz Verwaltungsgemeinschaft genannt), wird bereits im zweiten Halbsatz die Verfügungsbefugnis des Mannes eingeschränkt und der Frau an ihrem durch Gesetz (§§ 206, 207) oder Vertrag (§ 208) vorbehaltenen Vermögen volles Eigentümerrecht eingeräumt. Damit wurde, wie die Materialien bestätigen, »gegen das ursprüngliche deutsche Recht« dem Grundsatz der »vollen Vertragsfreiheit nachgegeben«.[41]

Die Ermöglichung eines vertraglich vorbehaltenen Eigentums der Frau, das jederzeit, auch nach dem Eheschluß, unbeschränkt und auch in bezug auf den gemeinsamen oder durch selbständige Tätigkeit der Frau erworbenen Zugewinn vereinbart werden konnte (§§ 215 in Verbindung mit 210. II. 1. *ALR*), war selbstverständlich schon in der Gesetzgebungsphase lebhaft umstritten. Wir haben die Regelung über das Vorbehaltsgut der Frau bereits im Kapitel über die Geschichte der Familie als Indiz für die Reduzierung ständischer, hausherrlicher Gewalt, aber auch die patriarchalische Entrüstung der Hausväter über solch neumodische Vermögensverhältnisse kennengelernt.[42] Man wird die Bedeutung dieser gesetzlichen Neuerung jedoch erst dann richtig beurteilen können, wenn man weiß, daß die Neuordnung des ehelichen Güterrechts nicht von ungefähr kam. Sie war weder »ökonomisch in hohem Maße ›irrational‹«, wie Marianne Weber meint[43], noch lediglich als Zugeständnis an fortschrittliche Rechtsideen von Freiheit, Gleichheit und – warum nicht auch – Schwesterlichkeit zu verstehen. Auch H. Dörner, der im übrigen gewissenhaft die Zusammenhänge zwischen Industrialisierung und Familienrecht auch im *ALR* aufzuspüren sucht, kann sich keinen Reim auf diese güterrechtliche Ordnung machen, da er von den üblichen, aber falschen Prämissen über den Umfang weiblicher Berufstätigkeit ausgeht. Eine Berufsquote von fast 30 Prozent allein bei Frauen der »handarbeitenden Classen« läßt sich nicht als vereinzelte »künstlerische Tätigkeiten und bestimmte Dienstleistungen von Frauen der unteren Schichten« herunterspielen.[44] Die Eigentumsfähigkeit auch der Ehefrau war vielmehr die Folge ökonomischer Umwälzungen und Notwendigkeiten, da sich zum Ende des 18. Jahrhunderts die feudalen Produktionsverhältnisse nicht nur für die Männer, sondern auch für die Frauen auflösten und – wie ein Referent in der Gesetzgebungsphase bemerkte – andere als den Eigentumserwerb der Frau ermöglichende Bestimmungen »den ehelichen Verhältnissen unseres Zeitalters schnurstracks entgegen sey[en], und die Frau zur Leibeigenen, oder doch zur Magd herabwürdig[t]e[n]«.[45]

Doch nichts wäre unrealistischer als die Annahme, daß der traditionelle Patriarchalismus seine Machtpositionen ohne Widerstand aufgegeben hätte: Wie aus den Gesetzesmaterialien zu entnehmen ist, war die Diskussion der an der Gesetzgebung beteiligten Männer und ihrer Kritiker, die die historischen und ökonomischen Hintergründe ausdrücklich in ihre Überlegungen einbezogen, sehr kontrovers.[46] Das Ergebnis war wiederum ein Kompromiß, der, wie sich später in der Praxis zeigen sollte, nicht nur aus juristischen Gründen den Frauen nicht zu ihrem Recht verhalf.

Die Frage der Eigentumsfähigkeit ist nicht nur als güterrechtliches Problem zu verstehen, das nur die Frauen der höheren Stände betraf. Gerade die Berücksichtigung der Frau als Lohnarbeiterin oder als Hausfrau und damit mithelfende Familienangehörige und als Eigentümerin machte für den Gesetzgeber des Jahres 1794 in dreierlei Hinsicht eine Entscheidung erforderlich:

1. Die patriarchalischen Bedenken gegen das Vorbehaltsgut der Frau wurden durch ergänzende Bestimmungen vorerst ausgeräumt. Dazu gehörten vor allem gesetzliche ›Vermutungen‹ zugunsten des nicht vorbehaltenen, d. h. männlichen Vermögens, und Formvorschriften für den Erwerb von Grundeigentum, usw.

2. Sehr viel schwieriger war die Frage zu beantworten, wem der Lohn der berufstätigen Frau oder der Ertrag aus dem selbständig von der Frau geführten Gewerbe gehört. Die ursprünglich im Entwurf vorgeschlagene Fassung: »Was die Frau in stehender Ehe erwirbt, erwirbt sie dem Manne«, d. h. gehört dem Mann, hatte heftigen Protest hervorgerufen, da »Volkssitte und natürliche Billigkeit dagegen sprechen«.[47] Vor allem ein Einwurf v. Grolmans, des Hauptredaktors des *Landrechts,* besticht durch sein Engagement und seine Anschaulichkeit und verdient deshalb hier wiedergegeben zu werden:

»Man nehme eine Künstlerin, wie die berühmte Malerin X. Sie verdient zehnmal mehr als ihr fauler Mann. Durch ihren Fleiß wird in der Ehe ein Kapital angesammelt. Sie hofft sich damit in ihrem Alter, wo sie nicht mehr arbeiten kann, zu ernähren. Dreißig Jahre hat sie Fleiß und Mühe auf dessen Sammlung verwandt. Nun stirbt der Mann unvermuthet ohne Testament und ohne Kinder. Lachende Erben bemächtigen sich des gesammelten Kapitals [. . .] und stürzen sie in Dürftigkeit und Armut. O Gerechtigkeit! beschützest du so den Unwissenden, den Armen und Nothleidenden? Nicht einmal dasjenige, was man durch seine Talente und Geschicklichkeit, durch seiner Hände Arbeit erworben hat, was das unstreitigste Eigenthum des Menschen ist, kann man behalten, habsüchtigen Erben muß es überlassen werden, der Arbeiter kann betteln gehen. Heißt das Fleiß und Sparsamkeit im Staat aufmuntern? Ja, sagt man, was für weitläufige Prozesse können über die Ausmittelung des Erwerbes entstehen. Also um keine Prozesse zu haben, soll der Gerechte sein Recht, der Eigenthümer sein Eigenthum verlieren? [. . .] Was helfen uns Gesetze, wenn sie Ungerechtigkeiten unterstützen? Was von der Malerin gesagt worden, gilt von einer jeden Künstlerin, von einer Sängerin, Tänzerin,

Kommödiantin, *Stickerin,* ja *selbst von Nätherinnen und Wäsche-*
rinnen.«[48]

Das Ergebnis der Debatten war eine geringfügige, nur prinzipiell wichtige Korrektur. § 211 II. 1. *ALR* hieß nun: »Was
die Frau in stehender Ehe erwirbt, erwirbt sie, *der Regel nach,*
dem Manne.« Das bedeutete, es waren Ausnahmen von dieser
Regel möglich durch entsprechende Vereinbarungen unter
den Ehegatten (§ 215. II. 1. *ALR*), womit der Eigentumserwerb am selbstverdienten Geld dem Durchsetzungsvermögen
der einzelnen Frau überlassen wurde – eine fragwürdige
Rechtserrungenschaft!

3. Ein anderer, frauenfreundlicher Revisionsantrag kam erst
gar nicht zur Abstimmung, sondern wurde von der Gesetzge-
bungskommission stillschweigend verworfen. Darin war gefordert worden, den Frauen auch einen Teil vom Verdienst
oder Lohn des Mannes zu persönlichem Eigentum zu überlassen. Interessant sind die Begründungen der Befürworter, weil
sie unvermutet den Blick auf die sozialen Verhältnisse sowie
die gesellschaftliche Bedeutung und Wertschätzung der
Frauenarbeit freigeben:

»[. . .] unsere Bäcker-, Fleischer-, Brauer- und Brennerweiber arbeiten
den ganzen Tag im Gewerbe mit, die Weiber des gewöhnlichen Landmanns in der Landwirthschaft. Wie kann es billig seyn, sie vom Erwerbe
auszuschließen?« Aber auch in den Fällen, »da die Frau, abgesehen von
den zahlreichen Ständen, wo sie wirklich mit erwirbt, vermöge ihrer
Pflicht, dem Hauswesen vorzustehen, hinreichende Gelegenheit hat,
durch Wirthlichkeit die Erwerbnisse des Mannes zu erhalten und zu
vermehren, muß die Verbesserung des Wohlstandes auch ihr zugute
kommen.«[49]

Mehr als 150 Jahre haben die Frauen noch gebraucht, um für
ihre Arbeit im Hause und für ihre Mitarbeit im Geschäft oder
Gewerbe des Mannes – wenigstens bei Scheidung oder Tod
des Ehemannes – mit einem Rechtsanspruch auf Zugewinn-
ausgleich abgefunden zu werden.[50]
Die entscheidende Frage bleibt, inwiefern das Prinzip der
Vertragsfreiheit im Güterrecht den Frauen nun eigentlich
genützt hat. Sosehr die Vertragsfreiheit zur Überwindung
feudaler Produktionsverhältnisse und -hindernisse beigetragen hatte, sie taugte nicht zur Beseitigung ökonomischer oder
materieller Ungleichheit – weder auf der Ebene gesellschaftli-

cher Produktion noch in der Ehe. Im Gegenteil, sie verstärkte
die Ungleichheit, indem sie überkommene und fortgesetzte
Machtpositionen auch formal absicherte. In der breiten Masse
des Volkes, wo die Frauen immer mitarbeiteten, stellte sich
die Frage ohnehin nicht als Rechtsproblem, sondern als Über-
lebensproblem, da – wie Svarez selbst bemerkte – »es doch
nicht leicht zu geschehen pflege, daß sie [die Frau] von ihrem
Verdienst etwas zurücklege«.[51] Immerhin ist die Frage, wem
das Geld – auch der geringste Lohn – gehört, in der kapitalistischen Gesellschaft keineswegs so unwichtig, wie uns die
Kommentatoren einreden wollen.

Als 100 Jahre später bei der Abfassung des *Bürgerlichen
Gesetzbuches* den Frauen das Eigentum an ihrem eigenen
Lohn nun auch gesetzlich als Regel (§ 1367 a. F. *BGB*) zuge-
standen wurde, meinten die Verfasser mit dieser besonderen
Rechtswohltat, die angeblich »eine sehr tiefgehende Abwei-
chung von den bisherigen deutsch-rechtlichen Güterrechten
zu Gunsten der Frau«[52] darstellte, den »Tatsachen des moder-
nen Wirtschaftslebens Rechnung zu tragen«[53] – ein erneuter
Beleg für falsche Prämissen und eine unhistorische bürgerliche
Sichtweise.

Im Hinblick auf die Frauen der Eigentümerklasse zeigt die
Rechtspraxis zum Vorbehaltsgut der Frau eindeutig ein Wie-
deraufleben und Erstarken patriarchaler Vorrechte. In allen
zur Entscheidung gelangten Fällen, in denen der Umfang des
Frauenguts strittig war, praktizierte die Rechtsprechung ganz
auffällig seit der Jahrhundertmitte zuungunsten der Frauen
eine restriktivere Auslegung[54]; zunehmend hatten die Frauen
die Vermutung wider sich, ihr Eigentum nicht vorbehalten zu
haben. Sogar in den verschiedenen Auflagen der Kommentare
wird dieser Trend bestätigt und mit Hilfe juristischer Spitzfindigkeiten begründet: P. Hinschius rückte bei der Bearbeitung
des Kochschen Kommentars zum *ALR* ausdrücklich von einer
von Koch in früheren Auflagen vertretenen Auffassung ab, die
die Frauen begünstigt hatte, mit dem Hinweis »auf die Praxis
des Lebens«.[55] Dem heftigen Protest der bürgerlichen Frauenbewegung gegen die Regelung des ehelichen Güterrechts im
neuen *Bürgerlichen Gesetzbuch* wußte G. Planck, einer der
Autoren des *BGB*, entgegenzuhalten, daß Eheverträge mit
Vorbehaltsgut oder Gütertrennung nach einer statistischen

Erhebung »nur in verschwindend kleiner Zahl abgeschlossen« wurden, weshalb man, gestützt auf das so dokumentierte »Bewußtsein des Volkes«, sich berechtigt fühlte, den Güterstand der Verwaltung und Nutznießung des Ehemannes zum Regel-Güterstand zu machen.[56]

Ein entscheidendes Argument, das alle Debatten über eheliches Güterrecht bei der Entwicklung vom *ALR* zum *BGB* durchzieht, wurde bisher übergangen. Es ist die Auffassung, daß der ehelichen Lebensgemeinschaft auch die Gütergemeinschaft entspreche. Die Formel lautet: Ein Leib – ein Gut.[57] Während man aber um 1800 noch der Meinung war, daß man die Gütergemeinschaft, die »freilich einer ächt sittlichen Ehe faktisch angemessen erscheine, in Zeiten der Verfeinerung [nicht] wieder zum Zwangsrecht machen wolle, [zumal] solches Recht in vielen Fällen für die Frau und ihre Familie äußerst hart und somit ein gesetzmäßiges Unrecht sey«[58], waren solche Skrupel um 1900 völlig ausgeräumt. Plancks lapidare Begründung zur Auswahl unter 100 verschiedenen ehelichen Güterrechten in Deutschland vor dem Inkrafttreten des *BGB* lautete:

> »Insbesondere hat die Entwicklung in ganz Deutschland gezeigt, daß das wirthschaftliche Bedürfniß unbedingt erfordert, die Verwaltung des gemeinschaftlichen Vermögens in eine Hand zu legen und diese ist die des Mannes.«[59]

Die Ehe als Vertrag, der man um der Sittlichkeit willen, so die Verfasser des *ALR*, »die natürliche Freiheit nicht nehmen könne«[60], hatte inzwischen einer Zwangsinstitution Platz gemacht. Die institutionelle Eheauffassung aber, die sich mit der Ehescheidungsreform im Vormärz in der Rechtswissenschaft durchsetzte, wurde seitdem zur Hauptstütze eines reaktionären, frauenfeindlichen Familienrechts.

2. Die Wende im Familienrecht in den vierziger Jahren

2.1. *Die Ehe als »Institution« und die Reform der Ehescheidung*

Nach der heute noch herrschenden Lehre und höchstrichterlichen Rechtsprechung[61] ist die Ehe nicht nur ein Vertrag, sondern eine Institution. D. h. sie ist ein fundamentales Gemeinschaftsverhältnis oder eine »rechtlich geregelte Grundform«[62], deren »natürliche«, religiöse oder »objektiv sittliche Ordnung« vorgegeben[63] ist und damit nicht der vertraglichen Disposition der Ehepartner unterliegt. Die »Verfestigung der Ehe zu einer rechtlich anerkannten und geregelten Institution«, heißt es bei K. Larenz, »[. . .] setzt ein für alle gültiges Maß für das Zusammenleben der Geschlechter«. Die Ehe ist »überindividuell, [. . .] grundsätzlich unauflösbar und von größter Bedeutung für das soziale Zusammenleben überhaupt«.[64]

Es kann im Rahmen dieser Arbeit nicht meine Aufgabe sein, auf die ganze Problematik und Entwicklung der Institutionenlehre einzugehen, die in der Rechtswissenschaft, und zwar nicht nur im Ehe- und Scheidungsrecht[65], aber auch in der Soziologie, insbesondere in der Familiensoziologie[66], einen breiten Raum einnimmt. In der Auseinandersetzung um den »schillernden Begriff der Institution«[67], der sich nicht nur vorzüglich dazu eignet, irrationale »Argumente und Schlußfolgerungen im Familienrecht moralisch zu überhöhen«[68], sondern Herrschaft und Gewalt verschleiern hilft, droht m. E. bei aller Kritik die historische Dimension verloren zu gehen.

Entscheidend für das Interesse ist, daß die institutionelle Eheauffassung unter den speziellen historischen und gesellschaftlichen Bedingungen, mit denen wir hier befaßt sind, zur Grundlage bürgerlichen Familienrechts wurde. Erst die Berücksichtigung dieses historischen Kontextes zeigt ganz deutlich, was die Berufung auf die »unverrückbare, sittliche Ordnung« oder auf das »Wesen der Ehe« zu leisten hat und welchen konkreten Interessen sie diente und dient. Wir müssen uns darauf beschränken, lediglich die Wurzeln dieser bürgerlichen Familienrechtslehre freizulegen. Denn erst mit der Kodifikation des *BGB* erreichte die Entwicklung einen sichtbaren Höhepunkt, der hier nur angedeutet werden kann.

Die Geschichte der Ehescheidungsreform im Vormärz ist zugleich ein Lehrstück über die engen politischen Zusammenhänge zwischen autoritärem Staatsinteresse und der sogenannten Sittlichkeit des Familienlebens, die nicht zufällig mit der Sittlichkeit des weiblichen Geschlechts gleichgesetzt wird. Exemplarisch wird hieran deutlich: Die Formel von der Familie als »Keimzelle« des Staates ist keineswegs nur Deklamation, ja, sie ist immer noch üblich[69], trotz den Erfahrungen mit ihrer nationalsozialistischen Perversion.[70]

Die liberalen Bestimmungen des *Allgemeinen Landrechts* über die Ehescheidung waren für alle Konservativen und Klerikalen in und um Preußen von Anbeginn ein Stein des Anstoßes gewesen. Sie galten als »lax« und »frivol«, als Zeugnisse einer »genußsüchtigen und liederlichen Zeit«, wobei im Urteil beunruhigter Zeitgenossen vor allem »der beliebte Schlendrian der Gerichtspraxis dafür gesorgt hatte, die Bestimmungen noch laxer und weichherziger zu machen«.[71] Regelmäßig werden in diesem Zusammenhang zur Denunziation des freieren landrechtlichen Scheidungsrechtes auch die bevölkerungspolitischen Motive Friedrichs des Großen zitiert, der wegen der sich angeblich häufenden Ehescheidungsprozesse »besonders unter den gemeinen Leuten« in einer Kabinetts-Ordre aus dem Jahr 1783 die drastische Anweisung gegeben hatte, »mit der Trennung der Ehe nicht sogar facil [. . .], aber auch nicht gar zu difficil [zu sein], sonsten hindert das die Population«.[72]* Doch erst mit dem Regierungsantritt Friedrich Wilhelms IV. schien dann für einflußreiche konservativ-kirchliche Kreise in Preußen im Verein mit dem von seinem Gottesgnadentum überzeugten Monarchen die Gelegenheit gekommen, den beklagten »Mißständen« der Ehen und des Familienlebens, das »überhaupt an Innigkeit und Heiligkeit verloren hatte«[73], ein Ende zu bereiten. Der preußische König, der die in ihn gesetzten Hoffnungen auf mehr politische Freiheiten und auf die Einlösung des Verfassungsversprechens schon bald gründlich enttäuschte, hatte 1842 C. F. v. Savigny, die »Koryphäe der Juristenwelt des Jahrhunderts«[74], zu seinem Gesetzgebungsminister gemacht und damit den Revisionsarbeiten am *Preußischen Landrecht* besondere Bedeutung verliehen. Aufgrund königlicher Order vom 28. 2. 1842 wurde an die Spitze der Aufgaben zur Gesetzesrevision die Reform der Ehegesetzgebung gestellt mit dem Ziel, die »den Lehren des Christentums widersprechenden Grundsätze« zu entfernen und »würdigere Formen für das Eheprozeßverfahren« zu finden.[75] Wichtigster Mitarbeiter wurde E. L. v. Gerlach, streng kirchlicher Jurist und Vertrau-

* Siehe Anhang Nr. 17b.

ter des Königs, der Verfasser des schon bald dem Staatsrat zur Beratung vorgelegten Ehescheidungsentwurfs.

Der Entwurf sah vor: Aufhebung von elf Scheidungsgründen, vor allem der Möglichkeit zur gegenseitigen Einwilligung bei kinderlosen Ehen (§ 716, II. 1. *ALR*) und der Scheidung bei unüberwindlicher Abneigung eines Ehegatten (§ 718a II. 1. *ALR*); in jedem Fall das Erfordernis eines Sühneversuchs vor dem Geistlichen, Verbot der Wiederverheiratung bei den einzig zugelassenen Scheidungsgründen des Ehebruchs und der »böslichen Verlassung« (§§ 670, 677 II. 1. *ALR*); vor allem aber Bestrafung des »schuldigen« Ehegatten von Amts wegen, d. h. auch ohne Antrag des beleidigten Teils, mit Gefängnis oder Festungshaft, und zwar für die Frau mit doppelt so hohem Strafmaß wie für den Mann; schließlich verfahrensrechtliche Neuerungen wie die Bestellung der Obergerichte zu Ehescheidungsgerichten und die Änderung der Beweisregeln im Prozeß zugunsten der freien Beweiswürdigung.[76]

Der Entwurf gelangte vermutlich durch eine Indiskretion hoher Staatsbeamter an die *Rheinische Zeitung*, wurde dort am 20. 10. 1842, kurz nachdem K. Marx die Redaktionsleitung übernommen hatte, veröffentlicht[77] und rief einen »Schrei des Unwillens in der ganzen Nation«[78] hervor, ja, brachte Preußen sechs Jahre vor dem Ausbruch einer bürgerlichen Revolution an den Rand einer Staatskrise.

»Noch nie«, schrieb der Zeitgenosse R. Prutz, »hatte eine Maßregel der Regierung eine so tiefe und allgemeine Indignation hervorgerufen, noch nie hatten jene dämonischen Mächte, die sich mehr und mehr am preußischen Throne emporrankten, dem sittlichen Bewußtsein der Nation, der Bildung der Zeit so keck ins Antlitz geschlagen.«[79]

Als erste Folge wurde die Zensur verschärft. Die weiteren Verhandlungen 1843 im Staatsrat über den Entwurf verliefen überaus stürmisch. Der preußische König, betroffen über die heftige Opposition nicht nur der Radikalen, sondern auch des liberalen Bürgertums, zögerte, den Entwurf den Provinzialständen zur Beratung vorzulegen, trotz ihrer unstreitigen Kompetenz bei gesetzlichen Eingriffen in Personenrechte.[80] Gerlach riet,

»die Schranken der ständischen Befugnisse durch die Tat festzustellen [d. h. das Gesetz ohne Beratung zu verabschieden]. Die Stände sollten erfahren, daß sie keine konstitutionellen Volks-Repräsentanten sind. [...]

Dazu bietet das Ehescheidungs-Gesetz eine treffliche, vielleicht so nie wiederkehrende Gelegenheit dar. Ein solcher Beweis wird nicht allein den Thron befestigen, sondern auch die trübe, schwüle Atmosphäre vertreiben, welche sich über die zweifelnden und ungewiß gewordenen Gemüter der Untertanen, ja, des ganzen deutschen Vaterlandes, gelagert hat: denn alle Welt sehnt sich nach einem festen, verständlichen Gange der Regierung, der ihr gutes Recht festhält.«[81]

Die gesellschaftlichen Verhältnisse waren revolutionär genug, um den Monarchen zum Nachgeben zu zwingen. Gerlach mußte gehen. Lediglich der formelle Teil des Entwurfs wurde am 28. 6. 1844 als *Verordnung über das Verfahren in Ehesachen* erlassen. Savigny, der als Gesetzgebungsminister ohne Fortune den mangelnden »Beruf seiner Zeit zur Gesetzgebung« höchstpersönlich zu bestätigen schien[82], verfaßte zu seiner Rechtfertigung seine »Darstellung der in den preußischen Gesetzen über die Ehescheidung unternommenen Reform«[83], die – so Stölzel – »auf der Höhe der Wissenschaftlichkeit und Formvollendung [. . .] eine schätzbare Quelle für jeden künftigen Versuch einer Ehegesetzgebungsreform« blieb.[84] In dieser Schrift entwickelte Savigny seine Lehre von der »Natur« der Ehe als Institution, die in der Folgezeit von der gesamten Rechtswissenschaft übernommen[85] und insbesondere zur Grundlage des Ehemodells des bürgerlichen Gesetzbuches wurde.[86] Fast wörtlich geben die *Motive* zum *BGB* Savignys Gedankengänge wieder:

»Die Würde der Ehe als Institution, begründet den wichtigsten und eigenthümlichsten Gesichtspunkt, der hierin für die Gesetzgebung zu beachten ist. Ihre Ehrfurcht gebietende Natur gründet sich darauf, daß sie, in Beziehung auf die Einzelnen, eine wesentliche und nothwendige Form menschlichen Daseyns überhaupt ist, in Beziehung auf den Staat aber unter die unentbehrlichen Grundlagen seines Bestehens gehört. Durch diese ihre Natur erhält sie ein *selbständiges Daseyn*, einen Anspruch auf Anerkennung, welcher *von individueller Willkür und Meinung unabhängig ist*.«[87]

Wie fragwürdig und unkontrollierbar dieses selbständige »Dasein« der Ehe als ein überwiegend sittliches und nicht rechtliches Verhältnis[88] schon im Ansatz ist, zeigen die widersprüchlichen Konsequenzen, die sich aus solcher Sittlichkeit ziehen lassen. Für Fichte hatte die »moralische« Natur der Ehe ergeben, daß »Eheleute sich selbst mit freiem Willen scheiden, so wie sie sich mit freiem Willen verbunden haben«.[89] Für Savigny aber steht die individuelle Freiheit in krassem Gegensatz zur Würde der Ehe als Institution. Wer die völlig freie Scheidung durch gegenseitige Einwilligung befürwortet – so erfährt man –, gefährdet

»die höhere sittliche Stellung des weiblichen Geschlechtes, den auf dem Familienleben ruhenden Segen [sowie] die sichere Übertragung unseres ganzen Besitzthums sittlicher Gesinnung auf die nachwachsende Generation.«[90]

Das Bürgertum begründete seine Opposition gegen die Ehescheidungsreform vor 1848 noch mit dem Argument der Freiheit gegen den »Zwang«, der die Familie »entweiht und entsittlicht«. Im *Deutschen Bürgerbuch für 1845* kritisierte G. Jung Savignys »Darstellung« mit beißendem Spott:

»Die Würde des Menschen, nicht die einer von Juristen und Priestern geschaffenen Institution, gebietet, daß die Ehe ebenso leicht zu schließen, wie aufzulösen sei, daß die Freiheit von neuem das innigste Verhältniß adle, worin der Mensch zum Menschen treten kann. [. . .] Interessant ist zu sehen, wie die Herren sich abmühen, alle Ritzen zu verstopfen, durch welche die eingezwängte Menschennatur sich Luft zu machen versuchen könnte.«[91]

Die gescheiterte bürgerliche Revolution von 1848 aber markiert den Wendepunkt von bürgerlicher Fortschrittlichkeit zur Reaktion. Von der Teilhabe an nur wirtschaftlicher Macht und Wohlstand korrumpiert und zur Absicherung gegen ein erstarkendes Proletariat, schloß das Bürgertum nun seinen Frieden mit dem autoritären Staat und seiner feudalen Beamtenschaft und versuchte, seine politische Bedeutungslosigkeit durch die »Herrschaft im Hause«, die sich Verinnerlichung nannte, zu kompensieren.

Mit der Wende zu einem bürgerlichen Patriarchalismus verschlechterte sich nicht nur die Situation der Ehefrauen. Alle Frauen waren von dem patriarchalischen Machtzuwachs und der erneuten Benachteiligung betroffen, wie die neuen gesetzgeberischen Maßnahmen zum Vereinsrecht und Presserecht[92]* eindeutig belegen. Insbesondere wurde der Ausbau des Familienrechts zu einer feudalen Enklave innerhalb der bürgerlichen Privatrechtsordnung seit 1850 zielstrebig voran-

* Siehe Anhang Nr. 18.

getrieben. Wie schon für das eheliche Güterrecht, so wurde auch im Scheidungsrecht lange vor der Kodifikation des *BGB* die institutionelle Eheauffassung ein bequemes Mittel bei der Durchsetzung reaktionärer, die Frauen benachteiligender Entscheidungen.[93] Bei der Abfassung des *BGB* endlich, das hier nur als sichtbarer Höhepunkt einer in ihren Anfängen beschriebenen Entwicklung immer wieder erwähnt wird, bewährte sich das Bürgertum als staatstragende Klasse und gebrauchte sein Verständnis von »Ehe und Familie als Grundpfeiler der bürgerlichen Gesellschaftsordnung« als Instrument im Kampf gegen »Socialdemokratie und Anarchismus«.[94] Tatsächlich waren die Sozialdemokraten bei den Beratungen des *BGB* im Reichstag als einzige Partei für ein freieres Scheidungsrecht eingetreten, mit durchaus pragmatischen Argumenten.

»Da wird gesagt, die Ehe des ALR sei rationalistisch, nüchtern, geschäftsmäßig und praktisch; daraus erkläre sich auch die Zulassung der freiwilligen Scheidung. Wollen Sie denn etwas anderes von einem Gesetzbuche verlangen, als daß es rationalistisch, nüchtern, geschäftsmäßig, praktisch ist?«

Immer wieder war es A. Bebel, der für die Frauen Partei ergriff, so auch im Scheidungsrecht. Er wies anhand der Statistik nach, daß das Wegfallen der Scheidungsgründe vor allem für die Frauen eine Härte bedeuten würde.[95] Doch Bebels praktisches Engagement für die Emanzipation der Frau war selbst unter den Sozialisten des 19. Jahrhunderts die Ausnahme von der Regel.[96] So ist zum Beispiel die Ehekonzeption von Marx, die in seiner Stellungnahme zum *Ehescheidungsgesetzentwurf* zum Ausdruck kommt, nicht nur als »eine irrationale Enklave idealistischer Ethik in der dialektisch-materialistischen Theorie«[97] zu werten, sondern grundsätzlicher Art. Auch Marx bestand auf dem »tiefen, sittlichen Wesen der Ehe«, bei dem nicht »an die zwei Individuen«, sondern an *»Familie«* zu denken ist.[98] Soviel männliche Übereinstimmung trotz größter politischer Gegensätze vermag lediglich der allen gemeinsame Patriarchalismus zu erklären.

Der große Rechtsgelehrte G. Puchta, der so konsequent an der strengen juristischen Begrifflichkeit festhielt, daß er auch im Familienrecht bloß rein rechtliche Gesichtspunkte gelten lassen wollte[99], hatte den Patriarchalismus als gesellschaftliches Faktum klar erkannt. In einem Brief an L. Gerlach, dem er in bezug auf seine Anstrengungen zur Ehescheidungsreform »theokratischen Totalitarismus«[100] vorwarf, schrieb er u. a.:

»Gegen Ihren Spott über die Verzweiflung, mit der ich am Eingang der dunklen Werkstätte der Volksüberzeugung stehen bleibe, erwidere ich: [. . .] eher könnte ich verzweifeln über die Leiter von kleinen Göttern, die Sie vom Hausvater bis hinauf zum höchsten Gott anlegen – Gott bewahre uns!«[101]

Also nicht allein das praktische Interesse an der Erleichterung der Ehescheidung, deren Zwängen die Frauen durch die kapitalistischen Formen der Arbeitsteilung und ihre ideologische »Bestimmung« total unterworfen sind, begründet unsere Kritik an der Ehe als Institution. Schwerer wiegt, daß dieses »Wesen« und »monstruöse Abstraktum«[102] einen der rechtlichen Kontrolle entzogenen, patriarchalen Herrschaftsbereich verbirgt, der mit Gewalt und Gesetz verteidigt wird.

Daß die sogenannte Sittlichkeit der bürgerlichen Ehe nur die Frauen meint, ja sich ganz ausdrücklich gegen sie richtet, wurde von J. G. Fichte als selbstverständliche Prämisse in das bürgerliche Familienrecht aufgenommen. Savigny war der Vermittler dieser Tradition; welche »Vorteile« den Frauen »die sittliche Erhebung des weiblichen Geschlechts«, die Savigny an »diese [die bürgerliche] Form der Ehe knüpft«[103], einbrachte, ist an seinen Begründungen für die höheren Ehebruchsstrafen für die Frauen abzulesen. Er war »der Überzeugung, daß die Frau durch den Ehebruch tiefer sinkt als der Mann, weil sie vorzugsweise vor dem Manne ihren Lebensberuf in der Familie hat, während der Mann in vielen anderen Beziehungen der Welt angehört«.[104]* In den *Motiven* zum neuen Strafgesetzbuch wurde im Jahr 1845 unter dem Gesetzgebungsminister Savigny ausgeführt:

»Die Bedeutung der Frau liegt hauptsächlich in der sittlichen und geschlechtlichen Reinheit, und mit dem Verlust derselben ist die Würde des Weibes, so wie der eheliche und häusliche Friede vernichtet, die Erziehung der Kinder preisgegeben. [. . .]
Der Ehebruch des Mannes wird in sehr vielen Fällen die Ehre und den

---

* Siehe Anhang Nr. 19b.

Frieden des Hauses nicht untergraben, und der momentane Fehltritt des Mannes wird leichter verziehen und gesühnt werden können.«[105]*

Die einzige Frauenstimme, die man schon im Vormärz zu diesen Fragen vernehmen konnte, war die von L. Otto-Peters. Sie stellte nüchtern fest:

»Die Würde der Frauen ist keine innere, die überall sich gleich bleibt, sie ist nur eine äußere, an die niemand mehr glaubt, sobald der für ihre Aufrechterhaltung nöthige Apparat: häuslicher Herd, Familie und Geschlechtsgenossinnen nicht mehr an ihrer Seite ist!

Die gerühmte Sittsamkeit der deutschen Mädchen und Hausfrauen erscheint sonach als nichts Anderes als das Resultat eines stets auferlegten Zwanges – im schlimmeren das erzwungene Produkt einer fast unerträglich befundenen Sklaverei. [...]

Es bürgt keineswegs für die Sittlichkeit einer Nation oder Gesellschaft, wenn man in den natürlichen und einfachsten Dingen etwas Anstößiges findet.«[106]

Die in den Gesetzesmaterialien des Vormärz und in vielen anderen Traktaten so häufig beschworene öffentliche Sittlichkeit, die immer in einem Atemzug mit der »Heiligkeit und Keuschheit der Familienverhältnisse und den wichtigsten Interessen des Staates«[107] genannt wird, hatte also eine doppelte Spezialisierung erfahren: Sie bezog sich »insbesondere auf das weibliche Geschlecht«, d. h. sie verpflichtete einzig die Frau, und meinte häufig, in weiterer Begriffsverengung, hauptsächlich die geschlechtliche Sittlichkeit. Damit wurde den männlichen Interessen in zweifacher Weise gedient: Die Frau, »die ihren Lebensberuf vorzugsweise in der Familie hatte«, befreite ihn vom Konkurrenzdruck auf dem Arbeitsmarkt und diente mit ihrer abhängigen Arbeit im Hause zugleich seiner persönlichen Bequemlichkeit. Die Sittlichkeit, bezogen auf ihre Sexualität, aber war ein Disziplinierungsmittel ausschließlich weiblicher Treue und sicherte dem Ehemann und seinen Kindern nicht nur das Vermögen der Frau[108], sondern auch ihren Körper.[109]

2.2. Patriarchalische Waffen. Ein Beispiel

Falls es noch eines Beleges bedarf, wie rücksichtslos der bürgerliche Patriarchalismus mit Hilfe von Recht und Gesetz

* Siehe Anhang Nr. 19a.

seine Bastionen gegen die Frauen ausbaute, so liefert ihn das Unehelichenrecht. Das Gesetz vom 24. 4. 1854[110]*, das die Bestimmungen des *ALR* über die Rechte der unverheirateten Mütter und ihrer Kinder aufhob, ist ein Beispiel.

Marianne Weber ist zuzustimmen: Die Verfasser des *Landrechts* hatten gegenüber der unehelichen Mutter und ihrem Kind »mehr Humanität und Weitsichtigkeit bekundet als die Gesetzgeber irgendeines anderen europäischen Großstaates«[111] und – so wir müssen heute hinzufügen – als auch unser ›sozialer‹ Rechtsstaat zu leisten bereit ist. Der Vater eines unehelichen Kindes mußte aufgrund des *ALR* nicht nur Alimente zahlen, wofür auch die Eltern des Vaters hafteten; er schuldete der »unbescholtenen, ledigen Frauensperson oder der Witwe« neben den Pflegekosten für Wochenbett und Geburt und allen anderen Auslagen auch eine Abfindung in Geld, die bis zu einem Viertel seines ganzen Vermögens betragen konnte. Waren die beiden zur Zeit der Schwängerung verlobt, so standen der Frau sogar Stand, Name und alle Rechte einer unschuldig geschiedenen Ehefrau zu (§§ 1028-1131 II. 1. und §§ 592-665 II. 2. *ALR*).

Der Revisor hatte 1830 die Einwände einzelner Referenten gegen die vielseitigen Rechtsansprüche der Frauen noch mit dem Hinweis abgewehrt, es könne »unmöglich zur Beförderung der guten Sitten gereichen, wenn man auf den von Natur aus schwächeren Theil allein alle nachtheiligen Folgen ihres Verstoßes abwälzen wolle«.[112]** 1854 war sich die Phalanx der Bürgerpatriarchen einig, daß die Regelungen des *ALR* »zugunsten der Weibspersonen alles billige Maß überschreiten«.[113] Denn »wo war der unter den Stürmen des Lebens gereifte Mann, gegen den nicht ein Stein [des Vorwurfs] dieser Art erhoben werden konnte?«[114]

Da aus der Sicht der Vertreter des »Herrenstandes« aufgrund des »gelinden Gesetzes selbst jede Allerwelts-Hure jeden beliebigen Mann durch die bloße Versicherung zum Vater eines Kindes machen« konnte[115], hatten die Reaktionäre in Preußen nichts Eiligeres zu tun, als sich gegen die nicht so sehr peinlichen als vielmehr materiellen Folgen ihrer »momentanen Fehltritte« zu schützen. Einmütig war man der Ansicht,

* Siehe Anhang Nr. 20.
** Siehe Anhang Nr. 17c.

daß die Rechte der Frauen in ein »Reizmittel zur Unsittlichkeit umgeschlagen war[en] und die Unsittlichkeit zum Erwerbsmittel gemacht« hatten.[116] Nach einer Initiative der 1. Kammer, des »Herrenhauses«, wurde im Schnellverfahren ein Gesetz mit folgendem Inhalt verabschiedet: Die unverheiratete Mutter konnte einzig die »unvermeidlichen« Kosten des Wochenbettes, nur in ganz besonderen Fällen (z. B. bei Notzucht) eine Abfindung, niemals mehr die Rechte einer Ehefrau beanspruchen. Mit der sogenannten Einrede des Mehrverkehrs – sowohl ein sprachliches als auch ein juristisches Monstrum – hatten sich die Männer eine jederzeit brauchbare Waffe (und sei es mit Hilfe männlicher Kumpanei) in die Hand gegeben, die für alle Rechtsansprüche maßgebliche »Unbescholtenheit« der Frau in Zweifel zu ziehen. Auch die unehelichen Kinder wurden wesentlich schlechter gestellt, insbesondere durch den Wegfall der subsidiären Haftung ihrer väterlichen Großeltern. Außerdem wurde der uneheliche Vater durch die Aufhebung des § 622 II. 2. *ALR*[117] völlig aus seiner Verantwortung für die persönliche Fürsorge und Erziehung seines Kindes entlassen.[118] Die bürgerliche Gesellschaft hatte den Startschuß zu ihrem Lauf in die »Vaterlosigkeit« gegeben und sich einmal mehr in die Widersprüche ihrer Familienideologie verwickelt. Die gesetzlichen Neuerungen von 1854 wurden als große ›Rechtsfortschritte‹ unverändert in das *BGB* übernommen.

2.3. Systematische Widersprüche

Die »Lehre vom primär natürlich-sittlichen Charakter der Ehe und Familie in der Rechtswissenschaft bis hin zum BGB« ist also keineswegs Ausdruck einer neuen »Realität der verinnerlichten Familienbeziehungen«, wie H. Dörner meint. Die von ihm als »Siegeszug«[119] beschriebenen Neuerungen im Familienrecht, die eindeutig die Frauen benachteiligen, sind vielmehr das Werk eines sich neu etablierenden, bürgerlichen Patriarchalismus. Die abgenutzte Phrase von der Verinnerlichung und Intimisierung der Familienbeziehungen klingt in Anbetracht der beschriebenen familienrechtlichen Fakten wie Hohn.

Obgleich auch Dörner die im bürgerlichen Familienrecht

angelegte »Tendenz zur Stabilisierung der Familie«, die »der Aufrechterhaltung der männlichen Vorherrschaft und der Erschwerung der Scheidung« dient, als »gegenläufig« interpretiert, da sie »die durch die Industrialisierung ausgelösten sozialen Prozesse hemme oder ihr sogar entgegenwirke«, begnügt er sich mit einer oberflächlichen soziologischen Erklärung: »Der institutionelle Denkansatz dient in diesem Zusammenhang zu einer Durchsetzung des Ehebildes der bürgerlichen Schichten.«[120] Auf diese Weise vermeidet man, die realen Ursachen, in diesem Fall die Anmaßung und Befestigung patriarchaler Herrschaft in einer konkreten historischen Situation, beim Namen zu nennen, und unterschlägt das Spannungsverhältnis, das offensichtlich zwischen Gleichberechtigung und der bürgerlichen Eheauffassung des vergangenen Jahrhunderts bis in unsere Zeit besteht.

Den um ein »harmonisches Rechtssystem«[121] bemühten Juristen des 19. Jahrhunderts waren die immanenten, rechtsdogmatischen Widersprüche ihres bürgerlichen Familienrechts immerhin noch bewußt. Die Zwischenstellung des Familienrechts zwischen Personen- und Sachenrecht oder privatem und öffentlichem Recht hatte ihnen Kopfzerbrechen bereitet: sie versuchten die mangelhafte Systematik mit verschiedenen juristischen Hilfskonstruktionen zu überbrücken[122]: Das Moment »des überwiegend Sittlichen« im Familienrecht war für C. F. v. Savigny Anlaß genug, die »Familie« zur »Grundlage einer neuen, ganz eigenthümlichen Art von Rechtsverhältnissen« zu machen.[123] B. Windscheid meinte die systematischen Probleme mit dem Hinweis auf den »überwiegenden Pflichtgehalt der Familienverhältnisse« zu lösen; er definierte: Im Familienrecht »ist die Pflicht das Principale und das Recht nur um der Pflicht willen da, während bei allen übrigen Rechten die Pflicht nur die andere Seite des Rechts ist«.[124] R. Sohm dagegen hatte keine Skrupel, die Familienverhältnisse als »Gewaltverhältnisse« zu bezeichnen, wobei das »eheliche Verhältnis« als Beispiel angeführt wird: »Die Familie ist heute noch ein Gebiet privater persönlicher Herrschaft.«[125] Damit wurde jedoch die rechtsdogmatische Unterscheidung in öffentliches und privates Recht hinfällig, wonach das Privatrecht durch die Gleichordnung der Rechtssubjekte, das öffentliche Recht hingegen durch Unterordnung und Herrschaftsverhältnisse charakterisiert ist.

Während die Problematik des Familienrechts im Anfangs-
stadium seiner spezifisch bürgerlichen Ausformung also vielfach thematisiert wurde, ist es in der heute herrschenden
Familienrechtslehre üblich[126], die Inkonsequenzen zum Nachteil der Frauen nicht zuzugeben. Obgleich gerade J. Gernhuber bei der Interpretation des Gleichberechtigungsgrundsatzes
die »konservativen Tendenzen« oder »patriarchalischen Fami-
lienleitbilder« in der Rechtsprechung und Lehre kritisiert[127],
meint er zur Systematik des Familienrechts:

> »Es ist schließlich nicht möglich, Familienrecht und Erbrecht über das
> System der subjektiven Rechte mit den anderen Teilen des BGB in
> Einklang zu bringen. [. . .] So weist das System des BGB einen deutlichen
> Bruch auf, der freilich insoweit gleichgültig ist, als Systemfragen zu den
> ›unpraktischen Grundfragen‹ gehören.«[128]

Für die Frauen aber sind diese Fragen bis in die Gegenwart
unerhört praktische geblieben. Der Widerstand gegen das neue
Namensrecht[129], die Diskussion um die Hausfrauenehe[130] oder
die unentgeltliche Mitarbeitspflicht der Ehefrauen[131] haben
gezeigt, wie leicht die im Grundsatz anerkannte Gleichberechtigung mit der herrschenden Eheauffassung kollidiert.
Ganz gleich in welcher Form in der mehr als hundertjähri-
gen Geschichte verhinderter Gleichberechtigung die Rechtsforderungen der Frauen abgewehrt wurden: ob W. H. Riehl
beim »epidemischen Auftreten der Blaustrümpfe« meint, »die
Luft reinigen zu müssen«[132], ob H. U. Marchtaler den »mäch-
tigen Feminismus [für] ein ganz typisches Merkmal der De-
struktion eines Volkes« hält[133] oder ob man wie G. Beitzke
– differenzierter, jedoch in der Zielrichtung gleich – den
»übertriebenen individualistischen Bestrebungen [. . .] mit einer organischen Gleichwertigkeit (nicht Gleichheit) von Mann
und Frau entgegentreten« will, die »die Einheit der Familie
nicht antasten« dürfe[134] – das bürgerliche Familienrecht hat
sich als Vehikel patriarchalischer Interessen immer wieder
vorzüglich bewährt.

3. Die allgemeine Rechtsfähigkeit der Frau

3.1. Die Frau als Rechtsperson

In der bisherigen Betrachtung sind die Rechte der Frauen verschiedentlich erörtert worden:
– ihre Bindung und »Befreiung« aus feudaler Abhängigkeit;
– die Einschränkung der auch für die Frauen geltenden Gewerbefreiheit durch reaktionäre Gewerbeordnungen mit patriarchalischen Innungsrechten;
– die arbeitsrechtlichen Bestimmungen für den größten Teil weiblicher Lohnarbeiter in der ›feudalen‹ Gesindeordnung;
– in der Geschichte der Familie die mit staatlicher Gewalt durchgesetzten bürgerlichen Familiennormen, z. B. im Eheschließungsrecht, schließlich die Ausbildung eines spezifisch bürgerlichen Familienrechts, das für die Frauen mehr Beschränkungen als Freiheiten enthielt und sie mit Hilfe einer ›verfeinerten‹, d. i. patriarchalischen, Eheauffassung am Eigentumserwerb oder freier Lohnarbeit hinderte.

Alle diese Rechtsverhältnisse der Frauen waren zugleich Produktionsverhältnisse, d. h. sowohl materielle Bedingung als auch Ausdruck fraulicher Existenz. Unser abschließender Überblick ist darum nicht als abstrahierendes Anhängsel – als Überbau – zu verstehen, sondern als Zusammenfassung der Widersprüche bürgerlichen Rechts und seiner Verhältnisse, die konkret werden in der Frage, inwieweit den Frauen die allgemeine Reklamation der Menschenrechte und die Anerkennung des Menschen als Rechtsperson[135] zugute gekommen ist.

»Der Gedanke, daß jeder Mensch kraft seiner angeborenen Würde berufen ist, Person im Rechtssinne und damit rechtsfähig zu sein, hat sich erst seit rund 150 Jahren in der Rechtswissenschaft durchgesetzt. Er wurde durch die Naturrechtslehre der Aufklärung sehr gefördert [. . .]«, heißt es im führenden Lehrbuch des Bürgerlichen Rechts bei Enneccerus-Nipperdey; und weiter: »Die Rechtsfähigkeit aller Menschen ist prinzipiell die gleiche. Zwar bestanden nach früherem deutschen Recht erhebliche Unterschiede, insbesondere zwischen Männern und Frauen, In- und Ausländern, Christen und Juden, sowie zwischen den einzelnen Geburts- und Berufsständen. Allein diese Verschiedenheiten sind jetzt beseitigt.«[136]

Die »Erkenntnis der allgemeinen Rechtsfähigkeit« wird hier wie überall in der Jurisprudenz als eine Errungenschaft des

Denkens oder eine »Frucht der Rechtsphilosophie«[137] gepriesen; die Verspätung der Frauenrechte wird nicht problematisiert. Marx war es gelungen, diese idealistische Geschichte des Rechts auf die Füße zu stellen, indem er Recht und das »juristische Moment der Person« aus den gesellschaftlichen Verhältnissen der kapitalistischen Warenwirtschaft ableitete. Wenn zwei Warenbesitzer auf dem Markt ihre Waren austauschen, wird vorausgesetzt, daß sie sich als Eigentümer, als Personen gegenübertreten, daß sie die Ware des anderen als Äquivalent der eigenen, d. h. als Gleiches anerkennen, und daß sie die eigene Ware freiwillig, d. h. ohne Gewalt, hergeben. Ihre wechselseitigen Einzelinteressen aber setzen sich gleichsam »hinter ihrem Rücken« als allgemeines Interesse durch.[138] Freiheit, Gleichheit, allgemeines Gesetz und die Eigentumsgarantie für solche, die besitzen, sind somit die Grundkategorien bürgerlichen Rechts.[139] Selbst mit der Negation dieses Modells der einfachen Warenwirtschaft durch das für die kapitalistische Produktionsweise grundlegende Vertragsverhältnis, den Austausch zwischen Kapital und Arbeit, in dem der Äquivalententausch zum »bloßen Schein«[140] und der Lohn zur Grundlage aller Rechtsillusionen und »Mystifikationen«[141] wird, sind zumindest der »Schein der Gewaltlosigkeit«[142] und die Freiheit von unmittelbarem Zwang bestimmend für die Durchsetzung und die Legitimation dieses Rechts.

Aber auch in der marxistischen Rechtstheorie kommen die besonderen gesellschaftlichen Verhältnisse der Frauen nicht vor. Dabei hat gerade unsere historisch-materialistische Analyse ergeben, daß sie weder unter die Kategorie der Warenbesitzer als Eigentümer noch ohne weiteres unter die der ›freien‹ Lohnarbeiter zu subsumieren sind. Für Marx selbst war »Weiberarbeit« ein besonders verabscheuungswürdiges Zeichen »kapitalistischer Exploitation«, die er ganz im Sinne seiner Eheauffassung lediglich als »moralische Verkümmerung« deuten konnte. Frauen werden da in einer Reihe mit Unmündigen und Kindern genannt, die der Arbeiter als »Sklavenhändler« an den Kapitalisten verkauft.[143] Gewiß, diese Ansicht spiegelt die Rechtsverhältnisse seiner Zeit wider: Nicht einmal »im wahren Eden der angebornen Menschenrechte, beim Verkauf [ihrer] Arbeitskraft«[144], waren die Frauen 1850 in Deutschland frei, vielmehr an die Zustimmung ihres Ehemannes und andere institutionalisierte Ehepflichten gebunden: den Wohnsitz des Mannes, die alleinige Pflicht zur Haushaltsführung und Kindererziehung, usw. Doch die Dialektik des Rechts, seine nicht nur ideologische, sondern auch emanzipatorische Funktion, ist in dieser Betrachtung verloren gegangen.

Es kann zur Lösung des Frauenproblems also nicht darum gehen, einer bloßen »Verrechtlichung«[145] im Sinne perfekter Gleichberechtigung das Wort zu reden und darüber die allgemeine, menschliche Emanzipation als gesellschaftliches Ziel aus den Augen zu verlieren. So hat z. B. E. Paschukanis 1929 »die Zersetzung der organisch patriarchalischen Beziehungen und deren Ersetzung durch juristische Beziehungen, d. h. Beziehungen formell gleichberechtigter Subjekte« behauptet, doch seine Ankündigung ließ die historische Konkretion oder Konkretisierbarkeit vermissen. Er vertraute die Praxis offensichtlich blindlings der gesetzmäßigen »Entwicklung der Rechtsform« an.[146] »Der eigentlich schwierige Punkt« – den auch Marx leider nur andeutete – »ist aber der, wie die Produktionsverhältnisse als Rechtsverhältnisse in ungleiche Entwicklung treten«[147], d. h. wann mit Hilfe des Rechts die Chance zu einer Veränderung dieser Verhältnisse besteht.

Wenn unsere These richtig ist, daß der patriarchale Machtzuwachs im Übergang zur bürgerlichen Gesellschaft in Deutschland einen Rückschlag und einen Widerspruch zu den allgemeinen Rechts- und Produktionsverhältnissen darstellte, muß uns die Frage interessieren, ob die Jurisprudenz der fraglichen Zeit die Widersprüche zwischen allgemeiner Rechtsentwicklung und den Rechten bzw. Nichtrechten der Frauen wahrgenommen und wie sie sie verarbeitet hat.

3.2. Das weibliche Geschlecht als »besonderer Zustand«

Die führenden Lehrbücher und Kommentare, die sich seit dem »Neueinsatz«[148] der Rechtswissenschaft als historische Rechtsschule darum bemühen, »den ganzen Stoff des deutschen Rechts in seinem historischen und wissenschaftlichen Zusammenhang auf[zu]fassen«[149], behandeln in Anbetracht der zersplitterten Rechtszustände und vielschichtigen Rechtsquellen in Deutschland eine solche Fülle von Einzelheiten, daß wir uns hier auf einige Grundlinien beschränken müssen.

Leitender Gesichtspunkt ist die Frage, welche Bedeutung der Geschlechtszugehörigkeit für die Rechts- und Handlungsfähigkeit der Person beigemessen wird.

Die frühen Autoren wie K. F. Eichhorn waren in bezug auf unser Thema sehr zurückhaltend, wenn nicht unergiebig. Und gerade dies mag bedeutungsvoll sein. In seinem Abschnitt über Personenrechte war Eichhorn noch ganz mit der ständischen Gliederung der Gesellschaft befaßt, aus der sich die verschiedenen Abstufungen bürgerlicher Freiheiten und der Umfang der Rechtsfähigkeit bestimmten.[150] Er entsprach damit der »durch die ständische Ordnung modifizierten Rechtsfähigkeit« des *Allgemeinen Landrechts*, (§§ 1 und 7. I. 1. *ALR*)[151] und einer sich erst bis 1850 allmählich auflösenden sozialen Wirklichkeit in Deutschland. Rechtliche Auswirkungen der Geschlechtsverschiedenheiten, außer im Hinblick auf die Folgen von »Mißheiraten«[152], wurden hier nicht vermerkt. Die »Geschlechtsvormundschaft« als die vor Gericht notwendige Vertretung der Frau durch einen Mann, ihren Vater oder Ehemann, kommt als historisches Institut oder »nach heutigem Recht« »allenthalben vor«, doch ihre Wirkung wird von »dem besonderen ehelichen Güterverhältnisse« abhängig gemacht. Das bedeutet, in allen Geltungsgebieten mit gemeinem Recht und römisch-rechtlichen Einflüssen, in denen das sogenannte Dotalsystem, d. h. Gütertrennung, oder eigenes Vermögen der Ehefrau vorherrschte, muß auch eine größere Selbständigkeit der Frau angenommen werden, dagegen unter der Wirkung der deutsch-rechtlichen Gütergemeinschaft eine stärkere Bevormundung und Abhängigkeit der Frau. Interessant nun ist die Feststellung Eichhorns, die im krassen Gegensatz zu den Angaben der Verfasser des *BGB* steht, daß »das Dotalsystem aber die Regel ausmacht, wiewohl es sehr häufig mit Modifikationen durch deutsche Institute vorkommt«.[153] Die Fakten sind hier nicht zu überprüfen, möglicherweise aber hatten sich die Güterrechtsverhältnisse bis zum Ende des 19. Jahrhunderts tatsächlich zum Nachteil der Frauen gewandelt.

Entsprechend dieser Teilung der Güterrechtssysteme schieden sich die Geister auch in der Frage der Geschlechtsvormundschaft: Die Romanisten oder Pandektisten unter den Juristen, die bei der Fixierung ehelicher Pflichten eine deutliche Zurückhaltung zeigten und nur das Güterrecht für einen bürgerlich regulierbaren Gegenstand hielten[154], gingen davon aus, daß »das Geschlecht [...] keinen durchgreifenden Einfluß auf die rechtlichen Verhältnisse« hat, »im Zweifel die Rechtssätze für beide Geschlechter bestimmt« sind.[155] Dagegen begründeten die Germanisten die gesetzliche Vormundschaft des Ehemannes über die Frau, die »in der neueren Theorie [in bezug auf] den Kreis der Geschäfte« eine »Erweiterung« erfahren hatte und nicht mehr nur die Vertretung vor Gericht, sondern eine mehr oder weniger totale Geschäftsunfähigkeit bedeutete, mit der »gerade bei unserem Volke würdige[n] Auffassung der Ehe«.[156]* Den wohl treffendsten Ausdruck dieser Ansicht fand C. F. Gerber, dessen *System des deutschen Privatrechts* allein zwischen 1850 und 1882 14 Auflagen erlebte:

»Die Herrschaft des Mannes im Hause im heutigen Rechte [beruht] noch immer zum großen Teil auf einer tieferen Auffassung der Familie und jener besonderen sittlichen Kraft, welche der deutsche Volksgeist dieser natürlichen Verbindung beilegt. [...] Es gibt kein Recht, welches das Band der Familie fester schließt, den geistigen Wert der innigsten Familiengemeinschaft tiefer erfaßt und den Frieden der väterlichen Stätte für ehrwürdiger erachtet, als das deutsche.«[157]***

Während C. J. A. Mittermaier zur Frage der »Beschränkung der Weiber in der Fähigkeit der Ausübung einiger Rechte« noch eine instabile Zwischenposition einnahm, die er mit der »Umgestaltung« der Verhältnisse der Ehegatten begründete[158], hat W. Th. Kraut mit seinem dreibändigen Werk *Die Vormundschaft nach den Grundsätzen des Deutschen Rechts* der bürgerlich-patriarchalen Selbstüberschätzung zum Durchbruch verholfen.[159] Auf seine Begründungen für die »besonderen Zustände« des weiblichen Geschlechts haben sich in der Folgezeit alle juristischen Autoritäten berufen.[160]**** Kraut konnte überzeugend belegen, daß sich die Geschlechtsvormundschaft über Frauen im germanischen Recht aus ihrer Unfähigkeit, Fehde zu führen, ableitete. In einer Zeit, in der die Störung des Rechtsfriedens nur mit Waffengewalt (z. B.

*   Siehe Anhang Nr. 21a.
**   Siehe Anhang Nr. 21b.
*** Siehe Anhang Nr. 21c.
**** Siehe Anhang Nr. 21d.

Blutrache) gesühnt werden konnte, war es durchaus folgerichtig, daß nur die »wehrhaften« Leute selbständig vor Gericht klagen oder sich verteidigen konnten. Alle anderen, die »durch ihre körperliche und geistige Beschaffenheit daran gehindert waren, wie Kinder, Frauenzimmer, geisteskranke und preßhafte Leute«, waren auf die Vertretung durch einen Vormund angewiesen.[161] Doch von der Zeit an, »wo der Familienschutz durch den Staatsschutz ersetzt wurde, mußte die Geschlechtsvormundschaft [Kraut setzt schnell hinzu: ›bei Unverheirateten‹] ihre innere Notwendigkeit verlieren. Daher sehen wir sie in manchen Teilen Deutschlands schon früh [seit dem Mittelalter] verschwinden«.[162]

Die »neueren Juristen« wußten – als nach der Rezeption des römischen Rechts dieses deutsch-rechtliche Institut immer fragwürdiger wurde – der Vertretungsmacht des Mannes einen »neuen Grund« zu unterlegen: »die weibliche Schwäche und die Unerfahrenheit der Weiber in bürgerlichen Angelegenheiten«, weshalb es

»wegen der ihnen eigenthümlichen Nachgiebigkeit und Weichheit des Characters oft als wünschenswerth erscheinen muß, daß sie wichtige Geschäfte nicht ohne Zuziehung eines erfahrenen und Zutrauen verdienenden männlichen Rathgebers abschließen.«[163]

Die Ideologie der weiblichen Unvernunft und Schwäche war bereits im herkömmlichen, ständischen Patriarchalismus ein gängiges Argument, Frauen besondere »Rechtswohltaten« zukommen zu lassen. Doch mit der Forderung, ihre Privilegien durch Rechte zu ersetzen, hatte G. Th. v. Hippel die entscheidende Voraussetzung für die »bürgerliche Verbesserung der Weiber« benannt. Auch Kraut mußte eingesehen haben, daß die Begründung mit der weiblichen Unvernunft 1840 nicht mehr überzeugte. Er führte die spezifisch bürgerliche Argumentationsweise in die juristische Diskussion ein, indem er behauptete, nicht etwa die Geschlechtsvormundschaft oder das eheliche Güterrecht oder andere historische Rechtsinstitute seien die Basis männlicher Vorrechte, vielmehr beruhten alle Verwaltungs-, Nutznießungs- und Entscheidungsrechte des Ehemannes auf seiner »Herrschaft im Hause«.[164] Damit war für den Rest des Jahrhunderts das Legitimationsmodell für die rechtliche Entmündigung der Ehefrauen geschaffen:

»Dem Manne gebührt als dem Haupt der Familie, für deren Unterhalt er zu sorgen hat, vorzugsweise die Leitung und Vertretung der ehelichen Rechtsgemeinschaft; er hat insbesondere auch die Frau als ein Glied der Hausgenossenschaft nach außen hin zu vertreten, insoweit sie dessen bedarf, und gewährt ihr dadurch Schutz.«[165]

Auch bei der Erörterung der allgemeinen Rechtsfähigkeit der Frau also lassen sich die bürgerlich-patriarchalen Familienverhältnisse nicht ausklammern, ja, es gilt eher, daß die bürgerliche Eheform vorzüglich dazu geeignet war, die Frauen durch die Unterwerfung unter ein »privatrechtliches Gewaltverhältnis« von der allgemeinen Rechtsentwicklung auszuschließen und damit historisch »überflüssige, vom Entwicklungsstand der menschlichen Produktivkräfte überholte Gewalt«[166] zu verschleiern. Wie bewußt den Juristen um die Jahrhundertmitte dieser Widerspruch war, wird deutlich in ihren anscheinend schwankenden Definitionen der »besonderen« Rechtsstellung der Frau. Der Betrug, der hierbei mit vielen Worten gelang, wurde dadurch erleichtert, daß beim Übergang von dem auf Privilegien beruhenden feudalen Recht zur allgemeinen Rechtsfähigkeit unter bürgerlichen Verhältnissen das Sonderrecht unmerklich von einem Vorteil in Benachteiligung umschlug. Während die älteren Lehrbücher unverblümt von der »Zurücksetzung« oder »Begünstigung des weiblichen Geschlechts in Erwägung seiner Hülflosigkeit und Schwäche«[167] gesprochen hatten, gebrauchte man seit den vierziger Jahren eine ›fortschrittliche‹ Redeweise: »Die Geschlechter stehen sich im Allgemeinen einander gleich, so daß die rechtliche Verschiedenheit als Ausnahme von der Regel besonders begründet sein muß.«[168] Die Begründungen für die »besonderen Zustände« der Frauen kennen wir nun zur Genüge, auch die männlichen Interessen, die sich als »allgemeine« dahinter verbergen.

Der Ausschluß der Frauen von der allgemeinen Rechtsentwicklung wurde im *BGB* zur Methode vollendet. Die Verfasser dieser »Spätgeburt«[169] des bürgerlichen Patriarchalismus hatten es immerhin nicht für opportun gehalten, die Beschränkungen der Geschäftsfähigkeit der Ehefrauen im Allgemeinen Teil ihres Gesetzbuches bekanntzumachen, denn »der Zug der modernen Zeit geht [ging auch ihrer Meinung nach] dahin, die Frau auf dem Gebiete des Privatrechts selbständiger zu stellen«.[170] Der Allgemeine Teil aber, »der die Popularität des Gesetzes erhöhen und damit den Gleichheitssatz verwirklichen sollte«[171], war für eine Sonderregelung, die beinahe die Hälfte der Bürger betraf und den verallgemeinernden Prinzipien bürgerlichen Rechts zuwiderlief, denkbar ungeeignet. Statt dessen wurde der »Schutz der Interessen des Mannes«[172], d. h. die Beschränkung der Geschäftsfähigkeit der Frau, mit den Bestimmungen über die eheliche Lebensgemeinschaft und eheliches Güterrecht im Besonderen Teil des *BGB*, im Familienrecht, erreicht. Nach dem Grundsatz[173], die speziellere Norm gehe der allgemeinen vor (lex specialis derogat legi generali), waren damit für alle Ehefrauen die Errungenschaften des Allgemeinen Teils wieder aufgehoben und das Familienrecht als Sonderrecht für Frauen gesetzlich festgeschrieben.

Zwei bemerkenswerte Ausnahmen von der Regel, die Rechte der Frauen zu beschränken, seien zum Schluß genannt, weil sie eine Perspektive auf die Möglichkeiten von Gleichberechtigung und Emanzipation eröffnen:

1. Die volle Rechts- und Geschäftsfähigkeit der Kauf- oder Handelsfrauen, die seit dem Mittelalter selbständig vor Gericht treten und ihren Geschäftsbetrieb (oder Kramladen und Marktstand) im eigenen Namen und auf eigene Rechnung führen konnten, mochten auch die bürgerlichen Familienväter im 19. Jahrhundert nicht angreifen.[174] Die Bevorzugung wurde begründet mit den »Bedürfnissen des Handelsverkehrs«.[175]

2. Die zur Führung des Haushalts notwendigen Geschäfte waren der Frau auch im ganzen 19. Jahrhundert in mehr oder weniger großem Umfang gestattet und rechtswirksam. Das *BGB* widmete der sogenannten Schlüsselgewalt einen eigenen Gesetzesparagraphen[176] mit dem Ziel, die rechtlichen und ökonomischen Voraussetzungen für den reibungslosen Ablauf der häuslichen Tätigkeit der Frau zu schaffen.

In beiden Fällen »eigenartiger Rechtsmacht«[177] haben zwingende wirtschaftliche Gründe das patriarchalische Prinzip durchlöchert und der Ökonomie einen bestimmenden Einfluß auf die Rechtsfortbildung eingeräumt. Die These, daß den Frauen in der bürgerlichen Gesellschaft immer so viel Gleichberechtigung zugestanden wurde, wie ökonomisch notwendig und nicht mehr vermeidbar war, ist durch eine Fortführung dieser Untersuchung bis in die Gegenwart zu belegen.

Ausblick

Die teilweise frauenfreundlichen Ansätze des *Allgemeinen Landrechts* in Preußen, die der Gleichberechtigung der Frauen im bürgerlichen Recht eine Chance geboten hätten, wurden durch den reaktionären bürgerlichen Patriarchalismus zunichte gemacht. Seit der Mitte des 19. Jahrhunderts diente die Entwicklung eines spezifisch bürgerlichen Familienrechts dazu, die Frauen auf allen Rechtsgebieten zu benachteiligen. Insbesondere durch ihren Ausschluß vom Eigentumserwerb und von ›freier‹ Lohnarbeit wurde die Anerkennung der Frau als Rechtsperson verhindert – letztlich jedoch nur verzögert. Denn die Gleichberechtigung der Frauen ist weder aufzuhalten noch kommt sie zu spät. Der patriarchale Vorrang, den die bürgerliche Jurisprudenz institutionalisierte und verteidigte, war schon im frühen 19. Jahrhundert von der gesellschaftlichen Entwicklung überholt und geriet zunehmend in Widersprüche zu den allgemeinen Prinzipien bürgerlichen Rechts, zu den Möglichkeiten menschlicher Emanzipation und, schließlich, zu den ökonomischen Erfordernissen der kapitalistischen Gesellschaft.

Die Frage, ob die Frauen möglicherweise eine »Chance«, die sich ihnen in der Vergangenheit bot, »aus Feigheit vergeudet haben«[178], muß in Anbetracht der Macht der Verhältnisse und Verhinderungen verneint werden, auch wenn das Bewußtsein, die Motive und das Denken der Frauen jener Epoche in unserer Betrachtung weitgehend unberücksichtigt geblieben sind. Ihre Untersuchung muß einer anderen Arbeit vorbehalten bleiben.

Zahlreiche Dokumente, die durch das neue Interesse an der Geschichte der Frau erschlossen werden, geben Hinweise darauf, wie kritisch und weitsichtig, mit wieviel Spott oder Resignation die Frauen um 1850 die gesellschaftliche Situation des Umbruchs reflektiert und wie bewußt sie ihre historische Rolle gespielt, d. h. sich nicht angepaßt haben.* Denn die

* Siehe Anhang Nr. 22.

Dialektik kapitalistischer Verhältnisse zeigt sich gerade darin, daß die Lebensweise der Frauen in der Familie, die sie von entfremdeter Arbeit ausschloß, auch vor ihrem Verschleiß bewahrt hat und damit ein Potential zur Veränderung dieser Verhältnisse enthält. Die Erfahrungen der Frauen sind seit über 100 Jahren die gleichen geblieben. Malwida Meysenburg schrieb, ernüchtert über ihre vergeblichen Bemühungen um die Emanzipation der Frauen, in ihren *Memoiren einer Idealistin*:

»Hatte ich jemals gesagt, daß die Frau sich emancipieren soll, indem sie die besonderen Pflichten ihres Geschlechts von sich wirft und vom Manne annimmt, was auch bei ihm sehr oft häßlich ist? Ich hatte ja im Gegentheil die Frauen würdiger machen wollen, Frauen und Mütter zu sein. [. . .] Ich hatte gewollt, daß die Frau, anstatt des Mannes Brutalität nachzuahmen, ihm ebenbürtig werden sollte für die Culturaufgabe der Menschheit.«[179]

Die ›neue‹ Frauenbewegung hat sich ebenfalls einer Kulturaufgabe gestellt, d. h. sie versucht, neue Bewußtseins- und Verhaltensformen zu entwickeln. Ihr Problem allerdings bleibt die theoretische und praktische Vermittlung ihrer Entwürfe mit den Widerständen der gesellschaftlichen Realität. Gelingt diese Vermittlung nicht, so bleibt nur der schmale Grat zwischen Mutterkult und weiblicher Gegenkultur, und der Protest der Frauen droht in Anpassung oder folgenloser Verweigerung zu verkommen.

Anmerkungen

Anmerkungen zur Einleitung

1 K. Marx, *Ökonomisch-philosophische Manuskripte* (1844), in: K. Marx / F. Engels, *Studienausgabe*, Bd. II, 1966, S. 76.

2 (zuerst 1884) *MEW* 21, S. 25 ff.

3 Vgl. dazu die krit. Stelle, *MEW* 21, S. 157: »Wie und wann die Herden aus dem Gemeinbesitz des Stammes oder der Gens in das Eigentum der einzelnen Familienhäupter übergingen, darüber wissen wir bis jetzt nichts. [...] Mit den Herden nun und den übrigen neuen Reichtümern kam eine Revolution über die Familie.« Diese Schlußfolgerung und die ihr folgende Beschreibung der auch von Marx so genannten »naturwüchsigen« Arbeitsteilung basieren auf allenfalls »erdichteten«, aber nirgends stringent erklärten Grundannahmen; vgl. auch *MEW* 21, S. 28 und S. 67/68. Hierzu auch Merfeld, *Die Emanzipation der Frau in der sozialistischen Theorie und Praxis*, 1972, S. 54 f.

4 E. Bornemann, *Das Patriarchat*, 1975, S. 19.

5 A.a.O.

6 H. Sander, *Der SDS – ein aufgeblasener konterrevolutionärer Hefeteig*, in: *Konkret* 1968, Nr. 12, (S. 6).

7 So auch schon A. Bebel, *Die Frau und der Sozialismus* (61. Aufl.), 1964, S. 25.

8 K. Millet, *Sexus und Herrschaft*, 1974, S. 40.

9 Arbeitskollektiv, *Frauen gemeinsam sind stark*, 1972, S. 10. Ebenso: R. Bookhagen, *Frauenlohnarbeit*, 1973, S. 37, und A. Schwarzer, *Frauenarbeit-Frauenbefreiung*, 1973, S. 14.

10 Zur Problematik und Geschichte des Begriffs »Bürgerliche Gesellschaft« vgl. M. Riedel, *Der Begriff der »Bürgerlichen Gesellschaft« und das Problem seines geschichtlichen Ursprungs*, in: *Studien zu Hegels Rechtsphilosophie*, 1970, S. 135 f.

11 Vgl. W. Conze, in: ders. (Hrsg.), *Staat und Gesellschaft im deutschen Vormärz 1815-1848*, 1962, S. 6.

12 G. Steiner, *Der Traum vom Menschenglück, Leben und literarische Wirksamkeit von Carl Wilhelm und Henriette Frölich*, 1959; vgl. auch U. Sonnemann, *Der kritische Wachtraum*, 1971, S. 120.

13 Marx an Ruge, Briefe aus den *Deutsch-Französischen Jahrbüchern 1844*, in: *MEW* 1, S. 346.

14 Vgl. H. Schelsky, *Wandlungen der deutschen Familie in der Gegenwart*, 1967, S. 409; G. Strecker, *Frausein heute*, 1965, S. 67.

15 K. Focke, *Familie, Arbeit, Gesellschaft*, Referat zur Arbeitstagung des Deutschen Frauenrates am 27. 11. 1973, abgedr. in: *Informationen für die Frau*, 1974, Nr. 1, S. 9.

16 K. Marx, *Zur Judenfrage, MEW* 1, S. 347 f. (354).

17 K. Marx, *Zur Judenfrage*, a.a.O., S. 351.

18 *Conversations-Lexicon oder encyclopaedisches Handwörterbuch für gebildete Stände in 7 Bänden*, bei A. F. Macklot, 1818-1819, Bd. 2, S. 789, Stichwort: Freiheit.

19 K. Marx, *Zur Judenfrage*, a.a.O., S. 356.

20 K. Marx, *Kritik des Gothaer Programms, MEW* 19, S. 21.

21 H. Dölle, *Familienrecht*, 1964, Bd. 1, § 2 III.

22 O. Negt, *Thesen zur marxistischen Rechtstheorie,* in: *Kritische Justiz,* 1973, S. 11.

23 K. Marx, *Deutsche Ideologie,* Ed. Lieber, Bd. II, S. 23.

24 K. Marx, *Deutsche Ideologie,* a.a.O., S. 28.

25 G. Brandt, J. Kootz, G. Steppke, *Zur Frauenfrage im Kapitalismus,* 1973, S. 42 u. S. 162.

26 J. Menschik, *Gleichberechtigung oder Emanzipation,* 1972, S. 15.

27 F. Engels, *Der Ursprung der Familie, MEW* 21, S. 25 f.

28 A. Bebel, *Die Frau und der Sozialismus* (zuerst 1889).

29 C. Zetkin, *Zur Geschichte der proletarischen Frauenbewegung Deutschlands,* 1971 (zuerst 1906).

30 K. Marx, *Deutsche Ideologie,* a.a.O., S. 24.

31 H. Reichelt, *Ansätze zu einer materialistischen Interpretation der Rechtsphilosophie von Hegel,* in: G. W. F. Hegel, *Grundlinien der Philosophie des Rechts,* Einleitung, 1972, S. VIII/IX.

32 W. Conze, *Vom »Pöbel« zum »Proletariat«,* in: *Moderne deutsche Sozialgeschichte,* 1968, S. 121.

33 H. Mottek, *Wirtschaftsgeschichte Deutschlands,* 1971, Bd. 2, S. 5.

34 F. Engels, *Brief an Bloch, MEW* 37, S. 463.

35 Vgl. F. Engels, a.a.O.

36 Vgl. H. Rosenbaum, *Familie und Gesellschaftsstruktur,* Einleitung, 1974, S. 20.

37 Vgl. I. Kant, *Beantwortung der Frage: Was ist Aufklärung (1766),* in: *Vermischte Schriften,* 1921, 1. Bd., S. 163.

38 E. Hirsch, *Rechtssoziologie heute,* in: *Studien und Materialien zur Rechtssoziologie,* in: *KZfSS,* Sonderheft 11, 1967, S. 16.

39 Th. Geiger, *Vorstudien zu einer Soziologie des Rechts,* 1964, S. 28.

40 K. Marx, *Das Kapital, MEW* 23, S. 99.

41 K. Marx, *Vorwort zur Kritik der politischen Ökonomie,* Ed. Lieber, Bd. VI, S. 839.

42 K. Marx, *Das Kapital,* a.a.O., S. 245 f. Vgl. zum folgenden: W. Müller/ C. Neusüß, *Die Sozialstaatsillusion und der Widerspruch von Lohnarbeit und Kapital,* in: *Probleme des Klassenkampfs,* Sonderheft 1, 1972, S. 7 ff.

43 K. Marx, *Das Kapital,* a.a.O., S. 312.

44 L. Basso, *Die Rolle des Rechts in der Phase des Übergangs zum Sozialismus,* in: *Kritische Justiz* 1973, S. 249, 255 und 241.

45 K. Marx, *Das Kapital,* a.a.O., S. 189.

46 K. Marx, *Instruktionen für die Delegierten des Provisorischen Zentralrats zu den einzelnen Fragen, MEW* 16, S. 192 (194).

47 K. Marx, *Randglossen zum Programm der deutschen Arbeiterpartei, MEW* 19, S. 21.

48 (F. Engels und K. Kautsky) *Juristensozialismus, MEW* 21, S. 509.

49 O. Negt, *Thesen,* a.a.O., S. 7.

Anmerkungen zu I. Frauenarbeit

1 Vgl. H. Böhme, *Industrielle Revolution,* in: *Marxismus im Systemvergleich,* Hrsg. v. C. D. Kernig, *Geschichte,* Bd. 2, 1974, S. 179 f.

2 H. Böhme, *Prolegomena zu einer Sozial- und Wirtschaftsgeschichte Deutschlands im 19. und 20. Jahrhundert,* 1968, S. 9.

3 H. Böhme, *Industrielle Revolution*, a.a.O., S. 117.

4 H. Mottek, *Einleitende Bemerkungen*, in: Mottek u. a., *Studien zur Geschichte der industriellen Revolution in Deutschland*, Berlin 1960, S. 30.

5 H. Mottek, *Wirtschaftsgeschichte*, Bd. II, S. 73.

6 K. Marx, *Vorwort zur Kritik . . .*, Ed. Lieber, VI, S. 839.

7 Vgl. H. Böhme, *Prolegomena . . .*, S. 22 f.

8 R. Koselleck, *Preußen zwischen Reform und Revolution*, 1967, S. 131 et passim.

9 G. Mackenroth, *Bevölkerungslehre*, 1953, S. 123.

10 J. Kulischer, *Allgemeine Wirtschaftsgeschichte des Mittelalters und der Neuzeit*, 1976, Bd. II, S. 8.

11 F. Lütge, *Deutsche Sozial- und Wirtschaftsgeschichte*, 1966, S. 420. Vgl. auch R. Koselleck, *Das Zeitalter der europäischen Revolution 1780-1848*, in: *Fischer Weltgeschichte*, Bd. 26, S. 230.

12 W. Conze, *Vom »Pöbel« zum »Proletariat«*, a.a.O., S. 121. Vgl. Dieterici, *Mittheilungen des Statistischen Bureaus in Berlin*, 2. Jg., 1849, S. 4: Die Bevölkerung betrug 1822   11.664.133 und 1846   16.112.938.

13 Zum grundsätzlichen Zusammenhang zwischen »Nahrungsstellen« und alter und neuer Bevölkerungsweise vgl. G. Mackenroth, *Bevölkerungslehre*, S. 119 f. und 408 ff.

14 R. Koselleck, *Staat und Gesellschaft in Preußen 1815-1848*, in: *Moderne deutsche Sozialgeschichte*, S. 72.

15 § 12 des Oktober-Edikts, zit. n. Schering, Nachtrag zum *ALR*, I. Nr. 74. Vgl. Anhang Nr. 1.

16 Der erste gesetzgeberische Versuch, alle Einwohner Preußens als Staatsbürger zu erfassen, ist das Gesetz vom 31. 12. 1842 über die Erwerbung und den Verlust der Eigenschaft als Preußischer Untertan (GS 1843, 15). Vgl. R. Koselleck, *Preußen*, S. 631.

17 Z. B. die ständischen Eheschranken des *ALR*, die erst durch *Gesetz betr. die Ehe von Personen des Adelsstandes mit Personen niederen Standes (Ehe zur linken Hand)* vom 22. 2. 1869 aufgehoben wurden.

18 Zit. n. R. Koselleck, *Preußen*, S. 488.

19 Die persönlichen Pflichten waren im 7. Titel des II. Teils des *ALR* im einzelnen geregelt, der 1807 mit dem Oktober-Edikt formal hinfällig wurde. Durch die erst nach 1850 erfolgte Ablösung der nicht spannfähigen Bauern, wurden diese feudalen Vorschriften jedoch erst sehr »allmählich der Unwirksamkeit entgegengeführt«; vgl. H. Rehbein, O. Reincke, *ALR*, Anm. 111 zu §§ 308 f., II. 7. *ALR*. Die Regulierung der Eigentumsverhältnisse erfolgte durch besondere Regulierungsedikte von 1811, 1816, 1822 bis 1850, im einzelnen siehe Kapitel I, 4.

20 Gesindeordnung vom 8. 11. 1810, GS 1810, S. 101 ff. Schering, *Nachtrag zum ALR* I. Nr. 109.

21 Der preußische Landadel versuchte nämlich, den Gesindezwang mit dem Argument zu verteidigen, daß die Untertanenkinder auf diese Weise wenigstens »Zucht und Ordnung« lernten; dazu ausführlich weiter unten, Kap. I, 4.

22 Zur Diskussion der Heiratsschranken vgl. Kap. II, 3.

23 *Verordnung über die Aufhebung der Privatgerichtsbarkeit und des eximierten Gerichtsstandes sowie über die anderweitige Organisation der Gerichte vom 2. 1. 1849*, in: *GS 1849*, S. 1-13. Schering, *Nachtrag zum ALR* II. Nr. 615. Vgl. auch H. Mottek, Wirtschaftsgeschichte, Bd. 2, S. 22 f.

24 § 32, II. 17 *ALR* in Verb. m. § 3, II., 8 *ALR*, Zur Stellung des »eximierten« Bürgertums vgl. ausführlich R. Koselleck, *Preußen . . .*, S. 87 f.

25 R. Koselleck, *Preußen . . .*, S. 540.

26 Vgl. ausführlich bei R. Koselleck, *Preußen . . .*, S. 641 ff.

27 Als »argumentum e contrario« zu schließen aus § 736 II. 20 *ALR*, der das Recht zu »mäßiger Züchtigung« nur während der Schwangerschaft untersagt. Ausdrücklich bestätigt wird dieses Recht auch von C. G. Svarez, *Unterricht für das Volk* (1793), hrsg. v. E. Wolf, 1948, S. 16. Vgl. Koselleck, *Preußen . . .*, S. 641 ff. Erst durch ein Reskript vom 28. 1. 1812 wurde versucht, das Züchtigungsrecht wieder einzuschränken; vgl. Revisor, *Motive zu dem vom Revisor vorgelegten Entwurf des Tit. 1, Th. II. des ALR*, Berlin, 1830, S. 123. Die Wirksamkeit solcher Reskripte war auch ihm zweifelhaft. Siehe Anhang Nr. 17a.

28 Zit. n. H. Rehbein, O. Reincke, Hrsg., *ALR II.* Bd., S. 382.

29 R. Koselleck, *Preußen . . .*, S. 649.

30 H. Rehm, Art. »Freizügigkeit« in: *Handwörterbuch der Staatswissenschaften*, 3. Aufl., Jena, 1909, Bd. 3, S. 465.

31 H. Böhme, *Prolegomena . . .*, S. 31.

32 Gesetze vom 31. Dez. 1842 über die Aufnahme neu anziehender Personen (*GS* 1843, S. 5); über die Verpflichtung zur Armenpflege (*GS* 1843, S. 8); betreffend die Erwerbung und den Verlust der Eigenschaft als Preußischer Unterthan sowie den Eintritt in fremde Staatsdienste (*GS* 1843, S. 15) zit. n. Schering, *Nachtrag zum ALR*, Bd. 2, Nr. 499-501; vgl. R. Koselleck, *Preußen . . .*, S. 631.

33 H. Mottek, *Wirtschaftsgeschichte*, Bd. 2, S. 26 f. Vgl. auch J. Kulischer, *Allgemeine Wirtschaftsgeschichte* II, S. 436 f.

34 Im einzelnen: H. Bechtel, *Wirtschafts- und Sozialgeschichte Deutschlands*, 1967, 330 f., F. Lütge, *Deutsche Sozial- und Wirtschaftsgeschichte*, 1960, S. 381 f., R. Koselleck, *Das Zeitalter . . .*, a.a.O., S. 236 ff.

35 Vgl. die Deklaration des *Edikts vom 14. Sept. 1811* wegen Regulierung der gutsherrlichen und bäuerlichen Verhältnisse, vom 29. Mai 1816, in: *GS.* 1816, S. 154-180. Schering, *Nachtrag II.* Nr. 118.

36 K. Marx, *Das Kapital, MEW* 23, S. 741 f.

37 H. Bechtel, *Wirtschafts- und Sozialgeschichte*, S. 332, R. Koselleck, *Das Zeitalter . . .*, a.a.O., S. 249.

38 *Gesetz, betreffend die Ablösung der Reallasten und die Regulierung der gutsherrlichen und bäuerlichen Verhältnisse, GS* 1850, S. 77-111. Schering, *Nachtrag zum ALR* II. Nr. 628.

39 Vgl. J. Kulischer, *Allgem. Wirtschaftsgeschichte*, Bd. 2, S. 436.

40 R. Koselleck, *Das Zeitalter . . .*, a.a.O., S. 250.

41 W. Conze, *Vom »Pöbel« zum »Proletariat«*, a.a.O., S. 122.

42 G. W. F. Hegel, *Grundlinien der Philosophie des Rechts* (1821), § 244, 1972, S. 207.

43 Zum Wandel »Vom ›Pöbel‹ zum ›Proletariat‹« vgl. ausführlich W. Conze, a.a.O., S. 111 f.

44 K. Marx, *Das Kapital, MEW* 23, S. 743.

45 Bis zum Inkrafttreten des neuen Familienrechts am 1. 7. 1977 galt § 1360 *BGB*, wonach die Frau »ihre Verpflichtung, durch Arbeit zum Unterhalt der Familie beizutragen, in der Regel durch Führung des Haushalts [erfüllt]; zu einer Erwerbstätigkeit ist sie nur verpflichtet, soweit die Arbeitskraft des Mannes und die Einkünfte der Ehegatten zum Unterhalt der Familie nicht ausreichen«.

46 Einen »Zwischenakt« bildete lediglich das Jahrhundert nach dem Dreißigjährigen Krieg, in dem bei stark reduzierter Bevölkerungszahl die Löhne und Kaufkraft vorübergehend gestiegen waren; vgl. im einzelnen W. Abel, *Der Pauperismus in*

Deutschland am Vorabend der industriellen Revolution, 1970, S. 18 f.

47 Vgl. L. Schneider, *Der Arbeiterhaushalt im 18. und 19. Jahrhundert,* 1967, S. 45 f.

48 Zit. nach I. Pinchbeck, *Women Workers and the Industrial Revolution,* 1969, S. 1 (Übers. von U. G.).

49 Vgl. G. Heinsohn/R. Knieper, *Theorie des Familienrechts,* 1974, S. 128.

50 Vgl. M. Freudenthal, *Gestaltwandel der städtischen, bürgerlichen und proletarischen Hauswirtschaft unter Berücksichtigung des Typenwandels von Frau und Familie, vornehmlich in Südwest-Deutschland zwischen 1760-1933.* Diss. 1934, S. 4 f.

51 Auch die Hausarbeit der Frau ist gesellschaftlich notwendige Produktion, doch nicht als solche anerkannt; dazu unten, Kap. I, 5.

52 C. Jantke, *Zur Deutung des Pauperismus,* in: C. Jantke / D. Hilger, *Die Eigentumslosen, der deutsche Pauperismus und die Emanzipationskrise in Darstellungen und Deutungen der zeitgenössischen Literatur,* 1965, S. 14 f.

53 Der »Häusler« gehört wie der »Inste«, »Büdner« oder »Kätner« zur ländlichen Unterschicht, die für die Zeit ihrer Dienste beim freien Bauern oder Gutsherrn ein kleines Haus oder eine Wohnung mit Garten- oder Ackerland erhielten, vor allem aber in der alten Dorfverfassung Nutzungsrechte am Gemeindeland besaßen.

54 G. F. Knapp, *Die Bauernbefreiung,* I. Teil, 1887, S. 304/305.

55 Z. B. G. Bölke, *Die Wandlung der Frauenemanzipationstheorie von Marx bis zur Rätebewegung,* 1971, S. 11; J. Menschik, *Gleichberechtigung . . .,* S. 33.

56 K. Marx, *Das Kapital, MEW* 23, S. 417.

57 J. Kuczynski, *Studien zur Geschichte der Lage der Arbeiterin in Deutschland von 1700 bis zur Gegenwart,* in: *Geschichte der Lage der Arbeiter unter dem Kapitalismus,* Bd. 18, S. 90.

58 K. Marx, *Das Kapital, MEW* 23, S. 372.

59 Vgl. E. Bornemann, *Das Patriarchat,* S. 58 f.

60 W. H. Riehl, *Die Familie,* 1855, S. 3 u. S. 11.

61 J. Pierstorff, Art. *Weibliche Arbeit und Frauenfrage,* in: *Handwörterbuch der Staatswissenschaften,* 3. Aufl., 1911, Bd. 8, S. 682; H. Meister-Trescher, Art. *Frauenarbeit und Frauenfrage,* in: *Handwörterbuch der Staatswissenschaften,* 4. Aufl., 1927, Bd. 4, S. 304.

62 A. Bebel, *Die Frau . . .,* S. 248.

63 H. Meister-Trescher, a.a.O., S. 304; vgl. auch J. Pierstoff, a.a.O., S. 681/682: »Nicht in der Industrie, im Handel und Verkehr erscheinen sie [die Frauen] mit den größten Ziffern, ihr Haupttätigkeitsgebiet bildet vielmehr die Landwirtschaft. [. . .] Allerdings ist die starke Vermehrung der mithelfenden Familienangehörigen zum großen Teil eine rein statistische, insofern die erhöhten Zahlen auf eine schärfere Erfassung dieser Kategorien zurückzuführen sind.«

64 Statistisches Bundesamt, Wiesbaden, *Die Frau in Familie, Beruf und Gesellschaft,* 1975, S. 89.

65 H. Sipilä, UN-Generalsekretärin für Soziale Entwicklung und humanitäre Fragen, *Ansprache zum ›Jahr der Frau‹,* in: *Informationen für die Frau,* 1975, Nr. 1, S. 12.

66 Z. B.: die Rechte der unehelichen Mütter, vgl. unten, Kap. IV, 2., oder die sehr viel leichtere Entlassung einer »unterthänigen Weibsperson, die durch auswärtige Heirath ihre Versorgung finden kann« (§ 519 II, 7. *ALR*) aus der Leibeigenschaft.

67 I. Pinchbeck, *Women Workers and the Industrial Revolution 1750-1850,* London 1969.

68 H. Rosenbaum, *Familie und Gesellschaftsstruktur*, Hrsg. 1974, bringt unter dem Gesichtspunkt ›Familie‹ wichtige Auszüge aus diesem Buch, die jedoch für unseren Zusammenhang ›Frauenarbeit‹ nicht ausreichen.

69 I. Pinchbeck, *Women Workers . . .*, S. 14.

70 A.a.O., S. 29.

71 A.a.O., S. 30.

72 A.a.O., S. 22.

73 A.a.O., S. 24.

74 I. Pinchbeck, zit. n. H. Rosenbaum, *Familie und Gesellschaftsstruktur*, S. 208, 218.

75 I. Pinchbeck, zit. n. H. Rosenbaum, *Familie und Gesellschaftsstruktur*, S. 217.

76 A.a.O., S. 219.

77 A.a.O., S. 224.

78 I. Pinchbeck, *Women workers . . .*, S. 57.

79 H. Meister-Trescher, *Frauenarbeit . . .*, a.a.O., S. 303.

80 Im einzelnen vgl. Kap. I, 3.

81 Vgl. R. König, *Die Stellung der Frau in der modernen Gesellschaft*, in: *Materialien zur Soziologie der Familie*, 1974, S. 262.

82 I. Pinchbeck, *Women Workers . . .*, S. 1 (Hervorhebung von U. G.).

83 Vgl. dazu G. Mackenroth, *Bevölkerungslehre*, S. 409 f., der die »Veränderung des generativen Verhaltens«, d. h. die Bevölkerungsvermehrung, aus der mit der neuen Wirtschaftsweise sich ergebenden »Stellenvermehrung« erklärt.

84 Wortlaut des Edikts, *GS* 1810/11 S. 79, zit. n. Schering, *Nachtrag zum ALR*, Bd. I, S. 208.

85 Edikt v. 2. 11. 1810, a.a.O., S. 208.

86 G. Schmoller, *Zur Geschichte der deutschen Kleingewerbe im 19. Jahrhundert*, 1870, S. 68/69.

87 G. Schmoller, *Kleingewerbe . . .*, S. 79.

88 Vgl. dazu im einzelnen: G. Schmoller, *Kleingewerbe*. Im Überblick: H. Bechtel, *Wirtschafts- und Sozialgeschichte*, S. 337 f.

89 H. Bechtel, *Wirtschafts- und Sozialgeschichte*, S. 340.

90 R. Koselleck, *Staat und Gesellschaft . . .*, S. 75.

91 G. W. v. Viebahn, zit. n. G. Schmoller, *Kleingewerbe*, S. 508.

92 G. Schmoller, *Kleingewerbe*, S. 644.

93 L. Otto, *Frauenleben im Deutschen Reich*, 1876, S. 33.

94 G. Schmoller, *Kleingewerbe*, S. 648.

95 W. Conze, »Vom ›Pöbel‹ zum ›Proletariat‹«, S. 122.

96 C. F. W. Dieterici, *Allgemeine Betrachtungen über die Gewerbetreibenden im Preußischen Staate aus Vergleichung der statistischen Gewerberollen der Jahre 1822 und 1846*, in: *Mittheilungen*, 2. Jg., S. 4.

97 *Allgemeine Gewerbeordnung vom 17. 1. 1845*, *GS* 1845, S. 41 f., Schering, *Nachtrag II*. Nr. 546.

98 *GS* 1849, S. 93 f., Schering, *Nachtrag II*. Nr. 620.

99 C. Bücher, *Die Frauenfrage im Mittelalter*, 1882, S. 12 f., J. Kuczynski, *Lage der Arbeiterin*, S. 9.

100 Zur Unterscheidung der Bezeichnungen ›Fabrik‹ und ›Manufaktur‹ vgl. *Wigand's Conversations-Lexikon für alle Stände, 1846-52*, Bd. 4., S. 859: »In den Manufacturen waltet vorzugsweise die Theilung der Arbeiten, in den aus Manufacturen entstandenen Fabriken das Eigentümliche vor, daß jedes Verfahren, welches bloß Geschicklichkeit, Genauigkeit, Kraft und Festigkeit der Hand erfordert, dem

Arbeiter entzogen und einem besonderen automatischen Mechanismus übergeben wird, der lediglich der Beaufsichtigung und Speisung bedarf.«

101 Vgl. K. Hinze, *Die Arbeiterfrage zu Beginn des modernen Kapitalismus in Brandenburg-Preußen*, zuerst 1927, Neudruck Berlin 1963, S. 138, und J. Kuczynski, *Lage der Arbeiterin*, S. 36/37.

102 R. Koselleck, *Preußen . . .*, S. 589.

103 Zit. n. H. Bechtel, *Wirtschafts- und Sozialgeschichte*, S. 337.

104 J. Kuczynski, *Lage der Arbeiterin*, S. 39, vgl. auch K. Hinze, *Die Arbeiterfrage*, S. 139.

105 S. unten, Kap. IV, 2.

106 Zit. n. R. Koselleck, *Preußen . . .*, S. 590.

107 Vgl. ausführlich: J. Kuczynski, *Lage der Arbeiterin*, S. 60 f. u. S. 33 f.

108 J. Kuczynski, *Lage der Arbeiterin*, S. 338.

109 In: *Gesetzblatt der Freien Hansestadt Bremen 1851*, Bremen 1852, S. 111 f.

110 Zit. n. J. Kuczynski, *Lage der Arbeiterin*, S. 338.

111 L. Otto, *Frauenleben*, S. 33 f., insbes. S. 36.

112 L. Otto, *Frauenleben*, S. 159.

113 Zit. n. G. Schmoller, *Kleingewerbe*, S. 83 u. 85.

114 G. Schmoller, *Kleingewerbe*, S. 85.

115 Vgl. dazu als wichtigste Beispiele für eine umfangreiche Literatur: W. Abel, *Der Pauperismus in Deutschland*, in: *Wirtschaft, Geschichte und Wirtschaftsgeschichte*, 1966, S. 284 ff.; C. Jantke und D. Hilger, *Die Eigentumslosen*, 1965.

116 G. Schmoller, *Kleingewerbe*, S. 642.

117 Zit. nach G. Schmoller, *Kleingewerbe*, S. 643.

118 *Jahrbuch für die amtliche Statistik des Preußischen Staates*, Berlin 1867, Jg. II, S. 256.

119 G. Schmoller, *Kleingewerbe*, S. 500.

120 G. Schmoller, *Kleingewerbe*, S. 641.

121 *Jahrbuch f. d. amtl. Stat.*, Jg. II, S. 256/257.

122 G. Schmoller, *Kleingewerbe*, S. 642.

123 *Wigand's Conversations-Lexikon*, Bd. 5, S. 743.

124 Der Vorstand der Schneiderinnung, Berlin 1850, zit. n. J. Kuczynski, *Lage der Arbeiterin*, S. 338.

125 Vgl. *Jahrbuch f. d. amtl. Statistik*, a.a.O., Jg. II, S. 231: »Mit dem Namen der ›arbeitenden Classen‹ werden hier dem Sprachgebrauche gemäß diejenigen Volksgruppen bezeichnet, deren Angehörige *für andere Personen* [Hervorhebung im Text], und zwar in der Regel ohne wissenschaftliche Kenntnisse zu diesem Zweck zu bedürfen, *gegen Entgelt* thätig sind . . .«

126 Immer wieder wird betont, daß es sich zum Teil um Schätzungen handelt, vgl.: *Jahrbuch f. d. amtl. Statistik*, Jg. II, S. 262.

127 W. Conze, *Vom ›Pöbel‹ zum ›Proletariat‹*, S. 122; J. Kuczynski, *Darstellung der Lage der Arbeiter in Deutschland von 1789-1849*, in: *Geschichte der Lage der Arbeiter unter dem Kapitalismus*, Bd. 1, 1961, S. 222. Beide Autoren vergleichen allerdings im Gegensatz zur obigen Tabelle die Jahre 1822 und 1846. Für die Beurteilung der Entwicklung der Frauenarbeit sind jedoch gerade die früheren Zahlen wegen der rückläufigen Tendenz der Frauenarbeit von Bedeutung (Conzes Tabelle stiftet zudem Verwirrung, weil Summanden und Summen nicht deutlich genug getrennt sind).

127a Die Differenz zwischen Endsumme und Summe der »Arbeitnehmer vorstehender Classen« gem. *Stat. Jahrbuch*, a.a.O., ergibt sich aus den in unserer Tabelle fehlenden Apothekergehilfen u. landwirtschaftl. Verwaltern.

128 Aus: *Jahrbuch f. d. amtl. Statistik*, Jg. II, S. 261/262.

129 W. Conze, *Vom ›Pöbel‹ zum ›Proletariat‹*, S. 122.

130 W. Conze, a.a.O., S. 121; R. Koselleck, *Preußen . . .*, S. 608.

131 *Jahrbuch f. d. amtl. Statistik*, II. Jg. S. 243.

132 Zur ganzen Problematik vgl.: R. Koselleck, *Preußen . . .*, S. 697 f.

133 *Jahrbuch f. d. amtl. Statistik*, I. Jg. S. 286.

134 H. Mottek, *Wirtschaftsgeschichte*, Bd. 2, S. 89/90.

135 Vgl. W. Abel, *Der Pauperismus in Deutschland*, 1966, S. 292, u. W. Conze, *Vom Pöbel‹ zum ›Proletariat‹*, S. 123.

136 H. Mottek, in: Mottek u. a., *Studien zur Geschichte . . .*, S. 58, vgl. auch J. Kuczynski, *Lage der Arbeiter*, Bd. 1, S. 233, der nach einer Berechnung für den Anfang der dreißiger Jahre bereits das für Deutschland besonders ungünstige Verhältnis von industrieller Reservearmee zur Gesamtbevölkerung mit 1:20 angibt.

137 K. Marx, *Das Kapital*, Vorwort zur ersten Auflage, *MEW* 23, S. 12/13.

138 F. Lütge, *Sozialgeschichte*, 1966, S. 487.

139 Vgl. stellvertretend: *So ist es geworden*, Schriftenreihe der IG Metall, 1969, S. 7.

140 L. Braun, *Die Frauenfrage*, 1901, S. 216 f.

141 Z. B. vgl. G. Bölke, *Frauenemanzipationstheorie*, S. 9; J. Kuczynski, *Lage der Arbeiterin*, S. 67, stellt zumindest klar, warum er die Tätigkeit der Frauen in der Fabrik so betont, »weil sie die Produktionsstätte der Zukunft war [. . .] [und] hier das industrielle Frauenproletariat geboren wurde.«

142 K. Marx, *Das Kapital*, *MEW* 23-25, insbes. F. Engels, *Die Lage der arbeitenden Klasse in England*, *MEW* 2, S. 225 ff.

143 Z. B. bei J. Menschik, *Gleichberechtigung*, S. 33 f.

144 K. Marx, *MEW* 23, S. 392, und Vorwort zum *Kapital*, *MEW* 23, S. 12.

145 J. Menschik, *Gleichberechtigung . . .*, S. 44.

146 J. Kuczynski, *Lage der Arbeiterin*, S. 67.

147 Kuczynski, a.a.O., S. 72.

148 J. Kuczynski, *Darstellung der Lage der Arbeiter . . .* (Bd. 1), S. 230 f.

149 *Jahrbuch f. d. amtl. Statistik*, Jg. II, S. 260.

150 Statistisches Bundesamt, *Die Frau* in Familie, Beruf und Gesellschaft – 1975, S. 87.

151 W. Conze, *Vom ›Pöbel‹ zum ›Proletariat‹*, S. 121.

152 W. Conze, a.a.O., S. 124.

153 *Jahrbuch f. d. amtl. Statistik*, Jg. II, S. 261/262.

154 Vgl. J. Pierstorff, *Weibl. Arbeit und Frauenfrage*, a.a.O., S. 682.

155 E. Boserup, *Women's Role in Economic Development*, 1970, S. 139 u. S. 81.

156 Dieterici, *Mittheilungen*, 1. Jg., S. 68 u. 83. Zur Problematik dieser Zahlenangaben vgl. R. Koselleck, *Preußen . . .*, S. 697 f.

157 Vgl. *Jahrbuch f. d. amtl. Statistik*, Jg. II, S. 261.

158 R. Engelsing, *Dienstbotenlektüre im 18. und 19. Jahrhundert und Das häusliche Personal in der Epoche der Industrialisierung*, in: Ders., *Zur Sozialgeschichte deutscher Mittel- und Unterschichten*, 1973, S. 180 f. u. 225 f.

159 R. Engelsing, *Häusliches Personal*, S. 233/234.

160 Vgl. unten, Kap. I, 5.

161 R. Engelsing, *Häusliches Personal*, S. 235/236.

162 J. G. Hoffmann, *Die Bevölkerung des preußischen Staats nach dem Ergebnisse der zu Ende des Jahres 1837 amtlich aufgenommenen Nachrichten*, 1839, S. 197.

163 *Jahrbuch f. d. amtl. Statistik*, Jg. II, S. 236,

164 J. G. Hoffmann, *Die Bevölkerung des preußischen Staats*, S. 198.

165 *Jahrbuch f. d. amtl. Statistik*, Jg. II, S. 234.

166 R. Engelsing, *Häusliches Personal*, S. 232.

167 § 57 Gesinde-Ordnung, auch im folgenden zit. n.: Schering, *Nachtrag zum ALR* I. Nr. 109.

168 Bemerkenswert ist, daß die Erzieherinnen gegenüber den gewöhnlichen Dienstboten trotzdem privilegiert waren, da ihr Dienstverhältnis nicht den Vorschriften für »gemeines« Gesinde, sondern besonderen Bestimmungen unterlag. §§ 187 f. II. 7. *ALR.*

169 J. G. Hoffmann, *Die Bevölkerung*, S. 196.

170 A. Stölzel, *Brandenburg-Preußens Rechtsverwaltung und Rechtsverfassung*, II. Bd., 1888, S. 424/425 (Hervorhebung von U. G.).

171 Zit. n. C. Jantke, D. Hilger, *Die Eigentumslosen*, S. 134 f.

172 C. Jantke, *Zur Deutung des Pauperismus*, in: C. Jantke, D. Hilger, *Die Eigentumslosen*, S. 34. Weiter liest man dort: »Marwitz bietet ein Beispiel dafür, daß gerade der konservative Denker und Zeitbeobachter die sozialen Schäden und Auswucherungen einer Krisen- und Übergangsperiode besonders klar und scharf zu bezeichnen pflegt, weil ihm altes Recht und alte Ordnung noch verbindlich waren.«

173 F. A. v. d. Marwitz, in: C. Jantke, D. Hilger, *Die Eigentumslosen*, S. 136/137.

174 W. Kähler, *Gesindewesen und Gesinderecht in Deutschland*, 1896, S. 156/157.

175 Anders F. Wieacker, *Privatrechtsgeschichte der Neuzeit*, 1967, S. 548.

176 *Gesetz betreffend die Verletzung der Dienstpflichten des Gesindes, der Schiffsknechte und der ländlichen Arbeiter*, (GS 1854, S. 214), zit. n. Schering, *Nachtrag zum ALR*, Bd. II, S. 623.

177 W. Kähler, *Gesindewesen*, S. 126/128.

178 W. Kähler, a.a.O., S. 126.

179 Stobbe, zit. b. W. Kähler, *Gesindewesen*, S. 129.

180 W. Kähler, a.a.O., S. 131.

181 Zit. in: *Die Königlich Preußische Gesinde- und andere Dienstordnung. Ein nothwendiges Handbuch für jede Haushaltung. Von J. D. F. N. B.*, 1836, S. 16/17.

182 Vgl. Anmerkung 176.

183 GS 1846, S. 467, zit. n. Schering, *Nachtrag zum ALR*, Bd. II, Nr. 589.

184 H. Davidis, *Die Hausfrau. Praktische Anleitung zur selbständigen und sparsamen Führung des Haushalts*, 1861, S. 189.

185 Ph. Lindemann, *Die Eigentumslosen im Amte Eutin*, 1832, in: C. Jantke, D. Hilger, *Die Eigentumslosen*, S. 59.

186 B. Haberland, *Weibliches Elend*, in: *Frauen-Zeitung*, 1850, Nr. 11, S. 4.

187 R. Engelsing, *Häusliches Personal*, a.a.O., S. 255.

188 R. Engelsing, *Dienstbotenlektüre*, a.a.O., S. 190.

189 *Frauen-Zeitung*, 1850, Nr. 21, S. 5.

190 E. Egner, *Epochen im Wandel des Familienhaushalts*, in: H. Rosenbaum, *Familie und Gesellschaftsstruktur*, S. 75.

191 *Motive zum BGB*, Berlin 1888, zit. n. W. Kähler, *Gesindewesen*, S. 192.

192 L. Braun, *Die Frauenfrage*, 1901, S. 474/475.

193 E. Ichenhäuser, *Die Dienstbotenfrage und ihre Reform*, 1900, S. 4.

194 Vgl. M. Cauer, *Die Dienstbotenfrage*, in: *Die Frauenbewegung*, Berlin 1899, V. Jg, Nr. 16: »Die Dienstbotenfrage [. . .] ist eine Hausfrauenfrage: das machen

sich unsere lieben, ruhig dahinlebenden, deutschen Hausfrauen in keiner Weise klar.«

195 O. Lerda-Olberg, *Zur Dienstbotenfrage*, in: *Die Frauenbewegung*, Berlin 1900, VI. Jahrgang, S. 58.

196 O. Lerda-Olberg, *Zur Dienstbotenfrage*, in: *Die Frauenbewegung*, Berlin 1900, VI. Jg., S. 58.

197 Vgl. hierzu ausführlich M. Freudenthal, *Gestaltwandel der städtischen bürgerlichen und proletarischen Hauswirtschaft*, I. Teil von 1760-1910, Diss. Frankfurt 1934. Auszüge über den bürgerlichen Haushalt sind abgedruckt in: H. Rosenbaum, *Familie und Gesellschaftsstruktur*, 1974, S. 261 f. Zum proletarischen Haushalt siehe Anhang Nr. 11.

198 L. Otto-Peters, *Frauenleben*, S. 26.

199 L. Otto-Peters, *Frauenleben*, S. 190; vgl. auch S. 47: »Je mehr niedere und mechanische Arbeiten durch die Fortschritte der Industrie der Menschenhand abgenommen werden, je mehr kann der Menschengeist dabei gewinnen, kann zu einem höheren Gebiet geistiger Ausbildung und freudigen Schaffens, wie edleren Lebensgenusses sich emporarbeiten. [...] Das ist nicht so allein in Bezug auf die Männer, auch die Frauen stehen unter den gleichen Verhältnissen.«

200 L. Otto-Peters, *Frauenleben*, S. 33.

201 I. Weber-Kellermann, *Die deutsche Familie*, S. 118.

202 L. Otto-Peters, *Frauenleben*, S. 1 f., Auszüge abgedr. bei H. Lange, *Die Anfänge der Frauenbewegung*, 1927, S. 21 f.

203 L. Otto-Peters, *Frauenleben*, S. 148.

204 F. Lewald, *Für und wider die Frauen. Vierzehn Briefe*, 1875, S. 102.

205 I. Weber-Kellermann, *Die deutsche Familie*, S. 110.

206 Vgl. Th. Veblen, *Theorie der feinen Leute (Theory of the Leisure Class*, 1899), dt. 1958, passim.

207 Der Gedanke, daß eigentlich alle Männer (cum grano salis veritate) in Gestalt ihrer Ehefrauen unbezahlte Haushälterinnen, Gouvernanten und Putzfrauen halten, ist nicht mehr als feministische Polemik abzutun, seitdem ein Teil der Neuen Frauenbewegung mit der Kampagne »Lohn für Hausarbeit« dafür streitet.

208 D. u. K. Claessens, *Kapitalismus als Kultur*, 1973, S. 220.

209 H. Davidis, *Die Hausfrau*. Vgl. Untertitel und Inhaltsangabe. Anhang Nr. 9.

210 L. Otto-Peters, *Frauenleben*, S. 92/93.

211 A.a.O., S. 47.

212 Zu Berechnungen der von den Hausfrauen erbrachten Arbeitsleistung pro Jahr in der BRD von 53 Mrd. Stunden vgl.: Bundesausschuß für volkswirtschaftliche Aufklärung e. V. *Verbraucherdienst*, Ausgabe B, 20. Jg., Heft 4, 1975, S. 82/83.

213 O. Gmelin, H. Saussure, *Bankrott der Männerherrschaft*, 1971, S. 57.

214 E. Pankoke, Vorwort zu: L. v. Stein, *Blicke auf den Socialismus und Communismus in Deutschland* (1844), Nachdruck 1974, S. V.

215 M. Hahn, *Vormarxistischer Sozialismus*, 1974, Einleitung, S. 10.

216 6. Aufl. 1886.

217 L. v. Stein, *Die Frau auf dem Gebiete der Nationalökonomie* (in der Reihenfolge der Zitate) S. 21; 22; 24; 91; 63.

218 L. v. Stein, *Die Frau auf dem Gebiete . . .*, S. 93/94.

219 L. v. Stein, *Die Frau, ihre Bildung und Lebensaufgabe*, 3. Aufl. 1890, S. 8. (Diese Schrift war bezeichnenderweise im Jahr 1851 noch anonym unter dem Titel *Die Lebensaufgabe der Hausfrau* erschienen, doch in mehreren Auflagen, ungefährdet auf den Wogen des Patriarchalismus schwimmend, unter Steins Namen verbrei-

tet worden, vgl. H. Sveistrup u. A. v. Zahn-Harnack, *Die Frauenfrage in Deutsch-land*, 1961, S. 280.

220 L. v. Stein, *Die Frau, ihre Bildung . . .*, S. 152.

221 K. Marx, *Das Kapital, MEW* 23, S. 95.

222 K. Marx, *Deutsche Ideologie*, Ed. Lieber, II, S. 17.

223 K. Marx, *Einleitung zur Kritik der politischen Ökonomie*, Ed. Lieber, VI., S. 805 f.

224 Vgl. U. Prokop, *Weiblicher Lebenszusammenhang*, 1976, S. 65 f., insbes. das Zitat von H. Lefebvre.

225 Wenn man den Dogmatismus der Begrifflichkeiten konsequent zu Ende führt, ist »abzuleiten«, daß auch die Hausfrau Tauschwerte schafft, nämlich durch Herstellung und Wiederherstellung der wichtigsten Ware im Kapitalismus, der Ware »Arbeitskraft«. So die Begründungen bei »Lohn für Hausarbeit«, vgl. insbes.: M. Dalla Costa, in: M. Dalla Costa/S. James, *Die Macht der Frauen und der Umsturz der Gesellschaft*, 1973, S. 27 f.

226 W. Conze, *Vom ›Pöbel‹ zum ›Proletariat‹*, S. 122.

227 F. Le Play, *Les ouvriers européens. Etudes sur les travaux, la vie domestique et la condition morale des populations ouvrières de l'Europe*, Paris 1855.

228 Ders., 2. Aufl. 1877, Bd. 1, S. 224, zit. n.: G. Schwägler, *Anfänge einer Familiensoziologie*, in: *Familiensoziologie. Ein Reader*, hrsg. v. D. Claessens, P. Milhoffer, S. 23.

229 M. Freudenthal, *Gestaltwandel*, S. 50 f.

230 L. Schneider, *Der Arbeiterhaushalt im 18. und 19. Jahrhundert*, 1967, S. 15 et passim.

231 Zit. n. M. Freudenthal, *Gestaltwandel*, S. 50.

232 Zit. n. M. Freudenthal, *Gestaltwandel*, S. 55.

233 L. Braun, *Frauenarbeit und Hauswirtschaft*, 1901, S. 9.

234 L. Schneider, *Der Arbeiterhaushalt*, S. 32.

235 M. Freudenthal, *Gestaltwandel* (in der Reihenfolge der Zitate) S. 54 und 63, 65; 83.

236 G. Schnapper-Arndt, zit. nach L. Schneider, *Der Arbeiterhaushalt*, S. 59.

237 J. C. Hirzel, 1772, zit. n. R. Braun, *Industrialisierung und Volksleben*, 1960, S. 99. (Braun stellt darüber hinaus einen interessanten Zusammenhang her zwischen der Verbreitung der Kartoffel, ihrer Ausnahme von der Zehntenpflicht und der Bevölkerungsvermehrung.)

238 W. Abel, *Der Pauperismus in Deutschland. Eine Nachlese*, in: *Wirtschaft, Geschichte und Wirtschaftsgeschichte*, 1966, S. 296.

239 Freiherr v. Lüttwitz, zit. n. W. Abel, *Der Pauperismus . . .* (1966), S. 298.

240 W. Abel, a.a.O., S. 298.

Anmerkungen zu II. Frau und Familie

1 E. Pfeil, *Die Berufstätigkeit von Müttern*, 1961, S. 10.

2 A. Salomon, *Literatur zur Frauenfrage*, 1908, zit. n. G. Schwägler, *Soziologie der Familie*, 1970, S. 81.

3 Vgl. die Bibliographie *Die Frauenfrage in Deutschland*, hrsg. v. H. Sveistrup u. A. v. Zahn-Harnack, 2. Aufl. 1961, und *Handbuch der Frauenbewegung*, hrsg. v. H. Lange u. G. Bäumer, Bde. 4 u. 5., 1902 u. 1906.

4 I. Weber-Kellermann, *Die deutsche Familie*, S. 160.

5 H. Marcuse, *Autorität und Familie in der deutschen Soziologie bis 1933*, in:

E. Fromm u. a., *Studien über Autorität und Familie*, 1936, Bd. 2, S. 738. (Hervorhebung von U. G.).

6 M. Weber, *Wirtschaft und Gesellschaft*, (1956), Studienausgabe, 1. Halbbd., S. 170: »Patriarchalismus heißt der Zustand, daß innerhalb eines, meist primär ökonomischen und familialen (Haus-)Verbandes ein (normalerweise) nach fester Erbregel bestimmter Einzelner die Herrschaft ausübt.«

7 R. König, *Familie und Autorität: Der deutsche Vater im Jahre 1955*, in: *Materialien zur Soziologie der Familie*, 1974, S. 218.

8 Vgl. Einleitung, S. 8.

9 *Conversations-Lexicon*, 1818-1819.

10 *Wigand's Conversations-Lexikon*, 1846-1852, Bd. 4, S. 894.

11 W. H. Riehl, *Die Naturgeschichte des Volkes als Grundlage einer deutschen Social-Politik*, Bd. 3: *Die Familie*, 1855.

12 Vgl. F. Engels, *Der Ursprung der Familie . . .*, *MEW* 21, S. 25 f., K. Marx, F. Engels, *Manifest der Kommunistischen Partei* (1848), Ed. Lieber, Bd. II, S. 813 f. (838).

13 O. Brunner, *Das »Ganze Haus« und die alteuropäische »Ökonomik«*, zuerst 1956, in: *Familie und Gesellschaft*, hrsg. v. F. Oeter, 1966, S. 33. Vgl. auch: P. Milhoffer, *Familie und Klasse*, 1973, S. 52/53, und G. Schwägler, *Soziologie der Familie*, S. 7.

14 *Wigand's Conversations-Lexikon*, Bd. 4, S. 894.

15 M. Weber, *Wirtschaft und Gesellschaft*, 1. Halbbd. S. 276.

16 R. König, *Familie*, in R. König, Hrsg., *Fischer Lexikon*, 1967, S. 69.

17 D. Claessens, F. W. Menne, *Zur Dynamik der bürgerlichen Familie*, in: D. Claessens, P. Milhoffer, *Familiensoziologie*, 1973, S. 329.

18 H. Rosenbaum, *Familie und Gesellschaftsstruktur*, S. 7.

19 H. Rosenbaum, *Familie als Gegenstruktur zur Gesellschaft*, 1973, S. 151. Der von W. Conze herausgegebene Sammelband *Sozialgeschichte der Familie in der Neuzeit Europas*, 1976, der die hier und im folgenden erörterte Problematik als bisher unerledigtes Forschungsthema in Angriff nimmt, lag mir bei der Anfertigung des Manuskripts noch nicht vor, bestätigt aber in vielen Punkten meine Ergebnisse. Vgl. insbes. K. Hausen, *Die Polarisierung der »Geschlechtscharaktere« – Eine Spiegelung der Dissoziation von Erwerbs- und Familienleben*, a.a.O., S. 363 ff.

20 Vgl. R. König, *Soziologie der Familie*, in: *Handbuch der empirischen Sozialforschung*, hrsg. v. R. König, Bd. II, S. 206.

21 R. König, *Soziologie der Familie*, in: *Handbuch der empirischen Sozialforschung*, hrsg. v. R. König, Bd. II, S. 205.

22 Vgl. R. Eickelpasch, *Ist die Kernfamilie universal?* In: *Zeitschrift für Soziologie*, Jg. 3, Heft 4, 1974, S. 323-338, und die dort zitierten ethnologischen Arbeiten.

23 R. König, *Soziologie der Familie*, *Handb. d. emp. Sozialforschung*, Bd. II, S. 180/181 (Diese Bemerkung ist wichtig, weil König von seinen Kritikern fälschlich zu den Vertretern der Universalitäts-These gezählt wird, z. B. bei R. Eickelpasch, a.a.O.).

24 R. Eickelpasch, *Ist die Kernfamilie universal?* In: *Zeitschrift für Soziologie*, Jg. 3, Heft 4, 1974, S. 324/326.

25 R. Eickelpasch, a.a.O., S. 325; 337, 329, Anm. (in der Reihenfolge der Zitate).

26 H. Rosenbaum, *Familie und Gesellschaftsstruktur*, S. 21.

27 Vgl. unten, Kap. II, 3.

28 R. Koselleck, *Das Zeitalter . . .*, a.a.O., S. 232.

29 Vgl. N. Elias, *Über den Prozeß der Zivilisation*, 2 Bde., 1976. Ders., *Wohn-*

und Lebensformen der höfischen »Familie« im Frankreich des 18. Jahrhunderts, in: H. Rosenbaum, *Familie und Gesellschaftsstruktur,* S. 138 f.

30 A. Freiherr v. Knigge, *Über den Umgang mit Menschen,* 1788 (bis 1804 allein 8. Aufl., Neuauflage 1977) Bd. 1, S. 160.

31 I. Weber-Kellermann, *Die deutsche Familie,* S. 38 f. u. 73.

32 O. Brunner, *Das »ganze Haus« und die alteuropäische »Ökonomik«,* in: *Familie und Gesellschaft,* hrsg. v. F. Oeter 1966, S. 23 f.

33 H. Rosenbaum, *Familie und Gesellschaftsstruktur,* S. 16.

34 O. Brunner, *Das »ganze Haus«* . . ., zit. n. H. Rosenbaum, *Familie und Gesellschaft,* S. 50.

35 Vgl. J. v. Ussel, *Die Kleinfamilie,* in: D. Claessens, P. Milhoffer, *Familiensoziologie,* S. 97.

36 W. H. Riehl, *Die Familie,* 1855. Interessanterweise konnte Riehl, dem es darum ging, das »ganze Haus« für das Bürgertum zu restaurieren, zu seiner Zeit allenfalls noch bei der Aristokratie und beim Bauerntum »als den Mächten des socialen Beharrens« Ansätze einer großen Haushaltsfamilie feststellen, vgl. S. 142.

37 I. Weber-Kellermann, *Die deutsche Familie,* S. 74, geht z. B. ohne weiteren Beleg davon aus, daß im hohen Mittelalter mehr als 70 bis 80% der Bevölkerung in der »umschriebenen Form des Hauses« lebten. Vgl. zur Kritik der soziologischen Theorien vom Strukturwandel der Familie grundlegend: K. Hausen, *Familie als Gegenstand historischer Sozialwissenschaft,* in: *Geschichte und Gesellschaft,* 1975, S. 171 f.

38 I. Weber-Kellermann, *Die deutsche Familie,* S. 74.

39 Ein Musterbeispiel dieser Gattung ist Wolf-Helmhards von Hohberg, *Georgica curiosa oder Adliges Land- und Feldleben,* 1682, 12 Bücher, vgl. dazu O. Brunner, *Das »ganze Haus«,* a.a.O., S. 25.

40 G. Schwägler, *Soziologie der Familie,* S. 13 f.

41 K. Hausen, *Familie als Gegenstand* . . ., a.a.O., S. 176.

42 O. Brunner, *Das »ganze Haus«* . . ., in: *Familie und Gesellschaft,* hrsg. v. F. Oeter, S. 49, 39, 35.

43 Vgl. § 18 f. II. 7. *ALR.*

44 Vgl. zum folgenden auch: E. Manheim, *Beiträge zu einer Geschichte der autoritären Familie,* in: *Studien über Autorität und Familie,* Bd. 2, S. 524 f.

45 M. Weber, *Wirtschaft und Gesellschaft,* 1. Halbbd., S. 170 f.

46 E. Manheim, *Beiträge* . . ., S. 525.

47 E. Manheim, *Beiträge* . . ., S. 524.

48 E. Manheim, *Beiträge* . . ., S. 526.

49 1845.

50 Perthes, *Das deutsche Staatsleben,* S. 200.

51 A.a.O., S. 275, 273.

52 A.a.O., S. 282.

53 A.a.O., S. 276.

54 Vgl. dazu R. Koselleck, *Preußen* . . ., S. 52 f.

55 R. Koselleck, *Preußen* . . ., S. 69.

56 Nach dem Gesetz wegen Einführung einer Klassensteuer vom 30. 5. 1820 (*GS* 1820, S. 140) lag die Besteuerung zwar noch auf Haushaltungen, aber die Haushaltung wurde auf den Familienbegriff im engsten Sinne eingeschränkt. »Alle Kostgänger oder Personen, die mit Gehalt oder Lohn zu Dienstleistungen angenommen sind«, das heißt, die gesamte unterste Steuerklasse wurde von nun an persönlich besteuert. Vgl. Koselleck, a.a.O.

57 Ges. v. 31. 12. 1842 über die Erwerbung und den Verlust der Eigenschaft als preußischer Untertan, (*GS* 1843, S. 15), Schering, Nachtrag zum *ALR* II, Nr. 501.

58 *Patent wegen Publication des neuen allgemeinen Gesetzbuches für die Preußischen Staaten*, in: *ALR*, Berlin 1794, S. 1.

59 Vgl. zum folgenden H. Dörner, *Industrialisierung und Familienrecht*, 1974, S. 36 f.

60 M. Weber, *Ehefrau und Mutter in der Rechtsentwicklung*, 1907, Neudr. 1971, S. 333.

61 J. G. Schlosser, *Briefe über die Gesetzgebung*, 1789, Nachdr. 1970, S. 283/284, 297.

62 R. Koselleck, *Preußen* . . ., S. 64.

63 Vgl. *Patent wegen Publication* . . ., *ALR*, S. I.

64 Vgl. Dörner, *Industrialisierung*, S. 30.

65 F. Wieacker, *Privatrechtsgeschichte*, S. 332.

66 Allerdings gewinnt diese Vorschrift eine ganz andere Qualität, wenn man weiß, daß das Ersticken der Kinder in den Betten der Eltern eine bis ins 18. Jahrhundert »recht häufig praktizierte« Form des Kindermordes war, der dann »als Unfall getarnt« wurde. Vgl. hierzu Ph. Ariès, *Geschichte der Kindheit*, 1975, S. 54.

67 Th. Perthes, *Das deutsche Staatsleben* . . ., S. 273.

68 Zuerst Paris 1960, in engl. Übersetzung seit 1962, deutsch 1975.

69 H. v. Hentig, *Vorwort* zur deutschen Ausgabe, S. 9.

70 Ph. Ariès, *Geschichte der Kindheit*, S. 556/557.

71 Vgl. auch N. Elias, *Über den Prozeß der Zivilisation*, Basel 1939, neue Aufl. 1976, der am Beispiel der Manierenschriften, insbesondere der *Familiarium Colloquiorum Formulae* des Erasmus von Rotterdam (1522), die schließlich als Schulbuch 130 Auflagen erlebten, die spezifischen Veränderungen des menschlichen Verhaltens und des psychischen Habitus der abendländischen Oberschichten untersucht und in bezug auf die Rolle des Kindes die Ausführungen von Ariès in vieler Hinsicht vorwegnimmt. Vgl. auch H. H. Muchow, *Jugend und Zeitgeist*, 1964, S. 9 f.

72 Ph. Ariès, *Geschichte der Kindheit*, S. 540. Aufschlußreich sind die Nuancen zwischen englischer und deutscher Übersetzung. Während in der englischen Ausgabe (Ariès, *Centuries of Childhood*, Pinguin Books, 1973, S. 379) zu lesen ist: »In these big houses . . . we find the cultural setting of the concept of childhood and the family . . .«, ist in der deutschen Übersetzung an derselben Stelle von dem Milieu die Rede, »in dem der *Sinn* für die Kindheit und das Familien*gefühl* kultiviert wurden«.

73 Vgl. auch J. Habermas, *Strukturwandel der Öffentlichkeit*, 6. Aufl. 1974, S. 60 f., der »die Privatisierung des Lebens« und die neue »Privatheit der bürgerlichen Familie« ebenfalls am »architektonischen Stilwandel« der Häuser des englischen Landadels beobachtet.

74 Ph. Ariès, *Geschichte der Kindheit*, S. 548.

75 A.a.O., S. 92 f.

76 A.a.O., S. 105 f.

77 A.a.O., S. 120 f.

78 S. Firestone, *Frauenbefreiung und sexuelle Revolution*, 1975, S. 77.

79 Ph. Ariès, *Geschichte der Kindheit*, S. 125.

80 A.a.O., S. 562.

81 Vgl. Ph. Ariès, S. 489 (für Frankreich); N. Elias, *Über den Prozeß der Zivilisation*, S. 252 f.; J. Kuczynski, *Lage der Arbeiterin* . . ., S. 12/13.

82 C. Bücher, *Die Frauenfrage im Mittelalter*, 1882.

83 A.a.O., S. 56, 57.

84 Art. *Frauen*, 5. Bd., S. 365.

85 H. Ibsen, *Nora oder ein Puppenheim*, zuerst 1879, Reclams U B Nr. 1257, S. 87.

86 Institut für Sozialforschung, *Familie*, in: D. Claessens, P. Milhoffer, *Familiensoziologie*, S. 72.

87 G. Schwägler, *Soziologie der Familie*, S. 17.

88 O Brunner, *Das »ganze Haus«* . . ., zit. n. H. Rosenbaum, *Familie und Gesellschaftsstruktur*, S. 54.

89 G. Lüschen, R. König, *Jugend in der Familie*, 1965, S. 18. Vgl. auch H. Rosenbaum, *Familie als Gegenstruktur* . . ., S. 136 f.

90 M. Horkheimer, *Theoretische Entwürfe über Autorität und Familie*, Allgem. Teil, in: *Studien über Autorität und Familie*, Bd. 1, S. 67.

91 Vgl. R. König, *Soziologie der Familie, Handb. d. emp. Sozialforschung*, Bd. 2, S. 288.

92 Vgl. I. Weber-Kellermann, *Die deutsche Familie*, S. 110: Die Schicht der Bürger, die ohne Sorgen leben konnte, wuchs in Deutschland erst nach der Reichsgründung 1871 auf etwa 10%.

93 L. Otto-Peters, *Frauenleben* . . ., S. 29. Vgl. Anhang Nr. 8.

94 Man lese nur die treffenden Beschreibungen bürgerlichen Familienlebens bei H. Davidis, *Die Hausfrau*, S. 19: »Der eine Mann erfreut sich, wenn er in's Haus zurückkehrt, an der muntern Kinderlust, der andere sehnt sich nach dem mühevollen, unruhigen Treiben des Tages, [...] nach vollständiger Ruhe; er sieht es am liebsten, daß die Kinder schon in ihren saubern Nachtkleidchen, rein gewaschen, ihm den Kuß zur guten Nacht entgegenbringen.« Vgl. Anhang Nr. 9.

95 I. Weber-Kellermann, *Die deutsche Familie*, S. 103.

96 Vgl. den Slogan von Lotta Feminista, der italienischen neuen Frauenbewegung: »Unser Fließband ist die Bedienerei.«

97 I. Pinchbeck, *Women workers* . . ., zit. n. H. Rosenbaum, *Familie und Gesellschaftsstruktur*, S. 217.

98 M. Horkheimer, *Theoretische Entwürfe*, a.a.O., S. 56.

99 Vgl. dazu unten, Kap. III.

100 C. Bücher, *Die Frauenfrage*, S. 57.

101 I. Weber-Kellermann, *Die deutsche Familie*, S. 99.

102 Der Begriff Unterschicht-Familie soll darüber hinaus nicht ein bestimmtes Gesellschaftsmodell, das Schichtmodell, anzeigen. Er ist nur als Arbeitsbegriff zu verstehen, der in der Übergangsepoche von der feudalen zur bürgerlichen Gesellschaft die Bevölkerungsgruppen der unteren Stände und Unterklassen bezeichnet, die, zahlenmäßig immer in der Überzahl, vor allem eines gemeinsam haben: beherrscht zu werden.

103 Ph. Ariès, *Geschichte der Kindheit*, S. 539.

104 C. Th. Perthes, *Das deutsche Staatsleben*, S. 267.

105 K. Marx, F. Engels, *Manifest der Kommunistischen Partei*, Ed. Lieber, Bd. II., S. 838. Vgl. P. Milhoffer, *Familie und Klasse*, S. 65.

106 J. G. Hoffmann, *Die Bevölkerung des preußischen Staats nach dem Ergebnisse der zu Ende des Jahres 1837 amtlich aufgenommenen Nachrichten*, 1839, S. 30 f.

107 *Bericht der Bundesregierung über die Lage der Familien in der BRD*, Drucks. V/2532, 1968, S. 23.

108 J. Kulischer, *Allgemeine Wirtschaftsgeschichte*, Bd. II., S. 8 und 9: »In Preußen machten zur Zeit Friedrichs d. Gr. nach Süßmilch die Eheschließungen in 20 kurmärkischen Städten 10,2, in 1050 kurmärkischen Dörfern 9,2 aus, während

1867 bis 1886 [in Preußen überhaupt] die entsprechenden Zahlen für die Städte 9,2, für die Dörfer 8,0 betragen, in den Jahren 1896 bis 1900 8,4« (gemessen auf 1000 Einwohner).

109 G. Heinsohn, R. Knieper, *Theorie des Familienrechts*, S. 28.

110 K. Marx, *Das Kapital, MEW* 23, S. 514.

111 F. Engels, *Die Lage der arbeitenden Klasse . . ., MEW* 2, S. 232.

112 W. Thönnessen, *Frauenemanzipation*, 1969, S. 5 und 18 ff.

113 H. Mehner, *Der Haushalt und die Lebenshaltung einer Leipziger Arbeiterfamilie*, in: H. Rosenbaum, *Familie und Gesellschaftsstruktur*, S. 331.

114 Vgl. R. König, *Soziologie der Familie, Handbuch d. emp. Sozialforschung*, Bd. II, S. 217.

115 R. Braun, *Industrialisierung und Volksleben*, 1960, S. 74.

116 N. J. Smelser, *Social Change in the Industrial Revolution*, 1959, Auszüge in: H. Rosenbaum, *Familie und Gesellschaftsstruktur*, S. 243 f.

117 R. König, *Familie*, in: *Fischer-Lexikon*, S. 70.

118 Vgl. W. Goode, *Soziologie der Familie*, 1967, S. 196 f.; P. Laslett, *Familie und Industrialisierung: eine »starke Theorie«*, in: W. Conze, Hrsg., *Sozialgeschichte der Familie*, S. 13 f.

119 K. Marx, *Das Kapital, MEW* 23, S. 514.

120 F. Engels, *Der Ursprung der Familie . . ., MEW* 21, S. 73.

121 H. Rosenbaum, *Familie und Gesellschaftsstruktur*, S. 21.

122 H. Rosenbaum, a.a.O., S. 15, 18.

123 J. Menschik, *Gleichberechtigung*, S. 27.

124 E. Bornemann, *Frauen allein sind schwach*, in: *Neue Rundschau*, 86. Jg. 1975, S. 679.

125 W. J. Goode, *World Revolution and Family Patterns*, 1963, S. 17; 7.

126 N. Smelser, *Social Change . . .*, a.a.O., S. 244.

127 W. J. Goode, *World Revolution . . .*, S. 371, vgl. auch G. Schwägler, *Soziologie der Familie*, S. 141 f.

128 R. Braun, *Industrialisierung*, S. 74.

129 Vgl. W. Goode, *World Revolution . . .*, S. 17: »[. . .] an important hypothesis [. . .] although the hypothesis lacks adequate proof.«

130 P. Laslett, R. Wall, *Household and Family in Past Time: Comparative Studies in the Size and Structure of the Domestic Group over the Last Three Centuries in England, France, Serbia, Japan, and Colonial North America, with Further Materials from Western Europe*, Cambridge, 1972.

131 W. Goode, Book Reviews, in: *Contemporary Sociology*, Vol. IV, Nr. 6, Nov. 1975, S. 640/641 (Übersetzung von U. G.).

132 R. König, *Soziologie der Familie*, in: *Handb. d. emp. Soz.forschung*, Bd. II, S. 213.

133 R. König, *Alte Probleme und neue Fragen in der Familiensoziologie*, in: D. Claessens / P. Milhoffer, *Familiensoziologie*, S. 123 f., insbesondere S. 134 und die dort zitierte Literatur.

134 »Kontraktion« im Sinne von Einengung der Familie auf einen immer engeren Personenkreis, in der historischen Betrachtung die Entwicklung von der Groß- zur Kleinfamilie. Vgl. R. König, *Soziologie der Familie*, a.a.O., S. 176 und 221.

135 R. König, *Alte Probleme . . .*, a.a.O., S. 138/139.

136 H. Mottek, *Wirtschaftsgeschichte*, Bd. I, S. 98.

137 D. i. Eigentum, über das nur zur gesamten Hand, d. h. gemeinschaftlich, verfügt werden kann.

138 Vgl. H. Mottek, *Wirtschaftsgeschichte*, Bd. I, S. 142.

139 Vgl. C. Bücher, *Die Frauenfrage*, S. 18 f.

140 *Jahrbuch d. amtl. Statistik*, I. Jg., 1863, S. 279: »937 863 Eigenthümer oder Pächter von Grundstücken repräsentierten mit ihren Angehörigen eine Bevölkerung von etwa 4 800 000 Köpfen.«

141 *Jahrbuch*, a.a.O., S. 286.

142 Vgl. G. Schwägler, *Soziologie der Familie*, S. 143.

143 L. Schneider, *Der Arbeiterhaushalt . . .*, S. 25 und 15 und die dort zitierte Literatur. Vgl. auch H. Mehner, *Der Haushalt und die Lebenshaltung einer Leipziger Arbeiterfamilie*, Auszüge in H. Rosenbaum, *Familie und Gesellschaftsstruktur*, S. 309. R. Braun, *Industrialisierung . . .*, S. 89.

144 *Dieterici's Handbuch der Statistik des preußischen Staates*, Berlin 1861, S. 145, zit. n. G. Schmoller, *Zur Geschichte der deutschen Kleingewerbe*, S. 64.

145 C. F.W. Dieterici, *Mittheilungen*, 2. Jg., S. 11.

146 Vgl. I. Weber-Kellermann über »Hochzeit und Hochzeitsstaat« in: *Die deutsche Familie*, S. 162 f.

147 Nach H. Kurnitzky, *Triebstruktur des Geldes. Ein Beitrag zur Theorie der Weiblichkeit*, 1974, insbes. S. 94 f., ist der Brautpreis als »Urahne des Tauschwerts« und damit Vorgänger des Geldes anzusehen, denn er wird für das Opfer des weiblichen Geschlechts bzw. die Verdrängung weiblicher Sexualität gezahlt und konstituiert auf diese Weise (zwischen den unter Exogamiegebot verkehrenden Gentes oder Stämmen) den ersten gesellschaftlichen Zusammenhang, ja, »das Opfer des weiblichen Geschlechts, denn dafür steht das Schwein, konstituiert also nicht nur die Familie, sondern darüber hinaus sämtliche Kulturbildungen« (S. 128). Daß dieser sog. Frauenkauf, im gesellschaftlichen Zusammenhang und nicht nur aus dem Blickwinkel des einzelnen Mannes gesehen, ein ganzes System von Leistungen und Gegenleistungen enthält, in denen Frauen möglicherweise auch als Partner oder wenigstens als Personen beteiligt sind, kommt dem offensichtlich in seiner Männlichkeit befangenen Autor gar nicht in den Sinn. Statt dessen markiert seine Theorie der Weiblichkeit nichts als patriarchalische Rückschläge: Frauen sind für ihn nur denkbar als »vergesellschaftete Natur« und »Sexualobjekt ihres Mannes«. Der emanzipatorische Vorwand, die Versöhnung mit dieser »Natur« anzustreben, ist nach den vorangegangenen, mit soviel wissenschaftlicher Akribie errechneten Gleichungen zwischen »Frauen, Schweinen, Muscheln, Kauris und Salz« kaum glaubwürdig.

148 H. Dernburg, *Lehrbuch des preußischen Privatrechts*, Bd. 3, 1880, § 10. Noch im *ALR*, §§ 82, 83, II. 1., bedurfte das vollgültige Verlöbnis der gerichtlichen oder notariellen Beurkundung. Bezeichnenderweise brauchten »gemeine Landleute« ihre Verlobung nur vor dem »Schulzen oder Schöppen« zu vollziehen und niederschreiben zu lassen.

149 Vgl. ausführlich bei W. Groth, *Die Wandlungen des Unzuchtsbegriffs und ihre Rückwirkungen auf die Tatbestände der Kuppelei*, Diss. 1949, S. 21. S. auch H. Dölle, *Familienrecht*, 1964, § 5 II.

150 R. Sohm, *Das Recht der Eheschließung*, 1875, S. 233/234.

151 Zit. n. W. Groth, *Die Wandlungen . . .*, S. 15.

152 Die Manus-Ehe ist eine streng patriarchalische Eheform, in der die Frau wie Kinder und Sklaven völlig der Gewalt (manus) des Hausvaters (pater familias) unterworfen war. Die Befreiung aus dieser Gewalt ist die »emancipatio«. Vgl. zur Entwicklung der verschiedenen Eheformen im römischen Recht: Marianne Weber, *Ehefrau und Mutter*, S. 158 f.

153 *Sachsenspiegel* (um 1230), I. 45, § 1, Zit. n. C. F. v. Gerber, *System des deutschen Privatrechts*, 1863, S. 574.

154 Vgl. R. Sohm, *Das Recht der Eheschließung*, S. 150.

155 R. Sohm, *Das Recht der Eheschließung*, S. 182; 239/240. Vgl. auch E. Friedberg, *Das Recht der Eheschließung in seiner geschichtlichen Entwicklung*, 1865, der festgestellt hatte, daß in der Vergangenheit »kirchlicher Segen, aber meist erst nach geschlossener Ehe, [als] nicht durchaus nothwendig, aber doch wohlanständig und namentlich den höheren Ständen angemessen« gegolten habe.

156 Vgl. unten Kap. IV, 2.

157 Revisor, *Gesetz-Revision-Pensum XV*, 1830, S. 484.

158 Revisor, a.a.O., S. 121. Vgl. auch G. Beseler, *System des gemeinen deutschen Privatrechts*, 1873, (1. Aufl. 1847), S. 478, der darauf hinweist, daß das »Prinzip«, erst das Beilager begründe die rechtliche Klärung der Ehe, »noch in einigen Particularrechten Anwendung findet«, z. B. Bremen (Anm. 7).

159 N. Elias, *Über den Prozeß der Zivilisation*, Bd. 2, S. 397 f.

160 Vgl. etwa E. Bleich, *Verhandlungen des im Jahre 1848 zusammenberufenen Vereinigten ständischen Ausschusses*, III. Bd. 1848, S. 366 f.

161 M. Bauer, *Die deutsche Frau in der Vergangenheit*, 1907, S. 127. Vgl. auch I. Weber-Kellermann, *Die Familie. Geschichte, Geschichten und Bilder*, 1976, S. 54.

162 Vgl. die *Reichspolizeiordnung*, Nr. 1. von 1530, 1. Gegen die unnötige Verschwendung bei Hochzeiten, Taufen und Begräbnissen, »welches zu merglichem Nachteyl gemeynes nutz je lenger je mer beschwerlicher wechst und zunimpt«. Zit. bei R. Hippel, *Deutsches Strafrecht*, 1925, S. 216.

163 Ein peinliches Beispiel hierfür ist die Verheiratung der Dorothea v. Schlözer, des ersten weiblichen Doktors der Philosophie in Deutschland (Promotion 1787 in Göttingen). Der Vater gab die Einwilligung zur Vermählung seiner mit so viel Mühe und Eitelkeit hochqualifizierten Tochter erst, nachdem ein Wittum von 100 000 Hamburger Mark sichergestellt war. Der Biograph, L. v. Schlözer, *Ein deutsches Frauenleben um die Jahrhundertwende 1770-1825*, 1923, S. 145, schreibt hierzu: »Der Ehemann sollte seiner Frau eine sichere Einnahme, eine angesehene Stellung bieten, oft war die Ehe nur ein Geschäft, darum aber nicht weniger glücklich und jedenfalls dauerhafter als mancher in der Glut der Leidenschaft geschlossene Bund.«

164 K. Marx, *Manifest der Kommunistischen Partei*, Ed. Lieber, Bd. II, S. 820.

165 M. Bauer, *Die deutsche Frau*, S. 126.

166 W. H. Riehl, *Die Familie*, S. 11.

167 Vgl. die oft zitierte Stelle der Bibel aus dem Brief des Paulus an die Epheser 5, 22: »Die Frauen seien untertan ihren Männern . . .«

168 Vgl. G. Schwägler, *Soziologie der Familie*, S. 13.

169 Vgl. unten Kap. IV, 2.

170 Vgl. hierzu J. Haesart, *Etiologie de la répression des outrages publics aux bonnes moeurs*, 1931, und S. Ranulf, *Moral Indignation and Middle Class Psychology*, 1964.

171 Revisor, a.a.O., S. 8.

172 *Verhandlungen der Kommission des Staatsrates üb. d. revid. Entwurf des Strafgesetzbuches*, Berlin 1846. Vgl. das Gutachten zur Strafbarkeit der Konkubinate, S. 214: »Es ist im allgemeinen nicht wünschenswert, daß so arme Personen Ehen eingehen; auch würden solche Einrichtungen die wilden Ehen vielleicht befördern, in dem sie dieselben durch den Erlaß oder Vorschuß der Trauungsgebühren gewissermaßen belohnten.«

173 Revisor, a.a.O., S. 21.

174 Revisor, a.a.O., S. 22.

175 Revisor, a.a.O., S. 23.

176 Vgl. G. Mackenroth, *Bevölkerungslehre,* S. 119 f., S. 348.

177 G. Heinsohn, R. Knieper, *Theorie des Familienrechts,* S. 20.

178 J. P. Hebel, *Kalendergeschichten,* (1811) 1974, S. 95 f.

179 E. Bloch, *Nachwort* zu: J. P. Hebel, *Kalendergeschichten,* S. 144.

180 F. A. v. Ammon, *Die ersten Mutterpflichten,* 29. Aufl. (!) 1887, S. 113. (Diese Feststellung hinderte den ärztlichen Ratgeber in seinem *Belehrungsbuch für junge Frauen und Mütter* nicht, die unverschämtesten Ratschläge bei der Wahl der Ammen zu geben. Vgl. S. 114: »Es giebt für den Arzt kein verdrießlicheres Geschäft als eine Ammenwahl. Hier trügt das Äußere gar zu leicht. [. . .] Sehr dicke Ammen, die meistens schlaffe Brüste haben, verlieren bald und leicht die Milch; weniger starke Ammen [. . .] sind deshalb vorzuziehen. Hat die Amme ein frisches mit Roth gemischtes Gesicht, muntere Augen mit ganz reinen, gesunden, nicht rothen Augenlidern . . .« Usw.).

181 Motive zum Gesetz über die Aufhebung der polizeilichen Beschränkungen der Eheschließung vom 16. 4. 1868, Reichstag des Norddeutschen Bundes, Actenstück Nr. 15, S. 70.

182 Zit. n. H. Rehm, »Eheschließung«, in Handw. d. Staatswiss., 3. Aufl. 1909, 3. Bd. S. 605; 601.

183 L. v. Stein, *Die Verwaltungslehre,* Teil 2, 1866-1884, Neudr. 1962, S. 141.

184 Reichstag des Norddeutschen Bundes, Sten. Ber. 1868, Actenstück Nr. 37, S. 106.

185 Heinsohn/Knieper, *Theorie des Familienrechts,* S. 26/27.

186 J. Kulischer, *Wirtschaftsgeschichte,* Bd. II, S. 8/9.

187 G. Heinsohn, R. Knieper, a.a.O., S. 26.

188 G. Mackenroth, *Bevölkerungslehre,* S. 411, vgl. auch S. 50 f. Die einzigen, für einen Zeitraum von 200 Jahren vergleichbaren Fruchtbarkeitsziffern liegen für Schweden vor. Ihr Maximum für städtische Verhältnisse liegt im Zeitraum zwischen 1841 und 1850.

189 Vgl. R. König, *Anomie,* in: Fischer-Lexikon, S. 22.

190 J. Kulischer, *Wirtschaftsgeschichte,* Bd. 2, S. 24.

191 Zit. n. Revisor, a.a.O., S. 481.

192 G. Heinsohn, R. Knieper, S. 27. Zur Kritik dieser objektivierenden Sprache, vgl. H. Erd-Küchler, *Objektiver Faktor Subjektivität?* in: *Kritische Justiz* 1975, S. 141.

193 G. Heinsohn, R. Knieper, *Theorie des Familienrechts,* S. 24; 70; 178/179. Vgl. hierzu den Chefideologen der Bürgerlichkeit J. G. Fichte, siehe unten Kap. III, 3.

194 Ph. Ariès, *Geschichte der Kindheit,* S. 509.

195 *Reports of the Society for Bettering the Conditions and Increasing the Comforts of the Poor, 1798-1808,* 5. Vol. III, S. 91.

196 I. Pinchbeck, *Women Workers . . .,* S. 59 (Übersetzung von U. G.). Mit wieviel Aufwand auch den Frauen der Oberschichten ihre Mutter- und Erziehungspflichten erst anerzogen werden mußten, dazu vgl. Kap. III.

197 K. Marx, *Das Kapital, MEW* 23, S. 514.

1 K. Marx, *Deutsche Ideologie*, Ed. Lieber, II. S. 55.

2 Vgl. zu dieser Problematik M. Horkheimer, *Theoretische Entwürfe* . . ., a.a.O., S. 49 f. und H. Marcuse, *Ideengeschichtlicher Teil*, a.a.O., S. 189 f.

3 N. Elias, *Über den Prozeß der Zivilisation*, 1. Bd., S. 133 f., 206., 2. Bd. 427.

4 A. v. Knigge, *Über den Umgang* . . ., S. 9/10.

5 A. v. Knigge, a.a.O., S. 34; 160.

6 A. v. Knigge, *Über den Umgang* . . ., S. 157/158.

7 A. v. Knigge, a.a.O., S. 144/145. (Hervorhebung von U. G.).

8 *Meyers Konversationslexikon*, 1895, 10. Bd., S. 276.

9 A. v. Knigge, *Über den Umgang* . . ., S. 196.

10 Vgl. E. Blochmann, *Das »Frauenzimmer« und die »Gelehrsamkeit«*, 1966; J. Zinnecker, *Sozialgeschichte der Mädchenbildung*, 1973.

11 J. H. Campe, *Väterlicher Rath für meine Tochter*, 1789, S. 37/38; S. 82.

12 J. H. Campe, *Väterlicher Rath* . . ., S. 53/55; 50; 47. (Hervorhebung von U. G.).

13 A.a.O., S. 14/15.

14 Vgl. G. Schwägler, *Soziologie der Familie*, S. 13 f.

15 R. Wittmann, *Zur Trivialliteratur der Goethezeit*, in: *Aus dem Antiquariat 1976*, S. 130, Beilage z. Börsenblatt f. d. Deutschen Buchhandel.

16 Vgl. E. Blochmann, *Das »Frauenzimmer«* . . ., S. 16.

17 E. Blochmann, *Das »Frauenzimmer«* . . ., S. 28.

18 Vgl. J. J. Rousseau, *Emile*, hrsg. v. Th. Vogt und E. v. Sallwürk, 1876, V. Buch, § 30: »Folgt daraus, daß sie in gänzlicher Unwissenheit erzogen und nur auf die Geschäfte der Haushaltung beschränkt werden soll? Soll der Mann aus seiner Gefährtin seine Magd machen? [. . .] Nein, gewiß nicht; so hat es die Natur nicht gewollt, die den Frauen einen so angenehmen freien Sinn gibt: im Gegenteil, sie will, daß sie denken, urtheilen, lieben und lernen, daß sie ihren Geist pflegen wie ihr Aeußeres; das sind die Waffen, die sie ihnen gibt als Ersatz für die fehlende Kraft und um die unsrige zu leiten.«

19 J. H. Campe, *Väterlicher Rath* . . ., S. 5 f.

20 Vgl. unten Kap. IV, 2.

21 J. H. Campe, a.a.O., S. 10.

22 J. H. Campe, a.a.O., S. 19 und 185.

23 J. H. Campe, a.a.O., S. 186/185.

24 J. H. Campe, a.a.O., S. 15.

25 M. Wollstonecraft, *Verteidigung der Rechte der Frauen*, 1792, neu hrsg. v. B. Rahm, 1975.

26 M. Wollstonecraft, *Verteidigung der Rechte der Frauen*, 1792, neu hrsg. v. B. Rahm, 1975, S. 37; 96; 86. Es ist beispielhaft für die Dummheiten oder Verfälschungen zur Geschichte der Frau, daß M. Wollstonecraft im *Großen Brockhaus* als »Anhängerin Rousseaus« charakterisiert wird; vgl. Stichwort »Godwin«, geb. Wollstonecraft (!), in: *Der Große Brockhaus*, 1954, Bd. 4, S. 707.

27 M. Wollstonecraft, *Verteidigung* . . ., S. 86/87.

28 M. Wollstonecraft, a.a.O., S. 94; 34.

29 Vgl. H. Lange, in: H. Lange, G. Bäumer, hrsg. *Handbuch der Frauenbewegung*, Bd. 1, 1901, S. 13, und R. Bardenheuer, *Woher und Wohin?*, 1918, S. 18.

30 G. Th. v. Hippel, *Über die bürgerliche Verbesserung der Weiber*, 1792, S. 190. (Neuauflage Frankfurt 1977, hier zitiert nach der 1. Aufl.).

31 G. Th. v. Hippel, *Über die bürgerliche Verbesserung,* S. 244; 341/342.

32 Interessant, aber auch ernüchternd ist die Mitteilung aus dem Antiquariats-Katalog von Pinkus, Zürich Nr. 179, 1976, S. 7, wonach 1792 von einer zweiten Auflage mit neuen Zusätzen von G. v. Hippel abgesehen wurde, weil der Verlag fast zehn Jahre später noch immer über einen größeren Vorrat der *Bürgerlichen Verbesserung . . .* verfügte.

33 Vgl. H. Lange, in: *Handbuch der Frauenbewegung,* Bd. 1, S. 12/13: »Hippel ist der lachende Philosoph, kein Prophet. Über Anekdoten und Bonmots führt seine Satyre einen Zickzackweg, auf dem er selbst und der Leser oft [. . .], das Ziel momentan vergißt. Das und seine Gewohnheit, jeden Augenblick mit einem geistreichen Paradoxon über das Ziel hinauszuschießen, ließen viele Leser in Zweifel, ob es ihm überhaupt Ernst sei.«

34 I. Kant, *Vermischte Schriften,* Bd. 1, S. 163.

35 Vgl. E. Blochmann, *Das »Frauenzimmer« . . .,* S. 43: »Für den Begriff der ›schönen Weiblichkeit‹ gibt es, soweit ich sehe, weder im Englischen noch im Französischen eine Entsprechung.«

36 Gedicht von Fr. Schiller, das als beispielhaft für die Verwirklichung der Frau und die Geschlechterpolarität in der deutschen Klassik gilt, doch bereits von A. W. Schlegel parodiert wurde: »Ehret die Frauen! Sie stricken die Strümpfe, wollig und warm . . .«

37 J. Habermas, *Strukturwandel der Öffentlichkeit,* S. 42 f. (Bezeichnenderweise kommen die deutschen literarischen Salons bei Habermas nicht vor.)

38 G. Jäckel, in: *Das Volk braucht Licht. Frauen zur Zeit des Aufbruchs 1790-1848 in ihren Briefen,* 1970, S. 37.

39 Zit. n. H. Arendt, *Rahel Varnhagen,* 1962, S. 197/198.

40 E. Blochmann, *Das »Frauenzimmer«,* S. 44.

41 H. Lange, *Die Anfänge der Frauenbewegung,* 1927, S. 5.

42 B. v. Arnim, *Dies Buch gehört dem König, Werke und Briefe,* 1963, Bd. III.

43 U. Prokop, *Weiblicher Lebenszusammenhang. Von der Beschränktheit der Strategien und der Unangemessenheit der Wünsche,* 1976, S. 146/148.

44 C. Michaelis, in: *Das Volk braucht Licht,* S. 214.

45 Bei F. Schiller steht wörtlich: »Der Mann muß hinaus / Ins feindliche Leben / Muß wirken und streben / Und pflanzen und schaffen / Erlisten, erraffen [!] [. . .] / Und drinnen waltet die züchtige Hausfrau [. . .] / Und ruhet nimmer.«

46 Vgl. E. Bloch, *Gespräche mit E. Bloch,* hrsg. v. R. Traub u. H. Wieser, Frankfurt 1975, S. 46.

47 U. Sonnemann, *Der kritische Wachtraum,* S. 12.

48 Vgl. R. Möhrmann, *Die andere Frau. Emanzipationsansätze deutscher Schriftstellerinnen,* 1977, S. 150 f. Zur Geschichte der Frauen-Zeitung vgl. Anhang Nr. 18 c. (M. Twellmann, *Die deutsche Frauenbewegung,* 2 Bde., 1972, verwendet zwei spätere Jahrgänge, die L. Otto in Gera herausgab.)

49 *Conversations-Lexicon,* Bd. 2, S. 783 f.

50 *Wigand's Conversations-Lexikon,* 5. Bd. 1847, S. 363 f.

51 *Allgemeine deutsche Real-Encyklopädie für die gebildeten Stände,* Brockhaus 1865, 6. Bd., S. 553 f.

52 Zit. n. C. Acinde, *Louise Michel: Lebensgeschichte und die »mémoires«,* in: *Mamas Pfirsiche. frauen und literatur,* Heft 3, 1976, S. 18/20.

53 L. G. W. Funke, *Zur Lage der Heuerleute 1847,* in: C. Jantke, D. Hilger, *Die Eigentumslosen,* S. 110.

54 W. v. Laer, *Bericht über die Lage der arbeitenden Klassen des Kreises Herford*

an das Kgl. Preuß. Landes-Ökonomie-Kollegium 1851, in: C. Jantke, D. Hilger, *Die Eigentumslosen*, S. 99.

55 F. W. von Reden, *Erwerbsmangel, Massenverarmung, Massenverderbnis – deren Ursachen und Heilmittel*, in: C. Jantke, D. Hilger, *Die Eigentumslosen*, S. 468.

56 F. A. von der Marwitz, *Von der Schrankenlosigkeit*, in: C. Jantke, D. Hilger, a.a.O., S. 136.

57 E. Bleich, *Verhandlungen des im Jahre 1848 zusammengerufenen Vereinigten ständischen Ausschusses*, Berlin 1848, III. Bd., S. 388.

58 E. Bleich, a.a.O., I. Bd., S. 271.

59 Vgl. die *Verordnungen vom 21. Juni 1852 über die Bildung von ständischen Ausschüssen für die einzelnen Provinzen*, zit. b. K. H. L. Pölitz, *Die Verfassungen des deutschen Staatenbundes seit dem Jahre 1789*, Leipzig, 1847, 3. Bd., S. 14 f. Danach bestand der Ständ. Ausschuß einer Provinz aus 12 Mitgliedern, 6 aus dem Stande der Ritterschaft, 4 vom Stand der Städte und 2 vom Stand der Landgemeinden.

60 E. Bleich, *Verhandlungen* 3. Bd., S. 393/394.

61 Dazu im einzelnen Mittermaier, *Verbrechen wider die Sittlichkeit*, in: *Vergleichende Darstellung des Deutschen und Ausländischen Strafrechts. Vorarbeiten zur Deutschen Strafrechtsreform*, Bes. Teil, IV. Bd., 1906, S. 12 f.

62 M. Weber, *Ehefrau und Mutter . . .*, S. 306 f.

63 G. Bäumer, *Fichte und sein Werk*, 1921, S. 60.

64 J. G. Fichte, *Grundlage des Naturrechts*, zuerst 1796, 1960, S. 298 f.

65 Vgl. hierzu N. Elias, *Über den Prozeß der Zivilisation*, Bd. 2, S. 425.

66 G. Bäumer, *Fichte und sein Werk*, S. 57/58.

67 H. Schröder, *Die Eigentumslosigkeit und Rechtlosigkeit der Frau in der patriarchal-bürgerlichen politischen Theorie*, dargestellt am Beispiel von *J. G. Fichtes Grundlage des Naturrechts*, Frankfurt 1975, Manuskript, S. 19.

68 Bezeichnung von U. Sonnemann.

69 H. Schröder, *Die Eigentumslosigkeit*, S. 8; 245.

70 U. Prokop, *Weiblicher Lebenszusammenhang*, S. 36.

71 Vgl. dazu unten Kap. IV.

72 Titel einer Schrift von J. G. Fichte: *Zurückforderung der Denkfreiheit von den Fürsten Europas, die sie bisher unterdrückten*. 1793.

73 J. G. Fichte, *Naturrecht*, S. 298.

74 Vgl. unten IV. Kap.

75 Vgl. R. Wiethölter, *Rechtswissenschaft*, 1973, S. 43: »Es gibt fast nichts, das nicht im Namen von Naturrecht begründet und widerlegt worden wäre.« W. Rosenbaum, *Naturrecht und positives Recht*, 1972, S. 13 f.

76 Vgl. die BGH-Entscheidungen vom 17. 2. 1954, in: *BGHSt.* 6, 46-59, und vom 9. 3. 1962, in: *BGHSt.* 17, 230-235.

77 E. Paschukanis, *Allgemeine Rechtslehre und Marxismus*, 1970, S. 12/13.

78 H. Schröder, *Die Eigentumslosigkeit . . .*, S. 142.

79 J. G. Fichte, *Naturrecht*, S. 298 f. (*Grundriß des Familienrechts* §§ 1-3). Ein guter Beleg für die Rezeption Fichtes durch die Juristen im Vormärz ist die Tatsache, daß diese »weibliche Schamhaftigkeit« in den Reformentwürfen zum *Preußischen Strafgesetzbuch* als zu schützendes Rechtsgut auftaucht, aber später wieder fallengelassen wird.

80 J. G. Fichte, *Naturrecht*, S. 302, 306.

81 J. G. Fichte, *Naturrecht*, S. 306 (die Bemerkung in der Klammer ist von Fichte).

82 J. G. Fichte, a.a.O., S. 340 f.

83 J. G. Fichte, *Naturrecht*, S. 307 und 343.

84 Vgl. dazu M. Streck, *Generalklausel und unbestimmter Rechtsbegriff im Recht der allgemeinen Ehewirkungen*, Jur. Diss. 1970, und s. unten IV. Kap.

85 Vgl. im einzelnen E. Hoffmann / W. Stephan, *Ehegesetz*, Kommentar, 1968, § 43, Anm. 100-105.

86 *NJW* 1967, 1078/79.

87 M. J. Sherfey, *Die Potenz der Frau*, Köln 1974.

88 G. Heinsohn / R. Knieper, *Theorie des Familienrechts*, S. 179.

89 R. König, *Familie und Autorität*, in: Materialien, S. 218/219.

90 I. Weber-Kellermann, *Die deutsche Familie*, S. 105.

91 I. Weber-Kellermann, *Die deutsche Familie*, S. 117/118, S. 113 und 223 f.

92 G. Schwägler, *Anfänge einer Familiensoziologie bei Wilhelm Heinrich Riehl und Frédéric Le Play*, in: *Familiensoziologie*, hrsg. v. D. Claessens und P. Milhoffer, S. 15 f.

93 W. H. Riehl, *Die Familie*, 1855, S. IX.

94 H. Marcuse, *Autorität und Familie in der deutschen Soziologie bis 1933*, a.a.O., Bd. 2, S. 738.

95 Vgl. F. Harkort, zit. n. R. Koselleck, *Preußen . . .*, S. 620.

96 W. H. Riehl, *Die Familie*, S. 6: »Man muß darum den tollen Muth dieser Consequenz der Socialisten bewundern, welche den beiden Geschlechtern trotz aller leiblichen und seelischen Ungleichartigkeit doch die gleiche politische und sociale Berufung zusprechen und ganz resolut ein Gesetz der Natur entthronen wollen.« Und S. 8: »Wie uns die Socialisten zu Untersuchungen über das Proletariat zwangen, so haben sie uns auch die Untersuchung über Mann und Weib zur Gewissenspflicht gemacht. Denn wer den Feind schlagen will, der muß sich auf des Feindes Gebiet begeben.«

97 H. Marcuse, *Theoretische Entwürfe . . .*, a.a.O., Bd. 1, S. 189 f., S. 202.

98 W. H. Riehl, *Die Familie*, S. VI. Riehl berief sich hierzu ausdrücklich auf Savigny und die Historische Rechtsschule; vgl. a.a.O., S. 220.

99 W. H. Riehl, *Die Familie*, a.a.O., S. 21.

100 Vgl. vorne, Kap. I. 5.

101 W. H. Riehl, *Die Familie*, S. 9.

102 A.a.O., S. 3.

103 A.a.O., S. 22, 91.

104 Vgl. G. Schwägler, *Anfänge einer Familiensoziologie*, a.a.O., S. 17. Schwägler bringt außerdem eine interessante Anmerkung, wonach Riehl sich 1848 noch durchaus positiv zur individuellen Freiheit und Emanzipation der Frau geäußert, seine Einstellung im »Familienbuch« jedoch grundlegend geändert hatte.

105 W. H. Riehl, a.a.O., S. 10; 91.

106 A.a.O., S. 22; 48.

107 H. Marcuse, *Autorität und Familie*, Bd. 2, S. 739.

108 W. H. Riehl, a.a.O., S. 10; 147; 260.

109 W. H. Riehl, *Die Familie*, S. 10; 52: »Die Geschichte unseres politischen Elendes läuft parallel mit unserer Geschichte der Blaustrümpfe. Wo aber das öffentliche Leben einen kräftigen neuen Aufschwung nimmt, da sind allezeit die Frauen in den Frieden des Hauses zurückgetreten.«

110 W. H. Riehl, a.a.O., S. 18.

11 K. Marx / F. Engels, *Manifest . . .*, Ed. Lieber, II. S. 820.

1 Vgl. die Definition bei Enneccerus-Nipperdey, *Allgemeiner Teil des BGB*, 1959, § 48 II.: »Das Wesen des Sonderrechts besteht darin, daß es [. . .] bestimmte Klassen aus dem Herrschaftsgebiet einer allgemeinen, an sich also auch für sie geltenden Regel herausnimmt und einer besonderen Vorschrift unterstellt, mithin ein besonderes Recht, ein jus proprium für diese Klasse bildet, das von dem für die übrigen geltenden jus commune abweicht.« Als Beispiel wird immer das »Handelsrecht, früher das Recht des hohen Adels, das Lehnrecht und in neuerer Zeit das Arbeitsrecht« erwähnt, niemals das Familienrecht, das die Ehefrauen unter Sonderrecht stellt.

2 F. Wieacker, *Privatrechtsgeschichte*, S. 21. Zur Kritik vgl. Arbeitsgruppe, *Kritik der bürgerlichen Rechtsgeschichte*, in: *Kritische Justiz*, 1973, S. 109 f.

3 W. Müller-Freienfels, *Ehe und Recht*, 1962, S. 1; vgl. auch G. Beitzke, *Familienrecht*, 1974, S. 1.

4 W. Müller-Freienfels, a.a.O., S. 39.

5 G. Boehmer, *Einführung in das bürgerliche Recht* 1965, S. 89 (Hervorhebung v. Boehmer).

6 H. Dölle, *Familienrecht*, Bd. 1, § 5, 1; J. Gernhuber, *Lehrbuch des Familienrechts*, 1971, § 3,3 und § 17,1. Zusammenfassende Nachweise über die institutionelle Ehelehre in der Rspr. vgl. bei H. Dölle, a.a.O., § 7, Anm. 7.

7 Hierzu ausführlich: R. Koselleck, *Preußen . . .*, S. 23 f.; A. Laufs, *Rechtsentwicklungen in Deutschland*, 1973, S. 120 f.; F. Wieacker, *Privatrechtsgeschichte*, S. 327 f.

8 So z. B. W. Müller-Freienfels, *Ehe und Recht*, S. 18 f.

9 R. Koselleck, *Preußen . . .*, S. 25.

10 F. Wieacker, *Privatrechtsgeschichte*, S. 333.

11 *Patent wegen Publication . . .* v. 5. Febr. 1794, S. XXI.; gem. §§ 46, 50 der Einleitung zum *ALR* war bis zur abändernden Cabinetsordre vom 3. 8. 1798 sogar die Auslegung durch Präjudizien, Kommentare und »gelehrte Spitzfindigkeiten« nicht erlaubt, die Richter wurden angewiesen, in Zweifelsfällen die Gesetzcommission zu befragen. Vgl. F. Wieacker, a.a.O. S. 332. Aufschlußreich ist ein Argument von C. G. Svarez, dem Verfasser des *ALR*, mit dem dieser die Kasuistik seines Werks verteidigte. In seinem Vortrag *Inwiefern können und müssen Gesetze kurz sein?* wies er darauf hin, daß Undeutlichkeit und Ungewißheit des Gesetzes für den Bürger vom Übel seien: »denn alsdann wird der Richter zum Gesetzgeber, und nichts kann der bürgerlichen Freiheit gefährlicher sein, zumal wenn der Richter ein besoldeter Diener des Staates und das Richteramt lebenswierig ist.« (Zit. n. A. Laufs, *Rechtsentwicklungen*, S. 128.)

12 F. Wieacker, *Privatrechtsgeschichte*, S. 334, vgl. auch R. Koselleck, *Preußen . . .*, S. 23, Anm. 1.

13 Revisor, *Gesetz-Revision-Pensum XV*. Motive zu dem vom Revisor vorgelegten Entwurf des Titel 1, Theil II des *Allgemeinen Landrechts*, Berlin 1830. Der »Revisor« war einer der Referenten, ein Justizbeamter, der die umfangreichen Gesetzesmaterialien zur Anfertigung eines Reformentwurfes bearbeitete; der Name wird nirgendwo genannt; vgl. A. Stölzel, *Brandenburg-Preußens Rechtsverwaltung . . .*, Bd. 2, S. 493.

14 F. C. von Savigny, in: Thibaut und Savigny, *Ein programmatischer Rechtsstreit auf Grund ihrer Schriften »Über die Notwendigkeit eines Allgemeinen Bürgerlichen Rechts für Deutschland« und »Vom Beruf unserer Zeit für Gesetzgebung und*

Rechtswissenschaft« (1814), 1959, S. 79 und vgl. Einl. von J. Stern, S. 23 f.

15 So F. Wieacker, *Privatrechtsgeschichte*, S. 334.

16 F. C. v. Savigny, in: Thibaut und Savigny, a.a.O., S. 95.

17 Vgl. C. G. Svarez, *Vorträge über Recht und Staat*, (1960), S. 316: »Die Ehe ist ein Kontrakt, durch welchen zwei Personen verschiedenen Geschlechts sich verbinden, vereinigt zu leben, Kinder miteinander zu erzeugen und zu erziehen und sich in ihren Bedürfnissen gegenseitig Hilfe und Unterstützung leisten.« Siehe auch C. F. Koch, *Allgem. Landrecht-Kommentar*, 3. Bd., S. 1.

18 Auch in der Franz. Verfassung von 1791 (Tit. II. Art. 7) wurde die Ehe »nur als bürgerlicher Vertrag« bezeichnet.

19 Auch Luther hatte das Dogma von der Ehe als Sakrament abgelehnt und die Ehe nicht allein als göttliche Institution, sondern zugleich als »ein eußerlich weltlich ding« bezeichnet »wie kleider und speise, haus und hoff, weltlicher oberkeit unterworffen«. Damit wurde die Scheidung nach protestantischem Kirchenrecht ermöglicht. Entscheidend aber war, daß Luther die Ehe keinesfalls der Jurisdiktion eines unchristlichen Staates, sondern einer in seinem Verständnis »christlichen Obrigkeit« überlassen wollte. Vgl. hierzu P. Mikat, *Rechtsgeschichtliche und rechtspolitische Erwägungen zum Zerrüttungsprinzip*, in: *FamRZ* 1962, S. 85.

20 Revisor, *Gesetz-Revision-Pensum* XV. S. 7.

21 So H. Dörner, *Industrialisierung*, S. 42.

22 Vgl. hierzu U. Mückenberger, *Vertrag*, in: *Handlexikon zur Rechtswissenschaft* 1972, S. 497 f.

23 Revisor, a.a.O., S. 6 und 8.

24 M. Weber, *Ehefrau und Mutter*, S. 336.

25 I. Kant, *Metaphysik der Sitten*, §§ 24 f., in: *Moralische Schriften*, 5. Bd. 1922, S. 390. Vgl. auch B. Duden, *Das schöne Eigentum*, in: *Kursbuch* 47, S. 125 f.

26 Vgl. Marianne Weber, *Ehefrau und Mutter*, S. 326.

27 Z. B. E. Hoffmann / W. Stephan, *Ehegesetz zu § 43 Ehegesetz*, Nr. 100 f. Vgl. dazu M. Streck, *Generalklausel*, S. 88, Anm.: »Der Begriff ›Hingabepflicht‹ ist Zeugnis des Geistes, der noch das Ehegesetz beherrscht.«

28 *BVerfGE* 10, 59. Vgl. dazu die Befürworter des Stichentscheids bei Bosch, *FamRZ* 1959, S. 265.

29 Vgl. §§ 1356, 1360 *BGB* in der Neufassung, gültig ab 1. 7. 1977.

30 Z. B. im Vergleich zum franz. *Code civil*. Vgl. M. Weber, *Ehefrau*, S. 333.

31 H. Dörner, *Industrialisierung*, S. 43.

32 Hasse, *Act. des Min. z. Revision d. Ges. No. 92, de 1819*, zit. b. Revisor, a.a.O., S. 121/122.

33 Revisor, a.a.O., S. 124.

34 Revisor, S. 123, vgl. vorne, S. 27.

35 Revisor, a.a.O., S. 122. Während der Revisor sich an dieser Stelle ausdrücklich auf Fichtes *Naturrecht* bezog, rückte er in der Frage des Eigentumserwerbs durch die Ehefrau deutlich von Fichte ab; vgl. a.a.O., S. 146.

36 Revisor, S. 124.

37 Vgl. W. Rosenbaum, *Zum Rechtsbegriff bei Stucka und Pasukanis*, in: *Kritische Justiz* 1971, S. 156.

38 G. W. F. Hegel, *Rechtsphilosophie*, § 49, 1. Zusatz: »[...] das Recht ist das, was gleichgültig gegen die Besonderheit bleibt.«

39 Revisor, a.a.O., S. 124.

40 Vgl. J. Locke, *Über die Regierung* (1689) 1966, S. 68: »Hauptziel [der bürgerlichen Gesellschaft] ist die Erhaltung des Eigentums.«

41 Revisor, a.a.O., S. 139.

42 Vgl. vorne, Kap. II. 2. J. G. Schlosser war es auch, der in seinen *Briefen über die Gesetzgebung*, S. 279, allen Ernstes im Zusammenhang mit einem später geänderten Paragraphen die Befürchtung äußerte, das *Landrecht* werde »das preußische Land bald zu einem wahren Paradies der Weiber machen«.

43 M. Weber, *Ehefrau und Mutter*, S. 379.

44 H. Dörner, *Industrialisierung*, S. 45, 46.

45 Zit. n. Revisor, a.a.O., S. 145.

46 Vgl. ausführlich beim Revisor, S. 140 f.

47 Revisor, S. 143. Dort findet sich auch der Hinweis, daß schon vor dem *ALR* in einigen Partikularrechten der »besondere Erwerb« der Frau ihr Eigentum wurde.

48 H. D. v. Grolman, zit. n. Revisor, a.a.O., S. 140/141 (Hervorhebung von U. G.).

49 Zit. n. Revisor, S. 145.

50 Gem. §§ 1378 und 1371 *BGB*, in Kraft seit dem 1. 7. 1958.

51 Svarez, zit. n. Revisor, S. 141.

52 G. Planck, *Die rechtliche Stellung der Frau nach dem bürgerlichen Gesetzbuch*, 1899, S. 19.

53 M. Weber, *Ehefrau und Mutter*, S. 467.

54 Vgl. die Urteile der Preuß. Gerichte von 1854, 1855 und 1861, zit. bei C. F. Koch, *Kommentar zum ALR*, III. Bd., § 205, Anm. 2.

55 P. Hinschius, *Koch-Kommentar*, a.a.O., § 205, Anm. 2.

56 G. Planck, *Die rechtliche Stellung*, S. 17. Es ist nicht nur eine redaktionelle Variante, daß im *BGB* die vertragliche Möglichkeit des Vorbehaltsguts für die Frau im Paragraphen über den gesetzlichen Güterstand der Verwaltungsgemeinschaft gar nicht mehr vorkommt (so im *ALR*), sondern auch optisch nach hinten gedrängt wurde.

57 J. G. Fichtes einmalige Formulierung hierzu sollte nicht unerwähnt bleiben: »Aus der Vereinigung der Herzen erfolgt notwendig Vereinigung der Güter, unter der Oberherrschaft des Mannes«, *Naturrecht*, S. 337.

58 Hasse, zit. n. Revisor, a.a.O., S. 140.

59 G. Planck, *Die rechtliche Stellung*, S. 17/18. Vgl. auch die Motive zum 1. Entwurf des *BGB*, B. Mugdan, *Die gesamten Materialien zum BGB*, Bd. IV., S. 86: »Der Mann [...] ist unter den jetzigen wirtschaftlichen Verhältnissen regelmäßig noch der hauptsächlich erwerbende Theil ... Er allein trägt die Gefahr, ihm allein gebührt auch der Gewinn.«

60 G. Svarez, zit. n. Revisor, S. 140.

61 J. Gernhuber, *Lehrbuch*, § 3,3; H. Dölle, *Familienrecht* § 5,2, mit Nachweisen.

62 Regelsberger, zit. n. W. Müller-Freienfels, *Ehe*, S. 61.

63 *BGHZ* 18, 13 (21) und vgl. *BGHSt.* 6, 46 ff.

64 K. Larenz, *Allgemeiner Teil des deutschen bürgerlichen Rechts*, 1967, § 9 I. Vgl. hierzu, E. Wolf (jur.), *Zur »Institution Ehe«*, in: *JZ* 1967, S. 749 f.

65 Vgl. W. Müller-Freienfels, *Ehe und Recht*, S. 73 f., und P. Mikat, *Rechtsgeschichtl. und rechtspolitische Erwägungen . . .*, in: *FamRZ* 1962, S. 81 f., 273 f., 497 f. Zur Kritik: E. Wolf, in Wolf-Lüke-Hax, *Scheidung und Scheidungsrecht*, 1959, S. 257 f.; ders., *Dogmatische Grundlagen einer Reform des Ehescheidungsrechts*, in: *JZ* 1970, S. 441 f.

66 Z. B. H. Schelsky, *Wandlungen der deutschen Familie in der Gegenwart*, S. 26 ff. Zur Kritik grundlegend H. Rosenbaum, *Familie als Gegenstruktur zur*

Gesellschaft, S. 24 ff.

67 J. Gernhuber, *Lehrbuch*, § 3,3.

68 S. Simitis, *Zur Situation des Familienrechts*, in: S. Simitis und G. Zenz, *Seminar: Familie und Familienrecht*, 1975, S. 18.

69 Vgl. z. B. H. Dölle, *Familienrecht*, § 5 I. 2, oder G. Beitzke, *Familienrecht*, § 6: »Grundzelle im sozialen Organismus.«

70 Ehe als »Urzelle des völkischen Lebens«; vgl. R. Wiethölter, *Rechtswissenschaft*, S. 202.

71 R. Prutz, *Zehn Jahre, Geschichte der neuesten Zeit, 1840-1850*, 1856, Bd. 2, S. 350.

72 Zit. n. Revisor, a.a.O., S. 369. Vgl. auch C. F. Savigny, *Vermischte Schriften*, 1850, Bd. 5, S. 248.
Vgl. B. Mugdan, Bd. IV., *Kommissionsbericht und Motive*, S. 1233.

73 R. Prutz, *Zehn Jahre*, S. 351.

74 A. Stölzel, *Brandenburg-Preußens Rechtsverwaltung . . .*, Bd. 2, S. 445.

75 A. Stölzel, a.a.O., S. 531.

76 Vgl. F. K. v. Savigny, *Vermischte Schriften*, Bd. 5, S. 353.

77 H. Pelger, in: *Deutsches Bürgerbuch für 1845*, neu hrsg. v. R. Schloesser und H. Pelger, S. XXXII.

78 H. v. Treitschke, *Deutsche Geschichte im 19. Jhdt.*, 5. Teil, 1927, S. 251.

79 R. Prutz, *Zehn Jahre*, S. 355.

80 Gem. der »Anordnung von Provinzialständen« v. 5. Juni 1823, *GS*, S. 129 f., sollten »die Entwürfe solcher allgemeinen Gesetze, welche Veränderungen in Personen- und Eigentumsrechten und in den Steuern zum Gegenstand haben«, den Provinzialständen zur Beratung vorgelegt werden. Vgl. W. Altmann, *Ausgew. Urkunden zur Brandenburg-Preußischen Verfassungsgeschichte*, 1915, Bd. II., S. 269.

81 L. v. Gerlach, *Pro memoria, die Eherechtsreform betreffend, dem König vorgelesen*, zit. n. H. Liermann und H. Schoeps, *Materialien zur preußischen Eherechtsreform im Vormärz*, 1961, S. 525 f.

82 Vgl. H. Liermann, H. Schoeps, a.a.O., S. 500.

83 Zuerst 1844, abgedr. in: F. C. v. Savigny, *Vermischte Schriften*, 5. Bd., S. 222 f.

84 A. Stölzel, *Brandenburg-Preußens Rechtsverwaltung*, 2. Bd. S. 546/547.

85 Vgl. hierzu C. Bextermöller, *Das Familienrecht in den Systemen der Pandektistik des 19. Jahrhunderts*, 1970, S. 47 f., sowie ausführlich bei H. Dörner, *Industrialisierung*, S. 78 f.

86 B. Mugdan, *Materialien*, IV. Bd. *Motive*, S. 301 f.

87 F. C. v. Savigny, *Darstellung . . .*, a.a.O., S. 238.

88 A.a.O., S. 233.

89 J. G. Fichte, *Naturrecht*, S. 331.

90 F. C. v. Savigny, *Darstellung . . .*, a.a.O., S. 241.

91 Anonym (G. Jung), *Über die Reform der preußischen Ehegesetze*, in: R. Schloesser, H. Pelger, Hrsg., *Deutsches Bürgerbuch für 1845*, 1975, S. 313 f. (324/325).

92 Daß die Rechtsstellung aller Frauen, nicht nur der Ehefrauen betroffen war, zeigt ihre Diskriminierung im Vereinsrecht (die Verordnung vom 11. März 1850 in Preußen verbot »Frauenzimmern, Schülern und Lehrlingen« an Vereinen teilzunehmen, die »politische Gegenstände in Versammlungen erörtern«, erst 1905 aufgehoben), und im Presserecht. (Vgl. die Erfahrungen L. Ottos, die ihre *Frauen-Zeitung* von 1849-1850 wegen der scharfen preußischen Zensur in Leipzig, Sachsen, heraus-

gab, doch seit 1850 durch ein neues »Pressegesetz, »Lex Otto«, daran gehindert
wurde. Gem. § 12 durften nur noch »männliche Personen [. . .] die verantwortliche
Redaction einer Zeitschrift übernehmen oder fortführen«. Vgl. L. Otto in: *Frauen-
Zeitung*, Nr. 51 und 52., Jg. 1850).

93 Vgl. die Entscheidungen, zit. bei H. Dörner, *Industrialisierung*, S. 90.

94 Vgl. H. Dörner, *Industrialisierung*, S. 112.

95 A. Bebel, 2. Beratung im Plenum des Reichstages, in: B. Mugdan, IV.,
Materialien, S. 1338; 1340.

96 Vgl. hierzu ausführlich W. Thönessen, *Frauenemanzipation*, passim.

97 M. Merfeld, *Die Emanzipation der Frau in der sozialistischen Theorie*, S. 34.

98 K. Marx, *Der Ehescheidungsentwurf, MEW* 1, S. 148 f.

99 Vgl. unten, Kap. IV, 3.2.

100 G. Puchta, zit. n. F. Wieacker, *Privatrechtsgeschichte*, S. 391, Anm.

101 G. Puchta, zit. n. H. Liermann, H. Schoeps, *Materialien*, S. 502.

102 G. Jung, in: *Deutsches Bürgerbuch*, S. 315.

103 F. K. v. Savigny, *Darstellung*, a.a.O., S. 239.

104 E. Bleich, *Verhandlungen*, Bd. 3, S. 412.

105 *Revision des Entwurfs des Strafgesetzbuches von 1843*, 1845, 2. Bd., *Motive*,
S. 162/163.

106 L. Otto, *Das Recht der Frauen auf Erwerb*, 1866, S. 50/51.

107 *Revision des Entwurfes*, a.a.O., S. 159.

108 In den Debatten um die Ehebruchsstrafen spielte auch das Argument der
»unsicheren Paternität« eine Rolle, also die Furcht, daß »unächte Glieder in die
Familie eingeschwärzt werden können« und auf diese Weise die Erbrechte der
anderen schmälern. E. Bleich, *Verhandlungen*, Bd. 3, S. 412/413.

109 Vgl. die RG-Entscheidung über die geschlechtliche Treue der Braut als
›wesentliche Eigenschaft‹ bei der Irrtumsanfechtung, in: Gruchot, Bd. 33, S. 999.

110 *GS* 1854, S. 193; in: Schering – *Nachtrag zum ALR*, Bd. II, Nr. 698.

111 M. Weber, *Ehefrau und Mutter*, S. 340.

112 Revisor, a.a.O., S. 499.

113 Zit. n. C. F. Koch-*Kommentar zum ALR*, § 1015 II. 1. Anm. 1.

114 Zit. n. Revisor, a.a.O., S. 481.

115 F. A. L. v. d. Marwitz, *Von der Schrankenlosigkeit*, in: Jantke, Hilger, *Die
Eigentumslosen*, S. 137.

116 Koch-*Kommentar*, a.a.O.

117 § 622 II. 2. *ALR* lautete: Nach zurückgelegtem vierten Jahre hängt es von der
Wahl des Vaters ab, die Verpflegung und Erziehung des Kindes selbst zu besorgen
oder sie der Mutter auf seine Kosten ferner zu überlassen.

118 Anders M. Weber, *Ehefrau*, S. 341, die die Erziehungsrechte des Vaters für
eine Beeinträchtigung der Mutterrechte hält.

119 H. Dörner, *Industrialisierung*, S. 90.

120 H. Dörner, *Industrialisierung*, S. 111 und 118 (Zitat ohne Sinnveränderung
grammatisch angepaßt).

121 F. Engels, Brief an C. Schmidt, *MEW* 37, S. 491.

122 Vgl. zur ganzen Problematik ausführlich: C. Bextermöller, *Das Familienrecht* . . .

123 C. F. v. Savigny, *System des heutigen Römischen Rechts*, 1. Bd., 1840, zit. n.
C. Bextermöller, S. 15.

124 B. Windscheid, *Lehrbuch des Pandektenrechts*, 1891, I, S. 93.

125 R. Sohm, *Institutionen. Geschichte und System des Römischen Privatrechts*,

1911, S. 613.

126 Eine der wenigen markanten Gegenpositionen zur herrschenden Lehre vertritt E. Wolf in zahlreichen Veröffentlichungen, insbes. *Der Begriff Familienrecht*, in: *FamRZ* 68, S. 493 f. (496), und *NJW* 68, S. 1497. Die Kritik von M. Streck, *Generalklausel*, S. 50, daß Wolfs Position zur »Aufhebung des Eherechts« führe, ist nicht überzeugend.

127 J. Gernhuber, *Lehrbuch* § 6 II.

128 J. Gernhuber, a.a.O., § 1 III. 2.

129 Vgl. J. Gernhuber, a.a.O., § 16 I. 2.

130 Th. Ramm, *Gleichberechtigung und Hausfrauenehe*, in: *JZ* 1968, S. 41 f.

131 J. Gernhuber, *Lehrbuch*, § 20. I. 2.

132 W. H. Riehl, *Die Familie*, S. 53.

133 H. U. Marchtaler, *Das Recht auf eheliche Lebensgemeinschaft und sein Schutz*, Diss. Tübingen 1932, zit. n. M. Streck, *Generalklausel*, S. 52.

134 G. Beitzke, *Familienrecht* (1974!), § 1 III.

135 Vgl. hierzu: Enneccerus/Nipperdey, *Allgem. Teil des Bürgerlichen Rechts*, 1959, § 831: »Der Begriff des Rechts als einer von der Rechtsordnung verliehenen, zur Befriedigung menschlicher Interessen dienlichen Rechtsmacht setzt ein Subjekt voraus, dem diese Macht verliehen ist, ein Rechtssubjekt, oder, was in der Rechtssprache gleichbedeutend ist, eine Person.«

136 Vgl. hierzu Enneccerus/Nipperdey, a.a.O., § 83 II. 1. und 3.

137 H. Conrad, *Individuum und Gemeinschaft in der Privatrechtsordnung des 18. und beginnenden 19. Jahrhunderts*, 1956, S. 7. Vgl. auch H. Coing, *Der Rechtsbegriff der menschlichen Person und die Theorien der Menschenrechte*, in: *Zur Geschichte des Privatrechtssystems*, 1962, S. 56 f.

138 K. Marx, *Grundrisse der Kritik der politischen Ökonomie*, S. 155 f. Ders., *Das Kapital*, *MEW* 23, S. 99.

139 Vgl. Arbeitsgruppe, *Kritik der bürgerlichen Rechtsgeschichte*, in: *Kritische Justiz* 1973, S. 121 f.

140 K. Marx, *Grundrisse*, S. 362.

141 K. Marx, *Das Kapital*, *MEW* 23, S. 562.

142 Vgl. U. K. Preuß, *Legalität und Pluralismus*, 1973, S. 33.

143 K. Marx, *Das Kapital*, *MEW* 23, 421 und 418.

144 K. Marx, a.a.O., S. 189.

145 Vgl. J. Seifert, *Verrechtlichte Politik und die Dialektik der marxistischen Rechtstheorie*, in: *Kritische Justiz*, 1971, S. 185 f., insbes. S. 199.

146 E. Paschukanis, *Allgemeine Rechtslehre*, Vorwort, S. 13.

147 K. Marx, *Einleitung zu einer Kritik der politischen Ökonomie*, Ed. Lieber, VI., S. 830.

148 F. Wieacker, *Privatrechtsgeschichte*, S. 353.

149 K. F. Eichhorn, *Einleitung in das deutsche Privatrecht* (zuerst 1823), 1845, S. VII.

150 K. F. Eichhorn, a.a.O., S. 142 f.

151 H. Conrad, *Individuum und Gemeinschaft*, S. 17.

152 K. F. Eichhorn, *Einleitung*, S. 774/775.

153 K. F. Eichhorn, *Einleitung*, S. 725, vgl. vorne Kap. IV. 1.

154 Vgl. z. B. J. F. L. Göschen, *Vorlesungen über das gemeine Civilrecht*, 1839, 3. Bd. S. 39. G. F. Puchta, *Pandekten* 1856, §§ 411 und 412. S. 584 f.

155 G. Puchta, a.a.O., § 23, S. 38.

156 G. Beseler, *System des gemeinen deutschen Privatrechts*, (zuerst 1847), 1873,

§ 129 II. § 116 II.

157 C. F. Gerber, *System des Deutschen Privatrechts*, 1863, § 222.

158 C. J. A. Mittermaier, *Grundsätze des gemeinen deutschen Privatrechts*, 1847, Bd. 1, § 46 und Bd. 2, § 382.

159 W. Th. Kraut, *Die Vormundschaft*, 1. Bd. 1835, 2. Bd. 1847, 3. Bd. 1859.

160 Vgl. C. F. Gerber, *System*, § 35.

161 W. Th. Kraut, *Die Vormundschaft*, 1. Bd., S. 30/31.

162 A.a.O., 2. Bd., S. 267.

163 W. Th. Kraut, *Vormundschaft*, Bd. 2, S. 320.

164 A.a.O., S. 345 f. und 377. Vgl. auch F. Rive, *Geschichte der deutschen Vormundschaft*, 2 Bde. 1862, Neudruck 1969. Rive fällt noch hinter die Rationalisierungsweise von Kraut zurück, da er die Wandlungen der Vormundschaft über Frauen gleichbleibend mit den »Familieninteressen« und dem biologistischen Argument ihrer »Geschlechtsschwäche« begründet. Bezeichnend ist, daß dieses Werk wiederaufgelegt wurde.

165 Als Beispiel für viele: G. Beseler, *System*, § 116, S. 482.

166 O. Negt, *Thesen*, in: *Krit. Justiz* 1973, S. 7.

167 G. Puchta, *Pandekten*, § 23, S. 38.

168 G. Beseler, *System*, § 59, III. S. 203.

169 Vgl. F. Wieacker, *Industriegesellschaft und Privatrechtsordnung*, 1974, S. 15. Wörtlich: »Das BGB ist das ›spätgeborene Kind der Pandektenwissenschaft und der nationaldemokratischen‹ [. . .] vom Liberalismus angeführten Bewegung seit 1848.«

170 *Motive*, in: B. Mugdan, *Materialien*, IV. Bd., S. 124.

171 H. Hattenhauer, *Zwischen Hierarchie und Demokratie*, 1971, S. 34.

172 *Motive*, in: B. Mugdan, *Materialien*, IV. Bd. S. 123/124.

173 Die Anwendung dieses Grundsatzes war keineswegs zwingend. Vgl. hierzu: K. Engisch, *Einführung in das juristische Denken*, 1975, S. 158/159: »Die Jurisprudenz hat hier im Laufe der Jahrhunderte eine Reihe von Regeln ausgebildet, die der Harmonisierung der Normen und also der Vermeidung von Widersprüchen zwischen ihnen dienen. [. . .] Allerdings sind diese Regeln nicht logisch selbstverständlich. Ihre Begründung dürfte sogar mitunter theoretisch auf Schwierigkeiten stoßen.« Vgl. auch Enneccerus-Nipperdey, *Allgem. Teil des BGB*, 1. Halbbd., § 60 II.

174 Vgl. Gerber, *System*, S. 393. (Die Einwilligung des Ehemannes zur Führung des Geschäfts galt sogar als stillschweigend gewährt.)

175 W. Th. Kraut, *Vormundschaft*, Bd. 2, S. 573, vgl. S. 325.

176 § 1357 *BGB* a. F. lautete: »Die Frau ist berechtigt, innerhalb ihres häuslichen Wirkungskreises die Geschäfte *des Mannes für ihn* zu besorgen . . .«

177 So die herrschende Meinung zur Schlüsselgewalt; vgl. J. Gernhuber, *Familienrecht*, § 19 III. 1.

178 Vgl. U. Sonnemann, *Der kritische Wachtraum*, S. 7, der diese Frage nicht in bezug auf die Frauen diskutiert.

179 Zit. n. J. Duboc, *Fünfzig Jahre Frauenfrage in Deutschland*, 1896, S. 76.

Literaturverzeichnis

Abel, Wilhelm: *Der Pauperismus in Deutschland.* In: *Wirtschaft, Geschichte und Wirtschaftsgeschichte.* Festschr. f. F. Lütge, S. 284 ff. Stuttgart: 1966

Abel, Wilhelm: *Der Pauperismus in Deutschland am Vorabend der industriellen Revolution.* Hannover: 1970

Acinde, Claude: *Louise Michel: Lebensgeschichte und die ›mémoires‹.* In: *Mamas Pfirsiche – Frauen und Literatur,* 1976, S. 7 ff.

Allgemeine deutsche Real-Encyklopädie für die gebildeten Stände. Conversations-Lexikon in 15 Bde., 11. Aufl., Brockhaus. Leipzig: 1864-1868

Allgemeines Landrecht für die Preußischen Staaten, 4 Bde. (Textausgabe). Berlin: 1794

Altmann, Wilhelm: *Ausgewählte Urkunden zur Brandenburg-Preußischen Verfassungs- und Verwaltungsgeschichte,* II. Teil. Berlin: 1915

Ammon, F. A. von: *Die ersten Mutterpflichten, Belehrungsbuch für junge Frauen.* 29. Aufl. Leipzig: 1887

Arbeitskollektiv der Sozialistischen Frauen Frankfurt/M., Hrsg.: *Frauen gemeinsam sind stark. Texte und Materialien des Women's Liberation Movement in den USA.* Frankfurt/M.: 1972

Arendt, Hannah: *Rahel Varnhagen. Eine Lebensgeschichte.* München: 1959

Ariès, Philippe: *Geschichte der Kindheit (L'enfant et la vie familiale sous l'ancien régime).* München-Wien: 1975

Arnim, Bettina von: *Das Buch gehört dem König.* In: Bettina von Arnim, *Werke und Briefe,* Bd. 3. Frechen/Köln: 1963

Bardenheuer, Rita: *Woher und Wohin. Geschichtliches und Grundsätzliches aus der Frauenbewegung.* Leipzig: 1918

Basso, Lelio: *Die Rolle des Rechts in der Phase des Übergangs zum Sozialismus.* In: *Kritische Justiz,* 1973, S. 239

Bäumer, Gertrud: *Fichte und sein Werk.* Berlin: 1921

Bauer, Max: *Die deutsche Frau in der Vergangenheit.* Berlin: 1907

Bebel, August: *Die Frau und der Sozialismus.* 61. Aufl. Berlin: 1964

Bechtel, Heinrich: *Wirtschafts- und Sozialgeschichte Deutschlands.* München: 1967

Beitzke, Günther: *Familienrecht.* 17. Aufl. München: 1974

Bericht der Bundesregierung über die Lage der Familie in der BRD. Deutscher Bundestag, 5. Wahlperiode, Drucksache V/2532. Bad Godesberg: 1968

Beseler, Georg: *System des gemeinen deutschen Privatrechts* (zuerst 1847). Berlin: 1873

Bextermöller, Claus: *Das Familienrecht in den Systemen der Pandektistik des 19. Jahrhunderts.* Jur. Diss. Münster: 1970

Bleich, E.: *Verhandlungen des im Jahre 1848 zusammenberufenen Vereinigten Ständischen Ausschusses.* 4 Bde. Berlin: 1848

Bloch, Ernst: *Gespräche mit Ernst Bloch.* Hrsg. Rainer Traub und Harald Wieser. Frankfurt/M.: 1975

Blochmann, Elisabeth: *Das »Frauenzimmer« und die »Gelehrsamkeit«. Eine Studie über die Anfänge des Mädchenschulwesens in Deutschland.* Heidelberg: 1966

Böhme, Helmut: *Prolegomena zu einer Sozial- und Wirtschaftsgeschichte Deutschlands im 19. und 20. Jahrhundert.* Frankfurt/M.: 1968

Böhme, Helmut: *»Industrielle Revolution.«* In: *Marxismus im Systemvergleich.* Hrsg. C. D. Kernig. Geschichte, Bd. 2, S. 179 ff. Frankfurt/M., New York: 1974

Boehmer, Gustav: *Einführung in das Bürgerliche Recht.* 2. Aufl. Tübingen: 1965

Bölke, Gundula: *Die Wandlung der Frauenemanzipationstheorie von Marx bis zur Rätebewegung.* Hamburg: 1971

Bookhagen, Renate: *Frauenlohnarbeit – Zur Kritik von Untersuchungen über die Lage erwerbstätiger Frauen in der BRD.* Frankfurt/M.: 1973

Bornemann, Ernest: *Das Patriarchat. Ursprung und Zukunft unseres Gesellschaftssystems.* Frankfurt/M.: 1975

Bornemann, Ernest: *Frauen allein sind schwach.* In: *Neue Rundschau,* 86. Jg., 1975, S. 679 ff.

Boserup, Ester: *Women's Role in Economic Development.* London: 1970

Brandt, Gisela, Johanna Kootz, Gisela Steppke: *Zur Frauenfrage im Kapitalismus.* Frankfurt/M.: 1973

Braun, Lily: *Frauenarbeit und Hauswirtschaft.* Berlin: 1901

Braun, Lily: *Die Frauenfrage – ihre geschichtliche Entwicklung und wirtschaftliche Seite.* Leipzig: 1901

Braun, Rudolf: *Industrialisierung und Volksleben. Die Veränderungen der Lebensform in einem ländlichen Industriegebiet vor 1800* (Zürcher Oberland). Winterthur: 1960

Brunner, Otto: *Das »Ganze Haus« und die alteuropäische »Ökonomik«* (1956). In: *Familie und Gesellschaft,* Hrsg. F. Oeter. Tübingen: 1966

Bücher, Karl: *Die Frauenfrage im Mittelalter.* Tübingen: 1882

Campe, Joachim Heinrich: *Väterlicher Rath für meine Tochter. Ein Gegenstück zum Theophron. Der erwachsenen weiblichen Jugend gewidmet.* Braunschweig: 1789

Cauer, Minna: *Zur Dienstbotenfrage.* In: *»Die Frauenbewegung«,* Berlin 1899, V. Jg., Nr. 16

Claessens, Dieter: *Kapitalismus als Kultur.* Augsburg: 1974

Claessens, Dieter und Ferdinand W. Menne: *Zur Dynamik der bürgerli-*

chen Familie und ihrer möglichen Alternativen. In: D. Claessens, P.
Milhoffer, Hrsg., *Familiensoziologie. Ein Reader,* S. 313 ff. Frankfurt/
M.: 1973

Coing, Helmut: *Zur Geschichte des Privatrechtssystems.* Frankfurt: 1962

Conrad, Hermann: *Individuum und Gemeinschaft in der Privatrechtsordnung des 18. und beginnenden 19. Jahrhunderts.* Karlsruhe: 1956

*Conversations-Lexicon oder encyclopaedisches Handwörterbuch für gebil-
dete Stände in 7 Bänden,* A. F. Macklot. Stuttgart: 1818-1819

Conze, Werner: *Das Spannungsfeld von Staat und Gesellschaft im Vormärz.* In: W. Conze, Hrsg., *Staat und Gesellschaft im Vormärz
1815-1848.* Stuttgart: 1962

Conze, Werner: *Vom »Pöbel« zum »Proletariat«.* In: H. U. Wehler,
Hrsg., *Moderne deutsche Sozialgeschichte.* Köln-Berlin: 1968

Conze, Werner (Hrsg.): *Sozialgeschichte der Familie in der Neuzeit
Europas. Neue Forschungen. Industrielle Welt,* Bd. 21. Stuttgart: 1976.

Dalla Costa, Mariorosa und Selma James: *Die Macht der Frauen und der
Umsturz der Gesellschaft.* Berlin: 1973

Davidis, Henriette: *Die Hausfrau. Praktische Anleitung zur selbständigen
und sparsamen Führung des Haushalts.* Essen: 1861

Dernburg, Heinrich: *Lehrbuch des Preußischen Privatrechts und der
Privatrechtsnormen des Reichs.* Bd. III. Halle a. S.: 1880

Deutsches Bürgerbuch für 1845: Neu hrsg. von Rolf Schloesser. Eingel.
von H. Pelger. Köln: 1975

Dieterici, C. F. W.: *Mittheilungen des statistischen Bureau's in Berlin.* 1.
und 2. Jg. Berlin: 1848 und 1849

Dölle, Hans: *Familienrecht. Darstellung des deutschen Familienrechts mit
rechtsvergleichenden Hinweisen,* Bd. I. Karlsruhe: 1964

Dörner, Heinrich: *Industrialisierung und Familienrecht. Die Auswirkungen des sozialen Wandels dargestellt an den Familienmodellen des ALR,
BGB und des französischen Code civil.* Berlin: 1974

Duboc, Julius: *Fünfzig Jahre Frauenfrage in Deutschland.* Leipzig: 1896

Duden, Barbara: *Das schöne Eigentum.* In: *Kursbuch* 47, S. 125 ff. Berlin:
1977

Egner, Erich: *Epochen im Wandel des Familienhaushalts.* In: H. Rosenbaum, Hrsg., *Familie und Gesellschaftsstruktur,* 1974, S. 56 ff.

Eichhorn, Karl Friedrich: *Einleitung in das deutsche Privatrecht mit
Einschluß des Lehensrecht.* 5. Aufl. Göttingen: 1845

Eickelpasch, Rolf: *Ist die Kernfamilie universal?* In: *Zeitschrift für Soziologie,* 3. Jg., Heft 4, Okt. 1974, S. 323-338

Elias, Norbert: *Über den Prozeß der Zivilisation. Soziogenetische und
psychogenetische Untersuchungen,* II Bde. (Basel 1939). Frankfurt/M.:
1976

222

Elias, Norbert: *Wohn- und Lebensformen der höfischen »Familie« im Frankreich des 18. Jahrhunderts.* In: H. Rosenbaum, Hrsg., *Familie und Gesellschaftsstruktur.* S. 138 ff. Frankfurt/M.: 1974

Engels, Friedrich: *Die Lage der arbeitenden Klasse in England 1845.* MEW 2, S. 225 ff. Berlin: 1972

Engels, Friedrich: *Der Ursprung der Familie, des Privateigenthums und des Staats.* (1884), MEW 21, S. 25 ff. Berlin: 1972

Engels, Friedrich: *Brief an J. Bloch; Brief an C. Schmidt.* In: MEW 37, S. 462 und 488. Berlin: 1967

(Engels, Friedrich und Karl Kautsky): *»Juristen-Sozialismus«* (1886). MEW 21, S. 491 ff. Berlin: 1972

Engelsing, Rolf: *Zur Sozialgeschichte deutscher Mittel- und Unterschichten.* Göttingen: 1973

Engisch, Karl: *Einführung in das juristische Denken.* 6. Aufl. Stuttgart: 1975

Enneccerus-Nipperdey: *Allgemeiner Teil des Bürgerlichen Rechts.* 15. Aufl. Tübingen: 1959

Erd-Küchler, Heide: *Objektiver Faktor Subjektivität.* In: *Kritische Justiz,* 1975, S. 141

Fichte, Johann Gottlieb: *Grundlage des Naturrechts nach Prinzipien der Wissenschaftslehre* (1796). Hamburg: 1960

Firestone, Shulamith: *Frauenbefreiung und sexuelle Revolution.* Frankfurt/M.: 1975

Focke, Katharina: *Familie, Arbeit, Gesellschaft.* Referat zur Arbeitstagung des Deutschen Frauenrates am 27. 11. 73. Abgedr. in: *Informationen für die Frau,* 1974, Nr. 1, S. 7 ff.

Friedberg, Emil: *Das Recht der Eheschließung in seiner geschichtlichen Entwicklung.* Leipzig: 1865

Geiger, Theodor: *Vorstudien zu einer Soziologie des Rechts.* Neuwied a. R.: 1964

Gerber, Carl Friedrich von: *System des Deutschen Privatrechts.* Jena: 1863

Gernhuber, Joachim: *Lehrbuch des Familienrechts.* 2. Aufl. München: 1971

Gesindeordnung: *Die Königliche Preußische Gesinde- und andere Dienstordnung. Ein nothwendiges Handbuch für jede Haushaltung.* Von J. D. F. N. B. 2. Aufl. Hamm: 1836

Gmelin, Otto und Helene Saussure: *Bankrott der Männerherrschaft.* Frankfurt/M.: 1971

Göschen, Johann Friedrich Ludwig: *Vorlesungen über das gemeine Civilrecht.* Göttingen: 1839

Goode, William, J.: *World Revolution and Family Patterns.* New York: 1963

Goode, William, J.: *Soziologie der Familie*. München: 1967

Goode, William, J.: *Book Reviews*. In: *Contemporary Sociology*, Vol. IV., No. 6 (Nov. 1975), S. 639-641

Groth, Walter: *Die Wandlungen des Unzuchtsbegriffs und ihre Rückwirkungen auf die Tatbestände der Kuppelei.* (§ 180, 181 StGB), Jur. Diss., Freiburg 1949/50

Haberland, Bruno: *Weibliches Elend.* In: *Frauen-Zeitung,* Jg. 1850, Nr. 11

Habermas, Jürgen: *Strukturwandel der Öffentlichkeit,* 6. Aufl. Neuwied und Berlin: 1974

Haesart, Jean: *Etiologie de la répression des outrages publics aux bonnes moeurs.* Paris: 1931

Hahn, Manfred: *Vormarxistischer Sozialismus.* Frankfurt/M.: 1974

Handbuch der Frauenbewegung, Hrsg. Helene Lange und Gertrud Bäumer, Bd. 1. Berlin: 1901

Hattenhauer, Hans: *Zwischen Hierarchie und Demokratie. Eine Einführung in die geistesgeschichtlichen Grundlagen des geltenden deutschen Rechts.* Karlsruhe: 1971

Hausen, Karin: *Familie als Gegenstand historischer Sozialwissenschaft. Bemerkungen zu einer Forschungsstrategie,* in: *Geschichte und Gesellschaft,* 1. Jg., S. 171 ff. Göttingen: 1975

Hebel, Johann, Peter: *Kalendergeschichten. Auswahl und Nachwort von Ernst Bloch.* Frankfurt/M.: 1974

Hegel, Georg Wilhelm Friedrich: *Grundlinien der Philosophie des Rechts.* Hrsg. und Einl. v. H. Reichelt. Frankfurt/M.: 1972

Heinsohn, Gunnar und Rolf Knieper: *Theorie des Familienrechts. Geschlechtsrollenaufhebung, Kindesvernachlässigung, Geburtenrückgang.* Frankfurt/M.: 1974

Hinze, Kurt: *Die Arbeiterfrage zu Beginn des modernen Kapitalismus in Brandenburg-Preußen. 1685-1806,* 2. Aufl. Berlin: 1963

Hippel, Robert von: *Deutsches Strafrecht,* Bd. I. Berlin: 1925

Hippel, Theodor Gottlieb: *Über die bürgerliche Verbesserung der Weiber* (Anonym erschienen). Berlin: 1792

Hirsch, Ernst E.: *Rechtssoziologie heute.* In: *Studien und Materialien zur Rechtssoziologie.* In: *Kölner Zeitschrift f. Soziologie und Sozialpsychologie,* 1967, Sonderheft 11, S. 9 ff.

Hoffmann, Johann Gottfried: *Die Bevölkerung des Preußischen Staats nach dem Ergebnisse des Jahres 1837 amtlich aufgenommener Nachrichten.* Berlin: 1839

Hoffmann, Stephan: *Ehegesetz.* Kommentar, 2. Aufl. München: 1968

Horkheimer, Max: *Theoretische Entwürfe über Autorität und Familie. Allgemeiner Teil.* In: (E. Fromm, M. Horkheimer, H. Mayer, H. Marcuse u. a.), *Studien über Autorität und Familie.* 1. Bd., S. 3 ff. Paris: 1936

Ibsen, Henrik: *Nora oder ein Puppenheim.* Stuttgart: 1956
Ichenhäuser, Eliza: *Die Dienstbotenfrage und ihre Reform.* Berlin: 1900
Institut für Sozialforschung: *Familie.* In: D. Claessens und P. Milhoffer, Hrsg., *Familiensoziologie. Ein Reader.* Frankfurt/M.: 1973

Jäckel, Günter: *Das Volk braucht Licht. Frauen zur Zeit des Aufbruchs 1790-1848 in ihren Briefen.* Darmstadt: 1970
Jahrbuch für die Amtliche Statistik des Preußischen Staates. Jg. I, Berlin 1863. Jg. II, Berlin 1867
Jantke, Carl und Dietrich Hilger: *Die Eigentumslosen. Der deutsche Pauperismus und die Emanzipationskrise in Darstellungen und Deutungen der zeitgenössischen Literatur.* Freiburg und München: 1965

Kähler, Wilhelm: *Gesindewesen und Gesinderecht in Deutschland.* Jena: 1896
Kant, Immanuel: *Beantwortung der Frage: Was ist Aufklärung.* In: *Vermischte Schriften. Sämtliche Werke in 6 Bänden.* Bd. 1, S. 161 ff. Leipzig: 1921
Kant, Immanuel: *Metaphysik der Sitten.* In: *Moralische Schriften. Sämtliche Werke in 6 Bänden.* Bd. 5 Leipzig: 1922
Knapp, Georg Friedrich: *Die Bauernbefreiung und der Ursprung der Landarbeiter in den älteren Teilen Preußens.* 2 Bde., 1. Aufl. Leipzig: 1887
Knigge, Adolf von: *Über den Umgang mit Menschen.* 1. Aufl., Bd. I. Hannover: 1788
Koch, Christian Friedrich: *Allgemeines Landrecht für die Preußischen Staaten. Kommentar in Anmerkungen.* Bearb. von Förster u. a. 3. Bd. Berlin: 1875
König, René: *Familie.* In: R. König, Hrsg., *Soziologie. Das Fischer-Lexikon.* S. 69 ff. Frankfurt/M.: 1967
König, René: *Soziologie der Familie.* In: R. König, Hrsg., *Handbuch der empirischen Sozialforschung.* Bd. II., S. 172 ff. Stuttgart: 1969
König, René: *Materialien zur Soziologie der Familie.* Köln: 1974
Koselleck, Reinhart: *Preußen zwischen Reform und Revolution. Allgemeines Landrecht, Verwaltung und soziale Bewegung von 1751-1848. Industrielle Welt,* Bd. 7. Stuttgart: 1967
Koselleck, Reinhart: *Staat und Gesellschaft in Preußen 1815-1848.* In: H. U. Wehler, Hrsg., *Moderne deutsche Sozialgeschichte,* S. 55 ff. Köln-Berlin: 1968
Koselleck, Reinhart: *Das Zeitalter der europäischen Revolution 1780-1848.* In: *Fischer Weltgeschichte,* Bd. 26. Frankfurt/M.: 1969
Kraut, Wilhelm Theodor: *Die Vormundschaft nach den Grundsätzen des deutschen Rechts.* 3 Bde. Göttingen: 1835-1859
Kuczynski, Jürgen: *Darstellung der Lage der Arbeiter in Deutschland*

von 1789-1849. In: *Geschichte der Lage der Arbeiter unter dem Kapitalismus.* Bd. 1. Berlin: 1961

Kuczynski, Jürgen: *Studien zur Geschichte der Lage der Arbeiterin in Deutschland von 1700 bis zur Gegenwart.* In: *Die Geschichte der Lage der Arbeiter unter dem Kapitalismus.* Bd. 18. Berlin: 1963

Kulischer, Josef: *Allgemeine Wirtschaftsgeschichte des Mittelalters und der Neuzeit.* Bd. II. (1929). Neudruck Darmstadt: 1976

Kurnitzky, Horst: *Triebstruktur des Geldes. Ein Beitrag zur Theorie der Weiblichkeit.* Berlin: 1974

Lange, Helene: *Die Anfänge der Frauenbewegung. Quellenhefte zum Frauenleben in der Geschichte.* Berlin: 1927

Larenz, Karl: *Allgemeiner Teil des deutschen bürgerlichen Rechts.* München: 1967

Laslett, Peter und Richard Wall: *Household and Family in Past Time. Comparative Studies in the Size and Structure of the Domestic Group over the Last Three Centuries in England, France, Serbia, Japan and Colonial North America, with Further Material from Western Europe.* Cambridge: 1972

Laufs, Adolf: *Rechtsentwicklung in Deutschland. Ein rechtsgeschichtliches Arbeitsbuch.* Berlin-New York: 1973

Le Play, Frédéric: *Les ouvriers européens. Etudes sur les travaux, la vie domestique et la condition morale des populations ouvrières,* 6 Bde. Tours und Paris: 1855

Lerda-Olberg, Oda: *Zur Dienstbotenfrage.* In: *Die Frauenbewegung,* Berlin 1900, VI. Jg., S. 58 ff.

Lewald, Fanny: *Für und wider die Frauen. Vierzehn Briefe.* Berlin: 1875

Liermann, Hans und Hans-Joachim Schoeps: *Materialien zur preußischen Eherechtsreform im Vormärz.* Nachdr. d. Göttinger Akademie der Wissenschaften, 1961, Nr. 14

Locke, John: *Über die Regierung. (The second treatise of government,* 1689). Reinbek: 1966

Lüschen, Gerhard und René König: *Jugend in der Familie.* München: 1965

Lütge, Friedrich: *Deutsche Sozial- und Wirtschaftsgeschichte,* 3. Aufl. Berlin-Heidelberg-New York: 1966

Mackenroth, Gerhard: *Bevölkerungslehre. Theorie, Soziologie und Statistik der Bevölkerung.* Berlin: 1953

Manheim, Ernst: *Beiträge zu einer Geschichte der autoritären Familie.* In: (E. Fromm, M. Horkheimer, H. Mayer, H. Marcuse u. a.), *Studien über Autorität und Familie.* 2. Bd., S. 523 ff. Paris: 1936

Marcuse, Herbert: *Theoretische Entwürfe über Autorität und Familie. Ideengeschichtlicher Teil.* In: (E. Fromm, u. a.), *Studien über Autorität und Familie.* 1 Bd., S. 136 ff. Paris: 1936

Marcuse, Herbert: *Autorität und Familie in der deutschen Soziologie bis 1933.* In: (E. Fromm, u. a.), *Studien über Autorität und Familie.* 2. Bd., S. 737 ff. Paris: 1936

Marx, Karl: *Briefe aus den »Deutsch-Französischen Jahrbüchern«.* Hrsg. Arnold Ruge und Karl Marx (1844), *MEW* 1, S. 335 ff. Berlin: 1972

Marx, Karl: *Zur Judenfrage. MEW* 1, S. 347 ff. Berlin: 1972

Marx, Karl: *Ökonomisch-philosophische Manuskripte* (1844). K. Marx – F. Engels, *Studienausgabe* Bd. II., S. 38 ff. Frankfurt/M.: 1966

Marx, Karl: *Die Deutsche Ideologie.* Ed. Lieber, Bd. II, S. 9 ff. Darmstadt: 1971

Marx, Karl: *Grundrisse der Kritik der politischen Ökonomie (Rohentwurf)* 1857-1858. Frankfurt/M. (Nachdruck von 1939 und 1941)

Marx, Karl: *Einleitung zu einer Kritik der politischen Ökonomie.* In: Ed. Lieber, VI. S. 793 ff. Stuttgart: 1964

Marx, Karl: *Zur Kritik der politischen Ökonomie.* Ed. Lieber, Bd. VI., S. 793 ff. Stuttgart: 1964

Marx, Karl: *Instruktionen für die Delegierten des Provisorischen Zentralrats zu den einzelnen Fragen.* In: *MEW* 16, S. 190 ff. Berlin: 1973

Marx, Karl: *Kritik des Gothaer Programms.* In: *MEW* 19, S. 21 ff. Berlin: 1972

Marx, Karl: *Das Kapital. MEW* 23-25. Berlin: 1972

Marx, Karl und Friedrich Engels: *Manifest der Kommunistischen Partei.* Ed. Lieber, Bd. II., S. 813 ff. Darmstadt: 1971

Mehner, H.: *Der Haushalt und die Lebenshaltung einer Leipziger Arbeiterfamilie, 1887.* Auszüge in: H. Rosenbaum, Hrsg., *Familie und Gesellschaftsstruktur.* S. 309 ff. Frankfurt/M.: 1974

Meister-Trescher, Hildegard: *Frauenarbeit und Frauenfrage.* In: *Handwörterbuch der Staatswissenschaften,* 4. Aufl., 4. Bd. Jena: 1927

Menschik, Jutta: *Gleichberechtigung oder Emanzipation? Die Frau im Erwerbsleben der Bundesrepublik.* Frankfurt/M.: 1971

Merfeld, M(echthild): *Die Emanzipation der Frau in der sozialistischen Theorie und Praxis.* Hamburg: 1972

Meyers Konversationslexikon. Ein Nachschlagwerk des allgemeinen Wissens. 5. Aufl. Leipzig und Wien: 1893-1897

Mikat, Paul: *Rechtsgeschichtliche und rechtspolitische Erwägungen zum Zerrüttungsprinzip.* In: Zeitschrift für das gesamte Familienrecht, 1962, S. 81 ff., 273 ff., 497 ff.

Milhoffer, Petra: *Familie und Klasse. Ein Beitrag zu den politischen Konsequenzen familialer Sozialisation.* Frankfurt/M.: 1973

Millet, Kate: *Sexus und Herrschaft. Die Tyrannei des Mannes in unserer Gesellschaft.* München: 1974

Mittermaier, Carl Josef Anton: *Grundsätze des gemeinen deutschen Privatrechts.* 2 Bde., 7. Aufl. Regensburg: 1847

Mittermaier (o. V.): *Verbrechen wider die Sittlichkeit.* In: *Vergleichende Darstellung des Deutschen und Ausländischen Strafrechts. Vorarbeiten zur Deutschen Strafrechtsreform.* IV Bde. Berlin: 1906

Möhrmann, Renate: *Die andere Frau. Emanzipationsansätze deutscher Schriftstellerinnen im Vorfeld der Achtundvierziger-Revolution.* Stuttgart: 1977

Motive zum Gesetz über die Aufhebung der polizeilichen Beschränkungen der Eheschließung vom 16. 4. 1868. Reichstag des Norddeutschen Bundes. Actenstück Nr. 15

Mottek, Hans: *Einleitende Bemerkungen zum Verlauf und zu einigen Hauptproblemen der industriellen Revolution in Deutschland.* In: Mottek, Blumberg, Wutzmer, Becker: *Studien zur Geschichte der industriellen Revolution in Deutschland.* Berlin: 1960

Mottek, Hans: *Wirtschaftsgeschichte Deutschlands. Ein Grundriß.* Bd. I. u. II. Berlin: 1974 u. 1971

Muchow, Hans Heinrich: *Jugend und Zeitgeist.* Reinbek: 1962

Mückenberger, Ulrich: »Vertrag.« In: Axel Görlitz, Hrsg., *Handlexikon zur Rechtswissenschaft.* Darmstadt: 1972

Müller, Wolfgang und Christel Neusüß: *Die Sozialstaatsillusion und der Widerspruch von Lohnarbeit und Kapital.* In: *Probleme des Klassenkampfs,* 1972, Sonderheft 1, S. 7 ff.

Müller-Freienfels, Wolfram: *Ehe und Recht.* Tübingen: 1962

Mugdan, B.: *Die gesamten Materialien zum Bürgerlichen Gesetzbuch für das deutsche Reich.* Bd. IV. *Familienrecht.* Berlin: 1899

Negt, Oskar: *Thesen zur marxistischen Rechtstheorie.* In: *Kritische Justiz* 1973, S. 1 ff.

Otto, Louise: In: *Frauen-Zeitung,* redigiert von L. Otto. Jahrgang 1850, Nr. 51 u. 52. Leipzig: 1850

Otto-Peters, Louise: *Das Recht der Frauen auf Erwerb.* Hamburg: 1866

Otto-Peters, Louise: *Frauenleben im Deutschen Reich. Erinnerungen aus der Vergangenheit.* Leipzig: 1876

Paschukanis, Eugen: *Allgemeine Rechtslehre und Marxismus. Versuch einer Kritik der juristischen Grundbegriffe.* Frankfurt: 1966

Perthes, Clemens Theodor: *Das deutsche Staatsleben vor der Revolution. Eine Vorarbeit zum deutschen Staatsrecht.* Hamburg und Gotha: 1845

Pfeil, Elisabet: *Die Berufstätigkeit von Müttern.* Tübingen: 1961

Pierstorff, Julius: *Weibliche Arbeit und »Frauenfrage«.* In: *Handwörterbuch der Staatswissenschaften,* 3. Aufl. 8. Bd. 1911

Pinchbeck, Ivy: *Women Workers and the Industrial Revolution 1750-1850,* (1. Aufl. 1930). London: 1969

Planck, Gottlieb: *Die rechtliche Stellung der Frau nach dem bürgerlichen*

Gesetzbuche. Göttingen: 1899

Pölitz, Karl-Heinrich: *Die Verfassungen des deutschen Staatenbundes seit dem Jahre 1789*, 3 Bde., Leipzig: 1847

Preuß, Ulrich K.: *Legalität und Pluralismus. Beiträge zum Verfassungsrecht der Bundesrepublik Deutschland*. Frankfurt/M.: 1973

Prokop, Ulrike: *Weiblicher Lebenszusammenhang. Von der Beschränktheit der Strategien und der Unangemessenheit der Wünsche*. Frankfurt/M.: 1976

Prutz, Robert: *Zehn Jahre Geschichte der neuesten Zeit 1840-1850*. Bd. 2. Leipzig: 1856

Puchta, Georg: *Pandekten*. 8. Aufl. Leipzig: 1856

Ramm, Thilo: *Gleichberechtigung und Hausfrauenehe*. In: *Juristen-Zeitung*, 1968, S. 41-46

Ranulf, Svend: *Moral Indignation and Middle Class Psychology*. New York: 1964 (Neuaufl.)

(Rehbein/Reincke): *Allgemeines Landrecht für die Preußischen Staaten nebst ergänzenden und abändernden Bestimmungen der Reichs- und Landesgesetzgebung. Mit Erläuterungen von H. Rehbein und O. Reincke*. Berlin: 1881

Rehm, Hermann: *»Eheschließung« und »Freizügigkeit«*. In: *Handwörterbuch der Staatswissenschaften*. 3. Bd., 3. Aufl. Jena: 1909

Reichelt, Helmut: *Ansätze zu einer materialistischen Interpretation der Rechtsphilosophie von Hegel*. In: G.W. Friedrich Hegel, *Grundlinien der Philosophie des Rechts*. Frankfurt/M.-Berlin-Wien: 1972

Revision des Entwurfs des Strafgesetzbuches von 1843. 3 Bde. Berlin: 1845

Revisor: *Gesetz-Revision-Pensum XV. Motive zu dem vom Revisor vorgelegten Entwurf des Tit. 1 Th. II. des Allgemeinen Landrechts mit Ausschluß des 7. Abschnitts*. Berlin: 1830

Riedel, Manfred: *Studien zu Hegels Rechtsphilosophie*. Frankfurt/M.: 1970

Riehl, Wilhelm Heinrich: *Die Naturgeschichte des Volkes als Grundlage einer deutschen Sozial-Politik*. 3. Bd.; Die Familie. Stuttgart und Augsburg: 1855

Rive, Friedrich: *Geschichte der deutschen Vormundschaft*. 2 Bde., 1862. Neudruck, Aalen: 1969

Rosenbaum, Heidi, *Familie als Gegenstruktur zur Gesellschaft. Kritik grundlegender theoretischer Ansätze der westdeutschen Familiensoziologie*. Stuttgart: 1973

Rosenbaum, Heidi, Hrsg.: *Familie und Gesellschaftsstruktur. Materialien zu den sozioökonomischen Bedingungen von Familienformen*. Frankfurt/M.: 1974

Rosenbaum, Wolf: *Zum Rechtsbegriff bei Stucka und Pasukanis*. In: *Kritische Justiz* 1971, S. 156 ff.

Rosenbaum, Wolf: *Naturrecht und positives Recht. Rechtssoziologische Untersuchungen zum Einfluß der Naturrechtslehre auf die Rechtspraxis in Deutschland seit Beginn des 19. Jahrhunderts.* Neuwied: 1972

Rousseau, Jean Jaques: *Emil oder über die Erziehung* (1762). Hrsg. Th. Vogt und E. v. Sallwürk. Langensalza: 1876

Sander, Helke: »*Der SDS – ein aufgeblasener konterrevolutionärer Hefeteig.*« In: *Konkret* 1968 Nr. 12, S. 6

Savigny, Friedrich Carl. v.: *Darstellung der in den Preußischen Gesetzen über Ehescheidung unternommenen Reform.* In: *Vermischte Schriften*, Bd. 5, S. 321 ff. Berlin: 1850

Savigny, Friedrich Carl v.: *Vom Beruf unserer Zeit für Gesetzgebung und Rechtswissenschaft.* In: Thibaut und Savigny: *Ein programmatischer Rechtsstreit auf Grund ihrer Schriften.* Darmstadt: 1959

Schelsky, Helmut: *Wandlungen der deutschen Familie in der Gegenwart.* 5. Aufl. Stuttgart: 1967

(Schering): *Allgemeines Landrecht für die Preußischen Staaten mit Anmerkungen und einem ergänzenden Nachtrage.* Hrsg. v. Schering, 4 Bde. Berlin: 1863-1869

Schlosser, Johann Georg: *Briefe über die Gesetzgebung überhaupt und den Entwurf des preußischen Gesetzbuchs insbesondere.* Frankfurt: 1789. Nachdruck Glashütten im Taunus: 1970

Schlözer, Leopold von: *Dorothea von Schlözer. Ein Frauenleben um die Jahrhundertwende 1770-1825.* Berlin und Leipzig: 1923

Schmoller, Gustav: *Zur Geschichte der deutschen Kleingewerbe im 19. Jahrhundert.* Halle: 1870

Schneider, Lothar: *Der Arbeiterhaushalt im 18. und 19. Jahrhundert. Dargestellt am Beispiel des Heim- und Fabrikarbeiters.* Berlin: 1967

Schröder, Hannelore: *Die Eigentumslosigkeit und Rechtlosigkeit der Frau in der patriarchal-bürgerlichen politischen Theorie, dargestellt am Beispiel von J. G. Fichtes Grundlage des Naturrechts.* (Masch. Man. 1975) Göttingen: o. J. (1977)

Schwägler, Georg: *Soziologie der Familie. Ursprung und Entwicklung.* Auszüge in: D. Claessens, P. Milhoffer, *Familiensoziologie. Ein Reader,* S. 15 ff. Frankfurt/M.: 1973

Schwarzer, Alice: *Frauenarbeit-Frauenbefreiung. Praxis-Beispiele und Analysen.* Frankfurt/M.: 1973

Seifert, Jürgen: *Verrechtlichte Politik und die Dialektik der marxistischen Rechtstheorie.* In: *Kritische Justiz,* 1971, S. 185 ff.

Sherfey, Mary Jane: *Die Potenz der Frau. Wesen und Evolution der weiblichen Sexualität. (The Nature and Evolution of female Sexuality).* Köln: 1974

Simitis, Spiros und Gisela Zenz: *Seminar: Familie und Familienrecht.* Frankfurt/M.: 1975

Smelser, Neil J.: *Social Change in the Industrial Revolution. An Application of Theory to the Lancashire Industry 1770-1840.* Auszüge in: H. Rosenbaum, Hrsg. *Familie und Gesellschaftsstruktur,* S. 243 ff. Frankfurt/M.: 1974

Sohm, Rudolph: *Das Recht der Eheschließung aus dem deutschen und canonischen Recht geschichtlich entwickelt.* Weimar: 1875

Sohm, Rudolph: *Institutionen. Geschichte und System des Römischen Privatrechts.* Leipzig: 1911

»So ist es geworden.« Der Weg zur Gleichberechtigung der Frau in Deutschland. Schriftenreihe der Industriegewerkschaft Metall 2. Aufl., 1969 Nr. 52

Sonnemann, Ulrich: *Der kritische Wachtraum. Deutsche Revolutionsliteratur von den Jacobinern zu den Achtundvierzigern.* Icking und München: 1971

Statistisches Bundesamt Wiesbaden: *Die Frau in Familie, Beruf und Gesellschaft.* Stuttgart, Mainz: 1975

Stein, Lorenz von: *Blicke auf den Socialismus und Communismus in Deutschland* (1844), Nachdruck. Darmstadt: 1974

Stein, Lorenz von: *Die Verwaltungslehre.* Teil 2. Neudruck der 1-2. Aufl. 1866-1884. Aalen: 1962

Stein, Lorenz von: *Die Frau auf dem Gebiete der Nationalökonomie.* 6. Aufl. Stuttgart: 1886

Stein, Lorenz von: *Die Frau, ihre Bildung und Lebensaufgabe.* 3. Aufl. Berlin und Dresden: 1890

Steiner, Gerhard: *Der Traum vom Menschenglück. Leben und literarische Wirksamkeit von Carl Wilhelm und Henriette Frölich.* Berlin: 1959

Stölzel, Adolf: *Brandenburg-Preußens Rechtsverwaltung und Rechtsverfassung. Bd. II. Berlin: 1888*

Streck, Michael: Generalklausel und unbestimmter Begriff im Recht der allgemeinen Ehewirkungen. Jur. Diss. Bonn 1970

Strecker, Gabriele: *Frausein – heute.* Weilheim: 1965

Svarez, Carl Gottlieb: *Unterricht für das Volk über die Gesetze* (1793). Hrsg. Erik Wolf. Frankfurt/M.: 1948

Svarez, Carl Gottlieb: *Vorträge über Staat und Recht.* Hrsg. H. Conrad und G. Kleinheyer. Köln-Opladen: 1960

Sveistrup, Hans und Agnes von Zahn-Harnack, Hrsg., *Die Frauenfrage in Deutschland. Strömungen und Gegenströmungen 1790-1930.* 2. Aufl. Tübingen: 1961

Thönnessen, Werner: *Frauenemanzipation. Politik und Literatur der deutschen Sozialdemokratie zur Frauenbewegung 1863-1933.* Frankfurt/M.: 1969

Treitschke, Heinrich von: *Deutsche Geschichte im 19. Jahrhundert.* Teil 5, 4. Aufl. Leipzig: 1927

Twellmann, Margrit: *Die deutsche Frauenbewegung. Ihre Anfänge und erste Entwicklung 1843-1889.* 2 Bde. Meisenheim am Glan: 1972

Ussel, Jos van: *Die Kleinfamilie.* In: D. Claessens und P. Milhoffer, Hrsg., *Familiensoziologie. Ein Reader.* S. 73 ff. Frankfurt/M.: 1973

Veblen, Thorstein: *Theorie der feinen Leute (Theory of the Leisure Class,* 1899). Köln: 1958

Verhandlungen der Kommission des Staatsrats über den revidierten Entwurf des Strafgesetzbuches. Berlin: 1846

Weber, Marianne: *Ehefrau und Mutter in der Rechtsentwicklung,* 1907 Neudruck. Aalen: 1971

Weber, Max: *Wirtschaft und Gesellschaft. Grundriß der verstehenden Soziologie.* Studienausgabe, Hrsg. I. Winckelmann. Köln-Berlin: 1956

Weber-Kellermann, Ingeborg: *Die deutsche Familie. Versuch einer Sozialgeschichte.* 2. Aufl. Frankfurt/M.: 1975

Weber-Kellermann, Ingeborg: *Die Familie. Geschichte, Geschichten und Bilder.* Frankfurt/M.: 1976

Wieacker, Franz: *Privatrechtsgeschichte der Neuzeit unter Berücksichtigung der deutschen Entwicklung.* 2. Aufl. Göttingen: 1967

Wieacker, Franz: *Industriegesellschaft und Privatrechtsordnung.* Frankfurt/M.: 1974

Wiethölter, Rudolf: *Rechtswissenschaft.* Funk-Kolleg. Frankfurt: 1968

Wigand's Conversations-Lexikon für alle Stände. Von einer Gesellschaft deutscher Gelehrter erarbeitet. 15 Bde. Leipzig: 1846-1852

Windscheid, Bernhard: *Lehrbuch des Pandektenrechts.* 7. Aufl. Frankfurt/M.: 1891

Wittmann, Reinhard: *Zur Trivialliteratur der Goethezeit.* In: *Aus dem Antiquariat. Beilage zum Börsenblatt des Deutschen Buchhandels* 1976, S. 129 ff.

Wolf, Ernst: *Zur »Institution« Ehe.* In: *Juristen-Zeitung,* 1967, S. 749 ff.

Wolf, Ernst: *Der Begriff Familienrecht.* In: *Zeitschrift f. d. ges. Familienrecht,* 1968, S. 493 ff.

Wolf, Ernst: *Dogmatische Grundlagen einer Reform des Ehescheidungsrechts.* In: *Juristen-Zeitung,* 1970, S. 441 ff.

Wolf, Ernst, G. Lüke und H. Hax: *Scheidung und Scheidungsrecht.* Tübingen: 1959

Wollstonecraft, Mary: *Verteidigung der Rechte der Frauen (A Vindication of Rights of Women,* London 1792). Zürich: 1975

Zetkin, Clara: *Zur Geschichte der proletarischen Frauenbewegung Deutschlands* (1928). Frankfurt/M.: 1971

Zinnecker, Jürgen: *Sozialgeschichte der Mädchenbildung. Zur Kritik der Schulerziehung von Mädchen im bürgerlichen Patriarchalismus.* Weinheim und Basel: 1973

Anhang. Dokumente

Vorbemerkung

Der folgende Anhang enthält Material von anscheinend sehr unterschiedlicher Qualität und Gültigkeit: Gesetzestexte und Rechtsmaterialien neben Zeitungsberichten, Biographisches neben wissenschaftlicher Analyse und Erbauungs- und Gebrauchsliteratur.

Doch gerade die Verschiedenartigkeit der Quellen zeigt, daß die Frauenfrage quer zu den üblichen Kategorisierungen steht und die Geschichte der Frauen nur durch ein Überschreiten der Grenzziehungen wissenschaftlicher Disziplinen freigelegt oder rekonstruiert werden kann. So sind zum Beispiel die juristischen Archive im Hinblick auf das Frauenproblem noch kaum erforscht worden. Aber auch die sogenannte Frauen- und Emanzipationsliteratur der Vergangenheit wurde bislang von der Sozialgeschichte oder der Familiensoziologie nur unzureichend ausgewertet oder gar nicht zur Kenntnis genommen.

Die hier zusammengestellten Materialien sind eine Auswahl der von mir benutzten Quellen und haben darum vorwiegend exemplarischen Charakter. Leitender Gesichtspunkt war nicht so sehr die Absicherung meiner Thesen durch weiterführende Zitate und Belege als vielmehr das Bereitstellen verstreuter oder schwer zugänglicher Texte, die ein vertiefendes Studium ermöglichen und zur Weiterarbeit ermutigen sollen.

Nr. 1

Edikt vom 9. Oktober 1807, betreffend den erleichterten Besitz und den freien Gebrauch des Grundeigenthums, sowie die persönlichen Verhältnisse der Landbewohner. (Ges.-Samml. S. 170)*

Wir Friedrich Wilhelm, von Gottes Gnaden, König von Preußen etc. Thun kund und fügen hiermit zu wissen:

Nach eingetretenem Frieden hat Uns die Vorsorge für den gesunkenen Wohlstand Unserer getreuen Unterthanen, dessen baldigste Wiederherstellung und möglichste Erhöhung vor Allem beschäftigt. Wir haben hierbei erwogen, daß es, bei der allgemeinen Noth, die Uns zu Gebot stehenden Mittel übersteige, jedem Einzelnen Hülfe zu verschaffen, ohne den Zweck erfüllen zu können, und daß es eben sowohl den unerlaßlichen Forderungen der Gerechtigkeit, als den Grundsätzen einer wohlgeordneten Staatswirthschaft gemäß sei, Alles zu entfernen, was den Einzelnen bisher hinderte, den Wohlstand zu erlangen, den er nach dem Maaß seiner Kräfte zu erreichen fähig war; Wir haben ferner erwogen, daß die vorhandenen Beschränkungen theils in Besitz und Genuß des Grund-Eigenthums, theils in den persönlichen Verhältnissen des Land-Arbeiters Unserer wohlwollenden Absicht vorzüglich entgegen wirken, und der Wiederherstellung der Kultur eine große Kraft seiner Thätigkeit entziehen, jene, indem sie auf den Werth des Grund-Eigenthums und den Kredit des Grundbesitzers einen höchst schädlichen Einfluß haben, diese, indem sie den Werth der Arbeit verringern. Wir wollen daher beides auf diejenigen Schranken zurückführen, welche das gemeinsame Wohl nöthig macht, und verordnen daher Folgendes:

Freiheit des Güter-Verkehrs.

§ 1. Jeder Einwohner Unserer Staaten ist, ohne alle Einschränkung in Beziehung auf den Staat, zum eigenthümlichen und Pfandbesitz unbeweglicher Grundstücke aller Art berechtigt; der Edelmann also zum Besitz nicht blos adelicher, sondern auch unadelicher, bürgerlicher und bäuerlicher Güter aller Art, und der Bürger und Bauer zum Besitz nicht blos bürgerlicher, bäuerlicher und anderer unadelicher, sondern auch adelicher Grundstücke, ohne daß der eine oder der andere zu irgend einem Güter-Erwerb einer besondern Erlaubniß bedarf, wenn gleich, nach wie vor, jede Besitzveränderung den Behörden angezeigt werden muß. Alle Vorzüge, welche bei Güter-Erbschaften der adeliche vor dem bürgerlichen Erben hatte, und die bisher durch den persönlichen Stand

---

* Zit. n.: Schering, *Nachtrag zum Allgemeinen Landrecht f. d. Preußischen Staaten*, I. Nr. 74. (Auszüge)

des Besitzers begründete Einschränkung und Suspension gewisser gutsherrlichen Rechte, fallen gänzlich weg.

In Absicht der Erwerbsfähigkeit solcher Einwohner, welche den ganzen Umfang ihrer Bürgerpflichten zu erfüllen, durch Religions-Begriffe
verhindert werden, hat es bei den besonderen Gesetzen sein Verbleiben.

Freie Wahl des Gewerbes.

§ 2. Jeder Edelmann ist, ohne allen Nachtheil seines Standes, befugt,
bürgerliche Gewerbe zu treiben; und jeder Bürger oder Bauer ist berechtigt, aus dem Bauer- in den Bürger- und aus dem Bürger- in den
Bauerstand zu treten.

Auflösung der Guts-Unterthänigkeit.

§ 10. Nach dem Datum dieser Verordnung entsteht fernerhin kein Unterthänigkeits-Verhältniß, weder durch Geburt, noch durch Heirath,
noch durch Übernehmung einer unterthänigen Stelle, noch durch
Vertrag.

§ 11. Mit der Publikation der gegenwärtigen Verordnung hört das
bisherige Unterthänigkeits-Verhältniß derjenigen Unterthanen und ihrer
Weiber und Kinder, welche ihre Bauergüter erblich oder eigenthümlich,
oder Erbzinsweise, oder Erbpächtlich besitzen, wechselseitig gänzlich
auf.

§ 12. Mit dem Martini-Tage Eintausend Achthundert und Zehn (1810.)
hört alle Guts-Unterthänigkeit in Unsern sämmtlichen Staaten auf. Nach
dem Martini-Tage 1810. giebt es nur freie Leute, so wie solches auf den
Domainen in Allen Unsern Provinzen schon der Fall ist, bei denen aber,
wie sich von selbst versteht, alle Verbindlichkeiten, die ihnen als freien
Leuten vermöge des Besitzes eines Grundstücks, oder vermöge eines
besondern Vertrages obliegen, in Kraft bleiben.

Nach dieser Unserer Allerhöchsten Willensmeinung hat sich ein Jeder,
den es angeht, insonderheit aber Unsere Landes-Kollegia und übrigen
Behörden genau und pflichtmäßig zu achten, und soll die gegenwärtige
Verordnung allgemein bekannt gemacht werden.

Urkundlich unter Unserer Höchsteigenhändigen Unterschrift. So geschehen Memel, den 9ten October 1807.

Friedrich Wilhelm.

Nr. 2

Züchtigungsrechte

a) des Ehemannes über die Ehefrau:
§ 736 II.20 *ALR:*
Auch diejenigen, denen sonst das Recht der mäßigen Züchtigung zukommt, dürfen sich dessen gegen dergleichen schwangere Personen, bey willkührlicher Gefängniß- oder Geldstrafe, so lange die Schwangerschaft dauert, nicht bedienen.

Vgl. dazu:
Carl Gottlieb Svarez,
Unterricht für das Volk, 1793.
Nachdruck: Frankfurt 1948, S. 16:
Schwangere Personen müssen zu ihrer und des Kindes Erhaltung möglichst geschont werden. In ihrer Gegenwart muß niemand, bei nachdrücklicher Strafe, Handlungen vornehmen, die durch erregtes Schrekken, Entsetzen oder Abscheu ihnen oder der Frucht schädlich werden könnten. Selbst Väter, Ehemänner und Obrigkeiten, denen sonst das Recht der Züchtigung oder Strafe über solche Personen zukommt, müssen sich dessen, solange die Schwangerschaft und die darauffolgenden Wochen dauern, enthalten.

b) Gewalt in der Ehe?
Vgl. den Beitrag von ›Friederike‹ (Pseudonym), *Die Ehe,* in: *Frauen-Zeitung,* hrsg. v. Louise Otto, 1850, Nr. 24:
Die Gesetze für die Ehe sind von Männern entworfen, und die bibelfesten Gesetzgeber vergaßen dabei nicht das anziehende Gebot des alten Moses: »und der Mann soll dein Herr sein!«
Es könnten vielleicht viele Leser der Meinung sein, ich übertreibe die Schutzlosigkeit der Frauen, ich will zur Bestätigung der Wahrheit meines Ausspruchs daher einige Beispiele solcher Ehen anführen, die ganz in meiner Nähe vorkamen. Ein Justiz-Beamter behandelte seine, nur in der Liebe zu ihm Glück findende junge, hübsche Frau mit der ausgezeichnetsten Brutalität, diese, endlich der vielen Mißhandlungen müde, drohte, ihm sein Betragen beim Gericht anzugeben; worauf dieser Herr das Landrecht holte, ihre langen Haare um die andere Hand wand, sie zu Boden warf, mit Füßen trat und ihr dabei die darauf Bezug habenden Paragraphe vorlas, mit der Versicherung, daß er wisse was ihm erlaubt sei.
Ein junger Bergarbeiter tyrannisirte seine ebenfalls noch junge Frau auf so empörende Weise, daß diese endlich aus Verzweiflung mit ihrem Kinde zu ihren Eltern zurückkehrte. Als der Mann auf Klage ihrer Mutter vor die Ortspolizei gerufen wurde, die ihn zur Ordnung verwies, antwortete er wörtlich: »Meine Frau ist mein Eigenthum, und ich kann mit ihr

machen was ich will, wenn ich sie nur nicht todtschlage.« – Die Frau mußte zurückkehren, bekam aber nun nicht allein Schläge, sondern auch die Schwiegermutter, die die Sache angegeben. Die Sache ruht, und man schweigt, weil das Gesetz dafür spricht.

Ein dritter Fall: Ein junger Mann heirathete eine ältliche aber brave Frau; als er das Vermögen, weshalb er sie genommen, durchgebracht, peinigte er sie auf die ausgesuchteste Weise; er hieß sie fortgehen und verschloß das Haus und die Stuben vor ihr. War es ihm gefällig, so ließ er sie wieder ins Haus, schlug sie aber zugleich wieder darum, daß sie ihm nicht gekocht habe, obgleich er sie vorher nicht ins Haus gelassen. Verzweiflungsvoll zeigte mir diese Unglückliche die Spuren dieser unmenschlichen Behandlung auf ihrem Körper, bat mich aber zugleich dringend, ja beinah knieend, sie nicht zu verrathen, da ihr Mann sie dann noch mehr schlagen würde. Als sie aber, endlich dieser Mißhandlungen satt, ihn verlassen wollte, sagte er ganz ruhig zu ihr: Gehe nur, der Gensdarm wird dich zeitig genug wieder zurückbringen, denn ich sage: du hättest mich böslich verlassen. Die arme Frau blieb und mußte bleiben, dann das Gesetz befiehlt es ihr. Doch genug; die Gesetze, die da sind, die Frauen zu schützen, werden im Gegensatz der Rechte der Männer so winzig, daß man sie zuletzt weder bei Licht noch Sonnenschein herausfinden kann.

Es ist daher wohl an der Zeit, diese Unbilligkeit der Gesetze gegen das weibliche Geschlecht zu rügen und darauf anzutragen,

1) daß der Staat für eine zweckmäßigere Erziehung der Frauen sorge,

2) daß denselben mehr Schutz in den ehelichen Verhältnissen verliehen werde,

3) daß man den Frauen im bürgerlichen Leben, sobald sie selbstständig dastehen, dieselben politischen Rechte, wie den Männern, ertheile und ihnen den freien Gebrauch ihrer geistigen und körperlichen Kräfte nicht durch beschränkende Sitte und Gesetze fernerhin gewaltsam beschränke und hindere.

Es ist eigentlich eine Lächerlichkeit und Inconsequenz, den Frauen das Bürgerrecht zu versagen, obgleich sie in gesetzlichem Besitze von Eigenthumsrechten sind und dasselbe benützen und veräußern können, Abgaben davon entrichten und alle Lasten tragen, ohne dadurch aller der Vortheile theilhaftig zu werden, die für Männer damit verbunden sind. So z. B. erlaubt man den Frauen nicht bei den Urwahlen mitzustimmen, wenngleich viele von ihnen dazu in der That ebenso berechtigt sein mußten, wie die Männer, denn sie besitzen Ländereien, Häuser und treiben Gewerbe und tragen die Lasten so gut wie diese [. . .].

Ihr kämpft für die Freiheit der Völker und für Eure Mütter, Frauen und Töchter spricht keine Stimme der Liebe und des Rechts? – werden die Frauen nie einen Anwalt finden? – Jedes lebende, vernünftige Wesen ringt nach Unabhängigkeit, sollte dies den Frauen allein versagt sein? – sollen

wir uns noch ferner wie eine furchtsame zitternde Mimose vor jeder
äußern Annäherung verschließen? nicht frei und selbstständig auftreten?
– nein! – möge endlich dieses System aufhören, nach dem die Frau nicht
wagt, allein auszugehen, zu reisen, zu sprechen, wenigstens nicht über
ganz ernste Dinge, wo alles unweiblich, unanständig ist, woraus endlich
die größten Lächerlichkeiten entstehen, denn: die Einschüchterung geht
so weit, daß sogar ein unverheirathetes Mädchen noch an ihrem 40sten
Geburtstage nicht wagt, schutzlos in Gesellschaft zu gehen. Solche Al-
bernheiten kommen unzählige vor, dies sind aber die Folgen sclavischer
Unterdrückung, woraus diese peinliche Furcht und Unterwerfung entsteht. Die weibliche Bescheidenheit und Anmuth verträgt sich ganz gut
mit einem freiern Auftreten. –

Friederike.

c) Züchtigungsrecht der Herrschaft über das Gesinde:

1. Vgl. die §§ 77-79 Gesindeordnung, Anhang Nr. 6

2. . . . der Herrschaft über dienstpflichtiges Gesinde:
§§ 227 f. II.7. *ALR* mit Anhang, rechtswirksam bis 1850*

Züchtigungsrecht der Herrschaft.

§ 227. Faules, unordentliches und widerspenstiges Gesinde kann die
Herrschaft durch mäßige Züchtigungen zu seiner Pflicht anhalten; auch
dieses Recht ihren Pächtern und Wirthschaftsbeamten übertragen.

§ 228. Eine gleiche Befugniß steht der Herrschaft in Ansehung des
Gesindes der Unterthanen zu, wenn dasselbe von diesen zum Hofedienste
geschickt wird, und sich dabei faul, unordentlich, oder widerspenstig
bezeigt.

§ 229. Bei solchen Züchtigungen aber muß nicht die Gesundheit, vielweniger das Leben des Gesindes in Gefahr gesetzt werden.

Anh. § 105. Die Ertheilung der Stockschläge ist gesetzwidrig. Dagegen
aber der Gebrauch einer ledernen Peitsche erlaubt, mit welcher auf den
Rücken über die Kleider eine mäßige Anzahl von Hieben gegeben werden
kann.

§ 230. Auch muß die Herrschaft solcher Züchtigungsarten, wodurch
die Schamhaftigkeit, besonders bei dem Gesinde weiblichen Geschlechts,
verletzt wird, sich enthalten.

§ 231. Dergleichen grobe Mißhandlungen der Unterthanen (§ 229.
230.) sollen, außer der denselben zukommenden vollständigen Entschädigung, nach Vorschrift der Criminalgesetze, nachdrücklich geahndet
werden.

* Zit. n.: Rehbein/Reincke, *Allgemeines Landrecht für die Preuß. Staaten. Mit
Erläuterungen.* 2 Bde, Berlin 1881. II. Band. S. 382.

§ 232. Auch angesessene Wirthe, und deren Weiber, kann die Herrschaft durch Gefängnißstrafe oder Strafarbeit zu ihrer Pflicht anhalten, wenn dieselben, bei Leistung unstreitiger Dienste, sich der Widersetzlichkeit, beharrlichen Faulheit, vorsätzlichen Vernachlässigung, oder eines andern dergleichen Vergehens schuldig machen.

§ 233. Ist das Vergehen so beschaffen, daß die Herrschaft zu dessen Ahndung eine gewöhnliche Gefängnißstrafe von höchstens acht und vierzig Stunden hinreichend findet; so ist sie, bei der Untersuchung, nur die Dorfgerichte zuzuziehen verbunden.

§ 234. Findet sich aber bei einer nachher, auf Anmeldung der solchergestalt bestraften Unterthanen, von dem Landes-Justiz-Collegio veranlaßten Untersuchung, daß die Strafe zur Ungebühr verhängt worden: so muß die Herrschaft den Unterthan vollständig entschädigen, und außerdem, wegen des Mißbrauchs ihrer Gewalt, nach Vorschrift der Criminalgesetze bestraft werden.

§ 235. Findet die Herrschaft längeres Gefängniß, oder eine andere Strafart nöthig, so muß sie die Untersuchung und das Erkenntniß dem Gerichtshalter überlassen.

§ 236. Fällt der Spruch des Gerichtshalters auf achttägigen oder kürzern gewöhnlichen Arrest oder Strafarbeit aus, so findet dagegen kein Rechtsmittel statt.

§ 237. Wohl aber haftet alsdann, in dem Falle des § 234., der Gerichtshalter, gleich der Herrschaft, den zur Ungebühr bestraften Unterthanen zur Schadloshaltung, und dem gemeinen Wesen zur Strafe.

§ 238. Erkennt der Gerichtshalter auf eine längere oder härtere, als die § 236. bestimmte Strafe, so findet dagegen die Berufung auf das höhere Gericht mit voller Wirkung statt.

§ 239. Wie es zu halten sei, wenn sich Unterthanen ihrer Herrschaft, oder den Beamten derselben, thätig widersetzen, ist im Criminalrechte vorgeschrieben.

Nr. 3[*]

Gewerbefreiheit und Gewerbeordnung

a) Edikt vom 2. November 1810, über die Einführung einer allgemeinen Gewerbesteuer. (Gesetz-Samml. 1810/1811 S. 79.)

Wir Friedrich Wilhelm, von Gottes Gnaden König von Preußen etc. Thun kund und fügen hiermit zu wissen:

In dem Edikt über die Finanz-Verwaltung vom 27sten v. M. haben Wir Unsern getreuen Unterthanen die Nothwendigkeit eröffnet, in der Wir Uns befinden, auf eine Vermehrung der Staatseinnahmen zu denken.

Unter den Mitteln zu diesem Zweck hat Uns die Einführung einer allgemeinen Gewerbesteuer für Unsere getreuen Unterthanen weniger lästig geschienen, besonders da Wir damit die Befreiung der Gewerbe von ihren drückendsten Fesseln verbinden, Unseren Unterthanen die ihnen beim Anfange der Reorganisation des Staats zugesicherte vollkommene Gewerbe-Freiheit gewähren und das Gesammtwohl derselben auf eine wirksame Weise befördern können.

Wir verordnen daher und setzen fest:

§ 1. Ein jeder, welcher in Unsern Staaten, es sey in den Städten oder auf dem platten Lande, sein bisheriges Gewerbe, es bestehe in Handel, Fabriken, Handwerken, es gründe sich auf eine Wissenschaft oder Kunst, fortsetzen oder ein neues unternehmen will, ist verpflichtet, einen Gewerbeschein darüber zu lösen und die in dem beigefügten Tarif A angesetzte Steuer zu zahlen. Das schon erlangte Meisterrecht, der Besitz einer Concession befreien nicht von dieser Verbindlichkeit.

§ 2. Der Gewerbeschein giebt demjenigen, auf dessen Namen er ausgestellt ist, die Befugniß, ein Gewerbe fortzusetzen oder ein neues anzufangen. Eins und das andere, ohne Gewerbeschein, ist strafbar, und wer sich dessen schuldig macht, verfällt in eine Geldstrafe, welche dem sechsfachen Werthe der von ihm jährlich zu bezahlenden Steuer gleich ist.

§ 16. Ein Gewerbeschein giebt demjenigen, auf welchen er lautet, das Recht, in dem ganzen Umfange Unserer Staaten, sowohl in den Städten als auf dem platten Lande, das in demselben benannte Gewerbe und auf die bestimmte Zeit zu treiben, und von den Behörden dabey geschützt zu werden.

§ 17. Keiner Corporation und keinem Einzelnen steht ein Widerspruchsrecht, welcher Grund dazu auch angeführt werden mag, zu. Nur soll in denjenigen Örtern, wo jetzt Gewerbe-Gerechtigkeiten Statt finden, welche nicht auf einem Grundstücke haften, und damit in keiner unzer-

---

[*] Zit. n.: Schering, *Nachtrag zum Allgemeinen Landrecht f. d. Preuß. Staaten,* I. Nr. 108.

trennlichen Verbindung stehn, die aber dennoch in den Hypothekenbüchern eingetragen sind, eine billige Entschädigung für den bisher Berechtigten von den Regierungen regulirt werden. Die Gewerbefreiheit darf jedoch durch die Existenz solcher Gerechtigkeiten nicht beschränkt, und niemandem auf den Grund derselben, ein Gewerbeschein zum Betriebe des in Rede stehenden Gewerbes versagt werden.

Gegen die Bestimmung der Entschädigung von Seiten der Regierungen findet der Weg Rechtens nicht Statt.

§ 30. Alle bisherigen Abgaben von den Gewerben, in so fern sie die Berechtigung zum Betriebe derselben betreffen, als: Concessions-Geld, Nahrungsgeld von catastrirten Stellen, oder unter welcher Benennung sie sonst vorkommen, sie mögen alljährlich oder ein Mal für alle Mal an Unsere Kassen, Kämmereien oder an Grundherren entrichtet werden, hören mit Einführung der Gewerbesteuer auf.

Eben dieses ist der Fall mit den Paraphen-Geldern.

§ 31. Alle Bestimmungen des allgemeinen Landrechts und besonderer Verordnungen, welche dem Inhalt dieses Edikts entgegen sind, werden hiermit für aufgehoben erklärt.

Wir befehlen allen öffentlichen Behörden überall nach den Bestimmungen dieses Edikts zu verfahren und auf die Beobachtung desselben genau zu halten.

Berlin, den 2ten November 1810.
Friedrich Wilhelm.

b) Allgemeine Gewerbeordnung vom 17. 1. 1845 (Ges.-Samml. S. 41)[*]

(Die wichtigsten Paragraphen, die vor allem auch die Frauen betreffen).

§ 16. Ein stehendes Gewerbe darf für eigene Rechnung und unter eigener Verantwortlichkeit (selbständig) nur derjenige betreiben, welcher
a) dispositionsfähig ist, und
b) innerhalb Unserer Staaten einen festen Wohnsitz hat.

§ 20. Von dem Besitze des Bürgerrechts soll die Zulassung zum Gewerbebetriebe in keiner Stadt und bei keinem Gewerbe abhängig sein. In der Verpflichtung der Gewerbetreibenden zur Erwerbung des Bürgerrechts, soweit solche in der bestehenden städtischen Verfassung begründet ist, wird durch gegenwärtiges Gesetz nichts geändert: die Exekution auf Erfüllung dieser Verpflichtung darf aber nicht bis zur Untersagung des Gewerbebetriebs ausgedehnt werden.

§ 94. Alle zur Zeit gesetzlich bestehenden Korporationen von Gewerbetreibenden (ältere Innungen) dauern ferner fort. Doch soll die Befugniß zum Betrieb eines Gewerbes, für welches in dem Orte oder Distrikte eine solche Korporation (Innung) besteht, von dem Beitritt derselben nirgends abhängig sein.

---

[*] Zit. n.: Schering, *Nachtrag zum ALR,* II. Nr. 546.

c) Verordnung vom 9. 2. 1849, betreffend die Errichtung von Gewerberä-
then und verschiedene Abänderungen der Allgemeinen Gewerbe-Ord-
nung vom 17. 1. 1845 (Ges.-Samml. 1849, S. 93, 1850, S. 43)*

§ 23. Den nachstehend benannten Handwerkern ist fortan der Beginn
des selbstständigen Gewerbebetriebes nur dann gestattet, wenn sie entweder in eine Innung, nach vorgängigem Nachweise der Befähigung zum
Betriebe ihres Gewerbes aufgenommen sind, oder diese Befähigung vor
einer Prüfungskommission ihres Handwerks besonders nachgewiesen
haben . . .

§ 47. Handwerksmeister dürfen sich zu den technischen Arbeiten ihres
Gewerbes nur der Gesellen, Gehülfen und Lehrlinge ihres Handwerks
bedienen, soweit nicht von dem Gewerberathe eine Ausnahme gestattet
wird.

Die Beschäftigung weiblicher Personen unterliegt keiner Beschränkung.

---

* Zit. n.: Schering, *Nachtrag zum ALR*, II. Nr. 620.

Nr. 4

Carl Bücher, Frauenarbeit im Mittelalter*

Wenn wir nun uns anschicken, die Frage zu beantworten: *was wurde im Mittelalter aus den zahlreichen Frauen, die ihren »natürlichen Beruf« zu erfüllen verhindert waren?*, so müssen wir uns vor allen Dingen von der Anschauung los machen, welche den meisten von uns aus unseren frühesten Schuljahren anklebt. Wir hören da nach den Schilderungen in Tacitus' »Germania« von der hohen Achtung, der fast göttergleichen Verehrung, welche dem Weibe bei den alten Germanen gezollt wurde; aber wir übersehen nur zu leicht, dass derselbe Tacitus die Stellung der Frau in der Wirthschaft so beschreibt, dass wir mit Nothwendigkeit auf eine grosse Überlastung des weiblichen Geschlechts schliessen müssen. Der Mann achtet keine Thätigkeit ausser derjenigen mit dem Schwerte. Träge liegt er im Frieden auf der Bärenhaut; Schlaf, Trunk und Würfelspiel füllen seine Zeit. Die Sorge für Feld, Haus und Herd bleibt den Frauen, die mit den Kindern, den Schwachen und Unfreien die Wirthschaft führen. Neben der erhaltenden und verwaltenden Thätigkeit des Hauses, die heutzutage den Frauen hauptsächlich zufällt, hatten sie also auch die gesammte Gütererzeugung zu bewerkstelligen; oder, um einen geläufigen Ausdruck zu gebrauchen: die Frau ernährte die ganze Familie. Sie war Arbeiterin, Wirthschaftsführerin, Haushälterin und Erzieherin der Kinder zugleich. Die Germanen machten also in ihrer primitiven Periode keine Ausnahme von der Erwerbsordnung, die wir noch heute bei wilden Völkern finden.

Dieser Zustand änderte sich nach den grossen Wanderungen, als in während Friedenszeiten und bei wachsender Bevölkerung die deutschen Männer sich herabliessen, auch den Acker zu bebauen. Immer aber blieb noch ein grosser Theil der Landwirthschaft, namentlich die gesammte Viehzucht, den Frauen überlassen. Auch als mehr und mehr aus der alten geschlossenen Hauswirthschaft einzelne Thätigkeiten als Gewerbe sich absonderten, blieb das Arbeitsgebiet der Frau immer noch sehr gross, wie wir deutlich aus der Vertheilung der Arbeiten auf den grundherrlichen Grosswirthschaften erkennen. Da finden wir unter den männlichen Leibeigenen freilich schon Müller und Bäcker, Schneider und Schuster, Grobschmiede und Waffenschmiede, Bierbrauer und Winzer; den Frauen lag aber nicht bloss die Arbeit in Küche und Keller, in Garten und Stall ob, sondern auch die Besorgung der Gewandung von der Schafschur und der Flachsbereitung bis zum Weben, Färben, Zuschneiden, Nähen und Sticken, nebst einer Menge von anderen Verrichtungen, die später von besonderen Gewerbetreibenden übernommen wurden.

* Aus: *Die Frauenfrage im Mittelalter*. Tübingen 1882, Seite 8-17.

So sehen wir bis in das XIII. Jahrhundert hinein eine immer weiter greifende Entlastung der Frau von schweren körperlichen Arbeiten eintreten; ihre Thätigkeit beginnt sich auf dasjenige Gebiet zu beschränken, welches wir als die Haushaltung zu bezeichnen pflegen. Aber immer war dieses Gebiet noch bedeutend umfangreicher als heutzutage. Das Spinnen und Bleichen, das Backen und Bierbrauen wurde auch in den Städten noch vielfach von den Frauen besorgt; der Schuster und Schneider, der Schreiner und der Bauhandwerker arbeiteten im Hause auf der »Stör«; eine grosse Anzahl von Produkten, die wir heute fertig zum Verbrauche kaufen, bedurfte noch der Zurichtung durch die Frauen.

Dies Alles weist darauf hin, dass eine grössere Zahl von Frauen in den mittelalterlichen Haushaltungen Verwendung finden konnte, als dies heute möglich wäre. So mögen vielfach elternlose Mädchen und verwitwete Frauen in den Familien ihrer näheren oder entfernteren Verwandten Unterkunft und Beschäftigung gefunden haben; der Familiensinn war ohnehin damals noch viel stärker als gegenwärtig. Diejenigen alleinstehenden Frauen dagegen, welche keinen derartigen Rückhalt besassen, waren allem Anscheine nach in den Städten sehr übel berathen. Auf dem Lande mochten Frauenhände immer in der Wirthschaft erwünscht sein; in den Städten war die Frau (abgesehen von der Eingehung eines Dienstbotenverhältnisses) nach der gewöhnlichen Annahme von der Erwerbsarbeit in den zünftigen Gewerben fast vollständig ausgeschlossen.

In der That wird sich nicht leugnen lassen, daß die gesammte Stellung der Gewerbe im Mittelalter ein selbständiges Eingreifen der Frauen in dieses Gebiet principiell auszuschliessen scheint. Das Zunftwesen, welchem alle einigermassen entwickelten Gewerbe unterworfen waren, war seinem innersten Wesen nach auf die Familie gegründet. Die Zünfte waren nicht bloss gewerbliche Vereine, sondern Unterabtheilungen der Gemeinde mit rechtlichen, politischen, militärischen und administrativen Funktionen. Das Recht zum Gewerbebetrieb schloss die Verpflichtung zum Waffendienst und zu anderen Leistungen in sich, zu welchen Frauen nicht wohl herangezogen werden konnten. Bei der Theilnahme an den politischen Rechten, von der ja die Frauen ausgeschlossen waren, spielten die Zünfte wieder eine Rolle, welche die Zulassung weiblicher Mitglieder unthunlich zu machen schien.

Adrian Beier*, der Verfasser des ältesten Kompendiums des Handwerksrechts, stellt denn auch den Satz auf: das männliche Geschlecht sei einer der unerlässlichen Grundbedingungen für die Aufnahme in die Zunft gewesen. Die ganze gesellschaftliche Ordnung, meint er, beruhe darauf, dass jedes Geschlecht diejenigen Geschäfte übernehme, welche seiner Natur am angemessensten seien, der Mann die Erwerbsarbeit, die Frau die Küche, den Spinnrocken, die Nadel, die Wäsche; auch das

* Jena 1717

Weben, Lichtergiessen und Seifensieden solle ihr noch gestattet sein. Das Mädchen sei zum Heiraten bestimmt; man könne nicht wissen, wen sie einmal heiraten werde; eine gelernte Schusterin sei aber dem Schmiede nichts nütze. Außerdem könne man nicht allein in der Lehre lernen; von ungewanderten Junggesellen und gewanderten Jungfern werde aber beiderseits wenig gehalten. Der Umgang mit Männern in der Werkstätte sei nicht ungefährlich in sittlicher Beziehung. Endlich sei die Zunft eine öffentliche Einrichtung; das Meisterrecht sei mit staatlichen Leistungen, als Wachen und Gaffen, verbunden, wozu Weiber nicht taugten.

Trotz dieser anscheinend in der Natur der Sache liegenden principiellen Ausschliessung der Frauen wenigstens vom zünftigen Gewerbebetrieb sehen wir das ganze Mittelalter hindurch die Frauen vielfach im Gewerbe thätig – ein Beweis, dass eine derartige Beschäftigung derselben durch die thatsächlichen Verhältnisse sich als nothwendig aufdrängte. Ja wir finden sogar Frauenarbeit in einer Reihe von Berufsarten, von denen sie gegenwärtig thatsächlich ausgeschlossen ist.

Ich will hier die Thatsache nicht weiter betonen, dass die Witwe eines Meisters das Geschäft ihres Mannes forttreiben durfte; das ist bekannt genug. Ich will auch kein grosses Gewicht darauf legen, dass Frauen und Töchter, oft auch die Magd eines Handwerkers demselben im Geschäfte helfen konnten; das liess sich bei aller Bevormundung, die dem Mittelalter eigen war, so leicht nicht verbieten. Viel wichtiger erscheint mir, dass Frauen und Mädchen innerhalb eigener oder fremder Gewerbeunternehmungen zahlreiche Verwendung fanden, bald als abhängige Lohnarbeiterinnen, bald sogar als selbständige Unternehmerinnen. War das betreffende Gewerbe zünftig, so konnten hier und da die Frauen in eigenem Namen den Zünften mit gleichem Rechte wie die Männer angehören, war es unzünftig, so waren sie selbstverständlich keinerlei Beschränkungen unterworfen. Endlich finden wir sogar Gewerbe mit zünftiger Ordnung, die ausschliesslich aus Frauen bestanden.

Natürlich handelt es sich hier zunächst um Gebiete, in welchen die Frauen von Alters her thätig gewesen waren. Dahin gehört das ganze Gebiet der *Textilindustrie*. Die Weberei war zwar seit dem XII. Jahrhundert ein eigenes Gewerbe in Männerhand; indessen blieben die Vorrichtungsarbeiten, dass Wollkämmen, Spinnen, Garnziehen, Spulen, fast überall noch lange Zeit in den Händen der Frauen. Wir finden desshalb an vielen Orten ein zahlreiches weibliches Arbeiterpersonal in der *Wollweberei:* Kämmerinnen, Spinnerinnen, Spulerinnen, Garnzieherinnen – meist abhängige Lohnarbeiterinnen nach Art unserer Haus- oder Fabrikarbeiterinnen. In Frankfurt a. M. standen dieselben unter der Aufsicht von zwei Mitgliedern des Raths. Ihre Thätigkeit war an sehr eingehende Vorschriften gebunden, und wir haben in der Frankfurter Weberordnung von 1377 wol das älteste Beispiel einer Regulirung der Frauenarbeit durch die öffentliche Gewalt. In den schlesischen Städten bildete das Garnziehen ein eigenes Gewerbe, an dem Männer und Frauen betheiligt waren. In Köln bestand eine eigene Zunft von Garnmacherinnen; sie mussten sechs Jahre lernen und keine Meisterin durfte mehr als drei Mägde oder Lohnwerkerinnen halten. Auch als Weberinnen finden wir die Frauen nicht selten thätig und hier nicht bloss im Lohndienst, sondern auch als selbständige Mitglieder der Zunft. So in Bremen, in Köln, in Dortmund, in Danzig, in den schlesischen Städten, in Speier, Strassburg, Ulm, München. »Wer Webermeister oder Meisterin ist«, heisst es in einer Münchener Rathsverordnung aus dem XIV. Jahrhundert, »der soll haben, ob er will, einen Lernknecht und eine Lerndirne und nicht mehr«.

Was die *Leinenweberei* betrifft, so ist hier eine vielseitige selbständige Betheiligung der Frauen am Handwerk um so weniger zu bezweifeln, als in einem grossen Theile von Deutschland auf dem Lande die Frauen bis in dieses Jahrhundert hinein Leinwand gewebt haben. In Hamburg konnten Frauen in der Leinenweberei beim sog. »schmalen Werke« selbständig werden (1375); in Strassburg wurden die Schleier- und Leinenweberinnen (1430) zu den Zunftlasten herangezogen; in Frankfurt a. M. finden wir ebenfalls selbständig steuernde »Lineberssen« (1428), ohne dass es freilich ersichtlich wäre, ob dieselben als Meisterinnen oder als Lohnarbeiterinnen betrachtet werden müssen. Die Schleierweberei und Schleierwäscherei ist dort ganz in den Händen der Frauen; ebenso scheinen sie die *Schnur-* und *Borten*wirkerei im XIV. und XV. Jahrhundert allein betrieben zu haben. In der zu Anfang des XV. Jahrhunderts aufgekommenen *Barchentweberei* haben dagegen weibliche Arbeitskräfte bis jetzt nicht nachgewiesen werden können.

Etwas anders lagen die Verhältnisse im *Schneidergewerbe*. Hier konnten freilich die Frauen auch das Recht hergebrachten Besitzes für sich geltend machen, da sie in älterer Zeit nicht bloss die eigenen Kleider, sondern auch diejenigen der Männer gefertigt hatten. Lesen wir doch noch im Nibelungenliede, dass Chriemhilde mit ihren Mägden den ausziehenden Recken die Gewand bereitet. Aber beim ersten Auftreten der Schneiderzünfte arbeiteten die Schneider nicht bloss alle Arten von Männerkleidern, sondern auch die Frauengewänder, ja sie hatten selbst die ganze Weisszeugnäherei. Indessen bemerken wir doch auch hier eine rege Frauenthätigkeit. Nicht nur dass im Schneidergewerbe Frauen und Töchter der Zunftmeister in weiterem Masse als in anderen Handwerken mitarbeiten; an nicht wenigen Orten konnten auch Frauen als selbständige Meisterinnen in die Zunft treten, ja sie durften selbst Arbeiterinnen haben und Lehrmädchen annehmen. In Frankfurt und Mainz, wie wohl in allen mittelrheinischen Städten, suchte man ihre Aufnahme in die Zunft durch Festsetzung geringerer Aufnahmegebühren für Frauen zu erleichtern. Erst im XV. Jahrhundert entstanden in den rheinischen Städten sehr langwierige Streitigkeiten zwischen den Schneidern und den Näherinnen, die schliesslich damit endeten, dass das Gebiet der letzteren auf diejenigen Arten des Nadelwerks beschränkt wurde, welche noch heute den Frauen eigen sind.

Noch eine Reihe von anderen Handwerken lässt sich nachweisen, die im Mittelalter Frauen im Amte hatten. Es würde indess zu weit führen, hier auf die Einzelheiten einzugehen. Ich begnüge mich desshalb damit, hier kurz die zünftigen Gewerbe zu nennen, bei welchen weibliche Arbeitskräfte Verwendung fanden. Es sind: die Kürschner (in Frankfurt und in den schlesischen Städten), die Bäcker (in den mittelrheinischen Städten), Wappensticker, Gürtler (Köln, Strassburg), die Riemenschneider (Bremen), die Paternostermacher (Lübeck), die Tuchscherer (Frankfurt), die Lohgerber (Nürnberg), die Goldspinner und Goldschläger (in Köln). In den Statuten der letzteren hiess es: »Kein Goldschläger, dessen Frau Goldspinnerin ist, darf mehr als drei Töchter zum Goldspinnen haben; die Goldspinnerin dagegen, deren Mann nicht Goldschläger ist, darf vier Töchter haben und nicht mehr, dass sie ihr Gold spinnen.« An der Spitze beider Gewerbe stand je ein Meister und eine Meisterin, welche das Werk des Amtes zu besehen und zu prüfen hatten. Natürlich konnte es sich hier überall nur um Gewerbe handeln, welche der Natur ihres Betriebes nach für das zarte Geschlecht geeignet waren; denn es war stehender Grundsatz des alten Handwerksrechtes, dass niemand in der Zunft sein solle, der das Gewerbe nicht mit eigener Hand treiben könne.

Im Ganzen können wir sonach behaupten, dass im Mittelalter die Frauen von keinem Gewerbe ausgeschlossen waren, für das ihre Kräfte ausreichten. Sie waren berechtigt, Handwerke ordnungsmässig zu lernen, sie als Gehülfinnen, ja selbst als Meisterinnen zu treiben*. Indessen bemerken wir schon frühe die Tendenz, die Frauenarbeit mehr und mehr zurückzudrängen. Dieselbe wendet sich zunächst gegen die Meisterswitwen, deren Recht auf eine gewisse Zeit (Jahr und Tag) beschränkt oder an bestimmte Bedingungen geknüpft wird. Sodann gegen das Mitarbeiten der Mägde und der weiblichen Familienglieder, endlich auch gegen die selbständige Thätigkeit der Frauen in den Zünften. Die Gesellenverbände fangen an, sich zu weigern, neben den weiblichen Arbeitern zu dienen; die Meister klagen über Beeinträchtigungen ihres Nahrungsstandes. Im XVI. Jahrhundert leistet die öffentliche Gewalt diesen engherzigen Bestrebungen Widerstand, im XVII. Jahrhundert erlahmt sie darin völlig, und so kommt es, dass nur in vereinzelten Fällen bis in's XVIII. Jahrhundert die Frauenarbeit im Handwerk sich erhalten hat.

Was die nichtzünftigen Gewerbe betrifft, so unterlag in diesen die Frauenarbeit wohl nie irgend welchen Beschränkungen. Nur beim stehenden Kleinhandel, die jetzt so vielen Frauen Selbständigkeit und Unterhalt gewährt, scheint die Marktpolizei vielfach zu Ungunsten der Frauen

---

* Z. B. im Augsburger Stadtrecht von 1276.

eingegriffen zu haben, während sie beim Hausirhandel anscheinend stärker vertreten waren. So wird bei den Gewandschneidern und Fischhocken in Frankfurt der Verkauf durch die Frauen verboten, mit Ausnahme des Falles, wo der Mann abwesend ist; in München sollte keines Fleischhakkers oder Metzgers Weib in der Bank stehen und Fleisch verkaufen; in Passau durfte die Frau eines Salzhändlers nur wenn der Mann krank war dessen Geschäft versehen. Die Hocken und Viktualienhändler sind fast allerwärts Männer; nur in Ulm bilden die Käuflerinnen ein eigenes weibliches Gewerbe.

Es wird vielleicht zur Veranschaulichung des Gesagten beitragen, wenn hier noch kurz die Berufsarten namhaft gemacht werden, bei welchen ich in Frankfurter Urkunden aus der Zeit zwischen 1350 und 1460 Frauen beschäftigt gefunden habe. Der Textil-Industrie ist bereits gedacht. Wir finden hier: Kämmerinnen, Spinnerinnen, Radspinnerinnen, Spulerinnen, Weberinnen, Wirkerinnen, Tuchschererinnen, Wollenbeschneiderinnen, Leinenweberinnen, Schnurmacherinnen, Bendlerinnen, Bortenwirkerinnen, Schleierweberinnen (Schleiermacherinnen), Schleierwäscherinnen und Schleierverkäuferinnen; ferner Hosenstrickerinnen, Hudelstrickerinnen, Hutmacherinnen, Schneiderinnen, Näherinnen, Leinennäherinnen, Mantelmacherinnen, Flickschneiderinnen (leppirn), Kürschnerinnen, Bettebereiterinnen, Wäscherinnen. Weiterhin scheint die Geflecht- und Lichter-Industrie in ihren Händen gewesen zu sein: wir finden Mattenmacherinnen, Korbmacherinnen, Kerzenmacherinnen (Verfertigerinnen von Schwefelkerzen, Lichtmacherinnen), endlich Besenmacherinnen. Im Kleinhandel kommen vor: Hockinnen, Selzerinnen, Senf- und Essigmengerinnen, Hüner- und Eierhändlerinnen, Milberinnen, Obsthändlerinnen, Käsehändlerinnen, Vorkäuferinnen, Unterkäuferinnen, Altgewänderinnen, Kleiderhockinnen, Krämerinnen, selbst Haferhändlerinnen und Pfandsetzerinnen. In den Badstuben Frankfurts bedienten 30 bis 40 Bademägde; ja man konnte sich zuweilen selbst von zarten Händen rasiren und immer in den Weinschenken sich von weiblichen Musikanten, wie Lautenschlägerinnen und Schellenträgerinnen, etwas vorspielen lassen. Im XIV. Jahrhundert findet sich häufig eine weltliche Schulmeisterin, *Lyse, die die Kinde leret*, auch kurz *lerern* oder *kindelern* – vielleicht eine mittelalterliche Kindergärtnerin. Endlich hat es während des ganzen XIV. und XV. Jahrhunderts wohl nie in Frankfurt an weiblichen Ärzten gefehlt. Zwischen 1389 und 1497 konnten nicht weniger als 15 Ärztinnen mit Namen nachgewiesen werden, unter diesen 4 Judenärztinnen und 3 Augenärztinnen. Verschiedenen von ihnen werden sogar wegen Heilung städtischer Bediensteten Ehrungen und Steuererleichterungen vom Rathe bewilligt. Einer der höchsten Träume unserer modernen Emancipationsfreunde war somit im Mittelalter schon einmal volle Wirklichkeit.

Nr. 5

a) Georgine (Pseudonym), Die Arbeiterinnen*

[. . .]

Schon mehrfach wurden in diesen und anderen Blättern die Verhältnisse der Arbeiterinnen besprochen, doch immer nur einzelne Klassen derselben berücksichtigt und, so viel ich weiß, noch wenig praktische und ausführbare Vorschläge zur Verbesserung der Lage dieser unserer hartbedrängten Mitschwestern gemacht; und doch stellt sich die Nothwendigkeit einer solchen Verbesserung täglich mehr heraus. – Betrachte man es daher nicht als Mangel an Bescheidenheit, wenn ich versuche, die Verhältnisse der Dienenden und Arbeiterinnen möglichst genau zu schildern, und auf Mittel zur Verbesserung derselben hinzuweisen; sehe man vielmehr darinnen nur den lebhaften Wunsch, etwas zur Förderung des allgemeinen Wohls der Frauen beizutragen.

Besonders bedrückt sind die Schneiderinnen, auf welche Jagd zu machen das größte Vergnügen der Herren Schneider-Meister zu sein scheint, obgleich eben diese Herren nicht verschmähen, Mädchen das Schneidern zu lehren und das Lehrgeld anzunehmen, sich auch oft Mädchen als Gehilfinnen halten. Es ist dies ihnen zwar eben so sehr verboten wie den Frauen, doch gab es bis jetzt keinen Kläger, also auch keinen Richter. Nur arme Frauen wurden bestraft, und ihr kleiner, durch langjährigen ununterbrochenen Fleiß geschaffener Wohlstand oft durch Wegnahme der Arbeit von Grund aus zerstört. – Es ist in Wahrheit zu sonderbar, daß wenn wir etwas »Gesetzwidriges« thun, wir nach den Gesetzen bestraft werden, also ganz dieselben Rechte genießen wie die Männer, während wir dieselben doch sonst in keiner Hinsicht theilen! Denn wo giebt es z. B. ein Gesetz, welches uns Frauen ein einziges Gewerbe ausschließlich zutheilt? wo ein Gesetz, welches uns gegen die Eingriffe der Männer in dieses Gewerbe schützt? –

Weniger bekannt ist das freudenlose Dasein der Näherinnen, Stickerinnen usw. größerer Städte. – Bei der angestrengtesten Arbeit von täglich 12 bis 14 Stunden verdient eine solche arme Arbeiterin, oft Ernährerin einer ganzen Familie, kaum 4-5 Rgr. – Von diesen wenigen Groschen muß sie die theure Miethe zahlen, sich anständig kleiden, sonst würde man ihr keine Arbeit anvertrauen, davon Holz und Licht kaufen, und doch will sie die Ihrigen nicht verhungern sehen. Fragt man diese Unglücklichen, die mit bleichen Wangen, gerötheten Augen und gekrümmtem Nacken unermüdlich ihr ganzes Leben lang arbeiten, warum ihr Verdienst in so gar keinem Verhältnisse mit ihrer Arbeit steht, so ist die gewöhnliche Ant-

* In: *Frauen-Zeitung*, hrsg. v. L. Otto, 1849, Nr. 10 und Nr. 11.

wort: »Sonst war es besser, doch jetzt arbeiten so viele Damen von Stande, und so billig, daß sie alle Preise heruntergedrückt haben; wollen wir nicht eben so billig arbeiten, dann bekommen wir keine Arbeit, und so müssen wir uns fügen.« –

Weit entfernt, jene »Damen von Stande« tadeln zu wollen, daß sie aus ihrem früheren, großentheils eingebildeten Stande in den ehrenvollen der Arbeiterinnen treten, sehen wir im Gegentheile darinnen einen Beweis für ihren Wunsch, thätig und nützlich zu sein, nicht zu den Zehrenden, sondern zu den Schaffenden zu gehören; doch dürfen sie nicht als Concurrenten auftreten, nicht, um ihr Taschengeld zu vervollständigen, das ohnehin schon schmale Stück Brod ihrer armen Mitschwestern noch mehr schmälern. Sie dürfen entweder nicht billiger arbeiten, oder müssen eine andere Beschäftigung zur Ausfüllung ihrer Muse-Stunden wählen.

Eben so elend wie das Schicksal der vorgenannten Arbeiterinnen ist das der Fabrik-Arbeiterinnen, Putz- und Blumenmacherinnen u. s. w. Sie erhalten zwar großentheils einen gewissen Wochen-Lohn, doch ist dieser so gering, daß davon wohl keine Ersparnisse zu ermöglichen sind. – Längere Pausen treten oft in ihrer Arbeit ein, und die Noth ist ein täglicher Gast in ihrem Hause.

Die Noth und das Elend aller Arbeiterinnen erreicht aber erst dann ihren Höhepunkt, wenn Krankheit sie auf's Schmerzenslager wirft. Von was sollen jetzt ihre Familien leben? Wie sollen sie sich Arzt und Medizin verschaffen? – Stück für Stück ihres ach mit jahrelangem endlosen Mühen erworbenen Hausrathes, ihre Kleider und endlich ihre Betten wandern nach dem Leihhause oder fallen oft, bei falscher Scham der Unglücklichen, in die Hände geldgieriger, herzloser Wucherer, und nie, nie sind sie im Stande, etwas davon wieder einzulösen. Ersteht eine solche Arme endlich wieder von ihrem harten Lager, so grinzt gräßliches Elend, schauderhafte Armuth sie von den kahlen Wänden ihres leeren Zimmers an, und wahrlich, es gehört ein unendliches Gottvertrauen, ein unermeßlicher Muth dazu, jetzt ihre mühselige Arbeit wieder anzufangen. –

Durch die vorstehende wenn auch viel zu matte Schilderung der Verhältnisse der Arbeiterinnen glaube ich bewiesen zu haben, daß die Schranken für die Thätigkeit der Frauen viel zu eng gezogen sind, und ich halte es für meine heilige Pflicht, alle Frauen zur Theilnahme an dem Bestreben, diese Schranken zu erweitern, aufzurufen.

Tausende unseres Geschlechts haben bis jetzt bei der Unmöglichkeit, sich selbst eine sichere Existenz zu gründen, die Ehe als Versorgungsanstalt betrachtet, und ohne ihr Herz zu berücksichtigen einen Bund geschlossen, der weder im Himmel noch auf Erden heilig sein kann. – Zwietracht, Unglück und Demoralisation sind die traurigen Folgen solcher durch die Noth geschlossenen Ehen. – Andere, mit Trauern sprechen wir von ihnen, stürzten sich, von Verzweiflung getrieben, in den Pfuhl des Lasters. – Sie gesellten sich zu den Verlornen und sind für immer ausgestoßen aus den Kreisen der Gesellschaft, welche nicht bedenkt, daß eben sie es war, die durch ihre verkehrten Gesetze, deren Übertretung man bestrafte, oder als lächerliche Emancipationsversuche verhöhnte, jene Unglücklichen ins Verderben gestoßen hat.

Ein großer Theil dieses Elends und Unglücks könnte verhindert werden, wenn unsere Gesetzgeber bedenken wollten, daß das Volk, für welches sie Gesetze machen, nicht nur aus Männern, sondern aus Männern und Frauen besteht, und daß das Wohl der Letzteren Bedingung für das der Ersteren ist.

Ist nun wirklich das Glück des Volkes der Endzweck unserer Gesetze, so dürfen wir gewiß bald auf Erfüllung unserer Bitte um Erweiterung und Bestimmung unserer Gewerb-Freiheit rechnen; und es würde nur an uns sein, dieselben gehörigen Orts niederzulegen. – Vergönne man mir daher, einige der Forderungen, welche wir mit vollem Rechte machen können, hier anzuführen. – Wir können fordern:

1) Daß alle Arbeiten für Frauen auch, mit wenig Ausnahmen, den Frauen überlassen werden, z. B. Fertigung der Kleider, Corsets u. s. w.

2) Daß in allen Handlungen, wo vorzugsweise Artikel für Frauen geführt werden, auch nur Frauen die Verkäuferinnen seien, wie z. B. in Schnitt- und Mode-Waaren-, Leinen-, Seiden-, Garn- und Spitzen-Handlungen.

3) Daß den Frauen Gelegenheit gegeben werde, sich zu tüchtigen Lithographinnen, Kupferstecherinnen, Bildhauerinnen in Holz und Elfenbein u. s. w. zu bilden.

In Bezug auf 1) und 2) des Vorstehenden weise ich nur auf das Beispiel Frankreichs hin, in welchem Lande den Frauen die obengenannten Arbeiten und Beschäftigungen fast ganz überlassen sind.

Den Männern, welche jetzt die von mir für die Frauen beanspruchten Erwerbszweige betreiben, bieten sich ja tausend Gelegenheiten, sich auf andere Art eine Existenz zu gründen, und ich bin fest überzeugt, sie würden uns bereitwillig ihre Plätze einräumen, könnten sie sich nur erst überzeugen, wie wenig passend ihre Beschäftigungen mit Nadel, Scheere und Elle für sie, »die Herren der Schöpfung« sind.

In Bezug auf Nr. 3 sind uns ebenfalls längst die Frauen Frankreichs und Englands vorausgeeilt, denn in beiden Ländern sieht man sie schon in lithographischen Anstalten arbeiten, und manchen wirklich guten Kupferstich empfingen wir schon aus ihren Händen. – Hier würde es auch sein, wo »die Damen von Stande« arbeiten könnten, ohne jene, schon erwähnte, verderbliche Concurrenz auszuüben. – Ihre gewiß schon längst erlangte Fertigkeit im Zeichnen und Malen wird ihnen die Erlernung und Ausführung der vorgenannten Erwerbszweige sehr erleichtern. –Fest bin ich überzeugt, daß wir auf Unterstützung vieler achtbarer Männer bei Ausführung meiner Vorschläge rechnen dürfen, sobald wir nur erst den festen Vorsatz dazu gefaßt haben.

Keinen Augenblick dürfen wir uns verhehlen, daß wir den härtesten aller Kämpfe, den Kampf mit den Vorurtheilen zu bestehen haben würden; lassen wir uns aber durch das Geschrei der am »alt hergebrachten« festhängenden Menge über Emancipation nicht irre machen, verlieren wir den Muth nicht, wenn man uns lächerlich zu machen sucht, sondern legen kräftig Hand an, um die veralteten Schranken niederzureißen, so wird man bald einsehen, daß wir nichts, durchaus nichts wollen, als der steigenden Armuth und der daraus hervorgehenden Demoralisation unseres Geschlechts auf vernünftigem Wege entgegen arbeiten, und sich unserem Streben dann um so freudiger anschließen.

Nachdem ich noch einmal das Vorstehende überblicke, drängen sich mir Zweifel auf, ob ich wohl nicht besser gethan hätte, die Besprechung eines so wichtigen Thema's einer gewandteren Feder zu überlassen; doch tröstet mich wieder der Gedanke, daß es ja jeder Andern unbenommen bleibt, auch ihre Ansichten auszusprechen und ihre Vorschläge zu machen, und daß eben der gegenseitige Austausch der Meinungen das beste Mittel ist, etwas wirklich Gutes zu schaffen. Sollte daher das Gegenwärtige auch nur eine Anregung sein, so würde ich dadurch schon zufrieden gestellt werden.

Viele werden mir entgegenhalten, daß es in diesen unruhigen Tagen nicht an der Zeit sei, solche Neuerungen und Reformen zu beginnen, doch ich halte die Jetztzeit gerade für die passendste, weil erstens die Noth der Arbeiterinnen jetzt einen so hohen Grad erreicht hat, daß Zögerung Sünde wäre, und weil, wenn wir erst die alte Ordnung der Dinge wiederkehren lassen, ohne für uns etwas gethan zu haben, wir dann auch schwerlich etwas erlangen werden, denn Jeder denkt jetzt nur an sich, und »wer sich selbst vergißt, wird vergessen.«

Georgine.

b) Brief einer Arbeiterin. Vom 1. Juli 1849[*]

[...]

Aus einer großen Stadt.
Aus einer völligen Lethargie, in die der Druck unglückseliger Verhältnisse mich, wie so viele unseres Geschlechts gestürzt hat, hebe ich vertrauensvoll mein von unzähligen Thränen mattgeweintes Auge empor. – Schon hatte ich mich gänzlich resignirt, denn ich hoffte nicht mehr noch ein Wesen zu finden, das für die Beseitigungen der Unterdrückungen unseres Geschlechts in die Schranken treten und auf diesem Gebiet zu wirken versuchen würde. – Den Tag, wo ich so glücklich war, die Frauen-Zeitung

---

[*] In der Nummer 12 der *Frauen-Zeitung* erschien als Antwort auf den vorstehenden Beitrag von ›Georgine‹ der Brief einer Arbeiterin.

zuerst zu lesen, werde ich ewig als den Tag meiner geistigen Lebensrettung anerkennen! Der schöne Zweck, den sie uns bezeichnet, fühle ich erst jetzt, er war der Beruf meines ganzen Daseins. Darum mußte dieses Herz so unzählige Wunden aufnehmen, darum alle Tiefen des Jammers ermessen, daß es auf jenem Punkte, wo das Herz brach, auch nun feststehen *will* und Wacht halten, daß künftig kein Herz mehr bricht wie dieses! – Ich wage nicht viel von mir selbst zu künden, denn ich habe mich stets bestrebt, das eigene Weh zu übersehen – besonnt mich doch jetzt das selige Vorgefühl, daß einst ein Tag erscheinen wird, wo die Unterdrückungen unsres oder besser des ganzen Menschengeschlechts gehoben sind! –

Ich bin ein Stiefkind der Natur, mir fehlt die Gelegenheit der Ausbildung. Mein Vater schloß das wache Auge kurz nach meiner Geburt, meine Mutter hatte neun Waisen zu erziehen – bald ruhte auch sie in Frieden, und ich bin eine Waise als Kind, als Gattin, als Mutter. Darum aber eben gehört mein verwaistes Herz der ganzen Menschheit. – Ich habe etwas mehr gelernt als das Strumpfstricken; ich habe aber jetzt Nichts zu thun. Ich sitze von früh bis spät und erstricke mir mit großer Anstrengung *den Tag 1 Neugroschen 5 Pfennige* – denn ich bin krank und muß oft ermattet ausruhen, brauche auch zuweilen Zeit, mich auszuweinen. – Kommt, was sehr selten ist, eine vornehme Dame zu mir, so denke ich: jetzt naht ein helfender Engel, jetzt kannst du etwas mehr verdienen! – Die Dame verlangt, ich soll aus ihrem unklaren Geschwätz ein Gedicht machen – sie bleibt gleich bei mir sitzen und *wartet darauf*, denn sie muß es bald haben. Ich bin bereit – sie empfängt es, liest es, wird entzückt und ruft: »Mein Gott, sind Sie glücklich, ein solches Talent zu besitzen!« und legt mir 5 Neugr. huldreich hin. Sie hat sich nämlich während der Zeit daß ich schrieb, in dem armseligen Stübchen umgesehen – und das Brod ist ja jetzt billig! – Sie hat auch wieder Recht, so viel Brod brauche ich freilich in vier Wochen nicht, denn mein abgematteter Körper kann fast gar keins vertragen. Ich bin keine Erzgebirgerin – ich bin in dieser Stadt geboren, und nicht wahr, Sie wissen es auch, daß dieselbe im Ruf großer Wohlthätigkeit steht? – Ich selber kenne nur den *Ruf* davon. –

Ich will es nur frei gestehen: es würde mir eine große Freude sein: dürfte ich durch das Beleuchten meiner Erlebnisse etwas zur Erreichung des erhabenen Zwecks der Frauen-Zeitung beitragen.

Eine Arbeiterin.

c) Louise Otto, Die Unzulänglichkeit der gegenwärtigen weiblichen Erwerbszweige*

II.

Die Unzulänglichkeit der gegenwärtigen weiblichen Erwerbszweige.

Unter den Proletariern muß Jeder arbeiten, der nicht verhungern will. Es heißt zwar immer und überall: der Mann ist der Ernährer der Familie, der Erwerber, die Frau hat nur zu erhalten; – aber wo, wie in den untersten Ständen, der Mann oft kaum genug verdienen kann das eigne Leben zu fristen, da muß die Frau auch für das ihrige selbst sorgen und die Kinder, Knaben und Mädchen, auch wieder wenn sie groß genug sind um etwas verdienen zu können. Die Frauen, welche für den Tagelohn die gröbsten Arbeiten verrichten, bekommen einen geringeren Tagelohn als die Männer, welche ebenfalls auf Tagelohn arbeiten. Man erklärt dies für angemessen, weil in vielen Fällen die naturgemäß geringeren Kräfte der Frauen auch nur zu geringeren Leistungen ausreichen und da der männliche Körper ein größeres Quantum von Nahrungsmitteln erfordern mag als der weibliche. Aber man kann gerade nicht behaupten, daß: Holzspalten, Wassertragen und Scheuern, Waschen und Kehren, ja das schon in ein höheres Fach gehörende Plätten, leichte Arbeiten wären, sie sind bekanntlich sämmtlich sehr anstrengend – aber die Redensart vom »zarten Geschlecht« wendet man solchen Frauen gegenüber nicht an – man besinnt sich nur noch darauf, wenn man die Frauen von irgend einem Handwerk zurückschrecken oder die Unmöglichkeit darthun will, daß sie etwas, was Kraft und Ausdauer erfordert, üben könnten. Aber diese Frauen, welche die schwersten Arbeiten verrichten, sind noch lange nicht die beklagenswerthesten. Gegenwärtig sind sogar ihre Löhne ziemlich gestiegen, in den meisten Fällen bekommen sie gut zu essen und ihre Arbeiten sind zwar anstrengend, aber, wenn sie nicht ein gewisses Maß überschreiten, nicht gerade ungesund; das Tagelohn reicht in der Regel für den nothdürftigsten Lebensunterhalt aus. Diejenigen aber, welche nicht gelernt haben sich diesen gröbsten Arbeiten zu unterziehen oder deren Kräfte dazu nicht ausreichen, oder die durch ihre Kinder oder hilfsbedürftigen Eltern an's Haus gefesselt sind, sich auch nicht vermiethen können, müssen solche Arbeiten verrichten, die als speciell weibliche überall verzeichnet werden: Stricken, Nähen, Sticken. – Welche Concurrenz hierin, welches Angebot der Arbeitskräfte in Bezug auf ihren Verbrauch und dafür welch' geringer Lohn!

Eine Strickerin bekommt für ein Paar Strümpfe zu stricken in der Regel 5 Neugroschen oder 17 Kreuzer Rheinisch – zwei bis drei Tage muß sie

---

* In: *Das Recht der Frauen auf Erwerb.* Hamburg 1866. S. 19 f. (Mit nur geringfügigen Veränderungen gleichlautend mit zwei Beiträgen von L. Otto in der *Frauen-Zeitung*, 1849, Nr. 20 und Nr. 21, unter dem Titel *Für die Arbeiterinnen.*)

darüber stricken, wenn sie nicht nebenbei etwas Anderes thut. Da es die leichteste Arbeit ist, fällt sie meist den Kindern und alten Frauen zu, welche zu anderen Arbeiten unfähig sind. Aber welche Concurrenz! Wer anhaltend strickt, kann etwa 15-18 Pfennige oder 8 Kreuzer Rheinisch verdienen – aber wer hat so viele Kunden? Da das Stricken eine leichte Nebenbeschäftigung ist, die bei jeder Art der Unterhaltung, ja selbst beim Lesen und Spazierengehen vorgenommen werden kann, so giebt es Hunderte, die nur stricken, um nicht müßig zu gehen, und dann auch ihre Arbeit verkaufen. Es ist auch Denen, welche es nicht zur höchsten Noth brauchen, nicht zu verargen, wenn sie sich einen kleinen Verdienst verschaffen wollen; aber dadurch, daß Viele dessen nicht bedürftig sind und die Bezahlung mehr als Nebensache betrachten, lassen sich diese auch die Arbeit schlechter bezahlen und so drücken die vermögenderen Frauen eigentlich unbewußt und aus lauter Gutmüthigkeit den Verdienst der armen Leute herab, da diejenigen, welche davon leben müssen, nun auch so billig arbeiten sollen wie die, welche es nur zu ihrer Unterhaltung thun. Die armen Strickerinnen schätzen sich daher oft glücklich, wenn sie für die »Strumpfstricker«, die damit handeln, stricken können, sie dürfen da doch immer auf Arbeit und den Absatz derselben rechnen, wenn sie gleich dieselbe noch *schlechter* bezahlt bekommen.

Derselbe Grund ist es, welcher die Stickerinnen antreibt für die Fabriken zu arbeiten. Sie werden auch schlechter bezahlt, aber sie haben wenigstens keine Auslagen, da sie das Material, Stoffe wie Zeichnungen geliefert bekommen und, außer wenn eine Handelskrisis eintritt, doch sichere Beschäftigung haben. – Eine solche Stickerin – und gewiß kennt Jedermann die kunstreichen Arbeiten des modischen Weißzeugs – verdient den Tag etwa 2-3 Neugroschen, wenn sie von früh bis zum späten Abend arbeitet. Man glaube nicht, in den großen Städten und für Private würden diese Dinge viel besser bezahlt – ich habe gestickte Namenszüge in Taschentüchern gesehen, welche mit 8-10 Neugroschen oder ½ Gulden rheinisch (das Garn nimmt die Stickerin noch dazu) bezahlt wurden. Es war nicht möglich ein solches Tuch unter zwei Tagen anhaltender Arbeit zu vollenden. Ist nun die Stickerin im Zeichnen nicht geübt, so muß sie für das Zeichnen erst noch ein Viertel ihres Verdienstes abgeben. Auch die Arbeiterinnen der großen Städte schätzen sich glücklich, wenn sie für eine Handlung arbeiten können – sie haben dann doch immer zu thun – aber wenn sie von früh 6 bis Abends 9 Uhr mit der geringen Unterbrechung der Mittagszeit arbeiten, können sie etwa 5-10 Neugroschen verdienen, *mehr gewiß nicht.* Vielleicht nur um die Weihnachtszeit, wo die Arbeit drängt und viele dieser Arbeiterinnen ganze Nächte durchwachen, gewiß aber nie *vor Mitternacht* die Arbeit wegzulegen wagen. Und welche augenanstrengende Arbeit – die noch dazu zur Hälfte unter Licht gethan werden muß – und die, wenn die Arbeiterin *allein* wohnt, kaum ausreicht Kleidung und Nahrung, Holz und Licht zu verdienen. Es geht eben nur, wenn das Letztere von einer Familie bestritten wird. Dies sind die am besten gestellten Arbeiterinnen.

Aber eine gute Nähmaschine kostet noch immer 70-80 Thaler und es ist wohl auch bei der Construction derselben nicht anzunehmen, daß der Preis derselben sehr falle und so sind Tausende der armen Näherinnen in der Lage, in welcher die Handspinner den Maschinenspinnern gegenüber einst waren, ja zum Theil noch sind: in der Maschine, die der Menschengeist zur Erlösung der Menschen von geisttödtender Arbeit erfand, erblicken sie ihre Feindin. Die Nähmaschine wird als Feindin der armen Näherinnen betrachtet, sie macht ihnen Concurrenz, denn sie sollen nun auch so billig und so accurat arbeiten, wie es die Maschine thut, und der dann und wann noch gerühmte Vorzug der größern Halt\u0300barkeit der Handarbeit vor der Maschinenarbeit wird nicht sehr gewichtig in die Wagschaale fallen – es ist auch hier derselbe Gang der Dinge zu erwarten, wie bei der Spinnerei: das Vorurtheil wird allmälig überwunden, die Maschinen werden noch verbessert und endlich wird es nur wie eine Sage betrachtet werden, daß man sich allein mit seinen Fingern ohne andere Beihilfe abmühte, ein Kleidungsstück zu fertigen. Und selbst wenn das neue Fabrikat weniger lange hält als das alte: – was thut es? es kostet dafür auch weniger und die daraus gezogenen Consequenzen sind einmal die herrschenden in unsrer industriellen Zeit. Es heißt eben darum mit ihr fortschreiten – was ist es denn für ein Unglück, wenn so und so viel tausend Mädchen durch die Nähmaschinen von ihrem alten Nähtisch vertrieben werden, an dem sie engbrüstig und hektisch werden und Zeit haben zu nichtigen Träumereien oder zum Jammern über ihr Schicksal? Die Hauptsache ist nur eben, daß man, wo ein Arbeitszweig aufhört lohnend zu sein, sich nach einem andern umsieht.*

Und wenn ich das Loos der Näherinnen und ihr Festhalten an einem Erwerbszweig beklage, der eben Niemanden mehr ernährt – was soll ich da z. B. von den Klöpplerinnen im sächsischen Erzgebirge sagen? Hier zählt der Verdienst eines Tages oft nur nach Pfennigen! Ich fand einst eine Klöpplerin an einer äußerst mühevollen schwarzseidnen Spitze arbeiten; sie sagte mir, daß es ihre Augen kaum aushielten, die dünnen dunkeln Seidenfädchen um die blitzenden Nädelchen zu schlingen – Abends sei sie gar nicht im Stande daran zu arbeiten, aber sie schätze sich doch glücklich diese Arbeit zu haben, da die schwarzen Spitzen besser bezahlt würden, denn sie könne den Tag eine halbe Elle arbeiten und so 1½ Neugroschen verdienen, ohne die Abendstunden, wo sie zu einer gröbern Arbeit greife! Der Arbeitgeber gab ihr also 3 Neugroschen für die Elle, die Seide dazu kostete ungefähr eben so viel – und im Handel giebt man für die Elle solcher Spitzen 20 Neugroschen – nun mache man selbst die weitere Anwendung davon! [1849 stand da noch folgender Satz: »Die Feder

* Dieser Absatz über die Nähmaschine fehlt in L. Ottos Artikel in der *Frauen-Zeitung* von 1849.

zittert in meiner Hand, wenn ich an das ganze scheußliche System des Handels, der Fabrication und seiner Opfer denke!«] Hättet Ihr diese Mädchen und Frauen des oberen Erzgebirges gesehen! Die Kinder, welche in den dumpfen Stuben aufwachsen, sehen gespenstisch aus, bleich, mit abgemagerten Armen und Beinen und aufgetriebenen Leibern – von der einzigen Nahrung, welche sie haben: der Kartoffel. Der Vater hat sich im Blaufarbenwerk einen frühen Tod geholt oder er zieht mit Rußbutten oder Holzwaaren durch das Land, Weib und Kinder müssen daheim arbeiten, er kann nicht auch für sie mit sorgen! Die kleinen Mädchen müssen klöppeln, sobald sie die Händchen regelrecht regen können – da verkümmern sie am Klöppelkissen, an dem die Mutter schon verkümmerte, daß sie nur *schwächlichen* Kindern das Leben geben konnte, am Klöppelkissen, an dem die Großmutter erblindete! Denn das unverwandte Sehen auf die feinen Fädchen, Nadeln und Klöppelchen raubt den Augen früh die Sehkraft und die spielende Bewegung der kleinen Klöppel – oft gegen 50-100 – mit den Fingern macht diese fein und zart, die Arme schwach und mager, und untauglich zu jeder andern Beschäftigung. Und da kommen die klugen Leute und sagen: die Frauen können etwas Anderes thun als klöppeln, es sei Wahnsinn, daß sie darauf bestünden. Nein, sie können es nicht, wenn sie einmal von Kindheit auf nichts Andres gethan haben, denn sie haben sich niemals kräftigen können und sind ganz und gar unfähig eine schwerere Arbeit zu verrichten, – wenn man sie ihnen auch verschaffen könnte.

Ich habe schon die Preise angegeben, welche für einige weibliche Arbeiten bezahlt werden. Ja, wenn sie nur wirklich immer bezahlt würden! – aber auch die armen Näherinnen müssen Credit geben und werden oft spät, zuweilen auch gar nicht bezahlt. Viele der wirklich Reichen haben keinen Begriff davon, was Arbeit ist und daß ein armes junges Mädchen, das nicht gerade zum Betteln gezwungen ist oder wie eine Bettlerin aussieht, ein paar Thaler sehr nothwendig brauchen kann. Die feinen Damen wissen auch oft nicht wie lange an einem Stück genäht werden muß und statt es nach sich selbst zu beurtheilen, was sie doch könnten, sagen sie: Ja, *wir* arbeiten natürlich lange an so etwas, weil wir nicht darüber bleiben, aber bei denen, die den ganzen Tag nähen, fliegt die Arbeit nur so hin – es ist unglaublich, wie viel sie in einem Tag fertig bringen. Denn das ist auch herkömmlich, daß der Reiche nie von sich auf den Armen schließt, sondern daß er diesen geradezu als ein anderes Wesen, eine andere menschliche Gattung betrachtet, als sich. So kennen sie auch nicht die Sorgen und Bedürfnisse der verschämten Armen – ein paar Thaler oder Gulden sind für den Reichen so wenig und darum wird eine solche Kleinigkeit oft wirklich *vergessen*. In diesem *Vergessen* aber liegt selbst der ganze Egoismus, die ganze Unnatur, die ganze Unchristlichkeit bei aller Frömmelei, Unmenschlichkeit bei allen öffentlichen Humanitätsbestrebungen der heutigen Gesellschaft!

Nr. 6

Gesinderecht

a) Gesinde-Ordnung vom 8. November 1810, für sämmtliche Provinzen der Monarchie (Ges.-Samml. 1810/1811. S. 101.)*

Wir Friedrich Wilhelm, von Gottes Gnaden König von Preußen etc. Thun kund und fügen hiermit zu wissen:

Die Gesinde-Ordnungen, welche bisher in den einzelnen Provinzen, Districten, Städten und Ortschaften Unserer Staaten als Provinzial- und örtliche Gesetze bestanden, sind theils allmählich außer Übung gekommen, theils mit dem Geiste der Gesetzgebung nicht mehr vereinbar. Da nun hierdurch eine unstatthafte Ungewißheit der Rechte und Pflichten in den so allgemein verbreiteten und so äußerst wichtigen Verhältnissen zwischen Herrschaft und Gesinde entstehet; so haben Wir die Anordnungen des Allgemeinen Landrechts Th. II. Tit. 5. § 1 bis 176. einschließlich, welche die rechtlichen Verfügungen in Beziehung auf das gemeine Gesinde enthalten, nochmals durchsehen und die Bestimmungen derselben, welche Provinzial- und örtliche Gesinde-Ordnungen voraussetzten, oder sonst Verbesserungen bedurften, abändern lassen und verordnen nunmehr, wie folgt:

1. Alle Gesinde-Ordnungen und gesetzlichen Vorschriften, die Verhältnisse des gemeinen Gesindes betreffend, welche bisher in den einzelnen Provinzen, Districten, Städten und Ortschaften Unserer Staaten bestanden haben, sind gänzlich und ohne alle Ausnahme hiermit aufgehoben, und können in keinem Fall auf Rechte und Pflichten angewendet werden, welche zwischen Herrschaften und Gesinde vom Tage der Kundmachung dieser Verordnung ab, entstehen.

2. An die Stelle derselben tritt als alleinige und allgemeine Gesinde-Ordnung für Unsere sämmtlichen Staaten die beiliegende neue Redaction des § 1 bis 176. Th. II. Tit. 5 des Allgemeinen Landrechts.

3. Die in dieselbe aufgenommenen Abänderungen derogiren den abweichenden Stellen des Allgemeinen Landrechts dergestalt, daß dieselben für gänzlich aufgehoben geachtet und überall die Rechte und Pflichten der Herrschaften und des Gesindes nur nach dieser neuen Redaction beurtheilt werden sollen.

Wir befehlen Unsern Landes-, Polizei- und Justiz-Collegien, Polizei-Obrigkeiten und Gerichten, wie auch allen Unsern getreuen Unterthanen sich hiernach gebührend zu achten.

Berlin, den 8. November 1810.   *Friedrich Wilhelm.*

---

* Zit. n.: Schering, *Nachtrag zum Allgemeinen Landrecht f. d. Preuß. Staaten,* I. Nr. 109.

Von den Rechten und Pflichten der Herrschaften und des Gesindes.

1) Vom gemeinen Gesinde.

§ 1. Das Verhältniß zwischen Herrschaft und Gesinde gründet sich auf einem Vertrage, wodurch der eine Theil zur Leistung gewisser häuslicher oder wirthschaftlicher Dienste auf eine bestimmte Zeit, so wie der andere zu einer dafür zu gebenden bestimmten Belohnung sich verpflichtet.

Wer Gesinde miethen kann.

§ 2. In der ehelichen Gesellschaft kommt es dem Manne zu, das nöthige Gesinde zum Gebrauch der Familie zu miethen.

§ 3. Weibliche Dienstboten kann die Frau annehmen, ohne daß es dazu der ausdrücklichen Einwilligung des Mannes bedarf.

§ 4. Doch kann der Mann, wenn ihm das angenommene Gesinde nicht anständig ist, dessen Wegschaffung nach verfloßner gesetzmäßiger Dienstzeit, ohne Rücksicht auf die Vertragsmäßig bestimmte, nach vorgängiger Aufkündigung verfügen.

Wer als Gesinde sich vermiethen kann.

§ 5. Wer sich als Gesinde vermiethen will, muß über seine Person frei zu schalten berechtiget seyn.

§ 6. Kinder, die unter väterlicher Gewalt stehen, dürfen ohne Einwilligung des Vaters, und Minderjährige ohne Genehmigung ihres Vormundes sich nicht vermiethen.

§ 7. Verheirathete Frauen dürfen nur mit Einwilligung ihrer Männer als Ammen oder sonst in Dienste gehen.

§ 8. Nur wenn die Einwilligung in den Fällen des § 6 und 7 auf eine gewisse Zeit, oder zu einer bestimmten Dienst-Herrschaft, ausdrücklich eingeschränkt worden, ist die Erneuerung derselben zur Verlängerung der Zeit, oder bei einer Veränderung der Herrschaft erforderlich.

§ 9. Dienstboten, welche schon vermiethet gewesen, müssen bei dem Antritte eines neuen Dienstes die rechtmäßige Verlassung der vorigen Herrschaft nachweisen.

§ 10. Leute, die bisher noch nicht gedient zu haben angeben, müssen durch ein Zeugniß ihrer Obrigkeit darthun, daß bei ihrer Annehmung als Gesinde kein Bedenken obwalte.

§ 11. Hat Jemand mit Verabsäumung der Vorschriften § 9. 10. ein Gesinde angenommen: so muß, wenn ein anderer, dem ein Recht über die Person oder auf die Dienste des Angenommenen zusteht, sich meldet, der Mieths-Contract als ungültig so fort wieder aufgehoben werden.

§ 12. Außerdem hat der Annehmende durch Übertretung dieser Vorschriften eine Geldbuße von Einem bis Zehn Thaler an die Armen-Casse des Orts verwirkt.

Gesinde-Mäkler.

§ 13. Niemand darf mit Gesindemäkeln sich abgeben, der nicht dazu von der Obrigkeit des Orts bestellt und verpflichtet worden ist.

§ 14. Dergleichen Gesindemäkler müssen sich nach den Personen, die durch ihre Vermittelung in Dienste kommen wollen, sorgfältig erkundigen.

§ 15. Insonderheit müssen sie nachforschen, ob dieselben nach den gesetzlichen Vorschriften sich zu vermiethen berechtiget sind.

§ 16. Gesinde, welches schon in Diensten steht, müssen sie unter keinerlei Vorwande zu deren Verlassung und Annehmung anderer Dienste anreizen.

§ 17. Thun sie dieses, so müssen sie dafür das erstemal mit Fünf bis Zehn Thalern Geld- oder verhältnißmäßiger Gefängnißstrafe angesehen, im Wiederholungs-Falle aber noch außerdem von fernerer Treibung des Mäklergewerbes ausgeschlossen werden.

§ 18. Sie müssen den Herrschaften, die durch ihre Vermittelung Gesinde annehmen wollen, die Eigenschaften der vorgeschlagenen Person getreulich und nach ihrem besten Wissen anzeigen.

§ 19. Wenn sie untaugliches oder untreues Gesinde, wider besseres Wissen, als brauchbar oder zuverlässig empfehlen: so müssen sie für den durch dergleichen Gesinde verursachten Schaden selbst haften.

§ 20. Außerdem verwürken sie dadurch, es mag Schaden geschehen seyn oder nicht, für das erstemal Fünf bis Zehn Thaler Geld- oder verhältnißmäßige Gefängnißstrafe, und werden im Wiederholungs-Falle, von dem fernern Betriebe des Mäklergewerbes ausgeschlossen. Diese Ausschließung findet selbst bei dem erstenmale Statt, wenn sie den Schaden zu ersetzen unvermögend sind.

§ 21. Polizeiobrigkeiten, welche Gesindemäkler concessioniren, liegt zugleich ob, das Mäklerlohn nach den örtlichen Verhältnissen zu bestimmen und bekannt zu machen.

Schließung des Mieths-Vertrags.

§ 22. Zur Annehmung des gemeinen Gesindes bedarf es keines schriftlichen Vertrages.

§ 23. Die Gebung und Annehmung des Mieths-Geldes vertritt die Stelle desselben.

§ 24. Der Betrag des Miethsgeldes hängt von freier Übereinkunft zwischen der Herrschaft und dem Gesinde ab.

§ 25. Das Miethsgeld wird der Regel nach auf den Lohn abgerechnet, insofern ein anderes bei der Vermiethung nicht ausdrücklich ausbedungen wird.

§ 26. Auch da, wo die Herrschaft sich der Abrechnung des Miethsgeldes durch ausdrückliche Verabredung begeben hat, ist sie dennoch dazu berechtigt, wenn das Gesinde aus eigener Schuld die verabredete Dienstzeit nicht aushält.

§ 27. Hat sich ein Dienstbote bei mehrern Herrschaften zugleich vermiethet, so gebührt derjenigen, von welcher er das Miethsgeld zuerst
angenommen hat, der Vorzug.

§ 28. Die Herrschaft, welche nachstehen muß oder sich ihres An-
spruchs freiwillig begiebt, kann das Miethsgeld und Mäklerlohn von den
Dienstboten zurückfordern.

§ 29. Auch muß ihr, wenn sie die frühere Vermiethung nicht gewußt
hat, der Dienstbote den Schaden ersetzen, welcher daraus entsteht, daß sie
ein anderes Gesinde für höhern Lohn miethen muß.

§ 30. Die Herrschaft, bei welcher der Dienstbote bleibt, muß auf
Verlangen diesen Betrag (§ 28. 29.) von seinem Lohne abziehen und der
andern Herrschaft zustellen.

§ 31. Außerdem muß der Dienstbote, der sich solchergestalt an mehrere Herrschaften zugleich vermiethet hat, den einfachen Betrag des von der
zweiten und folgenden erhaltenen Miethsgeldes, als Strafe zur Armenkasse des Orts entrichten.

Lohn und Kost des Gesindes.

§ 32. Der Lohn, Kostgeld oder die Beköstigung des städtischen und
ländlichen Gesindes ohne Ausnahme hängt blos von freier Übereinkunft
bei der Vermiethung ab.

§ 33. In sofern bei der Vermiethung nichts Bestimmtes hierüber abge-
macht ist, muß dasjenige an Lohn, Kostgeld oder Beköstigung gewährt
werden, was einem Gesinde derselben Klasse an dem Orte zur Zeit der
Vermiethung der Regel nach gegeben wurde; was in dieser Rücksicht
Regel sey, bestimmt die Polizei-Obrigkeit des Orts.

§ 34. Weihnachts-, Neujahrs- und andere dergleichen Geschenke kann
das Gesinde auch auf den Grund eines Versprechens niemals gerichtlich
einklagen.

§ 35. Alle provinziellen oder örtlichen auf Gesetzen oder Herkommen
beruhenden Bestimmungen wegen solcher Geschenke sind vom 2ten
Januar 1811 ab aufgehoben, und von diesem Zeitpunkte an, durchaus
nicht mehr verbindlich.

§ 36. In allen Fällen, wo Weihnachts- oder Neujahrs-Geschenke während eines Dienstjahres schon wirklich gegeben worden, kann die Herrschaft dieselben auf den Lohn anrechnen, wenn der Dienstvertrag im
Laufe des Jahres durch Schuld des Gesindes wieder aufgehoben wird.

§ 37. Bei männlichen Bedienten ist die Livree ein Theil des Lohns; und
fällt nach Ablauf der durch Vertrag bestimmten Zeit, denselben eigenthümlich zu. In Ermangelung einer solchen Bestimmung entscheidet die
Polizei-Obrigkeit wie § 33. über die Zeit, binnen welcher die Livree
verdient ist.

§ 38. Wird außer derselben noch besondere Staats-Livree gegeben, so hat auf diese der Bediente keinen Anspruch.

§ 39. Mäntel, Kutscher-Pelze und dergleichen, gehören nicht zur gewöhnlichen Livree.

Dauer der Dienstzeit.

§ 40. Die Dauer der Dienstzeit hängt von freier gegenseitiger Übereinkunft bei der Vermiethung ab, doch kann Niemand sich zu einer Dienstzeit verpflichten, die nicht entweder durch eine gewisse Anzahl von Jahren, oder Monaten, Wochen, Tagen ausgedrückt, oder doch so bestimmt ist, daß jedem Theile frei steht, nach vorgängiger Kündigung von dem Vertrage abzugehn. Wo dies dennoch geschehen seyn sollte, muß der Dienende nach vorgängiger einjähriger Aufkündigung jederzeit entlassen werden. Dienst-Contracte, welche Eltern oder Vormünder für ihre Kinder oder Pflegbefohlnen abschließen, können von denselben nach erlangter Volljährigkeit unbedingt nach § 112. aufgekündigt werden.

§ 41. Ist nichts Besonderes verabredet worden, so wird die Miethe bei Städtischem Gesinde auf ein Viertel-Jahr, bei Land-Gesinde aber auf ein ganzes Jahr für geschlossen angenommen.

Antritt des Dienstes.

§ 42. Die Antrittszeit ist in Ansehung des städtischen Gesindes der 2te Januar, April, Julius und October jedes Jahres; insofern nicht ein anders bei der Vermiethung ausdrücklich ausbedungen worden ist. Fällt jedoch die Antrittszeit hiernach auf einen Sonn- oder Festtag: so zieht das Gesinde den nächsten Werkeltag vorher an.

§ 43. Bei dem Landgesinde beruht die Antrittszeit desselben zunächst auf ausdrücklicher Übereinkunft bei der Vermiethung; wo diese nicht statt findet, vorläufig auf der in der Gegend üblichen Gewohnheit. Wo diese vor jetzt nicht bestimmt entscheidet, und nach Verlauf von fünf Jahren allgemein, ist der 2te April mit den im vorigen Paragraph angenommenen Bestimmungen wegen der Sonn- und Festtage die gesetzliche Anziehzeit.

§ 44. Die gesetzlichen oder nach § 43. auf landüblichen Gewohnheiten beruhenden Antrittstage für das neue Gesinde sind zugleich die Abzugstage für das alte. Kein Gesinde darf den Dienst wider Willen der Herrschaft früher verlassen, es sey denn, daß seine Dienstzeit nach ausdrücklicher gegenseitiger Übereinkunft früher beendigt wäre.

§ 45. Nach einmal gegebenem und genommenem Miethsgelde ist die Herrschaft schuldig, das Gesinde anzunehmen und letzteres den Dienst zur bestimmten Zeit anzutreten.

§ 46. Weder der eine noch der andere Theil kann sich davon durch Überlassung oder Zurückgabe des Miethsgeldes losmachen.

§ 47. Weigert sich die Herrschaft, das Gesinde anzunehmen; so verliehrt sie das Miethsgeld, und muß das Gesinde eben so schadlos halten wie auf den Fall, wenn das Gesinde unter der Zeit ohne rechtlichen Grund entlassen worden, unten verordnet wird. (§ 160. sequ.)

§ 48. Doch kann die Herrschaft von dem Vertrage vor Antritt des Dienstes aus eben den Gründen abgehen, aus welchen sie berechtigt seyn würde, das Gesinde vor Ablauf der Dienstzeit wieder zu entlassen. (§ 117.sequ.)

§ 49. Auch ist die dazu berechtigt, wenn das Gesinde zuerst den Dienst anzutreten sich geweigert hat.

§ 50. In beiderlei Fällen kann die Herrschaft das gegebene Miethsgeld zurückfordern.

§ 51. Weigert sich das Gesinde, den Dienst anzutreten, so muß es dazu von der Obrigkeit durch Zwangsmittel angehalten werden. Bleiben diese fruchtlos und ist die Herrschaft deshalb genöthigt, einen andern Dienstboten zu miethen, so muß das Gesinde nicht allein den Schaden, welcher der Herrschaft hierdurch erwächst, ersetzen, und das Miethsgeld zurückgeben, sondern es verfällt noch überdies in eine Strafe die nach Maaßgabe der Verschuldung auf zwei bis zehn Thaler oder bei Unvermögenden auf verhältnißmäßiges Gefängniß festzusetzen ist.

§ 52. Kann jedoch das Gesinde nachweisen, daß die Herrschaft im letztverflossenen Dienstjahre sich solche Handlungen habe zu Schulden kommen lassen, wodurch es nach §§ 136. bis 140. zur Verlassung des Dienstes ohne Aufkündigung berechtigt werden würde; so kann dasselbe zum Antritt des Dienstes nicht gezwungen werden, sondern ist nur gehalten, das Miethsgeld zurück zu zahlen.

§ 53. Wird das Gesinde durch Zufall ohne seine Schuld, den Dienst anzutreten verhindert: so muß die Herrschaft mit Zurückgabe des Miethsgeldes sich begnügen.

§ 54. Erhält weibliches Gesinde vor dem Antritte der Dienstzeit Gelegenheit zu heirathen: so steht demselben frei eine andere taugliche Person zur Versehung des Dienstes an seiner Statt zu stellen.

§ 55. Ist es dazu nicht im Stande, so muß auch dergleichen Gesinde den Dienst in Städten auf ein Viertel- und bei Landwirthschaften auf ein halbes Jahr antreten.

Pflichten des Gesindes in seinen Diensten.

§ 56. Nur zu erlaubten Geschäften können Dienstboten gemiethet werden.

§ 57. Gemeines Gesinde, welches nicht ausschließend zu gewissen bestimmten Geschäften gemiehet worden, muß sich allen häuslichen Verrichtungen nach dem Willen der Herrschaft unterziehen.

§ 58. Allen zur herrschaftlichen Familie gehörenden oder darin in bestimmten Verhältnissen, oder blos gastweise aufgenommenen Personen ist es diese Dienste zu leisten schuldig.

§ 59. Dem Haupte der Familie kommt es zu, die Art und Ordnung zu bestimmen, in welcher die zur Familie Gehörigen, oder nach § 58. in ihr Aufgenommenen, diese Dienste gebrauchen sollen.

§ 60. Auch Gesinde, welches zu gewissen Arbeiten oder Diensten angenommen ist, muß dennoch auf Verlangen der Herrschaft andre häusliche Verrichtungen mit übernehmen, wenn das dazu bestimmte Neben-Gesinde durch Krankheit, oder sonst, auf eine Zeitlang daran verhindert wird.

§ 61. Wenn unter den Dienstboten Streit entsteht, welcher von ihnen diese oder jene Arbeit nach seiner Bestimmung zu verrichten schuldig sey; so entscheidet allein der Wille der Herrschaft.

§ 62. Das Gesinde ist ohne Erlaubniß der Herrschaft nicht berechtigt sich in den ihm aufgetragenen Geschäften von andern vertreten zu lassen.

§ 63. Hat das Gesinde der Herrschaft eine untaugliche, oder verdächtige Person zu seiner Vertretung wissentlich vorgeschlagen: so muß es für den durch selbige verursachten Schaden haften.

§ 64. Das Gesinde ist schuldig, seine Dienste treu, fleißig und aufmerksam zu verrichten.

§ 65. Fügt es der Herrschaft vorsätzlich, oder aus groben oder mäßigen Versehen Schaden zu: so muß es denselben ersetzen.

§ 66. Wegen geringen Versehens ist ein Dienstbote nur alsdann zum Schadensersatze verpflichtet, wenn er wider den ausdrücklichen Befehl der Herrschaft gehandelt hat.

§ 67. Desgleichen, wenn er sich zu solchen Arten der Geschäfte hat annehmen lassen, die einen vorzüglichen Grad von Aufmerksamkeit oder Geschicklichkeit voraussetzen.

§ 68. Wegen der Entschädigung, zu welcher ein Dienstbote verpflichtet ist, kann die Herrschaft an den Lohn desselben sich halten.

§ 69. Kann der Schade weder aus rückständigem Lohne, noch aus andern Habseligkeiten des Dienstboten ersetzt werden: so muß er denselben durch unentgeldliche Dienstleistung auf eine verhältnismäßige Zeit vergüten.

Außer seinen Diensten.

§ 70. Auch außer seinen Diensten ist das Gesinde schuldig, der Herrschaft Bestes zu befördern, Schaden und Nachtheil aber, so viel an ihm ist, abzuwenden.

§ 71. Bemerkte Untreue des Nebengesindes ist es der Herrschaft anzuzeigen verbunden.

§ 72. Verschweigt es dieselbe: so muß es für allen Schaden, welcher durch die Anzeige hätte verhütet werden können, bei dem Unvermögen des Hauptschuldners selbst haften.

§ 73. Allen häuslichen Einrichtungen und Anordnungen der Herrschaft muß das Gesinde sich unterwerfen.

§ 74. Ohne Vorwissen und Genehmigung der Herrschaft darf es sich auch in eigenen Angelegenheiten vom Hause nicht entfernen.

§ 75. Die dazu von der Herrschaft gegebene Erlaubniß darf nicht überschritten werden.

§ 76. Die Befehle der Herrschaft und ihre Verweise, muß das Gesinde mit Ehrerbietung und Bescheidenheit annehmen.

§ 77. Reizt das Gesinde die Herrschaft durch ungebührliches Betragen zum Zorn, und wird in selbigem von ihr mit Scheltworten, oder geringen Thätlichkeiten behandelt, so kann es dafür keine gerichtliche Genugthuung fordern.

§ 78. Auch solche Ausdrücke oder Handlungen, die zwischen andern Personen als Zeichen der Geringschätzung anerkannt sind, begründen gegen die Herrschaft noch nicht die Vermuthung, daß sie die Ehre des Gesindes dadurch habe kränken wollen.

§ 79. Außer dem Falle, wo das Leben oder die Gesundheit des Dienstboten durch Mißhandlungen der Herrschaft in gegenwärtige und unvermeidliche Gefahr geräth, darf es sich der Herrschaft nicht thätig widersetzen.

§ 80. Vergehungen des Gesindes gegen die Herrschaft müssen durch Gefängniß oder öffentliche Strafarbeit nach den Grundsätzen des Kriminal-Rechts geahndet werden.

§ 81. Auf die Zeit, durch welche das Gesinde wegen Erleidung solcher Strafen seine Dienste nicht verrichten kann, ist die Herrschaft befugt, dieselben durch Andre auf dessen Kosten besorgen zu lassen.

Pflichten der Herrschaft.

§ 82. Die Herrschaft ist schuldig, dem Gesinde Lohn und Kleidung zu den bestimmten Zeiten ungesäumt zu entrichten.

§ 83. Ist auch Kost versprochen worden, so muß selbige bis zur Sättigung gegeben werden. Offenbar der Gesundheit nachtheilige und ekelhafte Speisen kann das Gesinde anzunehmen, nicht gezwungen werden. In Fällen, wo über die Beköstigung Streit entsteht, entscheidet in Ermangelung bestimmter Verabredung die Polizei-Obrigkeit wie § 33., über die Menge und Beschaffenheit derselben.

§ 84. Die Herrschaft muß dem Gesinde die nöthige Zeit zur Abwartung des öffentlichen Gottesdienstes lassen, und dasselbe dazu fleißig anhalten.

§ 85. Sie muß ihm nicht mehrere noch schwerere Dienste zumuthen, als das Gesinde nach seiner Leibes-Beschaffenheit und Kräfte ohne Verlust seiner Gesundheit bestreiten kann.

§ 86. Zieht ein Dienstbote sich durch den Dienst oder bei Gelegenheit desselben eine Krankheit zu, so ist die Herrschaft schuldig, für seine Kur und Verpflegung zu sorgen.

§ 87. Dafür darf dem Gesinde an seinem Lohne nichts abgezogen werden.

§ 88. Außerdem ist die Herrschaft zur Vorsorge für kranke Dienstboten nur alsdann verpflichtet, wenn dieselben keine Verwandten in der Nähe haben, die sich ihrer anzunehmen vermögend und nach den Gesetzen schuldig sind.

§ 89. Weigern sich die Verwandten dieser Pflicht; so muß die Herrschaft dieselbe einstweilen, und bis zum Austrage der Sache, mit Vorbehalt ihres Rechts, übernehmen.

§ 90. Sind öffentliche Anstalten vorhanden, wo dergleichen Kranke aufgenommen werden: so muß das Gesinde es sich gefallen lassen, wenn die Herrschaft seine Unterbringung daselbst veranstaltet.

§ 91. In dem § 88. bestimmten Falle kann die Herrschaft die Kurkosten von dem auf diesen Zeitraum fallenden Lohne des kranken Dienstboten abziehen.

§ 92. Dauert eine solche Krankheit über die Dienstzeit hinaus: so hört mit dieser die äußere Verbindlichkeit der Herrschaft auf, für die Kur und Pflege des kranken Dienstboten zu sorgen.

§ 93. Doch muß sie davon der Obrigkeit des Orts in Zeiten Anzeige machen, damit diese für das Unterkommen eines dergleichen verlassenen Kranken sorgen könne.

§ 94. Unter den Umständen, wo ein Machtgeber einen dem Bevollmächtigten bei Ausrichtung der Geschäfte durch Zufall zugestoßenen Schaden vergüten muß, ist auch die Herrschaft schuldig, für das in ihrem Dienste oder bei Gelegenheit desselben zu Schaden gekommene Gesinde auch über die Dienstzeit hinaus zu sorgen (Th. I. Tit. 13. § 80–81).

§ 95. Diese Pflicht erstreckt sich jedoch nur auf die Kur-Kosten und auf den nothdürftigen Unterhalt des Gesindes, so lange bis dasselbe sich sein Brod selbst zu verdienen wieder in den Stand kommt.

§ 96. Ist aber der Dienstbote durch Mißhandlungen der Herrschaft ohne sein grobes Verschulden, an seiner Gesundheit beschädiget worden: so hat er von ihr vollständige Schadloshaltung nach den allgemeinen Vorschriften der Gesetze zu fordern.

§ 97. Auch für solche Beschimpfungen und üble Nachreden, wodurch dem Gesinde sein künftiges Fortkommen erschwert wird, gebührt demselben gerichtliche Genugthuung.

§ 98. In wiefern eine Herrschaft durch Handlungen des Gesindes in oder außer seinem Dienste, verantwortlich werde, ist gehörigen Orts bestimmt. (Th. I. Tit. 6. § 60. sequ.).

Aufhebung des Vertrages durch den Tod.

§ 99. Stirbt ein Dienstbote: so können seine Erben Lohn und Kostgeld nur so weit fordern, als selbiges nach Verhältniß der Zeit bis zum Krankenlager rückständig ist.

§ 100. Begräbnißkosten ist die Herrschaft für das Gesinde zu bezahlen in keinem Falle schuldig.

§ 101. Stirbt das Haupt der Familie; so sind die Erben nicht gehalten, das Gesinde länger, als bis zur nächsten gesetzlichen Ziehzeit § 32. 33. 34. zu behalten, wenn auch durch besonderen Vertrag eine längere Dienstzeit festgesetzt wäre.

§ 102. Erfolgt jedoch der Todestag nach der Kündigungsfrist: so muß Gesinde, welches bloß zu häuslichen Verrichtungen bestimmt ist, das baare Lohn, doch ohne Kost oder Kostgeld für das nächst folgende Vierteljahr noch überdies, statt Entschädigung für die verspätete Kündigung, erhalten; Gesinde aber, das zur Landwirthschaft gebraucht wird, noch für das nächst folgende Jahr beibehalten werden, falls keine andere freiwillige Abkunft getroffen werden kann.

§ 103. Sind Dienstboten zur besondern Bedienung einzelner Mitglieder der Familie angenommen, so können bei dem Absterben derselben die Bestimmungen des vorstehenden Paragraphs auch auf sie angewendet werden.

§ 104. Männliche Dienstboten behalten die ganze gewöhnliche Livree, wenn sie der verstorbenen Herrschaft schon ein halbes Jahr oder länger gedient haben.

§ 105. Sind sie noch nicht so lange in ihren Diensten gewesen, so müssen sie Rock, Weste und Huth zurücklassen.

§ 106. War der Bediente nur Monatweise gemiethet; so erhält er Lohn und Kostgeld, wenn die Herrschaft vor dem funfzehnten Monatstage stirbt, nur auf den laufenden, sonst aber auch auf den folgenden Monat.

§ 107. Entsteht Konkurs über das Vermögen der Herrschaft, so finden die Vorschriften § 101. bis 106. Anwendung.

§ 108. Der Tag des eröffneten Konkurses wird in dieser Beziehung dem Todestage gleich geachtet.

§ 109. Wegen des alsdann rückständigen Gesindelohns bleibt es bei den Vorschriften der Konkurs-Ordnung.

Nach vorhergegangener Aufkündigung.

§ 110. Außer diesen Fällen kann der Mieths-Vertrag während der Dienstzeit einseitig nicht aufgehoben werden.

§ 111. Welcher Theil denselben nach Ablauf der Dienstzeit nicht fortsetzen will, muß innerhalb der gehörigen Frist aufkündigen.

§ 112. Die Aufkündigungsfrist wird bei Städtischem Gesinde auf Sechs Wochen und bei Landgesinde auf Drei Monate vor dem Ablaufe der Dienstzeit angenommen, in sofern ein Andres bei der Vermiethung nicht ausdrücklich verabredet ist. Sollten indeß andere Kündigungsfristen bei dem ländlichen Gesinde bisher noch üblich gewesen seyn: so mag es dabei für die nächsten Fünf Jahre (§ 43.) noch sein Bewenden behalten.

§ 113. Bei Monatweise gemietheten Dienstboten findet die Aufkündigung noch am Funfzehnten eines jeden Monats statt.

§ 114. Ist keine Aufkündigung erfolgt: so wird der Vertrag, als stillschweigend verlängert, angesehen.

§ 115. Bei städtischem Gesinde wird die Verlängerung auf ein Viertel- und bei Landgesinde auf ein ganzes Jahr gerechnet.

§ 116. Bei Monatweise gemiethetem Gesinde, versteht sich die Verlängerung immer nur auf Einen Monat.

Ohne Aufkündigung von Seiten der Herrschaft.

§ 117. Ohne Aufkündigung kann die Herrschaft ein Gesinde sofort entlassen:

1) Wenn dasselbe die Herrschaft oder deren Familie durch Thätlichkeiten, Schimpf- und Schmähworte oder ehrenrührige Nachreden beleidigt, oder durch boshafte Verhetzungen, Zwistigkeiten in der Familie anzurichten sucht.

§ 118. 2) Wenn es sich beharrlichen Ungehorsam und Widerspenstigkeit gegen die Befehle der Herrschaft zu Schulden kommen läßt.

§ 119. 3) Wenn es sich den zur Aufsicht über das gemeine Gesinde bestellten Hausofficianten mit Thätlichkeiten- oder groben Schimpf- und Schmähreden, in ihrem Amte widersetzt.

§ 120. 4) Wenn es die Kinder der Herrschaft zum Bösen verleitet, oder verdächtigen Umgang mit ihnen pflegt.

§ 121. 5) Wenn es sich des Diebstahls oder der Veruntreuung gegen die Herrschaft schuldig macht.

§ 122. 6) Wenn es sein Nebengesinde zu dergleichen Lastern verleitet.

§ 123. 7) Wenn es auf der Herrschaft Namen ohne deren Vorwissen Geld oder Waaren auf Borg nimmt.

§ 124. 8) Wenn es die noch nicht verdiente Livree ganz oder zum Theil verkauft oder versetzt.

§ 125. 9) Wenn es wiederholentlich ohne Vorwissen und Erlaubniß der Herrschaft über Nacht aus dem Hause geblieben ist.

§ 126. 10) Wenn es mit Feuer und Licht gegen vorhergegangene Warnungen unvorsichtig umgeht.

§ 127. 11) Wenn auch ohne vorhergegangene Warnung aus dergleichen unvorsichtigem Betragen wirklich schon Feuer entstanden ist.

§ 128. 12) Wenn das Gesinde sich durch lüderliche Aufführung anstekkende oder ekelhafte Krankheiten zugezogen hat.

§ 129. 13) Wenn das Gesinde ohne Erlaubniß der Herrschaft seines Vergnügens wegen ausläuft, oder ohne Noth über die erlaubte, oder zu dem Geschäfte erforderliche Zeit ausbleibt, oder sonst den Dienst muthwillig vernachlässigt, und von allen diesen Fehlern auf wiederholte Verwarnung nicht absteht.

§ 130. 14) Wenn der Dienstbote dem Trunk oder Spiel ergeben ist, oder durch Zänkereien und Schlägereien mit seinem Nebengesinde den Hausfrieden stört, und von solchem Betragen auf geschehene Vermahnung nicht abläßt.

§ 131. 15) Wenn dem Dienstboten diejenige Geschicklichkeit gänzlich ermangelt, die er auf Befragen bei der Vermiethung zu besitzen ausdrücklich angegeben hat.

§ 132. 16) Wenn ein Dienstbote von der Obrigkeit auf längere Zeit, als acht Tage, gefänglich eingezogen wird.

§ 133. 17) Wenn ein Gesinde weiblichen Geschlechts schwanger wird, in welchem Falle jedoch der Obrigkeit Anzeige geschehen und die wirkliche Entlassung nicht eher, als bis von dieser die gesetzmäßigen Anstalten zur Verhütung alles Unglücks getroffen worden, erfolgen muß.

§ 134. 18) Wenn die Herrschaft von dem Gesinde bei der Annahme durch Vorzeigung falscher Zeugnisse hintergangen worden.

§ 135. 19) Wenn das Gesinde in seinem nächstvorhergehenden Dienste sich eines solchen Betragens, weshalb dasselbe nach § 117. bis 128. hätte entlassen werden können, schuldig gemacht und die vorige Herrschaft dieses in dem ausgestellten Zeugnisse verschwiegen, auch das Gesinde selbst es der neuen Herrschaft bei der Annahme nicht offenherzig bekannt hat.

Von Seiten des Gesindes.

§ 136. Das Gesinde kann den Dienst ohne vorhergehende Aufkündigung verlassen:

1) wenn es durch Mißhandlungen von der Herrschaft in Gefahr des Lebens oder der Gesundheit versetzt worden.

§ 137. 2) Wenn die Herrschaft dasselbe auch ohne solche Gefahr, jedoch mit ausschweifender und ungewöhnlicher Härte behandelt hat.

§ 138. 3) Wenn die Herrschaft dasselbe zu Handlungen, welche wider die Gesetze oder wider die guten Sitten laufen, hat verleiten wollen.

§ 139. 4) Wenn dieselbe das Gesinde vor dergleichen unerlaubten Zumuthungen gegen Personen, die zur Familie gehören oder sonst im Hause aus- und eingehen, nicht hat schützen wollen.

§ 140. 5) Wenn die Herrschaft dem Gesinde das Kostgeld gänzlich vorenthält, oder ihm selbst die nothdürftige Kost verweigert.

§ 141. 6) Wenn die Herrschaft auf eine Zeit, welche die laufende Dienstzeit übersteigt und in eine Entfernung, die mehr als sechs Meilen beträgt, eine Reise vornimmt oder überhaupt in diese Entfernung ihren bisher gewöhnlichen Wohnsitz verlegt und es nicht übernehmen will, den Dienstboten zum Ablaufe der Dienstzeit kostenfrei zurück zu senden. Hat die Herrschaft mehrere gleich gewöhnliche Wohnsitze; so wird die Entfernung von sechs Meilen nach demjenigen berechnet, den sie zuletzt wirklich bewohnt hat.

§ 142. 7) Wenn der Dienstbote durch schwere Krankheit zur Fortsetzung des Dienstes unvermögend wird.

Unter der Zeit, doch nach vorhergegangener Aufkündigung von Seiten der Herrschaft.

§ 143. Vor Ablauf der Dienstzeit, aber doch nach vorhergegangener Aufkündigung kann die Herrschaft einen Dienstboten entlassen:

1) Wenn demselben die nöthige Geschicklichkeit zu den, nach seiner Bestimmung ihm obliegenden Geschäften ermangelt.

§ 144. 2) Wenn nach geschlossenem Miethsvertrage die Vermögens-Umstände der Herrschaft dergestalt in Abnahme gerathen, daß sie sich entweder ganz ohne Gesinde behelfen, oder doch dessen Zahl einschränken muß.

Von Seiten des Gesindes.

§ 145. Dienstboten können vor Ablauf der Dienstzeit, jedoch nach vorhergegangener Aufkündigung den Dienst verlassen:

1) Wenn die Herrschaft den bedungenen Lohn in den festgesetzten Terminen nicht richtig bezahlt.

§ 146. 2) Wenn die Herrschaft das Gesinde einer öffentlichen Beschimpfung eigenmächtig aussetzt.

§ 147. 3) Wenn der Dienstbote durch Heirath oder auf andere Art zur Anstellung einer eigenen Wirthschaft vortheilhafte Gelegenheit erhält, die er durch Ausdauerung der Miethzeit versäumen müßte.

§ 148. In allen Fällen, wo der Miethsvertrag innerhalb der Dienstzeit, jedoch nur nach vorhergegangener Aufkündigung, aufgehoben werden kann, muß dennoch das laufende Vierteljahr und bei Monatweise gemiethetem Gesinde, der laufende Monat ausgehalten werden.

§ 149. Wenn die Aeltern des Dienstboten, wegen einer erst nach der Vermiethung vorgefallenen Veränderung ihrer Umstände ihn in ihrer Wirthschaft nicht entbehren können: oder der Dienstbote in eignen Angelegenheiten eine weite Reise zu unternehmen genöthiget wird; so kann er zwar ebenfalls seine Entlassung fordern; er muß aber alsdann einen andern tauglichen Dienstboten statt seiner stellen, und sich mit demselben wegen Lohn, Kost und Livree ohne Schaden der Herrschaft abfinden.

Was alsdann wegen Lohn, Kost und Livree Rechtens ist.

§ 150. In allen Fällen, wo die Herrschaft einen Dienstboten während der Dienstzeit mit oder ohne Aufkündigung zu entlassen berechtiget ist (§ 117-135. 143. 144.) kann der Dienstbote Lohn und Kost oder Kostgeld nur nach Verhältniß der Zeit fordern, wo er wirklich gedienet hat.

§ 151. Ein gleiches gilt von denjenigen Fällen, wo der Dienstbote zwar vor Ablauf der Dienstzeit, aber doch nach vorhergängiger Aufkündigung den Dienst verlassen kann. (§ 145. 146. 147.)

§ 152. In Fällen, wo der Dienstbote sofort und ohne Aufkündigung den Dienst zu verlassen berechtiget ist (§ 136. bis 142.), muß ihm Lohn und Kost auf das laufende Vierteljahr, und, wenn er Monatweise gemiethet worden, auf den laufenden Monat vergütet werden.

§ 153. Hat die Ursache zum gesetzmäßigen Austritte erst nach Ablauf der Aufkündigungsfrist sich ereignet; so muß die Herrschaft diese Vergütung auch für das folgende Vierteljahr oder für den folgenden Monat leisten.

§ 154. In der Regel behält der Dienstbote die als einen Theil des Lohns anzusehende Livree vollständig, wenn er aus den (§ 136. bis 142.) bestimmten Ursachen den Dienst verläßt.

§ 155. Geschieht der Austritt nur aus den § 143. und 144. enthaltenen Gründen, und hat der Bediente noch kein halbes Jahr gedient, so muß er Rock und Huth zurücklassen.

§ 156. In den Fällen, wo das Gesinde nach § 117. bis 135., 143. bis 144. von der Herrschaft entlassen wird, kann letztere der Regel nach die ganze Livree zurück behalten.

§ 157. Doch gebühren dem Bedienten die kleinen Montirungsstücke, wenn er schon ein halbes Jahr gedient hat, und nur aus den § 143. 144. angeführten Gründen entlassen wird.

§ 158. Wenn das Gesinde aus den § 145. und 146. angeführten Gründen nach vorhergegangener Aufkündigung seinen Abschied nimmt, so finden die Vorschriften § 154. und 155. Anwendung.

§ 159. Erfolgt aber der Austritt nur aus der § 147. bestimmten Ursache, so muß der Dienstbote mit den kleinen Montirungsstücken sich begnügen.

Rechtliche Folgen einer ohne Grund geschehenen Entlassung.

§ 160. Eine Herrschaft, die aus andern als gesetzmäßigen Ursachen das Gesinde vor Ablauf der Dienstzeit entläßt, muß von der Obrigkeit dasselbe wieder anzunehmen und den Dienstvertrag fortzusetzen, angehalten werden.

§ 161. Weigert sie sich dessen beharrlich: so muß sie dem Dienstboten Lohn und Livree auf die noch rückständige Dienstzeit entrichten.

§ 162. Auch für die Kost muß die Herrschaft bis dahin sorgen.

§ 163. Kann aber das Gesinde noch vor Ablauf der Dienstzeit ein anderweites Unterkommen erhalten, so erstreckt sich die Vergütungs-Verbindlichkeit der Herrschaft nur bis zu diesem Zeitpunkte; und weiter hinaus nur in sofern, als das Gesinde sich in dem neuen Dienste mit einem geringern Lohne hat begnügen müssen.

§ 164. Ist die Herrschaft das entlassene Gesinde wieder anzunehmen bereit, das Gesinde hingegen weigert sich, den Dienst wieder anzutreten; so kann letzteres in der Regel gar keine Vergütung fordern.

§ 165. Weist aber das Gesinde einen solchen Grund seiner Weigerung nach, weswegen es seines Orts den Dienst zu verlassen berechtiget seyn würde: so gebührt demselben die § 152 sequ. bestimmte Vergütung.

§ 166. Kann das Gesinde den vorigen Dienst wegen eines inzwischen erhaltenen anderweitigen Unterkommens nicht wieder antreten, so findet die Vorschrift § 163. Anwendung.

Verlassung des Dienstes.

§ 167. Gesinde, welches vor Ablauf der Dienstzeit ohne gesetzmäßige Ursache den Dienst verläßt, muß durch Zwangsmittel zu dessen Fortsetzung angehalten werden.

§ 168. Will aber die Herrschaft ein solches Gesinde nicht wieder annehmen, so ist sie berechtiget, ein anderes an seine Stelle zu miethen, und der ausgetretene Dienstbote ist nicht allein schuldig, die dadurch verursachten mehreren Kosten zu erstatten; sondern verfällt überdieß in eine Strafe, die nach Maasgabe des Grades der Verschuldung auf zwei bis zehn Thaler, oder bei Unvermögen auf verhältnißmäßiges Gefängniß festzusetzen ist.

§ 169. Das abziehende Gesinde ist schuldig, alles, was ihm zum Gebrauche in seinen Geschäften, oder sonst zu seiner Aufbewahrung anvertraut worden, der Herrschaft richtig zurück zu liefern.

§ 170. Den daran durch seine Schuld entstandenen Schaden muß es der Herrschaft ersetzen. (§§ 65–69.)

Abschied.

§ 171. Bei dem Abzuge ist die Herrschaft dem Gesinde einen schriftlichen Abschied, und ein der Wahrheit gemäßes Zeugniß über seine geleisteten Dienste zu ertheilen schuldig.

§ 172. Werden dem Gesinde in diesem Abschiede Beschuldigungen zur Last gelegt, die sein weiteres Fortkommen hindern würden; so kann es auf polizeiliche Untersuchung antragen.

§ 173. Wird dabei die Beschuldigung ungegründet befunden; so muß die Obrigkeit dem Gesinde den Abschied auf Kosten der Herrschaft ausfertigen lassen, und letzterer ferner üble Nachreden bei nahmhafter Geldstrafe untersagen.

§ 174. Hat hingegen die Herrschaft einem Gesinde, welches sich grober Laster und Veruntreuungen schuldig gemacht hat, das Gegentheil wider besseres Wissen bezeugt; so muß sie für allen einem dritten daraus entstehenden Schaden haften.

§ 175. Die folgende Herrschaft kann sich also an sie wegen des derselben durch solche Laster oder Veruntreuungen des Dienstboten verursachten Nachtheils halten.

§ 176. Auch soll eine solche Herrschaft mit einer Geldstrafe von Einem bis Fünf Thaler zum Besten der Armenkasse des Orts belegt werden.

*b) Verordnung vom 29. September 1846, betreffend die Einführung von Gesindebüchern. (Ges.-Samml. S. 467.)**

Wir Friedrich Wilhelm, von Gottes Gnaden, König von Preußen etc.

Da die bestehenden Vorschriften wegen der dem abziehenden Gesinde zu ertheilenden Entlassungszeugnisse nach den darüber gemachten Erfahrungen nicht ausreichen, um den Dienstherrschaften die erforderliche Kenntniß von der sittlichen Führung des Gesindes zu verschaffen, so verordnen Wir, nach Anhörung Unserer getreuen Stände auf den Antrag Unseres Staatsministeriums, für den ganzen Umfang der Monarchie, was folgt:

§ 1. Jeder Dienstbote, welcher nach Publikation dieser Verordnung in Gesindedienste tritt oder die Dienstherrschaft wechselt, ist verpflichtet, sich mit einem Gesindebuche zu versehen.

§ 2. Die Gesindebücher werden nach dem anliegenden Schema gedruckt, sie gewähren Raum zur Eintragung von sechs Dienstattesten, und sind bei den Stempelvertheilern für den Preis von 10 Sgr. zu haben.

§ 3. Vor Antritt des Dienstes hat der Dienstbote das Gesindebuch der Polizeibehörde des Aufenthaltsorts zur Ausfertigung vorzulegen. An solchen Orten, wo keine Polizeibehörde ihren Sitz hat, kann die Ausfertigung der Gesindedienstbücher den Dorfgerichten (in den westlichen Provinzen den Gemeinde-Vorstehern) durch den Landrath übertragen werden, welcher auch befugt ist, diese Ermächtigung zurückzunehmen.

§ 4. Beim Dienstantritt ist das Gesindebuch der Dienstherrschaft zur Einsicht vorzulegen. Sollte das Gesinde die Vorlegung des Gesindebuchs verweigern, so steht es bei der Dienstherrschaft, entweder dasselbe seines Dienstes zu entlassen, oder die Weigerung der Polizeibehörde anzuzeigen, welche alsdann gegen das Gesinde eine Ordnungsstrafe bis zu 2 Rthlr. oder verhältnißmäßige Gefängnißstrafe festzusetzen hat.

§ 5. Bei Entlassung des Gesindes ist von der Dienstherrschaft ein vollständiges Zeugniß über die Führung und das Benehmen desselben in das Gesindebuch einzutragen. Schreibensunkundige haben mit dieser Eintragung eine glaubhafte Person zu beauftragen, welche diesen Auftrag mit ihrer Namensunterschrift bescheinigen muß. Weigert sich eine Dienstherrschaft, dieser Verpflichtung zu genügen, so ist sie dazu von der Polizeibehörde durch eine ihr vorher anzudrohende Geldstrafe von 1 bis 5 Rthlr. anzuhalten.

§ 6. Wird ein Dienstbote wegen eines Verbrechens bestraft, so hat die Untersuchungsbehörde das Gesindebuch von demselben einzufordern und darin die erfolgte Bestrafung aktenmäßig einzutragen.

---

* Zit. n.: Schering, *Nachtrag zum Allgem. Landrecht für die Preußischen Staaten*, II. Nr. 589.

§ 7. Geht ein Gesindebuch verloren, so wird die Polizeibehörde des Orts, wo das Gesinde dient, oder, wenn es zur Zeit dienstlos ist, die Polizeibehörde des Orts, wo es zuletzt gedient hat, auf geschehene Anzeige und nähere Ermittelung der obwaltenden Umstände, die Ausfertigung eines neuen Gesindebuchs veranlassen, in welchem der Verlust des frühern jedesmal ausdrücklich angemerkt werden muß. Die dadurch entstehenden Kosten sind von demjenigen einzuziehen, welcher den Verlust verschuldet hat.

§ 8. Der Dienstbote, welchem ein ungünstiges Zeugniß ertheilt worden ist, kann auf die Ausfertigung eines neuen Gesindebuchs antragen, wenn er nachweist, daß er sich während zweier Jahre nachher tadellos und vorwurfsfrei geführt habe.

§ 9. Ist die Ausfertigung eines neuen Gesindebuchs nothwendig, weil in dem bisherigen bereits sechs Zeugnisse eingetragen sind, so kann das Gesinde verlangen, daß das bisherige Gesindebuch dem neuen vorgeheftet werde.

Urkundlich unter Unserer Höchsteigenhändigen Unterschrift und beigedrucktem Königlichen Insiegel.

Gegeben, Groß-Tinz den 29sten September 1846.

Friedrich Wilhelm.

Formular

zu

einem Gesindebuche.

Nr. .... (Ausfertigungsnummer der Polizeibehörde.)

Gesindebuch

für (Vor- und Zunamen)

aus (Heimathsort)

alt

Statur

Augen

Nase

Mund

Haare

Besondere Merkmale

ob dem Dienstboten die Blattern geimpft sind?

ob er militairpflichtig ist?

N. N. den ....

(L. S.)

Name der Behörde.

Nr. 7

Von Gouvernanten und Erzieherinnen

a) §§ 187-193 II.5 ALR

§ 187. Personen beyderley Geschlechts, welche zur Erziehung der Kinder angenommen worden, ingleichen Privatsekretairs, Kapläne, und andre, die mit erlernten Wissenschaften und schönen Künsten im Hause Dienste leisten, sind nicht für bloße Hausofficianten zu achten.

§ 188. Vielmehr müssen die Rechte und Pflichten derselben nach dem Inhalte des mit ihnen geschlossenen schriftlichen Vertrages; nach der Natur der Absicht, und den Erfordernissen des übernommenen Geschäfts; und nach den allgemeinen gesetzlichen Vorschriften von Verträgen, und von Veräußerung der Sachen gegen Handlungen, beurtheilt werden. (Th. I. Tit. XI. § 869. sqq.)

§ 189. Dergleichen Personen sind zu häuslichen Diensten in keinem Falle verbunden.

§ 190. Sie gehören unter diejenigen Mitglieder der Familie, denen das gemeine Gesinde, nach der Anordnung der Herrschaft, seine Dienste leisten muß. (§ 58. 59.)

§ 191. Erzieher und Erzieherinnen können wegen bloßer Züchtigungen der Kinder, die in keine Mißhandlungen ausarten, nicht entlassen werden.

§ 192. Sind auch bloße körperliche Züchtigungen bey Schließung des Vertrages untersagt worden: so begründet eine Uebertretung dieses Verbots das Recht zur Aufkündigung.

§ 193. Die gesetzmäßige Dauer der Dienstzeit solcher § 187. beschriebenen Personen wird, wenn der Vertrag nicht ein Andres bestimmt, auf Ein Jahr gerechnet.

b) Louise Otto, die ›Bonne‹*

Die meisten Mädchen, die eine oberflächliche Erziehung genossen haben und nicht so weit vorgebildet sind, um eine Stelle als »Gouvernante« ausfüllen zu können, suchen eine solche als »Bonne« oder ›Erzieherin‹, oder »Mamsell«, wie der andere Kunstausdruck lautet. Kommt ein solches Mädchen, das von Allem etwas und meist Nichts ordentlich gelernt hat, in eine Familie, so weiß man dann oft nicht, ob man mehr die Familie bedauern soll, welche einem so dilettantenhaft gebildeten Mädchen die Aufsicht über ihre Kinder, wohl gar deren Erziehung anvertraut, – oder

---

* Aus: *Das Recht der Frauen auf Erwerb.* Hamburg 1866, Seite 28-31.

das Mädchen, das tausend Ansprüche an sich gemacht sieht, die alle zugleich zu befriedigen fast eine Unmöglichkeit ist! Wie fast immer im planlosen Frauenleben, entscheidet auch hier nur der Zufall, natürliche Begabung und der gute Wille, ob in irgend einer Weise ein günstiges Resultat erreicht wird.

Betrachten wir uns doch einmal diese Verhältnisse ein wenig näher. Wer eine »Bonne« engagirt, wünscht gewöhnlich Gouvernante, Kammerjungfer und Kindermädchen in einer Person zu vereinigen. Es sind einige kleine Kinder im Hause, die noch nicht oder nur zum Theil das schulpflichtige Alter erreicht haben. Die Mutter ist abgehalten sich ihnen ganz zu widmen – im schlimmern Falle durch Bequemlichkeit und gesellige Bedürfnisse, im bessern durch einen mit dem Geschäft des Mannes verknüpften großen Hausstand, durch Kränklichkeit oder ein kleines, vielleicht auch kränkliches Kind. Wir verdenken ihr dann nicht, daß sie sich nach einer Gehilfin umsieht; es ist sogar ihre Pflicht, es zu thun, sobald es die Verhältnisse erlauben. Eben so wenig verdenken wir ihr, daß sie statt einer vorurtheilsvollen, vielleicht abergläubischen Kinderfrau, oder eines leichtfertigen Kindermädchens, ein Mädchen von besserer Bildung wünscht, dem sie vertrauensvoll die Kinder überlassen kann. Nehmen wir also an, daß ein Hausmädchen existirt für die Küche, Wäsche und andere gröbere Arbeiten und für das kleinste Kind eine Amme oder ein Kindermädchen, das ausschließlich von dessen Bedürfnissen in Anspruch genommen wird. Was wird nun von der Bonne Alles verlangt? Sie muß bei den größern Kindern schlafen, früh sie wecken, ankleiden helfen und den ganzen Tag über beaufsichtigen. Sie muß Französisch verstehen, um es den Kindern »spielend« – wie der Kunstausdruck lautet – mit zu lehren, außerdem aber Schneidern, Putzmachen, Gardinen aufstecken, plätten, nähen und alle weiblichen Handarbeiten verrichten, Alles besorgen, was zur Kleidung der Kinder und zur Haustoilette der Hausfrau gehört; vielleicht muß sie diese auch frisiren und ankleiden, wenn nicht täglich, doch für die Gesellschaft. Vielleicht muß sie auch mit bei der Wäsche helfen, stärken und mit auf die Rolle gehen, in der Küche jedenfalls, wenn es etwas mehr als gewöhnlich zu thun giebt. Außerdem muß sie mit den Kindern spazieren gehen und immer bereit sein »spielend« ihre Anliegen und Einfälle zu befriedigen: ihre Puppensachen nähen, ihre Spiele leiten, Alles aufräumen, was sie herumwerfen, für Alles stehen, was sie zerreißen oder sonst umbringen, wo möglich jeden Schaden wieder heilen, den sie anrichten und das Alles mit der liebevollsten und freundlichsten Miene – denn dazu hat man sie ja! Selten darf sie den Kindern etwas verbieten, abschlagen, noch weniger sie bestrafen, dazu haben die Eltern allein das Recht. Sind aber die Kinder unartig, so fällt die Hauptschuld allein auf die Bonne. Dies letztere bezeichnet schon den Standpunkt, den sie im Hause einnimmt. Wenn die Kinder mit am Tische essen, so hat sie das gleiche Recht – gewiß aber verschwindet sie mit ihnen, wenn Besuch kommt. Diesem gegenüber wird sie nicht besser als jeder Dienstbote behandelt; sie darf nur im Zimmer erscheinen, wenn sie zum Serviren, zur Theebereitung u. s. w. gebraucht wird und dann sitzt sie nicht mit am Tische, sondern hält sich abseits in einer dunkeln Ecke oder am Büffettisch auf. Die Besuchenden wissen kaum, ob es vergönnt ist sie zu grüßen. So wie von der Herrschaft wird sie auch von der Dienerschaft behandelt. Niemand thut ihr eine Handreichung, sie mag sich Alles selbst machen – ist aber etwas versehen, so wird sie von beiden Seiten dafür verantwortlich gemacht. Wenn die Dienstmädchen etwas verdorben oder vergessen haben, schieben sie es auf die »Mamsell« hinter ihrem Rücken oder sagen ihr in's Gesicht: sie hätte es ja wissen oder thun können, »die Madame« habe es ihr gewiß gesagt – und diese wirft ihr wieder vor: sie habe doch auf die Mädchen aufpassen können u. s. w., ohne sich darum zu kümmern, daß jene geradezu sagen: die Mamselle »habe ihnen nichts zu befehlen.«

Nehmen wir nun auch an, daß ein geschicktes Mädchen schon in der eignen Familie sich die meisten Fertigkeiten aneignen kann, die als Mamsell von ihr gefordert werden, so muß sie doch wenigstens Französisch, Clavierspiel, vielleicht auch Schneidern und Putzmachen erst durch bezahlten Unterricht gelernt haben und überhaupt einen Grad der Bildung besitzen, der sich entweder nur durch Erziehung im Schooße einer gebildeten Familie oder sehr schwer in anderen wechselnden Verhältnissen erreichen läßt. Keineswegs also ist jedes Mädchen zu einer solchen Stellung befähigt und wenn es auch keiner allzugroßen Vorbereitung dazu bedarf, so ist doch immer für die einzelnen Zweige Lehr- und Stundengeld aufgewendet worden, das sich nun verinteressiren muß. Es sind die Töchter von Beamten, Pastoren, Advocaten, Künstlern, Privatgelehrten und kleinen Kaufleuten, die nach einem solchen Lebensunterhalt streben, entweder weil das Einkommen der Väter nicht ausreicht sie zu ernähren, oder weil sie denselben verloren haben.

Und was ist nun bei Bildungsgrad, Leistungsfähigkeit und Behandlung wie geschildert, meist der Lohn für solche Mühsal? – Die Feder sträubt sich es zu sagen!

Sechzig bis achtzig, höchstens hundert Thaler jährlich – dazu kommen im besten Falle noch Weihnachtsgeschenke, aber fast nie wird das Gesammteinkommen viel über hundert Thaler betragen. Dafür wird nicht nur die ganze Freiheit – es giebt keine Ferien und Feiertage, von den letzteren gestattet vielleicht einer um den andern einen Kirch- und freien Ausgang – und die ganze Arbeitskraft eines Mädchens verkauft, sondern es wird auch »anständige« Kleidung gefordert, deren Verbrauch bei den vielen wirthschaftlichen Leistungen und der Kindernähe kein geringer ist, indeß meist die Zeit fehlt, für sich selbst zu nähen und auszubessern.

Und wenn irgendwo eine solche Stelle angekündigt wird, findet leicht eine Concurrenz von hundert Bewerberinnen statt!

Daraus kann man schließen, wie viele Mädchen es giebt, die zu einem solchen Erwerb genöthigt sind, genöthigt sich für den schlechtesten Gehalt auch noch der schlechtesten Behandlung Preis zu geben!

Fast giebt es kein Verhältniß, in dem die Arbeitskraft des Mannes in gleichem Grade ununterbrochen in Anspruch genommen würde, als es in der geschilderten Stellung im Frauenleben geschieht – freilich immer wieder sanktionirt durch das Herkommen, nach welchem die musterhafte deutsche Hausfrau und danach auch jede, welche ihr beisteht, sei es die Tochter oder die Dienerin – keine Ruhestunden kennen *darf*. Diese Einrichtung beruht aber meist nur in einer mangelhaften Zeiteintheilung, durch welche die Nothwendigkeit, zuweilen müßig zu warten und die üble Gewohnheit warten zu lassen, entsteht. Wenn man die mitten im häuslichen Walten und Schalten so verwartete und vertrödelte Zeit nur allein zusammenrechnet, die verlornen Minuten, deren Flucht man kaum bemerkt, und nun vollends die Stunden, die durch zwecklose und selten unterhaltende Besuche, sowohl im Abstatten als Empfangen derselben verloren gehen, so kommt eine ansehnliche Tageszeit heraus, von der eine nützliche Anwendung gemacht werden könnte. Die Zeit ist ein Capital, das man am allersorgfältigsten hüten sollte. Es gilt darum doppelt für das weibliche Geschlecht, dieselbe nicht allein zusammenzunehmen, sondern sie auch für sich selbst höher zu verwerthen, d. h. etwas zu lernen und zu treiben, das für die Zukunft diese höhere Verwerthung sichert. Die Sitte, die meiste Frauenarbeit und alle weiblichen Leistungen so schlecht, wie es geschieht, zu bezahlen, entsteht einmal aus der übergroßen Concurrenz in den wenigen ihr bisher zugänglichen Fächern, andererseits aus dem Pochen auf die Mäßigkeit und Anspruchslosigkeit des weiblichen Geschlechts, das mit Wenigem zufrieden ist, weil – es dies sein muß.

Nr. 8

Louise Otto-Peters, Bürgerliche Hauswirtschaft in der ersten Hälfte des 19. Jahrhunderts*

[. . .] Es sah zur Zeit unserer Großmütter und Mütter gewaltig anders aus in Haus und Stadt und nun gar auf dem Lande, wie jetzt. Fast alle, auch die einfachsten Bedürfnisse einer Haushaltung mußte man erst in dieser sich selbst bereiten. Die Wäsche ward im Hause gewaschen, Brod und Kuchen selbst gebacken, alle Vorräte für den Winter, Früchte vom einfachsten Dörren an bis zum kompliziertesten Gelée, Fleisch in den verschiedensten Zubereitungen, Butter und Eier – Alles ward durch eigene Hausarbeit für den Hausverbrauch bereitet und aufbewahrt, wobei das Letztere oft gerade so viel Mühe machte wie das Erstere. Ja, auch Seife ward im Hause selbst gesotten und Lichte wurden gegossen – Talglichte – lange Zeit hindurch der Hauptbeleuchtungsgegenstand.

Auch die Gastfreundschaft war eine andere, als die jetzige und es wurden andere Anforderungen an sie gestellt. Freilich ging es da viel einfacher zu als jetzt, man war genügsamer in Beziehung auf manche Delikatessen, die eben in Rücksicht auf den Transport viel schwerer zu beschaffen waren, genügsamer in Beziehung auf den Service, auf das Vielerlei des Geschirrs usw., welches jetzt z. B. zu dem einfachsten Abendbrot erforderlich. Aber man lebte damals eben viel mehr im Hause, wie außer demselben indeß jetzt das umgekehrte Verhältnis fast das herrschende geworden! Man suchte sonst sein Vergnügen eben *nur im Hause*, nicht in der Restauration, – eine Dame hätte im Winter nie eine solche betreten! War man einmal gastfrei, so sah man nicht nur eingeladene große Gesellschaften bei sich, sondern man empfing wer kam und setzte vor »was das Haus vermag« [. . .] Und dann erstreckte sich die damalige Gastfreundschaft auch nicht nur auf Besuche für den Abend oder Tag – man hatte so manchen für Tag und Nacht und zwar auf Wochen, Monate. Das Reisen war dann viel beschwerlich, wer da einmal kam von fernen Freunden und Verwandten, kam gleich auf längere Zeit – Studenten pilgerten bekanntlich zu Fuß »die Vetternstraße«, um die Ferien billig hinzubringen, für jede Dame galt es einen ungeheuren Entschluß, wenn sie in einem Gasthaus einkehrte, sie zog darum die Familie vor, wenn sie sich auf einer Reise befand, die länger als einen Tag währte – und so fehlte es nie an Gästen, am wenigsten in solchen Familien, von deren Gastfreiheit man überzeugt war.

Am anschaulichsten kann man schildern was man im Elternhaus selbst

---

* Aus: *Frauenleben im Deutschen Reich. Erinnerungen aus der Vergangenheit,* Leipzig 1876, Seite 1-33, mit Kürzungen.

erfahren und ich denke, so ungefähr wie bei uns ging es in den meisten Familien des Mittelstandes zu, wo das Haupt, der Ernährer derselben, das Nötige dazu verdiente und gewissenhaft verwendete. Mein Vater besaß ein eigenes Haus in Meißen und einen Weinberg in der Nähe, war – wie es nach römischem Muster hieß – »Senator« und Gerichtsdirektor. – Die Eltern, vier Töchter, eine Schwester der Mutter, zwei Schreiber und ein Dienstmädchen, bildeten einen Durchschnittshausstand von neun Personen, der bei einer großen Wohnung parterre und erste Etage eines Eckhauses von 14 Fenstern und ein paar Zimmern des dritten Stockes, schon ein ziemlich respektabler war und eben dadurch noch mehr, als er selten *ohne* auswärtigen Besuch war. Eine Kammer des Erdgeschosses hieß gar nicht anders als die »Studentenkammer«, weil sie nur für junge Leute bestimmt war, da gab es Neffen usw., die sich darin niederließen, wenn sie Ferien oder in anderen Verhältnissen keine Stelle hatten; dann gab es wieder Nichten, die zu halben oder ganzen Jahren in unserer Familie sich vervollkommnen oder unterhalten sollten und die unser Mädchenzimmer mit teilten, dann wieder Freundinnen von Mutter oder Tante, die gern einmal einige Wochen sorgenfrei zubringen wollten – Verwandte und Freunde, die aus wahrer Freundschaft kamen und aufgenommen wurden oder um die schöne Gegend zu genießen, für welche dann besondere Gastzimmer bereitet waren. Natürlich vermehrte dies die Hausarbeit nicht wenig – aber alle weiblichen Hände mußten mit zugreifen und es ging, da eben die Mutter selbst das allerbeste Beispiel gab. Vom frühen Morgen an war sie in der Wirtschaft tätig und dabei doch jeden Augenblick bereit, am Morgen kurze Besuche und Mittag und Abend Gäste zu empfangen – auch im Sommer, auf der Sommerwohnung, dem Weinberg, auch wenn wir nicht ganz da wohnten, sondern nur nachmittags hinausgingen. Gab es im Winter erst Tee und Backwerk, dann, am gedeckten Tisch eines anderen Zimmers, kalte Küche und Wein, so auch im Sommer, nur vorher schäumende Milch mit Backwerk und Obst. Man nahm eben was im Hause war – aber ein Blick auf diese Vorräte erscheint mir jetzt fast märchenhaft!

In großen Kellern lagerten ganze Kufen vom Rhein mit den besten Sorten gefüllt, daneben friedlich der sonst so verrufene Meißner in veredelter Gestalt, Stückgefäße von allen Größen und Werten und ganze Dutzende gefüllter Flaschen – den Weinkeller besorgte der Vater selbst. Daneben ein andrer Keller, wo auf besonderen Gestellen viele Scheffel Äpfel wohlgeordnet lagen, darunter die Kartoffeln, dann zwei riesenhafte Pökelfässer, wohlgefüllt mit Rind- und Schweinefleisch, das dann später, teilweis in den eignen Räucherkammern auf dem Boden durch Holzrauch in den Essen, mit vielen Würsten noch eine zweite Zubereitung erhielt. In Gewölben des Erdgeschosses Buttertöpfe von allen Größen wohlgefüllt, zum Kochen für den Winter, Fässer und Krüge mit Gurken und Gemüsen, ganze Schränke voll Büchsen mit eingemachten Früchten, ganze

Horten voll gebacknes Obst, Eier in Stellagen mit Löchern zierlich aufgestellt, andere vom Juli und August in irdenen Töpfen und Kalk wohl verwahrt – ein Erträgnis der eigenen Hühnerzucht – und dann, je nach der Jahreszeit, Wild vom kleinsten bis zum größten, Geflügel usw. Auch die Materialwaren wurden im Ganzen gekauft – Zucker und Kaffee mindestens nach ¼ und ½ Zentnern und so alles. Da wirtschaftete es sich wohl hübsch und wenn Besuch kam, brauchte man nur aus Keller und Speisekammer zu holen, was gebraucht ward – allein alles dies vorzubereiten und zu erhalten erforderte doch keine geringe Mühe. Wie oft mußte man nicht allein im Keller nach den Äpfeln sehen, die mit den faulen Fleckchen heraussuchen, sie noch schnell zu verwenden. Nun, zum Glück gab die Mutter das Beispiel, daß solche Arbeiten wie ein Vergnügen betrachtet wurden. Wie hüllte man sich im Winter ein, um immer gern zu Zweien treppauf, treppab zu laufen und alles Nötige zu besorgen und herbeizuholen. Das Beste aber war, daß immer alles seinen stillen geräuschlosen Gang gehen mußte, daß nirgend Wirtschaftslärm sich hörbar machte, nie durfte von andern bemerkt werden, daß es viel zu tun gab. Da huschte man leicht und leise hin über die wollenen Deckenläufer in den Vorzimmern und Korridoren, da gestalteten sich die gemeinsamen häuslichen Arbeiten, gerade weil es so wenig Dienerschaft dabei gab, zu angenehmen Geschäften, von Frohsinn und heiterm Mädchengeplauder gewürzt. Da galt es als eine Ehre, ein Ruhm, Hausarbeiten zu bewältigen, die man eigentlich nicht nötig hatte, die niemand den weißen, feinen Händchen zugetraut. Da freute man sich der Arbeit selbst und dann ihres Resultates, ja, es war ordentlich belustigend, mehr zu tun, als selbst von der Mutter angeordnet war, allein, ohne fremde Beihülfe und ohne daß jemand anders eine Ahnung davon hatte. Man spielte gern Heinzelmännchen und Aschenbrödel und zwar im vollsten Sinn des Wortes – denn man träumte sich aus so realistischen Geschäften gern in das Reich der Feen und der Romantik hinüber – man atmete im Küchenbrodem geduldig, weil man wußte, daß es draußen im Garten, auf dem Weinberg balsamische, reine Luft gab – die eigentliche Lebensluft, die man auch dann wieder frei und ganz genießen durfte, man hatte ja das ganze Köpfchen angefüllt von Romantik und Idealismus, voll Schiller und Jean Paul, und höher klopfte das Herz vor der Fülle von Poesie, die es in sich aufgenommen.

Ja, die Welt der Poesie war nie und nirgend über der Hausarbeit vergessen! Wenn man beisammen saß im Vorsaal oder in der »Kinderstube«, die später, wo es keine Kinder mehr gab, sondern nur ich, als sieben Jahre jüngeres »Nesthöckchen« als die vorgehende Schwester noch eine Zeit lang Schulkind war, zur Stube für häusliche Arbeit geworden – wenn man da Gemüse zuputzte oder Obst zum Einsetzen vorbereitete – es war eben nicht die hübscheste Arbeit Johannesbeeren abzubeeren, Bohnen zu schneiden, Schoten aufzubrechen, Pilze zu putzen usw. – aber da wurde dabei vorgelesen, das mußten sich die englischen wie deutschen Romanschriftsteller gefallen lassen: Walter Scott, Cooper und Bulwer, Wilhelm Hauff, Ernst Wagner, Henriette Hanke, Caroline Pichler, Rellstab, Sealsfield u. a., sie verloren nichts von ihrer Würde. Ihre Charaktere prägten sich uns nur um so lebendiger aus und ein, als man gleichsam zusammen mit ihnen lebte, von ihnen sprach in Ernst und Scherz. Ebenso ward vorgelesen bei der gemeinsamen Näharbeit – und es gab allerdings viel zu nähen in einer so großen und immer in gutem Stand gehaltenen Wirtschaft. Nähmaschinen und Geschäfte fertiger Wäsche gab es noch nicht und es hätte in einer Familie mit Töchtern für eine Schande gegolten, Näharbeit, selbst die einer Ausstattung außer dem Hause fertigen zu lassen, während man doch gerade auf große Wäschevorräte hielt und diese als das notwendigste Fundament eines geordneten Haushaltes betrachtete.

Hier noch Einzelnes über hauswirthschaftliche Einrichtungen jener Zeit. – Es wurden vorhin beiläufig die Decken in den Korridoren usw. erwähnt. Ich muß bemerken, daß dies schon ein großer Fortschritt war. Bislang hatte die Sitte geherrscht, über die weißgescheuerten Dielen im Wohn- und Vorzimmer und auf den Treppen weißen Sand zu sieben, er wurde täglich am Morgen weggekehrt, um so den Schmutz mit zu entfernen, und wieder frischer darüber gestreut. Ich entsinne mich noch genau, daß meine Mutter unter den ersten Hausfrauen war, welche diese entsetzliche Sitte abschafften, aber daß sie noch lange in vielen Familien bestand. Wie das bei jedem Tritt knirschte und stäubte! welche Qual für Ohren, Nerven und Lungen! wie ungesund! und wie gefährlich auf den Treppen, zumal auf Steintreppen, vollends des Abends, wenn sie nicht erleuchtet waren! Es gehörte Talent dazu, die Treppen nicht hinabzufallen, und fast täglich geschah es, besonders den Kindern. Allein der Sand gehörte so lange zur Ordnung, bis man begann, die Treppen von Stein, statt sie zu scheuern, mit Ton zu überstreichen und ihnen dadurch ein freundlicheres Ansehen zu geben. Verschwand aber der Sand auch aus den Zimmern, die Brettdielen blieben und es gehörte zum Ruhm der Hausfrau, daß sie immer blendend weiß und fleckenlos aussahen, zur Qual der Kinder, keine Flecken auf sie zu machen, und zum Entsetzen des Hausherrn, daß sie so oft gescheuert wurden! Ja, man denke nicht, daß ein halbgroßes Zimmer etwa in einem halben Tag gereinigt war – das erforderte eine ganze Tagarbeit und mehr. Schon am Abend vorher wurden in der Regel die Fettflecken auf den Dielen mit Töpferton mittelst eines Hölzchen eingestrichen – eine Hausarbeit für Kinder – ich habe sie sehr oft selbst verrichtet! Dann ward das ganze Zimmer ausgeräumt bis auf die schweren Möbel, die, wenn sie elegant waren, an die Füße gewissermaßen Strümpfe bekamen, damit sie nicht vom Wasser litten. Die Scheuerfrau mit drei Fässern erschien dann so bald es tagte, kniete auf einem Scheuerbrett und verrichtete ihre Arbeit mit Scheuersand und Strohwisch und grauen Scheuertüchern, Diele für Diele. Hatte sie ihr Werk vollendet, was wie gesagt viele Stunden dauerte, ward Sand darüber gestreut und nachher wieder weggekehrt – aber trotz alles Lüftens blieb das Zimmer den ganzen Tag naß und mit jener Atmosphäre nassen Holzes angefüllt, die Zahnschmerzen und Gliederreißen aller Art erzeugte! – Kein Wunder, daß besonders den Männern solche Scheuertage ein Gräuel waren und daß sie darum gern hinter ihren Rücken angesetzt wurden, d. h. wenn sie verreisten oder außer dem Hause zu tun hatten. Aber nun der Schrecken, wenn sie früher wiederkamen als berechnet und als man fertig war – da gab es in den friedlichsten Familien Verstimmung und anzügliche Reden über den »Scheuerteufel« usw., in andern kam es zu Donnerwettern, zu Streit und Zank! Ja, wer über viele Zimmer zu verfügen hatte, da konnte man sich noch einrichten und flüchten – es war immer ungemütlich, so oft aus der gewohnten Ordnung zu kommen, aber es war doch zu ertragen. Aber nun denke man, wer nur auf ein Zimmer angewiesen! Die Verlegenheit, wenn dann Besuch kam, die ganze üble Existenz, die Erkältungen! Und in Wohnzimmern wiederholte sich dieser Auftritt jede Woche – Freitag und Sonnabend waren die beliebtesten Scheuertage! Außerdem wurden die Zimmer täglich mit Sägespänen ausgekehrt, eine Prozedur, die auch drei verschiedenartige Besen erforderte; um das Scheuern weiter hinauszurücken, rieb man auch zuweilen die Dielen mit Sand und Sägespänen auf – *das geschah mit der bloßen Hand* – Scheuerbürsten und dergleichen gab es nicht.

Es dauerte lange, ehe man einzelne Zimmer zuerst im Winter mit wollenen Teppichen ausschlug, dann kam das Wachstuch dazu auf, später bohnte man die Dielen braun, dann lackierte man sie, bis man beim heutigen Parkett angelangt. Wie viel ist nur dadurch an täglicher Hausarbeit erspart, wie sind die Scheuertage zur lächerlichen Sage geworden!

Auch die großen Wäschen – die andern Schreckenszeiten der Männer in den Familien – kommen nur noch in wenigen vor, und wo man sie noch veranstaltet, da ist die Schreckenszeit durch die Wasch- und Wringmaschinen und durch die Fortschritte nicht allein der Industrie, sondern auch der Humanität sehr abgekürzt. Die Waschfrauen der alten Zeit erschienen in der Regel schon früh um drei Uhr bei ihrer Arbeit, meist galt es erst aus selbstgesammelter Holzasche die Lauge zu bereiten, an deren Stelle wir uns jetzt der Soda bedienen, und so standen sie dann bis zum späten Abend im zugigen dumpfen Waschhaus bei ihrer beschwerlichen Arbeit. Nachher ging es auf den Bleichplatz, wo sie in der Regel zwei Tage und eine Nacht zubrachten, letztere oft unter freiem Himmel auf nasser Wiese, dicht am Wasser, und wenn die Wäsche gespült ward, so wateten sie oft stundenlang im Fluß, nachdem sie vorher den heißesten Brand der Mittagssonne ertragen. [...]

Aber während die Wäschen doch noch in der Gegenwart, wenn auch in sehr veränderter Gestalt durch die Waschmaschinen, in größeren Haushaltungen oft noch eine Rolle spielen, so ist von anderen Hausarbeiten, wie z. B. Licht- und Seifensieden und Brotbacken schon längst nicht mehr die

Rede. Wenn wir heute alles Gebäck vom täglichen Brot bis zur Feinsten Torte, vom Bäcker und Konditor fertig holen lassen, sogar ohne daß es erst einer besonderen Bestellung bedarf, so wollen wir einmal uns auch hier die ganze Umständlichkeit früherer Zeit zurückrufen.

Da ward denn aller acht oder vierzehn Tage ein großer Backtrog in die Koch-, hier und da wohl in die Wohnstube gestellt, die Hausfrau oder Magd, in späterer Zeit ein Bäckergesell, rührten und kneteten dort den Brodteig ein, mischten ihn mit dem Sauerteig und am andern Morgen wurden die Brode geformt und in den vorher geheizten Hausbackofen geschoben. Damit verband man denn auch gern noch eine Familienfest-lichkeit und fügte zum Guten das Schöne, zum Nötigen auch die An-nehmlichkeit des Lebens, d. h. man buk von dem Brodteig, den man als übriggeblieben bezeichnete, noch Kuchen, belegte die dann aufgetriebe-nen Platten mit Obst, Speck oder Syrup – je nach Geschmack, wobei es denn natürlich an Butter nicht fehlen durfte – warm genossen schmeckte dieser bescheidene Kuchen den genügsamen Gaumen am besten. Es galt also ihn meist beim zweiten Familienfrühstück zu verzehren und es kam vor, daß Kinder darum die Schule versäumen durften, weil daheim Brodkuchen gebacken ward. Aber in manchen Gegenden – und ich glaube Sachsen hat sich darin immer ausgezeichnet – ward in den Familien zu allen nur möglichen Gelegenheiten Kuchen gebacken, so zu den hohen Festen: Ostern und Pfingsten, zum Reformationsfest, zur Kirchweih, zu Fastnacht Plinsen und Pfannkuchen, zu Weihnacht Striezel oder Stollen. Bis in die neueste Zeit hinein hat sich noch in manchen Familien das Stollenbacken erhalten – aber nur in der Weise, daß die Ingredienzien dazu im Hause vorbereitet und dann zum Bäcker geschickt werden – wie würden über diesen letzten Rest patriarchalischer Gewohnheit, der ei-gentlich mehr auch eine Ironie auf die der Vergangenheit, denn ein Rest von ihr ist, unsere Großmütter die Nase rümpfen! Dem Weihnachtsfest hätte sonst die fröhliche Vorweihe gefehlt, wenn nicht eines schönes Abends einige Tage vorher die ganze Familie, wenigstens alle Frauen und Kinder, von zwei staatlichen Talglichtern beleuchtet um einen großen Tisch gesessen, Rosinen gelesen, Mandeln abgezogen und gewiegt, Zuk-ker und Zimmet gestoßen hätte. Und dann ward im Hause alles abendlich zusammengewirkt, wie der Brodteig, und ein »Hefenstückchen« gemacht, zur Probe ob die Hefe gut sei und dem Werk Gelingen verheiße.

Da existierte bei uns denn auch eine besondere »Kuchenstube« zur Aufbewahrung der Kuchenvorräte – die Napfkuchen zum Kaffee, wie die dünnen Kuchen zum Vesper, standen da so einladend auf ihren Deckeln und Blechen – welch' ein Fest für uns Kinder zu den Feiertagen und welche Beruhigung für die Hausfrau, wenn sie auch über so viel Kuchen-vorräte verfügen konnte, wenn Besuch kam. Konnte man dies nicht, nun, so entschloß man sich eben kurz und gut und buk selbst auch zu Geburtstagen Kuchen, Aschkuchen oder Torten – denn alle diese Genüsse waren kaum in den großen Städten bei einzelnen »Schweizerbäckern« für Geld zu haben und dann meist auch nur auf Bestellung, in den kleinen Städten aber fast gar nicht. Man muß es sich vergegenwärtigen, daß früher, namentlich zu den Zeiten, wo der Zunftzwang noch in seiner vollen Glorie herrschte, jede Stadt nur eine bestimmte Zahl von Bäckern hatte und daß sie es sich so bequem machten nicht einmal täglich zu backen, sondern »das Weichbacken« ging reihum, so daß auf je tausend Einwohner immer nur ein Weich- und Weißbäcker kam – die Namen der Betreffenden wurden in den Lokalblättern bekannt gemacht und außerdem hatten sie zum Zeichen ein weißes Tuch auf ihren Bäckerladen hängen, waren aber verpflichtet, früh am Morgen einen Teil ihrer Waren in die gemeinsame Verkaufsstelle, die am Markt befindlichen, sogenannten »Semmelbänke« zu schicken. Welche Unbequemlichkeit für das Publikum, welcher Zeitaufwand durch den Weg, der oft noch umsonst gemacht ward von einem zum andern, wenn es am Nachmittag war und wobei noch oft nur die schlechteste Ware zu haben, denn das Publikum war ja, da es keine Konkurrenz gab, gezwungen auch diese zu kaufen. [...]

Die Hausfrauen von einst waren auf sich selbst gestellt – sie mußten all das selbst tun, angeben, bedenken, was ihnen jetzt fertig geliefert wird, zu schwerer und zierlicher Arbeit zugleich geschickt sein, selbst sich keiner scheuen und jede anordnen und übersehen können, damit das Hauswesen gedieh und was der Mann verdiente von der Frau und ihrer Arbeit richtig verwendet und zum Teil erhalten wurde. Wohl war es da ziemlich, Respekt zu haben vor solch einer guten Wirtin, wohl mochte der Mann sich freuen, wenn er nicht nur für sein Herz, wenn er auch für seine Wirtschaft die passende Wahl getroffen, und er hatte vollständig recht zu verlangen, daß die Gattin auch dieser sich in erster Linie widmete. Da war die Frau in der Tat eines der nützlichsten Mitglieder in der Gesellschaft, in der Volkswirtschaft – es war allerdings fast immer ein empirisches Wissen, was sie sich angeeignet durch Erfahrung, Beobachtung, durch eignes Nachdenken – Pflicht, Liebe und Ehrgefühl leiteten sie dabei – die gute Hausfrau und Wirtin war mit Recht als solche hoch geschätzt, die schlechte verachtet und verspottet.

Und so waren auch bei all diesen Arbeiten des Hauswesens helfende weibliche Hände willkommen. Die Töchter gingen der Mutter von früh an helfend zur Hand, und waren auch damals die Schwiegermütter selten eine willkommene Zugabe, so mußte man doch gestehen, daß sie tatkräftig mit eingriffen und halfen in Wirtschaft und Haus, und die unvermählten Schwestern und Tanten machten sich nicht minder dabei nützlich, wenn es freilich auch vielleicht nicht immer ein beneidenswertes Loos war, in einer fremden Wirtschaft nur mitzuhelfen, anstatt eine eigene zu leiten. Aber oft schlang auch wieder die gemeinsame Arbeit, die Pflicht und Freude derselben, das Bewußtsein sich nützlich zu machen auf der einen und die Einsicht für die geleistete Hilfe dankbar sein zu müssen, auf der anderen Seite, ein Band des Segens und der Liebe um solche zusammenlebende Verwandte, das fest und unzertrennlich war.

So lebte man denn Jahr aus Jahr ein in der Arbeit und dem Frieden der Häuslichkeit, wie einer anspruchslosen, ebenfalls meist an das Haus anknüpfenden Geselligkeit fort. Man hatte wohl auch Zeit zu Schlittenpartien und Bällen, man gab Gesellschaften und nahm Einladungen zu denen anderer Familien an, man huldigte dem Dilettantismus in der Kunst, man ging ins Theater und beteiligte sich wohl selbst an Liebhabertheatern und Wohltätigkeitskonzerten – man ging im Sommer in Gartenkonzerte und machte gemeinschaftliche Spaziergänge und Landpartien zu Fuß – wobei man sich oft mit »Semmelmilch« oder neuen Kartoffeln und Wein begnügte – aber es jagte nie ein Vergnügen das andere, man genoß sie in Zwischenräumen, denn man fühlte sich doch verpflichtet bei so viel häuslicher Arbeit, mehr *im Hause* zu leben, als *außerhalb* desselben, die Freuden des Familienlebens wurden weder von Männern noch Frauen gering geachtet. Jene fühlten sich am Abend daheim wohler als im Wirtshaus, der Restauration, dem Klub – diesen wäre es nie eingefallen, den Gemahl in die Restauration zu begleiten, sie hatten die Überzeugung, daß sie damit nicht allein ihre Hausfrauenwürde, sondern überhaupt einen Teil ihrer weiblichen Würde aufgeben müßten – die Abende im Familienkreis waren für Eltern und Kinder doch immer die traulichsten und gemütlichsten.

Dabei verliefen denn die Winter nie so aufregend und nervenabnutzend, mit so viel durchschwärmten Nächten und raffinierten Genüssen, daß es dann im Sommer nötig geworden wäre, sich davon in einem Bade, auf Reisen und in Sommerfrischen zu erholen – man fragte einander nicht: »wo werden Sie diesen Sommer hingehen?« . . . sondern man war glücklich, wenn man einen Garten am Hause hatte oder eine bescheidne, stille Sommerwohnung, ein Lusthäuschen in nächster Nähe. – In Bäder reisten nur die wirklich Kranken und von diesen auch nur die wohlhabenden und reichen – denn wenn auch die Preise des dortigen Aufenthaltes in keinem Verhältnis standen zu den gesteigerten der Jetztzeit, so war doch die Reise selbst zu teuer und man fühlte sich eben zu sehr an das eigne Haus gefesselt.

Licht und Feuer

Wenn wir jetzt Abends im Dunkeln ein befreundetes Haus verlassen, wo wir einige Stunden nur im Familienkreis oder in größerer Gesellschaft zubrachten und wir haben uns nicht sehr verspätet, so verabschieden wir uns an der Vorsaalthür und gehen die mit Gas – oder doch mindestens mit Petroleumlampen – erleuchtete Treppe hinab. Auf der Straße brennen überall Gaslaternen – höchstens verlöscht ein sparsamer Magistrat von 10 oder 11 Uhr an eine um die andere – aber wir sehen genug, um jeden Begegnenden, jede bedenkliche Wegstelle früh genug wahrzunehmen. Wenn wir dann unsre Hausthür erreicht haben, so empfängt uns auf's Neue die beleuchtete Hausflur. Haben wir unsre eigne Wohnung verschlossen und ist es in ihr finster, so hilft uns nicht allein, wenn wir sie geöffnet, der von außen hereinfallende Schein – sondern es bedarf nur eines Griffes nach dem bereitgelegten Zündhölzchen – so haben wir Licht und fühlen uns wohnlich in den heimischen Räumen.

Wer von dem heutigen Geschlecht wundert sich nicht, solch einen alltäglichen Vorgang so umständlich geschildert zu finden? Wer ist heute noch froh darüber oder gar dankbar dafür, auf erleuchteten Treppen und Straßen zu wandeln und mit der kleinsten Handbewegung mittelst eines unscheinbaren Hölzchens sich zu Licht zu verhelfen? Und doch sind es noch nicht funfzig Jahre her – da gehörte dergleichen in die Feenmärchen und unerfüllbaren Wünsche!

Sagte man da seinen Freunden gute Nacht, so ward man noch von ihnen selbst oder einem dienstbaren Geist feierlich die Treppe hinabgeleuchtet – denn sie war für gewöhnlich finster und nur zu außergewöhnlichen Gelegenheiten, wenn man Besuch erwartete und eingeladen, war hier und da ein Talglicht herausgesetzt oder ein Öllämpchen, das immer schweelte, wie im Faust, oder eine große hängende Treppenlampe angezündet, welche Massen von Öl confumirte. Auf den Straßen brannte hier und da an einer Ecke eine Öllampe, die nur einen spärlichen Schimmer verbreitete. Als man sie später quer über die Straße zog an langen Ketten, daß sie in der Mitte des Weges hingen, diese beleuchtend, aber bei jedem Wind bedrohlich hin und herschwankend, so war dies schon ein großer Fortschritt.

Allein bei so bewandten Umständen empfahl es sich, noch eigner Beleuchtung sich zu versichern. Da besaß denn jede Patrizierfamilie eine große Laterne, die sie sich bei Ausgängen zu Abend oder Nacht von dem Diener oder der Dienerin vorantragen ließ. Wer keine Dienerschaft hielt, besaß eine solche oder ähnliche, wenn auch kleinere oder minder elegante Laterne – auch die einfachsten Stallaternen kamen oft genug zum Vorschein – mußte dies Geschäft selbst übernehmen und zu diesem Zweck erging sich die Industrie allmälig in immer neuen Formen und Einrichtungen. [. . .]

Aber, wie schon erwähnt, man bediente sich der Laternen auch weil auf Hausfluren und Treppen keine Beleuchtung herrschte und weil man, wenn man nach Hause in die leere Wohnung kam – doch nicht erst Licht zu machen brauchte.

Licht machen! Ja, das war zur Zeit unsrer Großmütter eine Kunst, die nur wenige verstanden – und wenn sie eine Magd mietheten, so war mit eine der ersten Fragen die: ob sie auch Licht machen könne?

In jeder Küche stand damals meist auf einem Sims über dem Herd ein länglich viereckiges Kästchen von weißem Blech, dasselbe enthielt vier Gegenstände, die man haben mußte, um Licht zu machen: einen Stahl, ein Stück Feuerstein, Schwefelfaden und in einer nach unten mit Blech geschlossenen Abtheilung, eine braunschwarze trockne Masse, die man »Zunder« hieß. Dieselbe ward hergestellt meist aus – alten Strumpfsokken, welche man deshalb in jeder Haushaltung sorgfältig aufhob und die von der Hausfrau oder Köchin am Licht so weit gesengt oder gebrannt wurden, daß sie schwarzbraun aussahen und leicht auseinanderfielen. Da aber dieser Stoff den Funken nicht auffing »nicht fing«, wie man kurzweg sagte, wenn der Verbrennungsprozeß zu weit oder auch zu wenig vorgeschritten war, so gehörte schon eben so viel Geschick als Erfahrung dazu, das richtige Maß zu halten. Wollte man also Licht haben, so schlug man mit Stahl und Feuerstein zusammen über dies Zunderkästchen bis einer der heraussprühenden Funken da hineinfiel und als glühendes Pünktchen sich darin so lange verhielt, bis es gelang mit Hilfe des Athmens den daran gehaltenen Schwefelfaden ein blaues Flämmchen zu entlocken und damit das bereitstehende Licht zu entzünden – pustend und hustend, denn der Schwefeldampf kam meist in die Kehle – und so geschah es manchmal, daß ein unfreiwilliges Husten und Nießen das Licht wieder auslöschte und die Arbeit von Neuem beginnen mußte. [. . .]

Ich habe diese Zeit nur als Kind, das noch nicht einmal in die Schule ging, erlebt – und sie währte in meiner Vaterstadt vielleicht nur darum noch etwas länger, weil die ersten Schnellfeuerzeuge, da sie als gefährlich galten, nicht gleich eingeführt wurden – aber ich habe die Erinnerung daran so treu behalten, weil ich eben noch an zu viel Momente zurückdenken kann, in welchen man in der Küche vergeblich picken und pinken hörte, wo bald der Stahl, bald der Schwefel, bald der Zunder, bald der Feuerstein, bald das Ungeschick verwünscht wurden, und wo dann im Winter die Mutter oft selbst von einem Ofen zum andern lief oder uns Kinder schickte, nachzusehen ob nicht irgendwo noch ein Fünkchen in der Asche glimme, das angeblasen werden konnte, daran noch einen Schwefelfaden zu entzünden. Und auch jenes großen Moments erinnere ich mich noch, wo es meinen fünfjährigen Kinderhändchen gelang, selbst Licht anzuschlagen – ich bildete mir so viel darauf ein, jubelte und hatte eine so schöne Empfindung wie von einem Wagniß und einem Triumph zugleich, wie etwa später bei dem Anblick meines ersten gedruckten Gedichtes. – –

»Ich habe Licht gebracht!« das war ein stolzer Ausruf – wer hat jetzt noch eine Vorstellung solcher innerster Befriedigung, da es es für Jedermann nur eines Griffes bedarf, sich Licht zu verschaffen!

Etwa Mitte der zwanziger Jahre wurden die Schnellfeuerzeuge erfunden – es war ein kleines Blechgeräthe, roth angestrichen wie die Feuerspritzen. Darin stand ein Fläschchen mit Asbest und Vitriol, daneben eine Partie Schwefelhölzchen, die man in jenes tauchte. Aber auch sie waren vom Wetter abhängig, sie kamen aller Augenblicke einmal in's Stocken, kamen bald in den Ruf der Launenhaftigkeit und fingen auch gern im Thauwetter nicht, weil sie Feuchtigkeit anzogen. So mußten sie aller Augenblicke einmal in die Apotheke wandern, um frisch gefüllt und corrigirt zu werden. Dasselbe war mit der Platina-Zündmaschiene der Fall, den elegantesten, geruchlosesten und idealsten Feuerzeug, das man sich denken konnte. Man brauchte nur auf den Schnepper einer Messingplatte zu drücken und mit einem kleinen Schuß kam eine blaue Flamme heraus, an welcher sich ein angehaltener Fidibus sofort entzündete. Nebenbei bildeten sie ein elegantes Zimmermöbel, da man das Glas, darin sich die Füllung befand, meist in einen zierlich gestickten Ständer unterbrachte. Aber sie waren eben nur für den Salon gemacht, zu aristokratisch für die Küche und überhaupt sehr kostspielig. Hatte man sie einmal ein paar Tage nicht benutzt, so kamen sie aus dem Gange und die neue chemische Füllung war sehr theuer – da auf einmal ward das Phosphorhölzchen erfunden – es ist nicht viel über zwanzig Jahre her – und alle Noth hatte ein Ende.

Es war eine That, so weltbewegend, so befreiend, so symbolisch wie die Anlegung der Eisenbahnen. »Die große Rennbahn der Freiheit« nannte ein österreichischer Dichter, Karl Beck, damals die Eisenbahn – das Streichhölzchen aber, der Lichtbringer, ließ nun eben keinen Winkel mehr unbeleuchtet, ermächtigte jede Hand, selbst die jedes Kindes, nun Licht zu machen. Es drang in das Haus, es half die Wirthschaft, die Küche reformiren – es erlöste Tausende, Millionen von Frauen von der Sorge um Licht. Sie konnten fortan ruhig schlafen – sie wußten, daß sie beim Erwachen am frühen Morgen nicht gleich mit einer schweren, problematischen Arbeit zu beginnen hatten, sie konnten gleich wohlgemuth an ihr Tagewerk gehen.

Aber wir kennen ja alle das erlösende Streichhölzchen, das man indeß doch erst mit großer Bedenklichkeit aufnahm und dem man allerhand Übles nachzusagen wußte, bis es Bürgerrecht errang!

[...]

Und wenn wir uns vorher vergegenwärtigten, wie Mutter und Großmutter in die Feuerungsstätten, die Öfen, guckten und bliesen, ein Fünkchen aufzustöbern, so wollen wir ihnen doch auch in die Stätten folgen, worin sie kochten!

Die Küchen waren in den meisten Häusern mit Steinen, Sandsteinen, auch mit Ziegeln ganz oder zur Hälfte getäfelt und darum der Fußboden äußerst kalt. Das Viertel der Küche meist nahm ein großer viereckiger Herd ein, mit einer Vertiefung in der Mitte zur Feuerung. Darüber erhob sich der schräg aufsteigende rußige Rauchfang, der oben offen zur Esse führte. Man kochte da also am offenen Feuer mit Holz. Natürlich wurden alle Töpfe rußig und mußten sorgfältig zugedeckt werden, damit es den Speisen nicht ebenso erging. Auf einem Dreifuß stand immer ein fest geschlossener, stets schwarzer Wasserkessel – und man kann sich denken, wie besonders bei Wind und Wetter, mindestens der Rauch und Ruß in die Küche schlug, oft aber auch Schnee und Regen ihm folgten und das Feuer löschten. Da war denn ein geistreicher Kopf auf den Gedanken gekommen eine eiserne Klappe in dem Rauchfang anzubringen, die man mittelst einer eisernen Kette beliebig ganz oder nur etwas schließen konnte, so daß man die Küche wärmer hielt und doch gegen den schlimmsten Zug und Sturm sicherte. Neben den Herd hatte man früher nur einen Bratofen – dann aber trat an die Stelle desselben die stattliche Kochmaschine mit mehreren eisernen Röhren, endlich folgte auch der Kochherd mit inwendiger Feuerung und eingelassenen Öffnungen und Ringen für die Töpfe. Aber man hielt noch lange an dem alten Vorurtheil fest, daß sich viele Speisen nur am offenen Feuer schmackhaft herstellen ließen und es dauerte wieder sehr lange, ehe man sich entschloß, die kolossalen Rauchfänge wegzureißen, um kleine, geschlossene Kamine an deren Stelle anbringen zu lassen. Eigentlich nun erst waren die Küchen zu stubenartigen Lokalen umgewandelt, in denen Hausfrauen und Mägde nicht mehr ihre Gesundheit riskirten.

Aber wie sah es nun mit der übrigen Heizung aus? Es gab kolossale Kachelöfen von Thon, die von außen geheizt wurden und zwar mußte man sich dazu einer Ofengabel bedienen. Sie glich den Heugabeln, die Zinken und die Hälfte des Stils war von Eisen, die letzte Hälfte desselben, die man anfaßte, von Holz, etwa einen Meter lang. Damit mußte man dann das Holz in den Bauch des Ofens bringen. Man nahm meist ein Gebund Reißig, steckte brennenden Kien hinein und beförderte es so an Ort und Stelle, dann warf man Holz nach und brachte es mit der Gabel in Ordnung, zuletzt gern einen Eichenknorren, der viele Stunden brannte und tüchtig wärmte. Zuweilen kochte man auch etwas an derselben Stelle und die Geschicklichkeit war nicht gering, die dazu gehörte, ein Töpfchen oder einen Tiegel mittelst der Gabel in solcher Entfernung an die rechte Stelle zu bringen, ohne es umzuschütten und ebenso glücklich es wieder herauszuholen. Später erfand man dann Kochöfen, mit Röhren von außen, die dann gleich zweien Herren dienten: das Zimmer wärmten und das Küchenfeuer ersparten und doch die Hausfrau nicht in Verlegenheit brachten, weil im Zimmer selbst eben kein Topf noch Speisegeruch bemerkbar ward. Es kamen dann die Öfen mit eisernen Kasten und Rost, dann die gußeisernen in allen Größen und Nuancen und dann so fort bis zu unsern Regulier- und andern -Öfen. Freilich ward nun alles sparsamer und bequemer, reinlicher und ästhetischer, aber doch nur in gewissen Beziehungen. Denn ich darf nicht vergessen auch des Guten der alten Zeit zu gedenken. Die Öfen freilich erhielten fortschrittliche und zweckmäßigere Construction – daß aber die Steinkohlenfeuerung die Holzfeuerung verdrängte, war doch nur, da letztere immer theurer ward, ein Fortschritt im Interesse der Ökonomie – sonst wahrlich nicht! Wie viel schneller wärmte das Holz, wie poetisch prasselte es, wie rein war die Luft, die es durchflatterte, wie ohne Geruch und Ruß. Als da die Steinkohle kam mit ihren Schwefeldämpfen, mit dem Ruß, der an Alles sich legte und Alles schwärzte – wie haßte man sie doch, wie meinte man doch zu ersticken, wenn sie brannte und mit welchen Schrecken sah man Tapeten, Möbels, Silber, Gardinen, kurz Alles leiden unter ihrem Dunst! Welchen Verdruß bereiteten Torf und Steinkohlen durch die Nothwendigkeit, den Ofen so oft kehren zu lassen, durch die viele Asche – und nun noch dazu Asche, die Niemand mochte, während die reine Holzasche vortheilhaft verkauft oder im Hause selbst zu Lauche verwendet werden konnte. Aber man mußte sich darein ergeben, daß, da die Wälder überall ausgerottet und zurückgedrängt wurden, die gütige Mutter Erde ihren Schooß aufthat und die reichsten Stein- und Braunkohlenlager in Bereitschaft hatte, den Holzmangel weniger fühlbar zu machen – gerade wie sie später die Petroleumquellen sprudeln ließ, als die Maschinen der Industrie das Öl für den Hausgebrauch vertheuert hatten.

Wir hoffen, auch das Petroleum ist wieder nur ein Übergang zu etwas Neuem. Wie niedlich und sauber sehen sie aus diese kleinen Kochmaschinen in allen Größen von Petroleum – aber die Dunstatmosphäre, die sie um sich verbreiten und die bald die ganze Wohnung durchzieht und uns Kopfschmerzen macht, läßt auch hier Verbesserungen wünschenswerth erscheinen; und da es auf dem Gebiete der Industrie, Mechanik und Chemie nur vorwärts heißt, so erlöst uns vielleicht bald wieder ein neuer Fortschritt – von dem quälenden Geruch, der mit dem Petroleum in alle Wohnungen eingezogen und von der Feuersgefahr, die in seinem Gefolge, noch mehr fast als in dem des Spiritus, der sein Vorgänger war, mindestens bei Kaffee- und Theemaschinen und da immer noch siegreich seine Stellung behauptet. Auch diese Maschinen kannten unsere Vorfahren nicht, auch die erste Kaffeemaschine, wie unzuverlässig und unbequem sie sich auch handhabe, ward als ein Wunderwerk angestaunt, ein Emancipationsmittel aller Alleinstehenden, Frauen wie Männer von der Dienerin, der das Frühstück zu besorgen oblag oder von der Nothwendigkeit eine eigene »Herdstelle« zu besitzen und der Umständlichkeit, sich selbst Feuer zu machen. Wer weiß, kommen nicht bald neue Apparate die Kocharbeit den Frauen immer bequemer und einfacher und ästhetischer zu machen und – immer mehr aufzuheben und damit die Nothwendigkeit gesundheitswidrige, anstrengende, mühevolle und unästhetische Arbeit zu verrichten – oder auch es dadurch, selbst der verwöhnten Dame leicht zu machen, ohne Dienstmädchen die eigne kleine Haushaltung zu besorgen und dadurch so viel billiger und ruhiger zu leben, als dies möglich ist mit fremder Hilfe, – denn eben das durch die Welt Kommen und überall fertig werden Können *ohne fremde Hilfe* zu bedürfen, ist auch nur ein erstrebenswerthes Ziel und die Grundlage der wahren Emancipation.

Nr. 9

Henriette Davidis,
Ein Wort an junge Frauen*

Inhaltsverzeichniß.

1. Ein Wort an junge
   Frauen 1
2. Das Verhältn. junger
   Frauen zu ihren Schwie-
   gereltern 30
3. Die Stiefmutter 34
4. Der Morgen der
   Hausfrau 37
5. Der Mittag der
   Hausfrau 45
6. Der Abend der
   Hausfrau 46
7. Das Sparsystem der
   Hausfrau 48
8. Einnahme und Aus-
   gabe 59
9. Wie das Gleichgewicht
   zwischen Einnahme und
   Ausgabe zu erzielen
   ist 65
10. Kennzeichen guter
    Qualität der im Haus-
    halt vorkommenden Le-
    bensmittel und deren
    Verfälschung 71
    I. Fleisch 71
    II. Fische 73
    III. Fettwaaren 74
    IV. Gemüse nebst Hülsen-
    früchten 75
    V. Verschiedene Lebensmit-
    tel 80
    VI. Gewürze 82

11. Bemerkungen in Bezie-
    hung auf Vorräthe 89
12. Vom Reinhalten 92
13. Vom Reinigen und Put-
    zen der Zimmer und
    Möbel 95
    1. Reinigen der *Ofenröhre* 96
    2. Geschliffene *Öfen* zu putzen . . 96
    3. Abstäuben der *Wände* und *Vor-
    hänge* 97
    4. Legen und Reinigen der *Tep-
    piche* 98
    5. Kehren des *Fußbodens* 99
    6. Ausklopfen und Putzen der
    Sophas 100
    7. Putzen und Auffrischen der
    Möbel 101
    8. Putzen der *Spiegel* 102
    9. Reinigen des *Anstrichs* 103
    10. *Fensterputzen* 104
    11-14.   Schrubben und Scheuern
    und Aufwischen des *Fußbo-
    dens* 104-108
    15. Aufwischen eines *Wachstuchtep-
    pichs* 108
    16. Bohnen des *Fußbodens* 108
    17. Vom Auflegen und Behandeln
    der *Tischdecken* 110
    18. Bemerkungen in Bezug auf
    Wahl, Schneiden und Aufhän-
    gen der *Fenstervorhänge* 111
    19. Das Abreiben der *Tapeten* . . . 112
14. Verschiedene Theile der
    Wohnung 113
    1. Das Wohnzimmer 113
    2. Das Schlafzimmer 117
    3. Das Kinderzimmer 121
    4. Das Gesellschaftszimmer . . . 124

* Aus: *Die Hausfrau. Praktische Anleitung zur selbständigen und sparsamen
Führung des Haushalts, ein Mitgabe für junge Frauen zur Förderung des häuslichen
Wohlstandes und Familienglücks,* Essen 1861. Gekürzt.

5. Das Logizimmer (Fremden-
   zimmer)   125
6. Die Schlafkammer der Dienstboten   126
7. Die Küche   127
8. Die Vorrathskammer   132
9. Der Milchkeller und das sämmtliche Milchwesen   134
   A. Allgemeine Anmerkungen .   134
   B. Milch- und Buttergeräthe .   137
   C. Reinigen der Milch und But-
      tergeräthe   140
   D. Das Melken, nebst Besor-
      gungen im Milchkeller . . .   142
   E. Buttermachen,   Waschen,
      Salzen und Einmachen der
      Butter   149
   F. Bereitung   verschiedener
      Käse   156
10. Der Gemüsekeller   163
   A. Die Gemüsegrube   168
   B. Gruben zum Aufbewahren
      von Kappussorten fürs Früh-
      jahr   169
   C. Einlegen der Porreestan-
      gen   170
   D. Gemüsekeller auf der Erde
      für größere Haushaltungen zum
      Bedarf fürs Frühjahr   170
15. Behandlung der Dienst-
    boten   171
16. Wie gute Dienstboten
    sich gegen ihre Herr-
    schaft betragen   186
17. Der Dienstbotentisch . .   189
   1. Bemerkungen im Allgemeinen .   189
   2. Verschiedene Speisen für den
      Dienstbotentisch auf dem
      Lande   196
      A. Suppen   196
      B. Gemüse   207
      C. Kartoffelspeisen   217
      D. Fleischspeisen   219
      E. Pfannkuchen   224
      F. Salate   228
      G. Saucen   228
      H. Verschiedenartige Gerichte .   230
      1. Einige Getränke   235
18. Ungefähre Angabe der
    Portionen für einen
    Dienstbotentisch   237
19. Einige   allgemeine
    Winke besonders für

angehende Hausfrauen
in kleineren Gastwirth-
schaften   238
20. Vom Aufbewahren ver-
    schiedener Lebensmit-
    tel   243
   1. Frisches Fleisch   243
   2. Geräuchertes Fleisch   246
   3. Fett   247
   4. Gemüse   248
   5. Frisches Obst   248
   6. Getrocknetes Obst   249
   7. Mehl   250
   8. Eier   250
   9. Gewürze   251
   10-13. Kaffee, Thee, Chocolade
      Backwerk und Zwieback   252
   14-16. Weißbrod, weißer und grü-
      nen Schweizerkäse   253
21. Angabe der Lebensmit-
    tel zum Winterbedarf
    berechnet für 4 erwach-
    sene Personen   253
22. Angabe der Portionen
    für Gesellschaftsessen,
    sowie auch für den tägli-
    chen Tisch   255
23. Vom Einmachen und
    Trocknen verschiedener
    Gemüse   258
   A. Das Einmachen junger Ge-
      müse in Blechbüchsen   258
   B. Das Einmachen und Trock-
      nen der Herbstgemüse   261
24. Der Viehstand   269
   A. Das Rindvieh   269
   1. Kennzeichen einer guten
      Milchkuh   269
   2. Stallung und Streu   270
   3. Von der Stallfütterung . . .   273
   4. Von der Grünfütterung . . .   274
   5. Vom Winterfutter   275
   6. Bemerkung über verschiedenes
      Winterfutter   276
   7. Jährlicher Unterhalt einer Kuh
      mittlerer Größe bei Stallfütte-
      rung   277
   8. Von der Winterfütterung des
      Rindviehs   278
   9. Sommerfütterung   282
   10. Behandlung einer Kuh vor dem
       Milchwerden   283

11. Behandlung einer Kuh nach dem Milchwerden 285
12. Vom Mästen sowie auch vom Aufziehen eines Kalbes 286
B. Die Ziege 289
C. Das Schwein 292
1. Wahl der Schweine 292
2. Stall und Streu 293
3. Das Mutterschwein und seine Jungen 294
4. Sommerfütterung im Stall . . . 295
5. Das Mästen 296
D. Gänsezucht 298
E. Entenzucht 303
F. Truthühnerzucht 306
G. Hühnerzucht 309
H. Einige Mittel für kranke Hausthiere 311
1. Maul- und Klauensäuche des Rindviehs 311
2. Verballen der Füße 312
3. Kolik oder Darmgicht 312
4. Husten 312
5. Loswerden der Zähne 312
6. Krankheit der Augen 313
7. Verwundung der Zunge . . . 313
8. Abstoßen der Hörner 313
9. Blutharnen des Rindviehs . . 313
10. Blutgeben bei Kühen 313
11. Schleimige sog. lange Milch . 314
12. Blaue Milch 314
13. Rothes Kuhpulver 315
14. Milchvergeben der Kühe . . 315
15. Plötzliches Aufhören des Milchgebens 315
16. Halsgeschwulst 315
17. Geschwulst am Euter 315
18. Trommelsucht 316
19. Verfang der Kühe 318
20. Durchfall der Kühe 318
21. Ungeziefer des Rindviehs . . 318
22. Durchfall der Kälber 319
23. Erkennungszeichen einer kranken Ziege 319
24-28. Krankheiten der Ziege . . 320
29. Freßunlust der Schweine . . . 321
30. Gesundheitspulver für die Schweine 321
31. Ungeziefer bei verschiedenen Thieren 321
32. Katzen vom Ungeziefer zu befreien 321
33. Der Pips beim Federvieh . . 322
34. Verstopfung beim Federvieh . 322
35. Kranke Hunde 322

25. Das Einschlachten 323

A. Vom Einschlachten eines Rindviehs 325
B. Vom Einschlachten eines Schweines 333
C. Von der Eintheilung und vortheilhaften Verwendung eines geschlachteten Kalbes 338
D. Von der Eintheilung und zweckmäßige Verwendung eines geschlachteten Hammels 339
E. Eintheilung und zweckmäßige Verwendung eines Binnerspaltes 340
F. Eintheilung und zweckmäßige Verwendung eines frischen Schinkens 340
G. Eintheilung und zweckmäßige Verwendung geschlachteter Gänse 341

26. Das Einpöckeln und Räuchern 341
27. Das Wurstmachen 348
28. Die Wäsche 371
A. Das Waschen 371
1. Vorbereitungen zum Waschen . 371
2. Behandlung der Bückwäsche . 374
3. Das Waschen in der Maschine . 377
4. Das Waschen auf einem Waschbrett 379
5. Das Waschen mit der Hand . 379
6. Das Waschen mit Terpentin . . 381
7. Weiße Strümpfe zu waschen . 381
8. Das Waschen feiner Bügelwäsche 382
9. Fenstergardinen zu waschen . . 383
10. Weiße Spitzen und Bandtüll zu waschen 384
11. Spitzen auf andre Art zu waschen 385
12. Schwarze Spitzen zu waschen . 385
13. Seiden-Zeuge, Tücher und Bänder hübsch zu waschen 386
14. Veilchenfarbiges Band zu waschen 389
15. Einen wollnen Shawl zu waschen 389
16. Ein gewöhnliches Umschlagetuch zu waschen 390
17. Unächte Kleider von verschiedenartigen Stoffen zu waschen . 390
18. Schwarze Merinos und Orleans zu waschen 392
19. Braune und veilchenfarbige Merinos zu waschen 392
20. Grüne Merinos zu waschen . . 393
21. Flanell und wollene Strümpfe zu

waschen und vor Einlaufen zu
bewahren 393

22. Weiße Merinostrümpfe zu waschen und ihre Weiße zu erhalten 394

23. Eine wattierte Bettdecke zu waschen 394

24. Eine Bettzieche zu waschen . . 395

B. Vom Bleichen, Spülen, Bläuen
und Aufhängen der Wäsche . . 395

C. Der Leinenschrank 404

29. Das Anfertigen und Behandeln des Bettwerks   405

A. Vom Rupfen der Gänse, dem
Schließen oder Ziehen der Federn, der Behandlung derselben
und Aufbewahrung 405

B. Vom Ankauf der Federn, dem
Vermischen und Reinigen
ders. 408

C. Vom Anfertigen und Füllen od.
Stopfen eines Bettes 409

D. Was zum Anfertigen eines Fe-
derbettes gehört 410

E. Was zum Anfertigen einer wat-
tirten Decke gehört 412

F. Behandlung der Betten 412

G. Rahmen mit Sprungfedern zu einem Bette 413

H. Pferdehaar-Matratze 414

I. Auffrischen einer abgenutzten
Matratze 414

30. Besondere Verrichtun-
gen am Montage 415

31. Besondere Verrichtun-
gen am Freitage und
Sonnabend 417

32. Häusliche Arbeiten . . . 420

1. Decken des täglichen Tisches . 420

2. Abnehmen des Tisches 421

3. Gläser- und Tassenspülen . . . 421

4. Schüsselnspülen 423

5. Reinigen der Gemüse 425

6. Putzen der Messer und Ga-
beln 427

7. Reinigen und Putzen des
Heerdes 428

8. Anrichte-Tisch, hölzerne Geräthe und Spülstein zu scheuern . 429

9. Putzen und Fertigmachen der
Lampen und Leuchter 429

10. Putzen des Schuhwerks 431

11. Reinigen der wollenen Kleidungsstücke 432

12. Anlegen des Ofens 433

33. Verschiedenes für Kü-
che, Keller und Vor-
rathskammer   435

1. Von der passenden Anwendung
des verschiedenartigen Fettes
zum Küchengebrauch 435

2. Ein feinschmeckendes Nieren-
fett zu bereiten 439

3. Hammelfett zu verbessern . . . 440

4. Gänsefett auszuschmelzen . . . 440

5. Ein gutes zusammengesetztes
Fett 440

6. Speck auszulassen 440

7. Rüböl durch Ausglühen zu verbessern 441

8. Butter auf besonders gute Art
einzumachen 441

9. Schmelzbutter zu machen . . . 443

10. Petersilienbutter 443

11. Salatöl vor Starkwerden zu bewahren 444

12. Vom Spicken 444

13. In welchen Monaten das Geflügel am besten ist und wie lange
es vor dem Gebrauch geschlachtet sein muß 444

14. In welchen Monaten die Fische
am besten sind 445

15. Vom Schneiden eines rohen
Schinkens 445

16. Vom Schneiden einer Sommer-
wurst 446

17. Über Draht- und Fliegen-
schränke 447

18. Fleisch von einem Beigeschmack
zu befreien 448

19. Bouillon einige Tage frisch zu
erhalten 448

20. Woran frische Häringe zu erkennen sind 449

21. Von der Anwendung verschiedener Pflanzen zu grünen Gemüsen 450

22. Vom Brennen des Kaffees . . . 451

23. Einige Kaffee-Surogate 453

24. Zubereitung des Kaffee's . . . 457

25. Zubereitung des Thee's 458

26. Zubereitung der Milchchocola-
de 459

27. Zubereitung der Wasserchoco-
lade 459

28. Das Zuckerschlagen und das
Zuckerreiben 460

29. Vom Stoßen des Gewürzes zum
Küchengebrauche 461

30. Verhältniß des rohen Getreides

	zum gemahlenen, desgleichen des Ölsamens	461
31.	Vom Aussieben des Mehls	463
32.	Gutes Kartoffelmehl zu bereiten	463
33.	Pumpernickel zu backen	464
34.	Vom Schneiden des Schwarzbrods	465
35.	Vom Reinigen der Wasserflaschen	465
36.	Von den Korkstopfen beim Abziehen des Weins und Biers	465
37.	Vom Spülen der Flaschen und Krüge	466
38a.	Vom Abziehen des Weins	467
38b.	Vom Abziehen des Biers	468
39.	Ein neues Faß auszulaugen	469
40.	Neue eiserne Töpfe auszukochen, auch alte rostige Töpfe zu reinigen	469
41.	Irdenes Kochgeschirr dauerhafter zu machen	470
42.	Von den Brennmaterialien	470
43.	Vom Trocknen oder Dörren des Obstes	474

34. Kurze Bemerkungen für die Küche 479

35. Was beim Umziehen zu beachten ist 488

36. Kleine Beiträge zum Vorbeugen verschiedenartiger Mißbräuche ... 491

37. Putzen von Juwelen, Gold, Silber, Messing und andern Metallen .. 499

38. Bemerkungen verschiedener Art 503

39. Gemeinnützige Recepte 512

1.	Französische Fleck- und Waschseife	512
2.	Flüssige Seife zum Waschen	513
3.	Eine gute Lauge	513
4.	Kragen an Herren-Röcken zu reinigen	513
5.	Schwarze Spitzen aufzufrischen	513
6.	Glacée-Handschuhe zu reinigen	514
7.	Mittel zum Reinigen geflecter Seidenzeuge	514
8.	Fettflecken aus verschiedenartigen Zeugen zu schaffen	514
9.	Harzflecken	514
10.	Stearinflecken	514
11.	Obstflecken in Zeugen	515
12.	Flecken von Ölfarbe	515
13.	Flecken von Wagenschmiere	515
14.	Stockflecken in weißer Wäsche	515
15.	Rostflecken in weißen Zeugen	515
16.	Rothweinflecken in Tischzeug	515
17.	Chlor calcium	516
18.	Dintenflecken in weißen Zeugen	516
19.	Dintenflecken auf Mahagoni	516
20.	Weiße Flecken auf Tischen	516
21.	Dintenflecken auf Fußböden	516
22.	Kalkflecken auf Fußböden wegzuschaffen	517
23.	Fettflecken aus einem Fußboden zu entfernen	517
24.	Kitt zum Zusammenfügen	518
25.	Haltbarer Kitt für Porzellan und Gypsfiguren	518
26.	Kitt für irdenes Geschirr	518
27.	Eisen in Stein zu kitten	519
28.	Ofenkitt	519
29.	Das Verdichten der Fenster	519
30.	Politur für feine Möbel	519
31.	Polirte Hefte	520
32.	Haltbarer Kleister	520
33.	Schuh- und Stiefelschmiere	520
34.	Das Oberleder neuer Schuhe und Stiefel wasserdicht zu machen	521
35.	Die Sohlen wasserdicht zu machen	521
36.	Englische dicke Glanzwichse	522
37.	Englische flüssige Glanzwichse	522
38.	Das Leder an Wagen dauerhaft zu machen	522
39.	Gute schwarze Dinte	523
40.	Weinflaschen zu verlacken	523
41.	Einfach zu bereitender Hausessig	523
42.	Guter Malzessig	524
43.	Obstessig	525
44.	Dragon-Essig	526
45.	Ein gutes Brodbier	526
46.	Lackirte Geräthe zu putzen	527
47.	Schwarz zu färben	527
48.	Nanking gelb zu färben	528
49.	Weiße Zeuge und seidene Bänder rosa zu färben	529
50.	Pelz- und Polsterwerk vor Motten zu schützen	529
51.	Wanzen zu vertreiben	530
52.	Gegen Mäuse	530
53.	Gegen Ratten	530

Es gibt so viele unglückliche Ehen, so viel Mangel an häuslichem Glück, daß ich mich veranlaßt fühle, vorliegendes Werk mit einem Worte an junge Frauen zu beginnen, wozu, wie schon erwähnt, der in mancherlei Verhältnisse geworfene Blick so reichen Stoff bietet. Die Hoffnung, daß ein Samenkörnchen dieser Erfahrungen, auf den Boden des häuslichen Lebens ausgestreut, vielleicht grünen werde, läßt augenblicklich den Schein einer Anmaßung, aber auch alle Mühe vergessen.

Das eheliche Leben wird bekanntlich von großen Männern die Schule aller Schulen genannt, in welcher die Frau durch den Mann, der Mann durch die Frau geläutert werden kann. Wohl ihnen, wenn der Standpunkt erreicht wird, durch welchen *ein* Geist, *ein* Streben auf immer sie verbindet. [. . .]

Leider aber bildet die Erziehung der jungen Töchter heutigen Tages nicht immer die Grundlage zum häuslichen Glücke. Zu häufig ist dieselbe nur auf ein verflachendes Weltleben, auf äußeren Glanz und Schein gerichtet. Wenn die Mütter doch zeitig bedächten, wie sie selbst gerade dadurch ihren Töchtern den Lebensweg erschweren, vielleicht würden sie größere Rücksicht darauf nehmen, bei der Erziehung neben der nöthigen geistigen Ausbildung einen festen, christlichen Grund zu legen. Vielleicht auch würden sie sich's zur Aufgabe stellen, ihre Töchter nach alter deutscher Sitte in Küch' und Keller einzuführen und diese mit den vielfachen Beschäftigungen des häuslichen Wirkens zu machen, um sie so für ihren künftigen Beruf vorzubereiten. Hierbei erlaube ich mir auf ein von mir verfaßtes Werk: »*die Jungfrau,* Worte des Raths zur Vorbereitung für ihren Beruf, Verlag von Velhagen und Klasing in Bielefeld«, hinzuweisen. Es ist als Eingang zur Hausfrau zu betrachten und enthält viele Winke.

Kein Hausvater wird seinem Sohne, welcher noch völlig unkundig oder kaum zur Hälfte in ein Geschäft eingeweiht ist, dasselbe zur Führung in seine Hand legen; nicht selten aber finden wir, daß die Mutter ihre gänzlich unkundige Tochter getrost und sorglos dem Manne und somit ihrem Beruf übergibt und sie dann auf gut Glück ihrem Schicksale überläßt. Wir dürfen uns dann nicht wundern, wenn die junge Hausfrau, ganz unbekannt mit dem praktischen Leben und den vielen Bedürfnissen des Lebens, diese nicht mit den bestehenden pecuniären Verhältnissen in richtigen Einklang zu bringen versteht. Sie weiß noch nicht, was das Leben erfordert, kennt noch viel weniger die mannigfachen Vortheile, welche eine unterrichtete Hausfrau durch geregelte häusliche Einrichtung, verhältnißmäßige Eintheilung, Einsicht und Übersicht, Fleiß und Sparsamkeit zu gewinnen vermag.

Darum erlaube ich mir die jungen Frauen nicht nur auf die Pflichten der Hausfrau aufmerksam zu machen, durch deren treue Erfüllung sie wesentlich dazu beitragen werden, dem Unfrieden vorzubeugen, des Mannes Mühen zu erleichtern und ihm und sich selbst eine möglichst sorgenfreie Zukunft zu schaffen, sondern auch zugleich den jungen Frauen verschiedene Winke, aus eigener Anschauung vielfacher Lebensverhältnisse gewonnen, als kleine Beiträge zur Begründung einer angenehmen Häuslichkeit mitzutheilen.

Zuerst denn zu dem, was so häufig das Glück des häuslichen Lebens untergräbt. Hierzu gehört namentlich von vorn herein Mangel an Offenheit und Wahrheit, Verheimlichung der bestehenden Verhältnisse, wodurch die Männer thörichter Weise beabsichtigen, entweder ihren Frauen unangenehme Mittheilungen zu ersparen, oder dadurch eine mißliche Sachlage und verkehrte Handlungsweise zu verdecken.

Daraus entsteht dann nicht selten von Seiten der Frauen eine Sorgenlast, oder – was sehr zu verwerfen ist – Neigung zu ähnlichen Verirrungen, häufig auch Überschätzung der Vermögensverhältnisse, wodurch diese dann gewöhnlich überschritten werden.

[. . .]

Um sich den Verhältnissen gemäß einzurichten, ist ganz besonders den Frauen zu rathen, ihre Männer zu veranlassen, ihnen monatlich – bei Beamten, sobald sie ihr Gehalt empfangen – ein Gewisses, was mit Vermögen, Gehalt oder Gewinn, auch nicht zu vergessen mit den Ansprüchen des Mannes, im richtigen Verhältniß steht, zum Haushalt zu bestimmen, so wie auch monatlich ein bestimmtes Kleidergeld für sich, wenn Kinder da sind, auch für diese – einzeln berechnet – vom Manne sich zu erbitten.

Es werden, wie vielfache Erfahrungen es gelehrt, gerade dadurch in vielen Lagen nicht nur unzählige böse Worte, ungerechte Vorwürfe und Kränkungen erspart, sondern die junge Frau wird sodann weit eher zu einer gewissen Übersicht und nöthigen Selbstständigkeit gelangen, sich besser gewöhnen haushälterisch zu verfahren, mehr Vergnügen am Hauswesen und mehr Muth zu Ersparnissen gewinnen, als wenn das Geld für jede einzelne Ausgabe ihr vom Manne zugetheilt wird.

Was landwirthschaftliche Haushaltungen betrifft, deren Bestehen größtentheils auf eigene Erzeugnisse beruht und in welchen man darauf hingewiesen ist, die baaren Ausgaben aus dem, was die Wirthschaft liefert und erübrigt, zu bestreiten, wird die junge Hausfrau vor Allem auf zwei Punkte freundlichst aufmerksam gemacht: *erstens,* die selbstgezogenen Producte nicht zu betrachten, als ob dieselben nichts kosteten, sondern den Geldwerth derselben wohl im Auge zu halten; *zweitens* auf eine pünktliche Buchführung über dasjenige, was in der Wirthschaft – selbstredend, so weit ihr Bereich geht – verkauft und gekauft wird.

Aber sie wird auch aufmerksam gemacht, namentlich in einer solchen Lage, wo von der Wirthschaftlichkeit der Frau ganz besonders viel abhängt, wo der Mann bei seiner umfangreichen Wirksamkeit auf die sichere Hand und den geübten Blick seiner Gattin rechnen muß, da vorzugsweise danach zu streben, die einmal übernommenen Pflichten mit aller Sorgfalt und Wachsamkeit zu erfüllen und nicht aus falscher Scham lieber ihre Unkunde verbergen als den Rath geübter Hausfrauen zu suchen.

Doch wieder zum Haushaltsgelde. Oftmals erbitten sich junge Frauen, entweder aus Unkunde oder Bescheidenheit, zu wenig von ihren Männern, so daß die nöthigen Ausgaben unmöglich davon bestritten werden können. Es fehlt dann überall, namentlich wo Keller und Vorrathskammer noch nicht die Schätze eines ältern, guten Haushalts kennen und wird dann zum Borgen die Zuflucht genommen. Der nächste Monat aber vermag das Fehlende nicht auszugleichen trägt vielmehr selbst seine Last und so gehts dann eine Zeitlang weiter, bis endlich die Frau keinen Ausweg mehr sieht; der Mann muß nachzahlen und am Horizont des häuslichen Glückes thürmt sich vielleicht das erste schwarze Gewölk.

Daher kann den jungen Frauen Offenheit und Wahrheit gegen ihre Männer nicht genug ans Herz gelegt werden. Aus Verheimlichungen entsteht oft das Schlimmste – ehrenrührige Schulden, Zwietracht, Kummer und Noth.

O wenn's doch auch die *Männer* bedächten! wie würde es in manchen Häusern besser stehen, wie würde Liebe und Friede darin wohnen und Einigkeit Mann und Frau stark machen zu ihrem Tagewerk!

[. . .]

Es ist aber jeder jungen Frau zu rathen, ihr Glück nicht zu viel in äußeren Dingen zu suchen, vielmehr dasselbe im häuslichen Leben zu begründen. Sie suche also von Anfang an ihren ganzen Einfluß auf den Mann dahin zu richten, ihn für eine angenehme Häuslichkeit zu gewinnen.

Keinenfalls möchte ich es rühmen, wenn junge Frauen, deren Verhältnisse es erlauben, sich vom geselligen Leben fern halten und einzig und allein für's Haus leben wollen, bin vielmehr überzeugt, daß ein guter Umgang vor Einseitigkeit bewahrt und die nöthige Erheiterung gewährt, auch kann man in Gesellschaft manches lernen, bald ist's ein warnendes, bald ein nachahmungswürdiges Beispiel; aber es setze die Frau, in welchem Verhältniß sie auch leben möge, sich bestimmte Schranken und lasse in keiner Beziehung Mann und Kinder, so wie auch ihre Verhältnisse unberücksichtigt.

Dem Hause würdig vorzustehen, dasselbe nach Möglichkeit zum angenehmsten Aufenthalt des Mannes zu machen, nur ihm gefallen zu wollen, auf alle seine Wünsche, insofern sie zum wahren häuslichen Glücke dienen, die größte Rücksicht zu nehmen, möglichst zu vermeiden suchen, was Sorgen nach sich ziehen könnte, nie zu vergessen, daß der Mann der Versorger der Familie ist – das sei und bleibe die schönste Aufgabe des weiblichen Berufs. Sirach sagt 26, V. 21: »Wie die Sonne, wenn sie aufgegangen, an dem hohen Himmel des Herrn eine Zierde ist, also ein tugendsames Weib eine Zierde in ihrem Hause.«

Zur Erfüllung dieses Worts ist zunächst ein gutes Haushalten unerläßlich. Die junge Hausfrau wolle zu diesem Zwecke die Sorge für das Conserviren des Hauses, der Möbel, sämmtlicher Hausgeräthe und Kleidungsstücke nicht außer Acht lassen. »Durch Weisheit«, heißt es in den Sprüchen 24, V. 3-4, »wird ein Haus gebaut und durch Verstand erhalten. Durch ordentliches Haushalten werden die Kammern voll aller köstlicher, lieblicher Reichthümer.«

Es gibt aber Frauen, deren fleißige Männer nicht auf einen grünen Zweig gelangen, nicht einmal so viel zu erwerben vermögen, als durch unordentliches, kostspieliges Wirthschaften verbraucht wird. Es besteht solches nicht immer in verschwenderischer Zubereitung der Speisen, nein, es können durch Unordnung, Gleichgültigkeit und Bequemlichkeitsliebe, wobei man den Dienstboten zu viel überläßt, mehr Lebensmittel verderben, mehr verschleudert, weggenascht oder weggetragen werden, als die Kosten eines guten Tisches bei ordentlichen Haushalten betragen würden.

Ebenso tadelnswerth ist es, wenn aus übertriebener Sparsamkeit dem Manne das Gehörige entzogen, das Essen kärglich und nahrlos eingerichtet wird. Es ist dies in Städten oftmals der größte Gewinn für Restaurationen. Die Männer suchen und finden hier Entschädigung und es wird dann oft bei einem Mahle mehr verthan als ein sorgfältig zubereitetes nahrhaftes Essen für die ganze Familie kosten würde.

Aber es gibt in dieser Beziehung auch höchst rühmliche Beispiele – Frauen, welche bei mäßigem Gehalt ihrer Männer den Haushalt, selbst bei zahlreicher Familie, sehr anständig zu führen wissen, wo der Hausvater bei bescheidenen Ansprüchen nichts entbehrt und sich im Hause glücklich fühlt, wo die Kinder eine gute Pflege, eine aufmerksame, vernünftige Erziehung und jeden Unterricht genießen, der den Anforderungen eines gebildeten Standes entspricht und wo man bei dem Allen die Armen nicht vergißt und selbst noch Einiges für spätere Zeiten erübrigt.

Es hängt also sehr viel von einer guten und verständigen Hausfrau ab. Und diese wird, hauptsächlich des Mannes wegen, niemals den Tisch poetisch behandeln. Gern auch wird sie Rücksicht auf des Mannes Lieblingsgerichte nehmen, einerlei, ob diese von ihr selbst gern oder nicht gern genossen werden. Doch halte sie bei gewöhnlichen Verhältnissen den Tisch sehr einfach, bringe im täglichen Leben keine Leckereien, überhaupt gehe sie nie durch sorgloses Nichtbeachten der Kosten zu weit; übe sich indessen jedes Gericht sorgfältig, nahrhaft und wohlschmeckend zu bereiten, heiß und appetitlich anzurichten, für angenehme Abwechselung zu sorgen und vor Allem auf pünktliche Essenszeit zu halten, was hauptsächlich zu einer guten Hausordnung gehört.

Die Führung des Hauswesens gebe die kluge Hausfrau nicht ohne die höchste Nothwendigkeit aus ihren Händen. Durch häufige Unpäßlichkeiten, ganz besonders bei nervösen Leiden, kann indessen eine Frau leicht dazu gebracht werden, sich vom Hauswesen zurückzuziehen und sich ihrer Schwäche hinzugeben. Nicht genug ist davor zu warnen. Solche Übel finden durch ein gänzliches Hingeben und Beschäftigen mit seinem Leiden reiche Nahrung, führen ein noch stärkeres Ermatten herbei, und, was sehr schlimm ist, hat die Frau ihr häusliches Regiment einmal in eine fremde Hand gelegt, so verliert sie dafür gar zu leicht das nöthige Interesse und mit diesem auch ihr Ansehn. Es gehört dann gar Vieles dazu, sich wieder mit Allem vertraut zu machen, was niemals ohne Aerger geschieht, besonders wenn sie sich vielleicht auf ein anmaßendes, vorwitziges Dienstmädchen verlassen hatte. Die Hausfrau findet, sobald sie wieder ins Hauswesen tritt, stets dies oder jenes anders gemacht, als sie selbst es eingerichtet haben würde, vielleicht Manches an einem andern Orte, sie findet, daß nach ihrer Berechnung zu viel verbraucht wurde, was Alles durch eine gewisse noch zurückgebliebene Reizbarkeit ihr in noch weit schlimmerem Lichte erscheint.

Erfahrungen im Kreise meiner Bekannten lehrten, daß Frauen bei wochenlanger Unpäßlichkeit ihr Hauswesen von dem Krankenzimmer aus selbst besorgten, wozu allerdings große Ordnung, ein geregelter Haushalt, Einsicht und eine geistig kräftige Natur gehört. Übrigens ist im Abschnitt: Bemerkungen in Beziehung auf Vorräthe Verschiedenes enthalten, welches hierzu die Hand bietet. Was in solchen Zeiten den Verbrauch von Specereiwaaren, als Kaffee, Thee, Zucker, Reis, feine Gerste, Gries, Rosinen u. dgl. betrifft, so kann die Hausfrau entweder einen Schrank im Krankenzimmer damit versehen und zur Zeit das Bestimmte herausgeben, oder solches in Kaufläden für das dazu verabreichte Geld holen lassen; oder auch ein Holbuch einrichten, wie es im Abschnitt: Einnahme und Ausgabe, bemerkt worden.

In Krankheiten aber, wo der Arzt es verlangt, daß die Hausfrau sich nicht mit häuslichen Angelegenheiten befasse, ist es selbstredend Pflicht, ganz und gar dem ärztlichen Rathe zu folgen. Sobald es jedoch einigermaßen möglich ist, sich wieder häuslich zu beschäftigen, versuche die pflichtgetreue Hausfrau mit Vorsicht ihre Kräfte zu üben und kehre nach und nach zur Erfüllung ihrer Obliegenheiten zurück.

[...]

Die Dauer der Liebe und des häuslichen Glücks gründet sich auf gegenseitige Achtung. Darum sei es das Streben der jungen Gattin, in ihrem ganzen Thun und Lassen sich die Achtung ihres Mannes zu sichern. Diese wird nicht allein durch den Besitz der Haupteigenschaften einer wirthlichen Hausfrau erzielt, sie hängt vielmehr auch von manchem ab, was wir mit dem Namen Kleinigkeiten bezeichnen.

Kleinigkeiten greifen oft tief in's Leben und seine Verhältnisse ein, – wie dies in meiner *Jungfrau* ausführlicher behandelt worden – sie haben wesentlichen Einfluß auf die Achtung, lassen oft gar nicht zur angenehmen Häuslichkeit gelangen, sind oft die Ursachen steter Mißklänge und rauben nicht selten den schönen Frieden, das häusliche Glück. Ein großer Dichter sagt: »*Achte das Kleine nicht klein, es bewahret die Keime des Großen!*« und gewiß, es gibt kein Wort, was mehr Wahrheit in sich schließt. Fassen wir die häuslichen Verhältnisse – Glück und Unglück, tiefer in's Auge, so kann es uns nicht entgehen, daß beides sich häufig auf Kleinigkeiten gründet, daß meistens da das Glück einkehrt, wo neben Gottesfurcht – Fleiß und Sparsamkeit, Ordnung und Reinlichkeit unermüdlich geübt werden und daß das Gegentheil den Untergang herbeiführt.

Um sich die Achtung des Mannes zu sichern, sei auch die Gattin von Anfang an auf keine Weise gegen ihren Mann zu ungenirt, was in jedem Verhältniß, ganz besonders aber – wie es mir scheint – im ehelichen, so nothwendig sein möchte. Ein Hauptpunkt ist Reinlichkeit.

Auch mache die Gattin, wie schon erwähnt, sich Wahrheit gegen ihren Mann zur heiligen Pflicht; ihr Thun und Lassen sei derart, daß sie dem Manne nichts zu verheimlichen nöthig hat; in ihren Mittheilungen sei sie schonend, doch immer zuverlässig, gebe ihrer Rede nie nach Willkühr Licht und Schatten, damit der Mann wisse, daß er auf das Wort seiner Gattin fest bauen könne. Nie verfahre sie rücksichtslos gegen ihn. Sie belästige ihn daher auch nicht mit Erzählungen von geringfügigen Vorfällen, namentlich auch nicht mit solchen von unangenehmen häuslichen Scenen, wie sie oftmals durch Dienstboten hervorgerufen werden, komme noch vielweniger ihm mit derartigen Mittheilungen entgegen, wenn er ermüdet von geistigen oder körperlichen Anstrengungen im Familienkreise sich nach Ruhe und Erholung sehnt.

In solcher Rücksichtsnahme gegen den Mann wird die Gattin zugleich sich selbst schonen; das Auffrischen unangenehmer Vorfälle ist nur zu geeignet, sich stets von neuem aufzuregen und doch ist dergleichen am andern Tage bei ruhigem Erwägen oft nicht der Rede werth. Auch gewinnt die Hausfrau bei dem Dienstpersonal größere Autorität, wenn sie selbst ihm die verdienten Verweise gibt und damit die Sache ruhen läßt, als wenn sie den Mann mit jedem kleinen Versehen bekannt macht, ihn gar zu Hülfe ruft.

Sucht die Hausfrau ihr Hauswesen verständig einzurichten, mit Achtsamkeit zu überwachen, damit wenigstens gröbere Mißbräuche verhütet werden, sucht sie eine gewisse Herrschaft über sich zu gewinnen und durch Gleichmuth den vielen kleinen Unannehmlichkeiten, welche im Hauswesen vorkommen, zu begegnen, so wird sie im ersten Falle manchem Verdruß vorbeugen, im letztern sich seltener gereizt fühlen und mehr und mehr zu jener Gemüthsruhe gelangen, die für das Wohl des Hauses, so wie auch für ihre Gesundheit und Liebenswürdigkeit in gleichem Maße Gewinn ist.

Ein fehlerhafter Grundsatz aber ist es, um Unannehmlichkeiten auszuweichen, nicht Alles wissen zu wollen was im eigenen Hause vorgeht. Die Hausfrau muß eine genaue Controlle führen, muß in ihren Angelegenheiten das Bedeutendere wie das Unbedeutende, selbst jede böse Nachrede scharf ins Auge fassen, um solches auf geeignete Weise, etwa durch größere Vorsicht und Wachsamkeit, zu besiegen und in Zukunft möglichst zu vermeiden suchen.

Mancher Frau ist es eigen, ihre Leistungen etwas geräuschvoll kund zu geben; sie ist im vollen Werk, wenn der Mann oder ein erwarteter Gast hereintritt, wodurch sie doch eigentlich zu erkennen gibt, daß sie die vorhergehenden Stunden nicht so recht benutzt hat. Solche unzeitige Geschäftigkeit hat etwas Ungewöhnliches; man findet sie am wenigsten da, wo geregelte Zeiteintheilung und Ordnung zu Hause sind.

Das Walten der wahrhaft liebenden, verständigen Gattin ist weit entfernt von allem geräuschvollen Treiben, sie beweist dem Mann ihre Liebe in der That und diese ist im Kleinen wie im Großen unverkennbar; ihr Einrichten und Thun geschieht mit Überlegung – Alles zur rechten Zeit und in Rücksicht auf den Mann.

Über das »wie« läßt sich im Allgemeinen wenig sagen; die Männer sind ganz verschieden in ihren Wünschen und Anforderungen; das was dem Einen zusagt, ist dem Andern lästig. So finden wir z. B., daß dem einen Manne ein Entgegenkommen in seinen kleinen Wünschen, eine sichtbare Sorgfalt um ihn, wohlthut; ein anderer kann es nicht leiden, wenn die Frau sich viel mit seinen kleinen Bedürfnissen befaßt, wenigstens darf es nicht bemerkbar werden; es ist ihm genug, wenn die Hausordnung im rechten Gange erhalten bleibt. Der eine Mann ist ungehalten, wenn nicht Alles in der bestimmten Minute geschieht, der andere scheut nichts mehr als Hast und Übereilung; es soll Alles wenigstens den Anschein haben, als würde es mit Muße ausgeführt. Der eine Mann erfreut sich, wenn er in's Haus zurückkehrt, an der muntern Kinderlust, der andere sehnt sich nach dem mühevollen, unruhigen Treiben des Tages, wie es häufig mit dem geschäftlichen Wirken des Mannes zusammenhängt, nach vollständiger Ruhe; er sieht es am liebsten, daß die Kinder schon in ihren saubern Nachtkleidchen, rein gewaschen, ihm den Kuß zur guten Nacht entgegenbringen.

Bei einiger Aufmerksamkeit wird es die Gattin dem Manne leicht abmerken, wie er es nicht nur im Allgemeinen, sondern auch in kleinen Einzelheiten wünscht. Und darauf muß die Frau die größte Rücksicht nehmen. Im Abschnitt: der Morgen, sind in dieser Beziehung mehrere Winke gegeben. Jedenfalls ist die kluge und wahrhaft liebende Gattin darauf bedacht, dem Manne beim Eintritt in's Haus einen angenehmen Eindruck zu gewähren. Kehrt derselbe aus dem Berufsleben in seine Häuslichkeit zurück, so findet er im Wohnzimmer einen überaus gemüthlichen Aufenthalt, Ordnung und Reinlichkeit in der ganzen Umgebung und – eine reinliche, freundliche und gemüthliche Hausfrau. Sie kennt ihren Vortheil besser als Frauen, welche der schönen Vorhänge wegen ihre Männer zu bewegen suchen, das Rauchen im Wohnzimmer zu unterlassen, was diese ohne Zweifel nicht dafür gewinnen, wohl aber daraus entfernen wird.

Erfordert der Beruf des Mannes im Hause ein Studir- oder Arbeitszimmer, so sorgt die rücksichtsvolle Gattin vor Allem für einen freundlichen, hellen, bequemen und ruhigen Aufenthalt, sucht möglichst fern zu halten was unnöthige Störungen herbeiführt – worüber im Abschnitt: der Morgen, ebenfalls verschiedene Winke gegeben sind. Auch ist sie weit davon entfernt, solchen Raum zu irgend einer häuslichen Verrichtung zu beanspruchen, selbst dann nicht, wenn des Mannes Güte solches gestatten möchte.

Beliebt es dem Manne zuweilen einen Freund oder Gast bei sich zu sehen oder unerwartet mitzubringen, so setzt dies eine gute Hausfrau nicht in Verlegenheit, noch weniger kann es sie verstimmen; sie heißt vielmehr den Gast herzlich willkommen und gibt gern was sie hat. Gastfreundschaft ist eine liebenswürdige Erscheinung im Familienleben, welche oftmals – wie uns auch die heilige Schrift darauf hinweist – zu sehr angenehmen, wol gar zu glücklichen Ereignissen für die Familie führt. Niemals aber schenkt die ehrbare Hausfrau dem Freunde oder Gast ihre besondere Aufmerksamkeit; sie bewirthet ihn zwar gern mit der Artigkeit, die ihr so wohl ansteht und bei welcher der Freund sich beim Freunde nur wohl fühlen kann, stets ist es aber unverkennbar, daß der Mann, wie sich's gebührt, den ersten Platz im Hause und in ihrem Herzen einnimmt.

Eine Frau, welche des Mannes und ihr eigenes Glück im Auge hält, gibt keine Gelegenheit zur Eifersucht, selbst nicht in einem mangelhaften Verhältniß. Es werden mitunter dergleichen Kunstgriffe gebraucht, doch sind sie ein höchst gefährliches Spiel. Vermag die Gattin nicht durch ein würdig liebevolles Wesen und ein pflichtgetreues, häusliches Walten den Mann zu fesseln, so wird es auf solchen Wegen wahrlich nicht gelingen.

In den meisten Fällen kann die Gattin einen eben so starken Einfluß auf den Mann ausüben, als dieser es bekanntlich auf sie vermag; doch darf ihr Benehmen sowohl ihm gegenüber, als in Gegenwart von Andern, niemals den Schein von Herrschsucht annehmen und darf sie nur würdige Mittel anwenden. Die Männer ertragen nach Gebühr durchaus keine Beherrschung, nicht einmal einen Ton fester Entscheidung. Der Mann wird schon im Voraus von seinen Freunden darin bestärkt, der Frau in keinerlei Weise von seiner Herrschaft etwas einzuräumen, was vielleicht nicht so nothwendig sein möchte als die Männer es sich denken. Der Mehrzahl von Frauen wird es nicht einfallen, den Mann beherrschen zu wollen, es werden dieselben ihren Vortheil besser verstehen, wissend, daß Herrschsucht die Frau entwürdigt und ein anmaßendes Wesen jeden guten Zweck verfehlt.

Übrigens beurtheilen manche Männer den Punkt der Herrschaft ganz irrig, halten für Herrschsucht, was oft weit davon entfernt ist. Der Mann, welcher das häusliche Glück nicht einzig und allein von der Frau erwartet, sondern weiß und im Auge hält, daß dieses zugleich vom Manne erzielt werden muß, wird ohne Zweifel die Rechte der Frau ehren.

Die Frau muß in Beziehung auf sich selbst manches besser wissen als der Mann, muß ihre weibliche Würde eben so hoch halten als der Mann seine Rechte. Um den Besitz einer willenlosen, schlaffen Frau, die sich wie Wachs in jede Form drücken läßt, ist der Mann wahrlich nicht zu beneiden. So darf die Frau z. B., was den Ton im Hause betrifft, nicht zu nachsichtig oder gar willenlos sein, sie muß vielmehr das sittliche Leben mit aller Kraft zu fördern suchen und sollte der Mann oder ein Freund desselben einen leichtfertigen Ton anstimmen, so zeige sich die Frau in der ganzen Wahrheit ihrer weiblichen Würde, und wenn ein solcher Ernst gegen alles Erwarten nicht ausreichen möchte, dann entferne sie sich jedesmal ohne Schonung und Rücksicht selbst auf hochgestellte Gäste.

Was das Lesen anbetrifft, so wird die pflichtgetreue Hausfrau, welcher die Besorgung eines großen oder unruhigen Haushalts obliegt, sich nicht der so zeitraubenden Lesesucht hingeben, so anziehend auch eine gute Lectüre ist. Nicht als ob sie der Ansicht wäre, daß eine Hausfrau den ganzen Tag kein Buch ansehen dürfe, nein, sie fühlt vielmehr sehr wohl, wie manchmal augenblicklich ein Trost, eine Erhebung in den oft so unangenehmen Vorfällen des Tages nöthig ist. Dazu hält sie indessen oft schon einen kernigen Bibelspruch oder auch ein kurzes erhebendes Gedicht für hinreichend. Sie wird sich nicht dem stundenlangen Lesen hingeben, wissend, das dies gar sehr abzieht und eine gute Hausfrau am Tage ihren Gedanken keine Zeit zum Umherschweifen gewähren darf. Doch sucht sie in passenden Stunden, ganz besonders an Winterabenden, gemeinschaftliches Leben im Familienkreise einzuführen. Sie hält es aber für ihre Sache, darüber zu wachen, daß nur sittlich rein gehaltene Schriften gelesen werden; jedes anstößige Buch, und wäre es noch so geistreich geschrieben, wird sie gänzlich verbannen. Bei der Wahl der Lectüre gehen wir bekanntlich am sichersten, wenn wir uns an gute Schriftsteller halten, bei welchen eine sittlich-religiöse Richtung nicht zu verkennen ist.

Bekanntlich ist es eben nicht eine Leidenschaft der Männer, am liebsten in Gesellschaft ihrer Frauen auszugehen. Möchte es ihnen aber zu Theil werden, so wird die kluge Gattin ihr Hauswesen so einzurichten suchen, daß sie sich nicht ohne ganz besondere Ursache genöthigt sieht, einen solchen Wunsch abzulehnen, viel weniger noch auf sich warten zu lassen. Eine Hausfrau kann zwar unmöglich stets zum Ausgehen fertig sein, es gibt bald dies bald jenes zu besorgen, was oftmals keinen Aufschub leidet; ist indessen eine Stunde zum gemeinschaftlichen Ausgehen verabredet, so kann eine Frau diese nicht pünktlich genug im Auge halten. Das Aufsich-wartenlassen ist eine Sache, welche die Mehrzahl der Männer mit vollem

Recht so sehr scheut, daß sie gar leicht dazu gebracht werden, lieber ohne ihre Frauen auszugehen, als durch Warten die ihnen oft so kostbare Zeit und ihre gute Laune zu verlieren. Auch suche die Gattin bei solchen Gelegenheiten im Allgemeinen unangenehme Gespräche zu vermeiden, sie trage vielmehr durch erheiternde Unterhaltung dazu bei, dem Manne ein gemeinschaftliches Vergnügen lieb zu machen. Wohl einer Gattin, deren Gesellschaft der Mann sucht!

Die Männer haben vielleicht nicht weniger als die Frauen ihre Eigenheiten, die sogar oftmals kleinlich hervortreten. Die vernünftige Gattin sucht nicht nur Alles zu vermeiden, wodurch sie Anstoß geben könnte, sondern sie weiß auch ihren Mann zu nehmen, gleichwie es wünschenswerth ist, daß derselbe die Frau verstehe. Sie beurtheilt ihn nicht nach Einzelheiten oder nach einer sie vielleicht nicht ansprechenden Eigenthümlichkeit und wirft nicht bei einem daraus hervorgehenden übeln Eindruck die Eigenschaften eines vielleicht wahren Charakters mit über Bord. Ein sogenanntes Zunehmenwissen wird die Gattin in des Mannes Augen und diesen wiederum Andern gegenüber heben. Auch weiß sie die schwachen Seiten ihres Mannes zu schonen und ist weit davon entfernt, sie bemerkbar zu machen.

Hätte derselbe aber Fehler, welche von verderblichem Einfluß auf das Familienleben sein könnten, so hält die gewissenhafte Gattin es für ihre heilige Pflicht, so viel es es durch höhern Beistand mit sanftem Ernst vermag, unermüdlich auf den Mann einzuwirken, wissend, daß sie einst auch darüber wird zur Rechenschaft gezogen werden; doch trete sie hierbei niemals aus den Schranken der Weiblichkeit. Ein derartiges Einwirken wird jedoch die größte Vorsicht erfordern. Nichts möchte vielleicht mehr den Zweck verfehlen, als jene reizbar stichelnde Weise, die nur Erbitterung zur Folge hat. Das Wort der Gattin sei ruhig und würdig. Darum suche sie bei einem Gespräch mit ihm vorher ihr Gemüth zu beruhigen und benutze ebenso eine ruhige Stimmung des Mannes, wobei es vom größten Werth sein würde, sich eindringlich, aber nicht zu weitschweifig auszusprechen. Bei einem aufgeregten Zustand des Mannes ist im Allgemeinen zu rathen, alle Worte zu sparen. Ein zur rechten Stunde gesprochenes besonnenes und verständiges Wort, läßt am ersten einen guten Erfolg hoffen. Wie schon früher bemerkt, suche die Frau des Mannes Vertrauen als den größten Schatz zu gewinnen und zu bewahren; wenn sie aber in einzelnen Fällen solches nicht zu erreichen vermöchte, dann glaube sie nicht, mit gleicher Münze zahlen zu dürfen, bleibe vielmehr gegen ihren Mann stets offen und wahr.

Bei all' ihrem treuen Wirken erwarte indessen die liebende Gattin nicht stets Anerkennung von ihrem Manne, so wohl diese auch thun mag. Es gibt im Leben des Mannes ernste und wichtige Stunden, wo sein ganzes Denken in Anspruch genommen wird; es sei ihr genug, daß sie weiß, sie hat es an stiller Aufmerksamkeit und an gutem Willen nicht fehlen lassen.

Und gewiß wird mit seltenen Ausnahmen der Mann das Glück des Besitzes einer guten, liebevollen Gattin anerkennen, er wird sie auch ohne schöne Worte ehren und lieben, vor allen Frauen hochhalten und ihr sein volles Vertrauen schenken.

Lorenz von Stein,
Die Frau auf dem Gebiete der Nationalökonomie*

I.

Es ist ein theures Vorrecht unseres Jahrhunderts, unsere Frauen nicht
bloß zu lieben und zu verehren, wie es wenigstens ein Theil der Vergangenheit gethan, sondern auch über sie nachzudenken. Fast scheint es uns,
als ob das spezifische Moment unserer Zeit, die nur das wahrhaft zu
besitzen glaubt was sie weiß und begreift, auch auf die Frauen, ihr Leben
und ihre innerste Eigentümlichkeit seine Gewalt erstrecken wolle. Haben
wir recht oder unrecht darin, daß wir auch auf diesem Punkte mit der
Arbeit des Geistes das zu messen versuchen, dem wir uns mit der Hingabe
des Herzens so gern unterwerfen?

   Noch weniger wage ich eine Antwort auf die zweite, vielleicht wichtigere Frage. Was wird die Frau selbst dazu sagen, wenn sie Gegenstand der
Wissenschaft wird? Und vor allem der Wissenschaft, welche, selbst der
Maßstab für die eine ganze Hälfte aller menschlichen Dinge, ohne ihren
eigenen, von allem anderen unabhängen, eigentlich herzlosen Maßstab
nicht gedacht werden kann, der Wissenschaft des Güterlebens? Wird die
Frau es ertragen, daß sie für den Mann auch noch einen anderen Werth
empfangen kann und soll als den, den ihr seine Liebe gibt? Wird sie es
dulden, daß ich auf sie, für die ich alles hingebe, die trivialen Begriffe von
Produktion und Konsumtion, von Kosten und Ertrag anwende? Darf sie
es erlauben, daß das Unschätzbare in den Alltagshänden der Nationalökonomie zu etwas Schätzbarem werde? [. . .]

II.
Die Idee der Frau.

[. . .] Lassen wir nun den Streit über Wesen und philosophische Bedeutung dieses Idealen. Greifen wir mitten in das wirkliche Leben. Was heißt
es, den schwer arbeitenden Mann »verstehen«, noch ehe er fertig wird mit
seiner Leistung, und auch dann, wenn sein Beruf es will, daß er nie fertig
werden kann? Und wer soll und wird ihn verstehen, als die *Frau,* die mit
seinem Leben eins geworden ist? Das Weib liebt den Mann; aber die Frau
ist es, die in ihm *verstehen* muß was er ist. So ist sie dem Manne eben
dadurch die Gefährtin seines inneren Lebens, weil sie die Empfindung des
Idealen für jeden Punkt desselben in sich trägt. Freilich vermag sie es
nicht, mit eigener Kraft dasselbe zu verwirklichen; sie empfindet es, aber

* 6. Aufl. Stuttgart 1886. Auszüge: S. 1; 16-25; 33-55; 90-118.

sie weiß ihm keine Gestalt zu geben; sie irrt sich nie über sein Wesen, allein sie kann es nicht durch sich zum Ausdruck bringen. Darum schaut sie schweigend jenem Berufe, jener Arbeit des Mannes zu, verfolgt sie, freut sich an ihnen, liebt sie; denn es ist ihr, als ob der arbeitende Mann nicht bloß seine eigene That gethan, sondern als ob er sie selber in dieser That verwirklichte, ihrem eigenen innersten Sinnen und Schauen den Körper der Wirklichkeit verliehen hätte. Und ob er das will und thut, das weiß sie vollständig klar; denn sie versteht zwar nicht Weg und Mittel, aber das Ziel ist lebendig in ihr; das gießt sie, möchten wir sagen, in die Seele des Mannes hinein; sie macht ihn seiner selbst gewiß, wo er müde wird oder zweifelt; sie ist ihm die Gewißheit dessen, wonach er ewig vergebens ringt; und so wird die Empfindung der Frau für das Ideale zur Begeisterung für die arbeitende Kraft des Mannes. Das ist das Leben der Frau in dem thätigen Leben des Mannes, und wiederum das Leben des Idealen in dem Geiste der Frau. Die Lehre von der Frau ist wahrlich etwas Größeres als die Betrachtung der Frau auf dem Gebiete der Nationalökonomie!

Und dennoch – und ich bin in einiger Verzweiflung, es sagen zu müssen, und muß es sagen, weil es dem Folgenden schließlich seine letzte Berechtigung gibt – jenes Ideale in der Frau, so schön und so mächtig es unbestritten ist und so vieles in der Welt beherrscht und veredelt, ist gewiß eine hohe Kraft, aber es enthält an und für sich keine *Arbeit*. Es vermag uns zu erheben und zu stärken, zu trösten, zu lieben, und es weiß selbst was es auf allen Gebieten des Lebens zu sein vermag – aber es vermag nichts zu *thun*. Ist diese Alltäglichkeit einmal da, so wird es sein Frühling, seine Blüthe, seine Freude; aber ihm seine ersten Bedingungen zu geben, das vermag das Ideale nicht. Es ist unendlich reich und schön in sich, aber ob es das auch für die wird, mit denen es verbunden ist, das liegt außerhalb seiner Kraft. Und wie oft bleibt es nicht in Geist und Herzen einer Frau unverstanden, bis es oft genug, zuletzt an sich selber verzweifelnd, untergeht?

Und wo liegt das Geheimnis dieser Erscheinung?

Es mag hart scheinen, aber es ist dennoch so und gilt schließlich für die Frau wie für den Mann. Nichts auf dieser Erde hat eine Berechtigung etwas Dauerndes zu sein, was nicht *arbeitet*. Und darum gibt es auch kein Ideal, das ohne das arbeitende Streben nach seiner Wirklichkeit zu bestehen vermöchte. Es ist nun einmal so, daß alles was sich nicht mit der Mühe und Arbeit des Tages zu verbinden weiß, mit dem Tage, ja oft mit der Stunde, in der es geboren wird, älter werden und sterben muß. Eine ernstere Thatsache im Leben der Menschheit werden Sie kaum finden; weniger noch den, der sie mit Ernst bestreiten möchte.

Ist dem nun aber so, so tritt allerdings an uns, vor allem aber an jene Idee der Frau, die Frage heran, *wo* denn eigentlich und *wie* dies Ideale, das unbestimmte und doch schöne und edle Etwas, in der Frau für ihre Arbeit erscheinen, und wie es hier etwas leisten könne und solle.

Und hier müssen wir gleich, um nicht mißverstanden zu werden, einen Gedanken an die Spitze des Folgenden stellen, von dem ich hoffe daß Sie ihm einen Augenblick fest ins Auge schauen werden.

Die Frau kann zuletzt, wenn die Dinge sie äußerlich oder ihre Individualität sie dazu innerlich zwingen, *alles,* was der Mann kann. Ob schlechter oder besser, darauf kommt es hier nicht an. Es gibt *nichts,* das sie nicht zuletzt wie ein Mann durchzuführen vermöchte. Aber, und das ist es, was wir für uns festhalten müssen, während wir das nicht bestreiten, ist es andererseits ebenso gewiß, daß die Frau, sowie sie das Männliche wirklich thut, nur eine weibliche Form des Mannes und *keine Frau mehr ist.* Es gibt eine weibliche Arbeit, und sie darf sich kühn an die Seite der Arbeit des Mannes stellen und thut es tausendfach und täglich, aber diese weibliche Arbeit ist nicht die Arbeit der Frau. Mit jener tritt sie als Nebenbuhlerin und Mitwerberin des Mannes unter die Gesetze, welche über den Werth entscheiden, die eine Arbeit für die ganze Welt hat, und strebt mit ihnen nach demselben, wonach die ganze Welt strebt, dem täglichen Erwerb. Sie kann es, das ist gewiß; sie thut es nur zu oft, und wir beklagen es, ohne es zu verklagen; aber es ist das nicht die Frau der wir hier begegnen, sondern das männliche Weib. Sowie das Weib die Arbeit des Mannes übernimmt, gehören alle tiefer liegenden Fragen, die nicht mehr Verdienst und Erwerb enthalten, nicht mehr der wahren Frauen-, sondern der Gesellschaftslehre an. Mit dieser dürfen wir hier nicht beginnen. Schließen wir aber dasjenige aus, was uns darauf unmittelbar hinüberführen würde, so stehen wir gerade dadurch wieder vor jener Frage, zu der uns die Idee der Frau getrieben: Kann es genügen daß jenes ideale Wesen bloß da ist, oder kann und soll es als solches auch *arbeiten?*

Und hier nun ist es, wo unsere eigentliche Aufgabe beginnt. Ja, sie kann es nicht bloß und gerade vermöge jenes idealen, edleren Elements in ihr, sondern sie soll es auch, unter der Gefahr, daß sie sonst das Beste verliert was sie für das menschliche Leben ihr Eigenstes nennt; sie kann und soll etwas leisten, was nicht bloß an und für sich unschätzbar, sondern auch dem Besten, was der Mann thun kann, schon dadurch vollkommen ebenbürtig ist, daß die beste Manneskraft dasselbe eben nicht zu leisten vermag. Und das was sie hier leisten kann, ist eben deshalb so geartet, daß es unter allen Dingen dasjenige ist, in welchem gerade jene edleren, idealen Faktoren, die im Wesen der Frau liegen, vollständig, aber auch nur durch die wahrlich nicht geringe Arbeit der Frau vollständig zum Ausdruck für alle, zum Genuß für jeden Einzelnen gebracht werden kann. Und das Gebiet, auf welchem die Frau, und gerade mit ihren idealen Elementen nicht Nebenbuhlerin und Konkurrentin des Mannes, sondern seine Genossin und Gemahlin wird, das ist die Nationalökonomie.

III.
Die Nationalökonomie der Frau.

[. . .] Wenn Sie das einen Augenblick betrachten, was wir im gewöhnlichen Leben ein Gut nennen, so sehen Sie bald, daß dasselbe immer aus irgend einer Substanz besteht, die wir den *Stoff* nennen. Dieses Stoffes bemächtigt sich dann unsere Thätigkeit, um denselben geeignet für unsere Zwecke zu machen, und diese Thätigkeit an dem Stoffe nennen wir die *Arbeit,* das Ergebnis derselben das *Erzeugnis.* Ein jedes solches Erzeugnis wird dann wieder von jemand verzehrt oder verbraucht, jedoch wenigstens der Regel nach in der Weise, daß eben durch die Verzehrung oder den Verbrauch wieder etwas anderes sich erzeugt, wie durch das Essen die Kraft, aus dem Faden das Gewebe, aus der richtigen Berechnung von Einnahmen und Ausgaben ein Überschuß usf. Das Gut ist daher nicht, wie man es sich gewöhnlich denkt, ein ruhender Gegenstand, den ich etwa betrachten kann wie ich ein Bild oder einen Edelstein als ein abgeschlossenes, in sich fertiges Ganzes ansehe; das Gut ist vielmehr ein Etwas, das in einer beständigen, oft sichtbaren oft aber auch unsichtbaren Bewegung begriffen ist, in dem keines seiner Atome oder Bestandtheile auch nur einen Augenblick still steht, sondern in dem vielmehr alles ein lebendiger Prozeß ist. Und die Betrachtung eben dieser beständigen Bewegung, des Lebensgenusses im Gute, ist der Punkt von dem wir auszugehen haben; denn dieser Prozeß ist kein ordnungsloser. Er ist in seinen elementaren Grundlagen so einfach, daß jeder ihn kennt und daß er von Anfang an in der Güterlehre seinen Namen empfangen hat. Er geht vor sich in drei ganz bestimmten Stadien; in dem ersten entsteht das Produkt, wie die Pflanze die sich aus dem Keime bildet, nur daß hier die Arbeit des Menschen und nicht die Kraft der Natur das Werden des Erzeugnisses hervorruft; in dem zweiten wird dies Erzeugnis seiner Bestimmung zugeführt; in dem dritten wird es eben dadurch fähig, aus sich selber ein Neues zu erzeugen. Wir nennen diese drei Stadien in dem Leben jedes Gutes, die großen Analogien in der Bewegung des gesamten Weltlebens, die Erzeugung, die Verzehrung und die Wiedererzeugung, oder die Produktion, Konsumtion und Reproduktion. Jede der drei ist die vollkommen gleich berechtigte, absolute Bedingung der *beiden* anderen; *jeder* der drei gehören beiden anderen an; jede der dreien kann nur da gedeihen und blühen, wo beide anderen lebendig wachsen und fortschreiten; sie überläßt jene Frage denen, welche thöricht genug sind die Meinung aufzustellen, daß der der das Eine leistet, wichtiger oder gar besser sei als der andere. Die wahre Güterlehre zeigt uns vielmehr, daß in der Wirklichkeit des Lebens der Güter, des Reichthums wie der Armuth *nicht immer eine objektive Grenze zwischen jenen Elementen existiert;* daß sie »alles sind mit einemmal« – nimmer ruhende Hände, ohne Anfang und Ende. Das ist ihr höheres Wesen, die Harmonie des Verschiedenen lebendig darzubieten; erst der Mensch ist es, der die Disharmonie hineinbringt. Es ist nicht bloß ein schönes und großes, aber es ist auch ein ernstes Bild, das sich da vor unseren Augen entwickelt.

Denn von ihm aus gehen wir nun zu jenen festen Kategorien des Lebens der Güter, welche uns zu dem Leben der Frau zurückkehren.

Sehen Sie sich um. Die Ehe, dieses innigste äußere und innere Band zwischen Mann und Frau, das das ganze Leben umfaßt, sollte es nicht auch jenes Leben, das wir das Güterleben in Produktion, Konsumtion und Reproduktion genannt haben, in seiner Weise entfalten? – Es ist ja kein Zweifel, daß dem so ist. – Wenn dabei aber Mann und Frau hier wie immer ebenso tief verschieden in Wesen und Kraft sind, wie sie, innig verbunden, doch zuletzt dasselbe wollen und thun, werden sie da wohl für diese Produktion, Konsumtion und Reproduktion genau dasselbe leisten? – Schwerlich; es wird vielmehr den so sehr verschiedenen Kräften auch eine sehr verschiedene Aufgabe geworden sein, die doch zuletzt wieder als eine und dieselbe erscheint. Und wie würden wir wohl die Aufgabe des Mannes neben der der Frau und umgekehrt in jenem Leben des Gutes mit seinen drei oben bezeichneten Stadien nennen? – Ich glaube nicht, das das fraglich sein kann. Der Mann wird die Erzeugung der Güter, die Frau die Verzehrung, beide zusammen aber die Wiedererzeugung zu ihrer Lebensaufgabe haben. Oder, wenn Sie es vielleicht schon jetzt anders und näher liegend ausgedrückt haben wollen, die wirthschaftliche Lebensaufgabe des Mannes liegt für den organischen Begriff des Gutes in der *Produktion,* die der Frau in der *Konsumtion,* die gemeinsame beider aber wird in der *Reproduktion,* das ist der Bildung des Vermögens aus dem richtigen Verhältnis des Genusses zur Erzeugung der Werthe.

Und wenn nun dem so ist, wie wir gesagt, wenn Sie jenes schöne und große Bild des Güterlebens, wie es sich in der Hand von Mann und Frau gestaltet, jenen Reflex der ewigen harmonischen Gesetze des Lebens und Werdens in dem Gedanken und den Arbeiten von Mann und Frau in der Ehe zur Anschauung bringen, wie wenn Sie den Sonnenstrahl betrachten, der sich im Thautropfen spiegelt und in ihm sein Licht in sieben Farben zugleich wiederfindet – was würden Sie, unbefangen und klar, wohl von denen sagen, welche selbst auf diesem Gebiete nach dem »Vorrang« der »Herrschaft« des einen über das andere suchen und nicht ruhen, bis Eitelkeit oder Taktlosigkeit irgend eines für das »Wichtigere« erklärt haben? Würden Sie glauben, daß ein solcher dem Güterleben selbst, oder seiner Wissenschaft, oder vielleicht dem Manne oder der Frau einen Dienst erwiesen habe? Oder werden Sie nicht vielmehr der Ansicht sein, daß er eigentlich gar nicht danach gestrebt habe einem höheren Gedanken zu dienen, sondern nach ganz etwas anderem? Und werden Sie sich da noch von gewissen hohlen Phrasen bestechen lassen, wie sie von gewisser Seite zwar mit wenig Verständnis der Volkswirthschaft, aber mit desto mehr Prätension und nie ohne ganz bestimmte Interessen so lange feilgeboten werden, bis aus dem geduldigen Lächeln dessen, der das durchschaut, der ungeduldige Unmuth wird? Nein wahrlich, das ist nicht der Weg auf dem die geistige Arbeit der wirthschaftlichen, die ohnehin der harten Mühe genug hat und in der sich nur zu oft aus dem Verlust mit oder ohne Recht die gegenseitige Anklage, aus dem Unglück die Verzweiflung und der Haß erzeugen, dasjenige geben kann, was ihre beste Gabe ist, den Frieden der Gemüther durch das Bewußtsein der Harmonie in dem Zusammenwirken des Verschiedenen, die Freude und den Dank des einen für das, was der andere geleistet und besser geleistet hat! Gerade weil der Kampf um das wirthschaftliche Dasein ein so harter ist, soll hier am allerwenigsten von einem Ersten und Zweiten die Rede sein, und gerade das ist eine der wirklich sittlichen Aufgaben der Lehre von der Nationalökonomie, daß sie endgültig die Tradition *einer Herrschaft des Mannes über die Frau* verurtheilt. Denn sie allein kann die höhere Ebenbürtigkeit leider nicht bloß zur materiellen Anschauung bringen, sondern sie auch *messen*. Und das müssen wir jetzt versuchen.

Denn nun kehren wir zu unserer eigentlichen Aufgabe zurück. Sind wirklich im Güterleben Produktion und Konsumtion, sind daher in der Gemeinsamkeit des ehelichen Güterlebens die Arbeit des Mannes und der Frau einander deshalb so ebenbürtig, weil sie in einem untrennbaren Verhältnis des gegenseitigen Bedingtseins stehen, ist es unbestritten wahr, daß das eine Element ohne das andere weder nach den Gesetzen des Lebens gedeihen, noch sich entwickeln kann, so müssen wir auch wissen, *worin* denn diese Doppelart, die das menschliche Leben bei jedem Einzelnen erfüllt, bestehen soll und wirklich besteht. Nun weiß ich dabei wohl, daß es unmöglich ist, hier auf die produzirende, schaffende Kraft des Mannes einzugehen. Seine Arbeiten sind so verschieden, haben in Substanz, Bedürfnis, Werth, Preis und Individualität so unendlich verschiedene Gestalt, daß es uns genügen muß zu sagen, daß sich in ihren Erzeugnissen die beste Lebenskraft desselben erschöpft, und doch wieder jede Art der Arbeit vermöge ihres Stoffes und ebenso vermöge ihres Zweckes ihre eigene Lehre, Lehrzeit und Meisterschaft fordert und ausgebildet hat. Aber was kann es doch bedeuten, wenn auch die Konsumtion, das Verzehren und Genießen, eine »Arbeit« werden soll? Und was heißt es denn, daß gerade hier die »Arbeit der Frau« liegt?

Natürlich sprechen wir hier nicht von derjenigen Arbeit der Frau, welche selber produzirt. Wir ehren und achten sie; wir erkennen, daß die Dinge sie nur zu oft nothwendig machen; aber die Lehre von der »Frauenarbeit« gehört der sozialen Frage. Da aber, wo die Frau als Gemahlin des Mannes die Trägerin der »Konsumtion« sein soll, da beginnt für uns die Frage, welchen Sinn es haben soll, von »Arbeit« der Frau zu reden? Und wenn wir von dieser Arbeit im Unterschiede von dem »Frauenerwerb« sprechen, wo ist der Punkt, auf welchem jene Idee der Frau in diese arbeitende Welt hinüberreicht?

Es ist nun wohl nicht möglich, von der ersten dieser Fragen zu reden, ohne ein wenig auf gewisse Seiten der Nationalökonomie einzugehen, welche die Fachlehre sehr mit Unrecht beiseite läßt. Derjenige Theil der Konsumtion, welche von der allgemeinen und gleichen Natur aller Personen gefordert und vollzogen wird, heißt die *Verzehrung,* während diejenige Konsumtion, die in Substanz und Form die oft schwere Aufgabe hat, der Individualität zu entsprechen, in seiner Verzehrung zum *Genuß* wird. Der Mensch verzehrt, die individuelle Persönlichkeit genießt. Dasselbe Mittel kann allen für die positive Erhaltung dienen, in Nahrung, Kleidung, Wohnung, hundert anderen Dingen, und doch dabei den einen ohne alle wohlthuende Empfindung lassen, während es dem anderen großen Genuß bereitet, und umgekehrt. Das sind Dinge, die wir alle Tage erleben. Sollte eine so wichtige Thatsache ohne tiefer gehende Bedeutung sein?

Die Aufgabe der Verzehrung ist, der Arbeit die *Kraft* zu geben, die sie täglich aufs neue fordert; die Aufgabe des Genusses ist es, die *Freude* an der Arbeit zu dieser Kraft hinzuzufügen. Und daß dem so ist, liegt wiederum nicht etwa bloß darin, daß ich es begreife und sage, sondern darin, daß das Darbieten jener Erhaltungsmittel selbst zu einer *Arbeit* wird, welche sich beider Ziele zugleich bewußt wird. Denn nicht durch das eine allein, noch durch das andere, sondern dadurch daß sie beständig mir als innig Verbundene entgegenkomme, daß beständig *die Verzehrung zum Genusse* werde, beruht die wahre Bedeutung der Konsumtion des Menschen, die ihm die Bedingungen des Lebens, welche ihm jeder Tag genommen, an jedem Tage wieder zuführt. Denn nicht das bloße Verzehren, das ich mit dem Thiere gemein ha⟨t⟩e, sondern der Genuß den es mir bereitet, erfüllt erst den Gedanken der persönlichen Konsumtion. Erst dadurch wird aus ihr derjenige Punkt, auf welchem jene gewaltige Welt der Güter und Arbeit, die von dem Menschen ausgeht, zu ihm und seiner Persönlichkeit auch wieder zurückkehrt. Hier ist es wo, wenn in der Produktion die thätige Kraft des Menschen sich zum Gute bildet, das produzirte Gut wieder zum Menschen wird. Das Bedürfnis ist es welches mich zur Produktion zwingt, und die Stillung dieses Bedürfnisses wird dadurch das, um dessentwillen die Produktion entstand; allein erst die Verbindung der Verzehrung mit dem Genusse ist es, welche uns das ausdrückt und zum Genuß bringt, was in jener Produktion gewonnen wird; sie ist es, welche uns zuletzt den Maßstab für den Werth desjenigen abgibt, an das ich meine volle Kraft gesetzt habe, eben um es in meiner Konsumtion wieder genießen zu können. Und darum stehen beide nicht nebeneinander oder übereinander, sondern das höhere Gesetz des Lebens fordert, daß sie sich gegenseitig bedingen. Es ist eine sehr ernste Sache, das zu bedenken! Denn ich kann, wo die Begeisterung mich erfaßt, das Höchste leisten; ich kann alles an *eine* gewaltige That setzen, die im Namen der Menschlichkeit, im Namen des Vaterlandes und der Ehre, im

Namen der Liebe das Leben von mir fordert; ich kann freudig in den Tod gehen, wo es das Höchste gilt; aber – und das Triviale mit seiner kalten Stirn wird furchtbar ernst, wenn ich ihm in das herzlose Auge zu schauen den Muth habe – ich kann diese Begeisterung und diesen Muth *nicht* fünfundzwanzig Jahre in meiner Arbeit aufrecht halten, wenn ich nirgends eine freundliche Stelle finde, auf welcher mit der Verzehrung zugleich ein wohlthuender Genuß entgegenkommt, wenn Haus und Bett und Tisch und Kleidung, ungemüthlich und unsauber, mir *täglich* ihre erkältenden Tropfen in den glühenden Becher meiner begeisterten Arbeit gießen. Ich kann philosophisch ertragen und christlich dulden, was ich täglich entbehren muß; aber ich kann keine rechte Freude an dem ganzen Reichthum der Welt finden, wenn ich seiner täglich in meiner eigensten Heimath nicht froh werden kann. Auch die Güter spotten des Menschen, der ihr tieferes Geheimnis nicht versteht! Und wenn nun die Täglichkeit ihre erkältende Hand auf den Menschen legt, glauben Sie, daß es ihm möglich ist, ebensoviel, ebensogut zu arbeiten als mit dem heiteren Herzen dessen, der gestärkt und froh aus seinem Hause tritt? Und wer das gesehen und erfahren hat, wird der noch an der fast elementaren Gewalt zweifeln, welche das, was wir in jenem höheren Sinne mit seinem doppelten Inhalt die Konsumtion genannt haben, auf die erzeugende Kraft und damit auf die Erzeugung selber ausübt? Und wessen ist diese Gewalt, welche diese Arbeit des täglichen Lebens mit Thautropfen und Sonnenschein belebt? Kann es noch ein Zweifel sein, daß die erste Quelle der Macht der Frau die Macht ist über dieser Bedingung der Arbeit, die Konsumtion, die uns nicht bloß erhalten, sondern für die harte Arbeit des Tages auch erquicken und beleben soll? Und ist es noch eine Frage, daß dies eine Element den anderen gleich und gleichberechtigt und daß es nicht bloß falsch, sondern daß es unverantwortlich ist, das nicht zu sehen und zu wissen, wenn man anderen, namentlich den Frauen selbst, von diesen Dingen redet?

Ist dem so, so muß es verstattet sein, hier auch den Namen zu der Sache hinzuzufügen. Wenn die Lehre von der Produktion und ihren Bedingungen die Nationalökonomie der männlichen Kraft ist, so ist das Verständnis jener Idee der persönlichen Konsumtion in Verzehrung und Genuß, das Verständnis ihrer Gewalt, ihrer Ordnung, ihres unwiderstehlichen Einflusses das, was wir die *Nationalökonomie der Frau* nennen.

Ist nun die bloße Kenntnis der elementaren Nationalökonomie der Zweck, um dessentwillen das Mädchen sie lernt? Und sind wirklich Produktion, Werth, Geld, Kapital der Lebenszweck der *Frau*? Liegt dieser Zweck nicht vielmehr darin, daß sie vermöge ihres Verständnisses jener Konsumtion für diese wirthschaftlichen Zwecke die Bedingungen schaffe? Mir will es daher scheinen, daß der Punkt, auf welchem die großen Begriffe und Gesetze der Nationalökonomie in das wirkliche Leben der Frau hineingreifen, zugleich der sein muß, auf dem ich ihre innere Theilnahme für dieselbe zu suchen haben und finden werde. Mir scheint es von mäßigem Werthe, daß eine Frau die Elemente des abstrakten Systemes jener Wissenschaft hersagen könne; von unendlich großem dagegen, daß sie wisse, wieviel sie und was sie in ihrem Kreise für das gewaltige Gebiet thun kann, das sich ihr hier zu öffnen beginnt. Es ist meiner innigsten Überzeugung nach unendlich weit wichtiger, die Frau vielmehr mit dem Geiste als mit den Begriffen der Nationalökonomie zu erfüllen; sie wird alles was ihr gesagt werden mag, mit ihrem gesunden Sinne leicht und klar verstehen, wenn sie besser weiß wofür, als warum etwas gilt und gefordert wird. Die Nationalökonomie selbst wird in ihrer Achtung steigen, wenn sie erkennt, daß jene sie achtet und warum sie sie so hoch achten muß; und ich wage es, zu gestehen, daß ich die Frau viel höher schätze, die stolzer ist auf das, was sie zu leisten, als auf das was sie zu definiren versteht. Darum ist für mich die eigentliche und echt weibliche Auffassung der Nationalökonomie der Frau diejenige, in welcher sie an der Hand der festen Grundbegriffe derselben die Lehre und das Verständnis der spezifischen Stellung und Aufgabe der Frau im Leben der Güter überhaupt, im Leben der Wirthschaft insbesondere gewinnt; unsere Nationalökonomie soll der Frau sagen, worin ihr hoher, zugleich wirthschaftlicher und durch ihre wirthschaftliche Gewalt auch ethischer *Werth* besteht; dann erst wird sie ihr selbst werth werden. Und in diesem Sinne habe ich versucht, den Kern und die eigentliche Aufgabe derselben in den theoretischen Begriff der Konsumtion zu legen, der sich zu dem praktischen der *Hauswirthschaft* entfaltet.

VI.
Das Haus.

Das Gebiet, welches ich nunmehr für die Frau und mit der Frau betrete, ist ein wesentlich anderes. Dies Gebiet ist das *Haus,* das eigentliche Reich der Frau, in dem sie die Königin ist.

Welch eine einfache Thatsache und welch ein einfacher Begriff scheint ein Haus zu sein! Dem ist es ein Besitz, dem ist es ein Gut, jenem nichts als sein Eigenthum, dem anderen nur die Wohnung, noch einem anderen eine Kapitalsanlage. Und doch fängt mit dem Hause eine neue Gestalt der ganzen Weltgeschichte an, und das Verständnis des Hauses sollte die erste große Grundlage aller thätigen wirthschaftlichen Bildung der Frau sein, wie die Hausrechnung die Grundlage ihres wirthschaftlichen Sinnes, ihres wirthschaftlichen Gedankens. [...]

Schauen Sie sich das Leben der thätigen, arbeitenden Menschheit an, so hat eine höhere, schöpferische Kraft *eine* Linie in demselben gezogen, welche zwei wesentlich verschiedene Dinge tiefer scheidet als die Meere der Welt die Theile derselben. Diese Linie bildet die Schwelle des Hauses. Es ist gleichgültig, ob der Mann meilenweit von derselben entfernt ist oder ob ihn und seine Arbeit von seinem eigentlichen Hause nichts trennt als die Thür zwischen seinem Arbeitszimmer und seiner Wohnung. Immer liegen diesseits und jenseits dieser Schwelle zwei wesentlich verschiedene Ordnungen des Daseins, zwei Seiten desselben Bildes, die sich ewig berühren und ersetzen und doch niemals vermengen. Und ob wir das wissen oder nicht, vorhanden für jeden von uns ist dieser tiefe Abschnitt zwischen beiden. In dem Augenblicke wo ich die Schwelle meines Hauses überschreite, verlasse ich die Meinigen und gehöre der Welt, in der ich arbeite; in dem Augenblicke wo ich nach jener zurückkehre, wende ich mich zugleich von dieser arbeitenden Welt ab und gehöre dem Hause, und eine innere Umwandlung, eine Umstimmung meines ganzen Wesens begleitet mich mit ihrem Abstreifen der Tagesmühe und mit ihrer Empfänglichkeit für den zweiten Theil und Inhalt meines Lebens. Das hat jeder an sich viel hundertmal erfahren, und zum Zeichen dessen ist der weiteste Weg zum Geschäftsfreund hundertmal kürzer als der Weg, den ich zurücklegen muß, bevor ich vom Arbeitszimmer in seinem Wohnzimmer zugelassen werde. An der Schwelle dieses Hauses aber steht die Frau. Ich weiß wohl, was ich dort von ihr erwarte; ich weiß, daß ihre weiche Hand mir die Stirn glättet und ihre freundlichen Worte wie frische Thautropfen auf die Mühen des Tages fallen. Ich weiß, daß ich meine Sorge nicht hinüberzutragen brauche in dies Reich meiner Lieben, und daß die Arbeit an mich kein Recht mehr hat, wenn ich jene Grenze überschreite. Ich weiß, daß ich hier von anderen Dingen höre und mich an anderen freue als draußen in der Welt, und wenn der starke, der arbeitmüde Mann und sein Erfolg zum Stolz des Hauses wird, so darf ich wohl sagen, daß die freundliche Frau der Schmuck desselben ist. Dies Haus ist nicht bloß unbedingt ihr Reich, es soll auch ihr Werk sein, und was immer ich in demselben suche und finde, es ist die Arbeit der Frau, die mir ihre Hände entgegenreicht. Und diese Arbeit der Frau ist es, die in ihren tausend kleinen Mühen und Aufgaben doch wieder eins ist, unendlich wie das Leben selbst, aber zuletzt der Werth aller Werthe, die ich gewonnen haben mag.

Bei dieser Arbeit nun lassen Sie mich einen Augenblick stehen bleiben: Das ist kein rechtes Haus, das der Ordnung zu wenig oder zu viel hat. Dies Maß aber zu finden, hat die Natur dem Manne versagt. Mögen Sie ein Haus nehmen welches Sie wollen, Sie werden stets an hundert kleinen Dingen erkennen, ob eine weibliche Hand in demselben gewaltet hat. Und dieses stille Walten ist die erste wahrhaft weibliche Aufgabe, jene unscheinbare Harmonie aller Theile, die für alles Ort und Zeit hat und nie ermüdend jedem still und doch mit ruhigem Sinne seine Stelle zuweist.

Doch die Ordnung des Hauses ist nur der eine Faden in dem Webstuhle der Penelope, an den die Frau mit jedem neuen Morgen aufs neue sich hinsetzt, um das Gewebe weiter zu bilden, das jeder Tag mit ewig sich wiederholender Unruhe täglich auflöst. Es gibt noch einen zweiten Feind im Hause, dessen stiller, aber nicht minder ernster Gewalt wieder nur die Hand der Frau gewachsen ist.

Da hängt sich das Granitatom in den Vorhang und sägt den Faden ab, dort legt sich der Rauch hin und schwärzt das Glas, da reibt die Bewegung den Stoff entzwei, da verdirbt die Vergoldung im Dunste, da das Fleisch und die Butter in der Hitze, da läßt sich der häßliche Flecken auf das reine Tuch nieder, da reißt der tückische Nagel das Loch in das Gewand, da ist der Knopf verloren, da das Bein des Tisches lose oder der Topf gesprungen – nicht heute, morgen, übermorgen, sondern Tag für Tag, unermüdlich das ganze Leben hindurch! Und immer ist es im Anfang so gar wenig, so kaum sichtbar, so gar nicht der Mühe werth. Aber morgen schon ist es mehr und übermorgen kann ich es nicht mehr übersehen, und noch ein Tag und das nützliche Ding ist werthlos, der schöne Vorrath ist verdorben, das nothwendige Geräth ist unbrauchbar – und ich weiß selber nicht wie. Und wenn es das ist, so kann ich nicht anders, ich muß es ersetzen; ich muß einen Theil des Erworbenen an die Stelle des Verdorbenen hergeben. Zuerst fühle ich dies alle nur; dann sehe ich es; dann berechne ich es; dann muß ich mich aufmachen es zu beseitigen. Habe ich die Zeit dazu? Wer sollte dann meine Dinge besorgen? Habe ich noch Lust und Kraft dazu? Wenn ich die Schwelle meines Hauses überschreite, bin ich müde. Dennoch weiß ich, wie nothwendig der Kampf mit jenen tausend Feinden ist. Wer soll ihn kämpfen?

Ich brauche es nicht zu sagen. Dieser Kampf ist ein Theil der Arbeit der Frau. Nur sie hat das Verständnis desselben, nur sie die Waffen, ihn durchzuführen. Sie ist es, welche das feindliche Atom verfolgt mit Wischtuch und Bürste, mit Wasser und Feuer; sie ist es, die dem leidenden Stoff zu Hilfe kommt mit Nadel und Schere; sie allein hat Mitgefühl für die Klage der Geräthe aller Art; sie kräftigt und stärkt alle die Dinge die ihr dienen, zu rechten Zeit ihre Gefährdung erkennend; sie ist nicht bloß die Herrin, sie ist auch die Beschützerin ihres Hauses gegen jene nimmer ruhenden Feinde, und weiß das Neue in seiner Jugendlichkeit zu erhalten und dem Alten die frische Kraft wiederzugeben. Sie ist es, die zur Ordnung ihre nicht minder freundliche Schwester, die Reinlichkeit, hinzufügt; wie es den Begriff der ersteren nicht gibt ohne den Menschen überhaupt, so gibt es die zweite nicht ohne die Frau. Freundlicher scheint die Sonne, größer wird der Raum, einladender der Tisch, wo die arbeitende Sorge der Frau die unheimlichen Atome verjagt hat; und doppelt weiß ich zu genießen, was mir so geboten wird, denn es ist die Frau, die mir in jedem dieser Dinge entgegenlächelt. Und wenn ich nun vom Gefühle zum Verstande übergehe, so wird aus dem was freundlich ist, etwas, was mir mit jedem Jahre mehr auch seinen wirthschaftlichen Werth enthüllt. Ist diese Reinlichkeit, ist dieses unermüdliche Ausbessern, ist diese sorgende Arbeit für die Erhaltung aller großen und kleinen Dinge bloß eine wohlthuende Annehmlichkeit? Nehmen Sie einen Augenblick den Stift zur Hand – ist es viel oder wenig, wenn ich sage, daß jedes Stück durch Ordnung, Reinlichkeit und Ausbessern mit Nadel und Schere statt neun Tage zehn, statt neun Jahre zehn halten und Dienst leisten kann? Daß also die Frau durch ihre erhaltende Arbeit zum allerwenigsten doch ein Prozent aller beweglichen Güter jährlich erspart? Daß das doch wohl durchschnittlich für jede Familie jährlich fünf Gulden ausmacht, welche die Frau nicht schafft, welche sie aber nicht untergehen läßt? Und wenn Österreich allein mindestens sechs Millionen Familien hat, daß die Frauen Österreichs damit jährlich mindestens dreißig Millionen Gulden ersparen – können, die der Mann *nicht* ersparen kann? Und daß das in zehn Jahren einige hundert Millionen gibt, um die wir reicher sind, wenn die Frau des Hauses in wirthschaftlichem Sinne Hausfrau ist? Und daß wir diese hundert Millionen, weil wir sie nicht produzirt, sondern bloß nicht verloren haben, dazu verwenden können, um an die Stelle der mittelmäßigen Erzeugnisse gute zu setzen, die wiederum länger dauern und uns mehr Freude machen? Und daß ein gar gewaltiges Resultat herauskommt, wenn wir diese Ersparnis zu der positiven hinzulegen die wir früher bei der Hauswirthschaft besprochen, und welche einen wirklichen Verbrauch ermöglicht bloß indem wir das Nutzlose hinwegschaffen durch verständige Rechnung, und an Küchen- und Wochenbüchern uns zum ziffermäßigen Bewußtsein bringen, mit wie wenigem man viel erzielen kann, wenn man ernstlich will? Daß hier eine Ersparnis, auch nur zu fünf Gulden für jede Familie jährlich, wieder dreißig Millionen jährlich macht? Sechzig Millionen in jedem Jahre, die wir nur nicht verlieren sollen, weil wir sie behalten können durch die Arbeit der kleinen freundlichen und verständigen Hände, die so wenig zu thun scheinen und so viel zu leisten fähig sind?

Sie lächeln? Ja, es ist auch komisch, von solchen Dingen überhaupt und noch dazu wissenschaftlich reden zu wollen. Aber doch kann man ja einmal über die Sache nachdenken. Wenn Sie es gar nicht komisch finden daß man dem Borkenkäfer und der Reblaus den Schaden nachrechnet den beide machen, ist es denn wirklich so gar lächerlich, auf Ziffern zu reduziren was es heißt, wenn ich die Hemden und Strümpfe nicht ausbessere oder das Tuch zerreißen lasse? Nehmen Sie einmal, wahrlich denn doch sehr gering gerechnet an, daß die sechs Millionen Familien nur zwanzig Millionen Hemden tragen, jedes zu vier Ellen, also daß achtzig Millionen Ellen Gewebe bloß als Hemden getragen werden, die Elle zu, sagen wir rund 33$^{1}/_{3}$ kr., also rund ein Werth von 27 Millionen Gulden, und daß ich durch gutes Ausbessern das Hemd zehn Prozent länger brauchbar erhalte, so ersparen Nadel und Zwirn in den Händen der Hausfrau denn doch *ganz mathematisch* gewiß allein für die Hemden 2 700 000 fl. jährlich. Jetzt rechnen Sie wieder für Strümpfe und Schuhe, für Bett- und Tischwäsche, für Rock und Tuch, für Küchengeräthe und Möbel – sind Sie *noch* der Meinung, daß das Ziffern und Thatsachen sind, die in der Luft schweben? Und dann betrachten Sie einen Augenblick, das, was die großen Berichte und ernsthaften Besprechungen unserer Industrie sagen, von dem Gesichtspunkte jener einfachen Thatsache aus. Sie meinen, das was man braucht das müsse man eben brauchen, also bei der Industrie auch kaufen und sie damit aufrecht halten. Das mache sich von selber. Und was sagt Ihnen dagegen die Statistik der Produktion, wenn aus irgend einem Grunde ein Volk nicht so viel besitzt, um viel brauchen zu können? Das Stillstehen der Industrie beginnt und schließt mit ihrem Verluste von Millionen an dem häuslichen Bedarf. Und jetzt kehren Sie diese Thatsache um, und Sie vermögen zu berechnen wieviel ein Volk übrig haben *kann,* wenn seine Frauen so viel Hausfrauen sind, um wenig zu verbrauchen, aber vieles zu erhalten? Wahrlich, man muß entweder sehr reich oder sehr arm sein, um das nicht zu begreifen! Oder wollen Sie mir einmal eine andere Konsequenz erlauben? Was sind zehn Kreuzer? Wenig, nicht wahr? Nun sehen Sie sich einmal in trivialster Praxis Ihren täglichen Haushalt an, morgens, mittags, abends mit allem was nicht etwas bloß auf dem Tisch kommt, sondern auch mit allem was ungenossen weg gethan wird. Nur ein paar überflüssige Stücke Fleisch, verlorne Butter, ungegessene Kartoffeln, nicht nothwendiger Zucker, und was weiß ich sonst. Wieviel brauchen Sie etwa *wirklich* am Tage? Gut – ich weiß es nicht, und will es nicht wissen. Aber wo bleibt, was Sie kaufen und in Küche und Zimmer *nicht* verzehren? Es geht verloren – was liegt daran? Es waren vielleicht zehn Kreuzer – wer wird davon reden? Nun wohl, und wenn Sie 365mal zehn Kreuzer *verlieren,* so verlieren Sie 36 fl. 50 kr. im Jahr – ist das auch ganz gleichgültig? Und wenn sechs Millionen Familien täglich zehn Kreuzer verlieren, so hat das Volk *täglich* 600 000 fl. verloren – und wenn die Frau sie spart, hat *das Volk* 600 000 fl. *täglich* erspart. Ist das auch noch gleichgültig? Wissen Sie, daß ein großer Naturforscher uns belehrt hat, daß Berlin zur Hälfte auf den kieselhaltigen Schalen von Infusorien erbaut ist – hat da nicht die Natur selber uns gelehrt, was es heißt mit kleinen Kräften die größten Dinge vollbringen? Und was ist für uns diese scheinbar so kleine und in der Wirklichkeit so gewaltige, ja unwiderstehliche Kraft, welche durch täglichen Kampf mit dem Unnöthigen, das ist mit der Sparsamkeit im kleinen, die man erst in ihren großen Erfolgen erkennt und *verehrt,* zur wahren und letzten Grundlage unserer Volkswohlfahrt wird? Und verargen Sie mir es noch, wenn ich die Frau in Verbindung bringe mit Topf und Teller, mit Bleistift und Kreuzersparen? Oder sind Sie ernstlich der Meinung, daß es der Liebe und der Achtung vor unseren Frauen Eintrag thut, wenn man ihnen beweist daß sie uns nicht bloß unendlich theuer, sondern daß sie uns außerdem auch noch mindestens tausend Millionen, zu sechs Prozent berechnet werth sind?

Nein – die Sache ist *recht* ernst. Ich will ja schließlich nicht mit Kreuzer und Pfennig rechnen, und nicht Hunderte von Millionen mit einzelnen

Gulden oder Mark herausbringen, deren Lebenslauf und Verbleiben ich ja nicht statistisch verfolgen kann. Aber lassen wir die große Welt und ihre Frage, wodurch denn endlich in hundertjähriger Arbeit arme Länder wie Holland unermeßlich reich geworden sind, und reiche wie die Türkei, so unermeßlich arm. Kehren wir auf unseren Boden, auf das Haus und sein enges Gebiet zurück. Das was das Gefühl uns täglich sagt und was der Verstand uns formulirt, das *kann* und das soll auch hier die Ziffer, wenn auch nur bis zu einer gewissen Linie begleiten. Es ist gewiß, daß das Haus das Reich der Frau, aber auch daß es einer der gewaltigsten volkswirthschaftlichen Faktoren ist, und daß jene Nationalökonomie der Frauen mit dem Bewußtsein von den im Grunde doch unmeßbaren wirthschaftlichen Kräften derselben, welche eine höhere Ordnung den freundlichen Händen der Frau überantwortet hat, beginnen und ohne dasselbe niemals sich für vollendet halten sollte.

Margarete Freudenthal, Proletarische städtische Haushaltungen um 1850*

Typen proletarischer Haushaltungen um 1840.

Zuerst beschäftigt uns der proletarische Haushalt auf dem Lande, d. h. die proletarische Familie in ihrer Ausgangs-Form, als sie noch dem Bauerntum nahe stand und noch nicht zur städtischen Bevölkerung umgewandelt war. Es ist dies zugleich die Arbeiterfamilie, die für die Industrie die Urproduktion lieferte, die Familie der Berg- und Minenarbeiter.

Die Analyse der beiden folgenden Arbeiterhaushaltungen richtet sich nach dem berühmten Buche von Le Play**. Einschränkend ist hier hinzu zu setzen, daß Le Play staatlicher Grubeninspektor der französischen Regierung war und als solcher seine Untersuchung der europäischen Arbeiterfamilien unternahm. Dementsprechend dürften einige seiner Beurteilungen im Hinblick auf die von seiner Regierung gewünschten Resultate leicht gefärbt und von Ideologien getrübt sein.

In der ersten Monographie handelt es sich um die Familie eines Minenarbeiters aus dem kleinen Ort Clausthal im Harz. Die Familie besteht aus Mann und Frau, einem Sohn von vierzehn Jahren und zwei kleineren Kindern von 11 und 8 Jahren. Sie ist lutherisch reformiert und geht Sonntags und an Feiertagen zur Kirche. Der Entwicklungsweg der beiden Ehegatten vor der Heirat war ungefähr der folgende: Beide besuchten die Schule bis zum 14. Jahr. Der Junge begann dann in der Gießerei, die dem Bergwerk angegliedert ist, zu arbeiten; einige Fortbildungsstunden liefen nebenher. Sobald seine Kraft es ihm erlaubte, wurde er in die Bergwerksarbeit eingestellt. Das junge Mädchen hat nach dem Verlassen der Schule der Mutter im Haushalt geholfen und sie in den übrigen Arbeiten unterstützt, von denen weiter unten die Rede sein wird. Da die Grubenadministration hier, wie in anderen deutschen Gegenden, das Heiratsalter des Arbeiters auf 25 Jahre heraufgesetzt hatte, um die damals überall im Steigen begriffene Bevölkerungszahl einzuschränken, ergab sich eine verhältnismäßig späte Eheschließung. Le Play fügt hinzu, daß diese Heiratsgrenze nur die Moral verschlechtere und illegale Beziehungen hervorrufe. Aber es sei üblich, die Kinder aus diesen illegalen Beziehungen nach der Eheschließung als eheliche Kinder anzuerkennen.

---

* Aus: *Gestaltwandel der städtischen bürgerlichen und proletarischen Hauswirtschaft unter besonderer Berücksichtigung des Typenwandels von Frau und Familie.* Würzburg 1934, S. 50-83 (gekürzt).
** F. Le Play, *Les Ouvriers Européens*, Tome Troisième, Tours, Alfred Mame et Fils. Chapitre III.

Die Bezahlung des Arbeiters geschieht entsprechend der geleisteten Arbeit und nicht nach Tagen oder Wochen. Da aber beide Bezahlungsarten sich innerhalb bestimmter Grenzen bewegen, nämlich zwischen 8 frs. 68 und 9 frs. 52 pro Woche, besteht hier kein großer Unterschied zwischen Akkord- oder Stundenlohn. Durchschnittlich setzt sich die Arbeit aus 6 Fahrten à 11 Stunden, einschließlich Ein- und Ausfahrt, pro Woche zusammen; dazu kommen manchmal noch Überstunden. Vermögen besitzt der Arbeiter nicht, wohl aber ein kleines Häuschen mit einem kleinen Garten, das ihm gehört, solange er lebt. Das heißt, die Administration leiht ihm das nötige Geld zu einem billigen Zinssatz (4%) und besitzt die Hypothek auf dem Häuschen. Es ist also praktisch kaum zu unterscheiden, ob der Arbeiter zur Miete wohnt, oder ob das Haus sein Besitz ist.

Haustiere besitzt der Arbeiter nicht; da ihm keine Wiesen gehören, und da Wiesen überhaupt in der waldreichen Gegend eine Seltenheit sind, kann er auch keine Milchkuh halten; die Milch wird von Händlern gekauft. Für die Aufzucht von Geflügel ist das Klima zu rauh.

Dem Einkommen zuzurechnen sind die folgenden Beträge: Das Recht auf eine Pension für den alten oder invaliden Arbeiter, für die Witwe und die Waisen, das Recht auf freie Beerdigung, das Recht auf ärztliche Hilfe und auf Krankengeld im Falle der Krankheit. Die Beiträge des Arbeiters für die betreffenden Kassen werden von seinem Lohn abgezogen. Weiterhin sind dem Einkommen zuzurechnen die verbilligten oder freien Bezüge von Brennholz und Getreide. Auch für andere Waren stellt die Grubenverwaltung in eigenen Magazinen preiswerte Angebote zur Verfügung. Schließlich ist der Schulbesuch in den Schulen der Administration frei.

Ein weiteres Einkommen ergibt die Vermietung des ersten Stockes des Häuschens an eine andere Arbeiterfamilie. Das Häuschen besteht aus dem Erdgeschoß und der ersten Etage. Im Erdgeschoß bewohnt unsere Arbeiterfamilie ein Zimmer mit einem Ofen und zwei kleine Zimmer, im ersten Stock noch ein kleines Zimmer, ein Vorratszimmer und den Speicher. Die beiden übrigen Zimmer im ersten Stock gehören, wie gesagt, einer fremden Familie, die aber kein Anrecht auf den Garten hat. Das Mobiliar besteht aus dem Notwendigsten: drei Betten für das Ehepaar und die drei Kinder, zwei Tischen, sechs Stühlen, einer Kommode und einer Truhe. Der Ofen, der gleichzeitig als Herd dient, ist im Hause fest eingebaut. Das Küchengeschirr, die notwendigsten Utensilien für Küche, Haushalt und Garten, eine Grubenlampe und zwei Hotten für die Trägerarbeit der Frau vervollständigen das Mobiliar.

Über die Hauptarbeit des Mannes haben wir schon gesprochen, als Nebenarbeit ergibt sich das Holzschlagen im Walde für den Haushalt, die Gartenbestellung und der Unterhalt des Hauses. Die Arbeit der Frau gliedert sich in die folgende:

1.) Die Sorge für den Haushalt, 2.) zweimal in der Woche geht die Frau zu Fuß nach Goslar oder Osterode und kauft dort Getreide, Kartoffeln und andere Lebensmittel, die sie dann auf dem Rücken den 400 m hohen Berg 10 km zurück nach Clausthal trägt. Die eingekauften Waren dienen teils dem eigenen Haushalt, teils dem Verkauf an besser situierte Leute in der Stadt, teils dem Verkauf mit einem Aufschlag auf den Markt. Im Übrigen beschäftigt sich die Frau mit Gartenarbeit und mit der Herstellung von Wäsche und Kleidung für ihre Familie. Daneben verdient sie noch kleine Beträge durch Hilfe bei der Erntearbeit der Wiesenbesitzer und durch Waschen und Putzen bei den reicheren Familien des Ortes.
[...]
Das Einkommen besteht nur aus einem sehr knapp gemessenen Teil aus Geld. Dazu kommt ein erhebliches Natural- und Sacheinkommen in der Gestalt eines auf Lebenszeit gewährten Anteiles an Haus und Garten, eines freien Holz- und Getreidebezuges, eines freien Schulbesuches und einer Bereitstellung verbilligter Waren durch die Magazine der Gruben-verwaltung. Ein ausgedehntes System von Versicherung und Kassen schützt den Arbeiter vor den Eventualitäten seines gefährdeten Daseins. Wir haben es also in gewisser Beziehung mit einem nicht ganz freien Leben zu tun, mit Menschen, die an diese Lebensform gebunden sind, weil dann, und nur dann, für sie gesorgt wird.
Im Rahmen dieser relativen Unfreiheit finden wir in diesem ländlichen Arbeiterhaushalt alle Formen der Warenbeschaffung von der Selbstproduktion über die Selbstverarbeitung bis zum Kauf. Die eigenartige Methode des Naturaleinkommens durch Gartennutzung, Holz- und Getreidedeputat gibt der Eigenproduktion noch einen großen Anteil in dieser Haushaltführung. Dementsprechend mußte dieser Haushalt im Wesentlichen den Charakter einer Vorratswirtschaft tragen. Dafür spricht auch, daß in diesem kleinen Häuschen ein Vorratszimmer und ein Speicher vorhanden waren. Der Familienzusammenhalt, Heimat-, Religions- und Berufsanhänglichkeit sind spürbar; von einem geistigen Leben der Familie hören wir im Übrigen durch Le Play nichts.
Die typische Struktur dieses ländlichen Grubenarbeiterhaushalts zwischen 1829 und 1845 scheint demnach die folgende zu sein: Unter der Einschränkung, daß diese Arbeiterexistenz unselbständig und abhängig ist, bezw. daß die Existenzmittel dieser Familie zum Teil von der Arbeitgeberschaft zur Verfügung gestellt werden, – unter dieser Einschränkung also haben wir es mit einem Haushalt zu tun, dessen Warenbeschaffung noch sehr stark durch Eigenproduktion, aber auch durch Selbstverarbeitung und Kauf erfolgt, und der dementsprechend zu einem erheblichen Teil den Charakter einer Vorratswirtschaft trägt. Die Freizeitgestaltung ist durch die Phänomene der Familie, der Kirche, der Heimat und des Berufs bestimmt.
In diesem Arbeiterhaushalt verdienen neben dem Manne die Frau und

der 14jährige Sohn. Beide verdienen, wie der Mann, durch körperliche Arbeit, und zwar durch eine Arbeit, die sie außerhalb des Hauses verrichten. Der Einkauf in Goslar oder Osterode durch die Frau kommt zum Teil auch unmittelbar dem eigenen Haushalt zugute. Der Weiterverkauf dieser Ware kommt dagegen nur mittelbar der eigenen Haushaltführung zugute. Ebenso ist es mit der Erntearbeit und der Verdingung bei fremden Familien. Die Hilfe des Sohnes besteht in Geldeinkommen.

Durch Vermietung eines Teiles der Wohnung wird das Geldeinkommen weiterhin erhöht.

Aber die Hauptarbeit der Frau besteht, trotz der außerhäuslichen Erwerbsarbeit, in der Sorge für ihren Haushalt. In der Gartenarbeit und in der Instandhaltung des Hauses wird sie von ihrem Manne unterstützt. Alle übrigen Funktionen besorgt sie allein, auch, wie wir gesehen haben, die fast vollständige Anfertigung der Wäsche und der Garderobe. Wir beobachten also in dieser Frau des ländlichen Grubenarbeiters in den dreißiger und vierziger Jahren des vorigen Jahrhunderts einen Typus, dem drei »wichtige Funktionen« im Haushalt zufallen. Diese Frau organisiert ihren Haushalt, d. h. sie leitet ihn in geistiger Beziehung (wozu die Einteilung der knappen vorhandenen Geldmittel und die Dispositionen über die vorhandenen Vorräte gehört); sie arbeitet körperlich in ihrem Haushalt und wird darin von keiner fremden Hilfe, nur von Mann und Kindern, unterstützt; sie trägt schließlich zur Bestreitung des Lebensunterhaltes durch körperliche Arbeit außerhalb des Hauses bei.

Wir wenden uns nun einem zweiten proletarischen Haushalt zu, dessen Schilderung wir ebenfalls dem Buche von Le Play* verdanken. Dieser Haushalt ist von dem vorangegangenen insofern verschieden, als er zwar auch noch eine starke Beziehung zur Naturalversorgung hat, aber in ganz anderer Weise als in Clausthal und nicht mehr einem kleinen ländlichen Orte, sondern einer Stadt angehörend.

Der von Le Play analysierte Arbeiter wohnt in Solingen und gehört zu der Kategorie der Stahlwarenarbeiter.

Le Play unterscheidet drei Arten von Arbeitern: den Schmied (Former), den Mühlsteinhauer und den Zurichter. Wenn man aber nicht nach der Arbeitsart sondern nach der Ausbildung unterscheidet, so gab es ungelernte und gelernte Arbeiter; die ersteren, die mehr Hilfsarbeit leisten, rekrutieren sich aus den benachbarten Ländern Hessen und Nassau, während die gelernten Spezialarbeiter der Solinger Bevölkerung angehören. Unterscheidet man nach dem Standort der Arbeit, so gab es in Solingen zwei große Kategorien von Arbeitern: Diejenigen, die in ihrer eigenen Wohnung, also so zu sagen in ihrem Haushalt ihre Arbeit verrichten, wie z. B. der Schmied und der Zurichter, und diejenigen, die

* Le Play, a.a.O., Chapitre IV.

für eine wöchentliche Miete die Benutzung eines Raumes, in dem Maschinen stehen, sich erkaufen. Das letztere muß bei den Mühlsteinhauern geschehen, die auf Maschinenbetrieb durch Wasser oder Dampfkraft angewiesen sind. Beide Methoden dienen der Fabrikation von Stahlwaren, die den Fabrikanten bezw. dem Chef der Industrie abgeliefert und von ihm bezahlt werden; er übergibt sie dann dem Handel mit seinem eigenen Risiko. D. h. in manchen Fällen übernimmt ein Kaufmann oder Händler den Vertrieb; oft ist nicht zu unterscheiden, ob der Fabrikant nicht im Wesentlichen selber den Charakter eines Kaufmannes hat. Auf jeden Fall liefert er das Betriebskapital, d. h. das ursprüngliche Material, mit dem der Arbeiter seine Arbeit beginnen kann.

Wir sehen also hier in der Solinger Stahlwarenfabrikation aus der Mitte des vorigen Jahrhunderts die verschiedenen gewerblichen Betriebsformen der Zeit vor uns: Die Hausindustrie, das Verlagssystem, den Manufakturbetrieb und die Anfänge des Fabriksystems.

Die Le Play'sche Monographie betrifft einen Arbeiter, der dem Stande der Zurichter angehört. Er arbeitet für einen ganz bestimmten Fabrikanten, wie es in Solingen, einer Tradition entsprechend, üblich ist. Aber dies ist nicht überall so, die meisten Arbeiter haben kurzfristige Verträge mit ihren Fabrikanten.

Die Familie besteht aus Mann und Frau, einem Sohn von 23 Jahren, zwei Töchtern von 20 und 17 Jahren und einem Sohn von 9 Jahren. Ein älterer Sohn von 28 Jahren ist verheiratet und gehört also der väterlichen Familie nicht mehr an. Der Entwicklungsgang der beiden Gatten bis zur Ehe verläuft insofern anders, wie bei dem früher beobachteten Arbeiter-Ehepaar, als es sich hier um einen gelernten Beruf handelt. Der 14jährige Sohn kommt meist zu seinem Vater in die Lehre (meist nur *ein* Sohn, damit sich die Brüder später nicht untereinander Konkurrenz machen). Eine drei- oder vierjährige Lehrzeit schließt mit einem Gesellenexamen ab, und dann folgt noch eine ein- bis zweijährige bezahlte praktische Arbeit. Erst nach der dann absolvierten zweijährigen Militärzeit wird ein Meisterexamen abgelegt, das zum Arbeiten auf eigene Rechnung berechtigt.

Demnach besteht hier neben den vorhin erwähnten gewerblichen Betriebsformen noch die alte Art der Handwerksausbildung fort.

Wenn das nötige Handwerkszeug, Wäsche und Möbel beisammen sind, wird geheiratet. Während die Arbeitertöchter meist ganz ohne Mitgift in die Ehe treten, haben die Söhne oft eine kleine Mitgift in Mobiliar oder Geldbeständen von ihren Eltern. Wir sehen auch in unserem Falle, daß der älteste Sohn mit seinem Vater zusammen arbeitet.

Der Arbeiter arbeitet im Akkordlohn. Und zwar hat er ein Atelier im eigenen Hause auf eigene Rechnung gemietet. Sowohl die Werkzeuge wie das notwendige Hilfsmaterial sind von ihm gestellt; ebenso werden die Hilfen bei der Arbeit von ihm bezahlt. Er würde somit einem selbständigen Handwerksmeister gleichen, wenn er nicht das ursprüngliche Betriebskapital vom Fabrikanten geliefert und die Disposition über die Kundschaft vom Fabrikanten aus der Hand genommen bekommen hätte. Die Spezialität unseres Arbeiters ist die Montage von Säbeln. Vom Fabrikanten werden ihm Klinge, Griff und Schneide geliefert, die er zum fertigen Säbel zusammen zu setzen hat. Auch für das Hilfsmaterial bekommt der Arbeiter Erleichterungen bezw. Kredit durch den Fabrikanten; und das Gehalt an seinen Hilfsarbeiter zahlt er in demselben Maße, als der Fabrikant ihm das Fertigfabrikat bezahlt. Neben dem Hilfsarbeiter ist der älteste im Hause anwesende Sohn bei seinem Vater beschäftigt.

Der Arbeiter hat keinen eigenen Besitz, weder an Geld noch an Immobilien. Dagegen hat er von einem kleinen in Solingen wohnenden Kaufmann ein Haus gemietet, das sowohl als Werkstätte wie zur Wohnung dient. Im Parterre des Hauses ist das große Atelier für die Säbelmontage, die Küche und ein Zimmer, das die Familie zum Wohnen und Essen vereint. Im ersten Stock befinden sich drei Schlafzimmer, ein viertes auf derselben Etage ist von der Familie möbliert und an einen Fremden vermietet. Das Arbeitsatelier ist gut durchgelüftet, ebenso die Schlafzimmer. Die Arbeit selbst wird als eine nicht ungesunde geschildert, die alle Organe des Körpers in Bewegung setzt, ohne sie besonders zu ermüden.

Das Haus ist etwas reichlicher möbliert als die Wohnung des Clausthaler Minenarbeiters. Es ist für jedes der Familienangehörigen ein Bett vorhanden mit ausreichendem Bettzeug. Vier Tische, 15 Stühle, ein Geschirrschrank, ein Kleiderschrank, ein Wäscheschrank, drei Truhen, zwei Bänke, ein Küchenherd, eine Uhr vervollständigen das Mobiliar. Für die Benutzung in der Werkstätte sind ein Ofen zur Beheizung, vier Lampen für die Beleuchtung des Ateliers, ein Werktisch und einiges Handwerkzeug für fünf Personen vorhanden. Dazu kommt die Kücheneinrichtung, vier Lampen für das Haus und einiges Werkzeug für die Gartenarbeit. Weiterhin hat unser Arbeiter einen Garten, ein Stück Feld und eine Wiese gemietet, und zwar von demselben Eigentümer, dem das Haus gehört. Es ist im Wesentlichen ein Gemüsegarten, ein Grundstück für den Anbau von Kartoffeln und eine Wiese, um Gras und Futter zu ernten.

Mitte Juli kauft der Arbeiter meist ein Schwein, d. h. in dem Zeitpunkt, in dem er ihm von seinen Abfällen zu fressen geben kann; dieses Schwein wird an Weihnachten für den Verbrauch der Familie geschlachtet. Le Play fügt hier hinzu, daß dies ein Zeichen für eine gewisse Wohlsituiertheit der Familie sei; ärmere Familien begnügten sich damit, am Ende des Jahres die Hälfte eines Schweines zu kaufen, das sie einsalzen und als Dauerware verzehren. Neben dem Schwein werden ganzjährig von dem Arbeiter eine Ziege und zwei Hühner gehalten.

Die Arbeit der Familienmitglieder verteilt sich folgendermaßen: Der

Arbeiter selbst ist durch seine Berufsarbeit so in Anspruch genommen, daß er zur ländlichen Arbeit wenig Zeit hat. Die Frau und die beiden Töchter sind ebenso in die industrielle Arbeit des Familienvaters eingespannt. Und zwar wird dies von Le Play als ihre Hauptarbeit geschildert. Sie holen die Bestandteile des Säbels, Klinge, Griff und Schneide vom Fabrikanten, und sie tragen das fertige Fabrikat wieder zurück. In guten Geschäftszeiten haben diese Frauen auf diese Weise zweimal pro Tag ein Durchschnittsgewicht von 210 Kilo einen Kilometer weit zu tragen. Unter den sekundären Arbeiten nimmt die Hausarbeit den ersten Platz ein. Dazu kommt die Herstellung von Wäsche und Kleidung, namentlich auch Strümpfe stricken. Es ist bemerkenswert, daß Möbel und Wäsche auf Vorrat für die Heirat des ältesten im Hause anwesenden Sohnes bereitstehen. Neben der Haushaltarbeit nimmt die Bebauung des Gartens und des Feldes, sowie die Aufzucht der häuslichen Tiere die Zeit der Frauen in Anspruch. Der älteste Sohn, der, wie gesagt, seinem Vater hilft, beteiligt sich am Grasmähen für Futterzwecke. Die fremde Hilfskraft ist gleichfalls durch die industrielle Berufsarbeit ausgefüllt. Als Einnahmequelle kommt also außer der indirekten Vermehrung des Einkommens durch Mithilfe der Familienmitglieder und außer der indirekten Steigerung durch Land und Vieh nur noch die Vermietung des möblierten Zimmers in Frage.

Außer seiner Bezahlung im Akkord steht im keine Subvention zur Verfügung. Haus, Garten und Land sind, wie wir gesehen haben, aus eigenem Einkommen gemietet. Es ist hier zwar ein starker ländlicher Rückhalt für die Familie vorhanden, aber er beruht ganz auf dem selbständigen Geldeinkommen der Familienmitglieder.

Mit dem Wohl und Wehe der Fabrik ist der Arbeiter eng verknüpft. In guten Zeiten kann er viel verdienen, in schlechten Zeiten wenig. Das einzige Entgegenkommen des Fabrikanten besteht darin, daß er in Krisenzeiten die Arbeit aufrecht erhält und wenn nötig, den Arbeitern Summen vorschießt, die er später mit ihrer Bezahlung verrechnet. [. . .]

Wir finden also hier um 1853 den Typus eines städtischen Arbeiterhaushaltes vor, der im Rahmen einer zwar freien aber unbeständigen und unsicheren Existenz alle Formen der Warenbeschaffung von der Selbstproduktion über die Selbstverarbeitung zum Kauf vereinigt. Der fiktive und jederzeit kündbare Naturalbesitz gibt der Eigenproduktion noch einen großen Anteil in dieser Haushaltführung, die dementsprechend noch starke Züge der Vorratswirtschaft trägt. Der Familienzusammenhalt ist insofern gelockert, als das Wirtshaus eine Rolle im Leben des Arbeiters spielt. Trotzdem sind die Kirche und die Familie noch wichtige Faktoren in seiner Ideenwelt, um so mehr, als es sich ja hier um einen in der Hausindustrie beschäftigten Arbeiter handelt, bei dem Haus, Familie und Arbeitsstätte eine eng ineinander verflochtene Einheit bilden.

In diesem Arbeiterhaushalt wird das Geldeinkommen des Mannes durch Vermietung des Zimmers ergänzt; namentlich aber durch die Arbeit aller übrigen erwachsenen Familienmitglieder, nämlich der Frau, des ältesten Sohnes und der beiden ältesten Töchter. Es ist ein Zeichen für die Unsicherheit dieses Arbeiterhaushalts, daß alle, Frau, Sohn und Töchter bei der Berufsarbeit des Mannes helfen, d. h. sich bemühen, das durch die industrielle Arbeit erzielte Geldeinkommen nach Möglichkeit zu steigern. Die Frau und die Töchter holen jeden Vormittag beim Fabrikanten die Bestandteile des Säbels, die der Mann und der Sohn zusammensetzen, und sie tragen abends das Fertigfabrikat zurück. Es ist dies ihre Hauptarbeit, während die Haushaltarbeit, die Herstellung von Wäsche und Kleidung, die Garten-, Land- und Kleintierarbeit an zweiter Stelle stehen. In der Haus- und Gartenarbeit finden die Frauen keine Unterstützung des Mannes, nur geringe Unterstützung des ältesten Sohnes.

Wir beobachten also hier in der Mitte des vorigen Jahrhunderts den Typus einer Arbeiterfrau, der folgende wichtige Funktionen zufallen: In erster Linie leistet sie mit ihren Töchtern eine körperliche, außerhäusliche und haushaltfremde Erwerbsarbeit, d. h., eine Arbeit, die unmittelbar dem Beruf des Mannes gilt und nur mittelbar durch die Steigerung des Gesamt-Geldeinkommens dem Haushalt dient. In zweiter Linie organisiert sie ihren Haushalt, d. h. sie leitet ihn in geistiger Beziehung (wozu die Einteilung der vorhandenen zurzeit auskömmlichen Geldmittel und die Disposition über die vorhandenen Vorräte gehören); ebenfalls in zweiter Linie arbeitet diese Frau körperlich in ihrem Haushalt und zwar im Wesentlichen allein, nur geringfügig von ihrem Sohne unterstützt.

Die Ideenwelt dieser Frau ist durch die Berufsarbeit des Mannes, die ja auch ihre eigene ist, durch die Unterhaltung mit den Nachbarsfrauen beim täglichen Arbeitsgang, durch Haus, Familie und Kirche bestimmt. Es ist anzunehmen, daß die Frau dieses Arbeiters durch die Art ihrer Erwerbsarbeit, die sie täglich in Kontakt mit der Außenwelt bringt, in stärkerem Maße ihr Blickfeld erweitert als der Mann, der seine Werkstatt in den vier Wänden seines Hauses hat. Und auf alle Fälle ist hier eine größere Berührung mit der Ferne, als bei der Frau des Clausthaler Minenarbeiters, deren Erwerbsarbeit in unmittelbarem Zusammenhang mit dem Haushalt stand.

Wir wollen, ehe wir in der Analyse städtischer proletarischer Haushaltungen fortschreiten, einen Augenblick inne halten und uns über die Geschehnisse klar werden, die zu einer langsamen Revolutionierung ländlicher und kleinbürgerlicher Arbeiter-Haushaltungen und Familien, wie wir sie eben gesehen haben, geführt haben. Wir wollen namentlich einen kurzen Blick auf die Symptome werfen, die schon in den Anfangsstadien proletarischer Haushaltungen dieses grundlegend von den bürgerlichen Haushaltungen der gleichen Zeit unterscheiden.

1.) Zwar sind beide Arbeiterhaushaltungen, die wir beleuchtet haben, noch im Stadium der Vorratswirtschaft, der weitgehenden Eigenproduktion. Aber bei beiden ist es um die Sicherheit dieser Produktion, bezw. um die Bodenständigkeit schlecht bestellt, sei es, daß sie auf der einen Seite lediglich von der Grubenadministration gewährleistet, sei es, daß sie auf der anderen Seite durch konjunkturelle Mißfälle jederzeit entzogen wird. Der Faktor der Unsicherheit ist in das Leben dieser Menschen eingekehrt, sie werden bald von der Scholle ganz gelöst und im Wesentlichen einem unsicheren Geldeinkommen ausgeliefert sein.

2.) Mit diesem Mangel an Rückhalt und schwankendem Verdienst hängt zusammen, daß Verdienststeigerungen gesucht und in Wohnungsvermietung und Frauenerwerb gefunden werden.

3.) Der Unsicherheitsfaktor und die Tatsache des Frauenerwerbs beginnen ihren Einfluß auf die geistige Haltung der Familie auszuüben: Die Familie steht nicht mehr allein im Mittelpunkt des Daseins, sondern das Wirtshaus beim Manne, die haushaltfremde Arbeit bei der Frau schaffen Interessensphären, die außerhalb des Hauses liegen.

4.) Die Überfüllung der Wohnungen mit Menschen, die Ärmlichkeit der Ausstattung, der relativ hohe Prozentsatz, den die Nahrung im Vergleich zu anderen Ausgaben darstellt, sind gleichfalls ins Auge springende Symptome, die mit der unsicheren Situation in Zusammenhang stehen.

5.) Während sich also die Transformation des bürgerlichen städtischen Haushalts in der Jahrhundertmitte von der Produktions- zur Konsumtionswirtschaft immer noch auf der gleichen Ebene der Sicherheit und der Stabilität vollzieht, zwar auch unter Einbuße von Land- und Hausbesitz, aber ohne, daß deswegen die sichere Lebensgrundlage fortgefallen wäre, beginnt zur gleichen Zeit für den ländlichen und kleinbürgerlichen Haushalt des Industriearbeiters auf dem Wege von der Produktions- zur Konsumtionswirtschaft und unter Wegfall der patriarchalischen Bindungen die vollkommene Loslösung von der bisherigen sicheren Lebensgrundlage – es beginnt das, was die Römer mit »Prolium laeti«*, d. i. »kinderreich« bezeichnet hatten, und woraus sich in jenen Jahrzehnten das Wort Proletarier entwickelt hat, als Bezeichnung für die, denen außer ihren Kindern nichts als wirklicher Besitz zur Verfügung steht.

Übergangstypus proletarischer Haushaltungen zwischen 1840 und 1850.

Die verschiedenen Etappen der wirtschaftlichen Entwicklung und die damit in Zusammenhang stehenden verschiedenen Typen von Arbeiterhaushaltungen werden am deutlichsten in den verzweiflungsvollen Kämpfen, die in jenen Jahren von den schlesischen Textilarbeitern und Webern

* J. J. Dittrich, *Unsere Übergangszeit betreffend die Erlösung des Proletariats*, 1847.

durchgefochten worden sind. Von ihnen soll im folgenden die Rede sein.

Es beschäftigt uns der Haushalt des ländlichen Heimarbeiters, der vergebens versucht, sich mit seiner Handarbeit gegen die aufkommende Maschine durchzusetzen. Wir befinden uns in den vierziger Jahren im schlesischen Gebirge (und zwar in den rauhesten und unwirtlichsten Teilen des Riesengebirges) schon in einer Phase der Entwicklung, die von Le Play vorausgesagt worden war: Der in der Hausindustrie beschäftigte bäuerliche Arbeiter war schon zum landlosen Proletarier, ohne Grund und Boden und ohne Rückhalt herabgesunken. Die vierziger Jahre waren die Zeit, in der die schlesischen Spinner und Weber* zu teuer arbeiteten, während die Maschine die Arbeit viel billiger herstellte. Die Kaufleute nahmen ihnen die Waren nicht mehr ab, im Winter 1843 und 1844 müssen sie mit einer Webe fünf- oder sechsmal zum Markte gehen, heute nach Hirschberg, morgen nach Schmiedeberg usw., ehe sie sie loswerden. Man schob damals noch das Elend der Weber auf ihre schlechten Leistungen. Statt die wahren Ursachen zu erkennen, versuchte man noch weiter das Verlagssystem zu fördern und zu intensivieren. Auch Versuche, den Weber wieder zum Ackerbau zurückzuführen, wurden in die Wege geleitet. Aber das Elend der Weber in den schlesischen Gebirgsdörfern stieg nur noch mehr.

Wie sah es im einzelnen aus? Schneer vergleicht das Einkommen einer solchen Weberfamilie mit dem Einkommen eines preußischen Schullehrers. Der Schullehrer hatte um jene Zeit: freie Wohnung, zur Feuerung 7 preußische Klafter Holz, einen Gartenfleck von einem Scheffel Aussaat, 15 Scheffel Roggen und 3 Scheffel Gerste, Erbsen und Hirse, die Freiheit, unter das Gemeindevieh 2 Stück Rindvieh und 1 Schwein unentgeltlich zu treiben und an Gehalt 50 Taler baren Geldes. Schneer schätzt dies alles zusammen auf 80 bis 90 Taler pro Jahr.

Der Verdienst einer Weberfamilie in einem schlesischen Dorf, erarbeitet von Mann, Frau und Kind bei einer insgesamt sechsköpfigen Familie, beträgt dagegen nicht mehr als 30 Taler pro Jahr. Davon müssen die Klassensteuern und Kommunalabgaben, die Hypothekenzinsen und Abgaben an die Gutsherrschaft, die Feuerung für 8 Monate, denn im Riesengebirge bleibt es lange Winter, bezahlt werden. Von dem bäurischen Leben, aus dem der Weber kam, ist nicht mehr viel übrig geblieben. Von einem Weber Ziegert in Herischdorf berichtet uns Schneer, daß er bei 63 Talern Einkommen auf seinem Hause 400 Taler Schulen hätte, für die er 20 Taler Zinsen zahlen muß. Der Grundzins an die Gutsherrschaft beträgt dazu noch 3 Taler, die Gemeindeabgaben 2 Taler, die Grundsteuer

---

* Schneer, *Über die Not der Leinenarbeiter in Schlesien*, 1844.
  A. v. Minutoli, *Die Lage der Spinner und Weber im schlesischen Gebirge*, 1851.
  Werner Sombart, *Der moderne Kapitalismus*, 1924. Joh. Zienkursch, *Hundert Jahre schlesischer Agrargeschichte*, 1915.

1 Taler – so bleiben ihm 37 Taler zum Leben. Einen Acker und ein Stück Vieh haben die Wenigsten. Wer eine Hundehütte an seinem Hause hat, gehört zu den Begüterten, da er noch einen müßigen Hund durchzufüttern in der Lage ist. Die Wenigsten können auch in einem Häuschen, selbst wenn es stark verschuldet ist, wohnen. Die meisten sind sogenannte Inlieger, die zur Miete wohnen. Wie es in diesen Häusern aussieht, soll uns Schneer wörtlich berichten:

»Das Haus des Häuslers Gottlieb Lachmann in Mittel-Langenöls sieht so aus, daß es kaum mehr bewohnbar erscheint: die Schlafkammer unter dem Dach ist dem Wind und Wetter preisgegeben; auf der Treppe zu derselben hin bin ich eingebrochen. Vom Hause Gottlieb Lachmanns aus Friedersdorf, Krs. Lauban, hören wir, es wäre dem Einfallen nahe; unter dem ganz durchlöcherten Schobendache befindet sich das aus einigen Lumpen in einer Bettstelle bestehende Lager, dem Regen, Schnee und Winde preisgegeben und vor der Kälte nicht geschützt. In der ungedielten Stube läuft von den schlechten Wänden das Wasser herab, so daß man sich auf dem schlüpfrigen Lehmboden vor dem Hinstürzen hüten muß. Mitten in der Stube läuft das Regenwasser in einer großen, mit einem Feldsteine bedeckten Zisterne zusammen, aus welcher nach starkem Regen gegen 15 Kannen Wasser geschöpft werden. – Das soll wohl heißen, daß mitten in der Stube sich eine Vertiefung befindet, wie sie die Iserhäuser noch heute haben; es werden dort Vorräte aufbewahrt; an eine Zisterne ist sicher nicht zu denken, sonst würde man sie doch nicht ausschöpfen müssen. Aber der schauderhafte Zustand des Daches und der Wände, durch welche der Regen dringt, machen die Vorratsgrube zu einer Art Zisterne. Häufig finden wir zwei Familien in einem Zimmer. So heißt es von Christian Ehrenfried Däsler in Maiwaldau, daß er mit seiner Frau und zwei Söhnen im Alter von 17 und 13 Jahren noch eine Einliegerin Maria Juliane Grundmann mit deren unverheirateten Tochter und ihren beiden unehelichen Kindern aufgenommen habe: Der dreizehnjährige Knabe schläft auf der Bodenkammer mit Lumpen bedeckt; im Winter liegt er in der Stube auf der sogenannten Hölle, dem Anbau des Ofens. Die Einlieger schlafen auf der Bodenkammer, auf Moos und Waldstreu gebettet.

Oder der Häusler Leder aus Hermsdorf: Verheiratet, hat 4 Kinder; das jüngste drei Wochen alt, liegt in wenigen Lumpen in einem kleinen Waschgefäß auf der Bank am heißen Ofen, um den Platz für den Spuler zu beschaffen. In derselben Stube wohnt und schläft der verheiratete Inlieger Badermann. Die Bettstelle des letzteren und die der Häusler Lederschen-'schen Eheleute ist keine 5 Fuß voneinander entfernt. Die Frau des Badermann ist 60 Jahre alt, vom Schlage gerührt, blind und epileptisch; der Mann teilt trotzdem dasselbe Lager mit ihr, welches aus schlechtem Stroh und Lumpen besteht. Man denke sich die Entbindung der armen Wirtin bei der epileptischen Nachbarin.

Oft wird in einer solchen Stube auch im Sommer gekocht, ohne daß die Fenster geöffnet werden. Familien mit 13 Köpfen in einer kleinen Stube sind keine Seltenheit. Es läßt sich denken, daß in dem engen und niedrigen Zimmer mit 4 Webstühlen und dieser Menge Menschen im geheizten Raum die Luft zum Ersticken ist.«

Um die Kleidung ist es nicht anders bestellt. Ich zitiere wieder den Schneer'schen Bericht:

»Beim Inlieger Opitz in Berbisdorf hat die Stube, in welcher sich die Lager befinden – für die Eltern aus einer Bettstelle, für die beiden Knaben von 10 und 13 Jahren aber nur aus Lumpen bestehend – das Aussehen eines Viehstalls; die Bewohner sind nur in Lumpen gehüllt, man kann kaum mehr sagen bekleidet. Seit sieben und mehr Jahren haben sich die Unglücklichen nicht mehr irgend ein Kleidungsstück beschaffen können; den Kirchenrock haben viele schon verkauft oder versetzt; sie schämen sich, in ihren Lumpen zur Kirche zu gehen. Mit der Kleidung, sagt die alte Mutter Neumann in Grunau mit Schluchzen, sind wir nun so heruntergekommen, daß ich mich vor den Leuten nicht mehr sehen lassen mag.«

Von einer geregelten Lebensmittelversorgung kann hier kaum mehr die Rede sein. Die Maiwaldauer Behörden berichten:

»Es ist gar nichts Seltenes, daß man eine Familie mehrere Tage lang ohne Brot, ja wohl auch ohne sonst gewöhnliche Nahrungsmittel sieht.«

Und Schneer faßt seine Beobachtungen zusammen:

»Die mißratenen Ernten der Kartoffeln, namentlich in den beiden letzten Jahren, haben die Weber auf die billigeren wilden oder Viehkartoffeln, und auf das schwarze oder Viehmehl zur Nahrung angewiesen. Fleisch kommt nur bei einigen zu Ostern, Pfingsten und Weihnachten ins Haus, und dann für eine Familie von fünf bis sechs Personen ein halbes Pfund. Schenkt der Bauer ihnen ein Quart Buttermilch, oder tauschen sie es für die Kartoffelschalen bei ihm nach langem Aufsammeln ein, so ist dies ein Festtag. Wenn es zuweilen zu etwas Butter noch ausreicht, so zehrt die Ganze Familie an einem Viertelpfund die ganze Woche. Im letzten Winter 1843 hat man von wirklicher Hungersnot unter diesen Armen sprechen können. So sagte mir der 67 Jahr alte Weber Anton Werner, wohnhaft Nr. 107 in Schömberg, mit Freudentränen in den Augen: er hätte bei der mangelnden Arbeit das Glück gehabt, daß in der Nähe zwei Pferde krepiert wären, deren Fleisch ihn, sein Weib Antonie und seine 3 Kinder eine zeitlang erhalten. Daß Weber dazu getrieben werden, von der Schlichte – der sauer und stinkig riechenden gekochten Stärke, – sich zu ernähren, war nach unzweifelhaften Zeugnissen eine nicht seltene Erscheinung.«

Das Borgsystem ist sehr ausgebildet; Morgen kommt vielleicht schon der Garnsammler ins Haus; ist der Strähn da noch nicht fertig, so gibt es keinen Arbeitslohn, und der Bauer, bei dem die Kartoffeln schon lange auf Borg entnommen werden, will ohne bare Bezahlung keine Lebensmit-

tel mehr verabreichen. Der Müller, der Bäcker, der Brauer, der Flachs-
händler, der Garnhändler, alle borgen dieser armen Bevölkerung, deren
einzige Hypothek oft allein in den zwei Händen besteht.

Übrigens gibt es nicht in allen Weberdörfern Spezerei- oder Material-
warenhandlungen. Von wenigen Abnehmern oder Kunden kann der
Krämer sich nicht erhalten. Dort wo mehrere solcher Kaufläden vorhanden sind, ist der Beweis erbracht, daß es sich um Orte mit weniger großer
Not handelt, in denen die Einwohner neben der Befriedigung des dringendsten Hungers daran denken können, die Nahrung schmackhafter
zuzubereiten.

Die körperliche Beschaffenheit der Weberfamilien geht auf diese
schlechte Ernährung und auf das Stubenhocken zurück. Schneer berichtet:

»Die Entwöhnung von der freien Luft und das Einschließen in überhei-
ße Stuben macht trotz des gesunden Klimas die Körper siech. Von
schwächlichen Eltern entsprossen und denselben schwächenden Ursachen
verfallen, nimmt unter dieser Volksklasse Hinfälligkeit und Schlaffheit
von Generation zu Generation zu, und muß endlich zu einem erblichen
Kretinismus, wie schon jetzt in einzelnen Ortschaften, ausarten. Des
Spinners Hubrich in Langenöls fünfzehnjährige Tochter ist noch nicht
vier Fuß groß, die zweiundzwanzigjährige Tochter der Witwe Rosina
Scholz in Mittel-Langenöls ist blödsinnig, stumm und lahm. Der Häusler
David Frommelt von ebenda hat unter neun Kindern ein vierjähriges,
kontraktes, welches das Bett noch nicht verlassen hat, und ein einjähriges,
gleichfalls rhachitisch. Die beiden jüngsten Kinder Carl Maywalds in
Berbisdorf von vier und sieben Jahren sind so skrophulös, daß ihre Beine
völlig ein schiefes Kreuz bilden.«

Hand in Hand mit der körperlichen Verelendung geht natürlich ein
ungewöhnliches Kindersterben. Und dabei ist es ein Glück für Eltern und
Geborene, wenn sie so bald wie möglich sterben. Der sehr geringe Lohn
nötigt die Eltern dazu, die schwachen Kräfte der Kinder schon mit vier
Jahren für die leichteren Arbeitsverrichtungen in Anspruch zu nehmen.
Kann das Kind noch nicht laufen, so findet sich niemand im Hause, der es
in die freie Luft tragen kann, denn Vater und Mutter sitzen am Webe-
oder Spinnrad, die kleineren Geschwister sind mit dem Spulen beschäftigt, und so müssen die Kinder in der Stube und in der Wiege bleiben. Hin
und wieder stößt dann die der Wiege nahe sitzende Mutter diese mit einer
Hand heftig an, damit sie eine Weile von selbst fortschaukelt, und das
Kind sie nicht bei der Arbeit stört. Die Kinder, welche bei dem Mangel an
schützender Bekleidung im Winter zur Schule anzuhalten eine Grausamkeit wäre, die, wie bereits erwähnt worden, oft mit vier Jahren von den
Eltern schon an das Spulrad gesetzt werden, wachsen bei mangelndem
Unterricht, ohne Verkehr mit der Außenwelt und ohne das bildende
Ferment eines öffentlichen Lebens in dem geisttötenden Einerlei ihrer

Beschäftigung auf. Kinder von sieben und acht Jahren, nicht bloß in den Betten nackt liegend, sondern auch in den Stuben dasitzend, ohne selbst nur mit Lumpen bedeckt zu sein, hat Schneer besonders in Hermsdorf und auch sonst im Landeshuter Kreise bis zur Unzahl gefunden.

Über das geistige Leben dieser Menschen wird uns das Folgende berichtet:

In einer amtlichen Denkschrift erwähnt Minutoli*, daß die Versuche, die Bewohner zu Ackerbauern zu machen oder ins Ausland zu versetzen, an der starken Heimatliebe der Weber scheitern. Von dem vorhin erwähnten Ziegert in Herichsdorf, der in einem überschuldeten Haus wohnt, bekommt Schneer auf die Frage, warum er sich nicht irgendwo einmiete, da sein Haus ja doch den Gläubigern gehöre, die Antwort: »Bei dem Alter, in dem ich und meine Frau stehen, in welchem wir dem Grabe schon so nahe sind, während wir den eigenen Besitz doch einmal gewohnt sind, wäre es uns schon lieber, man trüge uns aus dem Hause, als daß wir hinausgehen.«

Ebenso stark wie die Liebe zu Heimat und Boden ist das Gerechtigkeitsgefühl dieser Menschen. Im Herbst 1846 zog auf der Straße in Peterswaldau am hellen Tage ein Haufen Menschen mit einer brennenden Laterne her; er suchte die Gerechtigkeit.

Auch der Glaube dieser Familien besteht noch im alten christlich-kirchlichen Sinne und ebenso sind viele alte Formen des Aberglaubens in diesen schlesischen Dörfern verbreitet. Die Not wirkte so zerstörend, daß sich der Weber zu keinem Widerstand mehr aufzuraffen vermochte. Apathie und Deprimiertheit haben ihn so stark ergriffen, daß es ihm meist zu der zum Verbrechen notwendigen Tatkraft fehlt. Es wird daher nur über Diebstahl und Betrügereien in der Arbeit geklagt, nicht etwa über Diebstahl von Lebensmitteln und dergleichen. Und dabei ist es noch sehr zweifelhaft, ob nicht die Übervorteilung durch den Händler zur Verschlechterung der Ware primär geführt hat. Daß der Verzweiflungszustand zu Trunksucht und Unmäßigkeit geführt hat, ist selbstverständlich. Damit gehen die sexuellen Verfehlungen Hand in Hand. In den 1830er Jahren war in jenen Dörfern nach den Berichten der Geistlichkeit ungefähr jedes 18. Kind ein Uneheliches. In den 1840er Jahren jedes 14., 1841 war die Quote 13 : 1, 1842 12 : 1, 1843 11 : 1. Aber aus diesen Zahlen ist ebenso sehr zu schließen, daß die Not die Eheschließungen erschwert hat.

Wie kann man diesen Haushalt des schlesischen Handwebers, der in einem aussichtslosen Kampfe gegen die Maschinenweberei steht, charakterisieren?

Von einer aktiven Warenbeschaffung ist hier kaum mehr die Rede, geschweige denn von einer Vorratswirtschaft. Die geldlichen Mittel, die zur Haushaltsbestreitung zur Verfügung stehen, sind völlig unzureichend

* Minutoli a.a.O.

und unregelmäßig. Alle Familienmitglieder, auch die kleinen Kinder sind am Verdienst und an der Berufsarbeit beteiligt. Es ist eine Berufsarbeit, die im Hause vollzogen wird und zum Teil körperlichen Einsatz beansprucht. Die Haushaltarbeit der Frau, die von ihr allein besorgt wird, erfordert ebenso körperlichen Einsatz, während an eine Organisation oder Disposition nicht zu denken ist, da alle Voraussetzungen dafür fehlen.

Wir haben es also hier mit dem Typus des Haushalts des schlesischen Handwebers aus den vierziger Jahren des 19. Jahrhunderts zu tun, in dem die Warenbeschaffung nicht mehr durch Selbstproduktion erfolgt, sondern in unregelmäßiger und nicht ausreichender Weise durch Selbstverarbeitung und Kauf. Ebenso sind die geldlichen Einkünfte dieses Haushalts unregelmäßig und unzureichend. Die Freizeitgestaltung wird bestimmt durch die Phänomene, der Kirche, des Berufs, der Heimat und der Familie. Eine leichte Lockerung des Familienlebens durch das Wirtshaus ist vorhanden. Frau und Kinder üben gemeinsam mit dem Manne den Beruf im Hause aus, der zum Teil körperlichen Einsatz erfordert.

Typus des proletarischen städtischen Haushalts nach 1850.

Das Elend der schlesischen Weber, die Aufstände, die da und dort in den vierziger Jahren stattfanden, die Unmöglichkeit, den Weber von Neuem an die Scholle zu fesseln, oder durch Intensivierung des Verlagssystems seine Einkünfte zu steigern, führten schließlich zu der Erkenntnis, daß einzig der Übergang von der Hausindustrie zur Fabrikindustrie den Handwebern helfen könne. In den vierziger Jahren werden überall im schlesischen Gebirge Fabriken ins Leben gerufen, 1845 hat die Regierung zu Liegnitz die Gründung eines entsprechenden Fabrikantenstandes als die wichtigste Maßregel zur Hilfe des schlesischen Leinenhandels erkannt und ins Auge gefaßt.*

Als Folge der Fabrikengründungen erscheint im schlesischen Gebirge und in den kleinen schlesischen Landstädten ein neuer Fabrikarbeiterstand, den man wohl als Übergangstyp zum städtischen Arbeiterproletariat bezeichnen kann.

Das neue Arbeitermaterial der Fabriken setzt sich aus dreierlei Schichten zusammen. Vor allen Dingen aus den jungen Burschen und Mädchen, die aus der ganzen Gegend, zum größten Teil Söhne und Töchter der ländlichen Bevölkerung, in der Fabrik zusammenströmen. Der zweite kleinere Bestandteil wird von den alten Webern gestellt, soweit sie noch umstellungsfähig waren. Eine Anzahl Fremder kommt als dritter Zustrom hinzu; es sind die gelernten Werkmeister, Maschinenschlosser und dergleichen, die meist aus der Stadt kommen.

* Schneer, a.a.O.

Das, was diesem neuen Fabrikarbeiterstand das Gepräge gibt, ist die große Menge ungelernter Arbeiter und Arbeiterinnen der ersten Gruppe. Sie werden durch Folgendes charakterisiert: Sie kommen aus entfernten Gegenden herbei und quartieren sich oft nur zeitweise am Ort ein. In einer 1843 verfaßten Flugschrift von E. Pelz* heißt es, daß 10 bis 20 junge Leute beiderlei Geschlechts zusammen in einem Raume schlafen, ohne daß irgend jemand sie beaufsichtigt. Selbst in Fällen, wo Einzelne sich an einwohnende Familien anschließen, um Kost und Wohnung gegen Vergütung zu genießen, bleibt in der Regel aller weiter gehende Familieneinfluß aufgehoben. Oft sorgen die Fabrikherren selbst für Beköstigung und Wohnung und richten für die Arbeiter Lokale ein, in denen 12 bis 15 Menschen ohne Trennung der Geschlechter leben und gemeinschaftlich übernachten. Der Zusammenhalt mit der eigenen Familie, die weit entfernt wohnt, war durchbrochen. Es handelte sich meist um Mädchen und Knaben im Alter zwischen 14 und 18 Jahren.

Betrachten wir nun die jungen Frauen in diesem Fabrikarbeiterstand gesondert und genauer, so zeigt sich, daß sie von ihrem Konfirmationstage ab nichts anderes tun, als in Fabriksälen von früh bis spät die aus der Maschine quellenden Fäden zu beaufsichtigen. Pelz sagt wörtlich**:

»Gerade in dem Alter, wo mütterliche Lehre und Aufsicht, mütterliches Beispiel am nötigsten sind, zur Gewöhnung der Mädchen an Häuslichkeit und Familienpflichten, wie Familientugenden, deren sicherste, unerläßlichste Trägerinnen überall die Mütter genannt werden müssen, gerade in der Zeit, wo die Jungfrau vor allem das Höchste ihrer Bestimmung erkennen und erlernen soll, wird das elterliche Haus verlassen, um selbständig Geld zu verdienen, gleichviel ob auf Unkosten des ganzen übrigens Lebens, der ganzen Menschheit. Nichts von dem wird gelernt, was zur guten Hausfrau und Mutter gehört. Die so nötige Aufopferungsfähigkeit des Weibes macht vielmehr höchst selbstsüchtigen Ansichten Platz; man emanzipiert sich vom elterlichen Hause, kehrt nur auf Augenblicke besuchsweise dahin zurück, um für sich waschen und nähen zu lassen, und um sich im städtischen Putz zu zeigen.« [...]

Von der Entwicklung der ungelernten Arbeiterschaft, wie wir sie als Folge der Fabrikengründungen im schlesischen Gebirge kennen gelernt haben, bis zum Entstehen eines städtischen Fabrikarbeiterstandes ist kein weiter Schritt. Die langen Fabrikdörfer, Bielau, Peterswaldau, Friedersdorf wachsen im Nu zu Städten an, namentlich macht sich der Zustrom in den Städten selber bemerkbar, deren Bevölkerungszahl rapide steigt. Wir werden uns im Folgenden, anschließend an die Transformation des schlesischen Bauern- und Weberstandes, mit dem Zustand der arbeitenden Klassen Breslaus beschäftigen, da sich der Zustrom der ungelernten

---

* Eduard Pelz (Pseudonym Treumund Welp), *Über den Einfluß der Fabriken und Manufakturen in Schlesien* 1843. Breslau Univ.-Bibl.
** Pelz, a.a.O.

Arbeiterschaft naturgemäß in der schlesischen Hauptstadt besonders fühlbar macht.

In einer weiteren Schrift des schon einmal erwähnten Alexander Schneer* erfahren wir einige Einzelheiten über die untersten Schichten der Breslauer Bevölkerung in der Mitte des Jahrhunderts. Zuerst erhalten wir einen Überblick über die Zusammensetzung der Breslauer arbeitenden Bevölkerung. Schneer schätzt die Zahl der

Dienstboten auf etwa	5000
Gesellen auf etwa	4500
Lehrburschen auf etwa	2000
Fabrikarbeiter aller Art auf etwa	2500
Tagarbeiter, d. s. die ungelernten Arbeiter, die in großer Zahl in die Fabriken strömen, auf etwa	6000.

Über das Einkommen der Breslauer Fabrikarbeiter wird folgendes berichtet: Bei den gewöhnlichen Tagearbeitern kommt der Lohn auf 8 Sgr. (Silbergroschen) im Sommer und 6 Sgr. im Winter, bei Bauarbeitern durchschnittlich um 1 Sgr. höher. Die Tagearbeit von Frauen wird gewöhnlich mit 4-5 Sgr. bezahlt. Durchschnittlich beträgt die Arbeitsdauer 10 bis 13 Stunden pro Tag. Manche Berufsarten, wie z. B. die Formstecher, haben ihr eigenes Werkzeug zu stellen, das mit 30 bis 50 Talern bzw. mit 4 bis 10 Sgr. Abnützung pro Woche in Rechnung zu stellen ist. Die Drucker z. B. bezahlen ihrerseits die Streichkinder. Wenn man 300 Arbeitstage und einen Durchschnittslohn von 7 Sgr. annimmt, dann würde man auf einen Jahreslohn von 175 Talern kommen. Vergleicht man wieder, wie beim handarbeitenden Weber, mit den Einnahmen eines Volksschullehrers von rund 80 bis 90 Talern, so ergibt sich jetzt beim städtischen Fabrikarbeiter eine erhebliche Mehreinnahme.

Es ist aber zu berücksichtigen, daß der Tagesarbeiter stets der Eventualität ausgesetzt ist, keine Arbeit zu finden und daß außerdem in den Großstädten Wohnung und Nahrung als Folge des rapiden Anwachsens der Bevölkerung unverhältnismäßig teuer sind.

Schneer hat zu der Wohnungsfrage Enqueten von einigen Ärzten eingeholt, zum Teil auch von einigen städtischen Servisbilleteuren, offenbar einer Art von Wohnungspflegern. Übereinstimmend wird berichtet, daß die Wohnungen der Fabrikarbeiter und Tagearbeiter schlecht und teuer sind. Es sind meist feuchte, tiefliegende Parterrewohnungen in Hinterhäusern, in engen Höfen halb unter der Erde und in nächster Nähe der Flußarme. Die sogenannten Treppen sind ganz finster, das Haus baufällig, der Fußboden schief, an den Türen und Wänden läuft gewöhnlich das Wasser herunter, die Stuben sind so niedrig, daß man kaum aufrecht stehen kann. Eine solche Wohnung, meist bestehend aus einer

---

* Alexander Schneer, *Über die Zustände der arbeitenden Klassen in Breslau mit Benutzung der amtlichen Quellen* 1845.

Stube und einem Alkoven, mit einem Herd auf dem Flur, kostet zwischen 15 und 30 Talern. Der Andrang der Arbeiter ist derartig groß, daß die Städte nicht genügend Wohnungen zur Verfügung stellen können, daher steigen gerade die kleinen Wohnungen im Preis. In den Vorstädten haben viele Ackerwirte aus Stallungen, Scheunen und anderen Baulichkeiten solche kleine Wohnungen zurecht gemacht.

Oft wohnen zwei und drei Familien in einer Wohnung. Meist werden Schlafburschen und Aftermieter aufgenommen, besonders dort, wo noch eine Kammer vorhanden ist. In diesen Kammern wohnen oft auch noch ganze Familien. In den Ställen, unter der Treppe, auf dem Boden (von Betten ist bei diesen nicht die Rede) hausen zum Preise von 5 Sgr. die Woche einzelne Schlafburschen, die auf diese Weise vor der Polizei den Ausweis führen können, daß sie nicht Vagabunden sind. Im ganzen muß man von einer Belegzahl von 7 bis 8 Personen auf die Stube rechnen.

Daß die Wohnungen feucht sind, geht zum Teil darauf zurück, daß alles in der Stube vorgenommen wird; es wird darin gekocht und gewaschen, der kleine Kochherd auf dem Flur ist alles, was an eine Küche erinnert. Auch dieses ist neben anderen Gründen mit daran schuld, daß die Ernährung sich im Wesentlichen aus Kartoffeln, Brot und Kaffee zusammensetzt. Die Frau und Mutter muß mit verdienen, sie kann sich wenig um die Häuslichkeit kümmern und um die Reinlichkeit ist es natürlich in den engen Räumen schlecht bestellt. Steht die Frau auch der Häuslichkeit vor, so fehlt es doch an Zeit und Mitteln, sie wirklich zu führen. Einer der genannten Ärzte gibt ein Beispiel: Nehmen wir an, eine solche Frau hätte vier Kinder, von denen vielleicht eins an der Brust; außerdem muß sie neben ihrer eigenen Fabrikarbeit die ganze Wirtschaft besorgen, dem Manne das Essen tragen, der vielleicht eine viertel Meile entfernt bei einem Bau beschäftigt ist. Die Kinder, sich selbst überlassen, liegen entweder auf dem Erdboden oder treiben sich auf den Straßen herum, sind also fortwährend beschmutzt. Auch fehlt es an den notwendigen Kleidungsstücken, um sie öfter zu wechseln und an Zeit und Geld, um sie öfters zu waschen.

Es ist begreiflich, daß unter diesen Wohn- und Ernährungsverhältnissen der Gesundheitszustand der Arbeiterschaft ein sehr schlechter ist. Die Sterblichkeitsziffer, namentlich der Kinder, ist sehr hoch, Skrophulose und Rhachitis, Gelenkrheumatismus und Gebärmutterleiden gefährden das Leben, vor allem der Kinder und Frauen. [...]

Wir wollen nun zusammenfassen und die Symptome herausheben, die den neuen städtischen proletarischen Haushalt nach den vorliegenden Schilderungen kennzeichnen:

1. Die jungen Fabrikarbeiter und Fabrikarbeiterinnen, die eine Ehe miteinander schließen, sind von Heimat und Elternhaus losgelöst. Eine Fabrikarbeit seit dem 14. Lebensjahr liegt hinter ihnen. Die Frau hat keine häuslichen Kenntnisse erworben.

2. Mann und Frau sind vollkommen frei und können sich ihre Arbeit aussuchen, wie und wo es ihnen behagt.

3. Ein relativ erhebliches Geldeinkommen ist vorhanden, aber durch keinerlei Fürsorge und Sicherheit garantiert. Ein Rückhalt an Naturaleinkommen oder eigenem Besitz besteht nicht. Überteuerte Wohnungs- und Nahrungsverhältnisse vermindern das Einkommen beträchtlich. Sozialversicherungen sind nicht vorhanden.

4. Durch Untervermietung wird das Einkommen erhöht.

5. Frau und Kinder verdienen mit. Ihre Arbeit ist eine körperliche, außerhäusliche, von der Arbeit des Ehemanns unabhängige. Oft verdient die Frau mehr als der Mann oder an Stelle des Mannes.

6. Die Frau muß ihren Haushalt neben der Fabrikarbeit und ohne Hauspersonal bewältigen. Hie und da erhält sie Hilfen, die natürlich Ausgaben verursachen, für die Wäsche, für die Kinderbeaufsichtigung oder Kinderbewahrung, für das Essensenden an den Mann. Oft besorgt dies eine Mutter oder ältere Verwandte. In vielen Fällen führt der Mann statt der Frau den Haushalt und erzieht die Kinder.

7. Die Haushaltverrichtungen, namentlich das Kochen, werden infolge schlechter Küchen- und Wohnverhältnisse und infolge Zeit- und Kraftmangels auf ein Minimum beschränkt.

8. Die gesundheitlichen Schäden für die Familienmitglieder, namentlich für die Frauen und Kinder, sind groß.

9. Das Familienleben ist durch die außerhäusliche Erwerbsarbeit der Frau gelockert, die moralischen und kirchlichen Begriffe sind verändert. Das Wirtshaus tritt an Stelle der unwirtlichen Wohnung. Die Kontakte mit außerhäuslichen Phänomenen sind stärker als die Bindung an die häusliche Sphäre. Ansätze zu einer neuen Bindung des Proletariats unter sich sind vorhanden.

Die typische Struktur des städtischen Fabrikarbeiterhaushalts in der Mitte des 19. Jahrhunderts scheint demnach die folgende zu sein:

Auf dem Hintergrund einer vollkommen freien aber ungesicherten Existenz hebt sich ein Haushalt ab, der allein auf einem nicht unerheblichen Geldeinkommen, ohne Rückhalt durch Naturaleinkommen und eigenen Besitz beruht. Die Funktionen der Warenbeschaffung (durch Kauf und Umwandlung noch nicht konsumreifer Güter in konsumreife), der Haushaltverrichtungen und Kindererziehung sind stark reduziert. Der Haushalt stellt im Wesentlichen nur noch eine Konsumwirtschaft und Schlafgemeinschaft dar, wobei der Konsum zum Teil nicht mehr im Hause vollzogen wird und der Schlaf auch noch haushaltfremde Menschen einbezieht.

Denn das Geldeinkommen wird durch Untervermietung und die Mitarbeit von Frau und Kindern ergänzt.

Typus der städtischen Proletarierfrau nach 1850.

Der Typus der Proletarierfrau in den fünfziger Jahren des 19. Jahrhunderts wird infolgedessen durch nachstehende Merkmale gekennzeichnet:

Die verheiratete Frau leistet in erster Linie eine körperliche, außerhäusliche, haushaltfremde, von der Arbeit des Ehemanns unabhängige Erwerbsarbeit, nachdem sie schon vor ihrer Ehe in der Fabrik tätig war und sich meist keine häuslichen Kenntnisse erworben hat. Diese Erwerbsarbeit übertrifft in manchen Fällen den Geldverdienst des Mannes, in manchen Fällen tritt sie an die Stelle des Geldverdienstes des Mannes.

In zweiter Linie bewältigt die Frau ihren kinderreichen, zur Konsumwirtschaft und Schlafgemeinschaft zusammengeschrumpften Haushalt, indem sie sowohl organisatorische, als auch körperliche Arbeit darin leistet. In seltenen Fällen wird sie dabei von Hilfen durch fremde Einzelpersonen und im Entstehen begriffene Kollektiveinrichtungen unterstützt. Dagegen ist die Hilfe des Mannes, der Kinder und der Verwandten häufig.

Typus der städtischen Proletarier-Familie nach 1850.

Im Typus der Familie hat sich durch die Fabrikarbeit beider Geschlechter eine Wandlung vollzogen. Der Faktor der Unsicherheit – und zwar der Unsicherheit nicht einer Einzelperson, sondern eines ganzen Standes – schafft für Mann und Frau eine neue Interessensphäre, die außerhalb der Familie liegt. Die Fabrikarbeit der Frau zudem bringt die bisher an die Häuslichkeit gefesselte Frau in zahlreiche Beziehungen zur Umwelt, die mindestens ebenso stark sind, wie die bisherigen Beziehungen zur häuslichen Sphäre. Beides, die Unsicherheit einerseits, die Frauenerwerbsarbeit andererseits, führt in den dem Massenzustrom in keiner Weise gewachsenen Städten zu schweren, hygienischen, gesundheitlichen und moralischen Schäden der Familienmitglieder.

So lockert sich der Zusammenhang der Familie zusehends: Die Wohnung wird zu einer unfreundlichen und armseligen Wohn- und Schlafstätte eines viel zu großen Menschenkreises. Die Familie flüchtet in die Arbeit, in das Wirtshaus und in das proletarische Kollektivbewußtsein.

Nr. 12

Clemens Theodor Perthes,
Das Privatleben im deutschen Volke*

Die Ursprünglichkeit und Abgeschlossenheit der Familie und des Hauses gegenüber dem Volke und dem Staate hatte im Rechte des Mittelalters ihren vollen Ausdruck erhalten. In seinem Hause, hieß es, ist der Mann gesessen in stiller, nützlicher, geruhiger Gewer und Gewalt *länger* denn Landrecht und Gewohnheit ist. Die Thüre, welche das Haus von der Gemeinde und vom Staate scheidet, war ein unantastbares Heiligthum. In seinem Hause, darinnen er wohnte, sollte Jeder Frieden haben, so daß ihm binnen seinen vier Pfählen kein Urtheil schaden könnte. Die Ehefrau, die Hausehre in der Sprache der Zeit genannt, war wie der Haussohn und die Haustochter dem öffentlichen Leben nur durch den Hausherrn bekannt und hat Jemand, sagte das alte Recht, an Knecht und Magd, die des Mannes Hausgewalt heißen, Unfuges begangen, so mag der Mann wohl klagen, weil man seiner nicht geschont hat an seinem Gesinde und hat den Frieden an ihm gebrochen. Keine Familie hatte im Mittelalter eine andere Gewalt als die ihres Hauptes gekannt, aber der Mann, durch den das Haus zum Hause ward, wäre kein freier Mann gewesen, wenn er nicht größeren oder kleineren Kreisen des öffentlichen Lebens angehört und für sie gewirkt und geduldet hätte. Wenn das Reich oder der Lehnsherr tapferer Herzen und kräftiger Arme bedurfte, so verließ der Ritter seine Burg, um sich in größeren Verhältnissen die Brust zu erweitern. Der Bürger dachte nicht an Waarenlager und Handwerkszeug, wenn die Stadt im Rathe oder in der Bürgerschaft seiner bedurfte und stand auf den Mauern seiner Stadt, wenn äußere Angriffe sie bedrohten. Auch den Bauern sahen die Linden und die sieben Steine erscheinen, um das Recht zu weisen und die Freiheiten des Dorfes zu schützen. Der frische Hauch des Lebens in Reich, Gemeinde und Genossenschaft strömte allen Familien durch ihre Häupter zu und erfüllte das enge Haus mit den großen Interessen nationaler Gemeinschaften.

Als nach dem dreißigjährigen Kriege der politische Stand und die politische Gemeinde unterging, erschien fortan dem Deutschen seine Familie in der Gestaltung, die sie einmal gewonnen hatte, als das höchste Gut, weil sie das einzige war. Die Sitte, die Denk- und Handlungsweise des Hauses, aus welcher allein den Eltern die Befriedigung ihres Daseins ward, wollten sie auch auf ihre Kinder unverändert übertragen und sie zogen deßhalb dieselben zu einem Familienleben heran, welches das

* Aus: *Das deutsche Staatsleben vor der Revolution. Eine Vorarbeit zum deutschen Staatsrecht*, Hamburg und Gotha 1845, S. 272-285 (gekürzt).

Ebenbild ihres eigenen darstellte. In diesem Streben das Eigenthümliche des heranwachsenden Geschlechts zurückzudrängen wurden die Eltern durch die damalige Einwirkungsweise der Religion und durch die Schule unterstützt, welche vereint mit der elterlichen Zucht die Grundlage aller Erziehung ausmachten. Die Theologie mauerte den jugendlichen Geist hinein in die starren Lehrsätze des Orthodoxismus und erschwerte ihm hierdurch jede lebendige und eigenthümliche religiöse Bewegung. Die Schule füllte das Gedächtniß an mit dem, was Andere gethan und gedacht hatten und erstickte die selbständigen Geisteskräfte, indem sie theils durch die Masse ihrer Anordnungen, Regeln und Strafen jede freie Bewegung hemmte, theils durch fast ausschließliche Übung einer todten Sprache dem jugendlichen Geiste ein Werkzeug gab, welches die Fortbildung unfähig machte denselben in den Kreis des Hergebrachten und schon früher Ausgedrückten bannte. Die Schule selbst hatte hierdurch die Kraft einflußlos gemacht, welche in der Wechselwirkung der aus den verschiedensten Familien zusammengebrachten Kinder liegt und zur Erweckung und Ausbildung des Eigenthümlichen im Einzelnen drängt. Unter dem Zusammenwirken der elterlichen Zucht, des Orthodoxismus und der öffentlichen Schule nahmen die Kinder, bevor den Eltern die Kraft entschwand, den Familiencharacter darzustellen, denselben entschieden genug in sich auf, um die von ihnen gegründete Familie als eine Wiederholung der früheren auszubilden. Kinder und Kindeskinder ließen sich die für Verhältnisse einer anderen Zeit entstandenen engen und finsteren Räume zur Wohnung gefallen, um nur nicht das »Erbe« verlassen zu müssen, und behielten auch das lästig gewordene Hausgeräth bei, weil es ein altes Familienstück war. Alles, was ihn umgab, berichtet Göthe* von seinem Großvater, war alterthümlich. In seiner getäfelten Stube habe ich niemals eine Neuerung wahrgenommen; seine Bibliothek enthielt nur die *ersten* Reisebeschreibungen, Seefahrten und Länder-Entdeckungen. Überhaupt erinnere ich mich keines Zustandes, der so wie dieser das Gefühl eines unverbrüchlichen Friedens und einer ewigen Dauer gegeben hätte. – So weit und so lange das ängstliche Bemühen die neu entstehenden Familien den früheren völlig gleich werden zu lassen, in unserem Volke herrschte und es herrschte noch gegen Ausgang des vorigen Jahrhunderts in weiten Kreisen, konnte kein Geschlecht erstehen, welches mit hellem Auge an das Bestehende herangetreten wäre und den Anstoß zu einer bewußten Fortbildung gegeben hätte. Jede neue Generation war an das politisch Abgestorbene bereits gewöhnt, bevor sie die Aufgabe hatte, selbst eine Einwirkung auf die politischen Verhältnisse zu üben und jede neue Generation hielt an den veralteten Staatsformen wie an den veralteten Familienformen fest. Sollten aus dem Familienleben Männer erzogen werden, die durch ihr Leben auch den Staat belebten, so mußte vor Allem

* *Wahrheit und Dichtung* 1. Buch.

die todte Überlieferung eines kleinlichen Familienwesens gebrochen werden. [. . .]

Im vorigen Jahrhundert war Alles anders geworden. Der deutsche Staat mißkannte die Ursprünglichkeit der Familie und war durch die zerbrochene Thür in das Innere des Hauses eingedrungen. Das preußische Landrecht, in welchem sich die herrschenden Richtungen ihren Ausdruck verschafft hatten, verfügte über die Verhältnisse der Familie und des Hauses, als ob dieses sich zum Staate eben so wie die Caserne oder das Zuchthaus verhielt. »Mütter und Ammen sollen Kinder unter zwei Jahren bei Nachtzeit nicht in ihre Betten nehmen und bei sich oder Anderen schlafen lassen. Die solches thun, haben nach Bewandniß der Umstände und der dabei obwaltenden Gefahr Gefängnißstrafe oder körperliche Züchtigung verwirkt«. »Mütter, Pflegerinnen und Andere, die in Ermangelung der Mutter an deren Stelle treten, müssen ihre Töchter oder Pflegebefohlnen nach zurückgelegtem vierzehnten Jahre von den Kennzeichen der Schwangerschaft und den Vorsichtsregeln bei Schwangerschaften und Niederkünften jedoch mit Vorsicht unterrichten.*« Während einerseits das Haus als ein wenn auch kleiner Verwaltungsbezirk der Regierung gelten mußte, entbehrte es andererseits des lebendigen Zusammenhanges mit dem Staate, für den es keine Wirksamkeit äußern durfte. Alle und jede politische Thätigkeit hatte sich in die Fürsten und ihre Diener zurückgezogen; Ritter, Bürger und Bauern im alten öffentlichen Sinne gab es nicht mehr; an ihre Stelle war die Menge der »Verwalteten« getreten, die empfangen und dulden, nicht auch gewähren und handeln sollten. Da nur als Theile dieser Menge die Familienväter und Hausherren mit dem Staate in Verbindung standen, so waren die Wege abgegraben, auf denen das öffentliche Leben in das der Familie hätte gelangen können. Religion, Wissenschaft und Kunst todt in der ersten, gährend in der zweiten Hälfte des Jahrhunderts, konnten der Familie das Fehlen des Staates nicht ersetzen. In keinem Lebenskreise fand sich jene feste Ordnung der Dinge, welche in anderen Zeiten schon allein durch ihr Dasein den Mann und mit ihm die Familie zu einer sichern Stellung in den staatlichen, kirchlichen und litterärischen Bewegungen leitet. Hineingeworfen in ein gestaltloses Durcheinander war die Familie auf sich allein angewiesen und es fragte sich, ob sie Lebenskraft genug besaß, um sich aus sich selbst zu erhalten und fortzubilden. Das deutsche Volk hatte im vorigen Jahrhundert als Erbtheil alter Zeiten einen Reichthum mannigfaltiger Familien erhalten, aber damit sie wirklich dem erstarrten Staate frische Kräfte zuführen konnten, mußten sie ein Leben in sich bergen, welches zunächst die Männer, also die Hausväter trieb, sich dem Staate, der sie nicht wollte, auch wider dessen Willen aufzudrängen.

Stark genug war der deutsche Familiensinn gewesen, um aus den

---

* § 738., § 902. *A. L. R.* II. 20.

Zuständen der Verwilderung, welche dem dreißigjährigen Kriege folgten, von Neuem ein ehrbares und reines Familienleben zu erzeugen. Die Lebensnachrichten Göthes, Mosers, Arndts, Herders und vieler anderen mehr oder minder bedeutenden Männer haben überall in allen Ständen und allen Gegenden Deutschlands Familien darzustellen gefunden, welche uns mit Achtung vor der in unserem Volke arbeitenden Kraft erfüllen müssen. Aber weil der deutsche Staat die Familie verächtlich übersah und sie des lebendigen Zusammenhanges mit Gemeinde und Staat beraubte, so hatte sich diese als eine völlig in sich abgeschlossene Einheit entwickelt. Die Hausväter waren nur Hausväter und deshalb keine wahren Hausväter geworden. Sie entbehrten der freundlichen und feindlichen Berührungen, welche im politischen Leben den Mann bilden und reifen. Nur in ihrem häuslichen Kreise und in diesem nur als Leiter thätig lernten sie ausschließlich Willfährigkeit an Anderen kennen. Berücksichtigt und geschont in allen Verhältnissen wurden sie nachgiebig gegen die eigenen seltsamsten Schwächen und Wunderlichkeiten und bildeten jene stolze Unbeholfenheit und wunde Empfindlichkeit gegen das ungewohnte Entgegentreten Dritter aus, wie sie gerade in den geistig bedeutenden Familien des vorigen Jahrhunderts so oft hervortrat. Mein 1729 gebohrener Vater, erzählt Friedrich Carl von Strombeck*, hatte nie, so wenig als sein Vater und Großvater, ein öffentliches Amt bekleidet. Da sie nicht, gleich ihren Vorfahren, Bürgermeister der Vaterstadt Braunschweig sein konnten, so wollten sie lieber im Privatstande bleiben. Mein Vater, ein streng und alterthümlich rechtschaffener und biederer Mann, war im hohen Grade ernst und eifersüchtig auf sein Ansehen. Ich erinnere mich nicht, daß er auch nur ein einziges Mal mit Zärtlichkeit meine Mutter oder uns Kinder angeredet oder mit recht innigem Wohlgefallen angeblickt hätte. Den tiefsten Respect gegen ihn, die strengste Erfüllung der Pflichten verlangte er für beständig und nicht das Mindeste sah er in dieser Beziehung nach. Daher war denn in Beziehung gegen ihn die ganze Hausgenossenschaft, die Mutter mit eingeschlossen, in dem Zustande der größten Unterwürfigkeit. Auch von seinen Domestiken verlangte er die pünktlichste Befolgung seiner Vorschriften und ohne alle Einreden schnellen Gehorsam. Diese Art zu sein war meinem Vater so zur andern Natur geworden, daß er sich nur unter den von ihm abhängigen Hausgenossen behaglich finden konnte und er hatte keinen Umgang, am wenigsten einen freundschaftlichen. Um elf Uhr, heißt es weiter, wurde der Bediente hereingeschellt und die Ankleidung des Vaters begann mit einem Ernste, als wenn dieses eine Haupt- und Staatsaction gewesen sei, bei welcher er von dem Zuschnallen der Schuhe bis zum Aufsetzen der Perrücke und dem Darreichen des mit goldenem Knopfe verzierten

* *Darstellungen aus meinem Leben von Fr. K. von Strombeck.* Braunschweig 1835. Band I. S. 7.

spanischen Rohrs nicht im Geringsten selbst mit Hand anlegte. – Auch Göthes Vater hatte es aus Ärger und Mißmuth verschworen, jemals irgend eine Stelle anzunehmen. Er gehörte, erzählt Göthe*, nun unter die Zurückgezogenen, welche niemals unter sich eine Societät machen. Sie stehen so isolirt gegen einander, wie gegen das Ganze und um so mehr als sich in dieser Abgeschiedenheit das Eigenthümliche des Characters immer schroffer ausbildet. Als einst das elterliche Haus mit französischer Einquartirung für längere Zeit belastet ward, trat die seltsamste Empfindlichkeit des Hausherrn gegen Berührungen von Außen in fast komischer Weise hervor. Er ließ geschehen, erzählte Göthe, was er nicht verhindern konnte, hielt sich aber in unwirksamer Entfernung und das Außerordentliche, was nun um ihm vorging, war ihm bis auf die geringste Kleinigkeit unerträglich. – Männer dieser Art, denen wir sehr oft im vorigen Jahrhundert begegnen, blieben durch das Abgeschlossene der Familie, in welcher sie sich bewegten, jedes fördernden Einflusses auf das politische Leben beraubt; aber sie waren doch sehr oft eifrig bemüht, in ihren freilich engen Kreisen den Sinn für Religion oder Wissenschaft oder Kunst zu pflegen und zu entwickeln. Seit der Mitte des vorigen Jahrhunderts dagegen trat in besonderer Stärke jene, aus der allgemeinen Zeitrichtung erwachsende Ansicht hervor, nach welcher die Ehe als nützliches Mittel zur Erreichung anderweitiger Zwecke betrachtet und deßhalb nicht aus der Kraft persönlicher Wahlanziehung, sondern aus der klugen Berechnung des Reichthums, der Macht oder der vortheilhaften Familienverbindung hervorging. So weit diese Ansicht sich Geltung verschaffte, war es der Familie schwer, einen geistigen Gehalt zu gewinnen. Die kleinen alltäglichen Begebenheiten des Hauses füllten allein das gemeinsame Leben aus und gaben ihm eine so eintönige kleinliche und todte Gestalt, daß der oft hervortretende verkehrte Eigensinn und die polternde Heftigkeit, welche Iffland, die Zeit zeichnend, in allen seinen Schauspielen als Reizmittel braucht, auch in der Wirklichkeit wie eine fast erwünschte Würze erscheinen mußten. In sich selbst der erschlaffenden jedes geistigen Gehalts entbehrenden Gewöhnlichkeit erliegend, konnten die Familien dieser Art dem Staate in ihren Häuptern nur Männer zuführen, welche die Gedanken an Volk und Vaterland als Erzeugnisse einer überspannten Einbildungskraft betrachteten, vor denen der ruhige Hausvater sich zu hüten habe.

Das beschränkte Einerlei der sich selbst vollkommen genügenden deutschen Familie erlitt eine tief wirkende Erschütterung, als mit dem beginnenden letzten Drittel des vorigen Jahrhunderts der reichbegabteste Theil der jüngeren Generation in dem fessellosen Hervortreten stürmender Leidenschaften das Zeichen geistiger Größe erkannte. Der geistlosen und dumpfen Masse blieb es anheim gestellt, die Familie aus der klugen

* *Wahrheit und Dichtung zweites und drittes Buch.*

Abwägung äußerer Umstände hervorgehen zu lassen, um dann in träger Gemächlichkeit ein armseliges Dasein zu führen; aber für Alle, die ein geistiges Leben forderten, sollte die als unbedingt berechtigt anerkannte Gewalt der stürmenden sinnlichen Liebe die Familie begründen. Die überreizte Sinnlichkeit war allerdings durch geistige Anziehungen vermittelt, aber nur um desto frevelhafter zu erscheinen, weil sie des Geistigen sich als Mittel bediente, damit das Sinnliche noch sinnlicher würde. Die erregte und gepflegte Leidenschaft erträumte sich Phantome, nahm sie in irgend einem Individuum als verwirklicht an und hielt sich dann für berechtigt, mit Verachtung jeder rechtlichen und sittlichen Schranke die Erreichung ihres Zieles zu erstreben. Tief hinein in den geistig angeregten Theil des Volkes war diese Richtung gedrungen; Werthers Leiden konnten gedichtet werden und mit unwiderstehlicher Gewalt die Zeit ergreifen; fast alle bedeutenden Dichtungen drehten sich um die brennende Begierde sinnlicher Liebe. Wohl konnten die Dramen und Romane endigen, wenn die Sinnlichkeit zu ihrem Ziele gelangt war, aber das wirkliche Leben kannte kein willkührliches Ende. Unaufhaltsam vielmehr nahm das Geschick der durch Leidenschaft begründeten Familie seinen weiteren Verlauf, die erträumten Phantome zerrannen und die wirklichen, bisher nicht erkannten Persönlichkeiten traten hervor. Da die Ehe keine Mittel besaß, die kalte Leere auszufüllen, so entstanden Familien, die entweder den sentimentalen Schein eines Familienlebens erlogen oder durch Unfrieden und Untreue auch öffentlich den Wurm kund thaten, der an ihrem Kerne nagte. Der Ruf nach Erleichterung der Ehescheidung ward so allgemein, daß die Gesetzgebung sich zum Nachgeben genöthigt sah und in nicht unbedeutenden Kreisen unseres Volkes war das Familienleben mit dem Verluste der inneren Einheit und Wahrheit bedroht. Wenn aber die Wurzel seiner Kraft verdorrt ist, so bewahrt der Mann nur in seltenen Ausnahmsfällen Ruhe und Besonnenheit, Sicherheit und Muth als den Grundton seines inneren Seins. Er trägt die Stimmung der Seele, welche vom zerrütteten Hause erzeugt ward, mit sich hinaus in das Leben für den Staat und entbehrt als Bürger des geistigen Halts, ohne den er dem Staate niemals ein mitbauendes Glied werden kann.

Die Männer der letzten Decennien des vorigen Jahrhunderts hatten, weil die Familien, deren Häupter sie waren, entweder sich in stolzer Engherzigkeit vom öffentlichen Leben abgeschlossen oder sich nur in den kleinlichen Gewohnheiten des Alltagslebens gefielen, oder durch die Wirkungen früherer brennender Leidenschaften verzehrt wurden, den Staat sich selbst überlassen. [. . .]

Nr. 13

Über Konkubinate

a) Beratungsprotokolle der zur Revision des Strafrechts er-
nannten Kommission des Staatsraths, Berlin 1839-1842, 2. Bd.,
Seite 275-278:

Was die Bestimmung im § 520.* über das *Konkubinat* betrifft, so ist zu
erwähnen, daß über diesen Gegenstand vor einigen Jahren Verhandlungen zwischen den Ministerien der Justiz, des Innern und der Polizei und
der geistlichen Angelegenheiten geschwebt haben, welche hier zu berücksichtigen sind.

In Gefolge eines Berichts des hiesigen Magistrats an das Justizministerium vom 16ten Juli 1833. kam zur Sprache, daß das uneheliche Zusammenleben von Personen beiderlei Geschlechts eine der Hauptursachen der
Verderbniß und der daraus folgenden Verarmung der hiesigen untern
Volksklassen sey, und daß es als höchst wünschenswerth erscheine, dem
Umsichgreifen der Konkubinate entgegenzuwirken. Dies gab dem Justizministerium Veranlassung, mit den Ministerien des Innern und der Polizei, und der geistlichen Angelegenheit, über diejenigen Repressiv-Maaß-
regeln in Kommunikation zu treten, welche im Bereiche der Gesetzgebung liegen möchten und von derselben gegen die gedachten unsittlichen
und gemeinschädlichen Verbindungen getroffen werden könnten. Das
Justizministerium ging hierbei in der Mittheilung an das geistliche Ministerium davon aus, daß der Staat nicht sowohl durch Strafgesetze oder
gewaltsames polizeiliches Einschreiten, als vielmehr durch Verbesserung
der Schulen und durch Anstellung wahrhaft frommer und trefflicher
Geistlichen, Schulvorsteher und Lehrer den Konkubinaten entgegenwir-

---

* Der hier zur Diskussion gestellte Paragraph aus dem Entwurf für ein neues
Strafgesetzbuch für Preußen aus dem Jahr 1836 lautet:
Konkubinat:
Das außereheliche Zusammenleben von Personen verschiedenen Geschlechts ist
verboten
    1) wenn zwischen diesen Personen ein Ehehinderniß Statt findet;
    2) wenn sie eines der, in den §§ 485-510 (Verbrechen der Unzucht) gedachten
Vergehen sich miteinander schuldig gemacht haben;
    3) wenn sie in diesem Konkubinate Kinder mit einander gezeugt haben, oder
    4) wenn durch dieses Zusammenleben ein öffentliches Ärgerniß entstanden ist.
    In diesen Fällen soll von der Polizeibehörde das Zusammenleben bei Geldbuße
von fünf und zwanzig bis ein Hundert Thalern, oder bei Gefängnißstrafe von drei
bis sechs Wochen untersagt, und wo im Fall des Ungehorsams neben Vollstreckung
dieser Strafe dies Verbot durch polizeiliche Maßregeln ausgeführt werden.

ken müsse. Insbesondere werde der Pfarrer, wenn er von der Heiligkeit seines Berufs ganz erfüllt sey, und das Vertrauen seiner Gemeinde zu erwerben wisse, durch Beispiel und Predigt, noch mehr durch die nur zu oft vernachlässigte, und in der That in großen Städten sehr erschwerte cura animarum zur Veredelung der Sitten wohlthätig wirken und nur die Sitte werde die Unsittlichkeit am kräftigsten entgegenwirken. Außerdem gebe es noch ein Mittel, wie von einer Seite wenigstens dem Konkubinate gesteuert werden könne. Da eine Verordnung nicht existiere, welche es dem Pfarerr zur Pflicht mache, ihren armen Pfarrkindern, auch wenn sie die Armuth bescheinigen, die Stolgebühren zu erlassen, so seyen Fälle vorgekommen, da die im Konkubinat lebenden Personen öfters blos durch ihre Armuth verhindert worden seyen, eine gesetzmäßige Ehe einzugehen, indem ihr Pfarrer sich zu einem freiwilligen Erlasse nicht habe verstehen wollen. Es scheine daher nothwendig, daß eine Allerhöchste Verordnung die durch die Religion und die Moral den Pfarrern gebotene Pflicht, die Stolgebühren im Falle der bescheinigten Armuth zu erlassen, allgemein sanktionire.

Dem Ministerium des Innern und der Polizei wurde anheimgestellt, die städtischen Behörden zu veranlassen, bei den im Konkubinate lebenden Personen durch gütliches und ernstliches Anmahnen auf die Abschließung der Ehe hinzuwirken und die Pfarrer auf die einzelnen Fälle aufmerksam zu machen, in welchen eine Einwirkung ihrerseits zweckmäßig seyn dürfte; ingleichen diejenigen Personen, welche der Abmahnung ungeachtet in dem Konkubinate verharren, von städtischen Ämtern, von der Theilnahme an städtischen Benefizien, an Unterstützungen und Familienstipendien, so wie an Bürgerfesten auszuschließen.

Das Ministerium der geistlichen Angelegenheiten erwiederte auf die vorstehend gedachte Mittheilung, daß, wenn auch die Förderung ächter Religiosität und sittlicher Ausbildung das Hauptmittel sey, den Konkubinaten in gleicher Art, wie andern Verbrechen und Lastern entgegen zu wirken, es doch eine vergebliche Hoffnung sey, durch Kirche und Schule den Lastern und Verbrechen vorzubeugen, wenn die bürgerlichen Institutionen mit dem Zwecke der sittlichen Ausbildung nicht im Einklange seyen. Im Allgemeinen habe die Ausführung polizeilicher Maaßregeln gegen das Konkubinat allerdings große Schwierigkeiten, da sich die Momente desselben schwer ermitteln ließen, ohne in die innersten Familienverhältnisse einzudringen. Indessen trete diese Schwierigkeit bei dem außerehelichen Zusammenleben solcher Personen, die Kinder mit einander gezeugt haben, nicht ein. Auch dieses Kriterium werde nicht immer ausreichen; allein in den meisten Fällen werde dasselbe von den betheiligten Personen nicht geläugnet, oder ihnen nachgewiesen werden können. Demgemäß dürfte wenigstens die Bestimmung zu treffen seyn, daß das außereheliche Zusammenleben aller Personen, welche uneheliche Kinder mit einander gezeugt haben, nicht geduldet werden solle. Diese Bestimmung gewähre den bedeutenden Vortheil, daß dadurch das bequeme Fortbestehen solcher unsittlicher Verhältnisse durch eine Reihe von Jahren, woraus oft die größten Übelstände entspringen, möglichst verhindert werde.

Was die Einwirkung der Geistlichen auf die in solchen Verhältnissen lebenden Pfarrkinder betrifft, so erklärte sich das geistliche Ministerium mit dem darauf bezüglichen Vorschlage des Justizministeriums einverstanden, obgleich dasselbe hiebei die Ansicht äußerte, daß bei der Bestimmung des § 92. Tit. 11. Th. II. A. L. R.* von der Einwirkung der Geistlichen wenig zu erwarten sey, zumal in großen Städten, wo mit jedem Quartaltage die Gemeinde sich ändere.

Dagegen glaubte das geistliche Ministerium, den Antrag wegen des Erlasses der Stolgebühren ablehnen zu müssen, da dem Interesse der Armen durch die Bestimmungen im § 424. Tit. 11. Th. II. A. L. R.** hinreichend vorgesehen sey und durch den Erlaß der in Rede stehenden Verordnung auf sehr anstößige Weisung den Geistlichen öffentlich Schuld gegeben werden würde, daß ihnen ihr Vortheil höher zu stehen pflege, als die Förderung des christlichen Wandels ihrer Parochianen. –

Das Ministerium des Innern war der Meinung, daß man sich von Strafgesetzen und einem gewaltsamen Einschreiten der Polizeibehörden durchaus keinen günstigen Erfolg versprechen, vielmehr dem Übel nur indirekt durch Verbesserung der Erziehung, des Unterrichts und der Sittlichkeit im Allgemeinen entgegengewirkt werden könne, und daß ferner fromme und tugendhafte, sich ganz ihrem Berufe widmende Geistliche und Lehrer ohne Zweifel zur Verminderung des Übels mehr beizutragen vermöchten, als strenge Strafgesetze, deren Anwendung in den meisten Fällen nur dazu dienen würden, einen öffentlichen Skandal herbeizuführen und die Sittlichkeit im Allgemeinen nur noch mehr zu untergraben.

Aus eben diesen Gründen fand das Ministerium es aber auch bedenklich, auf den Vorschlag einzugehen, daß die förmliche und feierliche Ausschließung solcher Personen, welche der Abmahnung ungeachtet im Konkubinate verharren, von städtischen Ämtern, so wie der Theilnahme an städtischen Benefizien etc. erfolge. Eine solche Ausschließung würde ohne Zweifel als eine harte und empfindliche Strafe zu betrachten, und daher gegen Niemand festzusetzen seyn, der nicht des unehelichen Zusammenlebens mit einer Person des andern Geschlechts vollständig und unzweifelhaft überführt worden sey. Eine solche Überführung werde aber, wenn der Betheiligte sich nicht selbst für schuldig erkläre, niemals

* § 92.: Auch zu Haus- und Krankenbesuchen darf er sich (ein Geistlicher) niemandem gegen dessen erklärte Abneigung aufdringen.

** § 424.: Er (Der Pfarrer) kann aber diese Gebühren (Stolgebühren) niemals voraus fordern, noch deshalb die von ihm begehrte Amtshandlung verschieben.

ohne das rücksichtslose Eindringen in das ganze häusliche Leben zu bewirken seyn, und die desfallsigen Untersuchungen dürften sehr oft ein weit größeres Ärgernis geben, als das Bestehen der Konkubinate selbst. Demgemäß dürfte ein spezielles Gesetz in dieser Beziehung mehr schaden, als nützen, zumal die bestehende Gesetzgebung die Mittel an die Hand gebe, das Konkubinat indirekt noch auf andere Weise zu strafen. Nach der Städteordnung könne denjenigen, die sich durch ihre Lebensweise die öffentliche Verachtung zugezogen haben, sogar das Bürgerrecht entzogen werden, und die Erlaubniß zum Betrieb vieler Gewerbe sey von dem Nachweis sittlicher Unbescholtenheit abhängig. Die desfallsigen Bestimmungen würden namentlich in hiesiger Residenz sehr oft gegen Personen, die in wilder Ehe leben, angewandt, und das Verfahren des Polizei-Präsidiums, welches dergleichen Personen z. B. niemals Konzessionen zum Betrieb des Schankgewerbes, zum Vermiethen möblirter Zimmer, Schlafstellen etc. ertheile, sey vom Ministerium stets gebilligt worden.

Das Justizministerium legte Sr. Majestät dem hochseligen Könige unterm 17. Juni 1834. das wesentliche Resultat der über den fraglichen Gegenstand stattgefundenen Verhandlungen vor und beschränkte sich auf den Vorschlag, daß zur Beförderung der Ehen der im Konkubinate lebenden Personen aus den untern Volksklassen die Pfarrer zur Forderung der vorschriftsmäßigen Stolgebühren für das Aufgebot und die Trauung nicht berechtigt seyn sollten, falls die Armuth der gedachten Personen genügend bescheinigt sey. Eine Abschrift dieses Berichts wurde vom Justizministerium dem Ministerium der geistlichen Angelegenheiten mitgetheilt, welches seinerseits unterm 2ten Juli desselben Jahres seine abweichende Meinung Sr. Majestät dem Hochseligen Könige vortrug.

Mittelst Allerhöchster Kabinetsordre vom 19ten August 1834. wurde das Justizministerium hauptsächlich aus dem Grunde ablehnend beschieden, weil dem Interesse der Armen bereits durch den § 424. Tit. 11. Th. II. A. L. R. hinreichend vorgebeugt sey.

Bei der heutigen Berathung trat man den von den Ministerien der Justiz und des Innern entwickelten Ansichten einstimmig bei. Man war der Meinung, daß es der Aufnahme spezieller Strafvorschriften um so weniger bedürfe, als in allen Fällen, wo durch das außereheliche Zusammenleben ein öffentliches Ärgerniß erregt werde, die Polizeibehörde schon nach § 522. der neuen Redaktion die Macht habe, einzuschreiten. Mit Rücksicht auf diese letzterwähnte Bestimmung wurde es denn auch nicht erforderlich erachtet, noch eine spezielle Vorschrift gegen das außereheliche Zusammenleben solcher Personen aufzunehmen, denen die Ehe wegen begangenen Ehebruchs verboten worden ist (Rescript des Justiz-Ministeriums vom 27sten Oktober 1810. Hiernach fällt der § 520. fort.

(Mit diesem Ergebnis der Beratungen der Kommission des Staatsraths vom 5. 12. 1840 aber war die Frage der Kriminalisierung der Konkubinate für den Preußischen König keineswegs erledigt. 1844 plante er erneut eine besondere »Verordnung betreffend die Verhinderung der Konkubinate« und forderte das folgende Gutachten an:)

b) Gutachten betr. die Verhinderung der Konkubinate von den Staatsministern Eichhorn und Graf von Arnim v. 24. 4. 1844*

Eurer Königlichen Majestät verfehlen wir nicht, im weitern Verfolg unseres ehrerbietigsten Berichts vom 4ten August 1841. in Ansehung der von Eurer Königlichen Majestät beabsichtigten Anordnungen zur Verhinderung der sogenannten wilden Ehen nunmehr nachstehenden allerunterthänigsten Vortrag zu halten. Zuvörderst erlauben wir uns, über die Lage der Gesetzgebung in dieser Beziehung und die bisher in der Verwaltung befolgten Grundsätze Folgendes vorauszuschicken.

Das außereheliche Zusammenleben von Personen verschiedenen Geschlechts ist weder durch das Allgemeine Landrecht noch durch den Code pénal mit Strafe bedroht, oder auch nur verboten worden.

Durch die unterm 4ten Oktober 1810. an den Staatsminister Grafen *zu Dohna* erlassene, in *Mathis* jur. Monatsschrift Bd. 10. S. 1. abgedruckte, und den sämmtlichen Regierungen zur Nachachtung bekannt gemachte Allerhöchste Kabinetsordre wurde jedoch festgesetzt,
daß das Zusammenleben von Personen, denen die Ehe wegen *begangenen Ehebruchs verboten* sei, nicht geduldet werden solle.

In der Folge dieser Allerhöchsten Bestimmung ist nun in allen Provinzen mit Ausnahme der Rheinprovinz der Grundsatz befolgt worden, daß außer diesem Falle des *richterlichen* Eheverbots, auch dann, wenn der Vollziehung der Ehe ein *gesetzliches* Eheverbot entgegensteht, ein außerordentliches Zusammenleben der Betheiligten nicht geduldet werden dürfe und nöthigenfalls polizeilich dagegen eingeschritten werden müsse:

Dagegen ist die Praxis in Bezug auf *die* Frage:
ob dieses Einschreiten auf die Fälle, in denen der Schließung einer Ehe *gesetzliche Hindernisse* entgegenstehen, zu beschränken sei, oder nicht? sich nicht gleich geblieben.

Die Staatsminister *von Schuckmann* und Freiherr *von Altenstein* hatten zuerst den Grundsatz befolgt, daß außer in diesen Fällen, der Konkubinat auch dann nicht zu dulden sei,
wenn derselbe zum öffentlichen Ärgernisse gereiche.

Sie gingen jedoch von diesem Grundsatze wieder ab, und nahmen an, daß die Polizei nur befugt sei, das Zusammenleben solcher Personen zu hindern, welche keine Ehe mit einander eingehen können.

Bei den übrigen Konkubinaten sei eine Unterscheidung, ob dieselben

* Abgedruckt in: *Verhandlungen der Kommission des Staatsraths über den revidierten Entwurf des Strafgesetzbuches*, Berlin 1846, S. 210-215.

zum öffentlichen Ärgernis gereichen oder nicht? gesetzlich nicht zu begründen und würde nur zur Willkühr führen, weshalb die Polizei von denselben keine Notiz zu nehmen, und deren Abstellung den Geistlichen und Volkslehrern auf dem Wege der Belehrung und Ermahnung zu überlassen habe.

Diese Ansicht ist jedoch seit einer Reihe von Jahren aufgegeben und vom Ministerium des Innern, in Übereinstimmung mit mir, dem mitunterzeichneten Staatsminister *Eichhorn*, angenommen worden,

daß auch in Ermangelung eines zwischen den Betheiligten obwaltenden Ehehindernisses, ein polizeiliches Einschreiten gegen alle Konkubinate Platz greife, welche Veranlassung zu einem öffentlichen Ärgernisse geben, und daß das letztere dann anzunehmen sei, wenn das Zusammenleben sich als ein unmoralisches Verhältniß offenkundig zu erkennen gebe.

Eure Königliche Majestät haben uns nun durch die Allerhöchste Kabinets-Ordre vom 7ten August 1841. Allerhöchstdero Willensmeinung, daß den überhand genommenen sogenannten wilden Ehen kräftig entgegengewirkt werde, zu erkennen zu geben und dabei zwei Fälle zu unterscheiden geruhet. Nämlich zuerst den, in welchem der Trauung Ehehindernisse entgegenstehen, wo in Gemäßheit der Allerhöchsten Ordre vom 4ten Oktober 1810. die Trennung sofort durch polizeiliche Zwangsmittel zu bewirken sei, und sodann den, wo dergleichen Ehehindernisse nicht obwalten, in welchem nach fruchtloser Ermahnung des Geistlichen ein polizeiliches Einschreiten gleichfalls stattfinden müsse.

Eure Königliche Majestät wollen aus dem Vorstehenden zu ersehen geruhen, daß diese von Allerhöchstdenselben vorgezeichneten Grundsätze, deren Ausführung Eure Königliche Majestät angeordnet wissen wollen, ganz den Normen entspricht, welche wir bisher festgehalten haben, und deren Anwendung durch eine alsbald nach dem Erlasse der gedachten Allerhöchsten Ordre durch das Ministerialblatt zur Kenntniß der Behörden gebrachte Verfügung an die Regierung zu Königsberg gesichert worden ist.

In soweit würde es also, um Allerhöchstdero Willensmeinung in Vollzug gebracht zu sehen, einer neuen Verordnung nicht, sondern nur einer strengen Befolgung der den Behörden vorgezeichneten Grundsätze bedürfen, wenn nicht in der Rheinprovinz der Anwendung des in den übrigen Provinzen stattfindenden Verfahrens Hindernisse entgegenträten.

Das Rheinische Strafgesetzbuch enthält, wie bereits oben bemerkt worden ist, keine Straf- oder Verbotsbestimmungen gegen den unehelichen Beischlaf, wenn beide Theile unverheirathet sind. Wenn dasselbe hierin auch von der materiellen Gesetzgebung in den ältern Provinzen eigentlich nicht abweicht, so liegt doch in den Ressortverhältnissen der Grund, daß das in den übrigen Provinzen stattfindende, zwar nicht auf einer strafrechtlichen Grundlage, aber doch auf ihren allgemeinen Befugnissen zur Handhabung der Sittenpolizei beruhende, Einschreiten der

Polizeibehörden dort außer Anwendung bleiben muß. Denn die im § 18. des Ressort-Reglements vom 20sten Juli 1818. den Rheinischen Regierungen verliehene Befugniß zu Strafbefehlen bezieht sich nur auf das im Eingange dieses §. gedachte fiskalische Exekutionsrecht, wogegen die Polizeistrafgewalt nach §§ 26. 32. u. 33. den Polizeigerichten vorbehalten ist. Der Strafen bedarf es aber, wenn bei beharrlichem Widerstreben gegen die erlassenen polizeilichen Anordnungen diesen der erforderliche Nachdruck gegeben werden soll. Nach reiflicher Erwägung über den Weg, welcher einzuschlagen sei, um der von Eurer Königlichen Majestät ausgesprochenen Willensmeinung auch in der Rheinprovinz Folge zu verschaffen und nach vorgängiger Kommunikation mit dem Justizminister *Mühler* gelangten wir daher zu der Überzeugung, daß es, womit auch der Letztere übereinstimmt, einer auf dem vorgeschriebenen Wege zu publizirenden Verordnung bedürfe, wenn die in den älteren Provinzen bisher befolgten Grundsätze auch in der Rheinprovinz zur Anwendung kommen sollen.

Diese Anwendung scheint uns aber durch dringende Rücksichten geboten.

Schon vor Jahren hat die höhere Geistlichkeit der Rheinprovinz gleiche Beschwerden erhoben, wie die des General-Superintendenten *Sartorius,* welche die Allerhöchste Ordre vom 7ten August 1841. veranlaßt haben, und denen durch die gedachte an die Regierung zu Königsberg erlassene Verfügung im Wesentlichen begegnet worden ist. Diesen sind während des über die vorliegende Frage geführten Schriftwechsels neue Beschwerden hinzugetreten, welche ergeben haben, daß in mehreren Fällen, in denen ein inzestuoses Zusammenleben stattfand, alle Schritte erfolglos blieben, um dem dadurch verursachten Skandal ein Ziel zu setzen. Denn selbst die Blutschande ist im Rheinischen Strafgesetzbuch nicht unter Strafe gestellt worden und die Allerhöchste Kabinetsordre vom 4ten Oktober 1810., welche die wilden Ehen im Falle obwaltender Ehehindernisse zu trennen befiehlt, wird in der Rheinprovinz, weil sie dort nicht publizirt worden ist, als gültig nicht angesehen.

Wir müssen es daher für dringend wünschenswerth erachten, einen Zustand beseitigt zu sehen, nach welchem ein der Sittlichkeit und der gesellschaftlichen Ordnung zuwiderlaufender Übelstand in einem Theile Eurer Königlichen Majestät Staaten offenkundig geduldet wird, während in dem größeren Theile der Monarchie die Behörden zu einem nachdrücklichen Einschreiten gegen denselben angewiesen sind.

Falls Eure Königliche Majestät diese Ansicht, welcher sich die Staatsminister *Mühler* und *von Savigny* angeschlossen haben, beizutreten geruhen sollten, würde es sich, womit dieselben gleichfalls einverstanden sind, um eine gehörig zu publizirende Verordnung handeln, durch welche die Polizeibehörden ermächtigt werden, unzulässige Konkubinate zu trennen, und in welcher für den Fall der Übertretung des polizeilichen

357

Verbots angemessene Strafen angedroht werden.

Was nun den Inhalt dieser Verordnung betrifft, so hatte der Justizminister *Mühler* vorgeschlagen, das Verbot auf

das Zusammenleben von Personen verschiedenen Geschlechts, welches *zum öffentlichen Ärgernisse gereicht,*

zu richten.

Der Minister *von Savigny* hat hiergegen das Bedenken erhoben, daß dadurch zu dem Irrthume verleitet werden könne, als ob die wilden Ehen in zwei Klassen zerfielen, nämlich in solche, welche Ärgerniß, und in solche, welche kein Ärgerniß erregen.

Man könne also durch diesen Beisatz zu der Annahme gelangen, daß die wilden Ehen *an sich* noch nicht als ärgerlich anzusehen, sondern noch eine besondere Qualifikation dazu erforderlich sei, z. B. Ehebruch, Inzest u. s. w. Man könne sogar auf den Gedanken kommen, daß an den Orten oder in den Ständen, wo die Sittlichkeit so tief gesunken sei, daß man sich an den Anblick der wilden Ehen schon gewöhnt habe, und nichts Anstößiges mehr darin finde, dieselben, weil sie kein Ärgerniß erregen, zu dulden seien, während doch in solchen Fällen bei richtiger Auffassung der Sache das Ärgerniß am größesten vorhanden und die Abhülfe am dringendsten nöthig sei. Der Minister *von Savigny* hat daher vorgeschlagen, die Maaßregel

auf *geständliche* oder *notorisch* stattfindende Konkubinate

zu beschränken, diese aber alle für ärgerlich zu erachten und daher die Bedingung des erregten Ärgernisses in der Verordnung wegzulassen.

Gegen diesen Vorschlag hat der Justizminister *Mühler* zwar das Bedenken angeregt, daß der Ausdruck »notorisch« die Sache wieder so unbestimmt stelle, daß eine Strafandrohung sich darauf nicht füglich stützen lasse.

Wir glauben uns indessen jenem Vorschlage anschließen zu müssen, da die Frage:

unter *welchen* Umständen ein öffentliches Ärgerniß gegeben werde?

zu Zweifeln noch mehr Veranlassung darbietet und es überhaupt nicht auf die Unterdrückung von Konkubinaten, über deren Existenz keine Gewißheit obwaltet, sondern von geständlich oder notorisch obwaltenden wilden Ehen ankommt.

Dagegen erscheint es uns angemessen, die Erregung des öffentlichen Ärgernisses als *Motiv* der Unzulässigkeit derartiger Konkubinate zu bezeichnen, was zweckmäßig im Eingange der Verordnung geschehen könnte.

Was die anzudrohende Strafe selbst anlangt, so hat der Justizminister *Mühler* eine Geldbuße bis zu 50 Rthlr. oder Gefängniß bis zu 6 Wochen vorgeschlagen. Der Minister *von Savigny* hat sich damit einverstanden erklärt, und auch wir finden kein Bedenken, uns diesem Strafmaße anzuschließen, welches den Bestimmungen des vom Staatsrath berathenen

Strafrechts über die Strafen der Polizeivergehen entspricht.

Hiernach haben wir den Entwurf einer Verordnung angefertigt und stellen bei Überreichung desselben Eurer Königlichen Majestät allerunterthänigst anheim:

denselben dem Staatsministerium zur Berathung allergnädigst zufertigen zu wollen.

Für allgemeine Bestimmungen, welche den Geistlichen bei wilden Ehen armer Personen den Erlaß der Trauungsgebühren oder den Behörden den Vorschuß derselben zur Pflicht machen, glauben wir uns nicht erklären zu dürfen. Es ist im Allgemeinen nicht wünschenswerth, daß so arme Personen Ehen eingehen; auch würden solche Einrichtungen die wilden Ehen vielleicht befördern, indem sie dieselben durch den Erlaß oder Vorschuß der Trauungsgebühren gewissermaßen belohnten. Einzelne Fälle können allerdings dazu angethan sein; aber diese dürften der Diskretion der Geistlichen, oder, wo diese ihre Pflicht oder den richtigen Gesichtspunkt verkennen sollten, den vorgesetzten Behörden derselben zu überlassen sein.

Jedenfalls dürfte es nicht räthlich sein, in den anliegenden Entwurf hierüber sprechende Vorschriften aufzunehmen.

Endlich dürfen wir nicht unerwähnt lassen, daß der Justizminister *Mühler* schließlich das Bedenken ausgesprochen hat, ob es räthlich sein werde, die Berathung über diesen Entwurf von der allgemeinen Revision des Strafrechts zu trennen. Bei Erlaß der Allerhöchsten Kabinetsordre vom 7ten August 1841. sei vorausgesetzt worden, daß ein polizeiliches Einschreiten gegen Konkubinat genüge. Nachdem jedoch eine nähere Prüfung der Sache und die Erwägung der oben entwickelten Gründe zu der Überzeugung geführt habe, daß es einer Strafandrohung durch das Gesetz bedürfe, halte er dafür, daß es am zweckmäßigsten sein möchte, die Frage über die Bestrafung des Konkubinats mit dem Strafgesetzbuch, wovon sie nach dem Staatsministerial-Entwurf einen integrirenden Theil bildete, wieder in Verbindung zu setzen.

Der § 520. des Ministerial-Entwurfs des Strafgesetzbuchs enthält nämlich folgende Bestimmung:

»Das außereheliche Zusammenleben von Personen verschiedenen Geschlechts ist verboten:

1. wenn zwischen diesen Personen ein Ehehinderniß stattfindet;

2. wenn sie eines der, in den §§ 485.-510. gedachten, Vergehen sich mit einander schuldig gemacht haben;

3. wenn sie in diesem Konkubinat Kinder mit einander erzeugt haben, oder

4. wenn durch dieses Zusammenleben ein öffentliches Ärgerniß entstanden ist.

In diesen Fällen soll von der Polizeibehörde das Zusammenleben bei Geldbuße von fünf und zwanzig bis ein Hundert Thalern, oder bei

Gefängnißstrafe von drei bis sechs Wochen untersagt, und wo im Fall des Ungehorsams neben Vollstreckung dieser Strafe, dies Verbot durch polizeiliche Maaßregeln ausgeführt werden.«

Diese Bestimmungen sind von der mit der Revision beauftragten Staatsraths-Kommission nicht angenommen worden und es ist überhaupt eine Strafe des Konkubinats in dem den Ständen vorgelegten Entwurf des Strafgesetzbuchs nicht festgesetzt worden. Durch den anliegenden Entwurf einer Verordnung ist dagegen die Bestimmung des Ministerial-Entwurfs in der Hauptsache wieder aufgenommen worden.

Unter diesen Umständen sind wir der Meinung, daß der für nöthig befundene Erlaß einer Strafbestimmung wider die wilden Ehen in separato verfolgt werde, und können es nicht für angemessen erachten, daß, nachdem der eine, solche Bestimmung *nicht* enthaltene Entwurf des Strafgesetzbuchs den Ständen vorgelegen hat, demselben in den ferneren Stadien der Revision eine solche von den Ständen nicht desiderirte Bestimmung einverleibt werde.

Berlin, den 24sten April 1814.

Eichhorn. Graf von Arnim.

(Aber »bei dem überwiegend kritischen Geist der Zeit« und den »von verschiedenen Seiten erhobenen Bedenken«, *Verhandlungen* 1846, S. 3, wurde die Sache erneut vertagt und dem Staatsrath zur »nochmaligen gründlichen Erörterung« überwiesen.)

Nr. 14

Adolph Freiherr von Knigge,
Von dem Umgange unter Eheleuten*

Von dem Umgange unter Eheleuten.

1.

Eine weise und gute Wahl bey Knüpfung des wichtigsten Bandes im menschlichen Leben, die ist freylich das sicherste Mittel, um in der Folge sich Freude und Glück in dem Umgange unter Eheleuten versprechen zu können. Wenn hingegen Menschen, die nicht gegenseitig dazu beytragen, sich das Leben süß und leicht zu machen, sondern die vielmehr widersprechende, sich durchkreuzende Neigungen und Wünsche und verschiedenes Interesse hegen, unglücklicher Weise sich nun auf ewig an einander gekettet sehen; so ist das in der That eine höchst traurige Lage, eine Existenz voll immerwährender herber Aufopferung, ein Stand der schwersten Sclaverey, ein Seufzen unter den eisernen Fesseln der Nothwendigkeit, ohne Hofnung einer anderen Erlösung, als wenn der dürre Knochenmann mit seiner Sense dem Unwesen ein Ende macht.

Nicht weniger unglücklich ist dies Band, wenn auch nur von Einer Seite Unzufriedenheit und Abneigung die Ehe verbittert, wenn nicht freye Wahl, sondern politische, ökonomische Rücksichten, Zwang, Verzweiflung, Noth, Dankbarkeit, dépit amoureux, ein Ohngefehr, eine Grille, oder nur cörperliches Bedürfniß, wobey das Herz nicht war, dieselbe geknüpft hat, wenn der eine Theil immer nur empfangen, nie geben will, unaufhörlich fordert, Befriedigung aller Bedürfnisse, Hülfe, Rath, Aufmerksamkeit, Unterhaltung, Vergnügen, Trost im Leiden fordert – und dagegen nichts leistet. Wähle also mit Vorsicht die Gefährthinn Deines Lebens, wenn Deine künftige häusliche Glückseligkeit nicht ein Spiel des Zufalls seyn soll!

8.

Übrigens aber kann nichts abgeschmackter, läppischer, lästiger, von verkehrterer Würkung seyn, noch was mehr das Leben verbittert, als wenn Eheleute durch die priesterliche Einsegnung ein so ausschliessendes Recht auf jede Empfindung des Herzens von einander erzwungen zu haben glauben, daß sie wähnen, nun dürfe in diesem Herzen auch nicht ein Plätzgen mehr für irgend einen andern guten Menschen übrig bleiben,

---

* Aus: *Über den Umgang mit Menschen.* Bd. I, Hannover, 1788, Auszug, S. 114-160.

der Gatte müsse tod seyn für seine Freunde und Freundinnen, dürfe kein
Interresse empfinden für kein Geschöpf auf der Welt, als für die werthe
Ehehälfte, und es sey Verbrechen gegen die eheliche Pflicht, mit Wärme,
Zärtlichkeit und Theilnahme von und mit andern Personen zu reden.

9.
[. . .]

Es ist wahrlich schon hart genug, wenn man die Freude entbehren soll,
edle Empfindungen, erhabene Gedanken, feinere Eindrücke, welche see-
lenerhebende Bücher, schöne Künste und dergleichen auf uns machen,
mit der Gefährthinn unsers Lebens theilen zu können, weil die stumpfen
Organen derselben dafür nicht empfänglich sind; aber nun gar diesem
Allen entsagen, oder sich in der Wahl seines Umgangs und seiner Freunde
nach den abgeschmackten, gefühllosen Grillen eines schiefen Kopfs und
kalten Herzens richten, allen wohlthätigen Erquickungen von der Art
entsagen zu müssen – Das ist Höllenpein! und ich brauche wohl nicht
hinzuzufügen, daß am wenigsten *der Mann,* der doch von der Natur und
der bürgerlichen Verfassung bestimmt ist, das Haupt, der Regent der
Familie zu seyn, und der oft Gründe haben kann, warum er diesen oder
jenen Umgang wählt, dieser oder jener Beschäftigung sich widmet, diesen
oder jenen Schritt thut, der Manchem auffallend seyn kann, daß Dieser
wohl am wenigsten auf solche Weise sich wird einschränken lassen.

10.
Wie aber soll man sich gegen würkliche Ausschweifungen wafnen – denn
bis jetzt habe ich nur von *Herzens-Verirrungen* geredet – wie soll man
sich wafnen, wenn von Einer Seite heftiges Temperament, ein reizbarer
Cörper, Mangel an Herrschaft über Leidenschaften, Verführung, Buhler-
Künste, anlockende Schönheiten und Gelegenheit uns reizen, von der
andern vielleicht der Gattin mürrisches Betragen, üble Launen, Dummheit, Kränklichkeit, Mangel an Schönheit, an Jugend, an Gefälligkeit, an
Temperament uns zurückstoßen? – Dies Buch ist kein vollkommenes
System der Moral, also überlasse ich jedem vernünftigen Manne, diese
Frage ausführlich zu beantworten und selbst zu beurtheilen, wie er es
anfangen müsse, Meister zu werden über seine Begierden und gefährlichen Gelegenheiten und Verführungen auszuweichen, welches freylich in
der Jugend und in gewissen Lagen und Verhältnissen nicht so leicht ist, als
man wohl denkt. Doch so viel über diesen Gegenstand, als hierher gehört,
und sich ohne Beleidigung der Sittsamkeit sagen lässt! Man gewöhne sich
selber, und Einer den Andern nicht an Üppigkeit, Wollust, Weichlichkeit
und Schwelgerey, mache, daß die cörperlichen Bedürfnisse und Begierden
nicht zu heftig in uns werden; man sey, selbst in der Ehe, schamhaft,
keusch, delicat und cokett in Gunstbezeugungen, um Eckel, Überdruß
und faunische Lüsternheit zu entfernen! Ein Kuß ist ein Kuß, und es wird

wahrlich fast immer des Weibes Schuld seyn, wenn ein sonst nicht schlechter Mann diesen Kuß, den er von treuen, reinen und warmen Lippen ehrenvoll und bequem zu Hause erlangen könnte, mit Hintansetzung von Pflicht und Anstand, bey Fremden holt. Hat aber die größere Schwierigkeit und Seltenheit so viel Reiz für den Menschen; ey nun! so suche man auch der ehelichen Vertraulichkeit diesen Reiz der Neuheit zu geben, zuweilen kleine Hindernisse in den Weg zu legen, oder durch Enthaltsamkeit, Entfernung u. d. gl. das Verlangen darnach zu vermehren. In weiter fortrückenden Jahren fällt denn auch dieser Vorwitz so ziemlich weg, denn da werden ja die Triebe bescheidener und leichter von der Vernunft zu regieren, man müsste denn sie muthwilliger Weise reizen.

11.
In der Ehe soll gegenseitiges uneingeschränktes Zutrauen, soll Offenherzigkeit Statt finden. Kann denn aber gar kein Fall eintreten, wo Einer vor dem Andern Geheimnisse bewahren dürfte? O ja! gewiß! Freylich, da der Mann von der Natur bestimmt ist, der Rathgeber seines Weibes, das Haupt der Familie zu seyn; da die Folgen jedes übereilten Schrittes der Gattinn auf ihn fallen; da der Staat sich nur an ihn hält; da die Frau eigentlich gar keine Person in der bürgerlichen Gesellschaft ausmacht; da die Verletzung der Pflichten von ihrer Seite schwer auf ihm liegt, und die Familie weit unmittelbarer beschimpft und derselben Schande und Nachtheil bringt, als die Ausschweifungen des Mannes dies thun; da sie vielmehr von dem äussern Rufe abhängt, als er; endlich da Verschwiegenheit mehr eine männliche, als weibliche Tugend ist; so kann es wohl seltener gut seyn, wenn die Frau ohne ihres Mannes Wissen Schritte unternimt, und dieselben vor ihm verheimlicht. Er hingegen, der an den Staat geknüpft ist, oft Geheimnisse zu bewahren hat, die nicht ihm gehören, und durch deren Verbreitung er mit Andern in Verlegenheit kommen kann, Er der das Ganze seines Hauswesens übersehn soll, auch vielfältig den Plan, nach welchem er handelt, nicht den schwächern Einsichten unterwerfen darf, sondern fest und unerschüttert seinem Verstande und Herzen folgen und das Urtheil des Volks verachten muß; er kann ohnmöglich immer so alles erzählen und mittheilen. [. . .]

12.
Ich rathe aus Gründen, die wohl jeder vernünftige Mensch selbst einsehn wird, auch nicht einmal an, daß Eheleute alle Geschäfte gemeinschaftlich treiben, sondern daß Jeder seinen angewiesenen Würkungskreis habe. Es geht selten gut im Hause, wenn die Gattinn für ihren Gatten die Berichte ad serenissimum entwerfen und er dagegen, wenn Fremde eingeladen sind, die Capaunen braten, Cremen machen, und die Töchter ankleiden helfen muß. Daraus entsteht Verwirrung; man setzt sich dem Gespötte des Hausgesindes aus; der Eine verlässt sich auf den Andern, will sich

aber dagegen in alles mischen, alles wissen – Mit Einem Worte! das taugt nicht.

15.

Ist es aber besser, daß der Mann, oder die Frau reich sey? Wenn eines seyn soll; so stimme ich für Ersteres. Gut ist es, wenn Beyde einiges Vermögen haben, um zu den Nothwendigkeiten des Lebens gemeinschaftlich bey-tragen zu können, damit nicht Einer so ganz auf Unkosten des Andern zehre. Soll aber die Abhängigkeit, welche doch natürlicher Weise daraus auf Seiten des ärmern Theils entsteht, Statt finden; so ist es der Natur gemäßer, daß das Haupt der Familie am mehrsten zum Unterhalte der Familie beytrage. Heyrathet aber ein Mann eine reiche Frau; so setze er sich wenigstens in den Fall, dadurch nie ihr Sclave zu werden! Aus Verabsäumung dieser Vorsicht sind so wenig Ehen von der Art glücklich. Hätte meine Frau mir grosses Vermögen zugebracht; so würde ich mich doppelt bestreben, ihr zu beweisen, daß ich geringe Bedürfnisse hätte; Ich würde wenig an meine Person wenden; Ich würde ihr beweisen, daß ich dies Wenige mit meinem Fleisse mir erwerben könnte; Ich würde ihr Kostgeld geben; Ich würde nur der Verwalter ihres Vermögens seyn; Ich würde Aufwand im Hause machen, weil das sich für reiche Leute schickt; aber ich würde ihr zeigen, daß dieser Aufwand meine Eitelkeit nicht schmeichelte; daß ich bey zwey Speisen eben so vergnügt als bey zwanzigen bin, daß ich keiner Aufwartung bedarf, daß ich gesunde Beine habe, die mich eben so weit, wenn gleich nicht so schnell fortbringen, als ihre vergoldeten Wägen; und dann würde ich, wie es dem Hausherrn zu-kömmt, über die Anwendung ihres Vermögens unumschränkte Gewalt verlangen.

16.

Ist es nöthig, daß der Mann klüger sey, als die Frau? – Das ist wiederum eine nicht unwichtige Frage; Wir wollen sie näher beleuchten! Der Begriff von Klugheit und Vernunft wird, mit allen seinen Relationen und Modificationen, nicht immer auf einerley Art verstanden. Die Klugheit eines Mannes soll wohl von ganz andrer Art seyn, als die, welche man von einer Frau verlangt; und wenn nun vollends Klugheit mit Welt-Erfahrung, oder gar mit Gelehrsamkeit verwechselt wird; so wäre es Unsinn, von diesen bey einem Geschlechte so viel als bey dem andern voraussetzen zu wollen. Ich fordere daher von einem Frauenzimmer einen *esprit de detail*, eine Feinheit, unschuldige Verschlagenheit, Behutsamkeit, einen Witz, ein Dulden, eine Nachgiebigkeit und Geduld – lauter Stücke, die doch auch zur Klugheit gehören! – welche in *dem* Grade nicht immer das Eigenthum des männlichen Characters sind. Dagegen erwarte ich, daß der Mann zuvorschauender, gefasster bey allen Vorfällen, fester, unerschütterlicher, weniger den Vorurtheilen unterworfen, ausdauernder und gebildeter sey, als das Weib. Jene Frage aber war in allgemeinem Sinne zu verstehn, nemlich also: Wenn einer von beyden Theilen schwach, stumpf von Organen und unwissend in manchen zum Weltleben nöthigen Kenntnissen seyn sollte; würde es da besser seyn, daß der Mann, oder daß die Frau der schwächere Theil wäre? – Ich antworte ohne Anstand; noch habe ich nie eine glückliche und weise geordnete Haushaltung gesehn, in welcher die Frau die entschiedene Alleinherrschaft gehabt hätte. Es geht in einem Hause, wo ein Mann von mittelmäßigen Fähigkeiten das Regiment führt, größtentheils immer noch besser her, als in einer, wo eine kluge Frau ausschließlich Herr ist. Es kann vielleicht Ausnahmen davon geben; allein ich kenne deren keine. Es versteht sich aber, daß hier nicht von der feinern Herrschaft über das Herz eines edlen Gatten die Rede ist; wer wird diese nicht gern einem klugen Weibe einräumen? welcher verständige Mann wird nicht fühlen, daß er oft sanfter Zurechtweisung bedarf? Jene ausschließliche Herrschaft hingegen scheint der Bestimmung der Natur zuwider. Schwächerer Cörperbau; eingepflanzte Neigung zu weniger dauerhaften Freuden; Launen aller Art, die den Verstand oft in den entscheidendsten Augenblicken fesseln; Erziehung; und endlich bürgerliche Verfassung, welche die Verantwortung des Hausregiments allein auf den Mann wälzt; das alles bestimmt laut die Gattinn, Schutz zu suchen, und legt dem Gatten die Pflicht auf, zu schützen. Nun ist aber doch nichts lächerlicher, als wenn der Weisere und Stärkere Schutz suchen soll bey dem Thoren und Schwachen. Frauenzimmer von vorzüglichen Geistesgaben handeln daher wahrlich gegen ihren eigenen Vortheil, und bereiten sich unangenehme Aussichten, wenn sie aus Herrschsucht sich dumme Männer wünschen oder wählen; Die sichern Folgen davon sind Überdruß, verwirrte Haushaltung und Verachtung des Publicums für einen von beyden Theilen, und das heisst ja für beyde Theile. Männer aber, die so unmündig am Geiste sind, daß sie die Rolle eines Hausvaters nicht gehörig zu spielen, nicht Herrn in ihrem Hause zu seyn vermögen, thun besser, Hagestolze zu bleiben und sich ein Plätzgen in einem Hospital, oder eine Präbende zu kaufen, als daß sie sich vor Kindern, Hausgesinde und Nachbare lächerlich machen. Ich habe einen schwachen Fürsten gekannt, dessen Gemahlinn so unumschränkte Gebietherinn über ihn war, daß, als sie einst bestellt hatte auszufahren, der Fürst hinunter in den Schloßhof schlich, und den Kutscher, welcher da hielt, leise fragte: »Wisset Ihr nicht ob ich mitfahre?« Das macht solche Ehemänner zum Gespötte, und niemand mag Geschäfte mit einem Manne treiben, dessen Willen, dessen Freundschaft und dessen Art irgend einen Gegenstand anzusehn, von den Launen, Winken und Zurechtweisungen seiner Frau abhängt, der seine Briefe erst seiner Hofmeisterinn zur Durchsicht vorlegen, und über die wichtigsten, geheimsten Angelegenheiten erst Instruction bey dem Bratenwender holen muß.

Wie aber, wenn das Schicksal oder eigene Torheit uns auf ewig an ein Geschöpf gekettet hat, das, mit großen moralischen Gebrechen, oder gar mit Lastern behaftet, der Liebe und Achtung edler Menschen unwerth ist; wenn unsre Gattinn uns durch ein mürrisches, feindseliges Temperament, durch Neid, Geiz oder unvernünftige Eifersucht das Leben verbittert, oder wenn sie sich durch ein falsches, tückisches Herz verächtlich macht, oder wenn sie in Unzucht, oder Völlery lebt? Ich brauche hier nicht zu erinnern, daß mancher ehrliche Mann unschuldigerweise in dies Labyrinth gerathen kann, wenn ihm die Liebe in früher Jugend einen Streich gespielt hat, indem der böse Feind Asmodäus im Brautstande immer die schönste Larve vornimmt. Ich schweige hingegen auch davon, daß sehr oft der Mann durch üble oder unvorsichtige Behandlung daran Schuld ist, wenn Untugenden und Laster, zu welchem der Keim in dem Herzen seiner Frau lag, zum Ausbruch kommen. Es würde mich endlich zu weit führen, wenn ich Regeln für das Verhalten in jeder einzelnen unglücklichen Lage von der Art geben wollte – Also nur so viel im Allgemeinen! Man muß in solchen Situationen dreyerley Rücksichten nehmen, nemlich: zuerst solche, welche auf Beförderung unsrer eigenen Ruhe abzielen; sodann Rücksichten auf Kinder und Hausgenossen, und endlich auf das Publicum. Was uns selbst betrifft; so rathe ich, wenn einmal keine Hofnung zu Bewürkung sittlicher Besserung da ist, sich nicht mit Klagen, Vorwürfen und Zänkereyen aufzuhalten, sondern in der Stille solche kräftige Gegenmittel zu wählen, die uns Vernunft, Rechtschaffenheit und Gefühl von Ehre anrathen. Entwirf reichlich und mit möglichst kaltem Blute Deinen Plan! Überlege wohl, ob eine Trennung nöthig sey, oder wie Du es anzufangen habest, Deinen Zustand, wenn derselbe nun einmal nicht zu verbessern ist, leidlich zu machen, und laß Dich dann von dieser Richtschnur durch nichts, selbst durch keine blos anscheinende Besserung, noch durch Liebkosungen abwendig machen! Erniedrige Dich aber nie so weit, daß Du Dich durch Hitze zu groben Behandlungen verleiten liessest, sonst hast Du schon zur Hälfte Unrecht. Erfülle endlich um so treuer Deine Pflichten, je öfter Dein Weib dieselben übertritt; so wird auch Dein Gewissen beruhigt seyn, und mit einem ruhigen Gewissen lässt sich alles, auch das Ärgste ertragen. In Betracht Deiner Kinder, des Hausgesindes und des Publicums aber vermeide alles Aufsehn! Laß, wo möglich, Dein Unglück nicht ruchtbar werden! Wenn Uneinigkeit unter Eheleuten herrscht; so werden die Kinder immer schlecht erzogen. Ist diese Uneinigkeit also nicht zu verbergen; so trenne Dich lieber von Deinen Kindern, und überlasse ihre Leitung fremden guten Händen! Wenn bekannte Uneinigkeit unter Eheleuten herrscht; so ist das Hausgesinde nie zur Ordnung, Treue und Gradheit geneigt; Es entstehen Partheyen und Klatschereyen ohne Ende; Vermeide daher allen Zank in Gegenwart des Gesindes! Wenn öffentliche Uneinigkeit unter Eheleuten herrscht; so verliehrt der unschuldige Theil zugleich mit dem schuldigen die Achtung der Mitbürger; Vertraue deswegen nicht leicht Dein häusliches Unglück fremden Leuten!

20.

[. . .]

Überhaupt sollen alle Zwistigkeiten unter Eheleuten nur unter ihren vier Augen ausgemacht werden und, wenn es auf das Höchste kömmt, vor der Landes-Obrigkeit; Alle Mittel-Instanzen taugen gar nichts, und fremde Friedens-Stifter und Beschützer des leidenden Theils machen immer das Übel ärger. Der Mann muß Herr seyn in seinem Hause; so wollen es Natur und Vernunft! Mit einem Herrn zankt man nicht; Er hat aber Richter über sich, nicht neben sich. Er soll sich auf keine Weise diese Herrschaft rauben lassen, und auch dann, wenn die weisere Frau seiner offenbaren Macht die heimliche Gewalt über sein Herz entgegenstellt; muß doch das äussere Ansehn der Herrschaft nie wegfallen.

21.

Nichts erschüttert so heftig das Glück unter Gatten und Gattinnen, als die Verletzung ehelicher Treue. Der Moralität nach und unsern religiosen und politischen Grundsätzen gemäß, ist die Übertretung der ehelichen Pflichten von einer Seite so unedel als von der andern! In Rücksicht auf die Folgen hingegen ist freylich die Unkeuschheit einer Frau weit strafbarer, als die eines Mannes. Jene zerreisst die Familien-Bande, vererbt auf Bastarte die Vorzüge ehelicher Kinder, zerstöhrt die heiligen Recht des Eigenthums, und wiederspricht laut den Gesetzen der Natur, nach welchen immer Vielweiberey weniger unnatürlich als Vielmännerey seyn würde – Man hat nicht einmal in irgend einer Sprache einen üblichen Ausdruck für das Letztere. Der Mann ist das Haupt der Familie; Die schlechte Aufführung seiner Frau wirft zugleich Schande auf ihn, als den Haus-Regenten – nicht umgekehrt also! [. . .]

Sollte aber Dein Unglück gewiß, und Deine Schande nicht zu verbergen seyn; so ist freylich kein anders Mittel, als Trennung durch gerichtliche Hülfe, oder durch gütliche Übereinkunft, obgleich der Schandfleck dadurch nicht ausgelöscht wird. In allen übrigen Fällen ist die Ehescheidung eine höchst bedenkliche Sache. Leute, die eine Reyhe von Jahren mit einander verlebt haben, können einen solchen Schritt nicht leicht thun, ohne Beyde an öffentlicher Achtung zu verliehren. Eheleute, die Kinder haben, können nie sich trennen, ohne sehr nachtheilige Folgen für die Bildung und zeitliche Glückseligkeit dieser Kinder. Ist es daher irgend möglich, bey einem weisen, vorsichtigen Betragen, es mit einander auszuhalten; so ertrage, leide und dulde man, und vermeide öffentliches Ärgerniß!

Allein alle diese Vorschriften sind wohl nur besonders anwendbar auf
Personen im mittleren Stande. Die sehr vornehmen und sehr reichen
Leute haben selten Sinn für häusliche Glückseligkeit, fühlen keine Seelen-
Bedürfnisse, leben mehrentheils auf einen sehr fremden Fuß mit ihren
Ehegatten, und bedürfen also keiner andern Regeln, als solcher, die eine
feine Erziehung vorschreibt. Und da sie auch eine eigene Moral zu haben
pflegen; so werden sie wohl in diesem Capittel wenig finden, das für sie
tauglich wäre.

Nr. 15

Joachim Heinrich Campe,
Über die allgemeine und besondere Bestimmung des Weibes*

I.
Über die allgemeine und besondere Bestimmung des Weibes.

Also welches ist das Ziel, wohin du, nach der Absicht dessen, der dich
schuf, mit allen deinen Kräften streben sollst?

Um die Antwort auf diese Frage, deren überschwengliche Wichtigkeit
dir wol von selbst einleuchten wird, da zu suchen, wo sie zu finden ist,
muß ich dich zuvörderst erinnern, daß du dich, mithin auch deine
Bestimmung, von nun an, da du zum menschlichen und gesellschaftlichen
Leben reifest, aus einem zweifachen Gesichtspuncte betrachten mußt. Du
bist ein *Mensch* – also bestimmt zu allem, was der allgemeine Beruf der
Menschheit mit sich führt. Du bist ein *Frauenzimmer* – also bestimmt und
berufen zu allem, was das Weib dem Manne, der menschlichen und der
bürgerlichen Gesellschaft seyn soll. Du hast also eine zweifache Bestimmung, eine *allgemeine* und eine *besondere*, eine *als Mensch* und eine *als
Weib*. Laß uns nun fragen, worin jene, dann worin diese zu setzen sey?

Was soll der Mensch hienieden? – Laß uns sehen, was er, wenigstens
einem gewissen Grade nach, hienieden wirklich thut; was er, wenigstens
einem gewissen Grade nach, zu thun von seiner Natur gezwungen wird;
was, wenn er es thut, ihn mit sich selbst, mit der menschlichen Gesellschaft und mit der Natur der Dinge in harmonische Eintracht setzt,
dessen Gegentheil aber jene Harmonie unterbricht und zwischen seinen
eigenen Trieben, zwischen ihm und der Welt die unglücklichste Zwietracht stiftet: das wird denn auch zuverläßig seine natürliche Bestimmung
seyn. Und was ist dieses?

*Beglückung seiner selbst und Anderer durch Ausbildung und Anwen-
dung aller seiner Kräfte und Fähigkeiten in dem Kreise, in welchem und
für welchen die Vorsehung ihn gebohren werden ließ.*

Mit andern Worten: der Mensch soll sich und Andere, so sehr er kann,
dadurch zu beglücken suchen, daß er alle seine Kräfte und Fähigkeiten
– die körperlichen wie die geistigen, die physischen wie die moralischen,
die Erkenntnißkräfte wie das Empfindungsvermögen – *in gleichem Maaß,*
aber auch *in beständiger Hinsicht auf den* von der Vorsehung und der
menschlichen Gesellschaft *ihm angewiesenen Wirkungskreis* auszubilden,

* Aus: *Väterlicher Rath für meine Thochter. Ein Gegenstück zum Theophron.
Der erwachsenen weiblichen Jugend gewidmet,* Braunschweig 1789, Auszüge,
S. 5-24; 182-191.

zu vervollkommnen, zu veredeln, und auf jede ihm mögliche Weise wirksam zu machen strebe. Da hast du nun, nach den einstimmigen Beobachtungen aller weisen und guten Menschen, unter allen Völkern und in allen Zeitaltern, den allgemeinsten Zweck unsers Daseyns und zugleich das allgemeinste Mittel, wodurch dieser Zweck erreicht werden kann und soll. Jener heißt *Beglückung,* dieses *Ausbildung* und *Wirksamkeit.*

Alle Menschen, vom Könige bis auf den geringsten seiner Landsassen, haben zwar das unläugbare Recht und den natürlichen Beruf, *alle* ihre menschlichen Kräfte und Fähigkeiten, ohne Ausnahme, auszubilden und zu veredeln; aber da nicht Alle ihre Kräfte in einerlei Kreise, an einerlei Gegenständen und auf einerlei Weise können wirken lassen: so müssen sie an verschiedenen Gegenständen, auf verschiedene Weise und zu verschiedenen besonderen Zwecken geübt, verstärkt und ausgebildet werden. Jeder Mensch bedarf z. B. einer wohlgeübten Körperkraft; aber einer andern bedarf das Weib in ihrem häuslichen Wirkungskreise, einer anderen der Mann zu seinem männlichen Beruf. Jeder muß also auch die seinige in Hinsicht auf seinen Beruf und auf diejenigen Gegenstände und Geschäfte üben, die dieser für ihn mit sich bringt. Jedem Menschen, wer er auch seyn mag, ist ein recht großes und volles Maaß von Verstand, Vernunft, Gedächtniß und Einbildungskraft zu wünschen: aber einer andern Richtung auf andere Gegenstände bedürfen diese edlen Seelenkräfte bei dem Bauer, einer andern bei seinem Fürsten. Jeder muß also auch an solchen Gegenständen und durch solche Geschäfte bilden und schärfen, welche innerhalb seiner bestimmten Wirkungssphäre liegen. Also nicht gerade ein *verschiedenes Maaß* von menschlichen Kräften, also auch nicht ein *verschiedener Grad ihrer innern Stärke und Ausbildung,* sondern lediglich eine *verschiedene Richtung derselben auf verschiedene Gegenstände,* und eine daraus entstehende verschiedene Modification übrigens gleicher Kräfte, sollen – wenn wir auf unsere allgemeine natürliche Bestimmung, und nicht auf die bisherige fehlerhafte Ausbildung der Meisten sehen – den ganzen Unterschied zwischen den einzelnen Gliedern der nach Classen, Ständen und Geschlechtern eingetheilten großen Menschenfamilie ausmachen.

Also worin bestände denn nun diese allgemeine menschliche Bestimmung für dich, mein Kind? Ohnstreitig darin: *alle* deine menschlichen Anlagen und Kräfte, die körperlichen wie die geistigen, die sittlichen wie die intellectuellen, aber wohl verstanden! immer in Beziehung auf deinen bestimmteren Beruf als Weib, und nur an Gegenständen und nur durch Wirkungsarten, welche innerhalb der Grenzen dieses deines weiblichen Berufes liegen, auf jede dir mögliche Weise, auf das sorgfältigste und emsigste zu entwickeln, zu üben, zu stärken und zu veredeln. Thust du dies, so erfüllst du deinen ersten großen Beruf, als Mensch; so entsprichst du der Absicht deines gütigen Schöpfers und erreichst den lautern Quell der Glückseligkeit, welcher nie für dich versiegen wird. Thätest du dieses nicht; nähmest du, statt einer wahren und nützlichen Ausbildung, nur den oberflächlichen Firniß derselben an, womit die verfeinerten Menschen der höhern Classen sich so häufig zu bezahlen pflegen; versäumtest du die Bildung deines sittlichen Characters, indem du deinen Verstand durch Kenntnisse zu bereichern suchtest; bildetest du alle deine Körper- und Geisteskräfte nicht in vollkommenem Ebenmaaße, sondern unverhältniß-mäßig, nicht an Gegenständen deines weiblichen Wirkungskreises und nicht in Bezug auf deine ganze weibliche Bestimmung, sondern in Wider-spruch damit aus; vernachläßigtest du z. B. deine Körperkraft, indessen du deine Seelenkräfte übtest; verstärktest du deine Einbildungskraft, deine Phantasie, dein Empfindungsvermögen, indessen du Vernunft und gesunden Menschenverstand unangebauet liegen ließest; triebest du männliche Leibes- und Seelenübungen, und suchtest dir männliche Ver-dienste zu erwerben, indessen die weiblichen Fertigkeiten und Geschick-lichkeiten von dir vernachläßiget würden: so mögte das Maaß deiner einseitigen und zwecklosen Vollkommenheit so groß und glänzend seyn, als es immer wollte, so mögten kurzsichtige Thoren und Schmeichler deine angeblichen Verdienste auch noch so sehr anstaunen und bis an den Himmel erheben: deine Bestimmung erreichtest du nie! Den Zweck deines Daseyns auf dieser Erde erfülltest du nie! Wahre reine menschliche Glückseligkeit schmecktest du hier unten nie! Der verständige Menschen-kenner würde dich, mit allen deinen sonstigen Treflichkeiten nicht be-wundern; nur bedauern würde er dich!

Du siehst hieraus, daß es ganz unmöglich für dich seyn würde, die allgemeine Bestimmung, die du mit jedem Erdensohne und mit jeder Erdentochter gemein hast, zu erreichen, wofern du nicht auch deine *besondere* Bestimmung, die als Weib, zu erfüllen eben so eifrig dich bestreben wolltest. Alles kömmt also nun darauf an, daß du auch von dieser richtige und vollständige Begriffe zu erlangen suchest. Laß mich deinem Nachdenken darüber zu Hülfe kommen.

Was soll denn also das Weib, oder wozu ist sie denn nun eigentlich da? – Wolltest du umherschauen und sehen, was manche deiner Schwestern jung und alt, besonders in den höhern und gebildeten Ständen, wirklich thun, und wolltest du nach dem, was du auf diesem Wege beobachtetest, deine Begriffe von der weiblichen Bestimmung bilden: so würde, fürchte ich, das Ideal, welches du aus diesen Beobachtungen zusammensetztest, zu einem garstigen Karrikaturgemählde werden, von dem ich um alles in der Welt nicht wünschen mögte, daß du es dir zum Muster der Nachbil-dung aufstelltest. Denn was würde es seyn, das viele der besagten Schwe-stern dich durch ihr Beispiel lehren würden? Die Eine: du seyst nur dazu da, dich zu putzen, um dich begaffen zu lassen; zu tändeln und von Andern mit dir tändeln zu lassen; den schwindelerregenden Weihrauch junger und alter Gecken einzuathmen, oder, wie man es nennt, dir etwas

Schönes vorsagen und dich dadurch zu einer süßen Vergessenheit deiner selbst, deiner Mängel, deiner Fehler und deiner Pflichten einwiegen zu lassen, mit einem Worte, ein Leben ohne Zweck, ohne That und ohne Frucht zu führen. Die Zweite: du seyst geschaffen, dir schimmernde Talente ohne Absicht, unnütze Fertigkeiten und zwecklose litterarische Kenntnisse zu erwerben, die du, ohne auf alles, was weibliche Bescheidenheit heißt, Verzicht zu thun, und ohne dich in hohem Grade mißfällig zu machen, niemals oder doch nur selten und jedesmal nur mit einer Art von Beschämung äußern dürftest. Die Dritte: du seyst dazu gemacht, die Fehler und Schwachheiten deiner Nebenmenschen auszuspähen, über jedes unbedachtsame Wort, über jede arglose Handlung unbarmherzig herzufallen, sie mit boshafter Schadenfreude zu zergliedern, sie unter das Vergrößerungsglas der Schmähsucht zu bringen, um irgend etwas darin zu bemerken und bemerken zu lassen, wodurch ein guter Nahme mit einigem Schein von Recht und Billigkeit gemordet werden kann. Eine Vierte: du seyst recht eigentlich dazu bestimmt, der Plagegeist eines unglücklichen Mannes zu werden, der die gutmüthige Thorheit hatte, dir auf Kosten seiner Ruhe, das, was ein unverheirathetes Frauenzimmer gemeiniglich nur bittweise besitzt, Stand, Achtung, Würde, Schutz, Unterhalt und Bequemlichkeiten des Lebens zu verschaffen. – Und das wäre die Bestimmung des Weibes? Dazu hätte Gott die ganze zweite Hälfte eines Geschlechts hervorgebracht, welches das Meisterstück seiner Schöpfung genannt wird?

Ihr seyd wahrlich nicht dazu bestimmt, nur große Kinder, tändelnde Puppen, Närrinnen oder gar Furien zu seyn; ihr seyd vielmehr geschaffen – o vernimm deinen ehrwürdigen Beruf mit dankbarer Freude über die große Würde desselben! – um *beglückende Gattinnen, bildende Mütter* und *weise Vorsteherinnen des innern Hauswesens* zu werden; Gattinnen, die der ganzen zweiten Hälfte des menschlichen Geschlechts, der männlichen, welche die größern Beschwerden, Sorgen und Mühseligkeiten zu tragen hat, durch zärtliche Theilnehmung, Liebe, Pflege und Fürsorge das Leben versüßen sollen; Mütter, welche nicht bloß Kinder gebähren, sondern auch die ersten Keime jeder schönen menschlichen Tugend in ihnen pflegen, die ersten Knospen ihrer Seelenfähigkeiten weislich zur Entwicklung fördern sollen; Vorsteherinnen des Hauswesens, welche durch Aufmerksamkeit, Ordnung, Reinlichkeit, Fleiß, Sparsamkeit, wirthschaftliche Kenntnisse und Geschicklichkeiten, den Wohlstand, die Ehre, die häusliche Ruhe und Glückseligkeit des erwerbenden Gatten sicher stellen, ihm die Sorgen der Nahrung erleichtern, und sein Haus zu einer Wohnung des Friedens, der Freude und der Glückseligkeit machen sollen. Fasse diese hohe und würdige Bestimmung deines Geschlechts doch ja recht fest ins Auge, mein Kind; und siehe, wie das Wohl der ganzen menschlichen Gesellschaft am Ende lediglich davon abhängt, wie gut oder wie schlecht ihr dazu vorbereitet werdet. Denn nicht bloß das häusliche Familienglück, sondern auch – was dem ersten Gehör nach unglaublich klingt – das öffentliche Wohl des Staats steht großentheils in eurer Hand, hängt großentheils, um nicht zu sagen ganz, von der Art und Weise ab, wie das weibliche Geschlecht seine natürliche und bürgerliche Bestimmung erfüllt. Wie die Quelle, so der Bach; also auch wie das Weib, so der Bürger, der vom Weibe gebohren wird, der die ersten, durch keine nachherige Erziehung jemals ganz wieder auszutilgenden Eindrücke zum Guten und zum Bösen von ihr erhält. Wie die Quelle, so der Bach; also auch wie das häusliche Leben der Menschen, so ihr öffentliches; wie das häusliche Familienglück, so das öffentliche Staatswohlergehn. Nun ist aber das erstere größtentheils, um nicht zu sagen *ganz,* das Werk des Weibes; mithin auch das letztere. Denn was vermag selbst der beste, der einsichtsvollste, der thätigste Mann zur Bildung seiner Kinder, was zur Erhaltung und Verwehrung der Ordnung, der Sittlichkeit und des Wohlstandes seines Hauses, wenn seine Gattin ihm nicht in die Hände arbeitet, nicht die Anordnungen und Plane befolgt, die er, zwar im Großen entwerfen, aber im Kleinen selbst unmöglich ausführen kann? Selbst der Mann, der schon gebildete, schon gereifte Mann, was ist er, sobald er durch eheliche Bande mit dem Weibe seines Herzens verbunden ist? Das, was das Weib seines Herzens, aus ihm zu machen Verstand oder Unverstand genug besitzt. Seine herrschende Gemüthsstimmung, seine Launen, die ganze fortschreitende Veredelung oder Verschlimmerung seines Characters, sind ihr Werk! Seine größere oder geringere Thätigkeit, die größere oder geringere Ordnung in seinen Geschäften, der größere oder geringere Muth und Eifer zu patriotischen und menschenfreundlichen Thaten, womit er sich beseelt fühlt, ist ihr Werk! Die öffentliche Achtung, deren er genießt, seine Verbindungen, die angenehmen oder unangenehmen Verhältnisse, worin er mit andern Familien steht, sind, wo nicht ganz, doch größtentheils ihr Werk! Allgewaltiges, obgleich schwaches Geschlecht, was vermag nicht alles dein, zwar unmerklicher, aber sicherer Einfluß auf den Mann und durch den Mann auf jede öffentliche Angelegenheit, auf den gesammten Flor und das Wohlergehen der bürgerlichen Gesellschaft! Du bist die erste mächtige Triebfeder, welche alles in Bewegung setzt, und von welcher jede andere moralische und politische Kraft, ihrem Grade und ihrer Richtung nach, größtentheils abhängt. Thut diese erste Federkraft, das Herz des Staatskörpers, ihre Pflicht, so thun es auch die äußerlichen Glieder desselben, das männliche Geschlecht; so geht alles, wie es soll; so blüht das Glück der Familien und das Staats: thut sie dieselbe nicht, so geschieht – was bisher geschehen ist; so welken die Glieder, so kränkelt das Familienglück, so gelangt der ganze Körper nie zu vollkommenere Stärke und zu dauerhafter Gesundheit. Noch einmal: allgewaltiges, obgleich schwaches Geschlecht, was hängt nicht alles von deinem unsichtbaren Einfluß ab, und wie viel kömmt nicht darauf an, wie lauter oder wie trübe du, Urquell aller Sittlichkeit und Unsittlichkeit, alles menschlichen Wohlergehns und alles menschlichen Elendes, seyst!

Erwärme dich, mein Kind, durch das Anschauen dieser deiner hohen Bestimmung, um deine junge Seele mit jenem edlen weiblichen Muth und dem erleuchteten Enthusiasmus zu beleben, welche erfordert werden, wenn du sie ganz erreichen willst. Denn hoch auf steilem Gipfel steht das herrliche Ziel, wornach du klimmen sollst; beschwerlich, rauh und ungebahnt ist der schmale Pfad dahin, wie zu allem, was groß und edel ist, und – ich darf es dir ja nicht verheelen – groß und mannigfaltig sind die Schwierigkeiten und Hindernisse, die du dabei zu überwinden haben wirst! Bewaffne dich denn, mein theures Kind, mit Muth und Entschlossenheit; denn es ist nun Zeit, den Vorhang aufzuziehen, und dir die Unannehmlichkeiten zu zeigen, die du auf dem Wege zu jenem ehrenvollen Ziele schwerlich alle wirst vermeiden können.

II.
Über die ungünstigen Verhältnisse des Weibes zur menschlichen Gesellschaft.

Das Erste und Nöthigste, was ich dir, wofern du selbst es nicht schon längst bemerkt haben solltest, hier zu melden habe, ist: *daß das Geschlecht, zu dem du gehörst,* nach unserer dermaligen Weltverfassung, *in einem abhängigen und auf geistige sowol als körperliche Schwächung abzielenden Zustande lebt,* und, so lange jene Weltverfassung die nämliche bleibt, *nothwendig leben muß.* Das ist freilich keine angenehme, aber eine nöthige Nachricht, die ich, wenn ich zu deinem großen Schaden dich nicht täuschen wollte, dir nicht verheelen durfte.

Aber laß dich dadurch nur nicht niederschlagen, mein Kind! Denn wisse, daß es nichts desto weniger, bei einiger Seelenstärke und Selbstverläugnung, ganz bei dir stehen wird, in mancher Betrachtung eine glückliche Ausnahme von dem Schicksale deiner Schwestern zu machen, und dir einen so würdigen, ehrenvollen und glücklichen Wirkungskreis zu eröffnen, als wir andern sogenannten Herrn der Schöpfung nur immer für uns abzustechen und uns zuzueignen vermögen. Vernimm nur erst, worin jene abhängige, für eure gesammte Ausbildung so ungünstige Lage besteht: dann wollen wir die Mittel ausfindig zu machen suchen, wodurch du das Unangenehme und Schädliche derselben, wo nicht ganz entfernen, doch in hohem Grade vermindern und dir versüßen kannst.

Jede menschliche Gesellschaft, auch die kleinste, die aus Mann und Weib und Kindern besteht, ist ein Körper; und zu jedem Körper gehören Haupt und Glieder. Gott selbst hat gewollt, und die ganze Verfassung der menschlichen Gesellschaften auf Erden, so weit wir sie kennen, ist darnach zugeschnitten, daß nicht das Weib, sondern der Mann das Haupt seyn sollte. Dazu gab der Schöpfer in der Regel dem Manne die stärkere Muskelkraft, die straffern Nerven, die unbiegsamern Fasern, das gröbere

Knochengebäude: dazu den größern Muth, den kühnern Unternehmungsgeist, die auszeichnende Festigkeit und Kälte, und – in der Regel meine ich – auch die unverkennbaren Anlagen zu einem größern, weiterblickenden und mehr umfassenden Verstand. Dazu ward bei allen gebildeten Nationen die ganze Erziehungs- und Lebensart der beiden Geschlechter dergestalt eingerichtet, daß das Weib schwach, klein, zart, empfindlich, furchtsam, kleingeistisch – der Mann hingegen stark, fest, kühn, ausdauernd, groß, hehr und kraftvoll an Leib und Seele würde. Die stille sitzende Lebensart, wozu ihr nun einmal verdammt seyd von früher Jugend an: eure, jede freie und rasche Bewegung hindernde, unnatürliche Kleidung, eure Sitten, eure meisten Beschäftigungen, eure ganze gewöhnliche Art zu leben und zu seyn, zwecken alle auf jenes, unsere eigene freiere Lebensart hingegen, unsere jugendlichen Spiele, Übungen und Geschäfte – in sofern sie von einem verständigen Erzieher angeordnet werden – auf dieses ab. Es ist also der übereinstimmende Wille der Natur und der menschlichen Gesellschaft, daß der Mann des Weibes Beschützer und Oberhaupt, das Weib hingegen die sich ihm anschmiegende, sich an ihm haltende und stützende treue, dankbare und folgsame Gefährtin und Gehülfin seines Lebens seyn sollte – er die Eiche, sie der Epheu, der einen Theil seiner Lebenskraft aus den Lebenskräften der Eiche saugt, der mit ihr in die Lüfte wächst, mit ihr den Stürmen trotzt, mit ihr steht und mit ihr fällt – ohne sie ein niedriges Gesträuch, das von jedem vorübergehenden Fuß zertreten wird.

Hierin nun ist an sich gar nichts Böses; nichts, was deinem Geschlechte auch nur im geringsten zur Unehre oder zum Nachtheile gereichen kann. Abhängig zu seyn, ist ja im Grunde das Loos aller Menschen, so viel ihrer auf Erden leben, des Mannes so gut als des Weibes, des Fürsten so gut wie des niedrigsten seiner Unterthanen. Auch kann ein auf Vernunft und Gesetze gegründeter Grad von Abhängigkeit, mit menschlicher Zufriedenheit und Glückseligkeit nicht nur gar wohl bestehn, sondern die Natur des Menschen und einer jeden menschlichen Gesellschaft machen es auch durchaus nothwendig, daß immer Einer dem Andern, und Alle dem Gesetze untergeordnet seyn müssen. Eine Gesellschaft ohne alle Abhängigkeit, ist ein Unding, ein Traum, dem wachend Keiner, der die Menschen kennt, nachzuhängen sich erlauben wird.

Nur Schade, daß die Grenzen des Rechts der Herrschaft, welche die eine Hälfte des menschlichen Geschlechts über die andere, die männliche über die weibliche behauptet, bisher so unbestimmt und schwankend waren, daß Jeder, nach Beschaffenheit der Umstände und nach dem Maaße seiner Kraft, sie willkührlich ausdehnen oder zusammenziehen konnte! Schade, daß weder die Gesetzgebung, noch die fortschreitende öffentliche Aufklärung es bis jetzt über sich genommen haben, diese Grenzen nach Recht und Billigkeit und mit Rücksicht auf das Wohl des Ganzen genau zu bestimmen! Die Folge davon ist, daß man in den dermaligen Verhältnissen zwischen Mann und Weib alle Grade der Herrschaft und der Unterthänigkeit, von dem höchsten Despotismus auf der einen und der niedrigsten Sklaverei auf der andern Seite an, bis zur völligen Gleichheit, ja bis zur umgekehrten Herrschaft des Weibes über den Mann erblickt. Bei dieser Unbestimmtheit hängt es denn größtentheils von dem, was wir *Zufall* nennen, am meisten, aber von den persönlichen Eigenschaften und Gemüthsarten auf beiden Seiten ab, was für ein Loos die schwächere Hälfte treffen soll; und das Mädchen, welches heute seine Hand einem geliebten und liebevollen Manne giebt, kann, wofern es ihn vorher nicht ganz genau kennen lernte, nur erst nach Verlauf einer gewissen Zeit mit Zuverläßigkeit erfahren, ob es einen Freund oder einen Gebieter oder gar einen Tirannen an ihm haben werde.

Du, mein Kind, befolge hier, wie in ähnlichen Fällen, die Klugheitsregel, zwar nicht gerade das Schlimmste, aber auch nicht gerade das Beste zu erwarten, und dich auf dasjenige gefaßt zu halten, was zwischen beiden in der Mitte liegt. Siehe es also immer, wo nicht für die natürliche Bestimmung, doch wenigstens für ein, schwerlich ganz zu vermeidendes Loos deines Geschlechts an, in einer, zwar durch äusserliche Zeichen der Hochachtung maskirten, aber nichts desto weniger sehr reellen, vielleicht gar etwas drückenden Abhängigkeit zu leben. Halte es immer, wo nicht für überwiegend wahrscheinlich, doch für sehr möglich, daß du einem Manne zu Theil werden wirst, der – auch wenn er übrigens edel, brav und bieder ist – doch seine Rechte der Oberherrschaft über dich geltend zu machen, deinen Willen und besonders deine Phantasien, wofern du deren hättest, kräftig einzuschränken, und bei jedem Versuche, ihm das kleine Staatsruder aus den Händen zu winden, dir das Übergewicht seiner männlichen Kraft stark zu empfinden zu geben, wissen wird. Nimm es immer – wenigstens um mehrerer Sicherheit willen – zur Regel an, daß der Mann, selbst der bessere, wenn er wirklich *Mann* ist, und nicht bloß den äussern Umriß der Mannheit an sich trägt, ein mehr oder weniger, aber doch immer in einigem Grade stolzes, gebietrisches, herrschsüchtiges, oft auch aufbrausendes und in der Hitze der Leidenschaft bis zur Ungerechtigkeit hartes und fühlloses Geschöpf ist. Sey endlich diesem allen zufolge fest überzeugt, daß Geduld, Sanftmuth, Nachgiebigkeit und Selbstverläugnung die allerunentbehrlichsten Tugenden deines Geschlechts sind, ohne welche ein weibliches Geschöpf, das seine natürliche Bestimmung erreichen, d. i. Gattin und Mutter werden will, unmöglich glücklich und zufrieden leben kann.

[...]

(Unter den »Mitteln zur Verbesserung dieser ungünstigen Verhältnisse des Weibes und zur Erreichung jener Bestimmung« werden genannt und ausführlich behandelt:)

»1. Abhärtung.

2. Wahre weibliche Verdienste.

3. Ein recht würdiger, edler, der ganzen Lage und Bestimmung des Weibes vollkommen angemessener Gemüthscharacter.«

(Dazu gehören u. a.:) *Freundlichkeit* und *immer gleiche unerschöpfliche Herzensgüte:* ein neuer wesentlicher Hauptzug in dem Character des Weibes, welches seine Bestimmung erfüllen und sowol sich selbst, als auch diejenigen beglücken will, welche ihrem Herzen über alles lieb und theuer seyn sollen. Aber diese über alles wichtige und nothwendige weibliche Gemüthseigenschaft begreift mehrere weibliche Tugenden unter sich, die wir, ihrer ausnehmenden Wichtigkeit wegen, stückweise auseinander legen müssen.

Es gehört zuvörderst dahin: *ein leichter zur Heiterkeit und Freude gestimmter Sinn,* welcher die glückliche Folge einer prätensionsleeren, leicht zu befriedigenden, von allen Launen, Phantasien und Eigenheiten weit entfernten Gemüthsart ist – ein eben so seltener, als köstlicher weiblicher Characterzug, wovon ich zu deiner und deines künftigen Gatten Glückseligkeit recht herzlich wünschen muß, daß er unaustilgbarer Grundzug in dem deinigen seyn und bleiben möge. Höre mir aufmerksam zu, mein Kind, ich will dir sagen, was ich mir bei diesen Worten denke.

Ich denke mir dabei jene glückliche Gemüthsstimmung, da man sich gewöhnt hat, mehr für das Gute, Schöne und Angenehme, als für das Böse, Häßliche und Unangenehme empfänglich zu seyn; bei jeder vorkommenden Sache eher und lebhafter die bessere als die schlechtere Seite wahrzunehmen; lieber den Empfindungen des Wohlwollens, der Nachsicht und Güte, als den des Misfallens, der Unzufriedenheit und des Unwillens nachzuhängen; – jene glückliche Gemüthsstimmung, da man immer geneigt zum seligen Frieden, immer bereit zum Entschuldigen, zum Vergeben und zum Vergessen ist, und nie zu ahnden verlangt, was Andere, sey's aus Schwäche und Irthum des Verstandes, oder aus bösen Willen uns in den Weg gelegt haben; jene glückliche Gemüthsstimmung, da man frei von Eitelkeit und Selbstsucht mehr die Vorzüge und guten Eigenschaften an Andern, als an sich selbst, bemerkt, schätzt und ins Licht zu stellen sucht; wenig von Andern erwartet, aber ihnen viel schuldig zu seyn glaubt, und eben so entfernt von blindem Vertrauen auf ungeprüfte Redlichkeit, als von übertriebenem Mistrauen gegen dieselbe ist; die Menschen nimmt, wie sie sind, nicht für lichtreine Engel, aber auch nicht für höllische Geister von monströser Bosheit, die an dem Bösen, und an den Qualen ihrer Mitgeschöpfe, aus teuflischer Begierde zu quälen, Vergnügen finden, sondern im Durchschnitt für ein von Natur gutartiges, nur gemeiniglich durch eine fehlerhafte Ausbildung an Kopf und Herzen verwahrlosetes, oft verschrobenes und verhunztes, und durch unsere bürgerlichen Verfassungen zur Eigennützigkeit, zur Selbstsucht, zum Widerstande und zum Stemmen gegen die Absichten und Wünsche anderer Menschen gewissermaßen gezwungenes Geschlecht;

– jene dreimal glückliche und selige Gemüthsart endlich, da man sich immer gleich, immer heiter und gutlaunig ist, unter allen Verhältnissen und Umständen immer die nämliche Person bleibt, überall die nämliche Gutmüthigkeit, die nämliche Freundlichkeit äussert, überall Freude zu finden und Freude zu geben versteht, nie von bösartigen Launen und Eigenwillen abhängt. Nicht wahr, mein Kind, das sind Züge eines weiblichen Characters, dem niemand seine Hochachtung und sein Wohlwollen versagen kann? Mögte man doch einst, wenn man den deinigen damit vergleichen wird, finden, daß ich in prophetischem Geist in die Zukunft geblickt und dich selber hier geschildert habe!

Daß du übrigens diesen *leichten Sinn,* nach der darüber jetzt erhaltenen Erklärung, nicht mit dem *Leichtsinn,* d. i. mit einem tadelnswürdigen Mangel an Nachdenken, Überlegung und Aufmerksamkeit auf unsere Pflichten verwechseln werdest, das, glaube ich, darf ich deinem Verstande, ohne alle Erinnerung, zutrauen. Daß aber jene glückliche Gemüthsart eines der vorzüglichsten Mittel sey, die Unannehmlichkeiten der ganzen weiblichen Lage zu vermindern und zu versüßen, das wird dir gleichfalls, bei einigem Nachdenken, wol von selbst stark genug in die Augen fallen. Durch sie ermuntert und belebt das glückliche und beglückende Weib ihr ganzes Haus, von dem ernsten Haupte desselben an, bis zum geringsten Bedienten hinab; durch sie erquickt und stärkt sie den von Geschäften und Sorgen ermüdeten Gatten, verscheucht den Unmuth, der seine Seele umwölkte, und lächelt ihm, mit unwiderstehlicher Allgewalt, die mürrischen Runzeln vom Gesicht; durch sie beugt die kluge Beherrscherin des männlichen Herzens allen Zänkereien vor, indem sie nie Empfindlichkeit mit Empfindlichkeit erwiedert, nie hartnäckig oder bitter widerspricht, nie dem Manne das Recht der Herrschaft streitig macht, sondern immer sanft, gutlaunig, freundlich und nachgebend bleibt, auch da, wo ihr wirklich zu viel geschieht; durch sie macht sie das Haus ihres Gatten zur Wohnung des Friedens, der Freude und der Glückseligkeit, so wie sie es durch ihre hausmütterliche Aufmerksamkeit auf alles und durch ihre rastlose Thätigkeit zum Muster der Ordnung, der Reinlichkeit und des Fleisses zu machen wußte. Glücklicher Mann, dem eine solche Gefährthin des Lebens beschieden ward!

Die übrigen Bestandtheile der weiblichen Herzensgüte sind *Geduld, Sanftmuth, Biegsamkeit* und *Selbstverleugnung;* vier gleich liebenswürdige und, wenn sie aus Überlegung, nicht aus Schwäche entspringen, gleich erhabene Tugenden, wovon die eine die andere in sich faßt, wovon die eine ohne die andere nicht gedacht werden kann, die ich also auch hier nothwendig zusammenfassen mußte. Geduld erträgt, was nicht zu ändern ist; Sanftmuth entwafnet den männlichen Starrsinn durch milde Freundlichkeit; Biegsamkeit weicht ihm aus durch vernünftiges Nachgeben; und Gewöhnung an Selbstverläugnung giebt zu dem allen die erforderliche Seelenkraft. Ohne diese Haupttugenden des Weibes, denen auch unsere

Sprache überaus schicklich das weibliche Geschlecht beigelegt hat, kann ich mir eine glückliche und zufriedene Ehe nur in dem einzigen Falle denken, wenn durch einen Misgriff der Natur oder vielmehr durch eine verkehrte Erziehung das Weib den Kopf und das Herz des Mannes, der Mann die Eigenheiten des Weibes bekommen hat. In jedem andern Falle muß, wo diese Tugenden fehlen, ehelicher Unfriede und mit ihm herznagender Kummer und häusliches Elend, unvermeidlich seyn.

Denn wähne nicht, mein Kind, daß in dem ungleichen Kampfe zwischen Männer und Weiberkräften, Kopf gegen Kopf, Starrsinn gegen Starrsinn gesetzt, ein für die schwächere Hälfte vortheilhafter Friede sich ertrotzen lasse! So weit ich selbst mein eigenes Geschlecht, sogar die bessern Mitglieder desselben kenne, muß ich dich, allen meinen Erfahrungen zufolge, ganz des Gegentheils versichern. Die Eiche kann im Sturme brechen; aber beugen läßt sie sich von ihm nicht. So auch der Mann, der seiner Kraft sich bewußt ist, nicht vom Weibe, sie tobe und wüthe so sehr sie will und kann! Jede Widersetzlichkeit spannt seinen Unmuth stärker; jeder Versuch, ihn durch Trotz zu entmannen, wirft einen neuen ehernen Harnisch um sein Herz; jede weibliche Bitterkeit in Mienen oder Worten pumpt neue Galle in seine Adern. Und wehe dem unglücklichen Paare, zwischen dem es bis dahin erst gekommen ist!

Ja wehe, wehe dem unglücklichen Gatten und der noch dreimal unglücklicheren Gattin, zwischen denen es überhaupt erst dahin gekommen ist, daß unter ihnen gestritten wird, wer von beiden dem Andern nachgeben, wer von beiden seinen Willen in Collisionsfällen dem Willen des Andern unterwerfen soll! Es ist dahin mit ihrer ehelichen Liebe! Hin ach! sogar mit ihrer Freundschaft, mit ihrem Wohlwollen, mit ihrer gegenseitigen Zutraulichkeit! Hin mit ihrem Hausfrieden, mit der glücklichen Erziehung ihrer Kinder, mit dem Wohlstande ihres Hauses, mit dem guten Fortgang ihrer Geschäfte, mit der Treue und Ergebenheit ihrer Bedienten – hin mit ihrer ganzen irdischen Glückseligkeit! Sie leben forthin nicht mehr, um ihres Lebens froh zu werden, sondern sie leben – um sich Einer dem Andern das Leben zu verbittern! Ihr Haus, anfangs vielleicht ein Himmelreich, ist ihnen von nun an zur Hölle worden, worin der Eine des Andern Peiniger bei eigenen Qualen wird. Noch einmal, wehe und abermals wehe dem unglücklichen beklagenswürdigen Menschenpaar, mit dem es bis dahin erst gekommen ist!

Ich hoffe, mein Kind, dich durch die bloße Darlegung dieser hohen weiblichen Tugenden, und der unglücklichen Folgen, welche aus ihrer Abwesenheit entspringen, von der Unentbehrlichkeit derselben überzeugt zu haben. Aber eine Frage, die ich hierbei auf deinem Gesicht zu lesen glaube, verdient noch eine ausführliche Beantwortung. Sie ist diese: warum ich die Tugenden der Gutlaunigkeit, der Freundlichkeit, der Geduld, der Sanftmuth, der Biegsamkeit und der Selbstverleugnung dir bloß als weibliche Characterzüge geschildert habe; und ob sie nicht vielmehr mit gleichem Rechte von beiden Geschlechtern, von dem männlichen so gut als von dem weiblichen, gefordert werden können? Meine Antwort hierauf ist folgende.

Allerdings soll auch der Mann diese schätzbaren, zu seiner Glückseligkeit gleichfalls unentbehrlichen Tugenden, so sehr es ihm nur immer möglich ist, zu erwerben suchen; aber wenn es überhaupt – wie nicht zu läugnen steht – Gemüthseigenschaften und Tugenden giebt, die, bei aller ihrer Unentbehrlichkeit für beide Geschlechter, doch vergleichsweise dem weiblichen noch viel weniger, als dem männlichen, erlassen werden können: so verdienen die genannten ohne allen Zweifel darunter den ersten Platz, und zwar aus folgenden Gründen.

Erstlich weil die Natur die Erwerbung derselben dem Weibe verhältnißmäßig leichter machte, indem sie ihr zartere Nerven, also auch minder starke und tiefe Empfindungen, leichteres Blut, also auch weniger Hang zu ernsten und trübsinnigen Gedanken, und durch beides jenen glücklichen Leichtsinn gab, der ihr den Übergang von unangenehmen zu angenehmen Vorstellungen so leicht, und alles, was in Männerseelen, wo nicht immer und ewig, doch Jahre lang zu haften pflegt, sie im Hui! wieder vergessen macht. Hier herrscht, in der Regel wenigstens, ein gar großer Unterschied zwischen männlichen und weiblichen Gemüthsarten, der, wie gesagt, eine Folge der festern Organisation und der daraus entstehenden stärkern und dauerhafteren Gefühle auf Seiten des Mannes ist. Bei ihm geht der Übergang von einer Empfindungsart zur andern schwer und langsam von Statten, und es wird bei ihm – die sanguinischen Halbmänner ausgenommen – gemeiniglich erst eine lange Stufenfolge von abfallenden Zwischenempfindungen erfordert, wenn die eine von zwei entgegengesetzten Empfindungen oder Leidenschaften die andere verdrängen und ganz an ihre Stelle treten soll. Er kann daher, wenn er sonst zur Großmuth fähig ist, seinen Beleidigern zwar wol vergeben; aber das Vergessen, das gänzliche Austilgen starker Eindrücke steht nicht bei ihm.

Zweitens, weil der Mann bei seinem größern und ernstern Wirkungskreise, durch die größere Wichtigkeit und Mühseligkeit seiner Geschäfte, durch die unvermeidlichen, oft sehr bedenklichen und kritischen Collisionen, worin er alle Augenblicke mit andern Männern geräth, durch den Verdruß und Kummer, welche eine große und verwickelte Geschäftigkeit für Jedermann ganz unausbleiblich mit sich führt, und vornehmlich auch durch die Sorge für das Ganze seines Hauswesens und für die Erwerbung dessen, was seine Familie bedarf, billiger Weise weit mehr, als das Weib bei ihrem beschränkteren Wirkungskreise und bei ihren leichtern Sorgen, zu entschuldigen steht, wenn er nicht immer lächeln kann, und wenn seine Stirn sich unwillkürlich und öfterer, als sie sollte und als er selbst es wünschte, in ernste oder unwillige Falten legt.

Endlich *drittens* weil diese liebenswürdige Tugend, zwar eine große Zierde für beide Geschlechter, aber doch dem Weibe zu dem ganzen

Zwecke ihres Daseyns, zu ihrer eigenen Glückseligkeit und zu dem Wohlseyn ihrer Familie, noch viel, viel unentbehrlicher, als dem Manne ist. Sie ist ja bestimmt, in einem Zustande der Abhängigkeit zu leben: wie könnte sie diesen besser erleichtern, als durch Freundlichkeit? Sie ist ja dazu gemacht, dem Manne auf der sauren Lebensreise, wo er immer vorangehn muß, um den Weg zu ebnen, den Schweiß von der Wange zu wischen und ihm Heiterkeit, Trost, Freude und Muth ins Herz zu lächeln: wie könnte sie dies, wenn sie selbst sauertöpfisch, kricklich, zänkisch und beißig seyn wollte? Sie ist ja dazu da, das Haus ihres Mannes zu einer Wohnung des Friedens, der Ruhe und der Freude zu machen, wo er alles, ihm von aussen kommenden Kummers vergessen und in dem Schooße einer heitern und glücklichen Familie von seinen schweren und sorgenvollen Arbeiten ausruhen und zu neuen Arbeiten Kraft und Heiterkeit gewinnen möge: wie könnte sie das, ohne ein unerschöpfliches Maaß von Freundlichkeit und Herzensgüte zu besitzen? Sie soll ja endlich auch ihren Töchtern und ihrem Gesinde Muster und Vorbild, wie in jeder andern Tugend, so auch vornehmlich in dieser seyn: und wie könnte sie das, ohne in der täglichen Ausübung derselben selbst musterhaft zu seyn?

Nr. 16

Artikel »FRAUEN«.

a) Conversation – Lexicon
oder encyclopaedisches Handwörterbuch für gebildete Stände, in 7 Bden.
Stuttgart bei A. F. Macklot, 1818-1819, 2. Band (1818), S. 783-786:

Frauen. Die Frauen (der edlere Sprachgebrauch bezeichnet jetzt damit
das ganze Geschlecht) sind die Repräsentanten der Liebe, wie die Männer
des Rechts im allgemeinsten Sinne. Liebe spiegelt sich in Form und Wesen
der Frauen und Entweihung der Liebe ist ihre (Verletzung des Rechts der
Männer) Schande. Das öffentliche und häusliche Verhältniß des Frauenstandes gab von je und gibt noch den richtigsten Maßstab echter Cultur
im Staate, in der Familie, in einzelnen Menschen. Dennoch hat das schöne
Geschlecht das Loos erfahren, bald übermäßig gepriesen, bald mit dem
größten Unverstande herabgewürdigt zu werden. Man hat sie bald Engel,
bald Teufel genannt. Zuvörderst müssen wir gestehen, daß im Wesen der
Frauen eine Haupttugend gegründet ist, nämlich, daß Alles schicklich,
Alles anständig und schön sey. Nicht ohne Ursache sprechen wir von
einem *schönen* Geschlecht; denn die Kraft des Mannes wird durch die
weibliche Anmuth gemildert, und alle Schönheit geht erst aus der ruhigen
Verbindung dieser entgegengesetzten Naturen hervor. Es ist allerdings
ehrwürdig, wenn die Frauen ihrer ersten Bestimmung eingedenk sind,
wenn sie sich zu Gattinen, Müttern und Hausfrauen bilden; aber man
macht auch mit Recht die Forderungen, daß sie frei von bloßen ökonomischen Zwecken sich zu einer freiern Anschauung des Lebens, zum innern
Leben selbst erheben sollen. Man findet aber freilich oft Verbildung und
Überbildung, besonders im Gebiete der Kunst und Wissenschaft, wo die
Frauen ihrer Natur gemäß mehr die nahen als die fernen Güter ergreifen
sollen. Es ist zwar wahr, daß wir viele gebildete Schriftstellerinnen unter
den Frauen besitzen, allein es ist eben so wahr, daß sie nicht gerade in
strengwissenschaftlichen Gattungen zu Schriftstellerinnen berufen sind.
Es sey ihre Pflicht, den Schatz der Gefühle, dieses heilige Feuer, welches
ihnen die Natur geschenkt hat, nur in Farben, Tönen, in der Poesie und
Musik, oder im Umgange zu erhalten und zu vermehren. So werden sie
gewiß auch vortheilhaft auf die männliche Welt wirken. Man hat dieser
schönen und verschönernden Natur der Frauen nicht immer Gerechtigkeit wiederfahren lassen. Sie standen in der alten Welt auf einer weit
niedrigern Stufe der Achtung, als in der neuern. Die weibliche Natur ist
sich gewiß immer gleich geblieben; aber in der Erziehung sowohl, als in
der Staatsverfassung der alten Welt lagen die Veranlassungen, welche den
Reiz und die Macht jener weiblichen Natur weniger hervortreten liessen.

Wir finden allerdings bei den *Griechen* schöne Beispiele der Bruder- und Schwesterliebe, auch der Gattenliebe; aber nichts ist bei ihnen von jener geistigen romantischen Ansicht des Weibes zu finden, wie sie im Mittelalter herrschte. Als freundliche Verschönerin und Bildnerin des Lebens, als anmuthige Gesellschafterin des Mannes, als witzige Schwäzerin in gebildeten Kreisen galt sie wenig oder nichts. Dies wußten die Männer nicht zu schätzen, oder sie wollten es nicht bei ihnen; es war vielmehr das Geschäft junger Sclavinnen, oder öffentlicher Buhlerinnen. Darum aber darf man nicht behaupten, daß die Weiber bei den ältesten Griechen roh behandelt worden wären; sie wurden vielmehr bloß als *Hausfrauen* geehrt, und als solche müssen sie eigentlich betrachtet werden. Sie lebten im Kreise ihrer Sclavinnen, und arbeiteten selbst mit ihnen im obern Geschosse des Hauses, welches sie nur selten verließen, um sich unter die Männer zu mischen. Die Lage der athenischen Frauen war noch beschränkter; im entlegensten Theile des Hauses (Gynaikeion, Gynaikenitis) brachten sie mit weiblichen Arbeiten unter Sclavinnen ihre Zeit zu, und sie durften im Theater gar nicht, oder nur bei tragischen Vorstellungen erscheinen. Diesen Mangel gebildeter und erfreuender Weiblichkeit ersetzten die *Hetären*, das heißt, öffentliche Buhlerinnen, welche besonders die anmuthigern Talente in sich ausgebildet hatten. So ging der Ruhm der *Aspasia* von jener frühern Bildung aus, und Thais, Phryne und andere Hetären erhielten durch ihre Reize manchen Sieg über ausgezeichnete Männer. Die Römerinnen spielten eine bedeutendere Rolle. Sie waren bei den Schauspielen und Gastmalen gegenwärtig, sie lebten überhaupt mehr in der Gesellschaft. Wiewohl von den Gesetzen begünstigt, lebten sie doch sehr eingezogen, bis sich auch mit den Eroberungen Roms der Luxus der römischen Frauen vergrößerte. Indessen finden wir bei keinem Volke so viele Muster echter weiblicher Größe. Und wem sind nicht die Jungfrauen der Vesta bekannt? Doch standen auch die römischen Matronen unter der oft strengen Gewalt des Mannes, sie hatten kein Eigenthum, und bei den Heirathen wurden die Väter allein befragt. Überdies waren ihnen manche erlaubte Genüsse, z. B. der des Weins, gänzlich versagt. Nach der Sittengeschichte der Völker ging mit dem Licht des Christianismus auch den Frauen, die bis dahin nur Sclavinnen und Dienerinnen der Männer, Hetären oder verschleierte Matronen gewesen waren, ein schöner Morgen auf. Von Gleichheit der Rechte zwischen beiden Geschlechtern, von freier Äußerung weiblicher Reize und Kräfte, war bei den Alten keine Idee. Mit dem Christianismus begann die Religion der Liebe, auch die Frauen bekamen nun ihre Rechte wieder, und es ging mit dem Geiste dieser Religion eine höhere geistige Würdigung auf sie über. Es wirkten aber noch andere Umstände, um den im Christenthume schlummernden Keim geistiger Liebe und veredelter Anschauung der Frauen zur Reife zu bringen. Zuerst waren es die Germanen, welche den Ton zur Anerkennung der weiblichen Würde angaben; denn Keuschheit, Enthaltsamkeit und eheliche Treue, verbunden mit einer gerechten Würdigung der Frauen, gaben unsern Vorfahren schon in Tacitus Augen eine Würde, die dieser mit Hochachtung anerkennt. Dieser Character der alten Deutschen fand nun im Geiste des damaligen Christenthums eine mächtige Stütze, wo die Gemüther sich gern zu einer wunderbaren Schwärmerei begeistern ließen. Dann kam das *Ritterthum*, oder der Geist der *Chevalerie* im Mittelalter, und trieb diese geistige Ansicht der Frauen auf das höchste. Wir könnten diese Zeit die Blüthenzeit der Frauen nennen. Nicht allein Ritter, sondern auch Sänger, huldigten der weiblichen Schönheit, und die Frauen wurden, wozu sie die Natur eigentlich bestimmt hat, Halterinnen und Lenkerinnen des trotzigen Männergeschlechts. Schon früh wählten sich edle Jünglinge eine Gebieterin ihres Herzens, und verharrten lange in dieser lieblichen Dienstbarkeit. In diesen echten Ritterzeiten blühten auch die Cours d'amour, die Liebeshöfe, oder Minnegerichte, wo verwickelte Streitfragen aus dem Buche der Liebe zart und sinnreich entschieden wurden. Auch die Poesie der Provençalen trug das ihrige dazu bei, diese religiöse Verehrung der Frauen anzupreisen. Mit der Erlöschung dieses ritterlichen Geistes im vierzehnten Jahrhundert war das Licht der Wissenschaften erschienen. Besonders machte die platonische Philosophie ein ausgezeichnetes Glück; sie gab der Liebe und Schönheit eine tiefere Bedeutung. Besonders *Dante* und *Petrarca* müssen hier genannt werden. Indessen verflog der Rausch; die Völker wurden älter und kälter, grübelten und meisterten an Kirche und Staat; ihre Frauen wurden putznärrisch und ceremoniös, die Sitten steif und *altfränkisch*, da brach die intellectuelle Cultur über Frankreich herein, und die Nationen schieden sich merklich im Gange ihrer geselligen Bildung. An die Stelle jenes ritterlichen Geistes war in Frankreich das Princip der *Galanterie* getreten. Es bildeten sich bestimmte Maximen für das Schickliche, man lernte sogar nach dem Anstand lieben, geistreiche Frauen hatten den Vorsitz in literarischen Cirkeln, und das ganze Leben wurde auf die Spitze der Verfeinerung getrieben. Dieser Geist der Galanterie, welche sehr bald in Coquetterie ausartete, ging auch in andere Länder über, und selbst in Deutschland unter den höhern Ständen spukte hier und da dieser frivole Geist. Die Namen einer Ninon l'Enclos, einer Sevigné, Maintenon, und späterhin einer du Deffand, einer Geoffrin, l'Esvinasse sind allen bekannt, die in der Geschichte der eleganten Literatur Frankreichs nur ein wenig bewandert sind. Von ihren Cirkeln ging ein besserer und zugleich freierer Ton aus, wenn man auch zugeben muß, daß man mit dem Geiste oft mehr coquettirte, und daß mehr eine gebildete Oberfläche vorwaltete. So viel ist gewiß, daß die Frauen, auch bis auf die neuern Zeiten, den Ton angaben; daß die Herrschaft des schönen Geschlechts sogar auf die Literatur der Franzosen keinen unbedeutenden Einfluß hatte. Endlich wurde es aber in Frankreich so hell, daß selbst die Feigenblätter transparent wurden, und die Hyperillumination verpflanzte sich hie und da in die Residenzen und

Handelsstädte Deutschlands, bis die Revolution und die ihr anhängenden Kriege alle Vauxhalls der Höfe und der Hanse in Verwirrung brachten. Über den Charakter und Zustand der Frauen bei den verschiedenen Nationen von Europa bemerkten wir nur noch Folgendes. Bekanntlich verbinden die *Engländerinnen* mit den übrigen Reizen der weiblichen, wiewohl etwas strengen Liebenswürdigkeit, die Tugend der Häuslichkeit; sie sind vollkommen gute Mütter und Gattinnen, und sie kommen in der Wirklichkeit dem Ideale edler Hausfrauen wohl am nächsten. Die *deutschen* Frauen haben mit ihnen viele Familienähnlichkeit, nur daß sie auch in das äußere Leben mehr eingehen, und so in einem wohlthätigen Wechselverhältniß auf die männliche Welt wirken können. Die *italienischen* Frauen glänzen durch Reiz und bewegliche Anmuth; aber den Triumph der Sittlichkeit werden wir unter ihnen nicht zu suchen haben. Die *Polinnen* scheinen sich in der Form mehr den Französinnen zu nähern; doch findet man in ihrem Innern mehr Treue und Wahrheit, und eine schönere Glut der Empfindung.

b) Wigand's Conversations-Lexikon.
Für alle Stände von einer Gesellschaft deutscher Gelehrter bearbeitet. 15 Bde.
Leipzig, Verlag Otto Wigand, 1846-1852, 5. Band (1847), S. 363-366:

Frauen. Wenn der am Manne hervorstechende Charakter die Kraft ist, so ward dem Weibe die Milde gegeben, an welchem sich alle die schönen Eigenschaften knüpfen, um welcher willen das weibliche Geschlecht so hoch verherrlicht worden ist. Aus der Kraft erzeugt sich der Drang zu wirken, die Begierde nach Thaten, das Streben nach Besitz, Ehre, Ruhm, Einfluß und Größe; den Mann bewegt der Trieb nach Außen, sein Geist trachtet in die Ferne, seine Kraft kennt kein höheres Verlangen als das, sich beständig zu üben. Aus der Milde entkeimt die sanftere Empfindung, das Gefallen an der friedlichen Ruhe, an der Anmuth und Schönheit, die Liebe mit den zarteren Regungen des Herzens, der stille Fleiß, das feinere Gefühl des Anstandes, die sanftere Überredung und jenes ganze, sowohl in freundlicher Heiterkeit, als in geheimnißvoller Ahnung webende, süße, unergründliche Wesen des Weibes, das auf den Mann eine so magisch bezaubernde Kraft ausübt. Sehr treffend sagt Goethe in den Wahlverwandtschaften; »Die Frauen sind unüberwindlich; erst verständig, daß man nicht widersprechen kann, liebevoll, daß man sich gern hingiebt, gefühlvoll, daß man ihnen nicht weh thun mag, und ahnungsvoll, daß man erschrickt.« Und wenn der Mann mit dem gebietenden Scepter der Herrschaft als überlegen erscheinen sollte, so hat das Weib die sanfteren Waffen des Reizes und der Schönheit, um sein starres Herz zu schmelzen, ja den Herrscher im Donnergewölk Zeus, der mit der Bewegung seines Hauptes Himmel und Erde erschüttert, weiß eine Thetis mit ihren

Thränen und eine Aphrodite oder Here mit dem Gürtel der Anmuth für sich zu gewinnen. Schöner als unser Schiller hat wohl kaum ein Dichter die »Würde der Frauen« verherrlicht; denn alle Lieder der Minnesänger fassen sie nicht aus dem rein idealischen, erhabenen Gesichtspunkte. Doch sowie die dem Manne verliehene Kraft leicht in Wildheit, Rohheit und Barbarei ausartet, sowie sie Streit, Haß, Feindschaft, Kriege, Grausamkeit und Tyrannei erzeugt: so kann auch die Milde der Frauen zur Quelle von Fehlern werden, sie kann in Empfindelei, moralische Schwäche, Unentschlossenheit, Kleinmuth und jede Art der Gebrechlichkeit übergehen. In neuerer Zeit hat man dem Weibe Functionen zuweisen wollen, die nur dem Manne von der Natur selbst zugewiesen sind; aber schon die äußere Bildung, Stimme, Gang und Haltung beweisen auf den ersten Blick, auch wenn man die Erfahrungen einer tausendjährigen Geschichte nicht zu Rathe ziehen wollte, wie verschieden die Natur beider Geschlechter ist und wie verschieden daher auch ihre Aufgabe innerhalb der geistigen Entwickelung der Menschheit sein muß. Für das consequente logische Denken des Mannes hat das Weib das instinctartige, orakelhafte und ahnungsvolle Auffassen. In der Philosophie, in Kunst und Wissenschaft, in der Staats- und Religionsschöpfung war der Mann stets productiv, gestaltend, maßgebend; die Frauen schlugen noch nie eine neue Richtung ein, so viele sich auch mit Poesie, Musik und Malerei beschäftigen. Auch große Regentinnen hat es gegeben, aber keine von ihnen hat je eine eigentliche Staatsschöpfung hervorgebracht, sondern sie alle wirkten nur durch die Männer, mit denen sie sich umgaben und die sie mit richtigem Takte wählten. Diese geschichtlichen Erfahrungen, die sich nicht wegläugnen lassen, hat man durch die engherzige Erziehung zu erklären versucht, die dem weiblichen Geschlecht zu Theil werde, aber die größten Männer haben sich selbst erzogen, zum Theil den engherzigen Verhältnissen zum Trotz. Man erziehe ein Mädchen und einen Knaben von anscheinend denselben Gaben ganz gleichmäßig und das Resultat wird doch ein durchaus verschiedenes sein, denn die Natur läßt sich nur bis zu einem gewissen Grade umgehen, aber auf die Dauer nicht betrügen und rächt sich bei solchen gewaltsamen Versuchen nur um so grausamer.

Die Geschichte lehrt uns übrigens, daß der Bildungsgrad des weiblichen Geschlechts mit dem des männlichen auf das Genaueste zusammenhängt und daß der Einfluß des intellectuellen Lebens beider Geschlechter ein gegen- und wechselseitiger ist. Je unfreier der Mann, desto unfreier das Weib. Zu allen Zeiten und unter allen Völkern hat sich übrigens die Erscheinung wiederholt, daß das Weib auf der einen Seite eben so hoch gepriesen, als von der andern herabgewürdigt wurde. Selbst die Bibel enthält Beispiele für Beides. Die höhere Dichtung, sogar unter den Chinesen und Indiern, feiert das Weib als ein fast über alle Menschheit stehendes Wesen; die Satyriker, Sittenrichter und Strafprediger unter fast allen Nationen können kaum Worte genug finden, um die Schwächen und die Schlechtigkeiten des weiblichen Geschlechts zu schildern und den Mann vor den verderblichen Einflüssen des Weibes zu warnen. Die griechischen Frauen lebten fast abgesperrt in ihren Gynäceen unter ihren Sclavinnen, mit häuslichen Arbeiten beschäftigt; auch schloß man namentlich in Athen nur Ehen, um schöne und kräftige Kinder zu erhalten, während die Männer berechtigt waren, bei den in allen anmuthigen Künsten erfahrenen Hetären einen feinern, selbst geistigen Genuß zu suchen. Doch wollte man aus diesen und andern Umständen schließen, daß das Weib bei den Griechen und besonders bei den Athenern verachtet gewesen, so würde man in einen Irrthum fallen, da nicht allein Geschichtschreiber edle Thaten der Weiber feiern, Dichter, wie Homer, Sophokles und Euripides reine Ideale edler Weiblichkeit aufstellten, die bildende Kunst in ihren Juno-, Diana-, Minerva- und Musengestalten ein inniges und großes Gefühl für weibliche Würde und Erhabenheit ausdrücken, sondern auch das Volk selbst der liebenden Mutter und Schwester oder der sich selbst aufopfernden Gattin öffentliche Verehrung weihte. Gewiß erkannte das alte Griechenland das echt Weibliche in einem Grade, wie es zu keiner frühern oder spätern Zeit geschah; aber ihm fehlte in der Liebe die phantastische Schwärmerei des Mittelalters wie die halb krankhafte Sentimentalität der modernen Zeit. Der politische Einfluß, den die Spartanerinnen ausübten, ist bekannt. Sie genossen einer männlichen Erziehung, die selbst alle weibliche Anmuth und Liebenswürdigkeit in ihnen tödtete, so daß sie dem Vaterlande alle Liebe für den Gatten oder das Kind opferten. Die Jungfrauen stellten körperliche Übungen an und erschienen oft nackt in öffentlichen Gymnasien und bei den Kampfspielen. Sie wenigstens hatten keineswegs die untergeordnete Stellung, die manche Schriftsteller den griechischen Frauen andichten. Einen ehrenvollen Rang nahmen auch die Frauen bei den Römern ein; man achtete sie in der Gesellschaft, und die Hausfrau genoß eines sehr hohen Ansehns. Da sie in einem edleren Lichte erschienen, spielten auch viele römische Frauen eine bedeutendere Rolle, und manche erlangten einen berühmten Namen. Wir nennen nur Virginia, Lucretia, Valeria (Coriolan's Schwester), Veturia und Volumnia, Porcia, Liria, Augusta u. a. m. In einem idealischen Schimmer zeigen sich besonders die vestalischen Jungfrauen. Das eingezogene Leben, das die römischen Frauen führten, ging mehr aus ihrer freien Wahl hervor, denn wenn sie auch von dem Gesetze in strenger Obhut gehalten wurden, so übten sie doch sowohl in der Familie auf ihre Kinder wie durch ihre Repräsentation überhaupt auf das ganze Staatsleben einen durch die ganze Geschichte Roms durchgehenden, sehr bemerkbaren moralischen Einfluß aus. Aus allem diesem geht hervor, daß man im Alterthume der Weiblichkeit zwar nicht in ihrem Principe huldigte, doch die Frauen im Allgemeinen eine sehr bedeutungsvolle Stellung damals einnahmen. Um so betrübender zeigt sich der mächtige Einfluß weiblicher Verderbniß bei dem Untergange und Zerfall der alten

Staaten. Dies liegt übrigens in der Natur der Sache und hat sich stets und zu allen Zeiten wiederholt. In den Zeiten allgemeiner Verderbniß und Entsittlichung tritt das Weib stets öffentlicher und kenntlicher hervor als in Zeiten der Sitte und Unverdorbenheit, wo es nur durch das geheime Medium der Familie auf die Männer und durch diese auf die Geschichte selbst Einfluß hat. Buhlerinnen wie Lais, Phryne, Leontium, in deren Armen Epikur seine lebenslustige Philosophie lernte, Hipparchia, Lamia, der man sogar Tempel baute, stehen an der Pforte, die zu dem Untergange der einfachen Verhältnisse des alten Griechenlands führte. Namentlich litt unter dieser von den Hetären gepflegten allgemeinen Verweichlichung die Republik der Athener. Auch die strengen Spartanerinnen ergaben sich der Üppigkeit und die nur für unschuldige und einfache Zeiten berechneten lykurgischen Gesetze beförderten zur Zeit der Ausartung die Zügellosigkeit und den Ehebruch, so daß fast völlige Gemeinschaft der Weiber eintrat. In Rom war es nicht anders. Als der Staat sich zum Untergange neigte, zeichneten sich die Römerinnen durch Wollust, Herrschsucht und Intriguensucht aus und nahmen bei allen Verschwörungen eine hervorragende Rolle ein. Man denke nur an Julia, Augustus' Tochter, an Heliogabal's Mutter, an Messalina, Faustina etc. Auch die Geschichte des oström. Kaiserthums ist von den Tollheiten, Wollüsten und Intriguen herrschsüchtiger Weiber befleckt. Erst durch das Christenthum erhielten auch die Frauen eine höhere Stellung wieder, indem diese Religion, welche überhaupt die sittlichen Beziehungen des Menschen im Gegensatze zu den sinnlichen stärker hervorhebt und sie aus einem höhern, geistigen Gesichtspunkte betrachten lehrt; doch mußte auch der Germanismus hinzutreten, um die nach allen Seiten hin stockenden Säfte des Staats- und Familienlebens zu erneuern und zu veredeln. Schon bei den alten Germanen wurden die Frauen hochgeachtet, und durch das Christenthum erhoben sich nach und nach die Ideen bis zu jener schwärmerischen Begeisterung, welche man in der Ritterzeit des Mittelalters für die Frauen hegte, Weiter konnte die Verehrung derselben nicht gedeihen. Knaben, Jünglinge, Ritter und Minnesänger wetteiferten, ihnen zu huldigen und zu dienen. Durch die cours d'amour, Liebeshöfe, wurde die Minne auf den höchsten Punkt ausgebildet, indem dort die zartesten Herzensangelegenheiten zur Verhandlung und Entscheidung kamen. Der Ritter wählte sich schon als Knabe eine edle, sittige Frau, deren Dienste er sein ganzes Leben weihte, und im Mariendienst feierte diese Schwärmerei die Apotheose des Weibes. Aber es war doch nur Schwärmerei, ein inhaltleeres Spielen mit Gefühlen, das die Rechtsstellung der Frauen zu fördern am wenigsten geeignet war. Daher sehen wir schon zur Zeit der Blüthe des Ritterthums, noch mehr in den Zeiten des Faustrechts, zu dem es ausartete, mannichfache Spuren brutaler Verachtung des weiblichen Geschlechts, von offenbarer Verhöhnung seiner Rechte, seiner Zucht und Ehre neben jener zur Schau getragenen Liebesschwärmerei und im offenen Widerspruche mit ihr. Auch diese Zeit ging vorüber und mit dem Aufkommen des Bürgerthums trat das Weib von der Prunkbühne des Ritterthums in die engbeschränkte Sphäre der bürgerlichen Häuslichkeit zurück. Eine Abart jener frühern Chevalerie kam aber später wieder in der franz. Galanterie zum Vorschein, die zu gleicher Zeit steif und frivol, ceremoniös und coquett, der äußern Erscheinung vortheilhafter war als der Sittlichkeit und Wahrheit. Es bildeten sich bestimmte Regeln für das Schickliche; man lernte sogar nach dem Anstande lieben, geistreiche Frauen führten den Vorsitz in literarischen Cirkeln, die franz. Hofetiquette, als Deckmantel des zügellosesten und frivolsten Lebens und das für Frankreich so verderbliche, die spätere Revolution mit veranlassende Mätressenwesen traten mit dieser Galanterie in Verbindung. Auch Deutschland ahmte dieses franz. Unwesen, wenn auch mit weniger Geschick, nach und an mehreren kleinen deutschen Höfen wucherten Frivolität, üppige Vergnügungssucht und die Sitten verderbende Mätressenwirthschaft; doch das Grundwesen der deutschen Frauen ist mehr gemüthlich und häuslich schlicht als witzig und geistreich, daher faßte diese sittenlose Galanterie in Deutschland im Allgemeinen doch nicht so feste Wurzel als in Frankreich, besonders da die beiden bedeutendsten Höfe Deutschlands, der preußische unter Friedrich Wilhelm I. und Friedrich dem Großen und der österreichisch-habsburgische unter Maria Theresia, diesem reizenden Verderben widerstanden. Im Gegentheil machte sich hier der etwas krankhafte Gegensatz einer poetischen Empfindelei geltend in der Liebe sowohl wie in dem Umgangstone, fand selbst in der schönen Literatur seine Vertreter und verschaffte dieser Zeit den etwas verfänglichen Namen der sentimentalen Periode. Auch dieser nur in Deutschland in solchem Maße wahrnehmbare unnatürliche Zustand hat mit der Zeit natürlicheren Formen Platz gemacht, doch fehlt noch viel daran, daß der Umgangston überall so harmlos und natürlich wäre, um den Verkehr beider Geschlechter nicht unter der Form des bloßen conventionellen Anstands, sondern der freien Schönheit erscheinen zu lassen. Steifheit und formelle Abgemessenheit treten in Deutschland nur zu häufig an die Stelle der anständigen Freiheit, welche die höheren Gesellschaftskreise in Frankreich so sehr auszeichnet. Namentlich stört in gewissen Theilen Deutschlands und unter gewissen Classen, welche Vornehmheit und franz. Wesen affectiren, das sichtbare Bestreben nach Repräsentation, und der von den Frauen selbst angeschlagene Ton scheint häufig nur darauf berechnet zu sein, die Kluft zwischen beiden Geschlechtern noch über Bedürfniß zu vergrößern, als eine Annäherung zu begünstigen. Freilich macht der Charakter der verschiedenen Stämme und Stände hierbei einen Unterschied; namentlich zeigen die Frauen in Süddeutschland, daß der Begriff geselligen Anstandes recht wohl sich bei aller Natürlichkeit und naiver Treuherzigkeit aufrecht erhalten läßt. Jedenfalls hat die moderne Civilisation anerkannt, daß das Weib das leitende, verschönende, die Schroffheit der Männer mäßigende Element, die Königin der Gesellschaft sei.

c) *Allgemeine deutsche Real-Encyklopädie für die gebildeten Stände.*
Conversations-Lexikon.
11. Aufl., in 15 Bden.
Leipzig, F. A. Brockhaus, 1864-1868, 6. Band (1865), S. 553-556:

Frauen, worunter der edlere Sprachgebrauch das ganze weibliche Geschlecht befaßt, sind unter den Nationen und auf den Culturstufen, auf welchen das Geschlechtsverhältniß und die daraus entstehenden Beziehungen zwischen Mann und Weib eine höhere ästhetische und sittliche Richtung genommen haben, die Repräsentanten der Sitte, der Liebe, der Scham, des unmittelbaren Gefühls, wie die Männer die Repräsentanten des Gesetzes, der Pflicht, der Ehre und des Gedankens; jene vertreten vorzugsweise das Familienleben, diese vorzugsweise das öffentliche und Geschäftsleben. Diesem Inhalt entspricht die Form; das Weib strebt nach Zierlichkeit, Anständigkeit und Schönheit, der Mann nach Fülle, Kraft und praktischer Zweckmäßigkeit. Wie die Religion dem Weibe, so ist die Philosophie dem Manne entsprechend. Jenes empfindet, dieser erkennt das Richtige; der Mann ist stark im Handeln, Mittheilen und Befruchten, das Weib im Dulden, Empfangen und Gebären; Stärke verlangt überall der Mann, Anmuth das Weib. Für das consequente logische Denken des Mannes hat das Weib sein instinctartiges und ahnungsvolles Auffassen zum Ersatz. Der Mann war stets in der Staats- und Religionsschöpfung, in der Philosophie, in Kunst und Wissenschaft productiv, neugestaltend und maßgebend; das Weib nahm an seinen Entwickelungen aufnehmend und mitempfindend theil. Nicht als ob es irgendwelche Bildungssphäre gäbe, die der Frau als solcher verschlossen wäre. Dieses so wenig, als es eine zwiefache Moral, ein zwiefaches Wahres, Richtiges oder Schönes geben kann. Erreichbar ist daher in den ideellen Lebensgebieten für jeden schlechthin jedes, nur mit Überwindung größerer oder minderer Schwierigkeiten von der einen oder andern Seite. Jeder aber soll sich im großen moralischen Werke der Menschheit den Platz wählen, welcher mit der geringsten Verschwendung der Kräfte und Mittel ausfüllbar ist, und wo er auf die leichteste Art den größten Nutzen stiftet. Niemand soll gern sich Lebenszwecke vorsetzen, zu deren Erreichung er mit übergroßen Hindernissen zu kämpfen hat, während er die Wirksamkeit, zu deren leichter Vollführung ihm die Natur die Mittel mit liebevoller Fürsorge reichlich an die Hand gab, verschmäht. So namentlich in diesem Fall. Die Natur hat dem weiblichen Geschlechte Gaben verliehen, die sie dem Manne versagt hat; sie hat dem Weibe Schmerzen, aber zum Ersatze auch Freuden zugetheilt, die der Mann nicht kennt; die Sorgen und Schmerzen einer Mutter werden von ihren Freuden unfehlbar mehr als blos aufgewogen.

Es gibt eine Menge von Kleinigkeiten, an denen der Mann kalt, ja verächtlich vorübergeht, und die doch dem Weibe höchst wichtig und eine Quelle der angenehmsten Eindrücke und Empfindungen sind; aber für gewisse Sorgen und Schmerzen des Mannes wird das Weib selten das richtige Verständniß haben. Diese Verschiedenheiten sind bestimmt, um in dem Entwickelungsgange der Menschheit zu einem Gesammtresultate zusammenzuwirken. Die Hauptfunctionen des Mannes beziehen sich auf den öffentlichen Verkehr, den Staat, die Production in Kunst und Wissenschaft, die des Weibes auf die Familie und das gesellige Leben. Je reiner und sittlicher das Familienwesen, desto reiner der Kern einer Nation, desto edler und reiner ihre Geschichte. Viele der größten und tüchtigsten Männer, die sich im Staatsleben oder in Wissenschaft und Kunst auszeichneten, verdanken das beste ihres geistigen Theils, die moralische Grundlage ihres Daseins, den Einflüssen ihrer Mütter.

Alle die körperlichen und geistigen Eigenthümlichkeiten, durch welche das Weib sich vom Manne unterscheidet, stehen im innigsten Zusammenhange mit der Bestimmung desselben, Mutter zu werden. Insbesondere hat der Arzt die Aufgabe, den weiblichen Organismus stets mit Rücksicht auf die sexuale Seite seines Lebens aufzufassen, weil das gesunde Bestehen des weiblichen Körpers ungleich mehr von einem regelrechten Ablauf seiner sexuellen Functionen abhängig ist, als dies beim Manne der Fall. Der weibliche Körper unterscheidet sich vom männlichen im allgemeinen durch eine geringere Größe, schwächere Entwickelung der Knochen, der Muskeln und des Athmungsapparats, kurz, das ganze motorische System zeigt eine schwächere Ausbildung. Dagegen kommt ihm eine größere Plasticität zu; die Fettbildung ist leichter und reichlicher und bedingt gegenüber den mehr eckigen Formen des Mannes eine größere Fülle und Rundung der Glieder. Während beim Manne das Schultergerüst und der Brustkasten auffallend entwickelt ist, hat der weibliche Körper seine größte Breite in der Beckengegend. Das Nahrungsbedürfniß des Weibes ist geringer, sein Stoffwechsel nicht so energisch; es ist weniger zu großen Kraftleistungen befähigt, aber ausdauernder bei mäßiger Anstrengung. Die Krankheiten des Weibes sind im allgemeinen minder stürmisch als beim Manne, auch unterliegt der letztere einem chronischen Siechthum viel rascher als das Weib. Acute Entzündungskrankheiten sind seltener beim weiblichen Geschlecht, chronische Krankheiten häufiger. Krämpfe, Lähmungen und andere Affectionen des Nervensystems, welche beim Manne fast immer das Zeichen gefährlicher innerer Störungen sind, haben beim Weibe sehr häufig nicht viel auf sich und heben sich oft unerwartet rasch wieder. Die sexuellen Theile werden beim Weibe ungleich öfter der Ausgangspunkt schwerer und langer Leiden als beim Manne.

Ein Blick auf die Geschichte des weiblichen Geschlechts ergibt, daß die Lage und Stellung desselben von der Bildung des männlichen abhängt und eins der wichtigsten Symptome des Nationalcharakters und der Culturstufe eines Volks ist. Bei den meisten rohen Völkern des asiat. Nordens, Amerikas, Afrikas ist das Weib wenig mehr als Sklavin und Lastthier; es steht in der äußersten Abhängigkeit und Erniedrigung und wird nur als Instrument für die Bedürfnisse des Mannes betrachtet und behandelt. In solchen Verhältnissen der niedrigsten Stufe, wo auf die Treue des Weibes in der Regel nicht gerechnet ist, der Vater daher mehr oder weniger ungewiß bleibt, pflegen die Kinder der Mutter zu gehören und die Mutter zu beerben, indessen die Erbschaft der Väter auf Geschwister und Schwesterkinder übergeht. Die Geltung dieses mütterlichen Erbrechts bei fast allen wilden Völkern beurkundet den dort herrschenden niedrigsten Grad des Familienlebens und der Stellung der Frau in demselben. Auch in der Polygamie der südasiat. Völker wird die Treue des Weibes noch nicht als eine von innen her gesicherte angesehen, daher mit äußern Mitteln erzwungen und so eine würdige Stellung der F. vereitelt, deren Bedingungen überhaupt nicht anders als durch die strenge monogamische Ehe herzustellen sind.

Unter den Culturvölkern der Alten Welt, den Griechen und Römern, war die Stellung der Frau schon eine viel bedeutsamere und würdigere. Obgleich die griechischen F. noch in ihren Gynäceen fast abgesperrt und lediglich mit häuslichen Arbeiten beschäftigt unter ihren Sklavinnen lebten, so genoß doch die liebende Mutter und Schwester, die sich aufopfernde Gattin bei den Griechen eine hohe Verehrung. Geschichtschreiber feierten edle Thaten der F.; Dichter wie Homer, Sophokles und Euripides stellten reine Ideale echter Weiblichkeit auf in einer Penelope, Iphigenia, Antigone, Elektra, Alcestis; auch die bildende Kunst drückte in ihren Juno-, Diana-, Minerva- und Musengestalten ein inniges Gefühl aus für weibliche Würde und Größe. Aber auch die Römerinnen, dem Gesammtcharakter ihres Volks entsprechend mehr ernst, gemessen und sittlich-streng als geistreich und poetischregsam, übten sowol in der Familie auf ihre Kinder wie überhaupt auf das ganze Staatsleben einen durch die ganze Geschichte Roms durchgehenden und sehr kenntlichen moralischen Einfluß aus. Es genügt, an die Jungfrauen der Vesta, welche das symbolische Feuer der Keuschheit hüteten, und an die Würde einer röm. Matrone zu erinnern, ein Ehrentitel, welcher, alle weibliche Tugend, Würde und Ehrbarkeit umfassend, sich bis auf uns vererbt hat. Obgleich die römischen F., mehr durch die strenge Sitte als durch äußern Zwang bewogen, sehr eingezogen lebten, war es ihnen doch durch das Gesetz vergönnt, bei Schauspielen und Gastmahlen gegenwärtig zu sein. Mit dem Verfall der alten Zucht und Sitte verlor indessen in Griechenland und Rom auch das Weib seine Würde, und die Zersetzung des Familienlebens ging Hand in Hand mit dem Zerfalle des politischen. In Athen war ein Symptom davon das immer allgemeiner sich verbreitende Hetärenwesen. Buhlerinnen, wie Lais, Phryne, Leontium, Hipparchia, Lamia, stehen an der Pforte, welche zum Untergange der einfachen Sitten des alten Griechenland führte. Auch die strengen Spartanerinnen ergaben sich der Üppigkeit, und die Lykurgischen Gesetze selbst, nur für eine einfache und unschuldige Zeit berechnet, beförderten zu der Zeit der Ausartung die Zügellosigkeit und den Ehebruch. Auch in den Untergangszeiten Roms spielt das Weib eine ebenso traurige als hervortretende Rolle, indem unter den Römerinnen Wollust, Herrschsucht und Intriguensucht, die sie sich an allen Verschwörungen zu betheiligen verführte, wahnsinn-ähnlich überhand nahmen. Man denke an Julia, des Augustus Tochter, an Heliogabal's Mutter, an Messalina, Faustina u. s. w. Dieser Verderbniß arbeitete im Schose der röm. Welt das Christenthum mit seiner einfach-edlen Moral entgegen, worauf sodann das kräftige Volk der Germanen, befruchtet mit den bildenden Ideen des Christenthums, dem Staats- und Familienleben eine neue Gestalt gab.

Es ist bekannt, mit welcher Achtung, die fast an Verehrung grenzte, das Weib bei den Germanen behandelt wurde, und so führte dieser Germanis-mus, wozu sich der Einfluß der chevaleresken span. Mauren gesellte, zur Blüte des Ritterthums im Mittelalter. In gewisser Hinsicht kann man diese Zeit die Blütezeit der F. nennen. Sänger und Ritter, und häufig waren letztere selbst Sänger, huldigten der Macht weiblicher Schönheit. Für die F. dichtete man, für die F. zog man in den Kampf und zum Turniren. Schon früh wählten sich edle Jünglinge eine Gebieterin ihres Herzens und verharrten lange in dieser lieblichen Dienstbarkeit. Auch die Poesie der Provenzalen, welche sich in Italien, Spanien, im südl. Deutschland und durch die Normannen in England verbreitete, trug das Ihrige dazu bei, diese religiöse Verehrung der F., die mit dem Mariendienst verschmolz, anzupreisen. Es trat durch diese neue Art von schwärmerischer Empfin-dung ein poetisches Lebensideal in die Welt ein, in welchem das Höchste aus den verschiedenen Zweigen der antiken Geistesbildung sowol occi-dentalischer als orient. Völker verschmolz, in welchem der Platoniker seinen philos. Liebesenthusiasmus, der nordische Recke sein Urbild der Treue bis in den Tod, der christl. Ascet sein Emporgehobensein über Welt und Grab, der arab. Dichter die tiefen Herzenstöne seiner Poesie der Rose und Nachtigall wiedererkennen durfte. (S. *Minne.*) Es trat ein Urbild der Schönheit und des Glücks in die Welt ein, welches nicht einem einzelnen Volke oder einer einzelnen Bildungsstufe, sondern der Menschheit und ihrer Gesammtentwickelung angehört, daher seine Vollendung auch nicht im Anfange seines Auftretens erlebte, sondern in steigender Entwickelung von der Zukunft erwartet. Seine Wahrheit besteht in der lebendigen Anerkennung, daß der Begriff des vollkommenen Menschen nicht dar-stellbar ist durch ideale Vollendung einer einzelnen Person (der männli-chen), sondern allein durch die Wechselwirkung zweier geistiger Urcha-raktere, in die sich der Begriff des Menschen gliedert, des Mannes und der Frau, daß also Menschheit niemals im Singularis, immer allein im Dualis darstellbar und anschaubar ist. Weil aber dieser höhere Lebensstandpunkt im Ritterthum des Mittelalters erst ein frisch eroberter war, so drang er nirgends tief ins Leben ein, sondern erschien zunächst nur wie ein reizendes, phantastisch decorirtes Schauspiel, worin die tiefsinnige und religiöse Schwärmerei den klaren Gedanken überwog, während im alltäglichen Leben immer noch die häufigen Spuren von brutaler Verachtung des weiblichen Geschlechts, Verhöhnung seiner Rechte, seiner Scham und Ehre mit unterliefen. Die Folge davon war, daß bei den roman. Völkern der Minnedienst seine anfängliche Tiefe immer mehr verlor, bis er zuletzt in die oberflächliche franz. Galanterie, gemischt aus schäferlich-arkadischen und chevaleresken Elementen, steif und frivol, ceremoniös und kokett zu gleicher Zeit, völlig ausartete. Es bildeten sich bestimmte Regeln für das Schickliche; man lernte nach dem Anstande lieben; geistreiche F. hatten den Vorsitz in literarischen Cirkeln; die franz. Hofetikette und das für Frankreich so verderbliche Maitressenwesen traten mit dieser Galanterie in Verbindung, und auch an mehrern kleinern Höfen Deutschlands wurde mit Frivolität und üppiger Vergnügungssucht diese galante Form des Umgangs zwischen beiden Geschlechtern nachgeahmt. Doch widerstanden die beiden bedeutendsten Höfe Deutschlands, der preußische unter Friedrich Wilhelm I., und der österreichische unter Maria Theresia. Zugleich war es in Deutschland, wo das Ideal der ritterlichen Minne seine Wiederherstellung erlebte durch eine völlige Zurückversetzung in die Tiefe seines philos. und religiösen Ursprungs. Vertreter dieses echten Ritterthums waren die deutschen Dichter, Klopstock an der Spitze. Als Bild zur Veranschaulichung ihres Menschheitsideals diente die deutsche Frau, deren Grundwesen mehr gemüthlich und häuslich-schlicht als witzig und geistreich ist, bei welcher daher im Gegensatze zur roman. Galanterie die Liebe und der Umgangston weit eher nach der entgegengesetzten Seite des Ernstes und der Empfindsamkeit, der innigen Sympathie und süßen Schwermuth herüberneigte, weshalb man die Klopstock'sche Periode unserer Literatur als die sentimentale zu bezeichnen liebt. Gerade diese Auswüchse und Unenthaltsamkeiten, welche von Lessing, Wieland, Goethe und Schiller vermieden und auf ihr richtiges Maß zurückgebracht wurden, charakterisiren aber am genauesten die Tiefe des german. Frauenideals, weil in ihnen gerade das überschwenglich zu Tage trag, was dort mangelte, nämlich an der Stelle der geistvollen Spiele des Witzes die Sprache des vollen Herzens, an der Stelle der zierlichen Heuchelei der Ausdruck einer vom Strome der innigsten Gefühle überwältigenden Rührung. Dieser Vertiefung des Ideals ist seitdem aber auch, wie es zur lebendigen geistigen Bewegung gehört, die reactionäre Gegenströmung einer sog. Emancipation der F. entgegengetreten, getragen von dem Grundirrthume, daß das Ideal der Menschheit die vollendete Einzelperson (der Mann) sei, die Frau ihre Ebenbürtigkeit daher nicht schon in sich selbst besitze, sondern erst durch eine möglichst große Annäherung an die eigenthümlichen Vorzüge des männlichen

Geschlechts zu erstreben habe. Von diesem Grundirrthum aus erhob sich schon im vorigen Jahrhundert die Frage, ob nicht die ganze sociale Stellung der F. durch eine andere Erziehung und durch eine größere Theilnahme derselben an öffentlichen Angelegenheiten wesentlich verbessert werden könne. Kräftig sprach dafür eine Engländerin, Mary Wollstonecraft, in der Schrift »Rettung der Rechte des Weibes« (deutsch von Salzmann, 2 Bde., Schnepfenthal 1793); einen gleichen Zweck verfolgte auch ihr späterer Gemahl Will. Godwin in seinem »Inquiry concerning political justice« (Lond. 1792) sowie der witzige Th. G. von Hippel in den Schriften »Über die Ehe« und »Über die bürgerliche Verbesserung der Weiber«. Im 19. Jahrh. fand dieses Streben nach Emancipation der F. besonders in den Saint-Simonisten und durch Schriftstellerinnen wie Madame Dudevant (George Sand) seine Vertreter. Vgl. Meiners, »Geschichte des weiblichen Geschlechts« (4 Thle., Hannov. 1799-1800); Laboulaye, »Recherches sur la condition civile et politique des femmes depuis les Romains jusqu'à nos jours« (Par. 1843); Weinhold, »Die deutschen F. im Mittelalter« (Wien 1851); Jung, »F. und Männer« (Königsb. 1847); Klemm, »Die F.« (5 Bde., Dresd. 1858).

Nr. 17

(Revisor), Gesetz-Revision-Pensum XV.
Motive zu dem vom Revisor vorgelegten Entwurf des Tit. 1,
Th. II des Allgemeinen Landrechts. Berlin 1830*

Einleitung

Die Preußische Gesetzgebung ist die erste gewesen, welche ein allgemeines Eherecht in dem Sinne aufgestellt hat, daß danach ohne Unterschied der kirchlichen Konfessionen gerichtet werden soll, was besonders bei den Ehehindernissen und der Scheidung von Folgen ist. Früher war es bei den Preußischen Gerichtshöfen streitig, ob dieser Unterschied zu berücksichtigen sey. Die gemeinrechtlichen Schriftsteller über die Ehe, welche in der Praxis Ansehn genießen, entscheiden sich für die bejahende Meinung. Auch die Westpreußische Regierungs-Instruktion schrieb noch vor (von 1773.), daß die Zulässigkeit der anderweitigen Verheirathung eines geschiedenen Katholiken von der Erlaubniß seiner geistlichen Obern abhängen solle, deren Ertheilung nur möglich ist, wenn sich nach Kanonischem Recht ein Grund zur Nullität der geschiedenen Ehe entdecken läßt.

Herr *v. Grolmann* erwiderte aber:

dies sey unerheblich; die zweite Ehe eines geschiedenen Katholiken sey allerdings gültig. Nach den Grundsätzen der wahren Toleranz erlaube man ihm, nach seiner Religion zu leben; man zwinge ihn nur nicht dazu. Die Gültigkeit der Ehe werde nach den Landesgesetzen beurtheilt; der katholische Geistliche habe darin nichts zu sagen, die Praxis des K. G. sey schwankend und unrichtig gewesen.

Dieser Meinung trat *Suarez* lediglich bei, und damit war die Frage von der Zulässigkeit eines allgemein gültigen Eherechts abgethan, da in jenen akatholischen Zeiten sich weiter keine Stimme dawider erhob.

Im Jahr 1799, bei den Konferenzen über das Westpreußische Provinzialgesetzbuch, wollte die dortige katholische Geistlichkeit die Verordnung der Westpr. Reg. Instr. wieder hergestellt wissen, weil das A. L. R. die Freiheit ihrer Kirche als einer mit*herrschenden* beeinträchtige. Die Regierung zu Marienwerder und die Gesetzkommission meinten aber, nach unserer Verfassung sey keine Religion mit dem Staate so innig verbunden, daß jede Abweichung von den Vorschriften derselben als Übertretung der Gesetze angesehen werden müsse. Auch würde dies Religionszwang herbeiziehen, und die Geistlichkeit wolle offenbar nur

---

* Auszüge aus der Einleitung (S. 1-8) und den Abschnitten a) *Von den Rechten und Pflichten der Eheleute* (S. 121-147), b) *Von der Trennung der Ehe* (S. 296-374), c) *Von den rechtlichen Folgen des unehelichen Beischlafs* (S. 478-502).

diesen, wenn sie die Unterstützung der bürgerlichen Gesetze für die Grundsätze der Kirche in Ansehung der Ehe auffordere. Dem Staate sey daran gelegen, daß die Ehen vervielfältigt würden; er könne daher keine Grundsätze annehmen, welche zur unregelmäßigen Befriedigung des Geschlechtstriebes führten, und es würde ins Harte ausarten, wenn Jemand auf seine ganze Lebenszeit das Unglück einer mißrathenen Ehe ertragen müßte, und nie ein glücklicheres Eheband schließen dürfte, ungeachtet sein Gewissen ihn nicht binde. In den *übrigen Provinzen sei schon vor dem Ehescheidungsedikt und dem A. L. R. hiernach verfahren und erkannt worden,* ohne daß deshalb eine moralische Verderbniß der Katholiken, welche die Geistlichkeit befürchte, oder eine Unzufriedenheit derselben wahrzunehmen gewesen wäre.

Diese Ansicht wurde von des Königs Majestät genehmigt, und nicht nur die Geistlichkeit durch ein Rescr. v. 15. März 1799. abschläglich beschieden, sondern auch unterm 10ten August desselben Jahres ein Circular des Staatsraths an die Süd- und Neu-Ostpreußischen Regierungen erlassen, worin katholischen Eheleuten nachgelassen wird, das Forum zu prorogiren, und sich beim weltlichen Gericht scheiden zu lassen, da dies schon bei gemischten Ehen statt finde, und die Kaiserliche Regierung in Galizien sogar die geistlichen Gerichte von der Kognition in Ehesachen ganz ausgeschlossen habe. (Circ. v. 10ten August 1779. u. Rescr. v. 18ten Oktober 1799.) Auch unter den Behörden, welche gegenwärtig Beiträge zu Revision geliefert haben, hat allein das O. L. G. zu Münster (vielleicht nur der Referent) die Meinung laut werden lassen,

daß das Kanonische Recht für die Katholiken wieder einzusetzen sey. (Gutachten aus Münster f. 3.) daß der einzige Weg, ein *christliches* Eherecht *wiederherzustellen,* der sey, daß man jede von beiden Konfessionen nach ihrem eignen Eherechte beurtheilen lasse.

Die Trennung der Kirchen bestehe doch einmal, und insofern beide Konfessionen mit gleichen *Rechten* leben sollten, müsse auch die Gesetzgebung sich darein schicken. Eine Unredlichkeit, die dem Gegentheile den mit vielem Blute erkauften Religionsfrieden verkümmern wollte, würde sich an dem Erneuerer des Zwistes furchtbar rächen. Die Gesetzgebung erkenne durch das Statuiren eines doppelten Eherechtes nur etwas an, was sie nicht ändern könne, und was faktisch fortbestehe, wenn sie es auch nicht anerkenne. Wie solle auch die Spaltung dadurch vergrößert werden, daß Religionsgesellschaften, die im Glauben und Gottesdienst geschieden seyen, nach ihrem besondern Rechte lebten; vielmehr müsse es Haß und Erbitterung selbst der Indifferenten erzeugen, wenn das Recht der einen Konfession der andern aufgedrungen würde.

Zum Schluß wird eine Stelle aus *Sommer's* Recht und Richtsteig der Preußischen Rheinlande (Dortmund 1817.) angeführt, worin dieser in Beziehung auf die Ehe sagt:

das sey volksthümlich gewesen, daß man das Kirchenrecht rezipirt gehabt, welches sich aus einer hohen Ansicht der Ehe gebildet, und ein *sanftes* Band der Völker des Abendlandes geworden sey.

Eine Natur-Ehe, wie sie die *Scheidekünstler* voraussetzten, existire gar nicht; sondern das Volk gehe eine christliche heilige Verbindung ein, und die Gesetzgebung müsse sich darauf beschränken, das was wirklich und wie es da sey, auszusprechen. Indem der Staat der Kirche entgegentrete, das erlaube, was sie gebiete, und verbiete, was sie gestatte, und die *Autonomie* und kirchliche *Freiheit* des Volkes *aufhebe,* huldige er dem in das innerste Leben der Staaten zerstörend eingreifenden Machiavellismus, der den Staat durch die Kraft und den Verstand regiere, als ob kein Christenthum, keine sittliche Weltordnung vorhanden sey. Werde hiernach die Religion nur als Zaum für den Pöbel und als Gewissenssache der Einzelnen betrachtet, wovon der Staat, seinen eignen Weg gehend, keine Notiz nehme, wie habe da noch irgend eine Autorität bestehn, wie der Bürger in einem solchen ungöttlichen und antichristlichen Staatsoberhaupte die wahre Majestät anerkennen können?

Es könne in demselben Reiche eben so gut ein protestantisches und katholisches Eherecht nebeneinander bestehen, wie verschiedene Provinzialgesetze. Die politische Einheit bestehe *in der Einheit der souverainen Gewalt,* nicht in der Einförmigkeit der Gesetze, und die Einheit des Nationalgeistes sey mehr in der Gleichheit der Gefühle, der gemeinsamen Vaterlandsliebe, als in der Einheit der Formen und Begriffe zu suchen. Vielmehr sey die möglichste Relativität und die Berücksichtigung aller Verhältnisse eines Volkes der Grundsatz, den keine Gesetzgebung ungestraft aus den Augen verlieren könne.

Man werde also auf die Einheit füglicher in lebendiger Mannigfaltigkeit und Freiheit, als in todter Einförmigkeit suchen. Allgemeine Staats-Ehe-Gesetzgebungen hätten ihm immer wie das Bett des Procrustes geschienen, worin die Fremden, wenn sie nicht hineinpaßten, gestreckt oder gekürzt wurden.

M. E. ist trotz diesen lebhaften Schilderungen dennoch unwidersprechlich einleuchtend, daß aus Gründen des Rechts keine Religionsparthei, als solche, über die bisherige Preuß. Ehegesetzgebung sich beschweren kann. Sie enthält nichts, wodurch irgend jemand *genöthigt* wäre, etwas zu thun oder zu erleiden, was seine Religion ihm zu thun oder zu leiden verböte. Sie verbietet nur nicht alles, was die katholische Kirche untersagt. Sie läßt mehr Freiheit. Wie kann aber jemand über Gewissenszwang klagen, weil *er* nicht *gezwungen* wird, nach seiner Religions-Überzeugung zu handeln, oder weil Andere nicht gewehrt wird, nach der ihrigen zu leben? Nur wenn eine solche Klage Sinn hätte, könnten die Vorwürfe vom Aufdringen *gewissenswidriger* Rechte, von Verkümmerung des Religionsfriedens, und von der Procrusteshaften Grausamkeit der Gesetze gegründet seyn.

Soll also von einer Rechtsverletzung geredet werden, so sind die

Einzelnen dabei gar nicht betheiligt. Die evangelische Kirche als juristische Person ist es eben so wenig; denn sie hat sich niemals gesetzgebende Gewalt angemaßt, sondern sich, namentlich in Ehesachen, dem Staate unterworfen. *Luther* schickt seiner Schrift von Ehesachen die ausdrückliche Protestation voran, daß er nicht als ein Rechtssprecher Offizial oder Regent, sondern rathsweise reden wolle. Es ist daher auch ein uneigentlicher Ausdruck, wenn immer von »*protestantischen*« Ehegesetzen gesprochen wird. Diese hat es nie gegeben, sondern nur Ehegesetze protestantischer Regierungen. Die einzige Person, die in ihren Rechten beeinträchtigt sein könnte, ist demnach die Röm. Kirche, die sich zugleich als politische Macht gerirt, und sich sogar die Befugniß beilegt, ihre Glaubensvorschriften in fremden Ländern als obrigkeitliche Gesetze zu handhaben. Ihre Sache ist es, nicht die Sache der angeblich bedrängten Gewissen, welche die Vertheidiger dieser Befugniß verfechten, damit die Röm. Kirche den bei uns verlornen Einfluß wiedergewinne.

Das Recht aber, ihre Gesetze auch in solchen Angelegenheiten geltend zu machen, welche der Landesherr nicht für kirchlich ansieht, kann sie nicht haben. Denn wenn es bloß von ihr abhinge, was dafür zu achten sey, so könnte sie die ganze Gesetzgebung an sich reißen, wenn es ihr einmal einfiele, dieselbe in Pausch und Bogen für eine Kirchenangelegenheit zu erklären.

Aus bloßen Rechtsgrundsätzen läßt sich also die Nothwendigkeit, das Päbstliche Eherecht wieder einzuführen, nicht herleiten, weil der einzigen Person, die darauf ein Recht zu haben behaupten könnte, ein solches Recht niemals zugestanden werden kann.

Die Frage ist nur, ob die Einführung politisch rathsam und wünschenswerth sey.

Es wird angeführt, daß durch den Zwiespalt zwischen Religion und Gesetzgebung entweder ein Ärgerniß der Gemüther, oder eine religiöse Lauigkeit entstehe. Der Staat müsse nicht dulden, daß jemand seiner Kirche, ohne sich öffentlich von ihr zu trennen, Trotz biete, weil der gegen alle positiven Religionen und jeden kirchlichen Verband ankämpfende Indifferentismus die bürgerliche Ordnung in ihrem innersten Lebenskeim bedrohe.

Allein dieser Vorwurf würde nicht bloß das Eherecht, sondern die gesammte Civil- und Kriminal-Gesetzgebung treffen. Sie zieht die Lehren der Religion als eine Sache der Herzen und Gewissen überhaupt nicht weiter in ihren Kreis, als sie sich zugleich auf rechtliche oder politische Grundsätze zurückführen lassen. Außerhalb derselben findet sich keine Handlung oder Unterlassung, wie dringend auch die Religion dazu auffordere, geboten oder verpönt. Aber darin liegt noch kein Zwiespalt zwischen Religion und Gesetzgebung, und es ist noch Niemand eingefallen, daraus Ärgerniß oder Irreligiösität herzuleiten. Auch hier wird der Ärger, welcher der Röm. Kirche aus der Gebrochenheit ihrer politischen

Macht erwächst, mit dem Ärgerniß der Gemüther verwechselt.

Der Sittlichkeit und Religion kann durch bürgerliche Gesetze nur negativ nachgeholfen werden; sie müssen nichts *fordern,* was jenen zuwider ist; aber die positive Beförderung ist die Sache wohlgetroffener Schul- und Kirchen-Einrichtungen.

In Beziehung auf die Ehe, wovon hier allein die Rede sein kann, bestätigt auch die Erfahrung nicht, daß in Ländern, wo die päbstlichen Dogmen als Gesetze gelten, das Verhältniß reiner und veredelter sey, als bei uns. Ich will mich hierüber nicht auf Italien berufen, wo man alles auf die Natur des Landes und Nationalcharakter schieben könnte. Aber man vergleiche unparteiische Reise-Berichte über Österreich und Baiern, die sich auf diesen Gegenstand einlassen, man erinnere sich des Urtheils, welches der Kaiser *Joseph* über seine eigene Residenzstadt fällte, und sage dann, ob solche Schilderungen auf den katholischen Theil der alt-preußischen Bevölkerung, und selbst auf die Rheinlande passen, welche seit vielen Jahren einer Gesetzgebung genießen, die alles Übersinnliche von der Ehe abgestreift hat.

Nur der Umstand bleibt noch zu erwägen, daß Katholiken, wenn sie die Gesetze ihrer Kirche brechen, und dafür exkommunizirt werden, ohne eine andere Konfession anzunehmen, aus aller Kirchengesellschaft ausscheiden. Der Kathol. Geistlichkeit das Exkommuniziren zu verbieten, wie der Ref. in Posen vorschlägt, also Handlungen von ihr zu erzwingen, die ihren Glaubensregeln zuwider sind, wäre gegen die ihrer Kirche garantirte Religionsfreiheit, oder ein Gewissenszwang, und ist also unstatthaft.

Allein da man zwischen zwei Übeln das kleinere wählen soll, so fragt sich, ob das Mittel, durch welches allein jenem Übel gründlich abgeholfen werden kann, nicht selber ein größeres sey.

Dies kann nämlich nicht durch eine halbe Maaßregel, durch theilweise Koncessionen geschehn, sondern die Gesetzgebung müßte sich mit der päbstlichen identifiziren, und im Voraus alles anerkennen, was diese etwa noch in Zukunft über die Ehe beschließen möchte; weil sonst der Riß immer wieder von neuem entstehen würde. Der Staat müßte sich über die Katholiken der legislativen Gewalt in Ehesachen entschlagen, und sie dem Pabst in die Hände legen.

Und so wäre denn über das wichtigste Verhältniß des Lebens, auf welchem die ganze bürgerliche Ordnung und die geistige Wohlfahrt des Volkes beruhet, eine vom Landesherrn unabhängige gesetzgebende Macht, eine Hierarchie neben der Königl. Gewalt, ein Staat in den Preußischen Staat mit einem einzigen Paragraphen unvermerkt eingeschwärzt.

Die Folgen, die daraus entspringen könnten, brauche ich nicht erst zu bezeichnen; sie würden aber ohne Zweifel verderblicher sein, als wenn etliche Katholiken sich wegen Übertretung päbstlicher Ehegesetze in den

Kirchenbann thun lassen, zumal da dergleichen Auswürflinge, wie man gegentheils selbst behauptet, nur wenige sind.

Die Scheidung von Tisch und Bett insbesondere kann eine vernünftige Gesetzgebung niemals sanctioniren.

»Denn solche Scheidung, sagt *Luther,* halten wir für nichts, ja für ein lauter Gespenst, den Seelen und Gewissen gefährlich. Was ist's für eine Ehe von Tisch und Bett geschieden sein, denn eine gemalte oder geträumte Ehe? Darum wer desselbigen Rechts brauchen will, der mag's thun, wir wollen's nach dem Gewissen nicht brauchen; denn damit ist's gar kein Nutz in Ehesachen gründlich und redlich zu handeln.«

Welch unerfreuliche Bewandniß es mit den kanonischen verbotenen Graden habe, wird sich unten aus der historischen Darstellung derselben ergeben. *Luther* wendet auch hier den Spruch an:

»Gebet dem Kaiser, was des Kaisers ist, und Gotte was Gottes ist. Denn, sagt er, weil das Kaiserliche Recht sich der Ehesachen, als eines weltlichen Handels, angenommen, so sollte mein lieber Pabst dasselbige haben fein so bleiben lassen, und nicht in ein fremd Amt gegriffen haben. Das heißt mit Gewalt geraubt und genommen.«

Aus diesen Gründen habe ich mich nicht entschließen können, das einmal gewonnene Terrain wieder aufzugeben, und ein doppeltes Eherecht zuzulassen.

Die schlimme Alternative, daß dasselbe alsdann nothwendig ein unchristliches sein müsse, hat man darum nicht zu fürchten. Denn die Ehe ist so wenig das Werk irgend einer positiven Religion als der Gesetzgebung, sondern so alt als die Vernunft, oder gleich bei Erschaffung der ersten Menschen eingesetzt. Religion und Gesetzgebung können nichts als sie entwickeln; aber beide haben dabei eine verschiedene Thätigkeit. Jene soll das Verhältniß veredeln und heiligen, diese hat aus der so geläuterten Ansicht desselben seinen äußern Bedingungen und Folgen nach dem Rechtsgesetz zu bestimmen.

Dieser Grundsatz hat mir bei der Revision zur Richtschnur gedient.

Zur Revision des Familien- oder Personen-Rechts.
a) Von den Rechten und Pflichten der Eheleute, in Beziehung auf ihre Personen.

Gemeinschaftliche Rechte und Pflichten der Eheleute.

§ 173. Die Rechte und Pflichten der Eheleute nehmen sogleich nach vollzogener Trauung ihren Anfang.

§ 174. Eheleute sind schuldig, sich in allen Vorfallenheiten nach ihren Kräften wechselseitigen Beistand zu leisten.

§ 175. Sie müssen vereint mit einander leben, und dürfen ihre Verbindung eigenmächtig nicht aufheben.

§ 176. Auch wegen Widerwärtigkeiten dürfen sie einander nicht verlassen.

§ 177. Öffentliche Geschäfte, dringende Privatangelegenheiten, und Gesundheits-Reisen, entschuldigen die Abwesenheit.

§ 178. Eheleute dürfen einander die eheliche Pflicht anhaltend nicht versagen.

§ 179. Wenn deren Leistung der Gesundheit des einen oder des andern Ehegatten nachtheilig sein würde, kann sie nicht gefordert werden.

§ 180. Auch säugende Ehefrauen verweigern die Beiwohnung mit Recht.

§ 181. Zur ehelichen Treue sind beide Ehegatten wechselseitig verpflichtet.

§ 182. Die Verletzung derselben von Seiten des einen Ehegatten berechtigt den andern nicht zu gleichen Vergehungen.

§ 183. Auch Handlungen, welche den Verdacht einer solchen Verletzung erregen könnten, müssen vermieden werden.

Rechte und Pflichten des Mannes,

§ 184. Der Mann ist das Haupt der ehelichen Gesellschaft; und sein Entschluß giebt in gemeinschaftlichen Angelegenheiten den Ausschlag.

§ 185. Er ist verbunden, seiner Frau standesmäßigen Unterhalt zu gewähren.

§ 186. Mit dem nothdürftigen Unterhalte muß sie sich begnügen, wenn ihr der Mann den standesmäßigen nicht verschaffen kann.

§ 187. Zum Unterhalte der Frau gehören auch die sie betreffenden Cur- und Prozeßkosten. (§ 229. 230).

§ 188. Der Mann ist schuldig und befugt, die Person, die Ehre, und das Vermögen seiner Frau, in und außer Gerichten zu vertheidigen.

§ 189. In der Regel kann daher die Frau, ohne Zuziehung und Einwilligung des Mannes, mit Andern keine Prozesse führen.

§ 190. Auch gegen angestellte Injurienklagen ist der Mann die Frau auf seine Kosten zu vertheidigen schuldig.

§ 191. Bei Criminal-Untersuchungen gegen die Frau bleibt der unschuldige Mann von Tragung der Kosten aus eigenen Mitteln in so fern frei, als das von der Frau begangene Verbrechen ihn auf Ehescheidung anzutragen berechtigt.

der Frau.

§ 192. Die Frau überkömmt durch eine Ehe zur rechten Hand den Namen des Mannes.

§ 193. Sie nimmt Theil an den Rechten seines Standes, so weit dieselben nicht allein an seine Person gebunden sind.

§ 194. Sie ist schuldig, dem Hauswesen des Mannes nach dessen Stande und Range vorzustehen.

§ 195. Wider den Willen des Mannes darf sie für sich selbst kein besonderes Gewerbe treiben.

§ 196. Ohne des Mannes Einwilligung kann die Frau keine Verbindung eingehen, wodurch die Rechte auf ihre Person gekränkt werden.

§ 197. Der Mann kann aber auch, ohne die Einwilligung der Frau, keine Verbindung treffen, wodurch ihre Person einem Dritten verhaftet wird.

§ 198. In allen Fällen, wo die Frau in stehender Ehe zu etwas, wozu sie die Gesetze nicht verpflichten, dem Manne, oder zu dessen Vortheil, verbindlich gemacht werden soll, muß der Vertrag, oder die Verhandlung, gerichtlich vollzogen werden.

§ 199. Aus bloßen außergerichtlichen Verträgen zwischen dem Manne und der Frau können daher für die Letztere zwar Befugnisse, aber keine Verbindlichkeiten entstehen.

§ 200. Auch bei gerichtlichen Verhandlungen der Frau mit dem Manne ist die Zuziehung eines entweder selbst gewählten, oder von dem Richter ernannten Beistandes für Erstere erforderlich.

§ 201. Doch muß der Richter zugleich selbst von Amtswegen darauf sehen, daß die Frau bei solchen Verhandlungen nicht übereilt oder hintergangen werde.

§ 202. Wenn der Mann sich entfernt hat, ohne wegen Besorgung seiner Angelegenheiten Verfügungen zu treffen, und sein Aufenthalt unbekannt ist, so ist die Frau berechtigt, Alles zu thun, was zu einer ordentlichen und gewöhnlichen Vermögensverwaltung erforderlich ist.

§ 203. Ein Gleiches findet wegen solcher Geschäfte, wo Gefahr im Verzuge ist, auch alsdann statt, wenn der Aufenthalt des Mannes zwar bekannt, aber so entfernt ist, daß seine Willensmeinung darüber nicht eingeholt werden kann.*

Der § 173. könnte auf den ersten Anblick müßig scheinen, da schon im vorigen Abschnitt bestimmt ist, daß die Ehe durch die Trauung vollzogen werde, und es sich von selbst versteht, daß die Rechte und Pflichten der Ehe nicht früher und nicht später anfangen können, als die Ehe selber.

Indessen hat er offenbar zur Absicht, die ascensio thalami abzuschaffen, worüber in Sachsen z. B. noch jetzt die skandalösesten Prozesse entstehen, und deshalb würde ich ihn beibehalten. Die dem alten deutschen Recht namentlich dem Sachsenspiegel, eigenthümliche rohere Ansicht, daß körperliche Vereinigung zur Konsummirung der Ehe gehöre, ist übrigens auch dem Röm. Recht fremd. Nuptias non concubitus, sed consensus facit.

Die nun folgenden Vorschriften betreffen theils das rein persönliche Verhältniß der Ehegatten zu einander,

* Die Paragraphen wurden hier zum besseren Verständnis des folgenden Textes eingefügt.

z. B. daß sie einander beistehen, sich die sogenannte eheliche Pflicht nicht versagen, und sich gegenseitig treu seyn sollen,

theils zu dritten Personen,

z. B. daß der Mann der Vertreter der Frau im bürgerlichen Leben werde, daß sie seinen Stand und Namen erhalte,

theils allgemeine Folgen dieses persönl. Verhältnisses in Beziehung auf Vermögen, z. B. die Alimentationspflicht des Mannes, die Fähigkeit der Frau, sich zu obligiren etc.

Von den Vorschriften der ersten Art sind diejenigen, welche das Regulativ über den Beischlaf enthalten, §§ 178-180., von mehrern Seiten als unschicklich und überflüssig angefochten worden; auch der § 183.,

wonach Handlungen, welche nur den Verdacht ehelicher Untreue erwecken, vermieden werden sollen,

führe entweder zu weit, wenn nämlich ein Klagerecht darauf sollte gegründet werden können, oder er sey ganz unpraktisch.

Es fragt sich aber, ob überhaupt Gesetze über das persönl. Verhältniß der Ehegatten zu einander zweckmäßig sind.

Der Prof. *Hasse* sagt in einem seiner Aufsätze zur Revision des ehelichen Güterrechts, das positive Recht könne zwar allerdings dazu mitwirken, das eheliche Verhältniß edler zu entwickeln, und Verunreinigung davon zu entfernen suchen, wohin z. B. im Röm. Recht das Verbot der Schenkungen unter Ehegatten gehöre.

»Aber niemals dürfe es vergessen werden, daß das Verhältniß sich hauptsächlich aus sich selbst entwickeln müsse, und alle zudringliche Einwirkung in dieses zarte, freieste und nothwendigste Naturverhältniß zugleich könne nur verderben, bei dem besten Willen zu helfen; daher während die Sitten noch einfach und natürlich rein sind, das Verhältniß trefflich bestehe, bei gänzlichem Schweigen des Gesetzes darüber und einem fast gänzlichen Mangel an Gerichtszwang in Hinsicht desselben, wogegen bei allgemein verderbter Sitte kein Gesetz es retten könne. –

Das Wesen der Ehe erfordere es, die Pflichten so viel als möglich frei zu erhalten, und nur das Vermögen sey das medium, wodurch hauptsächlich das Recht auf die Ehe einwirke.«

Von dieser Ansicht gehen auch alle Stellen des Röm. Rechts aus, welche das rein persönl. Verhältniß der Ehegatten berühren. Überall verräth der Ausdruck, daß hier an keine gesetzliche Vorschrift zu denken ist, sondern daß dadurch nur etwas faktisches, wie es allerdings der Ehe gemäß ist, als Grund juristischer Folgen behandelt wird, und selbst im Kanonischen Recht kommt dergleichen nicht dispositive, sondern nur voraussetzungsweise und in der Anwendung vor.

Die Naturgemäßheit dieser Ansicht hat auch *Fichte* in seiner Rechtslehre dargethan. Denn die Ehe ist überhaupt kein juristisches, sondern ein natürliches und moralisches Verhältniß der Herzen, folglich sind die daraus entspringenden persönlichen Pflichten bloß nothwendige natürliche Folgen der freien Vereinigung, welche schon faktisch als vorhanden vorausgesetzt werden müssen; auch sind diese Pflichten so mannigfaltig, ja unendlich, daß die Gesetze sie niemals erschöpfen, sondern nur, wie auch im A. L. R. geschehen, ganz im Groben arbeiten können.

Die neuern Gesetzgebungen (denn auch der Code Napol. und das Österr. Gesetzbuch enthalten dergleichen Imperative für die Eheleute (Code Nap. art. 212. seq. Österr. G. B. § 90. seq.), wiewohl mit weniger Detail) sind wahrscheinlich durch die Darstellungsweise der Kompendien verleitet worden, welche gewohnt waren, aus den konkreten Anwendungen von Grundsätzen auch in dieser Materie allgemeine legale Dispositionen zu abstrahiren.

Einen andern Grund könnte man zwar auch darin suchen, daß die Beurtheilung der *Ehescheidungsgründe* solche Dispositionen erfordere, weil die Verletzungen ehelicher Pflichten nicht bestimmt werden können, wenn die Pflichten nicht selbst gehörig begrenzt sind.

Die Römer nämlich hielten dafür, die Ehe müsse in ihrer Fortsetzung, wie in ihrer Entstehung frei seyn. Daher war auch einseitige Scheidung durchaus erlaubt, und nur durch Vermögensstrafen später erschwert.

Bei uns ist die Scheidung nicht mehr bloße Privatsache, sondern der Staat als solcher, oder die Kirche, maßt sich darüber ein Urtheil an. Es bedarf also der Vorschriften für den Richter, wegen welcher Pflichtverletzungen er die Scheidung gestatten soll.

Daher nimmt auch der Korreferent in Magdeburg das Regulativ über den Beischlaf in Schutz,

weil daraus zu erkennen sey, in wiefern die Verweigerung desselben als halsstarrig und folglich als Ehescheidungsgrund anzusehen sey oder nicht.

Allein alles dieses gehört recht eigentlich in die Vorschriften über Ehescheidungen, wo ich wieder darauf zurückkommen werde. Dort können dergleichen aus der Natur der Ehe fließende moralische Grundsätze nicht nur durch die Anwendung klarer gemacht werden, sondern sie verlieren dann auch die anstößige Form.

In dieser Form sind sie aber auch praktisch ganz überflüssig, da niemals eine Klage auf Erfüllung solcher Pflichten, sondern nur eine Klage auf Scheidung wegen Verletzung derselben statt findet.

Überdem sagen die von dem Korreferenten in Magdeburg in Schutz genommenen §§. nicht, was sie unter *anhaltender* Versagung der ehelichen Pflicht verstehen; und die Vorschrift, daß säugende Ehefrauen die Beiwohnung mit Recht verweigern (§ 180.), neutralisirt sich dadurch, daß der Mann bestimmen kann, wie lange die Frau säugen soll. (Tit. 2. § 68.)

Überhaupt sind alle vorliegenden Vorschriften über die persönlichen Rechte und Pflichten der Ehegatten, wie der erste Überblick lehrt, unzureichend für die Beurtheilung der Ehescheidungsgründe, und sie werden dort implicite noch einmal ausführlicher durchgearbeitet.

So ist m. E. theoretisch und praktisch dargethan, daß es überflüssig und unschicklich sey, sie hier im Eingange aufzustellen.

Ich würde daher nicht nur die angefochtenen Stellen, sondern sämmtliche §§. von 174. bis 183. incl. weglassen.

Sollen sie aber gegen meinen Antrag beibehalten werden, so würde ich zwar die von dem Referenten in Magdeburg aufgeworfenen Fragen,

was eine anhaltende Versagung der ehelichen Pflicht sey, und wie lange das Säugen dauern solle, *hier* nicht beantworten,

wohl aber den höchst unschicklichen Ausdruck *»eheliche Pflicht«* (als ob es keine andern ehelichen Pflichten gäbe!) hier, so wie überall wo er vorkommt, in den Ausdruck: *»eheliche Beiwohnung«* verwandeln.

Sonst finde ich in specie gegen diese §§., welche überhaupt aller praktischen Anwendung entbehren, nichts zu erinnern.

Übrigens versteht es sich nach obigen Grundsätzen von selbst, daß ich es auch für unpassend halte, den Inhalt des Rescr. v. 28sten Januar 1812. J. B. I. 30., welches die Vorstellung von einem dem Manne zustehenden Züchtigungsrecht gebührend abgefertigt, was *Suarez* absichtlich mit Stillschweigen überging, ausdrücklich zu berücksichtigen.

§ 184. Der Mann ist das Haupt der ehelichen Gesellschaft und sein Entschluß giebt in gemeinschaftlichen Familienangelegenheiten den Ausschlag.

Hiebei bemerkt ein Referent in Magdeburg, »dergleichen Erläuterungsparagraphen seien nach dem Willen des Gesetzgebers von der größten Wichtigkeit für die Preußische Jurisprudenz, da sie theils allgemeine Sätze theils Definitionen enthielten, um den Geist des Gesetzes zu erkennen, und richtige Analogien zu finden. Sie sollten daher nicht in der Paragraphenfolge fortlaufen, und ihre Fassung verdiene eine besondre Aufmerksamkeit hinsichts richtiger Definitionen und Bestimmtheit der Begriffe, um ihre Brauchbarkeit zu finden.«

Ich habe aber aller Mühe ungeachtet nicht verstanden, wo der Verfasser hinaus will, und was er hier eigentlich tadelt.

M. E. ist die Unterordnung der Frau unter den Mann, insofern bloß von dem wechselseitigen Verhältnis der Eheleute unter sich die Rede ist, nach den eben entwickelten Grundsätzen gar nicht gesetzlich zu gebieten.

Denn sie ist eine natürliche aus dem Wesen der Ehe von selbst nothwendig entspringende, welche der Gesetzgeber als ein vor allen Gesetzen vorher gegebenes Faktum schon vorfindet. Sie zum Objekt eines Zwangsrechts zu machen ist aber auch unrichtig; denn sie beruht lediglich auf dem freien durch die eheliche Liebe bedingten Willen der Frau.

Juristisch folgt daraus nur so viel, daß diese Unterordnung überall wo eine Ehe geschlossen wird, vorausgesetzt werden muß, und daß also in bürgerlichen Angelegenheiten Niemand mit der Frau unmittelbar und allein verhandeln kann, indem sie zufolge ihres eignen durch Anerkennung der Ehe vom Staat garantirten Willens die Ausübung aller ihrer

Gerechtsame dem Mann übertragen hat.

Diese juristische Folge jener keinesweges juristischen Unterwerfung, wird vor allen Dingen festgesetzt werden müssen.

Die Verwickelung der Vermögensverhältnisse, namentlich das vorbehaltene Vermögen der Frau, hat freilich den Gesetzgeber zu Ausnahmen von dieser Regel genöthigt; indessen wird es genügen, dieses hier nur im Allgemeinen zu erwähnen.

Hienach schlage ich anstatt des § 184. folgenden vor:

Durch die Vollziehung der Ehe erhält der Mann die ausschließliche Befugniß und Verpflichtung, die Frau in allen Angelegenheiten des bürgerlichen Lebens, wo die Gesetze keine ausdrückliche Ausnahme vorschreiben, in und außer Gerichten zu vertreten.

Dadurch werden zugleich die §§ 188-189., die ich deshalb hier vorausnehme,

der Mann ist schuldig und befugt, die Person, die Ehre und das Vermögen seiner Frau in und außer Gerichten zu vertheidigen. In *der Regel* kann daher die Frau ohne Zuziehung des Mannes mit Andern keine Prozesse führen

überflüssig. Auch ist von Prozessen insbesondre durch die Allg. Gerichtsordnung genauer bestimmt, in welchen Fällen beide Eheleute, oder einer von beiden allein zuzuziehen sind.

§ 202. Wenn der Mann sich entfernt hat, ohne wegen Besorgung seiner Angelegenheiten Verfügungen zu treffen, und sein Aufenthalt unbekannt ist, so ist die Frau berechtigt, alles zu thun, was zu einer ordentlichen und gewöhnlichen Vermögensverwaltung erforderlich ist. (Also z. B. Zinsen zu erheben, Wohnungen zu vermiethen etc.)

Der Ref. beim Kammergericht meint, hier bleibe es zweifelhaft, ob der Aufenthalt des Mannes bloß dem Richter, oder demjenigen, welcher mit der Frau Geschäfte schließen will, oder ob er auch der Frau unbekannt seyn müsse, und eventual., wie diese Unbekanntschaft festgestellt werden müsse. Vielleicht werde es daher besser seyn, diesen Zusatz ganz wegzulassen.

Dieser Antrag wird dadurch unterstützt, daß der § 326., der hiemit korrespondirt, nicht erfordert, daß der Aufenthalt des Mannes unbekannt sey.

Danach würde freilich, auch jede Reise des Mannes, die Frau zu solchen Verfügungen berechtigen, folglich der § 203. d. T. ganz wegfallen müssen, welcher in diesem Falle die Frau nur zu Verfügungen *von dringender Eil* ermächtigt.

Allein es dürfte wohl keine Ungerechtigkeit darin liegen, der Frau ein allgemeines mandatum praesumtum zur *gewöhnlichen* Verwaltung beizulegen, wenn der Mann verreist, ohne wegen seiner Angelegenheiten Verfügungen zu treffen.

Der Zusatz, wenn der Aufenthalt des Mannes unbekannt ist, verwickelt in unauflösliche Schwierigkeiten, die bei der Redaction nicht erwogen sind; denn wenn man auch feststellen wollte, daß der Aufenthalt nicht blos der Frau, sondern auch dem Dritten unbekannt gewesen seyn müsse, um ein von ihm mit der Frau abgemachtes Geschäft für gültig zu erklären, so läßt sich doch die Frage nicht füglich auf Beweis stellen, ob jemandem etwas unbekannt gewesen sey. Wenigstens dürfte dies in vielen Fällen sehr schwer zu ermitteln seyn.

Aus diesen Rücksichten habe ich dem Vorschlage des Kammergerichts gemäß, die Worte: »und sein Aufenthalt unbekannt ist« weggelassen, wodurch sodann der § 203. von selbst wegfällt.

Der Ref. beim Kammergericht hält es ferner für wünschenswerth, den Schluß des § 202. genauer zu fassen, und namentlich auszusprechen,

daß die Frau in solchem Fall nicht nur Zinsen, sondern selbst kleine Kapitalien bis zu einer gewissen Höhe erheben dürfe,

da häufig Leute niedern Standes ihre Frauen in größter Dürftigkeit sich selbst überließen.

Allein in solchen Fällen werden wohl selten Kapitalien zu erheben seyn, und welchen Maaßstab sollte man annehmen, um die Höhe der Kapitalien allgemein festzustellen? die Befugniß zur Zinsenerhebung aber ist deutlich im Gesetz enthalten. Im übrigen ist zwar der Ausdruck: *ordentliche und gewöhnliche Verwaltung* etwas schwankend; indessen lassen sich darüber unmöglich bestimmtere allgemeine Vorschriften geben.

Von den Rechten und Pflichten der Eheleute in Beziehung auf ihr Vermögen.

§ 205. Durch Vollziehung der Ehe geht das Vermögen der Frau in die Verwaltung des Mannes über; in so fern diese Verwaltung der Frau durch Gesetze oder Verträge nicht ausdrücklich vorbehalten worden.

Da die Theorie, welche das A. L. R. in diesem Abschnitt aufgestellt hat, aus einer Vermischung des Röm. Rechts mit dem germanischen hervorgegangen ist, so wird zu ihrem bessern Verständniß eine abgesonderte kurze Betrachtung beider Elemente vorangehen müssen.

Der Natur der Sache nach sind zwei Extreme möglich.

Entweder wird das ganze Vermögen der Frau dem Mann ipso jure in die Hand gegeben, so daß also die Lasten der Ehe auf dem beiderseitigen Vermögen ruhen; oder es wird dem Mann allein zugemuthet, dieselben zu tragen, wenn die Frau nicht freiwillig einen Beitrag dazu liefert, so daß also beider Vermögen gesetzlich ganz gesondert bleibt.

Zwischen beiden Extremen lassen sich eine Menge Mittelzustände denken, wie sie in den deutschen Partikulargesetzen vorkommen; allein das Röm. Recht kannte nur die beiden Extreme.

Das erste trat ein bei der Ehe mit conventio in manum, die als ein

Analogon von väterlicher Gewalt des Mannes über die Frau, gleich der arrogatio eine successio per universitatem bewirkte, und den Mann durch Einverleibung des Vermögens der Frau in das seinige zum alleinigen Herrn des Ganzen machte.

Dies war jedoch auch im Röm. Recht längst Antiquität geworden, und seitdem galt nun ausschließlich das zweite Extrem, das *Dotalrecht*.

Beide Vermögen bleiben ganz geschieden, und die Lasten der Ehe treffen allein den Mann.

Nur was die Frau durch einen ganz bestimmten Akt freiwillig zur Bestreitung der ehelichen Lasten zu Hülfe giebt, geht in das Eigenthum des Mannes über, mit der obligatio zur Erstattung nach getrennter Ehe. Die Substanz sollte erhalten werden, damit die Frau nach getrennter Ehe nicht Noth litte. Dies ist dos. Durch Vertrag konnte in den rechtlichen Wirkungen der dos nichts geändert werden.

In Hinsicht alles übrigen Vermögens, das nicht speziell in dotem gegeben war, (parapherna) verhielt sich die Frau zum Mann *juristisch* wie zu jedem Dritten.

Faktisch freilich ganz anders, wo eine wahre Ehe existirte, aber die Römer haben dieses bei der freien Ehe (ohne conventio in manum) nicht unter Zwangsgesetze gestellt.

Daraus folgt

1) daß auch der Erwerb der Frau keineswegs dem Manne gehörte, wenn sie nicht etwa in seinem Dienste oder Erwerbe beschäftigt war,

2) daß der Unterschied zwischen Rezeptitien (dem ausdrücklichen Vorbehalt) und den Paraphernen, welcher erst durch Vermischung mit dem deutschen Recht herbeigeführt worden, dem Röm. Recht fremd war,

3) daß die Meinungen älterer Rechtslehrer, als ob die Präsumtion für die Dotaleigenschaft streite; als ob auch die Sachen extra dotem, die Parapherna, ipso jure dem gemeinsamen Gebrauch unterworfen gewesen wären, wenn sie nicht ausdrücklich ausgeschlossen, i. e. zu Rezeptitien gemacht wurden, (welches auf einer Verwechslung des faktischen mit dem juristischen beruhte) und als ob die *Frau* zur Bestellung einer dos verbunden gewesen wäre,

nach Röm. Recht ungegründet sind.

(cf. das Güterrecht der Ehegatten von *Hasse*. Berlin 1824.)

Im alten germanischen Recht galt dagegen das entgegengesetzte Extrem.

Auch die Deutschen dachten sich, wie die Römer, bei der Ehe eine idealische Einheit des Lebens und der Schicksale.

Mann und Weib, die recht und redlich zur Ehe gekommen, da ist nicht Zweiung an; es ist nicht denn *ein* Leib und Leben. (Schwabenspiegel.)

Diese Einheit sollte sich auch juristisch im Vermögen zeigen, wie bei der Röm. Ehe mit conventio in manum, nur einfacher und natürlicher, als durch jene künstliche Universalsuccession.

Die Deutschen gingen von dem Schutzverhältniß des Mannes zur Frau aus, im Sachsenspiegel *Vormundschaft,* im *Schwabenspiegel* Voigtschaft genannt.

Die Frau unterwirft dem Manne ihre Person, also auch all ihr Gut; zwar nicht die Rechte selbst, wie bei der zuerst im Lübischen Stadtrecht ausgebildeten eigentlichen Gütergemeinschaft, bei welcher beide Ehegatten in Beziehung auf ihr Vermögen als *eine* moralische Person angesehen werden, aber sie kommen in das Hand des Mannes zur freien Verfügung, nach aufgelöster Ehe erhielt jeder das seinige, so viel noch da war, und der Erwerb wurde nach einem gewissen, nicht überall gleich bestimmten Verhältniß getheilt.

Mann und Frau haben nicht gezweit Gut *bei ihrem Leben.* (Sachsenspiegel)

Mann und Frau sollen *leben* von ihrer beider Gut, etc.

Durch Vertrag konnte hierin nichts geändert werden. Der Einfachheit jener Zeiten war es gemäß, dasjenige schlechthin gesetzlich zu sanctioniren, was sich in der Sitte, als ob es gar nicht anders seyn könne, von selbst bildete. (Skizze des deutschen Güterrechts der Ehegatten von *Hasse* in *Savigny's* Zeitschrift. Bd. IV. Hft. 1.) Diese deutsche Rechtssitte zeigte sich nun zur Zeit der Abfassung des A. L. R., und sie zeigt sich jetzt noch immer. Daher wollte das recipirte Röm. Dotalrecht, das grade von dem allerentgegengesetztesten Prinzip ausging, niemals recht passen, so sehr man es auch durch jene falschen Interpretationen, durch Präsumtionen pro dote, juristische Unterordnung der Paraphernen unter den Mann etc., durch welche die Röm. Dos mit der germanischen Unterwerfung des weiblichen Vermögens unter den Mann möglichst identifiziert werden sollte, anzupassen gesucht hatte.

Dazu kam, daß dagegen andere Rechtslehrer es im Widerspruch mit der Volkssitte dennoch als einen Satz des recipirten geschriebenen Rechts fortwährend gelten ließen,

daß die Illation* bewiesen werden müsse,

ein Widerspruch, der nur durch eine andere Inconsequenz, nämlich durch willkürliche Erleichterung des Beweises der Illation und oft ganz unbegründete Suppletoria ausgeglichen zu werden pflegte.

Obgleich nun die Materialien nicht ergeben, daß man sich des historischen Grundes dieser Übel bewußt gewesen wäre, so hat sie *Suarez* doch praktisch eingesehen. Denn er sagt in seinen Bemerkungen über die monita der Gesetzkommission zum 1sten schriftlichen Entwurf:

Nach den bisherigen Rechten mußte das factum illationis bewiesen werden, und in manchen Fällen, z. E. contra creditores, galt nicht einmal die Quittung des mariti. Nach unsern Sitten und Gewohnheiten aber ist es wohl gewiß praesumtionis, daß die Frau, welche Vermögen hat, solches

---

* Einbringung des Frauengutes.

marito inferire, und qualitas receptitia hat die Vermuthung wider sich. Dieses principium würde gewiß viele Prozesse und noch mehr unnütze suppletoria coupiren.

Von diesem deutschen Prinzip ist nun auch das A. L. R. wirklich ausgegangen.

§ 206. d. T. Zum gesetzlich vorbehaltenen Vermögen gehört, was nach seiner Beschaffenheit zum Gebrauche der Frau gewidmet ist.

Diese Abstraktion hält *Hasse* für höchst unbestimmt und unzuverlässig. Die Römer hätten in solchen Fällen, wo Sachen ein besonderes Recht haben, das Einzelne aufgerechnet, z. B. die res mancipi, und eben so die alten deutschen Statuten, z. B. der Sachsenspiegel die Gerade u. s. w. Sey das den Verfassern des A. L. R. zu roh vorgekommen, so sey doch dem Richter besser damit gedient.

Auch *Suarez* äußerte bei der Revision der monita zum ersten schriftlichen Entwurf,

ob es nicht zweckmäßig sey, den Begriff durch einige Beispiele, Schmuck, Kleidung, Putz, Leibwäsche etc. zu erläutern.

Allein bloße Beispiele sind, wenn der Begriffe bestimmt genug bezeichnet wird, m. E. unnöthig, und Vollständigkeit scheint mir unmöglich. Denn wie weit soll das Detail gehen? Soll man das ganze Inventarium einer Galanterie- und Modehandlung in den §. aufnehmen? Wohl nicht! Also doch wieder Abstraktionen, wodurch man um nichts gebessert ist. Überdem kann die Industrie stets neue Gegenstände des Luxus erzeugen, auf welche der Begriff des gesetzlichen Vorbehalts paßt, und endlich ist es auch kein großes Unglück, wenn einmal der Richter eine Toilette, eine Schminkbüchse u. s. w., weil auch manche Männer dergleichen gebrauchen, als eingebracht, ein anderer aber als vorbehalten ansieht.

Dagegen stand in allen Entwürfen das Prädikat: zum *alleinigen Gebrauch der Frau, und Hr. v. Grolmann* hatte sogar ein monitum damit widerlegt. Ein Monent fragte nämlich,

ob auch Betten, Leinwand, Küchengeräth etc. gesetzlich vorbehalten sey,

und Hr. *v. Grolmann* antwortete kurz:

sind nicht zum *alleinigen* Gebrauch der Frau.

Offenbar ist aber das Wort durch ein bloßes Versehen ausgeblieben; denn es fehlt erst im Konzept zum Gesetzbuch, welches nach dem von *Suarez* Hand geschriebenen umgearbeiteten Entwurf, nachdem derselbe nochmals revidirt, hierin aber keineswegs abgeändert war, von einem Kopisten abgeschrieben ist.

Daher trete ich dem eventuellen Antrage des Professor *Hasse*, wenigstens durch Einschaltung dieses Prädikats den Entwurf wieder herzustellen,

unbedenklich bei.

Schlosser hielt zwar auch den Entwurf nicht für üblich. Namentlich frage es sich,

ob die Beschaffenheit der Form, oder des Materials gemeint sey.

Dem Material nach könne der Mann auch von Weiberkleidern, oder wenigstens von Stoffen dazu, Gebrauch machen; der Form nach aber wären *zerbrochene* Haarnadeln, Armbänder, Halsbänder u. s. w. ebenfalls nicht mehr gesetzlicher Vorbehalt. (*Schlosser's* Briefe S. 291.)

Allein es ist klar, daß man auf die Beschaffenheit und Bestimmung des Ganzen sehen muß, da eben zwischen Materie und Form nicht unterschieden wird, und ich sehe nicht ein, wie man deutlicher reden könnte.

Auch ist praktisch dagegen kein Zweifel angeregt worden; ich würde es daher bei dem vorgeschlagenen bloßen Zusatz des im Entwurf stehenden Prädikats bewenden lassen.

So weit die deklaratorischen Bemerkungen.

Schlosser ist aber auch überhaupt gegen den gesetzlichen Vorbehalt. Nach gemeinrechtlicher Praxis würde, da bona receptitia überhaupt dem Röm. Recht unbekannt wären, kein Vorbehalt angenommen, als durch ausdrücklichen Vertrag. Er finde keinen Grund, weshalb dieser Vorbehalt gesetzlich gemacht worden.

Allein die gemeinrechtliche Praxis beruht auf der schon oben erwähnten Verdrehung des Röm. Rechts, wodurch dasselbe der entgegengesetzten deutschen Rechtssitte angepaßt wurde.

Nachdem man sich aber einmal von dem Röm. Prinzip,

wonach dos nur durch ausdrücklichen Vertrag entstehen konnte, ganz losgemacht, und dafür die deutsche Rechtssitte,

daß alles Vermögen der Frau dem Manne ipsi jure unterworfen werde, gesetzlich sanktionirt hatte, so war es natürlich, hievon wenigstens diejenigen Sachen der Frau auszunehmen, welche sie für sich allein gebraucht, und woran daher ein vollständiger Nießbrauch des Mannes nicht wohl denkbar ist.

Wenn also auch in den Materialien, weil damals kein ähnliches monitum aufgestellt wurde, kein Grund dafür angegeben ist, so liegt er doch in der Natur der Sache.

§ 208. Was außerdem vorbehaltenes Vermögen seyn soll, muß durch Verträge dazu ausdrücklich bestimmt werden.

§ 210. Was weder durch solche Verträge, noch vermöge des Gesetzes der Frau vorbehalten ist, hat die Eigenschaft des Eingebrachten.

In den §§ 208-210. d. T. wird das Prinzip, daß Illation die Regel sey, noch weiter entwickelt, jedoch, gegen das ursprüngliche deutsche Recht, volle Vertragsfreiheit nachgegeben.

Zwar hatte man anfänglich das Bedenken, ob der vertragsmäßige Vorbehalt nicht auf eine gewisse Quote zu beschränken seyn möchte; auch *Suarez* war noch in der Revis. mon. dieser Meinung. Dies ist indessen nicht angenommen worden. Es würde auch, wie *Hasse* bemerkt, nicht heilsam und weise seyn, wenn man in Zeiten der Verfeinerung auf einmal wieder das zum Zwangsrecht machen wollte, was freilich einer ächt sittlichen Ehe faktisch angemessen scheine, daß die Ehegatten alles mit sich theilen, und nicht volle Vertragsfreiheit dagegen dulden wollte. Denn wem sey nicht bekannt, daß das Gute erzwingen zu wollen, oft nur Böses erzeuge? und so wie die Sachen jetzt ständen, würde ein solches Recht in vielen Fällen für die Frau und ihre Familie äußerst hart, und somit ein gesetzmäßiges Unrecht seyn.

Der Code Napoleon verbiete zwar dergleichen Verträge *während* der Ehe, Art. 1394., und in Frankreich möge das im Ganzen heilsam seyn; in einem Lande aber, wo Heirathskontrakte selten wären, verdiene dieser Zwang gewiß keinen Beifall.

Der Ref. in Cöslin meint ferner, daß vorbehaltenes Vermögen aus Rücksicht auf die Gläubiger, nur *vor* der Ehe durch Vertrag sollte bestimmt werden können, wie die Gütergemeinschaft nur vor der Ehe gültig ausgeschlossen werden könne; §§ 354. 412. sqq. und auch schon bei der Redaktion wurde aus jener allgemeinen Vertragsfreiheit Gefährdung der Gläubiger von einem Monenten besorgt.

Allein *Suarez* erwiederte, daß man doch um dieser Besorgniß willen den Eheleuten ihre natürliche Freiheit nicht nehmen könne.

Auch m. E. ist für die Gläubiger hinreichend durch die §§ 251-53. gesorgt, besonders wenn der § 252. nach meinem dortigen Vorschlage etwas weiter gefaßt wird, und die Grundsätze von der Gütergemeinschaft, welche in Handelsstädten entsprungen auf lebhaften kaufmännischen Verkehr und Kredit berechnet ist, leiden hierin keine allgemeine Ausdehnung.

§ 211. d. T. Was die Frau in stehender Ehe erwirbt, erwirbt sie der Regel nach dem Manne.

Diese Vorschrift erregte schon bei der Redaktion den heftigsten Widerspruch.

Ein Monent nannte dies unbillig, da die Frau gegenwärtig nicht mehr, wie bei den Römern, als eine filia familias, die dem Vater acquirirte, sondern als eine persona sui juris anzusehen sey, mithin auch alles, was sie erwerbe, sich selbst erwerben müsse, wenn man das Römische Recht nicht wieder einführen wolle. Herr *v. Grolmann* bemerkte, daß er dies für sehr begründet halte. »Man nehme eine Künstlerin, wie die berühmte Malerin *** Sie verdient zehnmal mehr als ihr fauler Mann. Durch ihren Fleiß wird in der Ehe ein Kapital gesammelt. Sie hofft sich damit in ihrem Alter, wenn sie nicht mehr arbeiten kann, zu ernähren. Dreißig Jahre hat sie Fleiß und Mühe auf dessen Sammlung verwandt. Nun stirbt der Mann unvermuthet ohne Testament und ohne Kinder. Lachende Erben bemächtigen sich des gesammelten Kapitals oder des größten Theils desselben, erndten wo sie nicht gesäet haben, berauben die arme Wittwe ihres Fleißes, und stürzen sie in Dürftigkeit und Armuth. O Gerechtigkeit!

Gerechtigkeit! beschützest du so den Unwissenden, den Armen und Nothleidenden? Nicht einmal dasjenige, was man durch seine Talente und Geschicklichkeit, durch seiner Hände Arbeit erworben hat, was das unstreitigste Eigenthum des Menschen ist, kann man behalten, habsüchtigen Erben muß es überlassen werden, der Arbeiter kann betteln gehen. Heißt das Fleiß und Sparsamkeit im Staat aufmuntern? Ja, sagt man, was für weitläuftige Prozesse können über die Ausmittelung des Erwerbes entstehen. Also um keine Prozesse zu haben soll der Gerechte sein Recht, der Eigenthümer sein Eigenthum verlieren? Wozu braucht man Gerichte, wenn sie jede schwierige Untersuchung scheuen? wenn sie aus Faulheit den Gerechten um sein Recht bringen? Was helfen uns Gesetze, wenn sie Ungerechtigkeiten unterstützen, den Hülfsbedürftigen aber ohne Hülfe lassen? Was von der Malerin gesagt worden, gilt von einer jeden Künstlerin, von einer Sängerin, Tänzerin, Komödiantin, Stickerin, ja selbst von Nätherinnen und Wäscherinnen.«

Hiernach schlug Herr *v. Grolmann* vor, festzusetzen:

Treibt die Frau für sich ein eigenes Gewerbe, und verwendet ihren Verdienst zu den Lasten der Ehe, so ist sie zwar deshalb nichts wieder zu fordern berechtigt.

Wird aber dadurch ein Vermögen in der Ehe erspart, so gehört solches zu ihrem Vermögen.

Wenn nicht ausgemittelt werden kann, wie viel von dem ersparten Vermögen durch das Gewerbe der Frau oder des Mannes erworben worden, so soll solches zwischen beiden Eheleuten in zwei gleiche Theile getheilt werden.

Suarez in der revisio mon. nannte nun zwar diese Ausführung eine Deklamation, trat ihr aber dennoch lediglich bei.

Denn die Theorie des *juris romani, die man im Text beibehalten wollen*, gründe sich auf die besondern Verhältnisse, in welchen eine Röm. Ehefrau gegen ihren Mann stand, und die bei uns nicht mehr statt fänden. In der Natur der Sache liege kein Grund, warum nicht eine Frau, die mit Einwilligung ihres Mannes ein besonderes Gewerbe treibe, eben so gut, wie ein Kind, das noch sub patria potestate ist, etwas für sich sollte erwerben können. So gut wie das, was der Frau stante matrimonio durch Erbschaft oder Geschenke zufällt, das Ihrige bleibe, so gut müsse das auch von dem gelten, was sie in stehender Ehe durch Fleiß und Geschicklichkeit verdiene.

Nur müsse die Frau oder ihre Erben immer beweisen, daß sie etwas durch dies besondere Gewerbe acquirirt habe, da es doch nicht leicht zu geschehen pflege, daß sie davon etwas zurücklege.

Suarez schlug daher vor, festzusetzen:

Dergl. besondern Erwerb kann jedoch die Frau nur insofern zurückfordern, als solcher zur Zeit der getrennten Ehe noch wirklich vorhanden ist.

Wenn also die Frau oder deren Erben behaupten, daß eine Sache oder ein Kapital zu ihrem Erwerb gehöre, so müssen sie nachweisen, daß solches davon angeschafft oder belegt worden.

In margine findet sich als conclusum notirt:

Soll auf Grundstücke und Kapitalien eingeschränkt werden, die auf dem Namen der Frau stehen – ibid. f. 222. –

und hieraus ist der jetzige § 219. hervorgegangen:

Grundstücke und Kapitalien, die von den Einkünften eines besondern Gewerbes der Frau angeschafft, und zur Zeit der Vermögensabsonderung auf ihren Namen geschrieben sind, gehören ebenfalls zum Vermögen der Frau.

Dem vorliegenden §phen aber, welcher im Entwurf indistincte lautete:

Was die Frau in stehender Ehe erwirbt, erwirbt sie dem Manne, wurden deshalb die Worte: *in der Regel* eingeschaltet.

Doch läßt der § 219. durch ein argumentum a contrario allerdings die entgegengesetzte falsche Deutung zu, welche auch in der Praxis schon angenommen worden. Denn eine Königl. Theater-Sängerin, die ihr Gehalt gegen die Gläubiger ihrer Mannes reklamirte, obtinirte nur deshalb, weil der acquaestus muliebris nach *Märkischem Provinzialrecht* der Frau gehöre, und es wurde ausdrücklich vorausgesetzt, daß nach dem A. L. R. das Gegentheil statt finde.

Auch hätte nun unser §. den Satz,

daß die Frau alles dem Manne erwerbe,

nicht nur nicht mehr unbedingt, wie im Entwurf, sondern auch nicht einmal mehr *als Regel* aufstellen sollen. Wahrscheinlich hat man bei dieser Regel den allerdings gewöhnlichern Fall vor Augen gehabt,

wo die Frau dem Manne in seinem Gewerbe hilft, und also ebenfalls mit erwirbt, gleichwohl aber nicht Miteigenthümerin des Erworbenen wird.

Allein dies verhält sich zu ihrem abgesonderten Erwerbe keinesweges wie Regel zur Ausnahme, sondern es sind zwei ganz verschiedene Rechtsverhältnisse.

Daraus folgt, daß die §§ 211. u. 219. nicht nur einer andern Fassung bedürfen, sondern auch zusammengestellt werden müssen, anstatt jetzt der erstere in letzterem allegirt wird.

Ich schlage also vor, den § 219. ganz herauszuheben, und statt des § 211. folgende zu setzen:

Was die Frau während der Ehe im Gewerbe des Mannes als seine Gehülfin erwirbt, erwirbt sie ihm.

Was sie aber durch eigne Kunst oder Gewerbe erwirbt, wird ihr Eigenthum, und der Mann ist schuldig, es auf ihren Namen in Grundstücken oder Kapitalien anlegen zu lassen, wenn sie es verlangt.

So weit jedoch letzteres zur Trennung der Ehe nicht geschehen ist, kann sie mit dem Beweise ihres Eigenthums nicht mehr gehört werden.

So würde das bestehende Gesetz seiner Absicht gemäß ausgedrückt seyn.

Wendet man sich nun zu der Frage de lege ferenda, so war es ein Irrthum, wenn man in dem Satz des Entwurfs,

daß die Frau alles dem Mann erwerbe,

noch geltendes Röm. Recht beibehalten zu haben meinte. Diesem war bei der allein noch übrig gebliebenen freien Ehe nichts widersprechender, als sich ein erschöpfendes Recht des Mannes auf die Kräfte der Frau zu denken. *Hasse* kann sich nicht enthalten, hiebei auszurufen:

»Wohin hatten sich die Verfasser des A. L. R. diesmal verirrt, und konnten sie wirklich glauben, daß es Röm. Sitte bei freier Ehe angemessener gewesen wäre als deutscher, daß die Frau alles für den Mann erwerbe?«

Der einzige rechtsgeschichtliche Grund für einen solchen Satz fällt also von selbst weg, und daß Volkssitte und natürliche Billigkeit dagegen sprechen, – auch nach Märk. Prov. Recht ist der besondre Erwerb der Frau ihr Eigenthum – ist von den Monenten und von *Suarez* stark genug geschildert worden.

Auf der andern Seite ist es aber auch einleuchtend, daß es zu verwickelten Prozessen, die mit dem Objekte meistens nicht in Verhältniß stehen würden, Anlaß geben müßte, wenn man auch bei Mobilien und baarem Gelde den Beweis *gegen dritte Personen nach getrennter* Ehe zulassen wollte, daß sie aus dem besonderen Erwerbe der Frau herrühren, und so scheint mir durch die für diesen Fall vom Großkanzler hinzugefügte Beschränkung auf Grundstücke und Kapitalien, die die Frau auf ihren Namen schreiben lassen, das rechtliche Prinzip und dem politischen aufs glücklichste vereinigt zu seyn.

Herrn v. *Grolmann's* Vorschlag hätte dazu nicht ausgereicht. Denn die Frage, ob es noch auszumitteln sey oder nicht, wie viel von der Frau, und wie viel vom Mann erworben worden, würde doch immer erst nach einem weitläuftigen Prozeß, in welchem alle Beweismittel erschöpft wären, haben entschieden werden können.

Eine ganz andre Frage ist nun noch, ob nicht der Frau auch am *gemeinschaftlichen* Erwerbe ein Antheil zuzusprechen.

Einige Monenten hatten sich dafür erklärt, um die Frau theils zur guten Wirthschaft, theils zum wirklichen Erwerbe aufzumuntern.

Einer fügte hinzu, die Rechtslehrer wären darüber uneinig, ob es besser sey, den gemeinschaftlichen Erwerb beiden Eheleuten zu gleichen Theilen, oder dem Mann allein zu lassen. Es scheine aber beides nicht rathsam. Das erstere schränkte den Mann zu sehr ein, etwas zu unternehmen; das letztere aber laufe gar zu sehr gegen die angeborne natürliche Freiheit der Frau. Daher sollte sie von dem, was sie während der Ehe erworben, die Hälfte zur alleinigen Disposition erhalten, dem Mann aber sein Erwerb überlassen bleiben.

In diesem Vorschlag wird also die Frage vom gemeinschaftlichen Erwerbe (oder vielmehr von dem Erwerbe des Mannes) mit der Frage vom besondern Erwerbe der Frau vermengt, und auch *Suarez* sonderte beide Punkte nicht, indem er bei diesen monitis nur bloß auf seine frühere Ausführung wegen des besondern Erwerbes der Frau verwies, ungeachtet Herr *v. Grolmann* bei den vorliegenden monitis sich bestimmt dafür erklärt hatte,

daß es sogar billig sey, der Frau einen Theil vom Erwerbe des Mannes zu lassen, weil die Erfahrung lehre, daß es bei dem Erwerbe sehr auf das Betragen der Frau ankomme, und eine unwirthschaftliche Frau mehr durchbringe, als der fleißigste Mann erwerben könne.

Hieraus erhellet, daß der Antrag wegen Theilnahme der Frau an dem Erwerbe des Mannes gar nicht ausdrücklich abgestimmt, sondern nur stillschweigend verworfen worden ist.

Er wird aber gegenwärtig von neuem zur Sprache gebracht.

Hasse sagt: »Man sieht nicht recht ein, wie der landrechtliche Satz jemals Regel seyn kann für unsern Bürger- und Bauernstand; unsere Bäcker-, Fleischer-, Brauer- und Brennerweiber arbeiten den ganzen Tag im Gewerbe mit, die Weiber des gewöhnlichen Landmanns in der Land-wirthschaft. Wie kann es billig seyn, sie vom Erwerbe auszuschließen? Im Erbrecht ist dies zwar durch die portio statutaria einigermaßen ausgegli-chen, aber bei geschiedener Ehe tritt die Unbilligkeit recht hervor.«

»Wenn daher auch die Motive der frühern Momenten, die Frau zur Wirthschaftlichkeit aufzumuntern, nicht eben Beifall verdienten, so liegt ihnen doch ein richtiges praktisches Gefühl zum Grunde. Was Hr. *v. Grolmann* gesagt, trifft vielfältig nicht bloß den *besondern* Erwerb der Frau, sondern, wenn man auf den Grund sieht, auch die Theilnahme der Frau am *gemeinsamen* Erwerbe, dem Erwerbe, der nur unter der Firma des Mannes geht, den aber die Frau in der That eben so gut mitschafft.«

Auch der Referent in Insterburg erklärt sich sehr lebhaft für die Gemeinschaft des ehemännlichen Erwerbes, da die Frau, abgesehen von den zahlreichen Ständen, wo sie wirklich mit erwerbe, vermöge ihrer Pflicht, dem Hauswesen vorzustehen, hinreichende Gelegenheit habe, durch Wirthlichkeit die Erwerbnisse des Mannes zu erhalten und zu vermehren, folglich die Verbesserung des Wohlstandes auch ihr zu gute kommen müsse.

Der Satz des A. L. R. sey den ehelichen Verhältnissen unsres Zeitalters schnurstracks entgegen, und würdige die Frau zur Leibeignen, oder doch zur Magd herab.

M. E. ist es hier nicht leicht, das Beste zu finden; auch die alten deutschen Statuten variirten, in der Bestimmung des Verhältnisses, nach welchem die Errungenschaft getheilt wurde.

Fichte geht von dem Grundsatz aus, daß die Frau mit ihrer Persönlich-keit zugleich ihr ganzes Vermögen dem Manne unterwerfe.

Hört die eheliche Verbindung, und mithin der Grund der Vermögens-gemeinschaft auf, so müßte eigentlich jeder in den vorigen Zustand wieder eingesetzt werden, zurückbekommen, was er zur gemeinschaftlichen Masse gab.

Aber dies ist nicht möglich. »Beide, fährt er fort, haben eine Zeit lang dieses Vermögen, der Präsumtion nach durch einen Willen, und überhaupt als *ein* Subjekt verwaltet, genossen, vermehrt, vermindert. Der Effekt dieser Verwaltung läßt sich nicht aufheben, er ist und bleibt nothwendig beiden gemein. Nachgerechnet kann nicht werden, so daß der eine Theil zum andern sage: du hast dieser oder jener Pflege bedurft, deren ich nicht bedurfte; ich habe dieses oder jenes erworben, das du nicht erworben hast; denn wenn beide in einer wahren Ehe lebten, so war das Bedürfniß jedes Theils zugleich Bedürfniß des andern, beide waren der rechtlichen Präsumtion nach nur eine Person. So wenig Jemand mit sich selbst Abrechnung hält, und handelt und prozessirt, so wenig können es Ehegatten. Vom Augenblick der Auflösung der Ehe ist es freilich anders, bis dahin aber war es so, und der Effekt dieses Verhältnisses läßt sich nicht vernichten.

Nun aber ist die äußere Bedingung dieses Effekts das von beiden Theilen in die Ehe gebrachte Vermögen; [über die inneren Bedingungen, (den Fleiß und die Sorgfalt eines jeden Theils) soll eben nicht nachgerechnet werden]. Nach dem Verhältniß des zugebrachten also müßte das zur Zeit der Beendigung vorhandene Ganze getheilt werden.

Andere Dispositionen der Gesetzgebung hierüber mögen wohl ihre politischen Gründe haben, aber sie sind nicht gerecht.« (*Fichte's* Nat. Recht)

Diese Ansicht paßt aber *hieher* schon um des willen nicht, weil sie auf dem Grundsatz der eigentlich sogenannten Gütergemeinschaft beruhet. Auch tritt hier die Bemerkung ein, daß es bedenklich ist, alles was aus dem Wesen einer wahren Ehe folgt, zum Zwangsgesetz zu erheben, und endlich führt der Satz auch auf die schon oben erwähnte Härte, daß die Frau, selbst wenn sie durch eine besondre Kunst der allein erwerbende Theil wäre, nichts erhielte, wenn sie gar kein äußeres Vermögen in die Ehe gebracht hätte.

Auch die neuesten Juristen nehmen an, daß der Mann Ansprüche auf die Dienste der Frau hat,

so weit sie zur Besorgung seines Hauswesens oder zu seiner Handthierung nöthig sind (operae domesticae oder communes).

Im Sächsischen Recht steht der Grundsatz ebenfalls unzweifelhaft fest, daß der Erwerb der Frau durch operae communes dem Manne, und nur der separate Erwerb (operae artificiales) ihr gehört. Das Österreichische Gesetzbuch hat zwar die Frage im ehelichen Güterrecht nicht ganz speziell entschieden; denn es sagt dort nur im Allgemeinen:

Auf das was ein jeder Theil während der Ehe erwirbt, und auf was immer für eine Art überkommt, hat der andre keinen Anspruch. (art. 1237.)

Allein da es im Personenrecht der Frau ausdrücklich die Pflicht auflegt,
dem Mann in der *Haushaltung und Erwerbung nach Kräften beizuste-*
hen, (art. 92.)

so kann in jener Stelle unter Erwerb der Frau nur der separate Erwerb
(die operae artificiales) verstanden worden seyn. Die operae domest. oder
commun. gehören also auch nach dem Österreichischen Gesetz dem
Mann.

Im Codex Napoleon endlich ist zwar unsre Frage gar nicht eigentlich
entschieden. Denn nach ihm ist eine allgemeine *gegenseitige* Gemeinschaft
des Erwerbes gemeines Recht, und im Dotalrecht, welchem sich die
Ehegatten durch Vertrag unterwerfen können, ist so wenig, als im Personenrecht davon die Rede, außer daß die Frau ihrem Manne Gehorsam
schuldig seyn soll. Da indessen das Dotalrecht des Code Napoleon ganz
auf Röm. Grundsätzen beruht, so würde es auch hierin aus diesem zu
ergänzen seyn.

Endlich muß ich bemerken, daß von keinem bedeutenden Nachtheil,
der sich in der Praxis aus der bisherigen Theorie des A. L. R. ergeben
hätte, bestimmte Anzeigen eingegangen sind,

Ich stelle daher anheim,

keine Neuerung zu machen, sondern es bei dem bestehenden Grundsatz
zu lassen.

Es würde auch unmöglich seyn, das Verhältniß der Theilung des
Erwerbers zu bestimmen. Oder soll die Frau eines Beamten, der bloß,
weil sie nicht verschwendet, etwas zurücklegt, dieselbe Quote der Erspar-
niß erhalten, wie eine gewerbtreibende Frau, die den ganzen Tag mit
arbeitet?

b) Von der Trennung der Ehe durch richterlichen Ausspruch.

Nach §§ 670-71. steht nur dem unschuldigen Theil unbedingt ein Klagerecht wegen Ehebruchs zu. Haben beide Theile Ehebruch begangen, so
kann nur der *Mann* auf Ehescheidung bestehen, die Frau *nicht* [. . .]

Nun schließt sich gleich hier am schicklichsten die Frage an, ob die
Eheburch des Mannes eben so unbedingt, wie der der Frau als Ehescheidungsgrund anzusehen sey.

Der Ref. in Glogau meint, hier solle das richterliche arbitrium freien
Spielraum haben. Eine Frau, wenn sie krank und zur Leistung der
ehelichen Pflicht untauglich sey, sollte gegen den Mann, der gesund und
lebenslustig ist, nicht klagen dürfen. Außer dem wirft er noch die Frage
hin, *ob Ehebruch, in der Trunkenheit begangen, scheide.*

Weder das kanonische, noch das protestantische Kirchenrecht erkennen
hier einen Unterschied zwischen Mann und Frau an. Eben so wenig das
Österreichische Gesetzbuch – § 109. und 115. – das Sächsische Recht und
das Ehescheidungsedikt v. 17ten Nov. 1782. § 2.

Der Code Napoleon hingegen hat bekanntlich nur dem Mann unbedingt, der Frau aber nur dann eine Klage auf Scheidung wegen Ehebruchs gegeben, wenn sich der Mann die Beischläferin in dem gemeinschaftlichen ehelichen Wohngelaß gehalten hat (Art. 230.). Auch nach ältern Röm. Grundsätzen konnte der Ehebruch hauptsächlich nur von der Frau begangen werden. Erst *Theodosius* gab ihr gegen den Mann eine Befugniß zur Scheidung.

Auch bei der Redaktion des A. L. R. schienen, wie *Suarez* bemerkt, Se. Excellenz dahin zu incliniren, der Frau nicht paria jura zur Scheidung ex capite adulterii mit dem Manne zu geben. Er sehe aber keinen Grund, warum die Frau deterioris conditionis seyn sollte; servatio fidei conjugalis sey eine gemeinschaftliche Pflicht beider Eheleute, aus deren Verletzung müßten billig für beide gleiche Rechte entspringen. Diese Meinung setzte er auch im gedruckten Entwurf durch.

Von den eingegangenen monitis gingen nun zwar auch mehrere auf Beschränkungen in Hinsicht des vom Manne begangenen Ehebruchs, z. B. im Fall der Entfernung, der Schwangerschaft oder Krankheit der Frau; Einer meinte überhaupt, nach der Moral sey es zwar richtig, die Untreue des Mannes und der Frau gleich zu behandeln; aber die Untreue der Frau sey nachtheiliger, und der Gesetzgeber sehe nicht auf die innere Vervollkommnung, *sondern auf das, was den Menschen zum Mittel des Staatswohls mache.*

Hr. *v. Grolmann* aber schrieb an den Rand:

Bei solcher offenbaren Verletzung der ehelichen Pflicht kann man es keinem Theil verwehren, die Ehescheidung zu verlangen. Für den Staat ist der Ehebruch der Frau nicht schädlicher, als der Ehebruch des Mannes. Im Gegentheil möchte er vielleicht *vortheilhafter* seyn, weil die Frau eheliche Kinder, der Mann aber uneheliche zur Welt schaffet, und die Verführung eines jungen Mädchens durch den Mann dem Staate schädlicher ist, als die Verführung eines jungen Menschen durch die Frau.

Suarez würdigte die monita gar keiner ferneren Widerlegung und so ist es bei dem Entwurf geblieben.

Die neuern Vertheidiger der Ungleichheit, insbesondere der vom Code Napoleon aus der Novelle beibehaltenen, behaupten, daß sie zwar beim ersten Anblick sehr auffalle; aber beim zweiten müsse man darüber erstaunen, daß ein in der Verschiedenheit der Geschlechter so wesentlich gegründetes Gesetz nicht längst allenthalben anerkannt sey.

»Nur dadurch, daß in früheren Jahrhunderten eine noch unausgebildete Gesetzgebung in der Ehe den religiösen daran geknüpften Begriff des Sakraments mit dem des bürgerlichen Vertrages verwechselten, konnten Ansichten aus dem Reiche der Geister in das bürgerliche Gesetz übergehen. Die Folgen von Verletzungen eines Sakraments, das zwei christliche Seelen gleich stark bindet, für Gewissensfrieden und ewiges Heil, könne nur die Kirche bestimmen; die Folgen von der Verletzung eines bürgerlichen Vertrages in Beziehung auf bürgerliche Rechte und Pflichten bestimme ausschließlich das bürgerliche Gesetz.

Die Natur habe die ganze moralische Existenz des Weibes auf Sittsamkeit und Keuschheit, die des Mannes auf Muth und Stärke (nicht Resignation) basirt. Nur der Mann, der sein Weib nicht schützt, verletze den Ehevertrag eben so wesentlich, als das Weib, das die Treue nicht hält.

Das Leben des für den Weltsturm erschaffenen und mit unbändigen Leidenschaften ausgerüsteten Mannes in die engen der weiblichen Sittsamkeit gesteckten Schranken einzuzwängen, den Richtersprüchen eines Weibes zu unterwerfen, sey unnatürlich und unausführbar. Das Weib, das hier nach dem Verborgenen späht, habe schon aufgehört sittsam und keusch zu seyn. Nur wenn der Mann den Altar der gemeinschaftlichen Laren, wenn er des Weibes Allerheiligstes, ihr Haus entweiht, wenn er den letzten Zufluchtsort schände, dessen Reiz ihm zu erhalten ihre Bestimmung sey, dann verlasse die edle Dulderin ein Herz, wo keine Hoffnung mehr sey, dann entfliehe das sittsame keusche Weib aus dem entweihten Tempel.

Es wäre schwach, diese Vindikation ewiger Naturgesetze mit einer Beschönigung schmutziger Lizenz zu verwechseln. Ein Gesetz, das die Männer wie Weiber behandle, könne nicht richtig seyn, und müsse zuletzt die Männer zu Weibern machen. Der alte Grieche, Römer, Gallier, Deutsche, wie würde er ein Gesetz von sich geworfen haben, das ihm, während er fern von seiner Heimath für Vaterland und Freiheit blutig kämpfte, momentanen Sinnestaumel zum Verbrechen gemacht, und seinem Weibe das Recht gegeben hätte, ihn dafür an Eigenthum und Lebensglück zu strafen.« (*v. Grevenitz,* Abweichungen des Code Napoleon)

Das Wahre an dieser Deklamation dürfte seyn, daß der Unterschied, welchen die gemeine Meinung zwischen dem Ehebruch des Mannes und dem der Frau macht, kein ungegründetes Vorurtheil, wie *Suarez* glaubte, sondern durch die Grundverschiedenheit beider Geschlechter gerechtfertigt sey.

Das Befriedigendste hierüber hat unstreitig *Fichte* in seiner Grundlage des Naturrechts gesagt. [...]

Allein eine ganz andre hiemit noch keineswegs beantwortete Frage ist die hier aufgeworfene,

ob sich aus dieser natürlichen und moralischen Grundverschiedenheit eine so entschiedene Ungleichheit der *Rechte* beider Geschlechter folgern läßt.

Die Beantwortung dieser Frage hängt davon ab, was für einen Sinn man überhaupt damit verbindet, daß der Staat und die Kirche sich eine Kognition in Ehescheidungssachen anmaßen.

Die Ehe, als die freiste Verbindung der Seelen und Leiber, läßt sich weder in ihrer Entstehung noch in ihrer Fortdauer erzwingen. Sie besteht nur so lange, als diejenigen sie fortdauern lassen wollen, von denen sie geschlossen ward; und selbst über das eigne Herz ist hier dem Menschen keine willkührliche Gewalt gegeben; wie *Luther* sagt: »lieben ist nicht schwer, aber in der Liebe bleiben ist schwer.« In diesem Sinn mag man die Ehe mit dem vieldeutigen Namen *Sakrament* belegen, weil keine irdische Macht Gewalt an ihr hat. Sie wird, wie man zu sagen pflegt, im Himmel geschlossen, aber sie wird auch im Himmel wieder geschieden.

Der Staat oder die Kirche haben also nicht zu untersuchen, ob sie eine Ehe scheiden sollen, – das liegt gänzlich außer ihrer Gewalt, – sondern ob sie schon geschieden sey. Denn alsdann auch die äußern Folgen derselben aufzuheben, ist nach dem Rechtsgesetz schlechthin nothwendig. Die Verbindung läßt sich ferner nur für Konkubinat halten, und etwas Unmoralisches zu begehen darf niemand gezwungen werden.

Nun fragt sich aber, wie soll man wissen, daß das Verhältniß vernichtet, daß die Herzen der Eheleute geschieden sind? Dies ist an sich äußerlich nicht erkennbar, und selbst ihre einmüthige Behauptung verdient nicht unbedingten Glauben, weil sie ihre Herzen oft nicht genug kennen und sich mehr lieben, als sie glauben. Und wie, wenn sie vollends selber uneinig darüber sind?

Also sind bestimmte Thatsachen erforderlich, durch welche das Aufhören des Verhältnisses nach der Natur des menschlichen Herzens vernünftigerweise glaubhaft wird.

In dieser Beziehung nun hat zwar der Ehebruch der Frau das voraus, daß er den Beweis der schon geschehenen Scheidung bis zur Unmöglichkeit des Gegentheils führt. Aber daß durch den Ehebruch des Mannes auch die Liebe der Frau zu ihm vertilgt sey, worüber freilich nur ihr Herz entscheiden kann, ist doch nicht so unwahrscheinlich, daß sie mit ihrer Versicherung keinen Glauben finden sollte. Nur wird hier ein recht angelegentlicher Versuch zur Versöhnung recht an seiner Stelle seyn, da diese der Frau keine Schande, sondern vielmehr Ehre bringt, während im umgekehrten Falle, wie *Fichte* bemerkt, selbst die Kirche keine Ehre davon hat, den Mann der Ehebrecherin zur Verzeihung anzumahnen, da die Kirche nichts Unehrbares und Schimpfliches anrathen kann.

Aber wenn die Frau auf ihrem Verlangen besteht, muß sie geschieden werden.

Übrigens würde, wie Hr. Geh. R. *v. Grevenitz* in seiner angeführten Schrift pag. 68 sagt, auch nach dem Code Napoleon die Frage entstehen ob nicht der Ehebruch des Mannes als excès oder injure grave einen Ehescheidungsgrund abgiebt, wenn der Mann, ohne daß ein äußeres Verhältniß ihn seinem Weibe entzieht, aus bloßer Verworfenheit schmutzige Ausschweifungen zur Tagesordnung macht.

Denn ein solcher Mann sey schon unter Männern ein ekelhafter Gegenstand; aber der liebenden Gattin könne wohl kein empfindlicherer Exceß, keine schwerere Beleidigung widerfahren.

Alsdann würde also der Ehebruch des Mannes bloß in längerer Krankheit der Frau, oder in längerer absentia laudabilis frei ausgehen. Aber wo ist hier die Grenze? Auf solche Spitzfindigkeiten kann sich die Gesetzgebung nicht einlassen.

Endlich darf denn doch auch die Gefahr für die Gesundheit der Frau, wenn der Mann ausschweift, nicht unbeachtet bleiben.

Diese Gründe würden mich bestimmen, keinen Unterschied zu gestatten, und es also in dieser Hinsicht

lediglich beim Landrechte zu lassen. Auch hat kein anderes Kollegium solche Anträge gemacht, wohl aber haben mehrere, z. B. das K. G. und das O. L. G. zu Paderborn, mißbilligende Seitenblicke auf den Code Napoleon geworfen.

§ 716. Ganz kinderlose Ehen können auf den Grund gegenseitiger Einwilligung getrennt werden, sobald weder Leichtsinn oder Übereilung, noch heimlicher Zwang von einer oder der andern Seite zu besorgen ist.

Allein so deklarirt bleibt das Gesetz schwankend, da nicht vorgeschrieben ist, binnen welchem Zeitraum kein Kind erzeugt seyn müsse, wenn angenommen werden soll, daß wahrscheinlich keins mehr erzeugt werden wird.

Es sind deshalb auch Vorschläge zu wesentlichen Abänderungen von den jetzigen Monenten geschehen. Ich will die durchgreifendsten voraus nehmen.

Die Referenten in Hamm, Münster und Breslau, das O. L. G. in Naumburg und ein Theil des Kollegii in Magdeburg wollen,

daß ex mutuo consensu die Scheidung gar nicht statt finden soll, weil

1) dieser Ehescheidungsgrund oft gemißbraucht werde, und sich schwer beurtheilen lasse, ob eine völlig freie und reife Überlegung vorangegangen, auch ein ganz unabhängiger Wille gewöhnlich nur auf einer Seite vorhanden sey;

2) der Charakter der Ehe als eines religiösen Instituts dabei ganz außer Acht gelassen, und bloß ein Kontraktverhältniß berücksichtigt zu seyn scheine, wodurch die Lauigkeit der Begriffe von der Unverletzlichkeit des Ehebandes und die leichtsinnige Schließung der Ehen befördert werde.

Der Ref. in Naumburg will sogar, um die Trennung auf gegenseitige Einwilligung unmöglich zu machen, einen fiskalischen Bedienten zur Untersuchung der Ehescheidungsgründe ex officio bestellen, und diesen Vorschlag hat auch ein Ref. beim O. A. Senat gethan, obgleich er für die Beibehaltung der Trennung aus gegenseitiger Einwilligung ist, und dieselbe nur auf eine dem Code Napoleon analoge Weise beschränken will. Indessen ist dieser Vorschlag von beiden Kollegen verworfen worden.

Ganz im entgegengesetzten Sinn ist zu Königsberg und Stettin ausgeführt worden, daß es rathsam sey, die Trennung auf gegenseitige Einwilligung zu gestatten, ohne Unterschied, ob die Ehe kinderlos sey oder nicht.

Denn eines Theils würde die Fiktion von Ehescheidungsgründen dadurch vermieden, mittelst deren die Eheleute, wenn sie wirklich einig wären, doch allemal zum Zweck kämen, andern Theils werde in vielen Fällen, besonders bei den höhern auf Bildung und öffentliche Achtung Anspruch machenden Ständen durch die Verschweigung der wahren Scheidungsgründe ein sehr großes Ärgerniß vermieden.

Was spricht man wohl, ruft der Ref. in Stettin aus, von dem Mann, dem die Frau schuld giebt, daß er zur Erfüllung der ehelichen Pflicht unvermögend sey, was spricht man von ihm, wenn er sich hat Hörner aufsetzen lassen? von der Frau, welcher eine körperliche Unvollkommenheit vorgeworfen, oder Unzucht durch Zeugen oder Papiere nachgewiesen wird? Sind nicht überdies oft eine Menge dritter Personen mit in die scandalöse Geschichte verflochten? hat man von ihrer Rache nichts zu fürchten, wenn man ihre Leidenschaften öffentlich beurkundet? Man denke sich den oft genug vorkommenden Fall, daß ein Mächtiger, von dem der Ehemann in vieler Beziehung abhängig ist, die Gattin als Werkzeug der Befriedigung seiner Lüste braucht, daß der Mann, wenn er seine Ehe höher als ein auf verächtlichen Gründen gebautes Glück schätzt, seine Verbindung mit dem buhlerischen Weibe und dem der Tugend spottenden nichtswürdigen Gönner aufzuheben wünscht, daß er aber, ohne seiner Zunge freien Lauf zu lassen, und den vornehmen Herrn in seiner Blöße zu zeigen, zum gewünschten Ziel nicht gelangen kann; – welche Wahl bleibt in einem solchen Fall dem gekränkten Manne? Sich der Rachsucht hinzugeben, oder seine Leiden geduldig zu ertragen, oder vielleicht sich schadlos zu halten, durch einen ebenfalls verbotenen Umgang. So führt denn ein Laster das andere mit sich.

Aber auch der Kinder wegen ist es höchst wünschenswerth, die vielleicht geheimen Sünden des einen Ehegatten nicht durch Prozesse zur allgemeinen Kenntniß zu bringen, die Eltern dadurch nicht noch mehr gegeneinander zu erbittern, und Gelegenheit zu geben, daß der Vater die Gesinnungen, welche er gegen die Mutter hegt, oder umgekehrt, den Kindern mittheile, und sie in die für Kinder schreckliche Verlegenheit setze, Parthei zu nehmen. – Man werfe nicht ein, die Sittlichkeit verbiete den Eltern ein solches Betragen; nur wenige Menschen vermögen, wenn ihre Persönlichkeit angegriffen wird, ihre rohere Natur zu unterdrücken.

Endlich muß zu denjenigen, welche die Trennung auf gegenseitige Einwilligung auch bei fruchtbaren Ehen zulassen wollen, noch der Ref. beim O. A. S. gerechnet werden, indem er den Code Napoleon im Allgemeinen zur Nachahmung empfiehlt, welcher die Trennung aus wechselseitiger Einwilligung ohne Unterschied gestattet, und dieselbe nur in den Formen sehr erschwert.

Derselbe Widerstreit der Meinungen war auch schon bei der Redaktion zur Sprache gekommen. Eine Parthei wollte die Scheidung ex mut. cons. ohne Unterschied nachlassen, wenn alle Sühnsversuche fruchtlos wären, oder, wie die Westpreußischen Stände wollten, wenigstens zwischen Adlichen und Eximirten von hohem Range, weil sich von diesen nicht annehmen lasse, daß sie sich aus Leichtsinn scheiden würden, worauf indeß Herr *v. Grolmann* erwiederte:

Auch unter dem Adel giebt es leichtsinnige Leute in Menge.

Die andere Parthei hingegen wollte, um sie ganz unmöglich zu machen und die Umgehung des Verbots zu hindern, den Beweis durch Zugeständniß und Eides-Zuschiebung verbieten.

Herr *v. Grolmann* notirte dabei:

»Es ist ein Problem, worüber man pro und contra sehr gut disputiren kann, ob es nützlich sey, die Ehescheidungen zu erleichtern, und besonders die Ehescheidung ex mutuo consensu zuzulassen oder nicht. Unsere Gesetzgebung will dies nicht gestatten, sie ist aber dabei sehr übel zusammenhängend und inkonsequent.

An allen Orten, wo man die Ehescheidungen aus wechselseitiger Einwilligung nicht verstattet, gilt auch confessio und Eidesdelation nichts. Wir aber lassen Zugeständnisse und Eidesdelation zu, und gründen darauf unsere Ehescheidungs-Erkenntnisse. Was ist nun leichter, als wenn beide Theile einig sind, die Ehescheidung zu erlangen. Sie erdichten eine Ursach, der eine Theil giebt solche zu, oder wenn er das Spiel noch mehr verstecken will, läßt er sich den Eid deferiren, und sagt in termino juratorio, er könne nicht schwören. Nunmehr haben beide Theile ihren Zweck erreicht, und die Ehe wird geschieden. Die Ehescheidungsstrafe kann dieses nicht verhindern, darüber vergleichen sich beide Theile. Die Ausmittelung des Pflichttheils der Kinder kann arme Leute gar nicht abschrecken. Bei reichen ist sie in der That auch nur ein Spielwerk, welches den vormundschaftlichen Kollegiis Arbeit macht, aber den Kindern nichts hilft, und wie leicht ist auch hier alles zu eludiren? Selbst wenn man Eidesdelation und Geständniß nicht zulassen wollte, so dürften Eheleute, welche einig sind, sich nur die eheliche Pflicht beharrlich verweigern, oder den Unterhalt versagen, so müssen sie am Ende geschieden werden.

Man wird also entweder andere Grundsätze bei den Ehescheidungen annehmen, oder sie auch bei wechselseitiger Einwilligung zulassen müssen. Denn bei der Gesetzgebung ist nichts schädlicher, als wenn ein verbietendes Gesetz so leicht vereitelt werden kann. Dadurch verlieren die Gesetze alles Ansehn und Kraft bei dem Volk und werden zum Spielwerk und zum Gespött der Schlechtdenkenden.«

Allein *Suarez* replicirte:

Ich finde diese Gründe nicht stark genug, um von der bisherigen Theorie abzugehen. Die Scheidungen so *simpliciter* ex consensu nachzugeben, hält Hr. *v. Grolmann* selbst nicht für rathsam. Aber um des besorglichen Mißbrauchs willen den Partheien das Beweismittel des Geständnisses und der Eidesdelation abzuschneiden, wäre ungerecht, sonderlich, wenn Ehebruch causa divortii ist, der sich durch Zeugen oder Urkunden schwerlich erweisen läßt. Freilich kann der Gesetzgeber es nicht hindern, daß Eheleute, die durchaus von einander wollen, durch dergleichen collusiones zuletzt ihren Zweck erreichen, aber durch die genommenen Maaßregeln wird ihnen dennoch solches sehr erschwert; mithin werden wenigstens solche Scheidungen, die aus bloßem Leichtsinn oder vorübergehenden Affekten gesucht werden, verhütet.

Bei der letzten durch die Suspension veranlaßten Revision des Allgem. Gesetzbuchs brachte *Suarez,* wie schon oben erwähnt, auch diesen Zweifel nochmals zur Sprache, und zwar auf Grund einer Kab. Ordre *Friedrichs des Großen* an den Reg. Präs. v. *Tevenar* zu Magdeburg v. 26sten Mai 1783., die viel zu merkwürdig ist, als daß ich sie nicht ganz hersetzen sollte:

Da ich von Euch vernommen, daß es bei der Regierung noch ein Haufen Ehescheidungsprozesse, besonders unter den gemeinen Leuten giebet, so gebe ich Euch deshalb zu erkennen, daß man mit der Trennung der Ehe nicht sogar facil seyn muß, daß davon ein Mißbrauch entsteht, so wie man auf der andern Seite auch nicht gar zu difficil seyn muß, sonsten hindert das die Population. Denn sobald zwei Eheleute durchaus widereinander soweit aufgebracht und erzürnt sind, daß gar keine Vereinigung wieder zu hoffen stehet, und die Gemüther in einer beständigen Verbitterung gegen einander verbleiben, so werden sie auch keine Kinder mit einander erzeugen, und das ist der Population zum Nachtheil. Dagegen wird ein solches Paar geschieden, und das Weib heirathet dann einen andern Kerl, so kommen doch noch eher Kinder davon; ihr müßt daher immer auf die Umstände sehen, und nur in dem Falle, wenn ganz und gar kein Vergleich und Wiederaussöhnen statt finden und erwartet werden kann, die Scheidung geschehen lassen.

Suarez bemerkte nun: Aus dieser K. Ordre, welche als neueres Gesetz dem Ehescheidungsedikt derogire, und aus der Voraussetzung, daß der Gesetzgeber die Trennung einer Ehe, deren Zwecke offenbar nicht mehr erreicht werden könnten, unmöglich habe verbieten wollen, habe sich eine von dem Ehescheidungsedikt und dem Gesetzbuch abweichende Praxis gebildet, indem man danach auch Ehen auf gegenseitige Einwilligung getrennt habe, die nicht kinderlos wären, und diese Praxis habe auch vieles für sich; theils aus dem in der K. Ordre angegebenen, von der Population hergenomenem Grunde, theils weil es auf die Moralität der Kinder unmöglich einen vortheilhaften Eindruck machen könne, wenn sie unter den Händen zweier so sehr gegen einander aufgebrachten Eltern erzogen würden.

M. E. ist die Bemerkung des Herrn v. *Grolmann,* daß man über die Frage pro et contra gut disputiren könne, – ohne zu irgend einem Resultat zu kommen, – in sofern richtig, als man aus den Argumenten streitet, von welchen damals ausgegangen wurde.

Denn allerdings über die Frage, ob Scheidungen den Kindern nachtheilig sind, läßt sich gar kein Ende finden. In hundert Fällen wird die *Scheidung,* in hundert andern das *Fortbestehen* der Ehe ihnen nachtheiliger seyn. Dies läßt sich im voraus gar nicht berechnen. Ob aber die Beförderung der Population im Interesse des Staats liege, hängt von Umständen ab, und eben in unsern Tagen hat die Furcht vor *Über*völkerung bekanntlich sehr seltsame Erscheinungen hervorgetrieben, nicht zu gedenken, daß die Heiligkeit der Ehe profanirt wird, wenn man sie einzig und allein, oder auch nur hauptsächlich, als Mittel zur Population behandelt.

Aus diesen Gründen aber hätte man eben deshalb gar nicht argumentiren sollen, sondern aus der Natur der Ehe und aus der Anwendung des Rechtsgesetzes auf dieselbe.

Nach Röm. Recht galt bekanntlich volle Scheidungsfreiheit, *direkt* war auch die frivolste Ehescheidung nicht gehindert. *Justinian* verbot zwar die Trennung aus gemeinschaftlicher Übereinkunft (Novelle 117. cap. 10. Nov. 134. cap. 11.), mit Ausnahme des Falles, wenn beide Ehegatten ins Kloster gehen wollten; allein schon sein Nachfolger *Justinus* sah sich, wie er sagt, durch die täglichen Klagen über Nachstellungen und Giftmischereien unter den Ehegatten, genöthigt, die Trennung ex mutuo consensu wieder frei zu geben (Novelle 140.), welches letztere freilich nicht hat glossirt und rezipirt werden können.

Aber es ist bekannt, daß die Römer einen sehr richtigen und viel reinern Begriff von der Ehe hegten, als das A. L. R. und die damals herrschende Philosophie davon aufgestellt hat. Wenn sie nun zugleich als die größten Meister in der Legislation anerkannt sind, von denen wir noch immer fort zu lernen haben, so muß man schon durch ihr Beispiel gegen die Ansicht derjenigen mißtrauisch werden, welche behaupten,

daß der Charakter der Ehe als eines religiösen Instituts außer Acht gelassen und bloß das bürgerliche Kontraktsverhältniß berücksichtigt werde, wenn man der Trennung durch wechselseitige Einwilligung keinen direkten Zwang entgegensetze.

Aber da eine erzwungene Moralität keine Moralität ist, so leuchtet auch an sich ein, daß aller direkter Zwang von einem moralischen Institut entfernt bleiben muß, wenn es in seiner Reinheit erhalten werden soll. Folglich beweist grade umgekehrt die Einführung dieses Zwanges ein Verkennen der moralischen und religiösen Natur der Ehe. Nur von der andern Seite derselben, als eines zugleich bürgerlichen Vertragsverhältnisses, läßt sich ein Rechtszwang begründen. Aber da dieser nicht weiter geht, als soweit Streit obwaltet, so kann er nur dann eintreten, wenn ein Theil von beiden in die Trennung nicht willigt. So sagt auch *Fichte:*

Sind beide Theile einig, so daß gar kein Rechtsstreit statt findet, so haben sie schlechthin nichts weiter zu thun, als nur dem Staate ihre Trennung zu erklären. Das Objekt ihrer Übereinstimmung ist ein Objekt ihrer natürlichen Freiheit, und der Staat hat nach den Gründen ihrer Trennung nichts zu fragen. Dies kann nur die Kirche, und diese thut daran ganz recht. Denn die Ehe ist eine moralische Verbindung, und es kann daher den sich trennenden Ehegatten daran liegen, vor der Kirche, in der sie doch hoffentlich bleiben wollen, sich zu rechtfertigen, auch etwa den Rath ihrer Lehrer und Gewissensräthe darüber zu vernehmen. Auch wird es ganz schicklich seyn, daß die letztern Vorstellungen versuchen; allein sie haben kein Zwangsrecht, weder auf das Geständniß der Bewegungsgründe zur Trennung, noch auf die Befolgung ihres Raths. Wenn beide Eheleute sagen: Wir wollen es auf unser Gewissen nehmen, oder: eure Gründe bewegen uns nicht, so muß es dabei bleiben. (Naturrecht Bd. II.)

Der Superint. *Tzschirner* in seiner Schrift über die Ehe äußert: Eine wesentliche und durchgreifende Verbesserung des protestantischen Eherechts ist nur dann möglich, wenn dieser Grundsatz (daß nämlich die gegenseitige Einwilligung kein Trennungsgrund sey) aufgegeben wird, welchen unsre Kirche, ohne daß er in ihren Prinzipien begründet wäre, nur darum festgehalten hat, weil man sich von der aus dem Katholicismus stammenden Ansicht von der Ehe nicht gänzlich loszureißen vermochte. Was allen mit dem Rechtsgange unbekannten Leuten das natürlichste zu seyn scheint, ist in den Konsistorien eine Thorheit. Zwar ist die Ehe kein gemeiner Kontrakt, welchen Eigennutz und Wollust aufheben dürfen, sobald sie anderwärts ihre Rechnung besser zu finden meinen; sie ist eine heilige, d. h. eine solche Verbindung, bei deren Eingehung und Fortsetzung religiöse Grundsätze und Gesinnungen den Menschen leiten sollen. Allein ein Vertrag bleibt sie doch immer, und in der Natur jedes Vertrages liegt das Recht beider kontrahirenden Theile, ihn durch freie Zustimmung wieder aufzuheben. Zwar ist der Staat bei der Fortdauer der Ehen, wenn besonders Kinder aus ihnen entsprossen sind, zu sehr interessirt, als daß er es unterlassen könnte, von ihrer Auflösung Kenntniß zu nehmen, und da er voraussetzen muß, daß, wer in die Ehe trat, diesen Schritt mit Überlegung und geleitet von sittlicher Gesinnung gethan habe, so ist er auch berechtigt, von denen, die sich trennen wollen, einen Beweis dafür zu verlangen, daß der Vorsatz nicht aus Leichtsinn und Laune, sondern aus der Überzeugung, der Zweck der Ehe könne in ihrer Verbindung nicht erreicht werden, entspringe. – Beharren sie aber aller Gegenmittel ungeachtet bei dem Begehren, so darf dann der Staat ihre Scheidung nicht länger verhindern. Eine freie Vereinigung ist die Ehe, durch freie Wahl wird sie geschlossen, durch freie Zustimmung nur kann sie bestehen, durch freiwillige Übereinkunft muß sie auch wieder getrennt werden können.«

Wenn nun der Gerechtigkeit alle andern Rücksichten weichen müssen, so hätte man eigentlich gar nicht nöthig, sich noch viel um politische Gründe zu bekümmern.

Allein auch das einzige Bedenken, welches man in dieser Beziehung aufwerfen könnte,

daß nämlich dadurch nicht nur die Ehescheidungen zu sehr erleichtert und vermehrt, sondern auch überhaupt die Begriffe von der Heiligkeit des Ehebandes im Volke immer mehr untergraben werden würden,

ist höchst unbegründet.

Auch hat die Kirche in den ersten Jahrhunderten die Untrennbarkeit der Ehen nicht behauptet. Denn die Röm. Gesetze blieben neben ihr in Kraft. Dies geschah erst, nachdem die Ehe zuerst vom heil. Augustinus und definitiv von der Trienter Synode, in dem Sinne wie Taufe und Abendmahl, für ein Sakrament erklärt war, wo man sogar, als die durchaus unvermeidliche Scheidung von Tisch und Bett eingeführt wurde, gegen den ausdrücklichen Ausspruch Christi leugnete, daß die Ehe wegen Ehebruchs getrennt werden könne, und ihm unterschob, daß auch er nur die Scheidung von Tisch und Bette gemeint habe!

Man könnte noch fragen, ob es schon jetzt an der Zeit sey, die Wahrheit in ihr Recht einzusetzen, ob die Preuß. Gesetzgebung, die den ersten Schritt dazu gethan hat, indem sie die Scheidung aus Übereinkunft wenigstens bei kinderlosen Ehen nachließ, nun auch den zweiten thun soll.

Aber wenn man zugiebt, daß der direkte Zwang im Fall gegenseitiger Einwilligung unmoralisch und widerrechtlich ist, so muß diese Frage schon als Frage ungereimt erscheinen. Überdem sind andre Gesetzgebungen, und zwar grade in katholischen Ländern, dem A. L. R. auf dem von ihm zuerst betretenen Wege längst vorausgeeilt. Denn nicht nur war nach dem Code Napoleon die Scheidung aus gegenseitiger Übereinkunft erlaubt, sondern auch die Österreichische Gesetzgebung gestattet sie den Protestanten ausdrücklich. (§ 115.) Ferner sind die aufgeklärten Stimmen des Zeitalters darüber einig, und endlich liegt darin nicht einmal eine Neuerung, da diese Art der Scheidung schon jetzt gestattet ist, nur auf eine betrügliche den Gesetzgeber, freilich mit seiner eignen guten Erlaubniß, verhöhnende Weise. [. . .]

c) Von den rechtlichen Folgen des unehelichen Beischlafs.

Es beruhet auf den von der gemeinrechtlichen Praxis ausgebildeten Grundsätzen, wenn das A. L. R. die Regel an die Spitze stellt:

§ 1015. Wer eine Person außer der Ehe schwängert, muß die Geschwächte entschädigen und das Kind versorgen,

wie denn auch das Rescr. vom 2ten März 1795. sub No VI. bemerkt, daß das gemeine Recht in dieser Materie im Wesentlichen nicht geändert sey.

Nun sind zwar die Materialien über diesen Rechtstheil bis zum gedruckten Entwurf so lückenhaft, daß nicht nur die Vorarbeiten, sondern sogar der erste Entwurf selber fehlt; die monita der Gesetzkommission über dieselben und deren Revision von *Suarez* betreffen indessen nur einzelne Bestimmungen, und ergeben also, daß man über die Prinzipien nicht uneinig war, welche *Suarez* in einer Note zu dem abgedruckten Entwurf als diejenigen angegeben hat, denen man bei der Redaktion gefolgt sey. Darin sagt er:

»Die Aufhebung der auf den unehelichen Beischlaf gesetzten Strafen, die Aufsicht über Schwangere, und die strenge Ahndung aller Verheimlichungen der Schwangerschaft seyen nicht hinreichend gewesen, dem Kindermord gänzlich vorzubeugen.

Zu dem Ende müsse man die Motive dazu – Furcht vor Schande und erschwerten Unterhalt – so viel möglich vernichten, und dagegen andre erzeugen, welche die Geschwängerte für die Erhaltung des Kindes interessirten.

Es sey also nicht genug, sie bloß für *unbescholten* zu erklären, sondern sie müsse in einen Stand versetzt werden, welchen auch das Publikum für unbescholten ansehe.

Eben so müsse die Geldentschädigung der Größe des Schadens besser als nach bisherigen Vorschriften, proportionirt seyn.

Endlich müsse dieselbe auf den Fall der Entbindung mit einem lebendigen Kinde eingeschränkt werden, damit die Geschwängerte in die Nothwendigkeit gesetzt sey, das Kind am Leben zu erhalten.

Auf der andern Seite müsse dieses jedoch nicht in Aufmunterung zur Hurerei ausarten; denn Personen, welche keine Ehre mehr zu verlieren hätten, würden durch die Furcht vor Schande nicht so heftig zum Kindermord angereizt, und verdienten also auch in dieser Rücksicht weniger Schonung.«

Von ganz andern Ansichten hingegen ist der Code Napoleon ausgegangen, welcher

»Schwängerungsklagen, *außer* dem *einzigen Fall der Entführung,* Paternitätsklagen aber unbedingt, verbietet (art. 340.), dem Kinde nur gegen die Mutter eine Filiationsklage gestattet, und den Vater so lange ignorirt, bis er das Kind in bestimmter Form freiwillig anerkannt hat,

wohingegen es alsdann nicht bloß in subsidium, sondern immer ein Erbrecht hat, das sich nach Beschaffenheit der konkurrirenden Erben mehrt oder mindert (art. 341. 757-758.), nur daß wiederum adulterini und incestuosi nicht mit voller Wirkung anerkannt werden können, sondern nur Unterhalt zu fordern haben; (art. 762.)

Grundsätze, welche der neue Baiersche Entwurf, der jedoch noch nicht zur Gesetzeskraft gelangt ist, fast wörtlich nachgeahmt hat. (I. Buch 7ter Tit. Abschn. 2. Art. 320-328.)

Die Vertheidiger dieser Gesetzgebung sagen:

»Es sey überhaupt ein vergebliches Beginnen, einer Person, die gefallen ist, durch ein Zwangsgesetz wieder zu Ehren verhelfen zu wollen. Der eigentliche Grund ihrer Geringschätzung liege in der Vorstellung, daß sie zu schwach war, keusch zu seyn, und diese Vorstellung bleibe unaustilgbar. Es sey eben so unmöglich, sie wieder zu wahrer Ehre zu bringen, als den Mann, der aus Feigheit verweigerte, sich zu schlagen.

Aus diesem Gesichtspunkt betrachtet, sey die französische Gesetzgebung stärker als die nordische. Die sentimentalen Zwitter zwischen Jungfrauen und solchen, die es nicht sind, mache sie zu keinem Gegenstand ihrer Protektion.

Der Heiligkeit der Ehe und der Sittenreinheit müsse das Gesetz jede kleinliche Rücksicht aufopfern. Um der Verführung den Kopf ganz zu zertreten, müsse dem Verführer kein Mittel gelassen werden, das schwache Herz in Hoffnungen einzuwiegen, müsse diesem kein Hinterhalt verbleiben. Das Weib müsse von dem Gesetz mit Macht darauf zurückgeführt werden, daß sie von der Tugend alles, und ohne sie gar nichts in der Gesellschaft zu erwarten habe.

Eben so zwecklos und leeres Spiegelgefecht seyen alle Paternitätsklagen. Der Richter wolle ein Geheimniß ergründen, das die Natur allmächtig verborgen habe. Treffe er den rechten Vater nicht, so begehe er allemal eine Thorheit und zugleich eine Ungerechtigkeit; der gute Ruf des Mannes, die Ruhe der Familien sey schamlosen Dirnen preis gegeben.

Man brauchte nur einen Blick zu werfen auf das Labyrinth von Recherchen, worin sich selbst das Preuß. Ges. Buch, das vortrefflichste unter allen deutschen, verliere, um der Natur den Schleier zu lüften. Nachdem dasselbe, wenn der Beischlaf geleugnet werde, zu einem Eide die Zuflucht zu nehmen befohlen, setze es fest:

daß dazu vorzüglich derjenige gelassen werden solle, der sich in Vergleich gegen den andern keiner schlechten Aufführung schuldig gemacht hat,

und der Verdacht einer schlechten Aufführung soll diejenigen treffen:

§ 1114. Die eines vorher mit andern gepflogenen Beischlafs überführt sind.

§ 1115. Die unzüchtige Häuser besuchen.

§ 1116. Die mehrmals an einsamen Orten mit verdächtigen Personen betroffen worden.

§ 1117. Die sich unanständige freche Reden, Gebehrden oder Handlungen zur Gewohnheit haben werden lassen.

Welch ein unermeßliches Feld zu schmutzigen und scandaleusen Beschuldigungen und Untersuchungen thue sich hier der Justiz und ihren kostbaren Dienern auf? Und was könne das Resultat seyn?

Sey nicht jede Weibsperson, die unter irgend eine jener vier Kategorien gehöre, eine schamlose Dirne? verdiene sie irgend einen Glauben?

Und auf der andern Seite, wo sey der unter den Stürmen des Lebens gereifte Mann, gegen den nicht irgend ein Stein dieser Art aufgehoben werden könnte?

Die Folgen dieses Prinzips gingen noch weiter; auch dann, wenn eine Frauensperson sich wissentlich mit einem verheiratheten Mann eingelassen haben wolle, dürfe ihr nach gemeinem deutschen Recht die Schwängerungsklage nicht versagt werden. Hier nun liege es in ihrer Hand, das Leben des Gatten und Vaters an den Pranger zu stellen. Sein häusliches Glück sey verloren, er mag schuldig oder unschuldig seyn, denn dazu reiche schon die Lüge hin, wenn sie nur recht frech sey.

Nehme man nun vollends noch hinzu, daß das deutsche Gesetz auch zu Gunsten der feilen Dirnen die Zeit, innerhalb deren der Beischlaf nur ausgemittelt werden darf, auf den enormen Zwischenraum zwischen dem 210ten und 285sten Tage vor der Niederkunft ausgedehnt habe, da doch die Natur nur je zuweilen Fälle solcher Art als Wunder erscheinen lasse, so könne man alles dafür verwetten, daß unter hundert von der Justiz kreirten Vätern fünf und neunzig es nicht sind.

Was könne man dafür wohl noch sagen? Nichts, als etwa, daß das Kind einen Vater haben müsse, um nicht zu verhungern. Dieser Vorwand halte die Probe nicht aus; die Justiz sey kein Findelhaus, kein Hospital und kein Finanzbüreau. Ihr ehrwürdiger Zweck sey Wahrheit und Gerechtigkeit.

Jedes Kind sey überdem ein unschätzbares Kleinod für den Staat, es komme nur auf den Vorschuß an und auf weise Anstalten, ihn zehnfach zurück zu erhalten. Im Kriege, bei dem Feldbau, bei Künsten und Manufakturen entscheide allein die Volksmenge. (Cf. *v. Greveniz* Abweichungen des Code Napoleon S. 89-92, Not.)

Zwischen diesen sich gänzlich widersprechenden Ansichten schwanken nun auch die eingegangenen Revisionsgutachten.

Einige entscheiden sich für den Code Napoleon, andere dringen auf unveränderte Beibehaltung der Prinzipien des A. L. R., und noch andere endlich haben Mittelwege zwischen beiden vorgeschlagen.

I.

Ganz gegen unsere bisherige Gesetzgebung und den frühern usus fori in und außerhalb Deutschland hat sich

1) am ausführlichsten ein Ref. beim O. A. S. des Kammergerichts erklärt, denn

die Absicht, das schwächere Geschlecht gegen die arglistigen Verführungen des stärkern in Schutz zu nehmen,

sey nicht erreicht worden, da diejenigen Weibspersonen, welche sich zu einer Schwängerungsklage entschlössen, ihren eigenen Angaben zufolge selten einer eigentlichen Verführung unterlegen hätten, und selbst die Behauptung eines Eheversprechens meistens im Lauf der Instruktion wieder zurücknähmen. Das A. L. R. komme also weit weniger den verführten als den verworfenen Frauenspersonen zu Statten, und gebe die größte Anreizung zur Unsittlichkeit, Zeugenkorruption, Geringschätzung der Eidschwüre, zu Meineid und Betrug, indem sich dergleichen Weibspersonen von dem Einen durch Geld zum Schweigen bringen ließen, einen Anderen als Schwängerer in Anspruch nähmen, und sich allenfalls mit einem Dritten verheiratheten. Je schamloser sie gelebt, desto leichter werde es ihnen, zum nothwendigen Eide gelassen zu werden. Sollte aber auch ihre Aufführung, deren Beweis nach § 1102. bis 1105. nur auf wenige Fälle beschränkt und schwer zu führen sey, an den Tag kommen, so verlören sie doch nur die Ausstattung oder Abfindung, und behielten die Tauf- und Wochenkosten und die vielleicht seit mehreren Jahren rückständigen, nun auf einem Brette auszuzahlenden Alimente für das Kind, das vielleicht gar nicht mehr existire, und bei verlangter Vorzeigung durch ein erborgtes ersetzt werde. Ihr eigenes Interesse erfordere, recht ausschweifend zu seyn, um allenfalls – nach §§ 619. u. 620. Tit. 2. – mehrere Väter in Anspruch nehmen zu können. – Die nachtheiligen Folgen, welche dies für die Sittlichkeit, besonders auf dem Lande, habe, werden sehr bedeutend geschildert. –

Endlich seyen auch die Kosten bei dem, solchen Personen in der Regel, zustehenden Armenrechte kein Abschreckungsmittel von dergleichen Prozessen.

Sittsame verführte Personen hingegen pflegten schon aus Scham ihre Liebeshändel zu versteckt zu treiben, daß es ihnen an jedem Beweismittel fehle, und ihnen nichts übrig bleibe, als die Eidesdelation. Auch müsse ihnen die gerichtliche Verhandlung des Prozesses fast eben so furchtbar seyn, als die Schande der unehelichen Entbindung selber, daher auch die meisten Kindermörderinnen nicht zu den frechen Dirnen, sondern zu den weniger unsittsamen gehörten.

Eben so wenig werde die Absicht, die Ehen zu befördern, erreicht. Denn wenn auch zuweilen ein Schwängerer aus Furcht vor den Nachtheilen des Prozesses, oder ein Dritter um der Abfindung willen, die der Schwängerer bezahlen müsse, sich zur Ehe mit der Geschwächten entschließe, so würde auch manches Mädchen vielleicht schon von seinem ersten Liebhaber geheirathet worden seyn, wenn sie ihm ernstlichen Widerstand geleistet, und ihn standhaft bis nach der Hochzeit vertröstet hätte, nicht zu gedenken, daß solche durch Furcht oder ehrlosen Eigennutz veranlaßte Ehen in keiner Hinsicht wünschenswerth wären.

Ferner sey auch der Zweck, den Kindern die Existenz zu sichern, und der verführten Mutter und den Armenanstalten die Last der Erziehung zu erleichtern, gänzlich verfehlt. Denn selten könnten die Verklagten, da sie sich gewöhnlich aufs Leugnen legten, zur vorläufigen Deposition von Tauf- und Entbindungskosten angehalten werden, und der Beweis werde gewöhnlich von einem Eide abhängig gemacht, zu dessen Ableistung sich in der Regel beide Theile erböten, und dessen Begründung eine Menge zeitraubender und anstößiger Ausmittelungen nöthig mache. Hiebei wird ein Beispiel angeführt, wo ein Schwängerungsprozeß ohne besonders schuldbare Verschleppung bis zum vollendeten vierzehnten Jahre des Kindes gedauert, und am Ende, wegen Mangels an Exekutionsgegenständen, doch nicht zum Zweck geführt habe. Aber auch in den gewöhnlichsten Fällen müsse die Mutter oder eine öffentliche Anstalt für den Unterhalt des Kindes geraume Zeit hindurch sorgen, da die Erkenntnisse wegen des in der Regel erst abzuleistenden Eides, auch rücksichtlich der Alimente nicht vorläufig, sondern erst nach der Rechtskraft vollstreckt werden könnten. Auch an Exekutionsgegenständen fehle es fast mehrentheils, und die Gerichte, die obenein noch oft in der Exekutions-Instanz Interventionen instruiren müßten, hätten Zeit und Mühe umsonst verloren. Daher geschehe es, daß die solchergestalt entblößten Kinder meistens das Ende des Prozesses nicht erlebten, die wenigen aber, die ihre unglückliche Kindheit überständen, an Geist und Körper verwahrlost, dem Staate mehr schädlich als nützlich würden. Dagegen gereichten die Gesetze den ehelichen Kindern zum rechtswidrigen Nachtheil, da ihnen das entgehe, was der Vater zur Alimentation der unehelichen hergeben müsse, und jene sogar, wenn er in Konkurs verfalle, den unehelichen, die ihre Alimente nach wie vor als Gläubiger erhielten, – § 461. 62. der Konk. O. – nachstehen müßten.

Endlich trügen auch die Vorschriften wenig oder nichts zur Verhütung des Kindesmordes bei, dessen Motive weit öfter, außer der Bewußtlosigkeit des Zustandes, in Gram und Verzweiflung über die Wortbrüchigkeit und Gefühllosigkeit des Schwängerers, in Furcht vor Härte der Eltern oder Herrschaften, und vor Schande, in Verlegenheit wegen *augenblicklicher* Unterbringung des Kindes u. s. w. als in dem Verdruß über die künftig aus eigener Tasche zu zahlenden Wochenkosten und Alimente lägen. Wo dieser der Bewegungsgrund sey, pflege die That nicht am neugebornen Kinde, sondern erst später verübt zu werden, also ein eigentlicher Kindermord nicht vorhanden zu seyn, und wäre derselbe unter der Herrschaft unserer Gesetze seltner, so dürfte der Grund wohl nur in der durch das Kriminalrecht angeordneten Aufsicht der Angehörigen, Hebammen und Behörden zu suchen seyn.

Nach allem diesen verdiene selbst da, wo keine Findelhäuser existirten, die französische Gesetzgebung den Vorzug. Doch will der Referent noch folgende Modifikationen zugestehen, daß außer der Entführung auch noch die Fälle:

1) einer wenigstens bis zur außerordentlichen Strafe erwiesenen Nothzucht, die mit der Konceptionszeit übereinstimmt,

2) eines wenn auch nicht ganz förmlichen doch wenigstens schriftlich und vor zwei tadellosen Zeugen geleisteten Eheversprechens und einer *darauf* erfolgten Schwängerung;

3) eines in gleicher Art erfolgten Anerkenntnisses des Kindes und
4) wenn der Verklagte erweislich mit der Mutter wenigstens 8 Tage hintereinander innerhalb der gesetzlichen Zeit eine gemeinschaftliche Wohnung und Wirthschaft gehabt, *und sie für seine Frau ausgegeben habe*.

In diesen Fällen sollen die unseren bisherigen Gesetzen bestimmten Verpflichtungen des Schwängerers sowohl gegen die Mutter als gegen das Kind, jenachdem die Geschwächte von dem Ehehinderniß Kenntniß hatte oder nicht, beibehalten werden.

Hierdurch werde den größten Übelständen möglichst vorgebeugt, und allmählich eine Art von Konkubinat eingeführt werden, der weniger nachtheilig sey, und eher die Abschließung einer Ehe zur Folge haben werde, als das jetzige noch sittenlosere meistens in Spekulation auf einen abzuleistenden Eid statt findende Zusammen- und Wiederauseinanderlaufen beider Geschlechter.

Faktisch existire überdem eine Art des Konkubinats von jeher bis auf den heutigen Tag, die sogenannte wilde oder polnische Ehe, und wenn dies auch in christlichen Staaten nicht ausdrücklich gebilligt werden könne, so sey es doch sehr rathsam, ihn als das kleinere Übel stillschweigend und unter großen Einschränkungen dadurch zu dulden, daß außer dem Falle der Nothzucht, der Entführung und des beschriebenen Eheversprechens keinem andern Beischlafe, als dem mit einem solchen Beisammenseyn verbundenen, rechtliche Wirkung beigelegt werde.

Werde dies erst bekannt, so würden, außer der Vermeidung so vieler ärgerlicher oft unnützer Prozesse und Meineide, auch die weniger gesunkenen Frauenzimmer eine stärkere Schutzwehr gegen die Verführung erhalten, und die Männer, ohne ihre böse Absicht zu verrathen, gar nicht wagen dürfen, um Gunstbezeigungen zu bitten ohne die Ertheilung jenes Eheversprechens, dessen Formalität oft eine reifliche Überlegung und vernünftige Vorstellungen der zugezogenen Zeugen herbeiführen könne.

Daß manche Mannsperson sich dadurch zu einem übereilten Eheversprechen werde verleiten lassen, könne keinen Nachtheil, sondern nur den Vortheil haben, daß Lüstlinge sich keine Hoffnung mehr machen könnten, sich durch gerichtliche Eide von ihren außergerichtlichen Versprechungen loszuschwören.

Auf der andern Seite könnten sich auch die Weibspersonen nicht über zu große Härte beschweren, weil, wenn sie auch nicht einmal ein solches minder förmliches Eheversprechen für sich hätten, die Vermuthung gegen sie streite, daß sie sich aus Eigennutz oder Wollust hingegeben, in welchem Fall sie keiner besondern Begünstigung würdig wären.

Um nun aber, zur Verhütung des Kindesmordes, auch die Existenz derjenigen unehelichen Kinder, deren Müttern keine Klage beigelegt werden soll, ja mancher ehelichen Kinder armer Eltern, zu sichern, sey die Errichtung von Findelhäusern ganz unerläßlich.

Auch rechtlich folge aus der väterlichen Gewalt, welche der Staat über uneheliche Kinder sich zugesprochen, die Pflicht, nächst der Mutter für das Kind zu sorgen, und diese Sorge nicht durch Nachforschungen nach dem Vater von sich abzuwälzen.

II.

Im direkten Widerspruch hiemit erklärt

1) der Ref. in Königsberg jede Auseinandersetzung,

wie sehr das Franz. Gesetzbuch sich von den Geboten des Naturrechts und der Moral entfernt habe,

für überflüssig, da von Einführung solcher gesetzlicher Dispositionen wohl nicht die Rede seyn könne, wie auch das Rescr. v. 26. Decbr. 1825 voraussetze, da es nur darüber die Gutachten der Behörden erfordert habe, ob *Modifikationen* der Gesetze über die Folgen des unehelichen Beischlafs eintreten sollen.

Allein auch für diese könne man im Allgemeinen nicht stimmen. Zwar weiche das A. L. R. darin vom frühern gemeinen Rechte ab,

daß es der Geschwächten den Beweis durch mehrere rechtliche Präsumtionen erleichtere,

und wenn, wie nicht unwahrscheinlich sey, die harten Strafen auf das bloße factum der verheimlichten Schwangerschaft und Niederkunft gemildert werden sollten, so schwinde freilich damit auch ein großer Theil der Gründe zur Begünstigung der Geschwächten; auch sey nicht zu leugnen, daß, selbst abgesehen hievon, die Motive, welche bei Erlassung der Gesetze vorwalteten,

nämlich Abwendung der Furcht vor Schande und erschwertem Unterhalt,

jetzt nicht mehr durchgriffen. Denn die Sittenverderbniß der weiblichen niedern Klasse sey so hoch gestiegen, daß Furcht vor Schande fast nirgends anzutreffen sey, und den Zweck der Sicherung des Unterhalts verfehlten ohnehin die meisten Schwängerungs-Prozesse wegen Unvermögens der Schwängerer gänzlich.

Dessenungeachtet sey eine Änderung in der Beweistheorie nicht räthlich: denn die *allzugroße* Begünstigung der Geschwängerten liege in der zu laxen Praxis, nicht in den Gesetzen.

2) Die Referenten zu Halberstadt und das O. A. Ger. zu Posen, halten die Vorwürfe, die man unserer Gesetzgebung macht, daß sie die Unsittlichkeit des weiblichen Geschlechts befördere, daß dadurch unschuldige Mannspersonen gefährdet wären, daß der Prozeß die guten Sitten beleidige, und übrigens so unzuverlässig sey, daß die Entscheidung selbst im besten Falle nur auf ungewissen Präsumtionen beruhe,

für sehr unbegründet.

Das Weib nehme in seinen schwachen Augenblicken auf die ihm vom Gesetz bereitete Zukunft keine Rücksicht, und wenn sich hier und da eine tief gesunkene so zu sagen auf Spekulation schwängern lasse, so sey dies nur eine seltene Ausnahme, und durch die Festsetzung in Ansehung solcher Personen, welche die Männer zum Beischlaf verleitet haben, hinlänglich berücksichtigt. Übrigens wären auch die den Geschwängerten zugesicherten Vortheile wahrhaftig kein Reiz, ihretwegen außerehelich Mutter zu werden. In Posen, wo der Code fast 9 Jahre gegolten, habe dies auch die Erfahrung bewiesen; denn die Zahl der unehelichen Geburten habe sich während dieses Zeitraums vermehrt, ungeachtet bei der damaligen schlechten Polizeiverwaltung viele heimliche Entbindungen und Kindermorde gar nicht einmal zur Kenntniß gelangt seyn mögen. Dies sey auch natürlich, denn die Furcht, als Schwängerer in Anspruch genommen zu werden, halte die Begierde der Mannsperson einigermaßen in Schranken, während das Verbot des Code sie dreister und zügelloser mache.

Die Preuß. Gesetze beförderten also die Unsittlichkeit nicht allein nicht, sondern die Aufhebung oder bedeutende Beschränkung derselben würde sie vielmehr befördern.

Das weibliche Geschlecht sey überdem das schwächere und in der Regel das verführte; es müsse daher auch besonders der Fürsorge des Staats empfohlen seyn, und warum solle es für einen Fehltritt *allein* büßen, den es doch nicht allein begangen habe?

Was den Vorwurf der zu laxen Beweislehre betreffe, so sey die Modifikation der allgemeinen Grundsätze hier ganz an der Stelle, da nur höchst selten durch Urkunden oder Zeugen ein direkter Beweis geführt werden könne, die Eidesdelation aber nicht begünstigt werden dürfe, weil die Anreizung zum Meineide nirgends größer, als hier, folglich der Eid als unbeschränktes willkührliches Beweismittel zu gefährlich sey. Übrigens sey der Vorwurf auch nicht einmal gegründet, da doch immer ein vertrauter Umgang nachgewiesen seyn müsse, und auch dann nur auf den Erfüllungseid erkannt werden dürfe, wenn in dem bisherigen Lebenswandel der Partheien Gründe dazu lägen. Jedenfalls sey die Möglichkeit der Verurtheilung eines Unschuldigen nicht größer, als die Möglichkeit, beim Zusammentreffen ganz außerordentlicher Umstände unschuldig wegen eines Verbrechens verurtheilt zu werden.

Die Anstößigkeit mancher solcher Prozesse endlich, die sich zwar nicht ableugnen lasse, liege nicht in dem Prozeßverfahren, sondern in der Denkungsart der Partheien, welche wider ihre Überzeugung behaupten oder leugnen, und darunter könne man den aufrichtigen und unschuldigen Theil nicht leiden lassen. Dergleichen das sittliche Gefühl verletzende Untersuchungen könnten auch in anderen Civilprozessen nicht immer vermieden werden, und selbst das Franz. Gesetz müsse die Untersuchung der ehelichen Vaterschaft nachgeben, wenn der Ehemann sie bestreitet.

Die Unzuverlässigkeit solcher Prozesse in vielen Fällen müsse man zwar auch eingestehen; allein diese sey auch schon hinlänglich berücksichtigt, indem in solchen sehr zweifelhaften Fällen die Ansprüche der

Geschwängerten gar sehr beschränkt (§ 1107.), die Ansprüche des Kindes auf Alimente aber so dringend und unabweislich wären, daß selbst eine bloße Präsumtion berücksichtigt werden müsse.

III.

Zu denjenigen, welche einen Mittelweg einschlagen wollen, gehört:

1. Ein Ref. beim O. A. S. des K. Gerichts. Er meint, so lange keine Findelhäuser angelegt wären, könne von einer Änderung in den Rechten der unehelichen Kinder wohl nicht die Rede seyn, wie er denn selber im Herzogthum Warschau zur Zeit des Code Napoleon mehr als einmal uneheliche Mütter mit ihren Kindern unter freiem Himmel liegen, und fast umkommen sehen. Es scheine aber gar nicht an der Zeit, das Volk zu neuen Lasten für Findelhäuser anzuziehen, welche überdem der Frivolität Vorschub leisten, und die unehelichen Geburten vermehren würden.

Allein auch in Hinsicht der Rechte der Geschwängerten würde es wenigstens in den östlichen Landestheilen die Pietät des Volkes immer verletzen, wenn der stärkere Mann das schwächere Weib sorgenlos verführen und ins Unglück sollte bringen können.

Dieser Referent will daher nur folgende Modifikationen eintreten lassen:

1) Nur Weibspersonen, die sich wissentlich mit einem verheiratheten Mann eingelassen, sollen für ihre Person *jeder* Art von Entschädigung verlastig seyn. (§ 1028. seq. § 1072.)

Denn eine solche sey Miturheberin des Ehebruchs, und selbst bei der niedrigsten Volksklasse tief verachtet, ja verspottet, und die übrige scheinbare Härte rechtfertige sich, wenn auch nicht aus Rücksicht auf den Mann, doch aus Rücksicht auf die unschuldige Frau und die rechtmäßigen Kinder.

2) Soll überall, auch in Rücksicht des Kindes, nur die allgemein gültige Beweisführung (§ 1106.), insbesondere keine Ausmittelung über den Lebenswandel des Mannes, statt finden, ferner nur dem Manne, oder dem curator des Kindes de ignorantia, niemals aber der Geschwächten ein Eid aufgelegt werden.

2. Der Ref. in Naumburg ist zwar der Meinung, daß die gänzliche Verbannung der Schwängerungsklagen, wie im Code, der deutschen Gutmüthigkeit niemals zusagen werde, daß aber doch nur

1) eine *unter* dem *Versprechen* der Ehe Geschwängerte Abfindung sollte fordern können.

»Denn außer diesem Fall habe sie freiwillig den Ehrenkranz abgelegt, und nach den Gesetzen der Sinnlichkeit eine Naturkraft geübt, was ihr weder nach der misanthropischen Ansicht des ältern Rechts zur Strafe (Kirchenbuße), noch auch nach der übergünstigen Bestimmung des neuern zur Belohnung angerechnet, oder als Rechtsgrund einer Entschädigung aufgestellt werden könne. Volenti non fit injuria, dies heiße weibliche Zucht und Ehrbarkeit gesetzlich verhandeln.

Ein vorhergegangnes Eheversprechen hingegen gebe der Geschwängerten das Recht, zwar nicht die Ehelichung – denn ein so unförmliches Ehegelöbniß, dessen Tadelhaftigkeit dem weiblichen Theil jedenfalls sehr wohl einleuchte, begründe so große Ansprüche nicht – wohl aber eine billig mäßige Abfindung zu verlangen.

2) Zu den Tauf- und Wochenkosten sollen beide Theile beitragen.

3) Die Alimentation des Kindes liege nach dem Naturgesetz, das hier entscheiden müsse, beiden Eltern gleichmäßig ob.

Zur Einziehung dieses Beitrages aber bedürfe es gegen den Schwängerer keines förmlichen Prozesses, sondern nur einer Resolution des Vorm. Gerichts, nach summarischer Erörterung ohne Rechtsmittel und ohne Eid. Willkühr der Entscheidung sey dabei nicht mehr zu befürchten, als bei der Entscheidung des Richters, da ja auch für diesen ein juristischer Beweis der Befruchtung unmöglich sey, und nur die Präsumtion entscheide. Übrigens müsse die exceptio plurium interessentum mit der Wirkung zulässig seyn,

daß die mehrern Zuhalter in solidum zur Leistung des Beitrages angehalten werden können.

Der große Vortheil des Verfahrens aber liege darin, daß es ohne alle Kosten der Geschwächten und dem Kinde die *bereiteste* Hülfe verschaffe, und daher dem Kindermorde am wirksamsten steuere, auch das Ärgerliche einer gerichtlichen Verhandlung über Unzüchtigkeiten und die Profanirung des Eides verhindere.«

Bei diesem Widerstreit der Meinungen ist es bemerkenswerth, daß die Litteratur darüber nicht reichhaltiger ist. Wenigstens habe ich außerdem keine Schrift ausmitteln können, welche diesen Gegenstand in legislativer Hinsicht besonders behandelte. Indessen dürfte das bisher Zusammengestellte hinreichen, um den status controversiae zu übersehen.

Ob sich nun die Grundsätze des A. L. R., oder die entgegengesetzten der französischen Legislation, von Recht und Wahrheit entfernen, darüber scheint schon der Umstand zu Gunsten der erstern zu sprechen, daß sie sich durch eine Praxis von mehreren hundert Jahren gleichförmig, wie von selbst, ausgebildet, während das entgegengesetzte System auf bloßem freiem Raisonnement beruht.

Aber auch auf dem Wege des letztern scheint man nicht dahin kommen zu können, wohin die Gegner des A. L. R. wollen, wofern man sich nämlich von *rechtlichen* Gründen leiten läßt. Der einzige bedeutende neuere Philosoph, der sich auch über diesen Gegenstand verbreitet, stellt vielmehr folgende Sätze auf:

»Entweder ist der Fall der, daß das Weib sich dem Willen des Mannes unterwerfe, ohne daß er ihr etwas bezahle oder verspreche, oder ohne daß auf irgend eine Weise ausdrücklich erklärt werde, ihre Unterwerfung geschehe *nicht* aus Liebe; so ist anzunehmen, sie sey aus Liebe geschehen. Daß sie nicht aus Gewinnsucht geschehen ist, liegt klar am Tage; daß sie aus Wollust geschehen sey, ist ohne Beweis nie vorauszusetzen, weil es gegen die Natur des Weibes ist. Es müßte ausdrücklich nachgewiesen werden, daß sie dafür bekannt sey, sich jedem hinzugeben. – Aber Unterwerfung aus Liebe begründet die Ehe. – Es ist sonach zwischen diesen beiden Personen eine Ehe wirklich vollzogen, auch ohne ausdrückliches Eheversprechen. Wenn dies dabei vorgekommen ist, so versteht es sich ohnedies von selbst. Es fehlt nur noch an der öffentlichen Anerkennung dieser Ehe, an der Trauung. Diese ist der Staat dem Weibe schlechthin schuldig; denn er ist schuldig, ihre Ehre, als das Recht ihrer Persönlichkeit, zu schützen. Sie selbst hat, der Voraussetzung nach, ihrer Ehre nichts vergeben, also darf auch der Staat derselben nichts vergeben. Der Mann kann mit Zwang zur Trauung angehalten werden. Er wird nicht etwa zur Ehe gezwungen, denn diese hat er schon wirklich geschlossen, sondern nur zur öffentlichen Erklärung seiner Ehe. Ist eine unüberwindliche Abneigung bei ihm, oder giebt es andere Gründe, die die Fortsetzung der Ehe erschweren, so kann er nach der Trauung wieder geschieden werden, und diese Scheidung wird ganz nach den Gesetzen der Ehescheidung überhaupt behandelt. Die Frau und das Kind trägt seinen Namen, und sie ist völlig anzusehen wie eine Geschiedene.

Oder der Fall ist der: es kann der Geschwächten nachgewiesen werden, daß sie vorher oder hinterher es mit Andern gehalten, oder daß sie sich um einen Preis gegeben habe. Im letztern Falle muß klar seyn, daß sie ausdrücklich auf ihre Persönlichkeit diesen Preis gesetzt, und nur in der Erwartung desselben, oder nachdem sie ihn schon hatte, sich hingegeben. Hat sie bloß bei anderen Gelegenheiten Geschenke von dem Geliebten angenommen, so beweist das nichts gegen ihre Tugend. – Kann der Weibsperson dieser Beweis geführt werden, so ist sie eine Entehrte und hat keinen Schutz bei der Obrigkeit, denn diese kann nicht eine Ehre schützen, welche gar nicht vorhanden, sondern von ihrer Besitzerin selbst aufgegeben ist. (*Fichte's* Naturrecht.)

Diese Deduktion enthält ganz die Prinzipien, von welchen die Bestimmungen des A. L. R. regiert werden.

Die Rechtsregel: nemini datur actio nisi ex honesta causa, die man dagegen aufstellt, enthält m. E. eine petitio principii, indem sie die inhonestas causae als erwiesen voraussetzt; daß aber eine Frau, die dem Manne schon vor der Hochzeit gestattet, was der Strenge nach erst nachher erlaubt ist, darum allein noch keine Entehrte ist, darüber braucht man sich nur auf die allgemeine Meinung zu berufen; denn einen strengern Maaßstab bei der rechtlichen Beurtheilung, was causa honesta sey, abzulegen, würde zu dem absurden Resultat führen, aus keiner andern Handlung Klagen zu gestatten, als die durch und durch für rein sittlich zu halten sind.

Eben so unpassend ist der Einwand: volenti non fit injuria, da ja die Entschädigungsklage nur unter der Voraussetzung gegeben ist, daß die Einwilligung *in die Schande* fehlte.

Auf die falsche Anwendung dieser beiden Rechtsregeln reduzirt sich aber, wie die extrahirten Vota zeigen, alles, was man *rechtlich* für die gänzliche Aufhebung der Entschädigungsklagen angeführt hat, die ich daher für schlechthin widerrechtlich halten würde.

Unter diesen Umständen verdienen die politischen Gründe eigentlich gar keine Beachtung; indessen wenn man zugiebt, daß die Verleitung zum außerehelichen Beischlaf in der Regel von den Männern, als angreifendem Theil, ausgeht, der umgekehrte Fall hingegen nur die in nichts verschwindende Ausnahme bildet, so könnte es unmöglich zur Beförderung der guten Sitten gereichen, wenn man grade von demjenigen Theil, der von Natur am meisten geneigt ist, dagegen zu verstoßen, alle nachtheiligen Folgen abwälzen wollte; denn daß dadurch der Widerstand auf Seiten der Weiber verstärkt werden würde, ist eine Täuschung. Zuvörderst wäre das Übel, welches in der Ausschließung aller Ansprüche aus der Entehrung für sie entstände, nur eine unbedeutende Zugabe zu den sie ohnehin treffenden natürlichen Nachtheilen; und dann handeln sie in dem vorausgesetzten Fall, in welchem allein eigentliche Entschädigungsklagen stattfinden sollten, mit so beschränkter Willensfreiheit, daß die Abwägung der nachtheiligen Folgen ausgeschlossen wird, folglich die Verstärkung derselben zu nichts führen kann. Vielmehr muß man sie vor der Gefahr zu schützen suchen, in solche Zustände versetzt zu werden. Das männliche Geschlecht hingegen geht meistens mit vorhergefaßten Absichten zu Werke, die von Zuständen, in welchem eine Überlegung der Folgen möglich ist, unterbrochen werden. Daher werden bei ihm die gesetzlichen Nachtheile, welche bei den Weibern ihren Zweck verfehlen müssen, gar wohl von Wirkung seyn, und wenn dies aus der Erfahrung geleugnet wird, so ist sie nur aus den niedrigsten Ständen geschöpft, die nichts zu verlieren, folglich keinen Nachtheil zu fürchten haben.

Was hienächst die Paternitäts- und Alimentenklagen der unehelichen Kinder betrifft, so wird darüber kein Streit seyn,

daß an Aufhebung derselben nicht zu denken ist, bevor nicht hinreichende und durchgreifende Anstalten zur Ernährung der unehelichen Kinder wirklich getroffen sind,

da kein Vernünftiger das weniger Brauchbare wegwirft, bevor er etwas Brauchbareres an dessen Stelle angeschafft hat.

Der Antrag auf Errichtung solcher Anstalten könnte aber von der Kommission zur Revision der Gesetze nur dann ausgehn, wenn sich zeigen ließe,

daß der Staat *rechtlich absolut verbunden* wäre, alle unehelichen Kinder *principaliter* auf seine Kosten zu ernähren.

Der einzige juristische Grund, der dafür aufgestellt worden ist, geht darauf hinaus, daß es unmöglich sey, der Natur den Schleier zu lüften, und daß der Richter nur über solche Gegenstände sprechen dürfe, die nicht über menschliche Erkenntniß hinausliegen, sondern wenigstens möglicherweise zur Gewißheit gebracht werden können, weil sonst die Gefahr einer Ungerechtigkeit zu groß sey.

Dagegen ist aber schon von Andern mit Recht angeführt worden,

daß alsdann die Regel: pater est quem nuptiae demonstrant, ebenfalls rechtswidrig, folglich der Staat auch für Ernährung aller *ehelichen* Kinder principaliter verbunden seyn würde,

da in Beziehung auf diese nur die *Wahrscheinlichkeit* der Vaterschaft im *Allgemeinen* größer ist, die Gewißheit aber eben so gut fehlt.

Die bloße Erfahrung endlich, unter welcher Art von Gesetzgebung die meisten unehelichen Geburten vorkommen mögen, dürfte wenig entscheiden. Zufolge der Beilage zur Staatszeitung No. 216., 1830., sind nach einem 11jährigen Durchschnitt (v. 1819-1829.) auf die Million lebender Einwohner jährlich an unehelichen Kindern geboren worden:

1) in Preußen u. Posen.	2) in Branden- burg u. Pommern.	3) in Schlesien u. Sachsen.	4) in West- phalen u. den Rheinlanden.
2407	3096	3162	1465

Dies Resultat scheint dem A. L. R. sehr ungünstig.

Allein es ist weder möglich, die Anzahl der unehelichen Geburten überall mit gleicher Sicherheit auszumitteln, weil dies von der größern oder geringern Aufmerksamkeit der Polizei abhängt, noch von dieser Anzahl einen Schluß auf den sittlichen Zustand eines Landes zu machen, indem grade die sündhaftesten Ausschweifungen keine Beiträge zur Bevölkerung liefern. Wäre es aber auch ausgemittelt, ob in der Wollust hier oder da mehr ausgeschweift wird, so sind hierauf Klima, Volksnaturell, weltgeschichtliche Ereignisse und unzählige andre Umstände dergestalt von Einfluß, daß man jedes nur einigermaßen reine Resultat, wie viel davon auf Rechnung der Gesetzgebung zu schreiben sey, die jedoch jedenfalls den kleinsten Antheil daran haben dürfte,

für unmöglich erkären muß.

A priori hingegen und nach der Natur der Sache muß man, wie gesagt, nothwendig annehmen, daß die Befreiung des männlichen Geschlechts von allen rechtlichen Nachtheilen des außerehelichen Beischlafs mehr zur Gefährdung der Sittlichkeit gereiche, als unsre bisherigen Legislation.

Nach allem diesem richte ich meinen Antrag dahin:

daß im § 1015. aufgestellte Generalprinzip unverändert stehn zu lassen.

Nr. 18

Diskriminierung der Frauen im Vereins- und Presserecht

a) Gesetz vom 11. März 1850, über die Verhütung eines die gesetzliche Freiheit und Ordnung gefährdenden Mißbrauchs des Versammlungs- und Vereinigungsrechtes. (Ges.-Samml. S. 277.)*

§ 8. Für *Vereine*, welche bezwecken, *politische* Gegenstände in Versammlungen zu erörtern, gelten außer vorstehenden Bestimmungen nachstehende Beschränkungen:

a) sie dürfen keine Frauenspersonen, Schüler und Lehrlinge als Mitglieder aufnehmen;

b) sie dürfen nicht mit anderen Vereinen gleicher Art zu gemeinsamen Zwecken in Verbindung treten, insbesondere nicht durch Komite's, Ausschüsse, Central-Organe oder ähnliche Einrichtungen oder durch gegenseitigen Schriftwechsel.

Werden diese Beschränkungen überschritten, so ist die Ortspolizeibehörde berechtigt, vorbehaltlich des gegen die Betheiligten gesetzlich einzuleitenden Strafverfahrens, den Verein bis zur ergehenden richterlichen Entscheidung (§ 16.) zu schließen.

Frauenspersonen, Schüler und Lehrlinge dürfen den Versammlungen und Sitzungen solcher politischen Vereine nicht beiwohnen. Werden dieselben auf die Aufforderung des anwesenden Abgeordneten der Obrigkeit nicht entfernt, so ist Grund zur Auflösung der Versammlung oder der Sitzung (§§ 5. 6.) vorhanden.

§ 16. Wenn ein politischer Verein die in § 8. zu a. und b. gezogenen Beschränkungen überschreitet, so haben Vorsteher, Ordner und Leiter, die diesen Bestimmungen entgegen gehandelt haben, eine Geldbuße von fünf bis funfzig Thalern oder Gefängniß von acht Tagen bis zu drei Monaten verwirkt. Der Richter kann außerdem nach der Schwere der Umstände auf Schließung des Vereins erkennen. Auf diese Schließung muß erkannt werden, wenn Vorsteher, Ordner oder Leiter sich wiederholt strafbar gemacht haben.

Wer sich bei einem auch nur vorläufig (§ 8.) geschlossenen politischen Vereine als Mitglied ferner betheiligt, wird mit Geldstrafe von fünf bis zu funfzig Thalern oder Gefängnißstrafe von acht Tagen bis zu drei Monaten belegt.

Wer der Vorschrift des § 8. a. entgegen sich als Mitglied aufnehmen läßt, hat eine Geldbuße von fünf bis zu funfzig Thalern verwirkt.

* Zit. n.: Schering, *Nachtrag zum Allgemeinen Landrecht für die Preußischen Staaten,* II. Nr. 637.

Wenn die Polizeibehörde einen politischen Verein vorläufig geschlossen hat (§ 8.), so ist sie gehalten, binnen acht und vierzig Stunden nach der Schließung davon und von den Gesetzwidrigkeiten, welche zur Schließung Anlaß gegeben haben, der Staatsanwaltschaft Anreize zu machen. Findet die Staatsanwaltschaft die angeblichen Gesetzeswidrigkeiten nicht geeignet, eine Anklage darauf zu gründen, so hat die Ortspolizeibehörde auf die ihr durch die Staatsanwaltschaft binnen weiterer acht Tagen zu ertheilende Nachricht die Schließung des Vereins aufzuheben. Anderenfalls muß die Staatsanwaltschaft ebenfalls binnen acht Tagen entweder die Anklage erheben oder binnen gleicher Frist die Voruntersuchung beantragen. Alsdann ist vom Gerichte sofort Beschluß darüber zu fassen, ob die vorläufige Schließung des Vereins bis zum Erkenntnisse in der Hauptsache fortdauern soll.

§ 21. Auf die durch das Gesetz oder die gesetzlichen Autoritäten angeordneten Versammlungen und die Versammlungen der Mitglieder beider Kammern während der Dauer der Sitzungsperiode finden die vorstehenden Bestimmungen keine Anwendung.

Wahlvereine unterliegen den Beschränkungen des § 8. nicht.

b) W. Lüders, *Die Frauen und das preußische Vereinsgesetz*[*]

Das preußische Volk ist durch ein Vereinsgesetz beglückt worden, das, vollkommen würdig des constitutionellen Polizeistaats, eine polizeiliche Bevormundung der Vereine einführt. In der Abend-Sitzung vom 16. Febr. d. J., in Zeit von wenig Stunden hat die Minoritätskammer, der sogenannte Dönshofsklubb in Berlin, über eins der wichtigsten Volksrechte, das *Vereinsrecht,* berathen, oder richtiger, wie die Berliner »Abendpost« sagt »unterdrückt, ja gemordet.«

Nach diesem Vereinsgesetz dürfen Schüler und Lehrlinge nicht in die Vereine aufgenommen werden, *Frauen* und *Minderjährige* dürfen weder aufgenommen werden, *noch den Versammlungen beiwohnen*. Die Frauen sind also durch dies Vereinsgesetz den Unmündigen gleichgestellt. Diese rohe und brutale Anschauungsweise der preußischen Gesetzgeber, diese Herabwürdigung des weiblichen Geschlechts durch die Beschlüsse der constitutionellen Ja-Herrn, ist in jeder Beziehung eine unseres Jahrhunderts und einer aufgeklärten, civilisirten Nation unwürdige. Diese Zurücksetzung, diese Herabwürdigung der Frauen, die gleich einem Paria-Geschlechte durch die preußischen Gesetzgeber der heiligsten Menschenrechte beraubt werden, frappirt um so mehr, da Preußen so gern der »Staat der Intelligenz« sein will. Dies Vereinsgesetz zeugt aber eben nicht von Intelligenz, noch viel weniger von Humanität, so daß von einem preußischen Humanitätsstaate nicht die Rede sein kann. Da unsere Zeit

[*] In: *Frauen-Zeitung*, 1850, Nr. 20.

der Entwickelung humaner, reinmenschlicher Verhältnisse zustrebt, so ist dies Gesetz ein Beweis, wie sehr wenigstens die Constitutionellen in Preußen noch zurück sind, und daß sie hinsichts der Bildung sehr niedrig stehen, daß diese Staatsretter nicht zu den gebildeten Menschen gehören. –

Die letzte Beschränkung des theuer erkauften Versammlungsrechts ist das Ärgste, was man thun konnte, heißt es in einem mit »Hermine« unterzeichneten Artikel der »Abendpost«, einer Berliner demokratischen Zeitung (v. 9. März 1850). »Man will, fährt Hermine fort, der Frau den Besuch der Vereine wehren und weshalb? Ja weshalb!? Welche unschuldige Frage, im 19. Jahrhundert unter dem Ministerium Brandenburg-Manteuffel nach Gründen zu fragen! Was denken diese Kammer-Herren, fürchten sie etwa die Frau? Fürchten sie, wir blicken ihnen zu tief in die Karten und betheiligen uns bei einer möglichen deutschen Volkserhebung? Fürchten sie, das Weib seinen häuslichen Pflichten und Obliegenheiten zu entziehen, wollen sie die Frau nur in der Küche und Kinder-Stube sehen, verlangen sie, die Frau solle eine todte Arbeitsmaschine sein? Das wird ihnen nicht gelingen! Die Frau hat so gut wie der Mann fünf Sinne, so gut wie er Geist und Verstand, und wenn auch viele Frauen nicht in dem Maaße Geist und Verstand gebildet haben, wie der Mann, so hat dafür die Frau eine um so treffendere, schärfere Beurtheilungsgabe, ihr wird daher das, worüber der Mann erst nachdenken muß, in einem Moment klar, sie durchdenkt es schnell und bildet sich eben so schnell ihr Urtheil! Aber was fürchten denn diese Herren eigentlich? Fürchten sie die Frau, weil sie ohne Furcht nicht leben können? Fürchten sie die Frau, weil sie kein gutes Gewissen haben? – – Nicht ohne Grund wollen sie die Frauen fern halten von den Vereinen; diese Kammer-Herren haben Gründe, tiefe Gründe! Sie fürchten, die Frau könne ihre Gewalt über den Mann geltend machen; sie fürchten, daß durch ihre Mitwirkung, ihre Ermuthigung, ja durch ironische Äußerungen Schaam in dem Manne erwacht, und er um so eher ermuthigt und mit Ernst, Ausdauer und Festigkeit die endliche Einlösung der königlichen Versprechungen fordert. *Sie fürchten in der Frau die Mutter des kommenden Geschlechts! die Stamm-Mutter eines neuen Zeitalters!* Und mit Recht! Die deutsche Frau weiß, was sie der Gegenwart, was sie der Zukunft, sie weiß, was sie dem großen deutschen Vaterlande schuldig ist! Sie hat ihre Aufgabe und Pflicht erkannt, und wird trotzdem, daß sie nicht mehr den Besprechungen der Männer beiwohnen kann, jeden neuen Gewaltstreich der Uibermüthigen erkennen, und treu im Gedächtniß bewahren. Wenn jene Herren glauben, dadurch der Frau die Nahrung für den politischen Geist zu entziehen, so irren sie, dann müßten sie die Macht haben und das Lesen aller politischen Blätter und Schriften zu verbieten, und diese Macht haben sie trotz all' ihrer Gewaltthaten noch nicht; dann müßten sie uns in jene romantische Zeit des Mittelalters zurückversetzen können, wo noch kein Mann mit einer Frau von wichtigen und politischen Sachen redete, wo der galante Mann nur Schmeicheleien für die Frau hatte; aber aus jener Zeit sind wir herausgewachsen, und der Mann hat erkannt, daß die Frau andere Sachen lieber hört, als Schmeicheleien oder Lügen; der Mann hat den Werth des Weibes erkannt, und hält es für würdig, ihm rathend zur Seite zu stehen. Könnten jene Herren uns selbst diese Quellen unseres Wissens rauben, so bleiben uns noch unsere Gedanken, und Gedanken sind und bleiben ewig zollfrei, trotz aller »rettenden Thaten«, Belagerungszustände, Octroyirungen und selbst trotz diesem Vereinsgesetz! –

Nein, wir, die deutschen Frauen haben erkannt, daß wir allein es nur sind, welche dem kommenden Geschlecht die große Aufgabe klar vor Augen führen können, daß wir allein nur die wahre Begeisterung in der Seele der zartesten Kinder erwecken können, *daß in unserer Hand die Zukunft der deutschen Freiheit liegt.*«

So weit Frau Hermine im Feuilleton der Berliner demokratischen »Abendpost.« Daß das Ministerium der rettenden Thaten mit seinen constitutionellen Jasagern gute Gründe hatte, die Frauen von dem Besuche der Vereine auszuschließen, durch Unterdrückung der Menschenrechte der Frauen für die Staatsrettung zu wirken, liegt auf der Hand. Ja – diese constitutionell-preußischen Staatsretter fürchten den Einfluß, die Bedeutung, die Gewalt der Frauen über die Männer, sie fürchten die Begeisterung, den Enthusiasmus, die hingebende Aufopferung der Frauen. Die Geschichte sagt diesen preußischen Staatsrettern, daß die Frauen aller Nationen bei ihrer leichten Empfänglichkeit für neue Ideen, bei ihrer Auffassungsgabe, bei der Begeisterung, deren sie fähig sind, in Revolutionen und weltbewegenden, das Alte umstürzenden Krisen von großem Einfluß gewesen sind. So in der englischen und französischen Revolution; so sehen wir die Frauen der Spanier, der Italiener, der Polen und der Ungarn in den Freiheitskämpfen begeistert und begeisternd für die Freiheit ihres Volkes wirken. Die preußischen Staatsretter fürchten mit Recht dasselbe von den deutschen Frauen. Sie hoffen dies zu verhindern, indem sie die Frauen von der Theilnahme am dem öffentlichen Leben ausschließen, sie aus den Vereinen verbannen, sie zu klösterlicher Abgeschiedenheit verdammen, in Küche und Kinderstube kaserniren. Durch diese Zurücksetzung, durch diese Mißhandlung des schönen Geschlechts haben die preußischen Staatsretter im Grunde nur sich selbst blamirt, ihre Schwäche verrathen, indem sie indirect durch die Bedeutung, die sie dem Einfluß der Frauen, ihrer Theilnahme am öffentlichen Leben zugestehen, diese auszeichnen und ehren, indem sie von den Frauen für den Bestand ihrer »rettenden Thaten« fürchten.

Diese Anerkennung, die ihnen von den constitutionellen preußischen Staatsrettern zu Theil wird, ist für die Frauenwelt höchst ehrenvoll und schmeichelhaft. Die Frauen wissen nun, daß man trotz des »herrlichen

Kriegsheeres« sie fürchtet, ihren Einfluß zu untergraben sich bemüht, ihre Theilnahme an dem öffentlichen Leben, an Vereinen für höchst gefährlich hält. Sie werden durch diese inhumane Zurücksetzung, durch diese Beschränkung ihrer Menschenrechte von Polizeiwegen nur um so mehr veranlaßt werden, ihren Einfluß für die humane Gestaltung der Gesellschaft geltend zu machen.

Es ist schon früher und öfter hervorgehoben, daß die preußischen Gesetze im Vergleich mit den französischen etwas rohes, brutales in ihrer Ausdrucksweise haben. So fand sich in dem seligen, durch die Revolution begrabenen preußischen Strafgesetzentwurf sehr häufig das feinere Ohren verletzende Wort: *Frauensperson,* dessen Gebrauch in gebildeter Sprache entschieden zu mißbilligen ist, und von einer gewissen Rohheit zeugt. Es ist beschämend für uns Deutsche, wenn wir sehen, daß die deutsche Sprache in den ehemals preußischen Landestheilen, während der französischen Herrschaft mit feinerem Gefühle in öffentlichen Verordnungen gehandhabt wurde, als unter preußischer Verwaltung. Die damals unter französischer Herrschaft erlassenen Gesetze und Verordnungen athmen einen humanen, urbanen Geist, der brutale, grobe preußische Kanzleistyl ist ihnen fremd, sie sprechen weder von *Frauens*- noch von *Weibs*personen, wie die preußischen Gesetze, deren Verfasser damit bekunden, daß sie alles feinen Gefühls, edler Sitte baar und ledig sind.

Die plumpe, altpreußische Manier, mit der man die Frauen aus dem öffentlichen Leben verbannt, muß verletzen, erbittern, Opposition unter den Frauen hervorrufen, und das Gegentheil von dem hervorrufen, was die preußischen Staatsretter beabsichtigen. Zum Beweise dessen theilen wir schließlich aus der »westphälischen Zeitung« noch folgenden *Protest* mit, den westphälische Frauen gegen das von der preußischen Minoritätskammer beschlossene Vereinsgesetz erhoben haben:

»Wir protestieren gegen den unhöflichen Ausdruck *»Frauenspersonen«,* wir protestiren gegen die Vermischung und Gleichstellung mit Minderjährigen und Unmündigen. Ihr gestattet ja Euern Frauen den Zutritt zu Euern Clubbs (Kammern), sie können da sehen und prüfen, ob Ihr da schlaft oder wacht, ob Ihr Wort haltet oder nicht, ob Ihr gerade steht oder Euch krümmt und biegt, ob Ihr Männer seid oder nicht; nun! wenn die Probe schlecht ausgefallen ist, wenn Euere Frauen den Respect vor Euch verloren haben, dann mögen sie Grund dazu haben, das ist aber eine Familien-Angelegenheit, macht es unter Euch ab, oder schließt Ihr Minoritätsmenschen Euern Minoritätsfrauen die Thür Euerer unerquicklichen Kammern vor der Nase zu. Wir aber, die große Majorität, wir haben Euch weder unsere Stimmen noch unsere Vollmacht gegeben, uns alles und jedes Recht weg zu octroyiren, zu revidiren und zu botschaften; wir gehen hin, wo unsere Männer hingehen, wir wollen sehen, wo sie bleiben, hören, wie sie reden und stimmen, und Aufsicht führen über unsere Männer, die Ihr unter allen und jeden Constabler stellt und herabwürdigt.

Ihr Minoritätsmänner wagt es nicht, Euern Minoritätsfrauen allein Vorschriften und Befehle zu decretiren, Ihr steht unterm Pantoffel, und Euere Weiber würden Euch nicht gehorchen, darum dehnt ihr die Gesetze Euerer Minoritätskammer auf das ganze Geschlecht aus. Wir lassen uns unsere Errungenschaften aber nicht fort octroyiren von so ungalanten Männern, die keine Sitte und Lebensart haben, und so roh und ungeschliffen gegen unser Geschlecht verfahren, uns *Frauenspersonen* nennen, uns mit unmündigen und unzurechnungsfähigen Geschöpfen zusammenstellen. Wir protestiren gegen alle Euere Beschlüsse und Gesetze, wir protestiren!«

Ein Protest, der in den Herzen aller Denkenden, sich ihrer Würde bewußten, durch die schmachvolle, den von dem preußischen Vereinsgesetze verletzten Frauen zugedachte Herabwürdigung, wie bei human denkenden Männern Anklang und Wiederhall finden wird. –

W. Lüders.

c) Louise Otto,
§ 12 des Entwurfs eines Preßgesetzes für das Königreich Sachsen[*]

Dieser § lautet wörtlich:

»Die verantwortliche Redaction einer Zeitschrift dürfen nur solche, im Königreich Sachsen wohnhafte *männliche* Personen übernehmen oder fortführen, welche die zur Stimmberechtigung bei den Landtagswahlen mit Ausnahme resp. der Ansässigkeit und des Census erforderlichen Eigenschaften besitzen. – Diejenigen Mitredacteure, welche zwar keine Verantwortlichkeit haben, aber in ihrer Eigenschaft als Mitredacteure auf der betreffenden Zeitschrift namentlich mit genannt werden sollen, müssen sich ebenfalls im Besitz dieser Eigenschaften befinden.«

Das ist einfach und verständlich.

Während in unzähligen Gesetzen im Allgemeinen von »Personen« oder »Staatsangehörigen« oder gar »Unterthanen« die Rede ist, und es nun meist dem Brauch und Herkommen überlassen bleibt, ob darunter nur Männer zu verstehen sind oder auch Frauen mit, enthebt uns der vorstehende Paragraph jeder weiteren Frage; es ist hier ausdrücklich von »*männlichen* Personen« die Rede. Wir loben diese Bestimmtheit und wünschten nur, daß sie sich in allen anderen Gesetzen fände. Denn wir machen uns niemals Illusionen oder verschließen die Augen gegen den Anblick der Thatsachen. Wir wissen, daß die Gleichheit von Männern und Frauen vor dem Gesetz bis jetzt noch nicht existirt, was man auch davon fabeln möge, wir wissen, daß die Gesetze, welche im Allgemeinen von »Statsbürgern« handeln, höchst willkürliche Auslegungen finden in Bezug auf die Staatsbürgerinnen, daß diese in dem einen Fall als solche anerkannt werden und mitzählen, im andern hingegen als gar nicht

[*] In: *Frauen-Zeitung,* 1850, Nr. 51.

existirend betrachtet werden, und dies Alles in Folge einer schweigenden Uibereinkunft. Ein einziges Beispiel für so Allbekanntes genügt. Wenn es in den Grundrechten hieß: »Jeder Staatsangehörige ist Wähler«, so waren mittelst einer schweigenden Uibereinkunft hier unter dem Begriff, »Staatsangehörige« die Frauen nicht mitverstanden, während in dem Satz: »Jeder Staatsangehörige ist steuerpflichtig«, die Frauen mit einbegriffen sind und bleiben.

Diese willkürlichen Auslegungen weiß der sächsische Preßgesetz-Entwurf von sich fern zu halten. Hier ist es mit Bestimmtheit gesagt, daß nur *männliche Personen* Redactionen von Zeitschriften übernehmen und fortführen dürfen. Das ist mindestens deutlich.

Die Frauen sind somit von der Führung von Redactionen ausgeschlossen, ja sie dürfen nicht einmal sich als unverantwortliche Nebenpersonen bei einer Redaction mit betheiligen, wie das weiter in dem Paragraph klar ausgesprochen ist.

Diese neue Unmündigkeitserklärung der Frauen ist abgegeben worden von Gesetzgebern desselben Landes, in welchem fast zuerst in Deutschland vor nur beinahe zwanzig Jahren die Frauen als mündig erklärt worden sind, indem ein Gesetz die Geschlechts-Vormundschaft aufhob. Dies war ein Ruhm für Sachsens Regierung, nicht minder als für die sächsischen Frauen – wer hätte gedacht, daß wir im Jahre 1850 das Gegentheil davon erleben müßten? – Damals war auf dem Landtag diese Mündigkeitserklärung der Frauen Gegenstand einer lebhaften und glorreichen Verhandlung, jene ziemlich zwanzig Jahr später, aber von einer nach *demselben* Wahlgesetz erwählten Versammlung erfolgte Unmündigkeitserklärung der Frauen ward schweigend angenommen und ausgesprochen, wie Etwas, das sich von selbst versteht. Niemand hat nur ein Wort über die ganze Sache erhoben, sie ward abgethan, wie Etwas, das gar nicht anders sein kann.

Oder wäre es keine Unmündigkeitserklärung, wenn man jetzt auf einmal nur Männern ein Recht zugesteht, welches von Frauen immer unangefochten geübt worden, wenn man den Frauen durch ein solches Gesetz sagt, daß sie nicht fähig oder würdig sind für einen Beruf, der ihnen bisher noch niemals und nirgends streitig gemacht worden ist?

Es ist hier weder Ort noch Zeit, sich über den vorliegenden Preßgesetz-Entwurf weiter auszusprechen – die ganze Strenge desselben konnten wir erwarten nach all' den Erfahrungen, die wir in dem letzten Jahr gemacht, daß man aber, wie in § 12. geschieht, bei so begrenzten Bestimmungen der Eigenschaften, die zu einem Redacteur und Mitredacteur erfordert werden, auch noch den besondern Unterschied von Männern und Frauen macht, hat uns in der That verwundert, und zwar ganz einfach nur deswegen, weil so Etwas noch nicht dagewesen.

Sachsen, das die Geschlechtsvormundschaft zuerst abschaffte, ist der erste, vielleicht einzige Staat, welcher jetzt den Frauen ein Recht entzieht, das ihnen noch niemals verweigert ward. In den alten, vormärzlichen Zeiten, wo man Concessionen brauchte zur Herausgabe einer Zeitschrift, redigirte Louise Marezoll zu Leipzig Jahre lang den »Frauenspiegel«, während noch viel früher das Stuttgarter »Morgenblatt« – (und zwar, ehe es Wolfgang Menzel herunterbrachte –) unter weiblicher Redaction war. Der vielen andern Frauen nicht zu gedenken, welche noch in den letzten Jahren Zeitschriften redigirten, z. B. Luise Dittmar, Johanna Kinkel u. s. w. – Daß man auf einmal den Frauen die *Fähigkeit* sollte absprechen wollen, für Etwas, das sie immer so geübt, daß Diejenigen, die es anging, d. h. das Publicum, damit zufrieden waren – denn sonst hätten diese Blätter unter weiblicher Redaction ja am Abonnenten-Mangel sterben müssen, so gut wie andere – das können wir kaum glauben – und in diesem Punkt sind wir beruhigt, denn die Bestimmungen über Redactionen im vorliegenden Preßgesetz sind, wie neulich die »Grenzboten« ganz richtig nachgewiesen, der Art, daß ein gewöhnlicher Handwerker, der weiter Nichts gelernt hat, als was sein Fach erheischt, denselben viel eher genügen kann, als ein Gelehrter, der alle Philosophen im Kopfe hat – es kommt alles nur auf die Zufälligkeiten der äußern Existenz an.

In gegenwärtiger Zeit stehen die Sachen so, daß die Entziehung eines bürgerlichen Rechtes noch keine Erniedrigung, noch kein Armuthszeugniß ist – aber zu beklagen ist es immer.

Wenn das sächsische Preßgesetz den Frauen verbietet Redactionen zu führen, und sich überhaupt dabei näher zu betheiligen, so wird mit diesem Rechte, das sie bisher besaßen, ihnen auch – wie fast mit jedem Rechte – noch ein »Recht auf Arbeit« mehr entzogen, womit es bei ihnen im Vergleich mit den Männern ohnehin schlecht genug steht – und wenn alle jene, welche in ihren Erwerbsinteressen durch das neue Preßgesetz gestört und gehemmt werden, sich darüber beklagen, wie z. B. die Commissionsbuchhändler, die Buchdrucker, die Verleger von Provinzial-Blättern u. s. w. gethan, so haben wahrscheinlich die Frauen nicht viel weniger Grund dazu. –

Jene Bestimmung des § 12., die »männlichen Personen« betreffend, ist Allen so unerwartet gekommen, daß sie darüber fast von den meisten Lesern des Preßgesetz-Entwurfs ganz übersehen worden ist – man hat schnell darüber hinweggelesen, und gar nicht gefühlt, welche Beleidigung und Zurücksetzung eines ganzen Geschlechts in dieser Bestimmung liegt. Erst den *Betroffenen* wird sie fühlbar werden. Die Betroffenen werden aber nicht nur die wenigen Frauen sein, die eine Redaction führen, oder führen möchten, sondern die Vielen, Männer und Frauen, welche eine Zeitschrift lasen, die von keiner »männlichen Person« redigirt ward, und welche für die Rechte der Frauen mitkämpfend, oder sie wenigstens selbst anerkennend, nur erst plötzlich gewahr werden – wie sehr hinter ihren Träumen, Wünschen und Hoffnungen von allgemeinen Menschenrechten man in einem Staate zurück ist, in dem man solchen Thatsachen begegnet.

L. O.

Nr. 19

Ehebruchsstrafen und die Sittlichkeit der Frauen

a) Revision des Entwurfs des Strafgesetzbuches von 1843, 3 Bde., Berlin 1845, vorgelegt von dem Minister der Gesetzrevision, Justizminister von Savigny*

Eine Widerlegung der Ansicht der Preußischen und Posener Stände, daß der Ehebruch überhaupt nicht zu strafen, vielmehr als unmoralische Handlung dem Gebiet der Moral und Religion, dem inneren Gewissensrichter und den Bestimmungen der Civilgesetzgebung, zu unterwerfen sei, indem die Heiligkeit der Ehe durch Strafen nicht befestigt werden könne, wird es kaum bedürfen; es wird durch jenen Vorschlag die Pflicht des Gesetzgebers ganz verkannt, eine der Grundstützen des Staats gegen gewissenlose und leichtsinnige Verletzung zu schützen, und den Bruch der Ehe, wodurch die wichtigsten Interessen des Staats, der Familie und der öffentlichen Sittlichkeit gleichmäßig verletzt werden, zu strafen. Der Staat muß den Ehebruch strafen, wie er den Meineid strafen muß, aus dem Prinzip der materiellen Gerechtigkeit, in Aufrechthaltung und Beschützung der heiligsten Interessen. In welchem Maaße durch Bestrafung der Ehebruch werde verhütet oder vermindert werden, kann hier nicht in Betracht kommen. Die gegenwärtige faktische Straflosigkeit desselben erregt aber in den ungebildeten Ständen die Meinung, der Ehebruch sei eine gleichgültige, erlaubte Handlung, und dieser sehr gefährlichen Meinung kräftig entgegen zu treten, ist die erste Pflicht des Gesetzgebers.

Es kann ferner auch nicht die Ansicht der Brandenburgischen, Schlesischen und Preußischen Stände geteilt werden, welche die gleiche Bestrafung der Frau und des Mannes verlangen; denn wenn auch anerkannt werden muß, daß Mann und Frau gegen einander zu gleicher Treue verbunden sind, so liegt es doch in der Natur der Geschlechter, daß die Verschuldung der Frau in der Regel eine viel schwerere ist. Die Bedeutung der Frau liegt hauptsächlich in der sittlichen und geschlechtlichen Reinheit, und mit dem Verlust derselben ist die Würde des Weibes, so wie der eheliche und häusliche Friede vernichtet, die Erziehung der Kinder preisgegeben. Daher vermag auch die Frau, nachdem das innere Band der Zucht zerrissen ist, weit seltener sich wieder zu erheben.

Der Ehebruch des Mannes wird in sehr vielen Fällen die Ehre und den Frieden des Hauses nicht untergraben, und der momentane Fehltritt des Mannes wird leichter verziehen und gesühnt werden können, als der Ehebruch des Weibes. Diesen in der Natur der Sache liegenden Unterschied haben auch die Gesetzbücher alter und neuer Zeit anerkannt.

* Zitat aus dem 2. Bd., Seite 162/163.

Wenn in neuerer Zeit die Gesetzgebungen von Sachsen, Braunschweig, Hessen und der Badensche Entwurf den modernen Ansichten über die Stellung des Weibes nachgegeben haben, so kann doch ein Fortschritt hierin in keiner Weise anerkannt werden. Sowohl bei den Berathungen der Kommission des Staatsraths, als im Staatsrath, ist diese mit der allgemeinen Meinung im Volk übereinstimmende Auffassung der Sache gebilligt worden, und es erscheint nothwendig, im Gesetz den Unterschied, welcher die Geschlechter trennt, auch fernerhin anzuerkennen. [...]

b) E. Bleich, Verhandlungen des im Jahre 1848 zusammenberufenen Vereinigten ständischen Ausschusses.
4 Bde., Berlin 1848
Stenographische Berichte, Auszug aus dem 3. Bd., S. 411–413.

Justiz-Minister von Savigny: ... Wenn jetzt zur Frage steht, ob beide Geschlechter gleich zu strafen sind oder eine Verschiedenheit der Strafe angenommen werden soll, wie ich glaube, so erlaube ich mir, darauf Folgendes zu sagen: Der Entwurf ist von der Ansicht ausgegangen, daß der Ehebruch der Frau eine schwerere Strafe verdiene, als der Ehebruch des Mannes. Die Gründe, welche diesem Theile des Entwurfs zum Grunde liegen, sind folgende: 1) die Überzeugung, daß durch den Ehebruch die Frau tiefer sinkt als der Mann, weil sie vorzugsweise vor dem Manne ihren Lebensberuf in der Familie hat, während der Mann in vielen anderen Beziehungen der Welt angehört. Dazu kommt 2) ein diese Überzeugung bestätigendes allgemeines Gefühl, das Gefühl nämlich, welches dahin geht, daß der Mann in seiner Stellung, in seiner Ehre ungleich tiefer verletzt sei durch den Ehebruch der Frau, als umgekehrt. Das ist ein Gefühl, welches allgemein anerkannt ist. Es ist die allgemeine Ansicht, daß der Mann, welcher wissentlich einen fortgesetzten Ehebruch der Frau duldet, geringgeschätzt wird, während die den Ehebruch des Mannes still duldende Frau häufig Anspruch auf besondere Achtung und auf Mitgefühl haben wird. So entscheidet das allgemeine Gefühl zwischen beiden Handlungen. Es erkennt an, daß die Verletzung des Mannes und der Ehe durch den Ehebruch der Frau viel höher steht. Ich bemerke, daß dieser Grund der Unterscheidung der Verletzung beider Geschlechter im Allgemeinen Landrechte, so wie im rheinischen Rechte schon anerkannt ist, aber nach meiner Überzeugung im rheinischen Rechte mit der Übertreibung, daß der Ehebruch des Mannes der Frau nicht einmal ein Recht auf Scheidung giebt, ausgenommen, wenn er eine Konkubine im eigenen Hause hält. Hält er sie aber im Nebenhause, so hat die Frau kein Recht auf Scheidung. Diese Unterscheidung beider Geschlechter geht zu weit. Jener Unterschied führt aber im Entwurf mit Recht dahin, einen verschiedenen Grad der Strafe vorzuschreiben.

Abgeordn. Freiherr von Gaffron: Es ist nicht in Abrede zu stellen, daß durch den Ehebruch der Frau ein größeres Unglück in die Familie gebracht wird, als durch den Ehebruch des Mannes, indem dadurch die Reinheit der Familie vernichtet, und unächte Glieder in dieselbe eingeschwärzt werden können. Deshalb haben alle älteren Gesetzgebungen die Frau härter bestraft als den Mann. Ich gebe zu, daß der Mann durch den Ehebruch nicht so tief fällt als die Frau, weil ihm andere Gebiete des Wirkens und Strebens offen stehen. Die Frau fällt aber tiefer als der Mann, weil ihr Beruf als Mutter und Gattin ihr höchster ist. Auf der anderen Seite darf aber nicht verkannt werden, daß die Frau in der Regel stärker an Leidenschaften und schwächer an Vernunft ist,

(Viele Stimmen: Oho!)

das heißt, daß die Frau in der Regel der Verführte, daß sie der schwächere Theil, daß das männliche Geschlecht das stärkere und der verführende Theil ist. Aus diesem Grunde stimme ich dafür, daß beide Geschlechter gleich bestraft werden.

Abgeordn. Dittrich: Obwohl ich anerkenne, daß das Vergehen der Frau ein größeres ist, denn die Familienreinheit wird durch solches gekränkt, so kann ich mich doch nicht für härtere Bestrafung der Frau erklären, weil ich die Pflicht und das Recht beider Geschlechter für gleich halte. Indem ich mich auf das beziehe, was ich schon früher gesagt habe, mache ich den Antrag, daß die Strafe überhaupt ermäßigt werde. Ich halte die des Entwurfs für zu hart, und beantrage, daß kein Minimum, der höchste Grad der Gefängnißstrafe aber auf drei Monat festgesetzt werde.

Abgeordn. von Auerswald: Ich kann den von dem Herrn Justiz-Minister vertheidigten Gründen des Entwurfs nicht beitreten. Es ist zuerst gesagt worden, daß die Frau tiefer sinke, als der Mann. Wenn das der Fall ist, so leidet sie auch mehr als der Mann. Abgesehen davon, kann der Grund, daß Jemand durch ein Verbrechen moralisch tiefer sinkt als ein anderer, schwerlich zu einer härteren Strafe Anlaß geben, wenn die Strafen nicht nach der Prüfung der Herzen und Nieren abgemessen werden sollen, was allein Gott vermag. Es ist ferner angeführt worden, das allgemeine Gefühl erkenne an, daß die Frau, die einen Ehebruch begangen, strafbarer sei und dem Manne ein größeres Unrecht zufüge als umgekehrt. Ich gebe dies einestheils zu, auf der anderen Seite aber wird man mir auch zugeben, daß dieses allgemeine Gefühl in demselben Grade weniger allgemein geworden ist und werden wird, als die sittliche Bildung mehr steigt. Ich frage, ob der wahrhaft gebildete Mann im Stande sein wird, sich schuldloser bei einem Treuebruch zu fühlen, als die Frau? Wollen wir diesem Mangel an Bildung und Sittlichkeit, der sich früher gezeigt hat, huldigen? Der Grund, warum ich für die Bestrafung des Ehebruchs gestimmt habe, ist einfach der, daß der Ehebruch ein Verbrechen ist, und daß der Staat sich der Verpflichtung nicht entziehen kann, ein Verbrechen zu bestrafen, wenn von demjenigen, der durch dieses

Verbrechen getroffen worden ist, auf Strafe angetragen wird. Von diesem einfachen Gesichtspunkte aus, und von dem Gesichtspunkte aus, daß der Ehebruch ein Verbrechen ist, weil er ein Treuebruch ist, behaupte ich, daß das Verbrechen ein gleich strafbares ist. Es steht fest, daß beide Eheleute nach göttlichen und weltlichen Gesetzen einander zu gleicher Treue verpflichtet sind. Aus diesen Gründen, und da wir bedenken müssen, daß wir allein zu Gericht sitzen, und der andere Theil nicht,

(Viele Stimmen: Jawohl! Bravo!)

so muß ich dabei bleiben, daß Mann und Frau gleich gestraft werden.

Justiz-Minister von Savigny: Ich bitte um die Erlaubniß, noch einen Grund anführen zu dürfen, das ist nämlich der: die große Unsicherheit der Paternität, welche durch den Treubruch der Frau entsteht, während diese durch den Treubruch des Ehemannes nicht hervorgerufen wird, und diese Unsicherheit ist es, welche das Wesen der Ehe und das natürliche Verhältniß zu den Kindern in hohem Grade gefährdet.

Abgeordn. Steinbeck: Daß das Unheil, welches durch den Ehebruch der Frau in der Familie angerichtet wird, viel größer sei, als dasjenige, was durch den Ehebruch des Mannes angerichtet wird, ist hinreichend beleuchtet worden. [. . .]

Nr. 20

Die Rechte der unehelichen Mutter und des Kindes

Eine Gegenüberstellung der wichtigsten Paragraphen des *ALR* (1794) und des *Gesetzes vom 24. 4. 1854.*

a) Allgemeines Landrecht f. d. Preuß. Staaten, II. 1. (Die Rechte der Mutter)

Von den rechtlichen Folgen des unehelichen Beyschlafes.

§ 1027. Wer eine Person außer der Ehe schwängert, muß die Geschwächte entschädigen, und das Kind versorgen.

§ 1028. In der Regel kann jede Geschwächte von dem Schwängerer Niederkunfts- und Taufkosten, ingleichen sechswöchentliche ihrem Stande gemäße Verpflegung fordern.

§ 1029. Auch andere während der Schwangerschaft, oder nach der Niederkunft, aufgelaufene unvermeidlich gewesene Kosten, ist der Schwängerer zu übernehmen verbunden.

§ 1036. Der Einwand, daß die Geschwächte auch Andern den Beyschlaf gestattet habe, befreyet den Beklagten nicht von dieser ersten Art der Entschädigung.

§ 1041. Mit dieser ersten Art der Entschädigung müssen diejenigen für ihre Person sich begnügen, die vorhin schon außer der Ehe geschwängert worden.

§ 1042. Ferner die Ehefrauen, welche zwar noch in der Ehe, aber von ihren Männern getrennt leben.

§ 1043. Desgleichen diejenigen, welche sich vormals in Hurenhäusern aufgehalten haben, oder wegen eines unzüchtigen Lebenswandels berüchtiget sind.

§ 1044. Wer aber eine unbescholtene ledige Weibsperson außer der Ehe schwängert, der ist ihr deshalb möglichst vollständige Genugthuung zu leisten verbunden.

§ 1045. Wittwen werden, in ähnlichen Fällen, den Jungfrauen gleich geachtet.

§ 1046. Auch geschiedene Frauen haben gleiche Rechte, wenn sie nicht begangenen Ehebruchs halber geschieden worden.

§ 1047. Hat der Verführer die Geschwächte unter dem Versprechen der Ehe geschwängert, und stehen keine Ehehindernisse entgegen; so muß derselbe von dem Richter, allenfalls mit Zuziehung eines Geistlichen, ernstlich aufgefordert und angemahnet werden, die Ehe mit der Geschwächten wirklich zu vollziehen.

§ 1048. Weigert er sich dessen beharrlich, so soll zwar kein Zwang zur Vollziehung der Ehe durch priesterliche Copulation Statt finden.

§ 1049. Dagegen sollen aber in dem abzufassenden Erkenntnisse der Geschwächten der Name, Stand und Rang des Schwängerers, so wie überhaupt alle Rechte einer geschiedenen für den unschuldigen Theil erklärten Ehefrau desselben, beygelegt werden.

§ 1050. Dieser Rechte soll sie sich im bürgerlichen Leben, und bey allen Verhandlungen desselben, würklich zu erfreuen haben.

Allgemeines Landrecht f. d. Preuß. Staaten, II. 2.
(Die Rechte des Kindes)

Von den aus unehelichem Beyschlafe erzeugen Kindern.

§ 592. Die aus unehelichem Beyschlafe erzeugten Kinder erhalten in allen Fällen, wo der Mutter die Rechte einer würklichen Ehefrau des Schwängerers durch richterlichen Ausspruch beygelegt worden, die Rechte der aus einer vollgültigen Ehe erzeugten Kinder.

§ 593. Diese Rechte verbleiben ihnen, auch wenn die Ehe zwischen den Aeltern, wegen beharrlicher Weigerung des Vaters, durch die Trauung nicht vollzogen wird.

§ 594. Hat aber die Mutter innerhalb der gesetzlichen Frist (Tit. I. § 1095.) auf die Vollziehung der Ehe nicht geklagt: so können die Kinder der davon abhandenen Rechte der ehelichen Geburt sich niemals anmaßen;

§ 612. Unehelich geborne Kinder, welche weder durch eine nachfolgende Verheirathung der Aeltern, noch durch richterlichen Ausspruch, noch durch Legitimation, die Rechte der ehelichen erlangt haben, können von dem Vater bloß Unterhalt und Erziehung fordern.

§ 613. Dazu ist der Vater verpflichtet, auch wenn die Mutter, nach dem Eilften Abschnitte des Ersten Titels, entweder gar keine, oder nur die geringere Art der Entschädigung zu fordern hat.

§ 619. Hat die Mutter in dem Zeitraume, in welchem, nach diesen Grundsätzen, die Erzeugung des Kindes trifft, mit mehrern Mannspersonen zugehalten: so hängt es von dem nach den Umständen sich richtenden Befunde des Vormundes ab, welchen derselben er, auf Erfüllung der einem unehelichen Kinde schuldigen Pflichten, zuerst in Anspruch nehmen wolle.

§ 620. Wird aber dieser entbunden: oder ist er diese Pflichten zu erfüllen unvermögend: so kann der Vormund die Rechte des Kindes, auch gegen die übrigen Zuhalter, einen nach dem andern, geltend machen.

§ 621. Die Verpflegung und Erziehung des Kindes, bis nach zurückgelegtem Vierten Jahre, muß in der Regel der Mutter, auf Kosten des Vaters, überlassen werden.

§ 622. Nach zurückgelegtem Vierten Jahre hängt es von der Wahl des Vaters ab, die Verpflegung und Erziehung des Kindes selbst zu besorgen, oder sie der Mutter auf seine Kosten ferner zu überlassen.

§ 623. Will die Mutter die Erziehung und Verpflegung des Kindes auf ihre alleinige Kosten übernehmen: so hat der Vater kein Recht zum Widerspruche.

§ 626. In allen Fällen, wo die Verpflegungs- und Erziehungskosten nach Gelde bestimmt werden sollen, ist nur auf das zu rechnen, was Leuten vom Bauer- oder gemeinen Bürgerstande die Erziehung eines ehelichen Kindes, nebst dem Schul- und Lehrgelde, kosten würde.

§ 627. Dabey muß auf die jeden Orts gewöhnlichen Preise, und auf die mit zunehmenden Jahren wachsenden Bedürfnisse des Kindes Rücksicht genommen werden.

§ 628. Ist der Vater für den Unterhalt und die Erziehung des Kindes solchergestalt zu sorgen nicht vermögend: so geht diese Pflicht auf die Großältern von väterlicher Seite über.

§ 629. Erst in deren Ermangelung, oder bey deren Unvermögen, sind die Mutter und die mütterlichen Großältern dazu verpflichtet.

b) Gesetz vom 24. April 1854, betreffend die Abänderung der Bestimmungen des Allgemeinen Landrechts Th. II. Tit. 1. Abschn. 11. und Th. II. Tit. 2. Abschn. 9., über die rechtlichen Folgen des unehelichen Beischlafs und die aus demselben erzeugten Kinder. (Ges-Samml. S. 193.)*
Wir Friedrich Wilhelm, von Gottes Gnaden, König von Preußen etc. etc. verordnen für diejenigen Landestheile, in welchen der Abschn. 11. Tit. 1. Th. II. und der Abschn. 9. Tit. 2. Th. II. des Allgemeinen Landrechts Gesetzeskraft haben, mit Zustimmung der Kammern, was folgt:

§ 1. Eine Frauensperson, welche

1) durch Nothzucht, oder

2) im bewußtlosen oder willenlosen Zustande geschwängert worden (§ 144. Nrn. 1., 2. des Strafgesetzbuchs), oder

3) zur Gestattung des Beischlafs durch Vorspiegelung einer vollzogenen Trauung oder durch Erregung eines anderen Irrthums, in welchem sie den Beischlaf für einen ehelichen halten mußte, verleitet und geschwängert worden (§ 145. des Strafgesetzbuchs),

ist zu verlangen berechtigt, daß ihr das im Allgemeinen Landrecht Th. II. Tit. I. § 785.** vorgeschriebene höchste Maaß der Abfindung zu gesprochen werde.

Der Geschwängerten verbleibt der Anspruch auch dann, wenn ein

---

* Zit. n.: Schering, *Nachtrag zum Allgemeinen Landrecht für die Preußischen Staaten*, II. Nr. 698.

** = Abfindung wie für die unschuldig geschiedene Ehefrau in Höhe eines Viertels des männlichen Vermögens.

Ehehinderniß vorhanden ist, oder wenn sie die Eingehung der Ehe mit dem Schwängerer verweigert.

§ 2. Eine während des Brautstandes von ihrem Verlobten geschwängerte Frauensperson ist, wenn ihr die Ehe verweigert wird, zu verlangen berechtigt, daß ihr eine nach den Bestimmungen der §§ 786. bis 808. Th. II. Tit. 1. des Allgemeinen Landrechts* abzumessende Abfindung oder Verpflegung zugesprochen werde.

§ 6. Die Bestimmung des § 2. findet auch auf den Fall Anwendung, wenn ein unbescholtenes, in dem Alter von vierzehn bis sechszehn Jahren stehendes Mädchen zum Beischlafe verführt und geschwängert worden ist (§ 149. des Strafgesetzbuchs).

Der Geschwängerten verbleibt der Anspruch auf Entschädigung auch dann, wenn ein Ehehinderniß vorhanden ist, oder wenn sie die Eingehung der Ehe mit dem Schwängerer verweigert.

§ 7. Wenn nach den Bestimmungen der §§ 1., 2. und 6. ein Anspruch der Geschwängerten an den Schwängerer stattfindet, so können noch außerdem Niederkunfts- und Taufkosten, ferner sechswöchentliche, dem Stande der Geschwängerten angemessene Verpflegung, sowie auch andere durch die Schwangerschaft oder durch das Wochenbett herbeigeführte unvermeidliche Kosten von dem Schwängerer gefordert werden.

§ 8. Außer den Fällen der §§ 1., 2. und 6. haben außereheliche Geschwängerte gegen den Schwängerer nur auf den Ersatz der im § 7. bezeichneten Kosten Anspruch.

§ 9. Verheirathete Frauenspersonen können auf die in den §§ 1. bis 7. bestimmten Entschädigungen niemals Anspruch machen, und fallen dieselben auch bei Unverheiratheten weg, wenn die Geschwängerte:

1) während der Konzeptionszeit (§ 15.) mit mehreren Mannspersonen den Beischlaf vollzogen hat; oder

2) eine in geschlechtlicher Beziehung bescholtene Person ist, insbesondere, wenn sie

a) für die Gestattung des Beischlafs Bezahlung in Gelde oder in Geschenken angenommen hat; oder

b) wegen unzüchtigen Lebenswandels berüchtigt ist; oder

c) schon früher außer der Ehe von einem anderen, als dem als Erzeuger des Kindes bezeichneten Manne geschwängert worden ist; oder

d) wenn sie sich früher eines Ehebruchs schuldig gemacht hat; oder

e) wenn sie den angeblichen Schwängerer, welcher jünger als sie, und noch nicht volle zwanzig Jahre alt ist, zum Beischlafe verführt hat.

§ 13. Ein Anspruch des unehelichen Kindes findet nur in denjenigen Fällen statt, in welchen

1) nach den Bestimmungen der §§ 1., 2., 6., 8. und 9. ein Anspruch der Mutter gegen den Schwängerer begründet ist; oder

* = Abfindung in Höhe eines Sechstels des männlichen Vermögens.

2) wenn das Kind zur Begründung seiner Ansprüche ein ausdrückliches, in einer öffentlichen Urkunde abgegebenes Anerkenntniß der Vaterschaft von Seiten des Schwängerers beizubringen vermag.

§ 20. Aeltern oder Großältern des Schwängerers haften als solche niemals für die der Geschwängerten zu leistende Entschädigung, oder für den Unterhalt und die Erziehung des Kindes. Bei dem Unvermögen des Schwängerers geht vielmehr die Verpflichtung hierzu auf die Mutter oder auf die mütterlichen Großältern des Kindes über.

§ 21. Gegen Personen des Soldatenstandes vom Feldwebel (Wachtmeister) abwärts findet wegen der Ansprüche der Geschwächten oder eines unehelichen Kindes kein Abzug vom Solde, gegen Offiziere aber, je nach Unterschied des Ranges, ein solcher Abzug nur auf Höhe von zwei bis vier Thaler monatlich statt.

Nr. 21

Über Geschlechtsvormundschaft und die Frau als Rechtsperson.

a) Johann Friedrich Ludwig Göschen,
Vorlesungen über das gemeine Civilrecht.
3. Bd. Göttingen 1839. S. 38-41.

Persönliches Verhältniß der Ehegatten.

Die Bestimmungen des Römischen Rechts über diesen Gegenstand sind folgende:

1. Die Frau theilt den Aufenthalt des Mannes. Damit hängt zusammen, daß der Mann gegen denjenigen, welcher ihm die Frau vorenthält, selbst wenn dieser der Vater ist, eine Klage de uxore exhibenda et ducenda hat; nach der Analogie des Interdicti de liberis exhibendis et ducendis.

2. Die Frau nimmt Theil an dem Namen, dem Stande und an dem Forum des Mannes.

3. Der Mann ist berufen, die Frau zu vertheidigen. Und daher kann er im Namen der Frau Klage erheben, ohne einer Vollmacht zu bedürfen.

Alle diese Bestimmungen betreffen nun aber mehr das Äußerliche in dem Verhältnisse der Ehegatten, als die innere Gemeinschaft, und die darauf sich beziehenden Rechte und Pflichten. Über diese enthält das *Römische* Recht so gut als gar keine bestimmte und directe Vorschriften: das Meiste wird nur durch die daraus abgeleiteten Folgen angedeutet. So ergibt sich nur aus den Vorschriften über die Scheidung und über die Bestrafung des Ehebruchs die Verpflichtung zur ehelichen Treue. Und aus der Bestimmung, daß Ehegatten kein famosae actiones gegen einander sollen anstellen können, geht hervor, daß eine Verpflichtung zu gegenseitiger Achtung anerkannt wird. Der besondern Ehrerbietung, welche die Frau dem Manne schuldig ist, und der darauf beruhenden Verpflichtung zur Folgsamkeit gegen den Willen des Mannes geschieht nur gelegentlich und beiläufig Erwähnung. Und in der That scheint die Zurückhaltung der Gesetzgeber, wenn ich mich so ausdrücken darf, dem Wesen der Ehe vollkommen angemessen. Die Ehe ist viel zu sehr auf das Innerliche gegründet, sie ist viel zu sehr eine Sache des Herzens, als daß genauere, in das Detail eingehende Bestimmungen über das Verhältniß der Ehegatten gegen einander, ein angemessener Gegenstand für die äußere Gesetzgebung wären.

Das *Canonische* Recht entfernt sich nun aber von dem eben aufgestellten Gesichtspunkte in Einer Beziehung auf eine sehr auffallende Weise. Es erkennt nämlich ausdrücklich ein gegenseitiges Zwangsrecht auf Leistung des Beischlafs an.

Man pflegt diese Verpflichtung der Eheleute, einander den Beischlaf zu gewähren, mit dem Ausdrucke Debitum conjugale, *eheliche Pflicht*, zu bezeichnen.

Neuere Gesetzgeber sind in der genauen Bestimmung der persönlichen Rechte der Ehegatten zum Theil unglaublich weit gegangen. So z. B. legt das Allgemeine Preussische Landrecht, Theil II. Tit. 2. § 68., dem Manne ausdrücklich das Recht bei, zu bestimmen, wie lange die Frau ihrem Kinde die Brust reichen solle.

Vermögensverhältnisse der Ehegatten.

§ 683.
Übersicht.

Unser *heutiges gemeines* Recht in Betreff der Vermögensverhältnisse der Ehegatten ist auf die *Römischen* Principien gegründet. In einzelnen Ländern aber kommen nicht selten abweichende Grundsätze zur Anwendung, welche dem *Deutschen* Rechte eigenthümlich sind. Dahin gehört denn namentlich die in vielen Gegenden geltende *Gütergemeinschaft* unter Ehegatten. Die Erörterung dieser eigenthümlichen Deutschen Institute liegt aber außer dem Kreise dieser Vorlesungen. Wir bleiben daher lediglich bei den Römischen Grundsätzen stehen.

Nach Römischem Rechte aber müssen wir bei Beurtheilung der Vermögensverhältnisse der Ehegatten von dem Principe ausgehen: *Beide Theile sind, was ihr Vermögen betrifft, nicht nur in Bezug auf dritte Personen, sondern auch in Beziehung zu einander, gerade so anzusehen, wie wenn keine nähere Verbindung unter ihnen obwaltete, sondern jeder unabhängig für sich da stände.*

Dies ist der Grundsatz, von dem wir ausgehen müssen – ungeachtet er, wie sich sogleich zeigen wird, einer Menge von Modificationen unterworfen ist. Nämlich wir müssen ausgehen von ihm in dem Sinne: Jede Abweichung, jede Modification muß sich nachweisen, und aus besonderen Gründen rechtfertigen lassen. Worin bestehen nun aber diese Abweichungen?

1. Unsern Grundsätzen zu Folge müßten Mann und Frau die Kosten des Zusammenlebens ein Jeder zu seinem Antheil tragen, jeder müßte dazu beisteuern. So aber ist es nicht: der Mann allein muß die Kosten des gemeinsamen Lebens tragen, oder, steht der Mann noch in väterlicher Gewalt, der Parens desselben. Dies wird in unsern Quellen so ausgedrückt: Es wird von dem Manne oder dem Parens gesagt: »Onera matrimonii sustinet«.

2. Ungeachtet dieser Verpflichtung ist es nun doch aber sehr gewöhnlich, daß von Seiten der Frau unter dem Namen *Dos* etwas zugebracht wird, um ihm jene Last zu erleichtern. In der Regel zwar muß, bei

aufgelöster Ehe, das Erhaltene restituirt werden; aber schon die bloße Benutzung während der Dauer der Ehe dient zur Erleichterung der Last. Dieses Institut der *Dos* finden wir bei den Römern schon in sehr früher Zeit.

3. Alles Vermögen der Frau, welches sie nicht als Dos dem Manne zugebracht hat, wird mit einem aus dem Griechischen entlehnten Ausdruck *Parapherna* genannt. An diesem Paraphernalvermögen der Frau hat der Mann an sich durchaus kein Recht. Allerdings aber kann die Frau ihm daran besondere Rechte einräumen; und deshalb wird denn nun auch davon weiterhin zu handeln sein. [. . .]

b) Georg Beseler,
System des gemeinen deutschen Privatrechts.
Berlin 1873.
§ *116; S. 480-483.*
§ *129; S. 545-549.*

II. Persönliche Rechtsverhältnisse der Ehegatten.

Wenn es irgend ein Lebensverhältniß giebt, welches mehr durch die freie Liebe und die Sitte, als durch die Rechtsregeln beherrscht wird, so ist es der Ehestand, wie er sich im Innern des Hauses gestaltet. Ist es erst dahin gekommen, daß wegen Rechtsverletzungen die richterliche Hülfe in Anspruch genommen werden muß, so pflegt auch das ganze Verhältniß unheilbar gestört zu sein, und es erscheint daher ganz natürlich, daß unter Eheleuten fast nur Scheidungsprocesse vorkommen. Selbst die Vermögensverhältnisse gewinnen vorzugsweise erst nach der Auflösung der Ehe ein rechtliches Interesse, indem bis zu diesem Zeitpunkte die feste Regel des Gesetzes, welche an sich freilich in keiner Weise entbehrt werden kann, durch die Einwirkung sittlicher Motive vielfach umhüllt und gemildert wird. Daher wird es auch der Rechtsgeschichte nicht gelingen, ohne die vollständige Berücksichtigung der wichtigsten culturgeschichtlichen Momente der Ehe in ihrer Erscheinung bei einem bestimmten Volke zur klaren Anschauung zu bringen, und die Gesetzgebung hat mehr wie sonst irgendwo, in dieser Lehre darauf zu achten, daß sie sich mit der Volkssitte in Einklang erhält. Die vorstehenden Bemerkungen sollen übrigens nicht darauf hinweisen, daß etwa ein Widerspruch zwischen dem deutschen Rechte und dem innern Wesen der Ehe bestehe; wir dürfen vielmehr annehmen, daß gerade bei unserem Volke eine würdige Auffassung der Ehe in bestimmten Rechtsinstituten sich verwirklicht hat. Nur sind diese nicht vereinzelt, ohne die Umgebung aller thatsächlichen Lebensverhältnisse in ihrer wahren Bedeutung zu verstehen und die allgemeine Veränderung, welcher Bildung und Sitten unterworfen gewesen sind, hat auch in dieser Beziehung ihren Einfluß geäußert.

Im Allgemeinen muß nun auch für diese Lehre beachtet werden, daß es nach der germanischen Rechtsanschauung nicht geboten ist, die wechselseitigen Beziehungen nahe verbundener Personen in die Spitze der römischen universitas zusammen zu fassen, oder sie nach der andern Seite hin in abgeschlossene Sonderrechte aufzulösen, und in der Summe der einzelnen Befugnisse und Verpflichtungen das Wesen der Vereinigung zu suchen. Denn die Ehe hat sich nicht zu einer juristischen Person im technischen Sinne verdichtet, sondern ist eine Rechtsgemeinschaft geblieben, welche durch die Individualität der Theilnehmer getragen wird, für diese aber eine so innige Vereinigung begründet, daß sie in den gemeinsamen Angelegenheiten namentlich nach außen hin als eine Einheit erscheinen und handelnd auftreten. Soll aber ein Verein eine solche Wirksamkeit haben, so bedarf er einer bestimmten Organisation, welche es möglich macht, daß sich der Einzelwille der Genossen in rechtlichen Beziehungen zu einem Gesammtwillen gestaltet und äußerlich darstellt. Diese Aufgabe hat das deutsche Eherecht erreicht, indem es die gleiche Stellung der Ehegatten in wesentlichen Beziehungen anerkennt, dem Manne aber einen vorwaltenden Einfluß einräumt.

Die Frau ist die Genossin des Mannes und nimmt Theil an seiner Ehre und seiner Arbeit; aber da sie wegen ihres Geschlechtes der eigenen Vertretung entbehrt, so muß er ihr im Kampfe und vor Gericht vorstehen, und übt überhaupt das Mundium, welches er bei Eingehung der Ehe von dem Vater oder Vormunde erwirbt, über sie aus. Dies bezeichnet seine Stellung jedoch zunächst nur in Beziehung auf die formelle Vertretung; der Mann ist aber das Haupt in der ehelichen Gemeinschaft, nicht allein des Weibes Vogt, sondern auch ihr Meister, noch nach späteren Statuten sogar mit einem Züchtigungsrecht ausgestattet, und den Kindern gegenüber sowie in der Vermögensverwaltung von überwiegendem Einfluß. So erscheint der Mann als Haus- und Eheherr, indem ihm seine Gewalt aus verschiedenen Rechtstiteln erwächst, deren genauere Unterscheidung im Einzelnen nicht immer ohne Schwierigkeit ist. Die Frau nimmt dagegen als Hausfrau und Mutter ihre selbständige wenn auch beschränkte Stellung ein; muß auch, wenn sie kein Sonderrecht zu wahren hat, ihre Meinung vor der Entscheidung des Mannes in der Regel zurückstehen, so tritt sie doch, wenn derselbe wegen Krankheit, Abwesenheit oder sonst dauernd verhindert ist, und die Gemeinschaft deswegen des Hauptes entbehrt, an dessen Stelle und übernimmt die Leitung, soweit das Bedürfniß es erheischt und ihre unvollkommene Rechtsfähigkeit es gestattet. Später wird sich zeigen, wie wirksam dies Princip besonders für den Fall erscheint, wenn nach des Mannes Tode die Wittwe mit den Kindern in der Were fortsitzen bleibt.

Dies Rechtsverhältniß während der Ehe und insbesondere die bevorzugte Stellung des Mannes in der Gemeinschaft darf also nicht blos als eine Wirkung der Geschlechtsvormundschaft aufgefaßt werden. Das Eherecht blieb vielmehr im Wesentlichen dasselbe, auch nachdem jenes Institut seinen ursprünglichen Charakter verloren hatte, und so verhält es sich auch jetzt noch, nachdem es in den meisten deutschen Staaten ganz aufgehoben worden ist. Selbst da, wo man nicht, wie an einigen Orten geschehen, die Vormundschaft über die Frau ausdrücklich beibehalten hat, ist doch die Familiengewalt des Mannes soweit in Wirksamkeit geblieben, als sie nicht in der Ergänzung der beschränkten Rechtsfähigkeit der Frau bestand. Dem Manne gebührt als dem Haupte der Familie, für deren Unterhalt er zu sorgen hat, vorzugsweise die Leitung und Vertretung der ehelichen Rechtsgemeinschaft; er hat insbesondere auch die Frau als ein Glied der Hausgenossenschaft nach außen hin zu vertreten, insoweit sie dessen bedarf, und gewährt ihr dadurch einen Schutz, welcher es möglich gemacht hat, daß fast allgemein die besondere Bevormundung der minderjährigen Ehefrau für überflüssig hat erachtet werden können.

Dies sind die leitenden Gesichtspunkte der Lehre; bei der Durchführung im Einzelnen kommt es dann freilich sehr darauf an, welche besonderen Institutionen des ehelichen Güterrechts gerade vorliegen. Doch ist dies nicht allein entscheidend, wie es denn auch vom Standpunkte des gemeinen Rechtes nicht bezweifelt werden kann, daß die Familiengewalt des Mannes an sich nicht durch die Geltung der ehelichen Gütergemeinschaft bedingt wird. So wie diese Gewalt aber mit der Abschließung der Ehe begründet wird, so hört sie mit der Auflösung derselben – durch Tod oder Scheidung auf.

§ 129.
Die Geschlechtsvormundschaft.

Der Grundsatz des älteren deutschen Rechts, daß jedes unverheirathete großjährige Frauenzimmer der Vertretung durch einen Vormund bedürfe, in dessen Mundium sie sich befand, ist schon während des Mittelalters wesentlich verändert worden. Denn bereits die Rechtsbücher behandeln diese Art der Vormundschaft nicht als die nothwendige Ergänzung der beschränkten Rechtsfähigkeit der Weiber, sondern als ein zum Schutze der weiblichen Schwäche eingeführtes Institut, und fordern außer den Fällen der Veräußerung, in denen der Vormund sein Beispruchsrecht als nächster Erbe geltend zu machen hat, nur die Zuziehung desselben zu gerichtlichen Handlungen der Pflegebefohlenen. In anderen Rechtsquellen findet sich eine noch laxere und nur in wenigen eine strengere Auffassung des Institutes*. Indessen vermochte das römische Recht doch nicht ganz es zu verdrängen, vielmehr bildete sich unter den Händen der

---

* Letzteres in den Stadtrechten von Hamburg und Lübeck, ersteres in denen von Soest und Goslar und überhaupt nach fränkischem Rechte.

Juristen aus Elementen des römischen und deutschen Rechts eine neue Theorie aus, welche die *Geschlechtsvormundschaft* (cura sexus) über unverheirathete großjährige Frauenzimmer von der Altersvormundschaft und der ehelichen Vogtei bestimmt unterschied und für sich die Kraft einer bedingt gemeinrechtlichen Geltung in Anspruch nahm**. Die ganze Einrichtung ist jedoch durch die neuere Gesetzgebung meistens aufgehoben worden, und kommt nur noch in wenigen Gegenden vor***.

I. Der Geschlechtsvormund ist der Frau entweder für die Dauer (curator sexus generalis) oder nur für einzelne Rechtsgeschäfte (curator sexus specialis) beigegeben. In beiden Fällen hat sie in der Regel das Recht, sich selbst ihren Beistand zu wählen; doch bedarf es einer obrigkeitlichen Bestätigung, welche für den allgemeinen Geschlechtsvormund der ordentliche Richter der Frau ertheilt, während für ein einzelnes Rechtsgeschäft auch die Behörde, vor welcher dasselbe vorzunehmen ist, den Vormund bestellen kann. Eine Verpflichtung zur Übernahme der Curatel gilt für den gewählten Beistand in der Regel nicht; dagegen steht es ihm frei, sein Amt niederzulegen, wenn es nur nicht zur Unzeit geschieht, wie auch umgekehrt die Frau ihn beliebig entlassen kann.

II. Die Hauptaufgabe des Geschlechtsvormundes besteht darin, als Beistand der Frau bei deren gerichtlichen Geschäften zu fungiren, weswegen er auch kriegerischer Vormund, Kriegsvogt, Litiscurator genannt wird. Was seine übrigen Obliegenheiten betrifft, so ist allgemein angenommen, daß eine Vermögensverwaltung ihm nicht zukommt; auch braucht die Frau ihn in der Regel bei Rechtsgeschäften, welche ihre persönlichen Verhältnisse berühren, selbst bei den Verlöbnisse, nicht zuzuziehen. Der älteren deutschen Rechtsanschauung entspricht es jedenfalls, wenn der Vormund nur bei Veräußerungen von Grundstücken thätig zu sein braucht; doch hat die neuere Theorie den Kreis der

** *Chursächs. Constitutionen v. 1572.* P. II. const. 15. »Es haben die gemeine Keyserliche und Landübliche Sächsische Rechte in etzlichen gewissen fällen der Weibspersohnen halben Vorsehung gethan, damit sie auß mangel gutes Raths und Bedachts nicht übereilet und hindergangen werden möchten, wann wir dann solches, auß erheblichen Bedencken und Ursachen, auch weiter zu erstrecken nothwendig erachten: So constituiren und ordnenen wir, das hinfüro Wittwen und Jungfrawen, ohne Unterschied deß Alters, in allen rechtlichen Processen, sie halten gleich Klägerin oder Beklagter Statt, ohne Vormunden nichts Bestendiges handeln mögen. – Gleicher gestalt soll auch den Weibespersonen dasjenige was sie ohne vorwissen und autoritet ihrer ehelichen und andern verordneten Vormunden, innund außerhalb Gerichts schließen und handeln, damit sie sich gegen jemandt verpflichten, unschädlich und unnachtheilig seyn; jedoch mögen Ehefrawen, Wittwen und Jungfrawen – wohl Testament machen.«

*** Auch im Königreich Sachsen ist die Geschlechtsvormundschaft durch das Gesetz vom 8. Januar 1838. aufgehoben worden, desgleichen in Bremen, Württemberg, Baden u. s. w. – *Preuß. Gesetz* v. 21. Jan. 1869., betreffend die Aufhebung der Geschlechtsvormundschaft in den Provinzen Hannover und Schleswig-Holstein.

Geschäfte, bei denen seine Mitwirkung erforderlich ist, erweitert, ohne eine bestimmtere Grenze, als etwa in der Unterscheidung des Wichtigeren und Unwichtigeren gegeben ist, zu ziehen. Kauffrauen sind jedoch für ihren Geschäftsbereich von den Beschränkungen der Geschlechtsvormundschaft befreit.

III. In den Fällen, für welche die Zuziehung des Geschlechtsvormundes vorgeschrieben ist, erscheint sein Beitritt entweder zur Vervollständigung der beschränkten Rechtsfähigkeit der Frau nothwendig, so daß die Handlung ohne denselben ungültig ist, oder er wird nur im Interesse der Frau erfordert, so daß sie wie ein Minderjähriger, der ohne Vormund gehandelt hat, das Geschäft anfechten kann, der andere aber, mit dem sie contrahirt hat, nicht dazu befugt ist (negotium claudicans). Ersteres gilt namentlich für alle gerichtlichen Handlungen, Letzteres für Geschäfte unter Lebenden über Vermögensverhältnisse.

IV. Bedarf es auch, wenn der Geschlechtsvormund nicht blos als passiver Beistand fungirt, seiner Genehmigung, so ist die Frau doch nicht gebunden, wenn dieselbe verweigert wird: sie kann sich vielmehr mit einem willigeren Beistande versehen und unter dessen Zuziehung das Geschäft abschließen. Daher hat die Genehmigung des Vormundes in der That nur die Bedeutung eines Rathes und am Wenigsten steht es ihm zu, selbständig anstatt der Frau in ihren Geschäften thätig zu sein.

V. So nichtssagend jetzt auch im Allgemeinen die Thätigkeit des Geschlechtsvormundes ist, so gehört die Zuziehung desselben doch nicht blos zur äußeren Form der einzelnen Rechtsgeschäfte; die ganze Einrichtung bezieht sich auf die Statusverhältnisse der Frau, und muß bei einer Collision der Rechtsquellen von diesem Standpunkte aus beurtheilt werden.

c) *Carl Friedrich von Gerber,*
System des Deutschen Privatrechts.
Jena 1863.
§§ 245 u. 246; S. 634-637.

Geschlechtsvormundschaft.
§ 245.

Die nie endigende Wehrlosigkeit der Frauen stellte diese nach älterem deutschen Rechte für ihr ganzes Leben unter eine Vormundschaft, welche in Ermangelung des Vaters dem nächsten Schwertmagen und bei ihrer Verheirathung dem Manne zukam, nach dem Tode des letzteren aber nur dann an dessen Verwandte fiel, wenn er der Frau seinem Stande nach mindestens ebenbürtig gewesen war. Nachdem dieser Grund des Bedürfnisses einer Bevormundung im späteren Mittelalter aufgehört hatte, verschwand zwar die Vormundschaft über *mündige* Frauen nicht sofort, aber ihre Wirksamkeit beschränkte sich auf eine Vertretung der unverheiratheten bei processualischen Handlungen und nur nach einzelnen Stadtrechten auch bei sonstigen wichtigen gerichtlichen Geschäften*, während die Vormundschaft des Ehemanns durch den Einfluß ihrer natürlichen Grundlage einen weiteren Umfang bewahrte. Auch nach Einführung des römischen Rechts ist diese Geschlechtsvormundschaft beibehalten worden; indem man ihr aber einen neuen Grund, die Schwäche und Unerfahrenheit der Weiber, unterlegte, veränderte sich ihr Charakter in der Theorie und Gesetzgebung. Aus dieser ist sie jedoch in diesem Jahrhunderte so beharrlich verdrängt worden, daß sie nur noch particularrechtlich besteht.

§ 246.

Die Geschlechtsvormundschaft (Kriegsvogtei) über *unverheirathete* Weiber enthält keine Vertretung der Person, sondern nur einen Beistand für die Mündel, und äußert sich nicht in einer Vermögensverwaltung, sondern nur in der Mitwirkung bei der Vornahme einzelner Rechtsgeschäfte. Der Vormund kann entweder allgemein für alle oder nur für bestimmte Fälle bestellt werden; er wird von der Mündel gewählt, bedarf aber der obrigkeitlichen Bestätigung. Seine Zuziehung ist bei allen processualischen Handlungen und meistentheils auch bei allen sonstigen gerichtlichen Geschäften erforderlich; bei außergerichtlichen Handlungen wird sie regelmäßig nur verlangt, wenn diese die Veräußerung unbeweglicher Güter oder eines ganzen Vermögens betreffen, nicht aber bei letztwilligen Verfügungen mit Ausnahme der Erbverträge**. Die Handelsfrauen sind in Bezug auf die ihr Geschäft betreffenden Rechtsgeschäfte von der Geschlechtsvormundschaft befreit. Ein ohne Zuziehung des Geschlechtsvormunds vorgenommenes gerichtliches Rechtsgeschäft ist durchaus nichtig, ein außergerichtliches dagegen nur zum Vortheil der Mündel, obschon sie naturaliter obligirt wird. Die Zustimmung des Vormunds, welcher dabei für omnis diligentia haftet, kann dem Geschäft vorangehen oder nachfolgen oder mit seiner Vornahme zugleich ertheilt werden. Beide Theile können sich gegenseitig die Vormundschaft einseitig aufkündigen; auch hört das Amt des Geschlechtsvormunds auf mit der Verheirathung der Mündel.

* Dieß war nicht der Fall nach den Rechtsbüchern des Mittelalters; Sachsensp. I, 45 § 2.: Ein *weib* en mag auch an ihres mannes gelob nicht ires gutes vergeben noch eigen verkaufen, noch libzucht uf lazen, durch daz her mit ir in den gewern sitzet. *Megede* aber unde *ungemannete* wib verkaufen ir eigen an ires vormunden gelob, her en sie dar erbe zu (Schwabensp. 59). Wohl aber nach einigen Stadtrechten z. B. Hamburg. Stat. v. 1274 V, 3, und nach Lübischem Rechte (vgl. Kraut).

** In der Bestimmung der einzelnen Geschäfte, bei welchen eine Mitwirkung des Vormunds erfordert wird, weichen die Gesetzgebungen und Juristen häufig von einander ab. S. Haubold Sächs. R. § 158. und Kraut a.a.O. S. 296 flg. Selten wird die vormundschaftl. Zustimmung auch bei außergerichtlichen Geschäften über Mobilien und Ehestiftungen erfordert.

Wo die Geschlechtsvormundschaft überhaupt noch Statt findet, steht sie über *verheirathete* Frauen dem Ehemanne zu; dieser ist dann gesetzlicher und allgemeiner Vormund und ist sogar berechtigt, im Namen seiner Frau allein vor Gericht zu handeln. Seine Vormundschaft wirkt da, wo das System der ehelichen Gütereinheit gilt, auch auf das Vermögen der Frau, indem sie durch jene an jeder willkürlichen, die ehelichen Rechte des Mannes beeinträchtigenden Verfügung über ihr Vermögen behindert ist. Diese letztere Wirkung ist als ein im System der Gütereinheit nothwendiger Rechtssatz selbst da festgehalten, wo seine ursprüngliche hauptsächliche Veranlassung, die Geschlechtsvormundschaft, aufgehoben worden ist.

d) *Wilhelm Theodor Kraut,* *Die Vormundschaft nach den Grundsätzen des Deutschen Rechts**

Geschlechtsvormundschaft.
Über unverheirathete Weiber.

Älteres Recht.

Unter Geschlechtsvormundschaft versteht man die Vormundschaft über solche Frauenzimmer, welche nicht mehr unter der Altersvormundschaft oder in väterlicher Gewalt stehen. Die Geschlechtsvormundschaft über unverheirathete Weiber unterscheidet sich aber in manchen Punkten von der über verheirathete. Daher sind beide hier abgesondert zu betrachten. Dabei wollen wir zuvörderst die erstere ins Auge fassen.

Die Geschlechtsvormundschaft mußte schon von der Zeit an, wo der Familienschutz durch den Staatsschutz ersetzt wurde, und also die Weiber, um Rechte vor Gericht ausüben zu können, nicht nothwendig eines männlichen Vertreters bedurften, ihre innere Nothwendigkeit und Bedeutung verlieren. Daher sehen wir sie in manchen Theilen Deutschlands schon früh verschwinden. Namentlich scheint sie in den Gegenden des Fränkischen und Baierischen Rechts schon im Mittelalter gänzlich verschwunden gewesen zu sein, wenn überhaupt diese Rechte sie jemals gekannt haben sollten. Aber auch, wo sie sich erhielt, erlitt sie doch so mannigfalte Milderungen, daß schon die Rechtsquellen der mittlern Zeit nur noch Überbleibsel des ursprünglichen Instituts enthalten.

Überall, wo wir im Mittelalter Geschlechtsvormundschaft finden, zeigt sie sich zwar noch wirksam in der processualischen Vertretung der Weiber durch den Geschlechtsvormund. Allein auch in dieser Beziehung stimmen die einzelnen Rechte keineswegs mit einander überein. Nach

* 1. Bd. Göttingen 1839, 2. Bd. Göttingen 1847. Auszüge aus: Bd. 2, S. 266-294, Bd. 1, S. 256-258, Bd. 2, S. 329-331; 552-555.

einigen nämlich können die Weiber überhaupt nicht ohne Vormund vor Gericht klagen und antworten. Diesen Grundsatz finden wir namentlich in dem Sachsenspiegel, dem Magdeburgischen Rechte, dem Vermehrten Sachsenspiegel, im Schwabenspiegel und in mehreren städtischen Statuten.

Die Frage, ob und in wie weit die Weiber zur Abschließung von auf das Vermögen bezüglichen Rechtsgeschäften der Zuziehung des Geschlechtsvormundes bedürfen, können wir mit der allgemeineren, welchen Einfluß überhaupt die Geschlechtsvormundschaft auf das Vermögen unverheiratheter Weiber habe, verbinden. Diese Frage wird uns zwar nirgends in unseren Rechtsquellen in ihrem ganzen Umfange beantwortet; sie liefern aber allerdings einen Anhaltspunkt für die Beantwortung derselben. Einen solchen finden wir nämlich in dem, was sie über die Fähigkeit der Weiber, etwas von ihrem Vermögen zu veräußern, enthalten.

Unter den Rechtsquellen der älteren Zeit sprechen sich hierüber allein die Langobardischen Gesetze aus in dem:

Ed. Rothar. 205. (Nulla mulier) – aliquid de rebus mobilibus aut immobilibus sine voluntate ipsius, in cuius mundio fuerit, habeat potestatem donandi aut alienandi.

Hiernach darf also ein Weib nichts von ihrem Vermögen, weder dem beweglichen, noch dem unbeweglichen ohne Einwilligung ihres Vormunds veräußern. Auch ergiebt die zu dieser Stelle gehörige Formel, daß, wenn sie dessenungeachtet etwas für sich allein veräußert hat, sie es unter Beistand ihres Vormunds zurück fordern kann, und daß die Veräußerung also nichtig ist.

Ob dieser Grundsatz in den älteren Zeiten auch bei anderen deutschen Stämmen, als bei den Langobarden galt, müssen wir aus Mangel an Nachrichten hier dahin gestellt sein lassen. Die Rechtsbücher des Mittelalters kennen ihn keinen Falls mehr. Vielmehr heißt es in Beziehung auf den in Frage stehenden Punkt ausdrücklich im Sachsenspiegel 1, 45. § 2. En wif ne mach – ane irs *mannes gelof nicht ires gudes vergeven, noch egen verkopen. Megede aver u. ungemannede wif verkopen ir egen ane irs vormünden gelof, he ne si dar erve to.*

und im Schwabenspiegel 59. Z. 3 ff. (313, 2. 3). Meide u. vrowen, die niht man hânt, die werdent ân ir vormunt ir gut wol âne, ob si ze iren tagen komen sint; dâ gehören danne erben zuo. die sullen ez versprechen als reht ist.

So viel geht aus diesen Stellen mit Gewißheit hervor, daß unverheirathete, volljährige Weiber bei Veräußerungen nicht an die Einwilligung ihres Vormunds gebunden sind, sobald er nicht zugleich ihr nächster Erbe ist, und wegen dieser Eigenschaft seine Einwilligung eingeholt werden muß. Die Worte beider Rechtsbücher lassen aber noch Raum zu der Frage, ob unverheirathete Weiber eine gerichtliche Auflassung ohne ihren Vormund vornehmen konnten.

Allein ich halte dafür, daß nach den Grundsätzen beider Rechtsbücher die Weiber auch zu einer gerichtlichen Veräußerung nicht nothwendig der Mitwirkung eines Geschlechtsvormunds, und noch viel weniger der Einwilligung desselben bedurften. Denn man kann die Nothwendigkeit der Mitwirkung eines Vormunds zur Vollziehung von gerichtlichen Veräußerungen keineswegs daraus ableiten, daß Weiber nach den Grundsätzen der Rechtsbücher nicht selbstständig vor Gericht hätten handeln können. Denn diese verlangen nur bei eigentlichen processualischen Handlungen, daß die Weiber sich durch einen Vormund vertreten lassen, und die Gründe, welche sie hierfür anführen, sind keineswegs von der Art, daß wir jenes daraus abnehmen könnten. Vielmehr beweisen sie, da sie sich bloß auf Handlungen der letztgenannten Art beziehen, eher das Gegentheil, indem wenn die Nothwendigkeit der Vornahme solcher Handlungen durch einen Vormund einen allgemeineren Grund hätte, sich nicht erklären ließe, warum nicht gerade dieser angeführt wäre. Hierzu kommt aber endlich noch ganz besonders, daß nach den oben abgedruckten Worten in beiden Rechtsbüchern gleich die Bemerkung folgt, daß Weiber bei Klagen immer einen Vormund haben müssen, und dieselbe durch das Wörtchen »aber« ausdrücklich als ein Gegensatz zu dem in den vorhergehenden Worten Gesagten bezeichnet wird.

Wenn nun aber Weiber, sobald ihr Vormund nicht selbstständige Rechte an ihrem Vermögen hat, selbst ihre Grundstücke ohne dessen Mitwirkung zu veräußern fähig sind, so müssen wir, da die Veräußerung von Grundstücken im Sinne des deutschen Rechts das wichtigste Rechtsgeschäft ist, hieraus schließen, daß sie andere Handlungen, sobald nicht ein selbstständiges Recht des Vormunds dabei in Betracht kommt, noch um so eher ohne seine Zuziehung gültig abschließen können. Und da ferner, wenn das Vermögen unverheiratheter Weiber durch ihren Geschlechtsvormund hätte verwaltet werden müssen, sich nicht erklären lassen würde, daß es ohne seine Mitwirkung von ihnen veräußert werden durfte, so ergiebt sich hieraus auch, daß der Geschlechtsvormund solcher Weiber nur dann die Verwaltung ihres Vermögens hatte, wenn diese ihm von denselben freiwillig übertragen worden war.

Strengere Grundsätze hatten aber in dieser Beziehung das Friesische Recht und die Statuten einiger Städte. Zu den letzteren gehört namentlich das Hamburgische und das Lübische Recht. Diese hatten nämlich den Grundsatz, daß kein Weib eine gerichtliche Auflassung oder eine Vergabung mit ihrem Gute vornehmen kann ohne Zuziehung ihres Geschlechtsvormunds.

Heutiges Recht

Aus einem Gemisch desjenigen, was die Rechtsbücher und Statuten, insbesondere das Lübische Recht, über die Geschlechtsvormundschaft enthalten, verbunden mit Römischen Rechtsansichten, haben die Juristen seit Einführung des Römischen Rechts eine auch in die Landes- und statutarische Gesetzgebung übergegangene Theorie gebildet, welche in sofern eine gemeinrechtliche Bedeutung erhalten hat, als sie überall, wo sich die Geschlechtsvormundschaft in Deutschland findet, so weit das Particularrecht nicht besondere Rechtsnormen darüber enthält, anwendbar ist*. Diese Theorie muß schon deshalb zu von den Grundsätzen des älteren Rechts wesentlich abweichenden Resultaten führen, weil sie der Geschlechtsvormundschaft eine ganz andere Grundlage unterlegt, als woraus dieselbe ursprünglich hervorgegangen war. Während diese nämlich ihrer Entstehung nach auf der Unfähigkeit der Weiber, sich selbst in der Fehde und vor Gericht zu vertreten, beruhte, betrachten die neueren Juristen als Grund derselben die weibliche Schwäche und die Unerfahrenheit der Weiber in bürgerlichen Angelegenheiten, welche, damit sie nicht in Schaden kommen, es nöthig mache, sie bei der Vornahme wichtiger Rechtsgeschäfte an die Einwilligung eines männlichen Beistands dergestalt zu binden, daß ohne dieselbe das Geschäft nichtig sei. Die Weiber werden daher in Beziehung auf die Nothwendigkeit, einen Vormund zu ihren Rechtsgeschäften hinzuzuziehen, ganz so behandelt, wie die Minderjährigen nach dem heutigen Recht; aber auch nur in dieser Beziehung, keineswegs überhaupt. Daher kommen andere Beschränkungen, welchen Minderjährige unterworfen sind, bei ihnen nicht vor, namentlich nicht das Erforderniß einer richterlichen Erlaubniß zur Veräußerung ihrer Grundstücke. Eben so wenig haben sie auf der andern Seite Anspruch auf die Rechtswohlthaten der Minderjährigen, wie die Wiedereinsetzung in den vorigen Stand und die stillschweigende Hypothek am Vermögen des Vormunds. Auch hat die Gleichstellung der Weiber mit den Minderjährigen nie bewirken können, daß dem Geschlechtsvormunde die Verwaltung des Vermögens seiner Pflegbefohlenen überlassen wäre, da hier die bisherige Gewohnheit zu entschieden entgegen stand. Es haben daher die volljährigen, bloß einer Geschlechtsvormundschaft unterworfenen unverheiratheten Weiber überall selbst die Verwaltung ihres Vermögens, wenn sie nicht etwa freiwillig den Vormund damit beauftragen. Aber auch in anderen Punkten hat jenes Princip da, wo der Sachsenspiegel geltendes Recht geblieben ist, nie streng durchgeführt werden können, weil jener in zu vielen Punkten der Anwendung desselben widerstrebt. Hieraus erklärt es sich, daß auch noch nach dem heutigen Sächsischen Rechte die Weiber

* Der Einfluß gerade des Lübischen Rechts und insbesondere der Ansichten von Mevius über den Inhalt desselben auf diese Theorie erklärt sich ohne Zweifel daraus, daß die Geschlechtsvormundschaft in der Gestalt, worin sie sich in jenem Rechte findet, und von dem letzteren weiter entwickelt ist, den Ansichten, welche die Juristen über den Grund der Nothwendigkeit derselben hatten, am meisten entsprach.

nicht so durch die Geschlechtsvormundschaft beschränkt sind, wie sie es jenem Princip gemäß sein müßten.

Der Umstand, daß sich die Geschlechtsvormundschaft in ihren Wirkungen meistens von jeder anderen und namentlich der Altersvormundschaft wesentlich unterscheidet, hat oft die Veranlassung gegeben, sie mit besonderen Benennungen zu bezeichnen. So wird sie z. B. zuweilen unter dem Namen *Curatel* der gewöhnlichen Vormundschaft entgegen gesetzt, besonders häufig aber mit dem Ausdruck *Kriegsvogtei* oder *Litiscuratel* bezeichnet, weil das Geschäft des Geschlechtsvormunds heut zu Tage besonders darin besteht, seine Pflegbefohlene vor Gericht zu vertreten.

Eine gesetzliche Geschlechtsvormundschaft kommt heut zu Tage nur noch in dem Particularrechte und nur noch bei Ehefrauen vor, über welche dieselbe dem Ehemanne zusteht. Als Anfangspunkt dieser Vormundschaft ist heut zu Tage gemeinrechtlich der Augenblick zu betrachten, in welchem die Ehe eingegangen ist, da sie als Wirkung derselben angesehen werden muß. Sie beginnt also bei den Protestanten gleich nach der kirchlichen Trauung, bei den Katholiken aber nachdem die Verlobten ihren consensus matrimonialis vor dem Pfarrer und zwei oder drei Zeugen erklärt haben. Die älteren Sächsischen Juristen ließen sie jedoch aus einem Mißverständniß des Sachsenspiegels, indem sie die Vormundschaft mit der Standesgenossenschaft unter den Ehegatten verwechselten, erst im Augenblick der Beschreitung des Ehebetts eintreten. Dieß scheint aber jetzt in Sachsen nicht mehr zu gelten; wenigstens finde ich bei den neueren Sächsischen Juristen nichts, was hierauf hinwiese. Von einem besonderen Vormunde, welchen die Frau für ihr Leibgedinge noch neben ihrem Ehemanne haben könnte, findet sich wohl jetzt nirgends eine Spur mehr. – Bei unverheiratheten volljährigen Frauenzimmern findet sich aber nirgends mehr eine gesetzliche Geschlechtsvormundschaft.

Geschlechtsvormundschaft über verheirathete Weiber.

Die Wirkungen, welche die eheliche Vormundschaft auf die Person der Ehefrau hat, sind in manchen Punkten von den Wirkungen der gewöhnlichen Geschlechtsvormundschaft verschieden, weil jene auch heut zu Tage noch immer eine gesetzliche und eine allgemeine Vormundschaft ist. In der ehelichen Vormundschaft liegt daher nicht nur das Recht des Ehemanns, seine Frau bei allen vorkommenden Gelegenheiten gegen Dritte außergerichtlich zu schützen, sondern vermöge derselben ist er auch ausschließlich befugt, sie vor Gericht zu vertreten, so daß, ganz besondere Fälle abgerechnet, die Frau selbst weder für sich allein, noch mit einem anderen Curator, sei es als Klägerin oder Beklagte, gerichtlich auftreten kann, ohne daß eine unheilbare Nichtigkeit daraus entstände.

Von ganz besonderer Wichtigkeit sind die Wirkungen der ehelichen

Vormundschaft auf das Vermögen der Ehefrau. Über den Umfang derselben sind aber die Ansichten der Rechtsgelehrten höchst verschieden.

Einfluß der ehelichen Vormundschaft auf das Vermögen der Ehefrau im
heutigen Rechte.

Die heut zu Tage in Deutschland vorkommenden ehelichen Güterrechte,
so mannigfaltig sie auch sind, lassen sich doch bekanntlich unter zwei
Systeme bringen. Das eine bildet das Römische Dotalrecht oder ein an
dieses sich anschließendes eheliches Güterrecht, das andere das eigenthümlich deutsche Güterrecht der Ehegatten. Wo das erstere gilt, hat sich
mit Einführung des Römischen Rechts meistens auch die eheliche Vormundschaft verloren, und es kann daher hier schon aus diesem Grunde
von keinem Einfluß derselben auf das Vermögen der Ehefrau die Rede
sein. Wo sie aber daneben noch besteht oder doch bis auf die neuesten
Zeiten bestanden hat, zeigt sie sich in Beziehung auf das Vermögen der
Frau doch nur in dem Rechte, diese hinsichtlich desselben vor Gericht zu
vertreten, wirksam. Von diesem Rechte ist aber schon oben gehandelt
worden, und daher braucht hier nicht weiter von demselben die Rede zu
sein. Das eigenthümlich deutsche Güterrecht gilt überall, wo der Mann
entweder einen gesetzlichen Nießbrauch an dem Vermögen seiner Frau
hat, oder ihm außerdem auch ein Verfügungsrecht über die Substanz
desselben bald in einem größeren, bald in einem geringeren Umfange
zusteht, welches sich besonders auch darin wirksam zeigt, daß er Schulden darauf machen kann, die auch nach Beendigung der Ehe von der Frau
oder deren Erben aus demselben bezahlt werden müssen.

Sowohl jenes Nießbrauchsrecht, als auch dieses Verfügungsrecht betrachten die neueren Rechtsgelehrten als eine Wirkung der ehelichen
Vormundschaft, und nehmen daher an, daß, wo diese heut zu Tage neben
dem deutschen ehelichen Güterrechte nicht mehr vorkömmt, sich wenigstens ihre Wirkungen in Beziehung auf das Vermögen der Ehefrau
erhalten haben. Zu behaupten, daß jene Rechte des Ehemannes erst seit
der Reception des Römischen Rechts eine Wirkung der ehelichen Vormundschaft geworden seien, ist meines Wissens Keinem eingefallen. Auch
würde man durch eine solche Behauptung zu dem auffallenden Resultat
gelangen, daß während die eheliche Vormundschaft im Abnehmen begriffen war, und sich allmählig immer mehr verlor, ihre Wirkungen eine
größere Ausdehnung erhalten hätten; denn das Verfügungsrecht des
Ehemanns hat im heutigen Recht häufig einen größeren Umfang, als in
dem älteren. Es leiten vielmehr Alle die der ehelichen Vormundschaft von
ihnen beigelegten Wirkungen aus dem älteren Rechte her. Da aber dieses
keineswegs solche Wirkungen derselben kennt, so widerlegt sich hiermit
jene Meinung von selbst. Es ist daher auch zu behaupten, daß auch da, wo
die eheliche Vormundschaft aufgehoben oder ohne legislatorische Thätig-

keit verschwunden ist, jenes Nutzungs- und Verfügungsrecht des Ehemanns unverändert fortbestehe, ohne daß dessen Beibehaltung ausdrücklich ausgesprochen zu sein brauchte.

Die Wirkungen der ehelichen Vormundschaft auf das Vermögen der Frau bestehen vielmehr nach dem älteren Rechte außer in dem Rechte des Ehemanns die Frau hinsichtlich desselben zu vertreten, nur in der Gewere, welche ihm der Sachsenspiegel daran beilegt, und in der Unfähigkeit der Frau, ohne seine Einwilligung ihr zum Gesammtgut gehöriges Vermögen zu veräußern, und Schulden darauf zu contrahiren, welche er anzuerkennen verbunden wäre. Es kann sich daher hier nur fragen, wie es hinsichtlich dieser Wirkungen heut zu Tage stehe.

Was nun jene dem Ehemann zustehende Gewere an dem Frauengute betrifft, so ist sie, wie die Gewere überhaupt, als solche im heutigen Rechte verschwunden, und an deren Stelle ist ein nach den Grundsätzen des Römischen Rechts zu beurtheilender Mitbesitz getreten. Die Unfähigkeit der Frau ohne Einwilligung des Mannes ihr Vermögen zu veräußern und Schulden darauf zu machen, besteht hingegen nicht nur fort, sondern hat auch dadurch häufig noch eine Erweiterung erhalten, daß die Juristen die Wirkungen der ehelichen Vormundschaft in dieser Beziehung denen der Altersvormundschaft gleich gestellt, und daher angenommen haben, daß jene Unfähigkeit der Frau nicht, wie nach dem älteren Rechte, bloß eine relative, sondern eine absolute sei, so daß die von ihr ohne seine Einwilligung vorgenommene Veräußerung oder contrahirte Schuld jetzt häufig nicht bloß so weit, wie seine Rechte an ihrem Vermögen dadurch gekränkt sind, sondern in jeder Beziehung als unwirksam betrachtet wird. Da aber, wie oben gezeigt worden ist, diese Ansicht durchaus nicht der Natur der ehelichen Vormundschaft entspricht, so darf sie nur da angewandt werden, wo sie im Particularrechte entweder ausdrücklich anerkannt ist, oder den Gerichtsgebrauch für sich hat. Obgleich jene Beschränkung der Frau schon im älteren Rechte aus der ehelichen Vormundschaft abgeleitet wird, so kann diese doch keineswegs als der einzige Grund derselben betrachtet werden. Vielmehr ist nach dem Sachsenspiegel dieser zunächst und in der That allein in die Gewere, welche der Ehemann an dem Frauengute hat, zu setzen. Auch liegt es in der Natur der Sache, daß der Ehemann schon vermöge des in seiner hausherrlichen Gewalt liegenden Rechts das Frauengut zu verwalten, verlangen kann, daß kein Bestandtheil desselben durch eine eigenmächtige Handlung der Frau seiner Verwaltung entzogen werde. Daher kann es wohl keinem Zweifel unterliegen, daß auch da, wo die eheliche Vormundschaft heut zu Tage nicht mehr vorkommt, aber jenes Verwaltungsrecht noch besteht, die erwähnte Unfähigkeit der Frau fortdauern muß.

Nr. 22

Bruchstücke aus Vorlesungen über die Stellung der Frauen, gehalten von Minna Zimmermann*

Da nun einmal die natürliche Stellung der Frauen verlassen, so kann auch von keiner natürlichen Bildung die Rede sein, man muß also fragen, für welche künstliche Bestimmung die Jungfrau ausgebildet werden solle, und die einzig mögliche Antwort, das herrschende System im Auge, ist: sie soll ausgebildet werden mit besonderer Berücksichtigung für die Verwaltung von des Mannes Erwerb. Auf die Einzelne und ihr mögliches Schicksal kann hiebei nicht Rücksicht genommen werden, es muß das Ganze der Frauen-Welt nach diesem Grundsatz vorbereitet werden, damit der Mann, wo er auch hineingreife, immer auf ein Wesen treffe, geeignet für seinen Zweck. In älterer Zeit ist dieser Ansicht mit derber Offenheit entsprochen worden, die Jungfrau wurde nur für die Wirthschaft ausgebildet, mit Ausnahme jener Stände, in denen sie mehr Luxus-Artikel werden sollte. Diese grobe Ehrlichkeit konnte gegen die Cultur nicht Stand halten; überdies stellte sich bei dem geringsten Nachdenken, ja selbst ohne dies der natürliche Beruf der Frau für die Erziehung der Kinder bedenklich in den Weg. Sollte die Mutter dieser Pflicht im höhern Sinne genügen können, so mußte sie selbst die höhere menschliche Ausbildung erhalten haben, daneben trat der Mann mit der Forderung seines Herzens heran: die Liebenswürdigkeit der Gattin. Diesen verschiedenen Forderungen zu genügen, ist die Verlegenheit wahrlich nicht gering. Wo soll nachgegeben werden, der Natur oder dem Princip, für das Menschenthum erzogen werden, oder für die Küche? Giebt man zu wenig, so ist den Forderungen der heutigen Civilisation nicht entsprochen; zuviel, so ist die Gefahr unvermeidlich, die freie Entwickelung der ganzen Menschen-Natur zu prooviren, da man diese doch nicht wollen kann, denn sie würde das Wesen unfehlbar über den gezognen Kreis hinausführen. Da muß denn der Schein seinen weiten, goldverbrämten Mantel hergeben. Man legt ein gewisses Quantum von Kenntnissen zusammen und nennt dies *allgemeine, menschliche Ausbildung,* da doch eine solche nichts Andres ist, als *die Entwickelung aller Kräfte, welche die Natur in das Wesen gelegt, und deren richtige Anwendung.* Dies aber einem Wesen, das vorausbestimmt ist mündig zu bleiben, und sein eignes Dasein durch Andere hinfristen zu lassen. Gewiß es giebt gerechte, denkende Männer, die gern mehr thun möchten, aber können sie auch! Was sollten sie ihren Schülerinnen wohl über die Bestimmung des Weibes sagen? Wollten sie den weiblichen Beruf in die Hausmütterlichkeit setzen, könnte da nicht die naive Frage über ihren Weg laufen: Wie gelangen wir

* Aus: *Frauen-Zeitung,* 1850, Nr. 35.

hin? Die Erwiederung aber: Ihr müßt warten, bis sich Jemand entschließt euch euern Beruf erfüllen zu lassen; wenn das nicht geschieht, muß er unerfüllt bleiben – diese Antwort wäre doch eine häßliche Aufgabe. Sollte man ihnen aber gar von *menschlicher* Bestimmung sprechen, und müßte also sagen: Der einfache Anfang aller menschlichen Pflicht ist, für seine eigene Erhaltung zu sorgen, damit man nicht eine Last der Gesellschaft werde, wie sollte der arme Lehrer wohl vor der einfachen Frage bestehen: Sind wir denn nicht Menschen? – Nein, nein es bleibt nichts übrig als jeden Gedanken über sich selbst durch ein Gestöber Vocabeln einzuschneien, wo möglich von drei Sprachen. So lernt denn das junge Mädchen gegenwärtig zwar nicht Viel aber doch Vieles, doch genug, um die Bestimmung für die Wirthlichkeit vollkommen aus den Augen zu lassen, und gewinnt, wenn auch nicht allgemeine menschliche Bildung, doch einen Anhaltspunkt für die Eitelkeit, falls diese sich sollte über einen Spitzenkragen erheben wollen. Daneben lernt sie noch – und dies ist ein Grundmoment ihrer Bildung – Clavierspielen, erringt dadurch bei gehöriger Talentlosigkeit die Macht, auf menschliche Nerven die bedenklichsten Eindrücke hervorzubringen, und kann nun auch liebenswürdig werden. Allein man wird noch nicht liebenswürdig, wenn man sein Haupt zu einem Magazin macht, worin die Kenntnisse niederlegt werden, wie trockne Früchte, zum dereinstigen Gebrauch. Was nun aber den Gebrauch anlangt – mein Himmel, man spricht ja sogar deutsch in Deutschland! – Ist's denn den armen Kindern zu verargen, wenn sie französisch auf der Straße sprechen und in ihren Gesellschaftssälen mit zierlichem Entzücken die Vorzüge von Boz-Dickens rühmen, im Original gelesen! Ist doch bei ihnen einmal Alles auf den Glanz berechnet, und die Wissenschaften werden angelegt wie ein Atlaskleid oder eine Pariser Blonden-Haube. So ist denn die Jungfrau fertig geworden, und wandelt, oder eigentlich tappt, mit verbundenen Augen weiter; zuweilen springt sie auch trotz der traurigen Blindheit jauchzend hinein in ihren Lebenstag, denn auch das Weib hat einen Jugend-Morgen, wo das Leben rosig blühend vor ihr liegt, ein unverlierbares Geschenk lächelnder Götter, wo ein dunkles Sehnen nach That und Bedeutung die jugendliche Seele schwellt, auch in ihr regt sich ein Ahnen schöner, hoher Kraft. Wohin wird der dunkle Pfad sie führen? Sie weiß es nicht, wie Die es nicht wußten, die ihre Erziehung leiteten. Ist dieser Standpunkt der eines denkenden, fühlenden, eines moralischen Wesens? Jeden Menschen muß sein Handeln an ein bestimmtes Ziel, zur Lösung seines Lebensräthsels führen, wenn es ein vernünftiges Handeln ist; außerdem bleibt es das Spiel eines Kindes. Sich selbst lehnen auf eigne Kraft, und wo möglich der Stützpunkt werden für andere schwächere Wesen, das ist menschliche Würde. Allein dies blumenhafte Blühen soll eben der Reiz der Frau sein, und reizend will man sie, freilich in vorgeschriebner Weise; sie soll sich lehnen können an den Mann, mit geschlossnen Augen, und fallen, wenn die Stütze ihr entzogen worden, ein holdes lächerliches Trauerspiel, und die ihrer Kraft von der Natur anvertrauten Wesen sollen mit ihr fallen, in trauriger Ohnmacht. – Trotz aller Unverständigkeit, Unmenschlichkeit und Unhaltbarkeit hat sich gleichwohl die Regel des Ernährenlassens der Gesellschaft vollkommen incorporirt.

Wenn die Menschen gewohnt wären, ihre Handlungen in Worte zu übersetzen, so würden wir etwa folgendes Gespräch zwischen einer Mutter und ihrer Tochter vernehmen. Die Mutter beginnt: Mein Kind, Du bist nun erwachsen, wohl unterrichtet und eingesegnet, was wirst Du jetzt thun, um Deinen Lebens-Unterhalt zu gewinnen, und der Menschheit in Deiner Thätigkeit dankbar den Zoll abzutragen, den jedes Wesen ihr schuldet? Hierauf erwiedert die Tochter mit edlem Selbstgefühl: Ich werde gar nichts thun, sondern warten bis Jemand kommt, der mir Nahrung und Kleidung reiche, und die Mutter antwortet: Bravo, meine Tochter! Ich wollte Dich nur prüfen, ob Du unberührt vom Pesthauch radikaler Einfälle Deine schöne Weiblichkeit bewahrt hast.

[...]

Danksagung

Die vorliegende Arbeit ist meine Dissertation, die im Juni 1977 vom Promotionsausschuß ›Dr. phil.‹ der Universität Bremen angenommen wurde. Neben den vielfältigen Anregungen und Möglichkeiten zu interdisziplinärem Gespräch, die mir gerade an dieser Universität geholfen haben, danke ich insbesondere meinen Gutachtern Prof. Dr. Marlis Krüger und Prof. Dr. Ulrich Sonnemann für wissenschaftlichen Rat und Förderung. Besonderen Dank schulde ich Dr. Bärbel Wallisch-Prinz für ihre Ermutigung und hilfreiche Kritik. Elisabeth Hannover und Romina Schmitter danke ich für ihre Beweise fraulicher Solidarität.

Die Arbeit wäre aber nicht fertig geworden ohne den Beistand meines Mannes und die verständnisvolle Nachsicht meiner drei Töchter.

Ute Gerhard, Bremen im Januar 1978

edition suhrkamp

881 Loch/Kernberg u. a., Psychoanalyse im Wandel
882 Michael T. Siegert, Strukturbedingungen von Familienkonflikten
883 Erwin Piscator, Theater der Auseinandersetzung
884 Politik der Subjektivität. Texte der italienischen Frauenbewegung, Herausgegeben von Michaela Wunderle
885 Hans Dieter Zimmermann, Vom Nutzen der Literatur
886 Gesellschaft, Beiträge zur Marxschen Theorie 10
887 Über Hans Mayer, Herausgegeben von Inge Jens
888 Nicos Poulantzas, Die Krise der Diktaturen
889 Alexander Weiß, Bericht aus der Klinik
890 Bergk/Ewald/Fichte u. a., Aufklärung und Gedankenfreiheit. Herausgegeben und eingeleitet von Zwi Batscha
891 Friedensanalysen 5
892 Franz L. Neumann, Wirtschaft, Staat, Demokratie
893 Georges Politzer, Kritik der Grundlagen
895 Umberto Eco, Zeichen. Einführung in einen Begriff und seine Geschichte
897 Ralph-Rainer Wuthenow, Muse, Maske, Meduse
898 Cohen/Taylor, Ausbruchversuche. Identität und Widerstand
902 Ernest Borneman, Psychoanalyse des Geldes
904 Alfred Sohn-Rethel, Warenform und Denkform
906 Brecht-Jahrbuch 1977
907 Horst Kern, Michael Schumann, Industriearbeit und Arbeiterbewußtsein
908 Julian Przybós, Werkzeug aus Licht
910 Peter Weiss, Stücke II
913 Martin Walser, Das Sauspiel mit Materialien. Herausgegeben von Werner Brändle
916 Dürkop/Hardtmann (Hrsg.), Frauen im Gefängnis
920 Tagträume vom aufrechten Gang. Sechs Interviews mit Ernst Bloch, Herausgegeben von Arno Münster
925 Friedensanalysen 6
927 Ausgewählte Gedichte Brechts, Herausgegeben von Walter Hinck
928 Betty Nance Weber, Brechts ›Kreidekreis‹
929 Auf Anregung Bertolt Brechts: Lehrstücke. Herausgegeben von Reiner Steinweg
930 Walter Benjamin, Brief 1 und 2. Herausgegeben von Gershom Scholem und Theodor W. Adorno
933 Ute Gerhard, Verhältnisse und Verhinderungen
954 Elias/Lepenies, Zwei Reden. Theodor W. Adorno-Preis 1977
955 Friedensanalysen 7
956 Brecht-Jahrbuch 1978. Hrsg. Fuegi/Grimm/Hermand
957 Gesellschaft, Beiträge zur Marxschen Theorie 11

Alphabetisches Verzeichnis der edition suhrkamp

Abendroth, Sozialgesch. d. europ. Arbeiterbewegung 106
Abendroth, Ein Leben 820
Achternbusch, L'Etat c'est moi 551
Adam, Südafrika 343
Adorno, Drei Studien zu Hegel 38
Adorno, Eingriffe 10
Adorno, Kritik 469
Adorno, Jargon d. Eigentlichkeit 91
Adorno, Moments musicaux 54
Adorno, Ohne Leitbild 201
Adorno, Stichworte 347
Adorno, Zur Metakritik der Erkenntnistheorie 590
Adorno, Gesellschaftstheorie u. Kultur 772
Aggression und Anpassung 282
Alberts/Balzer/Heister/Warneken u.a., Segmente der Unterhaltungsindustrie 651
Alff, Der Begriff Faschismus 456
Alff, Materialien zum Kontinuitätsproblem 714
Althusser, Für Marx 737
Altvater/Basso/Mattick/Offe u. a., Rahmenbedingungen 824
Andersch, Die Blindheit des Kunstwerks 133
Antworten auf H. Marcuse 263
Architektur als Ideologie 243
Architektur u. Kapitalverwertung 638
Über H. C. Artmann 541
Arzt u. Patient in der Industriegesellschaft, hrsg. v. O. Döhner 643
Aspekte der Marxschen Theorie I 632
Aspekte der Marxschen Theorie II 633
Auf Anregung Bertolt Brechts: Lehrstücke, hrsg. von Reiner Steinweg 929
Augstein, Meinungen 214
Aus der Zeit der Verzweiflung 840
Ausgewählte Gedichte Brechts, hrsg. von W. Hinck 927
Autonomie der Kunst 592
Autorenkollektiv Textinterpretation . . ., Projektarbeit als Lernprozeß 675
Bachrach/Baratz, Macht und Armut 813
Baran/Sweezy, Monopolkapital [in Amerika] 636
Barthes, Mythen des Alltags 92
Barthes, Kritik und Wahrheit 218
Basaglia, F., Die abweichende Mehrheit 537
Basaglia, F. (Hrsg.), Die negierte Institution 655
Basaglia, F. (Hrsg.), Was ist Psychiatrie? 708

Basso, L., Gesellschaftsformation u. Staatsform 720
Baudelaire, Tableaux Parisiens 34
Becker, E. / Jungblut, Strategien der Bildungsproduktion 556
Becker, H., Bildungsforschung 483
Becker, J., Felder 61
Becker, J., Ränder 351
Becker, J., Umgebungen 722
Über Jürgen Becker 552
Beckett, Aus einem aufgegeb. Werk 145
Beckett, Fin de partie / Endspiel 96
Materialien zum ›Endspiel‹ 286
Beckett, Das letzte Band 389
Beckett, Warten auf Godot 3
Beckett, Glückliche Tage 849
Beiträge zur marxist. Erkenntnistheorie 349
Benjamin, Drei Hörmodelle 468
Benjamin, Das Kunstwerk 28
Benjamin, Über Kinder 391
Benjamin, Kritik der Gewalt 103
Benjamin, Städtebilder 17
Benjamin, Versuche über Brecht 172
Benjamin, Briefe 1 und 2, hrsg. v. Scholem/Adorno 930
Bergk/Ewald/Fichte u.a., Aufklärung und Gedankenfreiheit 890
Berger, Untersuchungsmethode u. soziale Wirklichkeit 712
Bergman, Wilde Erdbeeren 79
Bernhard, Amras 142
Bernhard, Fest für Boris 440
Bernhard, Prosa 213
Bernhard, Ungenach 279
Bernhard, Watten 353
Über Thomas Bernhard 401
Bernstein, Beiträge zu einer Theorie 850
Bertaux, Hölderlin u. d. Französ. Revol. 344
Berufsbildungsreform, hrsg. v. C. Offe 761
Blatter, Genormte Tage 858
Blanke u. a., Bürgerlicher Staat 861
Bloch, Avicenna 22
Bloch, Ästhetik des Vor-Scheins I 726
Bloch, Ästhetik des Vor-Scheins II 732
Bloch, Das antizipierende Bewußtsein 585
Bloch, Christian Thomasius 193
Bloch, Durch die Wüste 74
Bloch, Über Hegel 413
Bloch, Pädagogica 455
Bloch, Tübinger Einleitung in die Philosophie I 11

Bloch, Tübinger Einleitung in die Philosophie II 58
Bloch, Über Karl Marx 291
Bloch, Vom Hasard zur Katastrophe 534
Bloch, Widerstand und Friede 257
Bloch/Braudel/L. Febvre u. a., Schrift und Materie der Geschichte 814
Block, Ausgewählte Aufsätze 71
Blumenberg, Kopernikan. Wende 138
Böhme, Soz.- u. Wirtschaftsgesch. 253
Bock, Geschichte des ›linken Radikalismus‹ in Deutschland 645
Boer, Lodewijk de, The Family 760
Böckelmann, Theorie der Massenkommunikation 658
du Bois-Reymond, B. Söll, Neuköllner Schulbuch, 2 Bände 681
du Bois-Reymond, M., Strategien kompensator. Erziehung 507
du Bois-Reymond, Verkehrsformen 830
Bond, Gerettet / Hochzeit d. Papstes 461
Borneman, Psychoanalyse des Geldes 902
Bosse, Verwaltete Unterentwicklung 752
Brackert, Bauernkrieg 782
Brandt u. a., Zur Frauenfrage im Kapitalismus 581
Brandys, Granada 167
Braun, Gedichte 397
Braun, Es genügt nicht die einfache Wahrheit 799
Brecht, Antigone / Materialien 134
Brecht, Arturo Ui 144
Brecht, Ausgewählte Gedichte 86
Brecht, Baal 170
Brecht, Baal der asoziale 248
Brecht, Brotladen 339
Brecht, Das Verhör des Lukullus 740
Brecht, Der gute Mensch v. Sezuan 73
Materialien zu ›Der gute Mensch . . .‹ 247
Brecht, Der Tui-Roman 603
Brecht, Die Dreigroschenoper 229
Brecht, Die heilige Johanna der Schlachthöfe 113
Brecht, Die heilige Johanna / Fragmente und Varianten 427
Brecht, Die Maßnahme 415
Brecht, Die Tage der Commune 169
Brecht, Furcht u. Elend d. 3. Reiches 392
Brecht, Gedichte u. Lieder aus Stücken 9
Brecht, Herr Puntila 105
Brecht, Im Dickicht der Städte 246
Brecht, Jasager – Neinsager 171
Brecht, Die Geschäfte des Julius Cäsar 332
Brecht, Kaukasischer Kreidekreis 31
Materialien zum ›Kreidekreis‹ 155
Brecht, Kuhle Wampe 362
Brecht, Leben des Galilei 1

Materialien zu ›Leben des Galilei‹ 44
Brecht, Leben Eduards II. 245
Brecht, Stadt Mahagonny 21
Brecht, Mann ist Mann 259
Brecht, Mutter Courage 49
Materialien zu ›Mutter Courage‹ 50
Materialien zu ›Die Mutter‹ 305
Brecht, Die Mutter (Regiebuch) 517
Brecht, Über Realismus 485
Brecht, Über d. Beruf d. Schauspielers 384
Brecht, Schweyk im zweiten Weltkrieg 132
Materialien zu ›Schweyk im zweit. Weltkrieg‹ 604
Brecht, Die Gesichte der Simone Machard 369
Brecht, Über Politik und Kunst 442
Brecht, Über experiment. Theater 377
Brecht, Trommeln in der Nacht 490
Brecht, Über Lyrik 70
Brecht, Gedichte in 4 Bänden 835-38
Brecht-Jahrbuch 1974 758
Brecht-Jahrbuch 1975 797
Brecht-Jahrbuch 1976 853
Brecht-Jahrbuch 1977 906
Brecht-Jahrbuch 1978 956
Brecht, Drei Lehrstücke 817
Brecht im Gespräch, hrsg. von Werner Hecht 771
Brechts Modell der Lehrstücke, hrsg. von Rainer Steinweg
Brede u. a., Determinanten d. Wohnungsversorgung 745
Brede u. a., Politische Ökonomie d. Bodens 868
Bredekamp, Kunst als Medium sozialer Konflikte 763
Materialien zu H. Brochs ›Die Schlafwandler‹ 571
Brooks, Paradoxie im Gedicht 124
Brus, Funktionsprobleme d. sozialist. Wirtschaft 472
Brus, W., Sozialistisches Eigentum 801
Bubner, Dialektik u. Wissenschaft 597
Bürger, Die franzö. Frühaufklärung 525
Bürger, Theorie der Avantgarde 727
Bürger, Aktualität und Geschichtlichkeit 879
Bulthaup, Zur gesellschaftl. Funktion der Naturwissenschaften 670
Burke, Dichtung als symbol. Handlung 153
Burke, Rhetorik in Hitlers ›Mein Kampf‹ 231
Busch, Die multinationalen Konzerne 741
Cardoso/Faletto, Abhängigkeit 841
Caspar D. Friedrich u. d. dt. Nachwelt, hrsg. v. W. Hofmann 777
Celan, Ausgewählte Gedichte 262
Über Paul Celan 495

Chasseguet-Smirgel (Hrsg), Psychoanalyse der weiblichen Sexualität 697

Chomsky, Aus Staatsraison 736

Claas, Die politische Ästhetik 832

Clemenz, Gesellschaftl. Ursprünge des Faschismus 550

Cohen/Taylor, Ausbruchsversuche 898

Cogoy, Wertstruktur und Preisstruktur 810

Cooper, Psychiatrie u. Anti-Psychiatrie 497

Córdova/Michelena, Lateinamerika 311

Creeley, Gedichte 227

Dallemagne, Die Grenzen der Wirtschaftspolitik 730

Damus, Entscheidungsstrukturen in der DDR-Wirtschaft 649

Deleuze/Guattari, Kafka 807

Determinanten der westdeutschen Restauration 1945-1949 575

Deutsche und Juden 196

Die Hexen der Neuzeit, hrsg. von Claudia Honegger 743

Dobb, Organis. Kapitalismus 166

Dobb, Wert- und Verteilungstheorien 765

Döbert, R./Nunner-Winkler, G,. Adoleszenzkrise und Identitätsbildung 794

Dorst, Eiszeit 610

Dorst, Toller 294

Über Tankred Dorst (Werkbuch) 713

Drechsel u. a., Massenzeichenware 501

Doras, Ganze Tage in den Bäumen 80

Duras, Hiroshima mon amour 26

Eckensberger, Sozialisationsbedingungen d. öffentl. Erziehung 466

Eco, Zeichen 895

Eich, Abgelegene Gehöfte 288

Eich, Botschaften des Regens 48

Eich, Mädchen aus Viterbo 60

Eich, Setúbal / Lazertis 5

Eich, Marionettenspiele / Unter Wasser 89

Über Günter Eich 402

Eichenbaum, Theorie u. Gesch. d. Literatur 119

Eisner, Sozialismus als Aktion 773

Elias/Lepenies, Zwei Reden 954

Eliot, Die Cocktail Party 98

Eliot, Der Familientag 152

Eliot, Mord im Dom 8

Eliot, Was ist ein Klassiker? 33

Entstalinisierung in der Sowjetunion 609

Enzensberger, Blindenschrift 217

Enzensberger, Deutschland 203

Enzensberger, Einzelheiten I 63

Enzensberger, Einzelheiten II 87

Enzensberger, Landessprache 304

Enzensberger, Das Verhör von Habana 553

Enzensberger, Palaver 696

Enzensberger, Der Weg ins Freie 759

Über H. M. Enzensberger 403

Erkenntnistheorie, marxist. Beiträge 349

Eschenburg, Über Autorität 129

Euchner, Egoismus und Gemeinwohl 614

Expressionismusdebatte, hrsg. von H. J. Schmitt 646

Fassbinder, Antiteater 443

Fassbinder, Antiteater 2 560

Fassbinder, Stücke 3 803

Fichant/Pêcheux, Überlegungen zur Wissenschaftsgeschichte 866

Fischer-Seidel, James Joyces »Ulysses« 826

Fleischer, Marxismus und Geschichte 323

Materialien zu M. F. Fleißer 594

Foucault, Psychologie u. Geisteskrankheit 272

Frauenarbeit – Frauenbefreiung, hrsg. v. A. Schwarzer 637

Frauenfrage im Kapitalismus, Brandt/Kootz/Steppke 581

Frauen im Gefängnis, hrsg. von Dürkop/Hardtmann 916

Frerichs/Kraiker, Konstitutionsbedingungen 685

Friedensanalysen 1 784

Friedensanalysen 2 834

Friedensanalysen 3 847

Friedensanalysen 4 871

Friedensanalysen 5 891

Friedensanalysen 6 925

Friedensanalysen 7 955

Frisch, Ausgewählte Prosa 36

Frisch, Biedermann u. d. Brandstifter 41

Frisch, Die chinesische Mauer 65

Frisch, Don Juan oder Die Liebe zur Geometrie 4

Frisch, Frühe Stücke. Santa Cruz / Nun singen sie wieder 154

Frisch, Graf Öderland 32

Frisch, Öffentlichkeit 209

Frisch, Zürich – Transit 161

Frisch/Hentig, Zwei Reden 874

Über Max Frisch 404

Über Max Frisch II 852

Fritzsche, Politische Romantik 778

Fromm, Sozialpsychologie 425

Fučík, Reportage unter dem Strang geschrieben 854

Fuegi/Grimm/Hermand (Hrsg.), Brecht-Jahrbuch 1974 758

Gastarbeiter 539

Gefesselte Jugend / Fürsorgeerziehung 514

Geiss, Geschichte u. Geschichtswissenschaft 569

Germanistik 204

Gerhard, Ute, Verhältnisse und Verhinderungen 933

Gesellschaft, Beiträge zur Marxschen Theorie
  I 695
Gesellschaft II 731
Gesellschaft III 739
Gesellschaft IV 764
Gesellschaft V 787
Gesellschaft VI 806
Gesellschaft VII 827
Gesellschaft VIII/IX 863
Gesellschaft X 886
Gesellschaft XI 957
Gesellschaftsstrukturen, hrsg. v. O. Negt u. K.
  Meschkat 589
Gespräche mit Ernst Bloch, Hrsg. von Rainer
  Traub und Harald Wieser 798
Goeschel/Heyer/Schmidbauer, Soziologie der
  Polizei I 380
Goffman, Asyle 678
Goldscheid/Schumpeter, Finanzkrise 698
Gombrich/Hochberg/Black, Kunst, Wahr-
  nehmung, Wirklichkeit 860
Grass, Hochwasser 40
Gröll, Erziehung 802
Guattari, Psychotherapie 768
Guérin, Anarchismus 240
Haavikko, Jahre 115
Habermas, Logik d. Sozialwissenschft. 481
Habermas, Protestbewegung u. Hochschulre-
  form 354
Habermas, Technik u. Wissenschaft als Ideo-
  logie 287
Habermas, Legitimationsprobleme im Spätka-
  pitalismus 623
Hacks, Das Poetische 544
Hacks, Stücke nach Stücken 122
Hacks, Zwei Bearbeitungen 47
Handke, Die Innenwelt 307
Handke, Kaspar 322
Handke, Publikumsbeschimpfung 177
Handke, Wind und Meer 431
Handke, Ritt über den Bodensee 509
Über Peter Handke 518
Hannover, Rosa Luxemburg 233
Hartig/Kurz, Sprache als soz. Kontrolle 543
Haug, Kritik d. Warenästhetik 513
Haug, Bestimmte Negation 607
Haug, Warenästhetik. Beiträge zur Diskussion
  657
Hecht, Sieben Studien über Brecht 570
Hegel im Kontext 510
Hegels Philosophie 441
Heinemann, Präsidiale Reden 790
Heinsohn/Knieper, Theorie d. Familienrechts
  747
Heller, A., Das Alltagsleben 805
Heinsohn/Knieper, Spielpädagogik 809
Heller, E., Nietzsche 67

Heller, E., Studien zur modernen Literatur 42
Hennicke (Hrsg.), Probleme d. Sozialismus i.
  d. Übergangsgesellschaften 640
Hennig, Thesen z. dt. Sozial- u. Wirtschafts-
  geschichte 662
Hennig, Bürgerliche Gesellschaft 875
Henrich, Hegel im Kontext 510
Herbert, Ein Barbar 2 365
Herbert, Gedichte 88
Hermand, J., Von deutscher Republik 793
Herzen, Die gescheiterte Revolution 842
Hesse, Geheimnisse 52
Hesse, Tractat vom Steppenwolf 84
Hildesheimer, Das Opfer Helena / Monolog
  118
Hildesheimer, Interpretationen zu Joyce u.
  Büchner 297
Hildesheimer, Mozart / Beckett 190
Hildesheimer, Nachtstück 23
Hildesheimer, Herrn Walsers Raben 77
Über Wolfgang Hildesheimer 488
Hirsch, Wiss.-techn. Fortschritt i. d. BRD
  437
Hirsch/Leibfried, Wissenschafts- u. Bildungs-
  politik 480
Hirsch, Staatsapparat u. Reprod. des Kapitals
  704
Hobsbawm, Industrie und Empire I 315
Hobsbawm, Industrie und Empire II 316
Hobsbawm, Auf dem Weg zum ›historischen‹
  Kompromiß 753
Hochmann, Thesen zu einer Gemeinde-
  psychiatrie 618
Hoffmann-Axthelm, Theorie der künstler.
  Arbeit 682
Hoffmann, HV. 6Hrsg.), Perspektiven kom-
  munaler Kulturpolitik 718
Hofmann, Universität, Ideologie u. Gesell-
  schaft 261
Hondrich, Theorie der Herrschaft 599
Horn, Dressur oder Erziehung 199
Horn u. a., Gewaltverhältnisse u. d. Ohn-
  macht d. Kritik 775
Horn (Hrsg.), Gruppendynamik u. ›subjekt.
  Faktor‹ 538
Hortleder, Gesellschaftsbild d. Ingenieurs 394
Hortleder, Ingenieure in der Industriegesell-
  schaft 663
Horvat, B., Die jugoslaw. Gesellschaft 561
(Horváth) Materialien zu Ödön v. H. 436
Materialien zu H., ›Geschichten aus dem Wie-
  nerwald‹ 533
Materialien zu H., ›Glaube Liebe Hoffnung‹
  671
Materialien zu H., ›Kasimir und Karoline‹ 611
Über Ödön v. Horváth 584
Hrabal, Tanzstunden 126

Hrabal, Zuglauf überwacht 256
(Huchel) Über Peter Huchel 647
Huffschmid, Politik des Kapitals 313
Imperialismus und strukturelle Gewalt, hrsg. von D. Senghaas 563
Information über Psychoanalyse 648
Internat. Beziehungen, Probleme der 593
Jaeggi, Literatur und Politik 522
Jahoda u. a., Die Arbeitslosen v. Marienthal 769
Jakobson, Kindersprache 330
Jauß, Literaturgeschichte 418
Johnson, Das dritte Buch über Achim 100
Johnson, Karsch 59
Über Uwe Johnson 405
(Joyce, J.) Materialien zu J., ›Dubliner‹ 357
Joyce, St., Dubliner Tagebuch 216
Jugendkriminalität 325
Kalivoda, Marxismus 373
Kapitalismus, Peripherer, hrsg. von D. Senghaas 652
Kasack, Das unbekannte Ziel 35
Kaschnitz, Beschreibung eines Dorfes 188
Kern/Schumann, Industriearbeit 907
Kino, Theorie des 557
Kipphardt, Hund des Generals 14
Kipphardt, Joel Brand 139
Kipphardt, In Sachen Oppenheimer 64
Kipphardt, Die Soldaten 273
Kipphardt, Stücke I 659
Kipphardt, Stücke II 677
Kirche und Klassenbindung, hrsg. v. Y. Spiegel 709
Kirchheimer, Politik und Verfassung 95
Kirchheimer, Funktionen des Staates u. d. Verfassung 548
Kirchheimer, Von der Weimarer Demokratie 821
Klöckner, Anna 791
Kluge/Negt, Öffentlichkeit und Erfahrung 639
Kluge, Lernprozesse mit tödlichem Ausgang 665
Kluge, Gelegenheitsarbeit einer Sklavin 733
Kluge, Neue Geschichten 819
Knieper, Weltmarkt 828
Kommune i. d. Staatsorganisation 680
Kristeva/Eco/Bachtin u. a., Textsemiotik 796
Über Wolfgang Koeppen 864
Kraiker/Frerichs, Konstitutionsbedingungen 685
Kritische Friedenserziehung 661
Kritische Friedensforschung 478
Kroetz, Drei Stücke 473
Kroetz, Oberösterreich u. a. 707
Kroetz, Vier Stücke 586
Krolow, Ausgewählte Gedichte 24

Krolow, Landschaften für mich 146
Krolow, Schattengefecht 78
Über Karl Krolow 527
Kris, Die ästhetische Illusion 867
Kropotkin, Ideale und Wirklichkeit 762
Kühn, Ausflüge im Fesselballon 656
Kühn, Goldberg-Variationen 795
Kühn, Grenzen des Widerstands 531
Kühn, Unternehmen Rammbock 683
Kühnl/Rilling/Sager, Die NPD 318
Kulturpolitik, Kommunale 718
Kunst, Autonomie der 592
Laermann, u.a., Reise und Utopie 766
Laing, Phänomenologie der Erfahrung 314
Laing/Cooper, Vernunft und Gewalt 574
Laing/Phillipson/Lee, Interpers. Wahrnehmung 499
Landauer, Erkenntnis und Befreiung 818
Leithäuser/Volmerg/Wutka, Entwurf zu einer Empirie 878
Lefebvre, H., Marxismus heute 99
Lefebvre, H., Dialekt. Materialismus 160
Lefebvre, H., Metaphilosophie 734
Lehrlingsprotokolle 511
Lehrstück Lukács, hrsg. v. I. Matzur 554
Leithäuser/Heinz, Produktion, Arbeit, Sozialisation 873
Lempert, Berufliche Bildung 699
Lenhardt, Berufliche Weiterbildung 744
Lévi-Strauss, Ende d. Totemismus 128
Liberman, Methoden d. Wirtschaftslenkung im Sozialismus 688
Linhartová, Geschichten 141
Literaturunterricht, Reform 672
Lippe, Bürgerliche Subjektivität 749
Literatur und Literaturtheorie, hrsg. von Hohendahl u. P. Herminghouse 779
Loch/Kernberg u. a., Psychoanalyse im Wandel 881
Lorenz, Sozialgeschichte der Sowjetunion 1 654
Lorenz (Hrsg.), Umwälzung einer Gesellschaft 870
Lorenzer, Kritik d. psychoanalyt. Symbolbegriffs 393
Lorenzer, Gegenstand der Psychoanalyse 572
Lotman, Struktur d. künstler. Textes 582
Lukács, Heller, Márkus u. a., Individuum und Praxis 545
Lyon, Bertolt Brecht und Rudyard Kipling 804
Majakowskij, Wie macht man Verse? 62
Malkowski, Was für ein Morgen 792
Mandel, Marxist. Wirtschaftstheorie, 2 Bände 595/96
Mandel, Der Spätkapitalismus 521
Marcuse, Versuch über die Befreiung 329

Marcuse, H., Konterrevolution u. Revolte 591

Marcuse, Kultur u. Gesellschaft I 101

Marcuse, Kultur u. Gesellschaft II 135

Marcuse, Theorie der Gesellschaft 300

Marcuse, Zeit-Messungen 770

Marx, Die Ethnologischen Exzerpthefte 800

Marxist. Rechtstheorie, Probleme der 729

Marxsche Theorie, Aspekte, I 632

Marxsche Theorie, Aspekte, II 633

Massing, Polit. Soziologie 724

Mattick, Spontaneität und Organisation 735

Mattick, Beiträge zur Kritik des Geldes 723

Matzner, J. (Hrsg.), Lehrstück Lukács 554

Mayer, H., Anmerkungen zu Brecht 143

Mayer, H., Anmerkungen zu Wagner 189

Mayer, H., Das Geschehen u. d. Schweigen 342

Mayer, H., Repräsentant u. Märtyrer 463

Mayer, H., Über Peter Huchel 647

Über Hans Mayer 887

Meier, Begriff ›Demokratie‹ 387

Meschkat/Negt, Gesellschaftsstrukturen 589

Michel, Sprachlose Intelligenz 270

Michels, Polit. Widerstand in den USA 719

Mitbestimmung, Kritik der 358

Mitscherlich, Krankheit als Konflikt I 164

Mitscherlich, Krankheit als Konflikt II 237

Mitscherlich, Unwirtlichkeit unserer Städte 123

Mitscherlich, Freiheit und Unfreiheit i. d. Krankheit 505

Mittelstraß, J. (Hrsg.) Methodologische Probleme 742

Monopol und Staat, hrsg. v. R. Ebbinghausen 674

Moral und Gesellschaft 290

Moser, Repress. Krim.psychiatrie 419

Moser/Künzel, Gespräche mit Eingeschlossenen 375

Moser, Verstehen, Urteilen, Verurteilen 880

Most, Kapital und Arbeit 587

Müller, Die Verdrängung des Ornaments 829

Münchner Räterepublik 178

Mukařovský, Ästhetik 428

Mukařovský, Poetik 230

Napoleoni, Ökonom. Theorien 244

Napoleoni, Ricardo and Marx, hrsg. von Cristina Pennavaja 702

Negt/Kluge, Öffentlichkeit u. Erfahrung 639

Negt/Meschkat, Gesellschaftsstrukturen 589

Negt, Keine Demokratie 812

Neues Hörspiel O-Ton, hrsg. von K. Schöning 705

Neumann-Schönwetter, Psychosexuelle Entwicklung 627

Neumann, Wirtschaft, Staat, Demokratie 892

Nossack, Das Mal u. a. Erzählungen 97

Nossack, Das Testament 117

Nossack, Der Neugierige 45

Nossack, Der Untergang 19

Nossack, Pseudoautobiograph. Glossen 445

Über Hans Erich Nossack 406

Nyssen (Hrsg.), Polytechnik in der BRD? 573

Obaldia, Wind in den Zweigen 159

v. Oertzen, Die soz. Funktion des staatsrechtl. Positivismus 660

Oevermann, Sprache und soz. Herkunft 519

Offe, Strukturprobleme d. kapitalist. Staates 549

Offe, Berufsbildungsreform 761

Olson, Gedichte 112

Ostaijen, Grotesken 202

Parker, Meine Schwester bin ich 728

Peripherer Kapitalismus, hrsg. von D. Senghaas 652

Perspektiven der kommunalen Kulturpolitik, hrsg. v. H. Hoffmann 718

Piscator, Theater der Auseinandersetzung 883

Piton, Anders leben 767

Piven/Cloward, Regulierung der Armut 872

Politik der Subjektivität, hrsg. von Michaela Wunderle

Politzer, Kritik der Grundlagen 893

Poulantzas, Die Krise 888

Pozzoli, Rosa Luxemburg 710

Preuß, Legalität und Pluralismus 626

Price, Ein langes glückl. Leben 120

Probleme d. intern. Beziehungen 593

Probleme d. marxist. Rechtstheorie 729

Probleme d. Sozialismus u. der Übergangsgesellschaften 640

Probleme einer materialist. Staatstheorie, hrsg. v. J. Hirsch 617

Projektarbeit als Lernprozeß 675

Prokop D., Massenkultur u. Spontaneität 679

Prokop U., Weiblicher Lebenszusammenhang 808

Pross, Bildungschancen v. Mädchen 319

Prüß, Kernforschungspolitik i. d. BRD 715

Przybós, Werkzeug aus Licht 908

Psychiatrie, Was ist . . . 708

Psychoanalyse als Sozialwissensch. 454

Psychoanalyse, Information über 648

Psychoanalyse d. weibl. Sexualität 697

Queneau, Mein Freund Pierrot 76

Rajewsky, Arbeitskampfrecht 361

Rammstedt, Soziale Bewegung 844

Reform d. Literaturunterrichts, hrsg. v. H. Brackert / W. Raitz 672

Reichert/Senn, Materialien zu Joyce ›Ein Porträt d. Künstlers‹ 776

Restauration, Determinanten d. westdt. R. 575

Ritsert (Hrsg.), Zur Wissenschaftslogik 754

Ritter, Hegel u. d. Französ. Revolution 114

Ritter-Röhr, D. (Hrsg.) Der Arzt, sein Patient und die Gesellschaft 746

Rocker, Aus d. Memoiren eines dt. Anarchisten 711

Róheim, Psychoanalyse und Anthropologie 839

Rolshausen, Wissenschaft 703

Rossanda, Über Dialektik v. Kontinuität u. Bruch 687

Rossanda/Magri, Der lange Marsch 823

Rottleuthner (Hrsg.), Probleme d. marxist. Rechtstheorie 729

Runge, Bottroper Protokolle 271

Runge, Frauen 359 X

Runge, Reise nach Rostock 479

Rüpke, Schwangerschaftsabbruch 815

Russell, Probleme d. Philosophie 207

Russell, Wege zur Freiheit 447

Sachs, Das Leiden Israels 51

Sandkühler, Praxis u. Geschichtsbewußtsein 529

Sarraute, Schweigen / Lüge 299

Schäfer/Edelstein/Becker, Probleme d. Schule (Beispiel Odenwaldschule) 496

Schäfer/Nedelmann, CDU-Staat 370

Schedler, Kindertheater 520

Scheugl/Schmidt jr., Eine Subgeschichte d. Films, 2 Bände 471

Schklowskij, Schriften zum Film 174

Schklowskij, Zoo 130

Schlaffer, Der Bürger als Held 624

Schlaffer, Studien zum ästhetischen Historismus 756

Schmidt, Ordnungsfaktor 487

Schmitt, Expressionismus-Debatte 646

Schneider/Kuda, Arbeiterräte 296

Schnurre, Kassiber / Neue Gedichte 94

Scholem, Judentum 414

Schram, Die perman. Revolution i. China 151

Schütze, Rekonstrukt. d. Freiheit 298

Schule und Staat im 18. u. 19. Jh., hrsg. v. K. Hartmann, F. Nyssen, H. Waldeyer 694

Schwarzer (Hrsg.), Frauenarbeit – Frauenbefreiung 637

Sechehaye, Tagebuch einer Schizophrenen 613

Segmente der Unterhaltungsindustrie 651

Senghaas, Rüstung und Materialismus 498

Senghaas, Weltwirtschaftsordnung 856

Setzer, Wahlsystem in england 664

Shaw, Caesar und Cleopatra 102

Shaw, Der Katechismus d. Umstürzlers 75

Siegert, Strukturbedingungen 882

Söll/du Bois-Reymond, Neuköllner Schulbuch, 2 Bände 681

Sohn-Rethel, Geistige u. körperl. Arbeit 555

Sohn-Rethel, Ökonomie u. Klassenstruktur d. dt. Faschismus 630

Sohn-Rethel, Warenform und Denkform 904

Sozialistische Realismuskonzeptionen 701

Spazier/Bopp, Grenzübergänge. Psychotherapie 738

Spiegel (Hrsg.), Kirche u. Klassenbindung 709

Sraffa, Warenproduktion 780

Starnberger Studien 1 877

Sternberger, Bürger 224

Straschek, Handbuch wider das Kino 446

Streik, Theorie und Praxis 385

Strindberg, Ein Traumspiel 25

Struck, Klassenliebe 629

Sweezy, Theorie d. kapitalist. Entwicklung 433

Sweezy/Huberman, Sozialismus in Kuba 426

Szondi, Über eine freie Universität 620

Szondi, Hölderlin-Studien 379

Szondi, Theorie d. mod. Dramas 27

Tagträume vom aufrechten Gang, hrsg. von Arno Münster 920

Tardieu, Imaginäres Museum 131

Technologie und Kapital 598

Teige, Liquidierung der ›Kunst‹ 278

Tibi, Militär u. Sozialismus i. d. Dritten Welt 631

Tiedemann, Studien z. Philosophie Walter Benjamins 644

›Theorie der Avantgarde‹ hrsg. v. W. Martin Lüdke 825

Tohidipur (Hrsg.), Verfassung 822

Toleranz, Kritik der reinen 181

Toulmin, Voraussicht u. Verstehen 292

Tumler, Nachprüfung eines Abschieds 57

Tynjanov, Literar. Kunstmittel 197

Ueding, Glanzvolles Elend. Versuch über Kitsch u. Kolportage 622

Uspenskij, Poetik der Komposition 673

Vossler, Revolution von 1848 210

Vyskočil, Knochen 211

Walser, Abstecher / Zimmerschlacht 205

Walser, Heimatkunde 269

Walser, Der Schwarze Schwan 90

Walser, Die Gallistl'sche Krankheit 689

Walser, Eiche und Angora 16

Walser, Ein Flugzeug über d. Haus 30

Walser, Kinderspiel 400

Walser, Leseerfahrungen 109

Walser, Lügengeschichten 81

Walser, Überlebensgroß Herr Krott 55

Walser, Wie u. wovon handelt Literatur 642

Walser, Sauspiel mit Materialien, hrsg. von Werner Brändle 913

Über Martin Walser 407

Was ist Psychiatrie?, hrsg. v. F. Basaglia 708
Weber, Über d. Ungleichheit d. Bildungschan-
cen in der BRD 601
Weber, Betty N., Brechts ›Kreidekreis‹ 928
Wehler, Geschichte als Histor. Sozialwissen-
schaft 650
Weiss, Abschied von den Eltern 85
Weiss, Stücke I 833
Weiss, Stücke II 910
Weiss, Fluchtpunkt 125
Weiss, Gesang v. Lusitanischen Popanz 700
Weiss, Gespräch d. drei Gehenden 7
Weiss, Jean Paul Marat 68
Materialien zu ›Marat/Sade‹ 232
Weiss, Rapporte 2 444
Weiss, Schatten des Körpers 53
Über Peter Weiss 408
Weiss, Alexander, Bericht aus der Klinik
889
Wellek, Konfrontationen 82
Wellershoff, Die Auflösung des Kunstbegriffs
848
Wellmer, Gesellschaftstheorie 335

Wesker, Die Freunde 420
Wesker, Die Küche 542
Wesker, Trilogie 215
Winckler, Studie z. gesellsch. Funktion fa-
schist. Sprache 417
Winckler, Kulturwarenproduktion / Aufsätze
z. Literatur- u. Sprachsoziologie 628
Wirth, Kapitalismustheorie in der DDR 562
Witte (Hrsg.), Theorie des Kinos 557
Wittgenstein, Tractatus 12
Wolf, Danke schön 331
Wolf, Fortsetzung des Berichts 378
Wolf, mein Famili 512
Wolf, Pilzer und Pelzer 234
Wolf, Auf der Suche nach Doktor Q. 811
Wolf, Die Gefährlichkeit 845
Über Ror Wolf 559
Wolff/Moore/Marcuse, Kritik d. reinen Tole-
ranz 181
Wuthenow, Muse, Maske, Meduse 897
Zimmermann, Vom Nutzen der Literatur 885
Zoll, Der Doppelcharakter der Gewerkschaf-
ten 816